中国社会科学院近代史研究所

民国文献丛刊

中国社会科学院近代史研究所 译

顾维钧回忆录

第七分册

中华书局

目　录

第七分册

第六卷

再度出使华盛顿

上

（1946—1950）

第九章　紧要关头

1949 年 1 月—10 月

第一节　中国的局势及分析

1949 年 1 月—3 月

1949 年 1 月 8 日，中国政府向美国、英国、法国及苏联发出照会，要求调解对共产党的战争以实现和平谈判。外交部 1 月 14 日来电说，美国已于 13 日复照拒绝。电中又说，美国似乎不反对任何其他国家进行调解。很自然，也没有别国愿意出面调停。英国已于 1 月 12 日宣布其拒绝调停的决定。俄国拒绝调解的答复则于 1 月 17 日送交中国驻莫斯科大使。法国的反应也是同样不佳。

同时，由蒋委员长在新年致词和孙科的声明中确定的政府和谈条件已被 1 月 14 日共产党广播的八项条件驳回。其中包括惩办以蒋委员长为首的国民党领袖人物四十五人和废除蒋委员长所提条件中要保存的 1946 年宪法。在军事方面，共产党继续取得胜利：天津于 1 月 15 日陷落；北平被包围，傅作义将军正在谈判投降条件。

我在和新西兰总理彼得·弗雷泽谈话时曾部分地综述了当时的形势。他当时正在华盛顿和美国政府商讨北大西洋公约。在前几天由新西兰驻华盛顿大使卡尔·贝伦德森举行的招待会上，弗雷泽对我说他将在三两天之内离开华盛顿，希望在行前和我好好地谈一次。我们约好 1 月 16 日在新西兰大使馆会面。见面时,我们互道会面畅谈的欣悦心情。然后就中国局势进行了商讨。

弗雷泽说他很同情中国,并问中国的局势如何。

我告诉他,军事情况很紧急,政府决心和共产党进行和平谈判。政府正在考虑共方为答复蒋总统新年文告和孙科声明中所述条件而提出的八项条件。天津已经失守,共产党目前正对北平施加压力。在华中,政府军已放弃蚌埠以便把防线缩短到长江北岸。但政府顺应人民一致的愿望而诚意求和之举,反而影响了前线武装部队的斗志,因而形势更加复杂化了。

弗雷泽问我,美国政府对这种局势有何看法,以及我对从美国取得大量援助是否寄予希望。

我告诉他说,看来美国政府正在推行一种在决定采取积极政策之前先观察等待的方针。他们甚至不肯发表一个同情和支持中国政府的声明,更不要说增加对华援助了。

弗雷泽着重指出,他也注意到中国政府军几乎完全失去斗志,并问对此打算怎么办。

我回答说,南京曾表示过它非常希望美国派一个由高级军官率领的军事代表团到中国去,他们的任务不是去为我们作战,而是帮助我们计划和改组。单是指派这样一个代表团本身就能在中国与共产党的斗争中起到鼓舞士气的作用。

这位总理又问,美国政府究竟希望看到在中国发生什么样的变化。

我说近两年来美国政府一直希望中国政府出现他们所谓的重大变化。虽说不仅现政府的组成已经发生了变化,而且前此的政府也已大部由无党派人士和各党派以及国民党的成员组成,但看来并未能满足美国政府对改革的希望。我得到的印象是一旦蒋委员长决定下台,美国人决不会为他洒一滴眼泪,虽说美国人从未正式地向我说过如此的话。弗雷泽问是否还有其他的领袖人物可以领导对共产党继续作斗争的运动。我回答说,在中国威望很重要,现在很难找到一个享有像蒋介石那样威望的其他领袖人物。

弗雷泽又问有什么办法能够挽回中国人民对政府的信任。他似乎认为这是极为重要的一点。他不了解中国政府做了哪些事来改进人民大众的生活水平,例如构成中国人口绝大多数的农民的生活。

我说,中国政府的基本政策就是实现孙中山先生的三民主义——民族、民权和民生。虽说"民生"提在最后,可是目前"民族"和"民权"方面都有了长足的进展,"民生"实在是最重要的了。政府也曾致力于实现土地改革和提高农村福利的计划。不过中国很大,又从事着一场全面展开的战争,政府未能如愿实行。

弗雷泽认为提高人民生活水平实在是最重要的事,因为只凭军事力量是抵挡不了共产主义的。人民必须能活下去。他问我对在中国阻止共产主义的前景有什么想法。

我回答说,我的意见是,第一步要联合全国的反共力量,守住长江,改组各省的军队并等待国外进一步的援助。当弗雷泽问我中国政府能不能守住长江以南地区时,我说长江有一至二英里宽,仍是一道天堑。在有力的空军巡逻之下,共产党要派遣大部队过江是很不容易的。

1月18日贝祖贻来访。我问他有关中央银行总裁俞鸿钧先是免职,接着辞职、然后又批准他病假的经过。贝祖贻说,财政部长徐堪是俞的死对头,对俞鸿钧草率从事兑换黄金以致七人死亡、多人受伤深为不满,因此设法通过行政院将俞免职。不过当蒋委员长知悉以后(事先没有向他请示过),他却批准俞氏病假。*

---

 * 原注:此项兑换黄金以致死七人伤多人之事件似发生于1948年12月23日。根据1949年1月3日出版的《中国经济》4卷1期第4页:"12月23日估计有不下十万人在上海的各国家银行挤兑黄金,造成极大混乱"……结果造成"七人死亡,一百零五人受伤"。

实际上，俞鸿钧处理政府黄金库存和公开兑换之事的背后存在着一段极富政治性的复杂经过。作为中央银行总裁，俞鸿钧控制着政府的黄金储备不受财政部支配。按照蒋委员长的直接命令，他开始秘密地把库存黄金运往台湾，没有通知政府或财政部。由于此事必须秘密进行，他们在伪装下用海军舰艇装运这些黄金。但不幸的是，事情被泄漏了出去。

我曾一度听施纪元说过这段故事，当时他是中央银行主管金元券的那个处的处长。我在1970年6月19日又曾找他进行了核对。他说第一次从中央银行把黄金储备运往台湾的命令大约是在1948年12月上旬下达的。当时蒋委员长已经离开南京，以使李宗仁将军能便宜行事与共产党进行和谈。从外滩中央银行搬出黄金是在半夜秘密进行的。从银行到等待装运的军舰停靠码头之间的一段马路划为禁区，临时戒严。但就在这关键时刻，一位《字林西报》（办公室也在外滩）的英国职员在酒足饭饱之后醉醺醺地踉跄而至，闯入禁区，要回办公室上夜班。他看到他的办公室所在地段警备森严的可怖景象而大感惊异，当然他打听出了这项秘密并在第二天早晨的该报上刊登出来。

此事在上海造成极大的不安和抗议。抗议不仅来自民间的商会和银行，也来自专为防御共军的任何可能进攻而驻扎在京沪地区的部队总司令汤恩伯将军。他在上海大肆抨击说运走黄金只会降低他麾下部队的士气。黄金从上海运走表明政府不打算坚守此地，怎能指望他的部队为此作战。因此，为了平息上海公众的抗议和纷扰，俞鸿钧只好说这笔黄金是准备公开兑换的。就这样，当市民群众蜂拥挤兑之际（黄金兑换官价大大低于黑市金价），造成多人被践踏致死的意外事故。当然它本身就是一个很引人注目的事件。这就是俞鸿钧病假免职的内情。它反映在远离共产党控制地区的政府统治区正在形成三个分别的当局，从三处发号施令。

1月19日孙科在南京宣称，行政院决议，要求共产党无条件停火并立即进行和谈。1 月 21 日上午十点，美联社自费尔法克斯电台广播说蒋介石发表引退声明，并由副总统李宗仁接任。中文的"引退"与"辞职"并非一回事，他仅是要求副总统接着干下去而已。下午三时，无线电广播说蒋委员长在南京时间（下午）四点钟或华盛顿时间上午六时乘飞机离开南京"退隐"。该报道说，他已飞到杭州并换汽车驰往奉化老家，在去台湾之前将在那里住几天。报道还说宋子文已辞去广东省政府主席，又说他将到华盛顿来接替我。不过我不大相信此说。

第二天的新闻报道说傅作义将军已签了一项保全面子的十三条协议，不流血地将北平交给共产党。此项报道还说，南京方面急于和谈，已经放弃了要求共产党在谈判前先发停火命令的条件，而打算即使冲突不停也立即进行谈判，地点和时间另商。但迄今尚未得到共方的响应。对我来说，事情已经很清楚，即南京方面已完全丧失斗志，几乎是在乞求和平。随着蒋总统的引退，他的支持者们已将首都交给主和派掌管。

1 月 24 日外交部长吴铁城来电要我核实他所接到的一封报告，并且通知我他想辞职。我在回电中劝他等待时局的发展。26 日他发来另一封电报。该电与外交部 1 月 14 日来电相似，告诉我政府决定迁都到广州，2 月 5 日起政府正式在该地办公。显然政府已断定，如果和谈失败（这是很有可能的），南京，甚至长江以南诸省都难守住。

也是在 26 日（我是事后知道的），李宗仁为了能和共产党进行和谈，发布了释放政治犯，解散各地的戡乱指挥部及其他类似措施的若干法令，以表示进行和谈的诚意。27 日他正式致电毛泽东提出和平解决方案。大约与此同时，派出和平代表团前往北平与共产党商谈。

据我所知，就是李宗仁在这方面的活动造成他和孙科之间的破裂，导致孙科与其行政院的主体迁往广州，而李则以代总统身份留在南京。不过李、孙不和的历史可以上溯到 1948 年竞选副总统时或甚至更早。表面看来，孙科也主和，但不愿像李宗仁那样急于求和。这可能因为李宗仁感到他被置于取得和平解决和防守长江两大难题之上，同时库存黄金储备和美援军事物资既已运往台湾，共产党又在军事上取得节节胜利之下，充满信心，坚持其类似无条件投降的八项条件不让；他也觉得别无他途。不论如何，到1949年2月10日，各种关于中国的新闻报道的经常话题已转向李宗仁总统和孙科内阁的分裂上。尽管两方都正式否认此事，但报刊还是继续如此报道。当时局势很混乱。就像我的武官皮宗敢所说，他对于真正的军事情况毫无所知；又如毛邦初，则连当时国防部的下落也无从得知。他既不了解国防部是在南京、广州抑或在其他地方，也不清楚谁在当国防部长。徐永昌还是部长吗？张发奎是否当了国防部的新参谋总长？

蒋委员长当时仍在奉化，通过他的秘书答复我的电报，表明他不愿让别人看来他仍对国家政治关心。其实我从他在电报中流露的心情——例如他慰勉我的努力和因为我的责任加重，要我保重身体等等——看得出他仍旧很注意中国当时所发生的一切。具有类似感受的毛邦初，在2月10日向我汇报说，他曾与在奉化的蒋委员长通了电报，蒋来电勉励他要继续在美国供职，因为责任重大。

2月21日，我听到国民党的元老之一、考试院长戴季陶和早些时候在南京自杀的陈布雷一样，因为对时局感到绝望在广州自杀的消息。3月1日我出席韩国大使馆庆祝独立革命的招待会，招待会上见到美国国家安全委员会执行秘书海军上将索尔斯。他秘密告诉我，委员会头一天接到关于中国军舰重庆号去向的情报。那天的另一情报说，重庆号已投向共产党。他抱歉地说，该舰一被发现将立即予以击沉，以免被共产党使用。我说这真使我吃惊，我不能理解共产党为什么急于要这条军舰。也许它能帮助共军主力渡过长江。

3月7日据报有消息说孙科辞职。3月8日早晨无线电新闻广播宣称孙科及其内阁辞职。孙科是到立法院作三个月来的施政报告时宣布辞职的。美国的无线电广播和报刊评论,把孙科的辞职说成是李宗仁及其与共产党和谈努力的胜利。

于斌大主教那天在大使馆出席一次会议,提到来自中国某些方面的压力,要求政府今后拒绝接受美援,因为这是对中国内政的干涉。他还说,上海的和平代表团从北方回沪后发表的报告故作乐观以安定人心。但是李宗仁总统的私人代表已从共方带回三项严厉的条件:第一条是反对及消除英、美影响;第二条是撤换全部反动军官;第三条是向共产党交出南京、九江和汉口。于斌相信孙科的突然辞职起因于他不同意这三项条件。

只过了三天,李宗仁副总统要求何应钦出任行政院长。12日立法院投票通过何应钦的新内阁。叶公超任代理外交部长,新任行政院长何应钦兼任国防部长。3月21日晚宣布新内阁正式成立,我注意到除了个别例外,新阁是由较年轻的成员组成,这些人都是公认的各界领袖。

3月18日,报载监察院对孙科提出弹劾,说他盗用公款美金二百五十万元。据说他通过财政部长徐堪下令由中央银行将这笔巨款拨入他的儿子孙继平户下,并马上分别存入上海若干钱庄。此消息令人抑郁。我在日记中写道:

> 我不知道此中有多少真实性,也许又是一桩政治诬陷,或是对他的政治报复。

我通常对这类没有证据的新闻报道是不予重视的。不过我能看出,在美国公众舆论如此激动而报纸上又充满了盗用公款的报道之际,这条新闻对一位为美国公众所熟悉的人说来,势将造成很大的损害。

第二天的报纸消息同样令人沮丧。据报道,共产党部队正向南京移动;而在首都,为了重行开战的军事准备也正在紧张进行。当时我在日记中写了这几行:

局势是可悲的。它说明过去多年我们在政治、军事和经济上有某些错误。忽略了在治理国家中应当注意人民意愿的原则，以致损害了中国。中国古训"民为邦本"，意义至深。按现代的意义说，人民是国家的股东，政府不过是董事会。董事会不可能一直违反股东的利益进行经营而不遭到股东的怀疑，失去他们的支持，以致引起抗议和反对。

3月20日我又加上这些想法：

回顾中国的苦难局势，目前较之过去更为明确，即人治政府不论其心地如何善良，永远不如法治政府为理想。法治是建立国家的巩固基础。人治不可能摆脱七情，即喜、怒、哀、惧、爱、恶、欲的影响。

3月23日，我从收音机听到共产党的广播，再一次攻击李宗仁总统和何应钦为"伪政权"。不过，大约与此同时，共方宣称将于4月1日起参加和谈。随后，紧接着政府宣布它的和谈代表团之后（就我所知是3月24日宣布的）①，共方也指派了一个正式的和谈代表团。

在这段时期中，连续不断的大批访问者人流从中国来到美国。首先，二次世界大战结束后，美国已成为西方集团中最强大的国家，每个关心国际问题的人由于各种原因，自然都要来访美国。其次，中国迅速崩溃的局面，使人们要为其前途着想，最好是能设法在国外谋一出路。这是中国有钱有势的人们的普遍想法，尤其是在国外的外交人员，更因使人失望和动荡的中国局势而感到不安。

我前已提及刘锴和郑宝南在驻巴黎联合国中国代表团任职时曾向我国驻欧外交人员讲过的话和他们的印象。联合国副秘

---

① 据新华社编《中华人民共和国大事记》(1949—1980) 第558页，此事是3月26日宣布的。——译注

书长胡世泽于 1949 年 1 月 17 日来访,他刚刚因公旅行回来,也向我提及中国驻欧外交代表团的焦虑,即一旦在南京成立一个共产党的或联合政府时他们能做和应做些什么。如果国内的政府召他们回国时,他们是否应当回国述职？他告诉我,驻比大使金问泗无论如何决不回国。但是驻欧外交人员主要担心的是,一旦他们去职,将何以为生？据他说有的人想在美国兴办一个联合农场。我对胡说,我也以此问题为虑,我还要很好研究一下才能给他确切的回答。

另一个可以说明国内许多身居要职的人由于大陆形势而感不安的例子是光华大学校长朱经农的访美。当他 1 月 25 日第二次来访问我时,据说他由于看到国内局势恶化如此迅速,已决定不回国,并希望能在某个美国大学校中谋一教席。

大多数的访美人员是非官方身份,我猜想可能是私人出的旅费,不过我不甚清楚。有些访美人员则是用的政府名义,多数是以考察研究为目的,研究与他的专业有关的方面(例如朱经农就是来美国考察教育的)。不过这些"研究"访问,从两个国家之间的关系而言,是非官方的。

不管这些人的访问性质如何,凡是来华盛顿的,大多数都要到大使馆来访问。我和这些访美的中国人交谈,和刚从中国回到美国的客人们交谈,以及和那些与大使馆或其他中国政府驻美机构有往来的人交谈,都使我能从另外的角度透视中国的近况。

朱经农第一次来访是 1949 年 1 月 10 日。我问起有关中国局势的最新消息。他说几个月前他就观察到中国士兵们士气低落和军官们缺乏斗志。前者由于吃不饱和共产党的宣传,后者由于贪图安逸享受。朱先生说他曾将他所见到的中国军队的状况写信告诉陈诚,但是回信只是一篇敷衍的空话而已。没有一个人敢把真相告诉蒋委员长。如果有人真敢这样做,他马上要为其他人所嫉视而被孤立。所以蒋委员长就被蒙在鼓里,只听到顺耳的话和从军队的下属那里收到顺心的报告。

早些时在 1948 年 11 月 5 日,我和一位与国务院有联系的熟识的美籍华人交谈。他告诉我,他最近在沈阳、北平、天津和锦州时,看到中国军队士气低落。11 月 9 日,农林部次长谢澄平和夫人一起来拜望时,也评论了军队士气。他是 1945 年代表中国青年党出席旧金山会议的中国代表李璜的私人秘书。这次是刚刚抵美来出席联合国粮农组织会议的年会。由于他刚从中国来,所以我急于了解他对那里局势的看法。

　　他说国内的军事形势不很乐观。他看到军队士气低落和指挥官怯懦无能。他说军队系被留作保卫城市而不是派往前方积极从事作战。他认为蒋委员长已经不能掌握局势。有一次在行政院,何应钦将军被召去报告前线状况(当时何任翁文灏内阁国防部长),何请求谅解说,只有蒋委员长直接指挥战事,他并不知悉情况。谢还说,有一回蒋委员长听说国民党的进步派中酝酿着反对意见。他召见了其中的三十二人。他要求不同意他的劝诫(肯定在此以前他已作了训话)的人站起来。其中十七人真的站了起来,狠狠地触犯了他。委员长气坏了,戴上帽子愤愤而去。之后,他家里的人设法把他弄到无锡去散心,而报上却报道说蒋是因避寿而去的,云云。

　　谢次长又说,另一次一批约七十个国民党、三青团和黄埔系的少壮派求见蒋委员长。他们的请求被批准了。他们向蒋呈上一组建议,包括要在政府里用较年轻的人换下较年长的人;要他放弃一部分权力;以及给予内阁更大权限等。蒋委员长又被激怒了,他要另一部分人陈述意见。这部分人也说了同样的话,还补充说,他们可能被砍头,但是为了负责,也必须坦率陈词。蒋委员长大怒,一句话也不再说,马上走了。

　　杨继曾将军在回国前夕曾来辞行,对我阐述了中国军队的真相和贪污积习。我很重视他的说明,因为我觉得他很能干、诚实、热心,不嫉妒旁人。他提到了由于司令官们惯于虚报人数,以致军事单位人员不足定额的情况;司令们贪污成习、竞饱私囊的情况;将军们彼此不和,缺乏协调和经常在背后互相攻讦的情况等等。我自己也曾听说过徐州之战的情况:邱清泉指挥徐州的部队,故意逗留不前,而不去援助近处被共军包围的黄伯韬兵团。

杨说,蒋委员长喜欢亲自指挥军事行动。他又说,去年一年损失的武器弹药比全国所有兵工厂全年的产量要高五倍至十倍。战役之后也没有后备师补充队伍,只靠从老百姓中间征集新兵。我虽不是军人,也知道在一次战役和遭受重大伤亡之后,各个部队减员很多,难于恢复其完整的军力。如果有用于补充的后备部队,就可以由受过训练的士兵递补。但是,如果全靠抽壮丁征来的新兵,即使凑够数目,补充的兵员也是训练不足或毫无训练的。而他们则经常是就地从老百姓中征兵补充。恰如杨将军所说,这也是造成作战中大量损失武器和弹药的原因。新兵缺乏战斗锻炼,恐怕连怎样保全自己的武器弹药也不懂。

杨说,他曾经将真实情况报告蒋总统,可是一开始总统就不相信他,而且有点不乐意听他的汇报。后来蒋就变得很不高兴。杨解释说,中国军队所犯最大错误之一就是将军和司令官们不肯说真话,向蒋总统报告时,尤其如此。他们总是找好听的说。这席话真正解释了军队为什么屡遭挫败。

和杨谈话是12月3日。第二天朱世明将军来见我。当然我也急于了解他对所报道的关于中国军事形势迅速败坏的反应和解释。他所说的和杨将军的说法一致。他举了一事为例,即吴化文将军为什么会叛变。他说吴是由于未获提升而心怀不满,而这项提升原是在先前他打了胜仗后许过他的。但使他升迁拖延的真正原因是拖拉的公事程序——在正常情况下至少也要六个月才能办成。

朱世明还说明一个军官在战争中的命运会变化多端。许多高级司令官据报已经在败仗中丧生,成为烈士,并被蒋委员长表彰为英雄楷模,然而却仍然活着,并竟然在共产党统治下供职。这些人包括郑洞国、王耀武、康泽等。康泽据我所知是蒋委员长最信任的将领之一,是三民主义青年团组织处的处长。当战事很吃紧的时候,他自告奋勇去守襄阳。据传说,有个晚上,当共军迅速接近襄阳时,康泽打电话给当时正在直接指挥战事的蒋委员长。他告诉蒋委员长说他已被完全包围,决定战斗到最后一息,因此向蒋委员长告别。委员长深为感动。襄阳失守后,举行了一次追悼会,会上康泽大受褒扬。接着在两天之后,共产党发出消息说,康泽业已投降,并且挺好地活着。这大约就是朱世明话中所指。

　　12月15日,我和蒲立德作了一次有意思的谈话。他邀我午餐以便密谈,因为他刚从中国回来并将向众议院的监督委员会汇报。他告诉我,他和蒋委员长谈过两次,看出他很镇静并决心继续和共产党作战。蒲立德说,局势十分严重,但他认为还不是无望。只是他发觉中国的军官很腐败(他说,"令人掩鼻"),他也已如此告诉蒋委员长。他认为这些人必须清除更换,否则不能使战局改观。他说士兵和低级军官都不错,但自校官以上都很差。他们只想捞钱不想打仗。我猜他一定也对蒋这样谈了;但愿如此。不管怎样,他接着告诉我说,飞机装满着军饷从前线司令部飞回来,其中有一半是为司令官用来做生意的。他强调唐山和该地煤矿的重要,还有九十万吨的存煤。他难于相信国民党已经撤出该地。他称赞吴国桢、俞大维和孙立人将军。关于金元券的试验,他说那是一场悲剧,把民众对政府仅存的一点点信任也丧失尽净。他还说,他到了上海在蒋夫人启程前夕去拜访她时,才知道蒋夫人访美之事。

　　三天后我和于斌大主教讨论中国形势。他说三个月来局势的败坏是由于各种条件的综合影响,即(1)山东省会济南和沈阳的失守;(2)金元券货币改革的失败,使人民对政府丧失信心;(3)杜威竞选失败,南京本来寄希望于他,以图得到美国迅速而增强的援助。

　　李汉魂将军于1月12日来访,他是广东省前主席、国民党广东派的领袖人物,有一时期曾和广西派紧密合作过。他把国军作战不力部分地归罪于对士兵待遇太坏,给各师的武器弹药分配不均,司令官的贪污腐化,以及关于军队败坏的情况蒋委员长受到蒙蔽而无所知。

赖琏,国民党要人和二陈的亲信,到美国来有意久居。他和江苏省立医学院院长胡安定于 1 月 15 日来访。他说,他估计到了这场军事上的灾难。因为他早已听说前线的政府军司令们总是只报喜事或者只向上级呈送喜报。所以蒋委员长已经习惯于不愿听失利的报告或任何对军事上的批评,并且不是斥之为不真实就是说文人不懂得军事。虽然如此,赖仍为大崩溃到来之速而感到惊诧。

当朱世明 1 月 16 日来见我时,我又向他问及中国军事方面屡遭失败的原因。我切盼较全面地知道他所了解的军事情况和他对政府武装部队遭到严重失败所能作的解释。朱认为一部分应归咎于空军作战不力。他说,空军应当在敌军向其目的地行进时侦出敌踪,而不能等到敌人业已集结并发起攻击之后。空军的主要作用也不是向被围的国军空运给养。由于敌方谈不上有什么空军,这一点尤其令人遗憾。如果中国的空军能被有效运用,它应能帮助陆军打胜仗并起决定性作用,而不是连续打败仗。

1 月 31 日,贝祖贻来,报告他去访问孔家和蒋夫人之事。接着谈起中国大陆上的情况,他忆及向蒋委员长进言和想在任何事情上说服他之难。(我们对国内局势继续恶化如此不安,甚至都对在这样短暂时间内居然会溃败至此而迷惑不解。)他说 1946 年在庐山他曾对蒋委员长谈到,由于外汇储备继续减少,并且由于过量发行钞票,法币迅速贬值,迫切需要紧缩开支,特别是军费支出(当时贝是在上海的中国银行总经理),但是蒋委员长回答得很简截,说政府必须按照其需要开支,哪怕预算不能平衡!他说政府的活动不能减少,针对共产党问题的活动尤其如此。不应当在这方面打算盘。贝还说,对共产党作战一事,宋子文和蒋意见是一致的。有一次宋曾严厉地告诫他并问他是不是赞成停止对共产党作战。

2月8日,助理海军武官刘永仁海军中校陪着新任海军武官周仲山海军中校前来报到。周是新从中国来的,我就问他究竟是由于哪些问题导致军事局势如此迅速崩溃。他说有好几方面的因素。前线作战指挥部没有任何情况的报告而全仗南京国防部的情报。但当国防部的情报到达前方时,已经失去时效。应在前线配合作战的空军不肯接受负责战局总指挥的命令。对在前线作战的空军下达任何命令,要先通过南京的空军总部。加之在前线的空军情报官也只向南京空军总部报告而不肯直接将情况报告负责指挥前线武装部队的司令官。他说,担任长江防务的海军舰队在防止敌军渡江方面也遇到各种困难。敌军用重炮轰击海军舰艇,这些军舰上的大炮口径较小,因此不能和共方的炮火相匹敌。此外,舰队能支配使用的弹药亦只够作战两个月(当时这是内部消息)。

2月17日,这一天我的日常活动包括接待刚从中国来的新任国际货币基金组织中国副执行董事的来访。我很想从他那儿知道一些导致中国通货崩溃和丧失民心的金元券改革的后果。当我问他时,他说老百姓十分失望,以致人们都愿意换个政府,而且认为只有共产党才能给他们带来变革。一开始他们怕共产党,等到他们对国民政府的不满加深以后,也就不在乎要面临共产党的统治了。

另外两位客人叙述了8月份币制改革的后果。一位是3月25日来访的我驻伦敦时的空军武官之父杨老先生。他刚从中国来此,证实了此项施加于上海银行家的剧烈的币制改革丧失了银行界和实业界对政府的支持。第二位是著名的中国实业家吴蕴初,4月23日来访。他是以上海为中心的几家大的化学和纺织企业的创办人和东家,为治病刚从中国来美。我和往常一样急于了解一些中国形势的实况和为什么败坏得如此之快。他告诉我,那是因为人心思变，军队完全失去斗志。从上海普遍的民心来看，币制改革措置不当带来的悲惨后果，使人民感到痛心而且觉得比任何时候都难以为生，这是人们对政府失望和不信任的最大原因。

我还可以举出史玉书夫妇在1948年12月底来访一事。史先生是上海市参议会的副议长，又是按宪法选举总统的国民代表大会代表。他说他来美国是为了参加克利夫兰和佛罗里达市议会的会议。他还谈到了在实行金元券改革时他的亲身经历。当时要求人们交出私人所有的黄金、外汇和外币。他说他当时有几根金条，决定交到中央银行兑换金元券，史夫人劝他留下一点金条以备意外和日后生活之需。但他坚持全部交出兑换。其后，他们夫妇去北方旅行了一个月，访问了北平和天津。等他们回到上海，金元券已严重贬值。又过了几个星期，他发现这些金元券已一文不值。他的夫人责备他，问他今后如何维生度日。这只是我听到有关金元券改革惨重失败的故事之一。

2月24日我接待了李振鹏先生的来访。他原是国立中央大学的教授，后来热衷于政治。他告诉我，李宗仁派他来了解美国对中国的态度。我们讨论了若干问题，此处仅举和中国的军事形势有关之事。他说杜聿明将军曾经亲自向他叙述过，杜的建议如何被置之不理；以及如何威胁他，如果不服从撤离东北和退出徐州的命令，定将军法从事。

3月7日从中国来美就任远东委员会中国顾问之职的陈英崧访我交谈。他原是南京外交部的一位司长。我渴望从他那里听到有关中国局势的真相。他向我讲述了1948年12月那些天南京的混乱和狼狈情况。他说国防部长深信南京已不可能抵挡共产党的推进，并且率先撤离。他还说在南京了解到苏俄已训练了七万军队派驻在满洲，因而林彪部下的共军不能再回东北保有辽宁。（那时苏俄似乎在力图推行将满洲置于其控制范围之内的政策。）还听说亲莫斯科的共产党人李立三鼓吹中共军队应开入四川以便占领云南和广西,目的在于和印度支那的共产党建立联系通道。

次日我接待了著名的目录学和图书馆学家袁同礼博士。他筹建了北京图书馆并任馆长多年。由于中国国内形势不稳而来美国,随后担任了国会图书馆中文部主任。因为他几乎是直接来自北平,我对他的报道很感兴趣。他说他 12 月底离开北平,其时傅作义将军还决心抵抗共军到底。但稍后当傅将军知道蒋委员长决定要引退,而和谈已日益得到公开的赞成时,他改变了主意而和共方谈判和平协议。

关于政府军队在徐州及东北所遭惨败,袁告诉我说,蒋委员长在其总部召开的中央政治会议上承认是他自己指挥作战的失算。袁说,他的亲戚卫立煌告诉他,虽然名义上卫是前线的总指挥,实际上他所属各部队的调动命令和有关作战行动的命令都直接发自蒋委员长本人,并不知会他。据卫说,他的军队的待遇很差,结果是士无斗志。由于中国武装部队的军官太爱钱和太怕死,他们是不肯尽力作战的。

当日下午,我在大使馆召开会议,中国空军驻华盛顿办事处的向上校作了如下的关于中国空军的报道。他说,中国空军现在还有三百架以上的飞机可以调往前线。为了作比较,他说当年和冯玉祥将军的叛乱作战时,政府军只有八架军用飞机;当抗日战争开始时,中国空军只有二十至三十架飞机。所以空军的进步是很可观的。他担心的是武装部队的士气太低。有的驾驶员写信给他解释为什么他们在高于九千英尺以上的空中飞行(在此高度向前线敌人投弹时往往会大量炸伤我军),这是因为他们对空军待遇太差极为不满。他们每月只拿到约五美元。他们感到不值得为此送命。尤其是由于一旦他们战死,遗族只能得到不过十美元的抚恤。因而他们问,死者家属怎能依此为生?

3 月 15 日巴大维将军对我进行了礼节性访问。他是派到中国去的美国联合军事顾问团团长,于 1 月 26 日奉召返国,顾问团则在 27 日宣布撤回。他告诉我说,他为了写联合军事顾问团的总结报告,在东京停留了一个月,刚刚回到华盛顿。我向他打听一连串的问题:我方军事防线意料之外地迅速崩溃的主要原因何在?如何恢复军事力量以稳定目前中国的局势?他认为局势的前景如何?

他颇为悲观,也许是为了要显得他们在 12 月和 1 月全部撤出中国确有理由而不得不如此表示。蒋委员长在离南京前半小时召见,他并告以引退的决定,使他颇为感动。不过他对军力的运用及军事形势有很多意见。他说此次崩溃有好几种原因。兵士吃不饱,军官软弱无能又不愿作战。空军未给地面部队以有力合作,而在与地面部队联合行动时只在九千英尺以上高空飞行,以致国军伤亡大于敌方。陆军、空军和海军都不愿作战。

指挥战事的司令官们如卫立煌、杜聿明等都平庸无能,难以胜任。卫立煌"好虚荣,不愿损坏他在缅甸赢得的声誉"。蒋委员长自己不得不直接指挥战役,而他本来是决不应如此做的。他为使卫立煌执行撤退命令而不得不以军法威胁,然而最后还是晚了两个星期。巴大维说,实际上在一年以前就应当下达撤退命令了。把困守城市作为主要目标实在是最坏的策略。这使共产党得以包围国军并饿垮他们。他认为重武器对国军只是包袱。巴大维说,要想恢复战斗精神,军队必须重新训练,饭要吃饱,饷要给足。而最重要的是,军官要配备好。

回忆起来很有意思的是:当我问起不利的军事形势及其原因时,几乎全部从中国来的客人的说法都相同。这些报道似乎一致认为中国军队的组织工作、指挥系统和实战指挥都有些陈旧,并且过分集中于个人的决断。看来中国军队不是按照现代的军事原则组成的。这使我回忆起当年魏德迈将军作为杜鲁门总统特使离美去中国前夕在华盛顿对我说过的话。他说中国的军事组织和部队都没有现代化,仍是按照过时的原则组成的。据他所知,按现代标准要求,中国没有一个将领能够合格地统率并指挥十万人的一支军队,更不要说再大的部队了。我不是军人,但从各方报道可以看出,指挥系统的混乱会怎样对战事的结局产生灾难性的影响。

在国军士气方面,这些报道表明普遍精神不振,实为作战部队所不应有。士兵因与高级军官相去悬殊,待遇低,营养不足,以及不得不在令人不满的条件下生活和作战而心中不快。其实整个体系都如此。当然,每次战局的进一步恶化,都使这些令人不满的情况更加严重,因而士气就更加低落。同时军官们就更加不愿意牺牲自己或认真作战。士气的低落并非自共军进攻开始。令人不满的情况早已存在,共军的进攻只是加剧了军队的不满而已。因此一旦国军受到实战考验时,这些条件就自然会带来不良后果,而这都是有经验的观察家们所能预料到的。

当我逐渐弄清楚这些情况后,尽管有内部消息,我自己仍不能解答的一个主要问题是:在我们如此成功地完成抗战大业后,为什么下坡路走得如此之快,以致已真正危及政府的继续存在,和怎样解释共产党如此之得人心。直到目前我还不大能理解这一点。

第二节　美国对中国政局动荡和
可能组织联合政府的反应(一)

1949 年 1 月中—2 月中

从 1 月到 3 月,争取美国援助的工作日益紧张地继续进行,但其重点可能与前有所不同。由于美国政府和国务院对中国坚持袖手旁观的等待态度,又由于经济合作署态度暧昧,要争取军援或经援,就必须转而求之于美国国会。我对美国政府对华态度的印象在我和朱世明将军的两次谈话中曾综合说明,一次在 1 月 16 日,一次在 19 日。第一次,我把最近和副国务卿洛维特谈话的要点请他转达给蒋夫人供她参考,然后我问他,蒋夫人在中国现状下对取得美援颇为乐观有何根据。我说,我的印象是美国政府正在观望等待形势的发展,因此执行更为消极的政策。朱世明对我说,蒋夫人觉得美国国会4月间要开会,届时总统将把问题提交这个立法机构。第二次谈话则是在蒋总统宣布引退前不多几天。我告诉朱,我自己对美国政府的对华政策的印象是,如蒋委员长辞职,他们不会流一滴眼泪,不过他们终归要帮助我们。这种印象因近十八个月来美国政府和国会中各派人士以及友好的美国人民种种表示而加强。他们的分析主要是把中国和国民党及共产党区分开,把中国人民和政府区分开,把国民党和其他党派区分开,而且把自由派和反动派区分开。我说,至于美国人的一般看法,无论朝野都希望看到中国有个"自由"的政府,然后他们再多加援助。他们在中国的反共政策和他们在世界各地的相同,这是毫无问题的,不过国务院却对中国共产党抱着万一的希望,以为也许会不同于其他共产党而对外国人采取较温和的政策。这就是我应委员长的要求,托朱世明带回国向他转陈的情况分析。原因以后还要提到。

至于经合署的态度,贝祖贻——我在1月18日晚餐时邀请的客人,对我谈起了他和经合署代表交谈的情况。他说他曾在一次午餐会上遇到格里芬和克利夫兰,他又一次要求他们拟订出一份下一年度继续援助中国的计划,但他们借口对中国的发展情况很难逆料不肯明确表态。他又向这两人问起关于把空运救济华北饥荒的美麦改运韩国的事。我们本来希望当华北沦陷于共产党之后把原指定用于华北的美麦改运到南方。但是贝说,格里芬和克利夫兰坚持认为改拨到韩国是明智的,因为上海和华南都存有大量麦子,可再供两个月之用。

1月20日是杜鲁门总统宣誓就职的日子,而21日则是蒋委员长从总统职位引退的日子。又过三天,在参加杜鲁门总统和夫人的首次对外交使团的招待会以后,我回到大使馆召集主要馆员开会,想派大家在外面分头打听国会中的气氛。我提出首先要弄清的是,在最近期间通过一项积极的对华援助计划有多大可能性。同时还要宣传中国的观点。我对大家说,要强调中国目前最需要的是道义援助,例如派一个美国代表团到中国就地调查情况,并以此项研究作为调查报告和一项援助计划建议的基础;以及由美国政府公开声明支持中国政府坚持和共产党达成一项体面和平的意向。

现在必须明确,我在和政府有关机构直接打交道以外提出问题时,赞成使用这种非正式接触的方法,并且认为是必须的。我经常强调花钱雇说客之不智和无效,同时着重说明和公众领袖及各行各业的中国之友们作及时、中肯的讨论的重要性。因此,1月13日在托马斯·沃登夫妇所设晚宴上我和八十一届新国会的众议院少数党领袖小约瑟夫·马丁作了一次有意思的谈话。他告诉我他愿意帮助中国,并为使中国在对共产党斗争中处于困境而感到可耻。我还和丘奇夫人谈了一会心,她是芝加哥众议员丘奇的夫人,丘奇去世后由她补任了她丈夫的众议员遗缺。她曾经当过蒋夫人的英语教师。当我为蒋夫人的光辉业绩和优美的英语向她致以敬意并说我现在已经知道蒋夫人是跟谁学的英语时,丘奇夫人说,“不包括她用的那些华而不实之词”。我问那么她跟谁学的呢? 丘奇夫人说:“从她念的那些书上学来的。”又加上一句说:“不过这回我注意到她已经停止使用华而不实之词了。”实际上蒋夫人的演讲稿除了那些华而不实之词以外都写得很不坏。这些华而不实之词有时使得记者们跑出去找字典。

于斌大主教在和天主教会领袖们交谈以后,于1月17日来访。他告诉我,天主教会方面正如最近波士顿大主教表现的那样,在帮中国说话。不过新教教会方面还需要作一些鼓动工作。我也告诉他,我一直在对新教教会方面下功夫,并请他注意最近在巴克希尔瀑布召开的新教教会会议上所表现的情绪。

犹太人是美国另一重要宗教信仰集团。郑宝南1月6日来访，并告诉我巴黎的联合国大会工作情况，特别是中国代表团在关于朝鲜问题的最后决议中所持立场。我也较详细地向他说明美国犹太人对于我国在联合国特别是在安理会上对待巴勒斯坦问题的态度颇为不满。这有可能对今后国会的援华行动有所不利。此间的犹太人威胁说要在国会内外反对援华。再加上他们在新闻、出版、广播和电影各界的影响，实在不可忽视。但郑（他和中国代表团参加了巴黎的联合国大会）说，中国代表团的调门已经降低了，刘锴在全体大会政治委员会上的发言可为例证。我指出，无论如何，我国和英国在对巴勒斯坦问题上的协同一致是很不幸的事。（我们实际上是它的共同提案国。）

不过，2月25日，以色列任命的公使爱泼斯坦还是因我过去为以色列讲过话而来道谢。他说他在联合国的同僚已蒙蒋廷黻见告，中国将承认以色列并将在接纳它参加联合国的表决中投赞成票。当我证实这消息时，他特别回忆起我1947年在成功湖举行的第一委员会上的发言，那次发言明白表示了我对犹太人的期望和同情，而且由于中国代表团内部意见的分歧，是在极端困难的条件下作出的。

与此同时，迪安·艾奇逊在1月19日被任命接替马歇尔为国务卿（马歇尔1月3日提出辞呈并为总统接受）。艾奇逊的提名是在7日由杜鲁门总统宣布的，曾引起一番议论。我在两周前已经收到关于此事的秘密情报。美联社和合众社都打电话来问我的意见，我均未表态。1月8日，有几位共和党参议员对此项提名发表不赞成的评论。特别是参议员惠里，他是艾奇逊在参议院的死对头。参议员范登堡似乎也不喜欢此项提名，并且说没有事先征求过他的意见。外交部长吴铁城从中国发来贺电嘱我转交艾奇逊。我将贺电压下并回电说，国务卿的提名要先经参议院通过后才能生效。

关于提名艾奇逊的议论，可以前溯到美国总统竞选时期。有些人提出，如果杜鲁门当选，他很可能是国务卿的人选之一，尤其是马歇尔业已表明,他诚心想退休已有多时了。在总统选举过后,特别是在马歇尔住医院以后,这种推测又流传起来。12月10日(1948年)我和蒋夫人交谈时,曾问过她,在和马歇尔晤谈时有没有察觉他将要退休(大约在他动手术之后三天)。可是她说,这次手术是他的医生很早以前就建议做的。看来她不同意那种说马歇尔要退休的消息。甚至没有想过这件事。

12月17日晚,我的二等秘书陈家博对我说,根据可靠消息,马歇尔即将去职而由迪安·艾奇逊或艾夫里尔·哈里曼继任。12月21日贝祖贻也带来消息说马歇尔要辞职,但是他说继任者将为当时的驻英大使卢·道格拉斯或哈里曼。像我在日记中记的那样,我还是比较相信前一个消息。第二天贝祖贻又来访。这次他说他听到马歇尔肯定要辞职,继任者将为卢·道格拉斯或者文森法官。这些都是猜想的不确实消息,可是游建文来告诉我同一消息,还要我暂时保密。

也在1月19日,我还和朱世明谈过话。朱也是为此消息而来,并且说,蒋夫人告诉他委员长召他回去。不过他想晚十天八天,等杜鲁门和艾奇逊分别正式就任总统和国务卿以后再走。他估计委员长要他汇报美国政府和国会关于中国的政策情况。也许要他在国内担任什么要职。他补充说,蒋夫人还让他带几封信给委员长。他还说,刚刚访问过蒲立德,蒲立德让他找我给他作有关杜鲁门总统目前态度的权威性说明。至于艾奇逊的见解,蒲立德要把他当做新国务卿前去访问并好好谈一次。不过艾奇逊能不能或愿不愿向他多谈这个问题还很难说。就在此时我向朱世明介绍了我对杜鲁门政府的地位和态度的分析,以便他能带回中国(向蒋)汇报。

过了几天,谭绍华来说朱世明按蒋夫人的要求即将回国。他说,委员长要蒋夫人回去,但她建议改让朱回去汇报。在此以前曾经提过他什么时候回国的问题。当然目前中国已到如此景况,我估计她无论如何也要留在美国过一段时间以观察局势如何发展。谭公使的报告证实我的推测。

1月25日我出席威廉·古德温先生在大都会俱乐部设的晚宴。席上共有十三人，包括蒙大拿州的埃克顿、佐治亚州的拉塞尔、佛罗里达州的霍兰、内华达州的马隆、华盛顿州的蒙特和加利福尼亚州的尼克松等参议员，艾尔弗雷德·科尔伯格先生、保罗·马歇尔、顾毓瑞和我的一等秘书陈之迈。古德温让我给客人们讲几句话，他自己先介绍了国际共产主义及其在中国和亚洲的计划作为开场白。然后我即席演说，对中国的共产主义作了一番叙述，并着重说明苏俄从一开始就看出中国在其世界革命和建立一个共产主义世界计划中具有的重要性。我给他们讲了关于苏联特使越飞早于1923年在中国外交部对我的谈话和鲍罗廷在为中国国民党筹备北伐中扮演的角色，讲到蒋介石的态度和清共以及随后的矛盾和冲突。

我在日记中记下了我想起来的演讲中的几句话：

> 如果亚洲沦于共产党统治之下，即使目前苏俄在西欧失败，它最终仍将取得胜利。如果它失去亚洲，即使眼前在欧洲得胜，它也完不成世界革命和建立一个共产主义世界的目标。它很理解这点，因而在它追求其目标并在亚洲推进其计划时有意将西方的注意力引到欧洲；而中国则是亚洲的关键。

这些话充分表明了我当时的看法，而我目前的感觉也还是如此。苏俄仍然希望和共产党中国恢复友谊。目前的不和主要是由于毛泽东的个性。在他去世以后，如果刘少奇一派重新得势，再度合作仍有极大的可能。因此，苏联一直认为亚洲最重要。

这并不是为了适合于现状而提出来的新警告，在亚洲也不是只有我一个人首先看到这种共产党接管大陆中国的影响。韩国驻美新任大使张勉1月25日来作礼节性访问，他感到一旦中国共产主义化，韩国也难以持久。早在1月16日，当我问新西兰总理彼得·弗雷泽关于建立东南亚反共联盟之事在伦敦进展如何时,他表示过类似的感想。弗雷泽回答说进展不大。他说此事曾经议论过,不过他怀疑,假如中国不能在长江一线挡住共产党,拟议的联盟还能起什么作用。弗雷泽说,如果全中国共产主义化,缅甸和印度支那就不能免于共产主义,马来西亚和印尼亦复如是。甚至印度也很危险。事实上,据他了解,马来亚和印尼的共产党活动已经是由中国指挥了。

在席上,蒙大拿参议员埃克顿在我演说以后私下对我说,他和我有同感,而且相信美国最终将尝到苦果并为自己的错误付出昂贵的代价。欧洲已经衰落,而美国却又想置身于事外。他说,虽然持他这种看法的人将来会增多,但目前仍居于少数。参议员霍兰问我,为什么中国共产党赢得人民的拥护而国民党政府似乎完全失去人心。我解释了国民政府面临的困难:要满足城市供应,要维持经济收支平衡,要依法办事,以及至少十八个月以来美国对武器军火和飞机的禁运等等。

参议员马隆刚从中国回来,就中国沦于共产主义对美国的危险作了有力的讲话。他就要在参议院发言,打算按他访问中国、暹罗、爪哇、马来亚、韩国和日本的旅途所见加以描述。他深知美国决心为它本身的安全制订国防战略非常必需,而中国和亚洲在它的全盘防御计划中又有多么重要。因此他最为关心的是抵御共产主义危险以保证美国的安全,而并非过多地为中国着想。他认为美国应当支持中国对共产主义的斗争。他认为美国目前的对华政策太不合逻辑。美国通过马歇尔计划援助欧洲,因而减轻了俄国供养东欧的重担而能集中其资源以全力攫取亚洲。综合起来,所有这些评论说明有不少人,其中包括国会的重要领袖,都能看到并理解中国发生的事件的意义及其对美国安全的极端重要的利害关系。

同日,谭公使报告说,众议员周以德赞成组织援华,但觉得在国会里支持这种援助的还属于少数意见。顾毓瑞报告说,马萨诸塞州众议员麦科马克(众议院新任多数党领袖),刚才带着于斌大主教去见杜鲁门总统。据顾毓瑞讲,杜鲁门告诉他们,和共产党联合就等于成立共产党政府,像波兰和捷克那样;中国必须自助。他还说,尽管希特勒有那么大的组织能力也没有成功,暗示共产主义俄国梦想独霸世界是不会成功的。

第二天,于斌对顾夫人说,杜鲁门强烈地反对共产党。当他告诉杜鲁门说,他和胡适都被共产党列入战犯名单时,杜鲁门说他一定也是其中之一。据于斌说,杜鲁门反复强调中国一定要靠自己。他埋怨中国浪费军事装备,在东北丢掉 33 个师。他也坚持反对成立联合政府,并认为那就像波兰和捷克一样,只不过是另一个共产党政府而已。说到末了,于斌说,杜鲁门总统对援华一事没有给他什么希望。

28 日我约于斌午餐,这次直接了解到他拜访杜鲁门的情况。他说星期二见到杜鲁门,杜鲁门对中国很同情,但没有在近期内援助的表示,他告诉于斌,自从日本投降后,已经给了中国二十亿美元的援助而未得什么效果。尽管如此,于斌说杜鲁门总统坚决反对任何地方的共产党统治。他认为在中国与共产党讲和是不可能的,并说如果成立包括共产党的联合政府,最后必以共产党政府告终。于主教说,他没有和杜鲁门争论,不过他评论说,中国人民已经厌战,并感到他们无力单独抗击共产主义。他的印象是美国不准备援助中国多少。当他和麦科马克众议员问道该怎么办时,杜鲁门回答说现在为时已迟,他们应当早点提出这个问题。现在他已经不愿再谈论中国,中国已到了即将为共产党所控制的地步。

于大主教又和我谈起怎样应付这种局势,我坚持现在为时还不过晚。我说,"我们全部的需要就是联合所有反共分子,抛弃一切分歧,为共同的目标努力,保全中国不要落入共产党手中,也就是免于苏联统治。"即使是杜鲁门总统(我是说那个由马歇尔在中国当特使时所代表的总统杜鲁门)和蒋委员长也应当捐弃前嫌和衷共济。我说，一旦美国看清楚我们不打算接受共产党的和平条件，美援自然会源源而来。不过如果蒋委员长再回来领导作战，他必须完成若干改革。我举出六条最重要的：(我一下子变成了政治家!)第一，必须邀请一套不自私、有勇气和有经验的顾问班子帮助他。第二，应当在真正的现代化基础上重组军队，由忠诚、精干和有经验的军官担任指挥。第三，应当用有为的年轻人替换那些老年官员。第四，制订任用文官为各省主席的政策以恢复老百姓的信任及合作。第五，实施照顾及任用年轻大学毕业生的计划，必须为他们谋出路和向他们逐渐灌输为国家服务的信念。第六，应在经济和贸易方面采取自由竞争的政策，以便人民易于谋生，并给外国商人在中国做生意的机会。没有这种政策，他们肯定会觉得不满并经常要批评政府。

再回到 24 日，我曾邀贝祖贻和李榦当晚便饭，以便讨论如何通过经合署取得援助之事。贝报告说，经合署仍旧有意向包括共产党在内的联合政府继续提供援助，而国务院也希望当共产党掌权时能通过提供经济援助如棉花、石油、粮食等物资把他们从莫斯科拉开。另一报告是由古德温(他是在华盛顿的对外联络人员之一)送交孙科院长的，内容说目前仍有援华的征象，以及美国反对中国共产党政权。当晚，吴铁城(孙科内阁的外长)电告该项报告的概要，问我是否属实。

两天以后，贝再次来访，他说经合署的霍夫曼和国务院的巴特沃思写了一份联合备忘录给国家安全委员会，建议继续对共产党区域提供经合署的援助。但是这项建议遭到安全委员会包括艾奇逊在内的一致否决。(这位新国务卿就在这天的记者招待会上还宣称美国对中国的政策"仍然不变"。)贝并报告说，经合署正打算把部分复兴基金用于台湾。贝说至少在他提问时克利夫兰没有否认此事。贝也有这种印象，即只要中国继续和共产党斗争而不投降，美国就要继续给予援助。不过他怕李宗仁和孙科的冲动或摇摆最终将导致投降。他赞成我的想法，即把我的见解致电委员长和政府,要坚持体面的和平,如果共产党坚持实际上无条件的投降,就继续抵抗。

贝还和进出口银行的高思先生会谈过。高思说,他认为美国已经在中国做了很多错事,决不可以再做承认和共产党组成联合政府的错事。但是他问贝,中国政府欠进出口银行的棉花借款怎么办,是否现在就应该让欧文信托公司出售中国银行代中国政府存在该公司的抵押品。显然,鉴于中国的局势,这家银行对这笔借款很担心。贝还说,当贝告诉高思,纽约州银行监理已经访问过中国银行的李经理,并认为不必急于出售抵押品时,高思才觉放心。贝说,出售抵押品的恰当时间是共产党接管在中国的总行之时。(由于进出口银行的担心,李榦大约在四天之后拟好并交给我一项归还该行借款二千二百万美元的说明稿。)

这天一早我开始拟电稿呈报蒋委员长、李代总统、孙科院长和吴铁城外长,陈述在与共产党打交道中应采取的政策。此电于次日发出。电中请他们务必坚持体面的和平,因为美国国会和公众舆论的民意测验以及政府中的情绪均表明,只要中国政府决意不接受无条件投降,他们就准备援助中国。

27日下午,我接待了驻华盛顿中央社的卢祺新,我们就美国国会的议论交换了看法,都认为对我国相当有利,但这种支持中国的情绪目前仍居少数。卢说,美国赞成我们抵抗而不要向共产党屈服。卢是个国民党员,他说他要和共产党打到底。卢还说,他准备就参众两院议员对援华问题的意见做一次民意测验。可是到了2月14日,他对我说,他没有进行这项测验,因为新闻界的朋友们劝阻他,他们认为目前中国的形势还很混乱不清。

这期间蒋夫人虽然去了纽约,但是还留在美国,朱世明给我的报告表明她将在美国住上一些日子。1月31日贝祖贻来访,说他曾应邀去纽约里弗代尔看望过孔家和蒋夫人。在回答他们的问题时,贝对他们说,华盛顿的舆论已开始转向对中国有利。可是当他问蒋夫人,目前她是否准备作些讲话时,她说现在还为期过早。他们还向他打听最近南京方面有否电讯。看起来,他们也急于了解蒋委员长离开南京以后的最新局势。

2月1日我赴古德温的另一次晚宴。又有一批议会人物在座。他们包括两位参议员:内布拉斯加州的共和党人巴特勒和密西西比州的民主党人伊斯特兰及五位众议员:俄亥俄州的共和党人克拉伦斯·布朗,佐治亚州的民主党人爱德华·考克斯,和亚拉巴马州的民主党人弗兰克·博伊金、乔治·格兰特及乔治·安德鲁斯。在政府和国务院都下决心,除国会业已通过的项目以外不再增加对华援助的情况下,中国只有一条途径,那就是我曾说过的——在于国会。因此我们在华盛顿一直设法引起国会足够的关心以转变其趋势。像在诸如古德温的宴会上作一些友谊性的讨论就可引起这种关心。这样也能让我亲自探测国会中的情绪,因为在美国,必须时刻知道华盛顿的立法机关在想些什么。

在宴会上,有一阵子讨论集中于黑人问题,因为当时国会有一些公民权利法案,作为杜鲁门的“公平政策”的一部分正待通过,而好几位客人是南方人,对此问题极其敏感。接着话头转向中国问题。我觉得全体在座者都很同情中国并准备做一点有助于中国的事。博伊金和考克斯相信如果蒋夫人能在国会作一次演讲定能对援华问题起到非同寻常的作用。布朗也愿意帮忙。伊斯特兰则认为没有办法能让政府同意进一步援华。不过他说,如果能商请参议员范登堡发起这项提案,政府由于要保持两党外交政策阵线的存在,是会同意的。关键是要使外交委员会中两位民主党议员与共和党议员一致。(共和党议员仍比较支持增加对华援助,而民主党议员一般而言则不赞成。不过南方民主党议员如座上的几位客人,则是传统的保守派而且非常反对共产主义。)

在答复客人们的问题时,我建议发表一项支持中国的政策声明和派一个由军事及其他专家组成的代表团去中国,制订一项援助计划。我说,1949年大约有十亿美元,就足够应付共产党问题之用了,考克斯问起参议员麦卡伦发言中提议用十五亿美元援华以遏止共产党的事情。在座的人都认为这项建议有可能付诸表决。伊斯特兰和考克斯认为，开支这笔款项是值得的，而且不必增税就可支付，因为今年无论如何可以实现二十五亿美元节余。大家认为，比起欧洲复兴计划来，这是个小数目而已。

次日下午我拜访了新任参院外交委员会主席的民主党参议员康纳利。我觉得他在发言中态度诚挚，彬彬有礼。我们用了四十五分钟谈论和平及美苏达成一项解决办法的可能性，以及对华美援的前景等。这位参议员甚表支持。他说他将向杜鲁门总统谈一下支持国民政府的政策声明，甚至他还可以经由他主持的外交委员会提出一项参议院决议案。他不希望看着国民政府垮台。我像往常一样，事后马上追记了谈话记录。并摘录于下以示康纳利在谈话中所表现的态度。

我先祝贺康纳利重新负责参院外交委员会，并将处理许多世界性的重要外交政策问题。

康纳利说，外交委员会有成堆的待办问题。现在每天开两次会。

我解释说，我特来拜访以表敬意并向他请教。我奉中国政府之命写一份关于向中国进一步提供美援问题的美国公众舆论和国会中气氛的报告。我说因为他担任了国会的关键职位，是反映美国公众舆论的镜子，所以我来看他。

康纳利说他非常同情中国，并且问我能不能把那里的真实情况告诉他。

我回答说，我国因共产党的问题而陷于极大困境。自从1931年日本侵占沈阳以来，中国连续打了十八年的仗，中国人民一直未得休养生息，现在渴望和平，这是很自然的。为了符合人民的愿望，中国政府力谋与共产党进行和谈，以便通过谈判求得解决的办法。不过政府越委曲求全，共产党的要求越高。我恐怕不可能达成一项体面的和平，战事行将再起。

为了举例说明，我指出，共产党首先提出了和平八项条件，政府已经接受这些条件作为谈判的基础。可是刚做到这一步,共产党又进而要求首先要实施第一项条件,就是立即执行逮捕和惩罚所谓战犯,战犯名单以蒋介石委员长为首,其中也包括我在内。

当康纳利由于我也在战犯名单上而表示惊讶时,我说,我对名列其中感到是一种荣誉,因为我同政府中的其他各位所致力的是要从共产党,也就是从外国的统治下保全中国的自由和独立。我问康纳利,他认为增加对华援助的前景如何。

他回答说,他觉得国会中的人都很同情中国对共产党的斗争,并对中国人民怀有深厚的友谊。他和许多其他人都愿意帮助,但不知如何帮助。

我说,就像我曾对很多其他美国朋友说过的那样,美国可以采取两个步骤:第一,发表一项政策声明,表示同情和支持中国反抗共产主义威胁的斗争;第二,派出一个以著名公众领袖人物为首,由军事及其他技术专家组成的代表团前往中国,就地调查研究情况,会同中国政府拟定一项合作计划,并提出为实现此计划中国需要而美国又可以提供的援助金额。这两项措施均不需增加美国的任何财政负担,因为要在代表团提出的报告经过研究之后才会对援助问题进行讨论。

随后,康纳利参议员说,他认为他可以按照我方才提出的意思,在国会中提出一项决议草案。(这是康纳利甚为同情的象征。)

我说,这样一项决议一定会大大振奋中国人民在反对共产主义战斗中的士气。在日本侵略时期,来自全世界,特别是来自美国的道义上的支持使得我的同胞们在极端困难的情况下加强了抵抗。

康纳利说,他的一位朋友曾在中国数年,最近回国并向他谈起中国政府的腐败无能,以及蒋委员长的亲戚们自己都发了大财等等。他不知道这些话的真实性如何。至于他自己则乐于帮助蒋委员长,因为蒋是一位伟大的领袖。但是要促使国会能对中国增加援助,他觉得蒋委员长需要把他周围的那些对他造成不可弥补的损失的亲戚和其他人赶走。他补充说,他的朋友还说中国人民已完全对蒋委员长丧失信心。如果此说属实,康纳利议员觉得是可悲的事,因为如果没有人民的拥护,任何领袖人物也不可能从事一项伟大的事业。

我解释说,中国人民对政府的不满主要起因于当前中国所处的情况,这种情况是由于先前多年反抗日本侵略和后来的反共产主义战事所造成的。征兵、征粮、货币贬值、物价飞涨,所有这一切使中国人民的生活十分艰困。正如其他国家的老百姓一样,当日子不好过时,他们就把一切归罪于政府。蒋委员长理解了人民要求和平的愿望,自己引退,并给人民一个机会,看看其他的领袖们在此局势下能做些什么。我问康纳利,他认为美国人民希望见到中国作出什么行动才能相信进一步的援华能用之有效。

康纳利回答说,如果中国决心反对共产主义到底,他可以肯定国会将乐意表决给中国更多的援助。这也许只是一种姿态,不过他知道国会议员们和美国人民都不愿意看到国民政府垮台。只要国民政府力图存在下去,他相信就会有美援到来。

我说,目前中国政府正试图与共产党达成某种体面的和平,不过我很怀疑是否能做到。如果意外地能达成一项体面和平,而且成立了联合政府(有可能是由共产党掌权),国会中人对此将如何看待? 会不会把这种政府和波兰、捷克、匈牙利或其他俄国卫星国家等同起来?

康纳利回答说,他看不出国会能信任任何这种联合政府,如果掌权的是共产党的话。

当我问,这样一个联合政府美国会不会承认时,康纳利回答说,如果中国没有其他的政府,美国完全可能承认它。

我发表意见说,中国反共产主义的斗争,实际上和杜鲁门总统在他的就职演说中再次肯定的美国国策的基本目标是一致的。

康纳利认为亚洲对于美国至为重要,美国对中国有传统的友谊。马歇尔将军过去对中国的重要性估计不足的做法是不符合美国传统政策和美国人民对中国的感情的。

我说马歇尔的用心是好的，只是在试图把政府和共产党拉在一起方面，似乎没有完全了解共产党的基本目的是不可改变的。

康纳利着重说，他知道杜鲁门对中国是友好和同情的。

我说我也觉得总统有这种心情。

康纳利指出，参议院不是制定政策的机构，政策的制定必须来自政府。他相信今后杜鲁门总统将更积极从事于制订美国的外交政策，康纳利将亲自向总统说明增加对中国的援助是合乎需要的。他不能肯定时间，不过他将尽早去谈此事。

我表示赞赏，并说当然要由康纳利决定去找总统说明此事的适当时机。不过我敢肯定以他的地位和经验智慧，一定会使总统重视此事。当康纳利说因为总统本人要负制定政策之责，他很难预料他能给总统多大影响时，我表示同意他的话，不过我发表意见说，如果没有参议院，特别是参院外交委员会的紧密支持和合作，没有哪位总统能够成功地实施他的政策。至于杜鲁门总统，据我看，他似乎一直重视和国会增进友谊并指望其支持。杜鲁门和罗斯福总统大不一样。

康纳利着重说，"的确如此。"罗斯福总统喜欢按他自己的方式推行他自己的想法，而不大考虑到国会的合作。有六年之久罗斯福总统和他之间关系冷淡。这是因为罗斯福总统想改组联邦最高法院以便安插私人为最高法院法官为其所用，而康纳利反对此项提议。罗斯福坚持其提议，而他和其他参议员们成功地唤起公众舆论并取得美国人民对参议员们意见的支持。罗斯福的办法从根本上违反美国宪法三权分立的精神和基本原则，以至会动摇美国民主制度的基础。

当我和康纳利开玩笑说，他一定曾列入罗斯福总统的"黑名单"达六年之久时，他点头笑了起来。他说，六年以后罗斯福为了弥合此事曾请他到白宫去。他对罗斯福说，他反对罗斯福改组联邦最高法院之议是因为罗斯福的想法是错误的。我问他,那么罗斯福怎么说。他回答说,罗斯福表情严肃,瞪了他一眼,保持缄默。

我接着说,我对康纳利在参议院外交委员会全力支持艾奇逊国务卿颇感兴趣。

康纳利说,只要艾奇逊的政策是正确的,他就支持。他接着说起参议员布里奇斯曾公开发表声明攻击艾奇逊,说他和阿尔杰·希斯(希斯曾被控为共产党并在40年代初参与间谍活动,于1948年12月以伪证罪被起诉)有牵连。当我指出康纳利似乎对此种攻击作出了有力的回答时,他说,有的人每当外交政策上出现某些严重争议问题时,就乱扯不相干的事,实在是荒谬之至。(由于布里奇斯是共和党人而康纳利是民主党人和外交委员会主席,我想康纳利一定要保卫民主党政府的国务卿的。)

康纳利的好意接见对我并非意外。我们过去在旧金山会议和后来在联合国都合作得很融洽。在联合国初期,美国代表团经常有两位参议员和两位众议员担任顾问。他们要参加委员会的会议。康纳利和我一样经常出席第一委员会——政治委员会。我记得有一次他和维辛斯基发生冲突。他骂维辛斯基说谎,以致我们都担心起来。幸亏翻译很聪明。他只说,参议员康纳利说维辛斯基提出的有关某某事情的说法与事实不甚相符。于是会议室内的空气一下子平静下来。

埃德加·莫勒,著名的报纸记者,是2月4日来访客人之一。他很关心中国的局势,谈起中国争取美援的最后一张王牌。按他的意见,可由蒋委员长发表一系列文章,按其耳闻目睹和亲身经历,论述美国的对华政策,例如史迪威企图逼迫他支持共产党;杜鲁门总统施加压力要他和苏俄签订一项条约以贯彻没有知会或征得中国同意而作出的雅尔塔协定;以及马歇尔出使中国要促成一个和共产党合作的联合政府。他说蒋夫人以及诸如赫尔利、蒲立德、陈纳德这些美国人都已不遗余力地做尽了工作,但美国政府在援华问题上依然无所行动,因为它仍然处在马歇尔将军出于对蒋委员长怀有私愤而制订的"袖手旁观"的对华政策影响之下。

我一直认为,当马歇尔任国务卿时,他的影响左右着美国的外交政策,尤其是对华政策。甚至在他离开国务院以后仍旧是一个因素,并留有其印记。以后我还打算说明如何杜鲁门想有所作为,但被以前在马歇尔时期他已经做过的事所束缚的情况。此外,他的新国务卿艾奇逊也赞成"袖手旁观"的对华政策,艾奇逊以他自己的方式影响杜鲁门总统,一如马歇尔之甚。

迪安·艾奇逊1945至1947年在国务院任助理国务卿,先在贝尔纳斯手下,后在马歇尔手下。艾奇逊不同于马歇尔,他在任国务卿以前已是外交老手,精通外交术和国际法。他是有说服力的演说家并善于写作。他曾在英国学习,得过罗兹奖学金,并且很成功地开业当过律师。他一度是最高法院费利克斯·弗兰克福特法官的法律书记,出色的律师和哈佛大学教授。因此,当艾奇逊和杜鲁门交谈时,杜鲁门总感觉受到一位学识渊博,像雄辩家一样的能干人的影响。可以想象,杜鲁门由于意识到本身所受教育和外交知识相形见绌,所以在不知不觉中折服于艾奇逊的见解是很自然的。因而,艾奇逊在这种情况下具有很大的影响,而马歇尔的影响则是来自于他策划了第二次大战战略的丰功伟绩。马歇尔是一位英雄人物,他之被任为国务卿只不过是酬勋而已。

简言之,马歇尔对杜鲁门的影响是由于杜鲁门的英雄崇拜和高度的尊重感。杜鲁门还推崇马歇尔为中国问题专家,因为马歇尔曾亲身在中国工作过。至于艾奇逊,我认为他的影响纯系来自知识方面的成就。甚至艾奇逊有时由于他在知识方面有优越感而显得傲慢,杜鲁门还是佩服他。不过杜鲁门不像喜欢马歇尔那样喜欢艾奇逊,因为马歇尔总是像军人那样尊敬杜鲁门和服从他的直接指示。

关于此点,我可以引用戴维·劳伦斯在2月24日弗雷德里克·布鲁克夫妇为于斌大主教举行的宴会上所讲的话。他觉得杜鲁门很想亲自指导美国的外交政策,可是他缺乏这种经历和关于中国的知识,又没有时间去研究;所以他还是要多倚仗艾奇逊。艾奇逊是一位律师,具有律师的头脑,这和马歇尔将军那样的军人头脑虽然不同,但有类似的短处。此外,还要顾及那影响犹存的马歇尔政策。

关于莫勒建议由蒋委员长撰写一系列文章之事,他说,如果蒋委员长同意的话,"报业联盟"可以负责发表。他还说他希望能见到蒋夫人以便说明这个计划的重要性,并提到他可以领着"报业联盟"的库尼奥一同去。他坚持要我为他安排一次会见。虽说我觉得蒋夫人不见得会同意见他,而且委员长也要反复熟思以后才会决定公开一些事实的真相。不过我还是为他写信给蒋夫人,美言叙述此事并问她能否接见莫勒。果然不出我之所料,蒋夫人没有接见莫勒。他14日打电话给我说,虽然他请游建文安排一次会见,但他没能见到蒋夫人。莫勒的结论是委员长将重掌大权,这才能解释为什么蒋夫人不赞成他的主意。我觉得他得出的结论是正确的,他意识到了此点。

2月4日在莫勒走后,宋子良来访并征求我的意见。他说世界银行理事会开会讨论了停发执行董事和副董事们的全薪问题,并指定他和比利时、古巴理事成立三人委员会研究此事并提出报告。英国对这个意见主张甚力,而美国态度冷淡。不过财政部长斯奈德早在9月里和斯塔福德·克里普斯会谈时一时疏忽,同意了考虑这个问题。宋子良来征求我的意见是因为事关机密而当时他又不知道财政部长徐堪在何处。(似乎"迁都"广州之际,任何人都很难找到。)我建议,按照我们外交政策常循的方针,在英国坚持相反的立场时,我们要向美国的看法靠拢。我告诉他,在财政和经济方面,我们只有多多倚仗美国的援助,而英国目前拿不出什么来。(我想我在这种环境下变得更现实一些,别人也不会诧异的。)

在此时期为取得汽油出口证的麻烦问题又找上门来。使馆商务专员刘大钧 4 日来要求帮助斯特恩公司申请出口证,以履行中央信托局和斯特恩公司的代理人中国石油公司之间签订的汽油合同。斯特恩公司本身又是美国城市石油服务公司的经销商。问题是我们同意的价格五十美分太高了。经过大使馆和空军向南京报告情况后虽已减低至四十三美分,外加相当于三美分的中国货币作为杂费,我们仍决定再一次向南京发电报请示,因为城市石油服务公司答应以低于四十一美分的价格直接销售给我们。

直到 3 月份,价格问题仍然未得解决。3 月 1 日,刘大钧为斯特恩公司的合同事前来请示,是否可介绍其申请出口证,我告诉他等价格问题澄清以后再说。他又请示,美商务部鉴于中国局势不定,拒绝将中国列入第二季度出口配额表中,应如何对待。因美国商务部宁愿从备用配额中供应中国所需,以便对中国局势的发展(例如可能形成一个共产党为主的政府等等)能够灵活应付。我指示刘目前不必强求固定的配额。以后,如果为取得任何特定物资发生困难时,我们可以找国务院去交涉。

2 月 5 日晚,李榦来报告另一桩经合署的不利决定。他说经合署的克利夫兰请他前去。他去了以后,克利夫兰告诉他一项不再运送棉花去上海的决定。在途的要改运朝鲜和日本。对已签订并已开出确认书的合同均将由经合署接管。对已签订但尚未开出确认书的合同,经合署也将接管并转作其他用途。李榦说,他以这项决定对中国的局势将起到不良的心理作用为理由提出争议,但他并没能说服克利夫兰改变其主张。克利夫兰说,经合署不能冒完全损失的危险;因为在共产党推进的情况下,上海形势非常没有把握。这又一次因形势不稳而使美国政府机构不肯伸手相助。

2 月 8 日我得到一项秘密消息,说外出到日本的陆军部长罗亚尔将偕同魏德迈将军到台湾或上海去看望蒋委员长,讨论援华事宜,条件是不得使美国卷入战争。我想这可能只是陆军部长的主意,因为这并不反映国务院高级主管人的想法。约两星期后,我在一次宴会席上见到魏德迈,他在回答我的问题时说,蒋委员长通过驻日盟军总部的中国代表商震将军请他们到杭州或宁波一行并会谈。他说他本准备前往,但当此问题提到奥马尔·布莱德雷将军那儿时,布莱德雷电告他们不要接受此项邀请。魏德迈还说,罗亚尔部长很喜欢出风头,他本来是会乐意和蒋委员长见面的。

从2月8日秘密消息中,我还获悉共产党对沈阳美国领事的态度变得不好起来。共产党试图接收美国新闻处。美国领事未予同意并向上级请示。因此,这件事使得国务院感到头疼。人们当可回忆起前些日子国务院还曾因共产党在接管后对待驻东北的英、美领事馆人员态度颇好而感到满意。

2月9日,雷诺金属公司的许仕廉来告诉我说,该公司正推动进出口银行贷款以扩展台湾的制铝工业。雷诺公司为此已和中国资源委员会签了合作的合同。他为此事刚去会见了进出口银行的高思先生,高思对他说,他因共产党在中国的进展而感到沮丧。高思认为美国应当帮助中国,觉得美国政府在过去的政策上犯了许多错误。这和他对贝祖贻所谈相同而且颇值得注意,因为高思过去对中国局势的看法并不总是友好的,对中国政府更加如此。据许先生说,高思还说和共产党合组联合政府就意味着共产党执政,而他是反对的。但是他认为蒋委员长不应当再掌权,因为这一步会深深伤害美国的感情。蒋委员长只可支持中国任何决心反抗共产党的政府。在此情况下,高思认为美国肯定会予以帮助。

许先生还说,该公司雷诺兹先生与杜鲁门总统颇为相知,又是国家资源委员会的成员。他问我,由一个国会的委员会来对杜鲁门总统的中国政策提出建议是否合宜,因为杜鲁门总统不希望过快地变更马歇尔的政策,而该委员会以副总统巴克莱为主席和雷诺兹作为成员,可以分担他的责任。我说这是一个好主意。

2月10日我早上第一件事就是找来皮宗敢武官问他是否可

以提供长江防线或从杭州伸向西南经南昌直抵长沙的一连串山区防线的一些资料,这是作为防止共产党前进的分界线。我还需要资料说明尚有哪些政府军队可用,还要从美国获得多少武器给养以供坚守该防线之需。我向皮武官提出这些问题是由于我接到两位美国朋友的情报。一位是直接从中国来的传教士欧文·怀斯牧师,另一位是商人弗雷德里克·麦基。二人在前一天分别来访,并告诉我他们曾分别和国会中的朋友们交谈,发觉他们都同情中国并乐于给予援助。但是他们两人都问我们自己还能有何作为,以及能否运用美援固守一道反抗共产党的防线而不需美国军队的直接帮助,美国人民是反对派军队到中国打仗的。

他们的话肯定了我自己对当时美国和国会的态度的印象。但是所提出的问题由于代总统李宗仁和孙科内阁之间的分歧(尽管双方都公开否认,而报纸仍继续报道)而非常复杂化了,皮武官提议,如果我批准的话,他想回国一行,以便就地调查研究情况,和政府领袖人物晤谈,然后向我汇报,究竟需要取得何种援助才能守住防线阻止共军的前进。前文提过,当时他对真正的军事情况也一无所知,就像毛邦初一样,当时连国防部在何处也无从获悉。

五天以后我拜访国务卿艾奇逊,讨论三个问题并问他对这些问题的看法。第一个是关于中国的形势。我对他说,也许他已知道,中国政府曾尽最大努力谋求和共产党达成一项和平方案,可是进展不大。其原因是共产党似乎并不像政府那样盼望和平。不过政府鉴于中国人民对和平的强烈愿望,必将继续努力,但如果和平不可得,恐怕战事必将再起。我对艾奇逊说,中国人民迫切希望和平,但不是任何条件都可接受的和平。他们需要的是能够保证国家独立和在宪法保护下享受他们的政治权利的和平。换句话说,政府竭力以求的是不受任何外来操纵或统治的和平。

我接着说,中国政府鉴于其谋和努力有失败的可能,希望了解美国政府对目前中国局势及其可能发展趋势的看法及反应。

我说我并不是要求国务卿作出美国对华政策的保证或正式声明。我解释我国政府的意图是希望得到有关美国政府对中国的态度的消息,以便一旦时机需要,能够在了解美国和其他关注中国局势的主要国家看法的情况下,配合形势作出新的决策。

艾奇逊显得有些尴尬,或许对他所能说的话信心不足。他犹犹豫豫地说,对我的问题不知如何作答。

我说我充分理解到中国的局势对中国本身说来最关重要,也只有中国自己能找到解决的办法。但是鉴于无论中国可能作出何种决策,都对远东和总的国际形势有极大关系和影响,中国不希望在没有事先虑及主要有关大国的态度和见解的情况下做出决定。我说我知道,如果我向政府报告说美国政府不关心中国的局势或者对其发展无动于衷,那是不正确的。

艾奇逊说:"当然不是。"他接着说,不过中国的局势已经到了如此程度,他不知道美国政府还有什么可以为力之处。中国目前面临的形势和三年前相同,只是现在的形势使中国处于更严重和不利的地位。三年前,马歇尔将军试图帮助中国政府找到解决办法并提出了相应的建议,但毫无效果。因为中国政府和共产党双方都不肯进行合作。自此以后中国政府自作聪明地犯了那么多的错误,以致它的军队已经拒绝再和共产党打仗。

在座的巴特沃思先生要求准许他向国务卿解释一下,即在国务卿未就职以前,中国政府曾经要求美国、英国、法国和苏联四国调停它和共产党的冲突。中国政府在照会中也请四国提出建议或意见。此项要求在提请美国最高当局考虑之后,对中国政府作了答复,其内容与方才国务卿所讲的大都一致。答复指出当马歇尔将军作为总统特使在华时,曾对中国政府就各种问题提出了相应的建议,但均未被采纳。鉴于此种情况,美国政府目前认为再提建议亦将无所裨益。

我说那都是对的。不过我希望指出,我目前并非要求提出任何建议或意见,我只是表明我国政府希望了解美国政府对中国形势的反应,因为中国政府认为在决定其下一步行动之前应当事先了解各主要大国的看法。

艾奇逊说,在过去一百年中,美国执行的是一项对中国非常友好的政策,而在近五十年来,美国政府一直设法鼓励中国维护其独立和主权。例如已故富兰克林·罗斯福总统对中国怀有十分深切的友谊,他一心帮助中国的行动使得美国在珍珠港事件之后卷入了第二次世界大战。(我不知道这是不是对历史的正确说明。)这位国务卿接着说,大战以后,美国给了中国各种帮助。它解除了在中国的日军武装,遣返了日本战俘,并给中国以财政援助。其后马歇尔将军奉派去华帮助中国政府解决和共产党之间的政治问题。艾奇逊说,现在中国形势之严重远非马歇尔出使之时可比,他不知美国还能对华再作什么进一步的援助。

我说,我愿意坦率讲话。中国政府是犯过错误——有些或许是可以避免的错误,使得局势恶化。有些事本来可以做好以防止中国军队的士气如此低落,然而没有做,以致在战事上受到一连串的挫败。但是中国所遭受的困难并非完全由于自己的过错。像雅尔塔会议的决定就对形势起了不利的作用,特别是在中国东北,共产党的优势就从那里形成。我解释说,我并非想卸责分谤,只是希望说明各国政府的政策和行动是如何地相互影响,所以我国政府希望了解美国政府对于中国形势所采取政策的某些内容。

我说,我刚才已经解释过中国政府谋求那种和平,那就是有自由的和平。换句话说,中国在谋求和平解决的同时也谋求确保中国的独立和不受外来的侵犯和统治。我觉得,鉴于美国的传统政策,这一定也是美国对华政策的目标。

艾奇逊完全同意。他说,美国一直盼望着中国能不受外来的控制或统治,并希望见到中国在民主道路上取得进展。但实现这种目标必须中国自己来做。他不知道美国怎样才能帮助中国实现这些,不过如果我有什么建议的话,他是乐于听取的。

我说,艾奇逊先生刚刚提到的美国对华政策的目的已在总的方面答复了我的问题。我相信当我将这些话向我国政府汇报后，我国政府一定会感到振奋。

至于援助的实际措施方面，我说我一直认为如果美国按艾奇逊先生刚才表示的富有同情的各点内容，发表一项美国对华政策的声明(或者更应当说是再声明)，那将对中国人民起鼓舞作用。继此声明后再派一个以显要的领袖人物为首的美国代表团前往中国调查当地局势或提出一项援助计划，实为很有价值的可行办法。由于见到艾奇逊颇为迟疑，我表明并不急于要他立即答复我的建议，而是留待他详为考虑。我接着提出我的第二个问题，即关于美国在日本的政策问题。当我们对这问题讨论了一些时候以后，我又提出经合署继续对华援助问题。

我说，最近经合署曾停止对中国东北和华北的粮食和其他商品的发运。尤其是在共产党当局没收了存在天津和北平的大米和面粉之后，这种行动本是可以理解的。不过停止对上海发运棉花却引起中国政府和上海人民的不安。棉花是维持中国纺织工厂继续开工的主要原料。上海的纺织工业占全中国百分之五十以上，雇用了近二十五万工人。停止对上海发运棉花会造成这些工厂瘫痪，工人失业。从而使上海这个大都市的社会动荡不安。因此我希望了解对上海停运棉花是否表示政策的改变，抑或是出自某些别的考虑。

巴特沃思说，这并不是停止供应，只是由于上海存棉量已经很大，而经合署考虑目前的中国形势，不愿意在上海储存过多的棉花，因而暂缓一下。

我承认上海确有存棉，但是我说，这批存棉至多只能维持到3月中旬。除非即日恢复发运，不然再过一个月中国的棉纺厂就都要关门。

据巴特沃思了解，并无对上海停运棉花之意，而是要在存棉量减少以后再恢复发运以保证棉纺厂继续开工。

艾奇逊说，目前由经合署掌管的国会批准的美援，将适当考虑形势之变化继续执行。

我说这已经答复了我的问题。

事后我记下了对这次谈话的印象：

> 和艾奇逊的会晤即使算不得紧张，也算得吃力。他似乎没有认真思考中国的局势，或是已形成某种结论。我的印象是他并未把中国的局势放在十分重要地位，而是全神贯注于欧洲的局势和北大西洋公约。巴特沃思和往常一样，力图否定我的论点或者用讥诮的语气帮助艾奇逊回答我的问题。

2月18日，于斌主教来问2月15日我和艾奇逊国务卿会谈情况。他说他也盼望和艾奇逊会谈，并要提出同样的看法和要求同样的援助——美国政府对中国与共产党斗争的政策声明，和派出一个综合的代表团去调查那里的局势以及和中国政府商讨一项合作与援助的计划。他告诉我，众议院多数党领袖麦科马克要代他向艾奇逊约定一次会见。他还说，麦科马克14日在国会对援华问题作了一次很好的发言。

在结束本节之前还要再记述一事，那就是免去了我在远东委员会的职务，至少在形式上是免去了。2月12日接到外交部发来的电报说，鉴于我大使职务的重要性，政府决定我不必再兼任远东委员会中国代表团团长，并另指派李惟果担任此职。此事有些出乎我意料之外。中国国内局势已到如此关键时刻，外交部居然还以远东委员会的工作为念。事实上，除了担任主席的美国和菲律宾以外，每个国家的代表都由该国驻美大使兼任。法国甚至在最近特为召回其远东委员会法国代表那齐亚，而指派其驻华盛顿大使亨利·博内兼任此职。不过我还是高兴解除这项兼职，特别是考虑到我的兼差实在太多。

我在日记中记着，显然李惟果的任命是为了给他一个职位，并未很好想及未来要做的工作。我在前面曾提过，很多人想离开中国。而这种想法在委员长引退以后尤为显著。李先生在重庆时曾在委员长侍从室秘书处任职,同时兼任宣传部副部长。他是国民党统治集团的一位年轻有为的干员。曾受过良好的教育,在美国的大学里得过哲学博士学位。他的英文说写俱佳,而中文也颇高明,是一位不可多得的通才。在如此估计形势和李惟果想离开中国的心情后,我很高兴地发出了我的辞呈。3月5日我收到外交部电报通知,批准我辞去远东委员会代表之职并正式任命李惟果接任。

第三节　美国对中国政局动荡和可能组织联合政府的反应(二)

1949年2月中—4月中

当1948年援华法案结束之日临近时,中国外交部开始草拟一份1949年的美援计划,以便提交美国政府。但是由于中国形势迅速恶化以及美国政府不愿在面临许多不肯定因素之际承担义务,遂使这些计划过时。2月16日,在我和艾奇逊会晤后之次日,我嘱咐贝祖贻和中国技术代表团的李榦研究一个由我提议在华盛顿就地编拟的援华计划纲要,准备提交美国经济合作署。我告诉他们说,外交部的计划已不再适用。例如华北和东北暂时只好置于我们的计划之外。

2月18日,我在大使馆又召开一次会议,武官们都参加了。会上讨论修改军援计划,以便提交美国政府。这是鉴于原计划是在五个月以前草拟的,从那时以来中国情况已有所变化。问题在于要执行政府对于修改此项计划的指示,首先要弄清若干主要情况:与共产党的和谈能否成功? 如能成功,那将是什么性质的和平和需要什么? 是否还要求美国给予军事性质的援助? 如果和谈失败,我方将退守哪一线——长江沿岸或更南的防线? 防守多久? 我们还有多大的兵力、装备和飞机? 还需要何种补充? 已提供的一亿二千五百万美元军事物资都派了什么用场？我说，美国国会肯定要提出这些问题，尤其是最末一个，像原拟计划那样，只说明我们需要的品种和数量是很不够的。

与会武官们一致同意应当向政府问清楚我所提出的那些问题。他们对政府拟订计划缺少真实性而感到失望，或者更恰当一点说，没有考虑到他们在华盛顿的工作需要。经过上午的会议和以前的讨论，下午我又找了谭绍华公使、王守竞博士、傅先生等人会谈，主要由我指示他们如何起草一份电稿，建议政府对该项美援计划，包括经济和军事两方面，进行修改，同时也请对在华盛顿进行此项修改工作给予指示。

2月24日接见中国来的前中央大学教授李振鹏。我在记述他前此来访时提到他是李宗仁代总统派来了解美国对中国的态度的。他强调有两点特别重要：1.美苏战争何时爆发；2.美国对以李宗仁为首的现政权能给多少援助。他说他曾和李宗仁总统作了两个小时的谈话，而且就在他离开南京首途来美之前还曾和美国大使司徒雷登交谈。

李先生本人是赞成与共产党言和的，他说南京即使想抵抗也做不到，因为已无可战之军。他在说明这些以后，所讲的国内军事上的挫败实在令人伤心。他接着说明他为什么要了解关于他所提两点的情况。他说，如果美苏战争很快爆发，南京就不再谋和。至于南京政府在和谈中是委曲求和还是在谈判中坚持取得一种体面的和平，则全要以美国究竟能给李总统何种援助而定。

我告诉他，美苏之间的战争在近期是不会出现的，而美国对华的援助则取决于我们是决心抵抗共产党的进逼，还是屈从于一项无条件的和平。在美国援助我国之前，我们必须先下定决心和奋发自强。不过我说，在美国是把一个联合政府看作共产党政府的。如果李宗仁同意和共产党组成这种政府的话，美国很可能不给我国任何援助。这次谈话给我的印象是这位李教授也许是和受到司徒雷登鼓励的所谓"自由集团"一路的，并和诸如立法院长童冠贤、李宗仁的英文秘书和亲信甘介侯,以及李宗仁的另一位英文秘书邱昌渭等一起反对孙科一派。

他所提美苏之间是否要爆发战争的问题并不是带有某些政治倾向的中国人的一个新问题,不管这些人的观点是自由主义的还是保守主义的。例如在1948年12月6日,陪着中国青年党领袖曾琦到华盛顿的该党重要成员刘东岩曾来问我,美苏两国之间爆发战争的可能性有多大。我回答他说,美国肯定不愿意发动战争,而苏联对战争的军事准备也还没有就绪。这就是说,苏联和美国处于同等情况,谁也没有准备好在近一二年内打仗。因此,在此期间是不会有战争爆发危险的。不过我还告诉他,美国了解苏联在推行一种完全现实主义的政策,如果苏联看到美国的军事准备取得大规模的进展,它可能改变态度,并且寻求某种与美国和平相处之道。

第二天,2月26日,李教授再来,带来两封电报稿,要我代发。一封给李总统,一封给立法院院长童冠贤。给李总统的电稿中说,美国很同情李总统为取得中国和平所作的努力,但美苏之间爆发战争的可能性不大。我读后对李教授说,他的前一点说法不甚正确。我解释说,虽然美国没有明说,但我的印象是美国对中国寻求一项无条件的和平是否合乎理想和妥善抱有很大怀疑。我又重复说,美国对和共产党一起组成的联合政府的看法是,最后终将证明这与一个共产党政府并无区别。(这一点杜鲁门总统曾向于斌大主教申明过,而众议员麦科马克14日在从议院的演说中也作了相同的说明。麦科马克这个说明相当重要,因为他在演说前刚刚见过杜鲁门总统。)李教授听了我的解释后,把电报修改了一下,说是美国对李总统旨在为谋求和平正在作出的努力甚表同情,并对之甚为注意云云。

在贝祖贻为刚从中国返美的经合署驻华代表团长赖普汉举行的午宴上,我乘机探询赖普汉对中国局势和美援问题的看法。他对恢复美援一事不置可否,不过克利夫兰同时在座,他说经合署可能提出的建议是将尚未动用的援华拨款的决定使用期限从今年 4 月 3 日延至年底。

2 月 27 日在美国商会会堂由多萝西·汤普森女士作一次学术讲演。她是一位以主持"会见新闻界"节目闻名的女记者。这次学术讲演是根据大使馆的建议，由美国援华联合总会的华盛顿委员会主席布鲁克夫人出面组织的。大约有五百位华盛顿的知名人士参加，其中包括由诺曼·利特尔夫妇陪伴来的意大利驻美大使塔基阿尼及夫人。利特尔是华盛顿的一位律师，曾任司法部助理部长。学术讲演很有说服力，因为汤普森女士用丰富的事实和论证分析了俄国的扩张主义和苏联的共产主义，并且批评了美国的对华外交政策。主持讲演会的田纳西州的参议员凯弗维尔说，这是对局势的极有力的叙述。

当晚为汤普森女士举行晚宴。客人中有西弗吉尼亚州参议员基尔戈夫妇，内华达州参议员马隆夫妇，利特尔夫妇，布鲁克斯夫妇，坎贝尔·刘易斯夫妇及魏德迈将军等。每位先生都由布鲁克夫人邀请讲几句话，并请汤普森女士最后发言。我头一个讲话，感谢汤普森女士的讲演和布鲁克夫人组织开会。接着参议员基尔戈讲了一些外交词令和避免表示任何肯定见解的不着边际的话。可是参议员马隆却强调说美国的外交政策不仅是错误的，而且实际上并不存在。他说马歇尔计划是谬误的，不可能达到目的。它的构思是错误的，将使美国受到损害。那些国际贸易协定将会损害美国的经济。为了美国的安全，美国政府应当指明哪些国家的安全被认为是美国安全的一部分，如果遭受到攻击，美国就要加以保卫。就像当年门罗总统宣布他关于西半球的和平和安全的主义一样。

刘易斯夫人向参议员基尔戈提了不少试探性的问题。他都避而不答，反而提出了一些自己的问题。我在回答其问题之一时说，中国希望见到美国发表一项关于中国反共产主义斗争的政策的明确声明，并派一个由各方专家组成、由一位重要的美国领袖人物为团长的调查团前往中国,研究和商订援助及防御的方案,并报回美国以供考虑。

2月28日我收到一项颇有意思但又令人心烦的消息。内容是艾奇逊在国会中和大约三十几位共和党议员们的谈话。这次关于中国形势和对华政策的谈话结局很坏。由于周以德追问国务卿不放,以致艾奇逊发了脾气,他的脸色由红转白,抓起大衣和帽子而去,并且说,再谈下去也没有用,因为什么也谈不通。这则消息谈到,艾奇逊借口蒋委员长的政府腐化无能来为其"袖手旁观"的对华政策作辩解。后来听说就是在这次会晤时,艾奇逊说出了以后常被引用的语句,说他在"尘埃落定"之前无法预见中国的前途。德鲁·皮尔逊在《华盛顿邮报》"旋转木马"专栏中写道,据传艾奇逊向众议员们说:"很大部分给予中国的美援不是用来和共产党作战,而是进了蒋介石的左右的私囊。"这篇报道说,就是这段话受到了众议员周以德的非难。

同日我收到一份机密情报,说国务院扣住经合署一笔作为救济中国学生的五十万美元拨款,因为怕中国大使馆会坚持由它来发放或者控制此款。我还听说,大使馆负责留学生事务的公使衔参事陈之迈博士是被攻击的目标。其实大使馆并没有这种意图,实际正与他们担心的相反。我在说明此事之前先介绍一些有关的背景材料。

1月16日中国技术代表团的秘书长李榦博士来要求大使馆向南京提出恳切的建议,授权动用经合署援华拨款,接济留美中国学生在汇款未到期间所遇到的困难。他说,这个问题是非解决不可的,解决这个问题可以多少减轻一些留学生们对政府的反感。我前此已经提到过那些全靠官费或半官费的留学生们所面临的困难。即使是自费留学生也申诉他们购买外汇的难处。因此,一段时间以来,大使馆已接待过要求接济的来访和申请。

我曾设法促使教育部为所谓"第二批自费留学生"们解决一些困难,有些成效。政府同意批准这些留学生的家庭按原定最低官价而不是改订后的市场汇率结汇来接济其在美留学的子女。可是随着政府处境日益恶化，留学生们的困难很自然地与日俱增。许多留学生抱怨政府，不断向我递交新的请求。在南京，赖普汉则找到美援委员会（经合署驻华代表团的中国对应机构）商谈以经合署援华款项用于中国留美学生。（我现在已说不清是哪方面的动议，因为很快经合署对此举表现得颇为犹豫。）

中国政府的反应迟缓。就像我向为此问题而来访的孟治博士所作的解释那样，政府并不是不同情，但学生们的态度也不完全合适。我告诉孟，最近有五十三名哥伦比亚大学的中国留学生向杜鲁门请愿，请他不要给中国援助，然而他们自己却请求从已批准的援华款项中分润。

回忆1月11日我去参加哥伦比亚同学会的一项活动——亚历山大·汉密尔顿宴会时，当时中国学生正在举行示威，因而地方检察官霍根特来护送我前往，他并为我选了一条避开示威学生们注意的路线。就在前一天，哥伦比亚大学的外国留学生顾问马修斯教授曾来信，要我在演说中对继续维持中国留学生费用的事讲几句肯定的话。我回信未予同意，我觉得如果在演说中提出这件事未免离题，因为我演说的题目是"世界和平问题"。不过我在信中对他说，大使馆为了帮助他们，一直在考虑对在美受困的中国留学生的接济问题，正如中国政府已对第二批自费留学生加以接济的那样。

事实上，当贝祖贻在约一周后来访时，我就把我决定向南京提出使用经合署援华拨款救济留美中国学生的建议告诉了他。1月21日我把李榦找来，让他去经合署探询一下经合署对把指定给中国留美学生的援款从二十五万元增到一百万元的反应，以便电复南京。李榦第二天来报告他和哈伦·克利夫兰会谈的情况。他说此款有可能从二十五万增到五十万元，但不会再多，而且最好从暂停支付的复兴基金中拨出此数。我告诉他，我第二天就向南京建议此事。

显然,南京的回音拖了一些日子——考虑到当时南京的混乱情况,这并非意外之事。在 2 月 11 日,鲁斯从纽约打电话来,要我在这边加紧活动。他要求我申请美援以救济由于结汇困难收不到汇款而在美国受困的中国留学生。他的意思是,由于学生们的迫切需要,先想办法从经合署弄到一点援款而不要再等南京或广州的回音。但是 2 月 25 日,克利夫兰对我说,国务院考虑是否还有其他方法帮助中国留美学生,因而暂未批准关于使用经合署拨款援助中国留学生的申请。(这是他在贝祖贻宴请赖普汉的午餐会上对我说的。)

　　就是在这种背景下,我于 3 月 1 日接到消息说国务院扣住经合署的五十万美元拨款,因为怕大使馆要坚持控制此款。我对那位传给我消息的人说,实际情况正好相反。从一开始我就建议中国政府要派员参加一个联合委员会来确定此事的有关政策,不能全部由国务院和经合署决定此事;同时中国大使馆还主张,一切管理发放此款的直接工作最好由现有的如华美协进社之类的机构加上若干美国大学校的代表来执行,中国大使馆和国务院与之配合工作。

　　在我解释完以后,这位先生接着说,一位国务院官员对他说,美国政府并不同情中国,因为他们知道中国的领袖人物如陈立夫、孔祥熙等人在上次大选中曾为共和党工作并以财力支持共和党。国务院的人还告诉他,蒋委员长给了蒋夫人五十万美元供她在美活动之用,其支持共和党的用意甚明。不过我对他说,不要相信这些流言蜚语。各种各样的事都报告到我这里,我必须谨慎对待。如果我听了之后无所表示,这人离开我处以后,将以为所传消息完全可靠。

　　同日,中国政府采购代表团的代理团长韩上校向我汇报说,他的一位美国陆军部朋友秘密告诉他,代总统李宗仁通过中国大使馆提交一份电报,要求美国政府在南京的政府改组完成以前,暂停发运一切美国对华军事援助物资。这真使我惊讶,我告诉他说,这里的大使馆对此事一无所知。我说,如果真有这类要求,看来多半是通过美国驻华大使馆递送的。当时在座的有人向我提示说,这项消息大约是美国人为了掩饰他们蓄意拖延对中国发运物资而故意传播的诡辩。但我想这个要求可能是由李宗仁总统发出的,也许是由于他不相信现政府中蒋委员长的一派人;也许是由于共产党作为和谈的一项先决条件要求停止美援。

第二天韩上校来报告说,当天早上他的那位陆军部的朋友给他看了那封上次提到的电报。该电是由美国驻南京大使馆武官发来的,电报说:

> 李总统要求此后全部军援物资暂停发运,至内阁改组后为止。

这和我的揣测相符。我对韩上校说,我不打算向南京报告,因为这是秘密进行的,而且我们也不了解此事的全部情况。过早的汇报会引起代总统和内阁之间爆发一场政治冲突。我说应当等待美国政府的决定,而这是不容易作出的。不过后来谭绍华公使告诉我,韩也将此事向皮武官报告了,而皮武官按其职责必然要报告委员长或毛邦初将军或现居里弗代尔的蒋夫人。我说我还是要等一等,现在先让他们去汇报。

当日下午李大为上校向我报告他在为中国军队采购坦克任务中所遇到的困难,说是因为国务院欧洲司方面不同意。他是由装甲兵副司令蒋纬国派到美国,使用那笔一亿二千五百万美元军援拨款来买这些坦克的。李向我请教:他能否对那些在采购工作中愿意帮助他和高级美国官员打交道的美国人许以酬劳?我警告他必须非常谨慎小心,否则会引起物议,损及中国政府的声誉,而且不利于今后国会再讨论通过对中国援助的法案。我一贯认为做一些见不得人的交易是愚蠢的,因为最终只会损害我们的事业而把已经够困难的处境变得更加复杂。我问李,他是否已经收到从中国汇来的这笔款项。他说还没有,但是他已经报告蒋纬国,蒋已将这项采购任务委派给他。

同日,星期三,我发表一篇声明,驳斥德鲁·皮尔逊报道的艾奇逊讲话所说的,大部分对华援款都已中饱了委员长左右亲信的私囊的说法。我本来准备在头一天公布这篇声明,但美联社说不如星期三早上发稿,因为当时为时已晚,赶不上星期三见早报了。我表示同意,但要求不得再晚,因为我希望在我去会见新任副国务卿詹姆斯·韦布谈论艾奇逊的指控之前公开见报,而我们的约会是订在星期四上午。

皮尔逊对艾奇逊讲话的报道以及他在专栏中表示赞同的评论,其用心显然蓄意败坏国民政府的信誉。这种有意弄虚作假使我生气。因此以大使馆名义发表的声明内容非常充实和严谨。声明共有四页之多,清楚地说明经中美政府双方同意的掌握援款手续的要点。简言之,就是根据中国政府的建议和优先要求,双方议定,对前阶段的联合国善后救济拨款由联合国善后救济总署通过该署在中国的机构和来自世界各主要国家的该机构的工作人员共同掌握。联合国善后救济总署为中国在美国和在各捐款国家采购物资,也是由该署自己办理的。

至于美国对华援助,主要是粮食方面并包括少量医药物资供应。在联合国善后救济总署结束后,这些物资的分配均在美国驻南京大使馆属下的中国救济事务组监督下进行。关于美国援华粮食的分配方案,则由该救济事务组和中国粮食部会同制定。采购物资的实际拨款完全在华盛顿由美国国务院和美国政府的物资供应机构诸如联邦供应局、农产品信贷公司等掌握运用。中国政府的办事机构,无论在国内或在华盛顿都不掌握任何款项。

至于1948年美国援华法项下的拨款部分,计划是由经合署主管的,经合署掌管全部拨款的运用及通过在华盛顿的美国政府物资供应机构进行所有援助物资的采购事宜。实际上,则由经合署派赖普汉先生为驻华的代表,监督总额为二亿七千五百万美元的民用援助计划。对1948年援华法项下军援物资的采购事宜,在中国政府特意要求下，也同样转请美国政府办理，只留下不足百分之二十的拨款交给中国驻美机构使用。中国政府的这项避免直接运用援助款项的决定，是为了防止出现任何怀疑中国方面对各项美援款项不正当使用的可能。

大使馆发表的声明还指出，由于这种谨慎周到的程序，美国或任何其他方面从未提出过不满。声明最后结尾说："因此，任何对中国方面滥用美国援助款项的说法都是无根据和不公正的。"而且"显然中国政府对充分而有效地使用美援的愿望是和美国方面同样诚恳的。"

第二天上午我拜访詹姆斯·韦布。这是我第一次拜访他，因而带有礼节性拜访的性质。不过访问既无结果而且他也不够坦率。他谈话存有戒心，并且在回答或回避我的问题时总先看看像往常一样在场的巴特沃思先生。那种和国务院的代表诚恳甚至亲密交谈的日子已经过去了。我在日记中写道，看来国务院的人对中国问题多少有些厌烦了。

我对韦布说，我想和他讨论的问题之一是关于一亿二千五百万美元军援拨款的可能结余尾数在4月3日以后的使用权问题。我解释说，除约四十万美元以外，这笔根据总统命令由国务院监管的拨款已陆续提用。按照中国政府的要求，已将约八千万美元的军援款付给美国陆军，九百万美元付给美国海军，约四百五十万美元付给美国国外清算委员会，约一千三百万美元付给美国联邦供应局，作为支付为中国政府采购物资的费用。只有价值二千一百万美元的采购系由中国陆军和中国空军直接办理。

我并向他说，由于某些美国厂家未能完全按合同交货和由于美国政府机构对于某些物资的采购估计不准确，原认为可以购到的某些物资，如美国国外清算委员会的若干战时剩余物资实际并不存在，美国联邦供应局为中国采购的一些材料和设备，其进度亦未如预期之速。由于上述各种原因，必然有一部分用不掉的余额，但和每一美国政府机构往来的结余确数目前一时难于弄清。

至于由中国陆军和空军直接向美国制造商采购或订货的余额,已由他们结算清楚并转报国务院,以便作新的用项。

我说,根据援华法案关于使用此项军援拨款的规定,其截止限期为1949年4月3日。因此中国政府希望能充分利用好此项拨款,不管在支付现有合同和物资采购后可能有多少结余。中国大使馆为此曾和国务院联系以便规定一项办法从而澄清目前的情况。上述余额总数估计为四百或五百万元左右。

韦布说,如果我能派人去和巴特沃思核对一下,此点是可以澄清的。他觉得此事要视援华法案对此的文字规定如何而定。

我说我带着一份援华法案的副本。并指出其中有关此问题的一段文字为"此款允许从本法案通过之日起一年内申请使用。"(我多年来习惯,在为有关业务事项与外国政府官员或自己同僚作重要交谈之前,必用相当时间作准备。)

巴特沃思说,关于此项问题的关键语是"申请使用"。凡已签定的合同,都属于确认的项目。

韦布称是。

我着重说明,现在提出的问题是关于尚未确认支付的援款余额部分,我很乐于按韦布先生所提,派人和巴特沃思先生一起研究出一个办法。接着我提出第二点。我说问题同样存在于经援拨款部分,该款系由经合署主管。由于经合署因中国出现的意外形势发展而异常慎重或思想保守,据我所了解,在4月3日以前将有八千万元援款来不及使用也不愿再用。我又了解到经合署有意建议延长期限以便在4月3日以后用几个月的时间申请使用未及用去的余额。

韦布说,延长期限问题是一项政策性问题。经合署可以建议,但需总统来决定。韦布让我理解,总统对此事的批准并非可以视为预料中的必然结局。他又提出也许还要考虑到此事是否须经国会讨论并以决议形式通过,以及是不是适宜于将此问题插入国会正在进行的关于欧洲援助计划的讨论中去。

我对韦布说,我明白这一点。但我也相信总统通常总是在很大程度上依靠国务院提出的意见的。

　　巴特沃思当然要帮新副国务卿的忙,他引用当年法国红衣主教黎塞留说过的一句话说,内阁部长们的影响是很小的。

　　我接着对韦布说,我和我的同胞们都为皮尔逊在3月1日《华盛顿邮报》的"旋转木马"专栏中的断言而不安。他文中说国务卿艾奇逊曾在一次会上对一群共和党众议员们说,很大部分给中国的拨款并没有用于和共产党作战而是进了蒋介石左右的私囊。这些话是加了引号的,就像国务卿真的说了这样的话似的。

　　韦布打断我的话说,不要过分注意那些报纸专栏作家们所写的内容。那次与共和党议员们的会见是未经记录的,因而国务卿本人也无法和皮尔逊辩论说他确实说过哪些话。

　　我说我也相信艾奇逊先生是不会对援华拨款的使用作出这种一笔抹煞的声明的。事实上,援华拨款如联合国善后救济总署的战后救济拨款以及后来的经援和军援拨款都是由中美双方官员联合掌管或由美国官员单独掌握的。而且从来没有向中国政府提出过任何中国官员滥用拨款事件的抗议。

　　韦布再次劝我不必对专栏作家们的报道太认真时,我表示我很赞赏他的话,对这位专栏作家尤其适用,此人讲话的准确性是常常有问题的。我说我很高兴韦布先生肯定了皮尔逊报道的国务卿的声明是不准确的。

　　韦布说:"是不准确。"

　　我对韦布说,我的政府对今后的美国援助准备了一份计划。我希望不久能送交国务院。那是按照中国变化了的形势而拟定的。

　　韦布似乎有点诧异。我赶快说,我知道实际上美国也许很难就此问题作出决定,不过我希望不至于反对我们送交此项计划以供考虑。

　　韦布说当然不反对,巴特沃思加一句说:"不过这项计划必须保密。"

我当然完全同意。接着我提出接济留美中国学生的问题。我向韦布说,还有一件事,就是要求由经合署掌管的援华拨款中分配五十万美元接济留美中国学生的经济困难。由于中国局势的突然变化,很多中国学生不能按期收到家中的汇款。中国政府已经拨出了一笔款项以解决他们暂时的需要。可是中国政府拨出的款子为数有限而留美学生人数众多。许多美国朋友和中国学生前往经合署并到中国大使馆要求拨给这样一笔款项。经合署向大使馆表示,如果由大使馆出面以中国政府名义向经合署提出要求,他们准备受理此事。经过请示中国政府,我在两周前已将此项要求送交经合署,我并得知此事已提请国务院决定。由于中国学生和关心他们生活的美国友人们都企望此事能尽快决定,因此我想问一下已否做出决定。

韦布说,此事业经考虑,目前将呈送总统审定。其中有几点问题需要明确。第一,此项拨款是否符合国会通过的援华法案,换句话说,此法案原意是否包括像在美国训练中国技术人员的意图在内。其次,还有其他有困难的外国学生。因此,需要考虑为中国学生拨款的建议是否是解决问题的最好办法,以及是否再也找不到其他统一解决资助外国学生问题的办法。

我问,鉴于此事涉及政策问题需由国务院考虑决定,中国大使馆是否需要在已送致经合署的函件之外再送一份申请书给国务院。

巴特沃思回答说,无此必要,因为经合署已经将大使馆的要求转告国务院。

韦布先生抬头看了巴特沃思一眼说,也许他只能告诉大使先生此事目前仍在研究,近几天内可以做出决定。于是我起身告辞。

当天下午,像是同与韦布的令人沮丧的谈话不谋而合,我得知经合署在向国会作有关对华经济援助的报告时,语气强烈而且不利于中国政府——指责它未能实现 1948 年 1 月宣布的各项改革政策;1948 年 8 月份的经济改革措施很不明智;对军事局势处理不当;政府官吏的贪污腐化等等。我为此报告感到不安,随即找来李榦询问,他告诉我,在此报告起草以及送交国会之前,并未与他的代表团商量过。他认为虽说中国形势确实也是令人失望和气馁,但经合署的目的可能是为其主持的经济援助计划未获成果寻找理由。

同日,在我去访问那位副国务卿之前,我的二等秘书交来大使馆收到的一份情报。情报说,巴特沃思将被任命为负责远东事务的助理国务卿。我在访问韦布之后,回到大使馆告诉蒋荫恩去探听风传将任命一位新人出任负责远东事务的助理国务卿之说真实性如何。虽说我事先一点也未向他透露过此人姓名,但他下午回来报告,据说巴特沃思将任此职。(后来巴特沃思终于受任此职,他被人认为是可以体现政府对华政策的人。但是通过他的任命却费了很长时间,成了参议院中的中国朋友——他们希望一个具有新眼光的人负责远东事务——和政府对华政策的支持者们之间的一场热烈辩论的中心。)

最后,关于这一天,我还要提一下韩上校的一份报告,他上午来说美国陆军部内他的一位朋友对他讲,对于李总统要求中止发运对华军援物资之事看来尚未作出新的决定。因为装有这类物资的"塞米诺尔号"轮仍按预定计划驶往台湾。

但是到了 3 月 8 日,皮武官向我报告说:国家安全委员会决定同意李宗仁代总统的要求。装载军援物资的"塞米诺尔号"轮不再驶往台北,而将开回关岛待命。其他物资的发运都暂时中止。

从这件事可以更深一层看出中国的局势有多么复杂,而大使馆又处于何等困窘的地位。这项要求是从南京直接递交美国政府的,大约是经过美国驻华大使司徒雷登之手,而中国大使馆根本未得到通知。我只是间接得知此事。可是一旦出现困难,大使馆就要被责成向美国政府办交涉,努力寻求对我方有利的决定。此项要求及其传递给美国政府的方法突出了国民政府内部的不统一和冲突,以及南京、广州和台湾的当局们合作不足的情况,也妨碍我向美国要求援助。

于此我还想指出,李宗仁代总统对美国政府或杜鲁门的联系从未经过大使馆之手。连他在2月28日给杜鲁门总统的第一封简单的正式信件也是如此,其实信件内容不过表示"希望两国之间的友谊能继续维持",并使总统确信李"对他领导下的美国政府为中国所做的一切表示赞赏"而已。显然,李宗仁虽然信任我作为中国大使为中国的最高利益工作,但对有关其个人利益和政治前途的事并不信任我。

虽说这种局面给我带来一些困难,甚至是窘迫,但是对我决定在此环境下的工作路线还不是太困难。不论是在华盛顿还是在别处,我自担任公职以来的一贯方针是在接受任何指示或建议采取这种或那种步骤时,先问问自己,这样做是否在为中国服务并对国家有好处。同时我一向对党派政治不大感兴趣而是从中国政府的立场来考虑问题,因为我经常认为,一个国家要能立足于世界各国之林,就必须有一个有组织的政府。简言之,我是不参与政治的,并努力置身于政治和权力斗争之外。我把中国看做是一个整体。我认为这才是唯一的善为中国服务之道。

我还想说明,此次由于我身居国外,并且不得不及时处理某些问题,因而我没有机会研究局势和直接了解每一集团的是非曲直。前些时我曾托两三位回国的朋友转达当局,我希望回国一行以了解国内的实际情况。虽说我可以从报纸等等得悉一些事情,但我从来对实际局势的进展毫无把握。可是形势变化太快,回国之行未能实现。

在此环境下,我对中国各个集团的行动及动机缺乏足够的情报,而且就我所知也不足以对正在进行中的国共和谈公开表态。例如李宗仁将军要求中止运往台湾的军援一事,我前此曾提到这可能是因谋求和平解决而出此,但由于我不能肯定,故难于为力。我不信任共产党,也不相信和谈会成功,而即使成功,也不相信共产党会长期遵守。我只是想,可能李将军是一方面为了满足群众对和平的呼吁,一方面为了争取时间而进行和平谈判的。我并希望政府能在达成的任何和平中坚持某些基本条件。我能肯定的是,如果和谈成功,中国需要援助;而更可能的是和谈失败,战争再起,中国就更迫切需要援助。我正是为了中国的这种未来需要而考虑和工作的,因为取得这种援助是一项长期任务,而在美国则是要符合宪法手续的。虽然过后看来这是过分乐观的见解,然而当时还是有些道理的,因为即使在那时,我还不认为整个大陆会落入共产党之手。

3月4日,华盛顿中央通讯社主任卢祺新来报告说,他已经对参议员和众议员们就援华问题进行了民意测验,此事他早些时曾向我提过。他本打算在1月下旬进行此项"民意测验",但根据新闻界朋友们的劝告而推迟了。他说总的看来,结果不太令人鼓舞。很多人都表示同情,但不大了解情况。在任何情况下,他们都期待政府采取主动,否则,和去年不一样,国会是无能为力的。他又提到参议员帕特·麦卡伦曾告诉他,艾奇逊的态度是没有指望和很坏的,而且显然仍旧受着马歇尔政策的影响。(这么多方面都异口同声这样说,是很令人惊心的。)

参议员麦卡伦是个反对政府的民主党员,他当时任国会对外经济合作联合委员会的主席。1月下旬他曾发表声明,倡议给中国十五亿美元的援助以阻止共产主义,蒋荫恩于1月31日曾将一份抄本交给我。转天,当此事在威廉·古德温的宴会上提到时,在座的参、众议员们都认为可以提出付诸表决。麦卡伦看来也持同样主张,因为他在2月25日曾向参议院提出一份和他上述声明一致的法案。不过很明显,尽管有这些有利的迹象,但从卢祺新等所报告的情况来看,更鉴于政府的反对力量,要想保证通过一项1949年的援华计划,仍然缺乏足够的同情和支持。

3月8日,公布了孙科辞去行政院长之职。我召开会议讨论促进美国对华援助的目标和有效的工作方法,于斌大主教也应邀参加。一般意见认为要做认真深入的准备工作,而不是马上投入公开活动,这是由于中国局势的混乱以及李宗仁代总统所作的和平努力还不明确。会上只有一位主张迅速行动。

于斌本人不同意南京《益世报》的一篇社论。该报是由中国的天主教会主办的,当然也是于大主教支持的。这篇社论要求政府发表声明拒绝今后的美援,并且斥责美援是对中国内政的一种干涉。于斌说,大约有五十位立法委员曾经提出与此意见相同的议案,而该社论公开支持它。如前所述,于斌接着提到派往共产党那里去的和平代表团的结果,和李宗仁将军自己的代表带回来的包括消除英美影响在内的三项严格条件。他还报告说,美国国会中还在活动要作出一项决议,重申门户开放政策和今后仍以维护中国独立作为美国政策的目标,以阐明美国的对华政策。

两天以后,我设宴款待孔祥熙博士,他突然来华盛顿为的是会见参议员麦卡伦和众议员周以德。我猜测孔之来是因为听到这位参议员已提出一项援华法案,目前正尽力活动,争取支持者。我起初并不知孔的到来,直至谭公使向我说起才知道。孔曾派人找谭和陈之迈去见他,并且问他们有关经合署接济中国留学生的援款和国会中援华法案的进展情况。在席上孔大部分时间都在愉快地回忆他和美国前财政部长摩根索以及罗斯福总统谈判出售白银的往事。他还讲了1934年他曾经阻止汪精卫撤换施肇基的驻美大使职务,因为当时白银谈判正在进行之中。他一定知道当年汪精卫曾经要我接替施肇基,而我则陈述了我的特殊理由而谢绝的事。

次日,参议员麦卡伦公开发表一封由五十名参议员(二十四名民主党和二十六名共和党)致参议院外交委员会主席康纳利的信,呼吁在该委员会中充分考虑麦卡伦法案。信中说明,此项援华法案总限额为十五亿美元,其中五亿美元用于购买白银作货币改革之用,三亿美元用于经援,七亿美元用于军援。(参议员麦卡伦来自出产白银的内华达州。当然每位参议员在提出重大议案时,没有不考虑本选区利益的。)

这封信中并提到此项法案中有关监督的规定。这些规定非常严格、苛刻,等于由美国来控制和主管援款和有关的财源,我怀疑中国政府是否能完全接受。不过参议员呼吁援华的理由是充分的。他们说如果中国沦于共产主义就会影响到美国的安全。因此,美国决不能再采取或者继续一种消极政策而无所作为。国会负有国家安全的最高责任,决不可永远等待政府动议及提出其议案。

据我回忆,麦卡伦法案的原稿被认为有些失当之处。麦卡伦参议员和康纳利参议员讨论以后,同意此法案只有经过某些修改才可以发表。至此才加上该法案中具有严格特色的有关其管理的部分。(原法案并不包括这一部分,其主旨是说不论何种形式的共产主义对美国都是一种威胁,为了保护美国的利益,就必须谴责共产主义并支持任何不屈从于共产党统治的中国政府。)其所以加上这一部分是为了使外交委员会能通过整个法案。即使如此,据我了解,规则委员会已布置了障碍并打算加以阻止。

当天,3月11日皮将军带来有关美国对运往台湾基隆港军事物资的决定的新消息。他说,美国陆军方面向他证实,运给中国陆军的军援物资已奉令按原计划在基隆交货,但尚未装运的部分则停运待命。运给中国海军的物资奉命卸在关岛待命。而经合署运往上海的货物则允许按原定计划执行。

3月14日我接到辞职中的吴铁城外长关于美援计划的复电,但并未提供多少启示。他仅说,对军援计划部分将由国防部径复。另一电报来自外交部次长叶公超,要我将美国舆论对我们与共产党和谈的反映和官方对此事的态度作一报告。鉴于电中述及吴部长曾询问司徒雷登大使,如果和谈失败而政府不得不恢复对共产党前进的武装抵抗时,美国政府广泛给予援助的可能性如何的问题,此项要求看来很重要。据叶在来电中称,司徒雷登回答说,他的看法是,如果政府进行武装抵抗并且同时实施改革,则美国将会提供援助。我在华盛顿收集到的主要意见也是这样。

巴大维将军刚从远东回来。3月15日来访。我听取了他对中国局势的评论,但他还要求会见蒋夫人,并想知道是否见他。于是我通过在纽约的游建文为他安排一次约会。同日下午卢祺新偕同他的一位下属李先生来报告说,麦卡伦曾告知他的另一位下属,卢先生说,艾奇逊对早些时三十位共和党对他提出问题的答复,以及他对康纳利因五十位参议员的要求写信约他出席作证的答复,都令人不能满意。艾奇逊把中国局势的逆转都归罪于中国政府的措置不当和贪污腐化。卢说麦卡伦参议员显然很恼火。事实是,康纳利在接到参议员要求艾奇逊为国务院的中国政策作证的来信后,就照发了一信给艾奇逊。艾奇逊在当天(15日)回信说明他反对麦卡伦提案的意见。他复信的原文见于《白皮书》的附件中。

18日,另一报告说,艾奇逊曾和参议院外交委员会讨论过麦卡伦的援华法案,康纳利后来说对此未采取什么行动。一般印象(也是我的印象)是外交委员会不会采取行动,因为国务卿对此法案表示了不支持的态度。

约与此同时,众议员约翰·基在众院提出延长1948年援华法的议案。基是西弗吉尼亚州的民主党议员,当索尔·布卢姆在本月初突发心脏病逝世后接任众议院外交委员会主席。3月16日贝祖贻和李榦带来一份该议案及说明理由的备忘录抄件。基的议案无疑是由国务院和经合署主使的。他们早经表示只能把1948年援款未使用部分延长到1949年使用。这就是说,用以略微平息一下国会中对政府"尘埃落定"政策的批评意见。但提出的政策上的改变是值得重视的,即授权总统在未与国民政府预先商定的情况下不仅可以决定援助的金额,还可决定接受援助的对象。看起来此法案是为了准备应付一个中国不存在中央政府的时期。不过它所持的立场很清楚,即一个由共产党控制的联合政府是完全得不到任何援助的。总的说来,我认为备忘录和法案本身是针对着当时情况的,它表明了这是在今后局势能够判明并得到保证时才进行长期援助的一项辅助立法。

3月19日,这天的报纸报道了共产党军队向南京移动和首都为重行开战进行军事准备的情况。皮将军来电话说,美国当局已全部恢复以前中止的军事物资发运。他说因为李总统要求恢复发运,就像他前此要求中止一样。这正如我所预期!这也清楚地表明美国政府不希望见到我们在任何条件下投降共产党。

3月21日,贝祖贻和李榦报告说收到了美援委员会关于临时美援的备忘录。我一直偏重于拟订一个下一年度的长期计划而不是申请临时措施,即像经合署和美国政府当局所建议那样,延长1948年援华法的原定限期以便可以在今后几个月内使用剩余拨款。这笔余款为数甚微,即使通过,对中国也无多大帮助。中国需要的是一项另一年度的援助计划的保证。不过我认为鉴于中国大陆上的局势,美国政府不愿为长期援华采取任何措施及将其提交国会,也是可以理解的。因此我们只得尽力而为。如果眼下只能取得临时援助,我们就必须做好临时援助的计划草案。

美援委员会和我们在华盛顿一样,在国内拟订了一份临时美援计划。(美援委员会是根据1948年援华法在中国成立以掌握收到的美援物资的分配及有关的全部事宜。因此,一般说来他们有责任在国内编制经援计划。美援委员会是行政院直属的跨部机构,外交部长是成员之一。大使馆通过外交部了解美援委员会的工作和计划,而在华盛顿的技术代表团则和此机构直接联系。)

问题在于美援委员会21日的备忘录和我们在华盛顿拟订的备忘录所列各项物资的分配数量,特别是大米和棉花的数量,大不相同。在中国国内拟订的这项新的计划把大部分可利用的援款集中于棉花,完全不考虑煤,而代之以烟草。这些改变和贝祖贻所拟的临时援助备忘录全然不一致。贝的备忘录是中国方面在华盛顿已预先取得一致意见后,报到南京请示的。鉴于美援委员会提出的变更,我们同意分电南京、广州和上海请求澄清,此外贝还直接致电美援委员会和外交部。24 日我再次和贝交谈,力主我们根本不再提出任何临时援助计划。我说不如代之以对美政府提到议会的计划提出评论和修改意见。至于下一年度的援华计划,我要贝起草一份完整的计划,越快越好,以便我们送交美国政府。

22 日,巴大维将军在参议院外交委员会就对华军援和中国的军事溃败作证。虽然消息报道委员会主席康纳利参议员在会后未发表什么言论,但我接到报告说巴大维将军作了一个悲观的、完全认输的报告,说无论何时共产党要夺取全中国,都已无法阻止,现在再给军事援助也无济于事。于斌在前一天晚上曾和巴大维交谈过(我想大约是在皮武官为巴大维设宴的那晚),但是他意在扭转巴大维看法的努力似乎也枉费了。甚至随后魏德迈将军的证词也毫无补益。事实上他也变得悲观了。至于白宫,更是寸步不离其不肯帮忙的立场。24 日我接到报告说,杜鲁门总统在记者招待会上回答记者问题时说,目前他看不出有何必要发表对华政策的声明。回顾往事,这时实在是我最为困窘的日子。一切来自中国的消息都是那么令人沮丧,而我仍要继续工作,在美国政府颇不友善的态度下为国家尽心竭力。

3 月 23 日,我出席参议员布里奇斯夫妇的宴会。其他客人有海军上将路易斯·登菲尔德,原先在太平洋舰队,当时任海军作战部长,参议员惠里夫妇、鲍威尔先生夫妇,美国航空公司的罗伯茨夫人和《华盛顿明星报》的康斯坦丁·布朗先生。布里奇斯参议员劝我去拜访参议员麦卡伦并宴请他,我马上同意。他还告诉我麦卡伦是有势力的民主党参议员之一,如果共和党议员们还打算继续帮忙的话,他们需要几位民主党议员参与并担当援华的主角。布里奇斯认为事情尚有可为。

登菲尔德告诉我,1947 年当他到太平洋和中国视察后,曾建议给中国以物资和技术上的军事援助。但是当时的国务卿马歇尔将军反对此议。他认为如果当时实现此议，中国目前也许不会落到这般田地。他说，最近他力主把美国海军和陆战队留在青岛，但在国务院的要求下，国家安全委员会决定撤走。他相信，一旦美国人撤退干净，俄国人就要开进来。他也觉得巴大维的话太悲观了，并说陆军对形势的看法和海军不一致。这很有意思，也是完全真实的。

登菲尔德上将接着说，他访问中国之行很惬意。他曾和李宗仁将军在其北平中南海办公室畅谈，当时李将军是蒋委员长在华北的代表。他遗憾的是没有见到蒋夫人，并说是他根据白吉尔海军上将的探询，并经与国务院联系同意后安排调派一架 C—54 飞机于去年 12 月接蒋夫人到美国来的。

次日，七名官费留学生来见我请求资助。他们说已有九个月没有收到汇款了，现在处于困苦之境。我对他们的困难处境极为同情，并告诉他们我要再次电请教育部迅速汇出他们的款项。同时借给每人一百美元暂时应急。此时美国政府仍未对使用经合署援款接济中国留学生一事作出公开决定。甚至到 3 月 8 日，贝祖贻报告说，巴特沃思告诉他，用经合署的经援款五十万元救济留美中国学生之事仍在研究之中。但他暗示如果此项拨款获得批准，也只限于资助学习科学或工程技术各科的学生；不然就不符援华法的精神。他还说，如果实施此项限制，则所需款项将大大低于五十万元。

3 月 25 日，不论如何，经合署和国务院即将就此问题发表公开声明。但是所要发表文件的内容和他们所采取的方式给我带来一个很棘手的问题。经合署的负责官员哈里·普赖斯先生在 25 日用电话告诉李榦说，当天下午四点将发表关于从援华款总额中拨出五十万元资助有困难的中国留学生一事的公告。当李榦向他要一份公告的抄件时，他说并无多余的抄件。但普赖斯还是不甚情愿地在电话中向他讲了公告的文本。其中只字未提此项接济最初是由中国大使馆提出的要求,也未提及关于今后援助中国留学生计划方面有任何需由中国大使馆参与之事。在准备发表的公告中有一节说,关于今后管理和分配这笔援款的安排,由经合署在与国务院的代表商议后决定,并且此款将由经合署拨交国务院以便用于此目的。

不论有意还是无意,忽视大使馆是不可容忍的。如果经合署不肯作出使我们满意的修改而发出其公告,我就准备发表一项声明阐明我们的立场。不过李榦终于成功地说服了普赖斯推迟到下星期一发表公告(此时是星期五),并在当天下午四时和他及陈之迈博士(大使馆参事,负责留学生事宜)讨论此事。同时,我要求会见负责文化事务的助理国务卿乔治·艾伦。

这天下午四时我见到艾伦,李、陈二人则和普赖斯交谈。我先为我临时要求会见,讨论建议中的经合署对经济困难的中国留学生的援助问题而向艾伦致歉。艾伦说他对这问题知道一些情况但不熟悉其细节,他问我是否介意让他的助手也参加会谈。我说,"毫不介意"。于是他找了一位约翰逊先生和一位库克先生参加。

我说在 1 月份某天,大使馆从经合署得知,如果大使馆向经合署提出接济经济困难的中国留学生的要求,经合署将会考虑支持。当时,有些关心中国留学生生活福利的美国和中国朋友也极力敦促大使馆寻求经合署的帮助。我当然很同意这项建议,并立即向中国政府建议此事。2 月 12 日我致函霍夫曼,要求拨款五十万美元以接济在美的中国留学生。我在信中提出,当决定拨给为此目的所建议的款项时,应在经合署和大使馆及国务院的代表之间交换意见,以便订出援助的总的政策和准则。过了一些时候,我了解到此事已在国务院考虑中,虽说我在此以前曾从经合署获悉和国务院的初步商量已经得到国务院赞同的反应。为了加速此事的进展,我随后曾对副国务卿韦布谈过此事,他对我说,近期将会对此事作出决定。

我接着告诉他,两天之前,经合署通过中国技术代表团告知大使馆,他们对此事已作了有利的决定,并在和国务院的代表讨论之前,他们要先和大使馆的代表交换意见。在为此召集的会谈中,经合署的代表告知大使馆的代表,此项拨款将由国务院管理。中国代表声称,中国大使对此项提议并无任何反对意见,但应成立某种联合机构以制订总政策和对此拨款的管理作出安排。我解释说,这个提议有几点理由:第一,中国方面的合作不仅适宜而且是必要的,因为提议的拨款数额有限,时限较短,并且中国政府已着手对自费留学生和官费生给以资助。

　　当艾伦问我这些留美学生的数目时,我回答说,如果包括实习生、访问学者和给奖学金的研究生在内,共约四千人,其中两千人是自费留学生。艾伦又问,其余两千人是否全为中国政府资助的留学生,我回答他说,"不。"并说明只有一百人是由中国政府资助的。我解释说,对于自费留学生,中国政府已备好十万美元帮助自费留学生回国的川资或用以克服短期困难至收到各自家中的汇款为止。约有六十名学生已经接受此项资助回国。对大约八十名留学生已经给了每人一百至二百美元的临时救济金。当天早晨,大使馆已准备对在美的三十名政府官费留学生每人预支四百美元,等收到教育部汇来他们的官费再扣还。我说我认为对申请用拟议中的经合署拨款接济的全部中国留学生应当加以审查,例如弄清他们学习什么学科,他们学习的优劣情况,以及他们从中国政府接受到何种资助等等。根据这些资料,才能决定是否批准给予救济,以及如果批准,应当给多少。

　　艾伦马上同意我所说中国方面的合作不仅合宜而且必需。他设想中国大使馆有关于中国留学生的档案资料,并认为在决定对中国留学生发给救济款之前,不仅要请大使馆帮助,还要请那些关心照顾中国学生的团体如华美协进社等给予帮助。

　　我说,有一点想提出的是关于今天上午经合署给大使馆的通知,即他们今天下午四时将发表一项关于此事的公告,以及这项公告的文本事实上是在大使馆的要求下才在电话中口述告知的。

艾伦说他还未见到声明文本,于是我将记录抄本递给他,他仔细看了。于是他说他看不出公告中有何不合适的所在,这看来是打算在经合署和国务院之间形成一项管理此项拨款的基础。他认为公告中规定的准则是很正确的,因为除了学习符合援华法精神的学科的中国学生以外,经合署无权资助任何别的中国学生。(这是艾伦的最初反应。)

我说我对此项准则毫不反对。实际上,全文除了第五节以外,我完全同意。但第五节载明此项拨款的管理安排由经合署与国务院代表商议后决定,没有提及中国方面的合作,似乎该款系由美方单独掌握运用。但正如我刚才解释的,为使此项援助收到最大效果,中方合作不仅是有用的,而且是必需的。如果中国留学生的需要完全由经合署拨款解决,那就是另一回事。但实际并非如此。中国政府对这些学生的接济仍旧是必要的。经合署拨款不论在数量上和时间上都有限,而且仅是为了由于中国不安定的局势妨碍了中国学生的正常留学费用汇款,才用以度过目前这一困难时期而已。

我继而举出管理此项拨款需要中美双方密切合作的第二个理由。我说,援华法本身表达着一种合作精神,意味着是一项共同的努力。在对经援计划尤其是对更专门的农村复兴计划的管理中,业经证明合作非常有益。对经援,经合署有一个和中国在华盛顿的技术代表团密切联系的委员会,在中国国内,经合署有一个派驻中国的公署。中方则成立了专门机构叫作美援委员会,与经合署驻中国的代表团合作执行双方同意的计划。关于农村建设,则成立了专门的中国农村复兴联合委员会负责此事。由于拟议中的对中国留学生的援助也是援华法下的一个新的活动内容,如果同样作为中美政府的一项合作事业来办,就完全符合援华法的精神了。

我又提出第三个理由说,如此事按照经合署准备向新闻界发表的公告所提议的办法进行,我恐怕要引起中国教育部和中国教育界方面的误会。他们都非常关注中美文化合作,如果对此事完全排除中国方面的合作,他们很难想通。更有进者,正如艾伦先生所知,中共方面一直在谴责美国是帝国主义并要在中国控制一切。当然此种指责毫无根据;但是在此项援款的管理中如果根本不提及中国方面的合作,恐怕会给共产党可资利用的口实,以进一步攻击中美两国政府。因此,我企望能做得周到,以预防这类不幸的发展。

艾伦说,他看不出对在经合署的声明中提到中国政府或大使馆有何可反对之处,并问约翰逊先生和库克先生意见以为何如。

约翰逊回答说,这是一份经合署要发表的公告稿,大使提到的第五节,在国务院所拟公布的稿件中没有这一段。

艾伦建议由他写一封信给我,邀请中国大使馆进行合作。

我说只要在发布的公告中明确此点,就足以解决问题。大使馆不想掌管运用此款。事实上,大使馆曾向经合署明确过,如果由国务院负责向留学生个人分发援款,大使馆是同意的。中国代表还曾建议,也许最好的管理办法莫如委托某些私人或公众团体如华美协进社或外国学生咨询委员会之类。

艾伦说,他恐怕此款不能委托任何咨询单位。因为根据经济合作法此项拨款只能由国务院掌管运用。

我又重复一句说大使馆对建议的做法没有反对意见。实际上大使馆对此甚表欢迎,因为大使馆如果不增加人员实在不足以承担此事。

艾伦接着询及对想回国的留学生给予帮助的问题,并问大使馆把那些家在共产党控制地区的中国留学生送往哪里。

我回答说,大使馆只资助回到上海的旅费。要由他们自己到上海以后决定下一步。如果有的人的家庭在共产党控制地区而他们又想回去,那就由他们自行决定。有的留学生家庭所在地落入共产党的控制而他们决定不回到那里。这些学生现仍在美国,大使馆并不反对他们继续留在美国。

艾伦又问,如果他写信邀请大使馆对掌管此项援款加以合作,但以后不让大使馆对在某种情况下可以对某个学生给予援助作决定,大使馆会不会认为这是不利于和并没有参加救济款的分配事宜。

我回答说,这不大可能,而且据我看来双方过去对这类事情的经验也是最好的答案。中国和美国在文化方面的合作在国际领域里确实已是一种先进的经验,这事可以回溯到四十多年前美国政府将美国应得的庚子赔款的一部分退还给中国,供中国学生留学美国之用。这类文化合作还有多起,而且从未在两国之间出现任何为难之事。

艾伦说,他理解我刚才提出的涉及外界舆论之点是为了避免引起可能的疑虑。

我同意,并说,当经合署代表说这项新闻公告将在当天下午四点钟发布时,中国代表曾请求他推迟公布。

艾伦说,他了解到此事已推迟到下星期一。

我说这是对的,我迫切希望避免产生任何可能的误解。如果此项声明不加适当修改就公布,那我就不得不也发表声明,说明经合署的公告未经大使馆事前同意。

艾伦力劝我不要如此做,因为一点好处也没有。那样做美国公众将难于理解,因为拟议中的援款是通过美国人民纳税而来的钱。这是一项对中国学生的特殊友好援助手段。美国政府甚至连美国学生的困难也不管救济。

我说我恐怕艾伦先生误解了我提出反对的主旨,也许是我没有把我的意见讲清楚。我十分赞赏在中国目前不稳定的形势下作出给予中国留学生以短期援助的决定的精神。就事实而言,是大使馆首先提出援助的要求,经合署则是根据这项要求将此事提请国务院作出决定的。但为了保证此项援助的安排能体现对中国学生的最大利益,并排除在中国引起的任何误解,我迫切希望在任何公告中应将中国方面的合作叙述清楚。我相信中国大使馆不仅在建议方面能有所帮助,而且在提供中国学生的档案资料方面也会有所裨益。

我接着说我很难理解为什么仅仅由于一度出现一些完全无稽之谈,说中国大使馆意图通过掌握运用此项援助以控制中国留学生和他们的思想,就拒不提及中国方面的合作。我本人,或者大使馆或中国政府的任何官员,都从来没有过这种意图。大使馆不希望掌管向学生分配救济款的工作就是大使馆对学生的真实态度的证明。

艾伦说我刚才提到的问题使他对在公告中提到中国大使馆的合作一事感到踌躇。他问如果提到此点会不会给公众带来一种错觉,以为大使馆真想参加此款的支配以控制留学生们的思想。

我回答说,我认为不会产生任何这种错觉,因为我早已说明大使馆不打算掌管此款。实际上对每个留学生的援款分配将由国务院负责进行。故尔上述谣传纯属异想天开。

艾伦说,他将和经合署商量并设法定出某种可以满足我的要求的办法。

我说,如果能做到这一点,我甚表赞赏。我觉得我的职责要求我注意不令出现任何事物损害两国人民间的友好情谊和相互了解。于是我起身告辞。关于李幹、陈之迈和普赖斯交谈的结果,我回到大使馆时,他们报告说没有得出结论。普赖斯只答应向他的上级汇报。

人们不难看出,艾伦所提可以和华美协进社商议并请他们帮忙之说,并非源自我早先提出的可以委托某些机构如华美协进社之类管理此款的具体发放事宜的建议,而更可能是来自在我们谈话中我提到的谣言中的其他来源,特别是来自华美协进社的穆尔夫人(鲁斯之妹,名律师、经合署法律顾问莫里斯·穆尔之妻。)对大使馆的不信任感。也许因为大使馆是不得人心的国民党政府的代表机关。当时,有些谣言说政府正在推行一种类似共产党的政策,要给学生洗脑筋。虽说这种谣言毫无根据,穆尔夫人却到大使馆对我说,她不愿意和大使馆再打交道,大使馆也不应当过问这笔援款,因为她希望中国留学生能在不受政治方面的影响下得到这笔钱。虽经我解释这也是大使馆的目的,她显然不相信我。她是代表华美协进社和国务院联系的,虽说我不知道她是否曾专门和艾伦交谈过,但她肯定曾大肆宣传以排除中国大使馆于此事之外。我并不认为她是唯一应对此事负责之人。不过她曾经接触过许多人,而且一定会向所接触的人们清楚地表明了她的看法,就像她对我们所表明的那样。反正这就是她的观点,在普遍对国民党政府不信任和不满意的气氛下我是能够理解的。而且她一定还会听到中国留学生告诉她的许多事情,他们之中有很多人并不是很喜欢中国政府的政策和行动的。

令人遗憾的是经合署和国务院为这种对局势的看法所影响。他们对在其公告稿中所提出的行动建议,不仅没有从中国方面,而且也没有从美国方面认真考虑其全面影响。如果有些善于思索的人提问为什么大使馆或中国政府在这项只关系着中国学生的事务中被完全排除在外,他们就会感到很难给人以满意的解释。当然,这种情况也再一次表明中国大使馆当时由于中国本身的这种可厌的和不幸的发展而处于多么困窘之境。

3月31日,我到参议院办公大厦拜访参议员麦卡伦,和他讨论参、众两院所提影响中国人的移民法案,以及他提出的援华法案两项问题。我说我深深赞赏他一向对中国局势所抱的同情和关心,这在他提出的向中国提供军援、经援和货币改革等援助的综合议案中可以看出。我告诉他,我尤其对他在推动援华问题上所表现的开朗的政治家风度留下深刻的印象,因为我认为虽说中国局势对中国的存亡攸关,但对总的国际形势也有着重大关系。

这位参议员插话说,"而且对美国的国家利益特别重要"。

我完全同意,并说中国现在面临的问题实际是关系着美国和其他爱好和平国家的世界问题的一部分。我问麦卡伦,他所提的议案在参院目前情况如何,并认为他能得到五十位参议员的签署真是了不起的成就。因为这是参议员的过半数。

麦卡伦说的确有五十位参议员在他给参议院外交委员会主席的信上签了名,要求讨论他的议案。这意味着他们都同情中国的事业,那对美国是很重要的,并要做些事来帮助中国。但是政府当局和国务院对此议案的态度正像巴大维将军和魏德迈将军的证词一样是没有益处的。艾奇逊的证词是不利的。巴大维表明他认为军事局势已败坏到不可救药的地步,而美国想挽救国民政府也无术可施了。魏德迈似乎已经改变了他先前的看法,此次也表达了和巴大维相似的悲观论调。不过麦卡伦说他绝不会让外交委员会的情况继续如此。他曾向康纳利参议员说,目前看来所有作证的人都反对此议案。不过也应当听听另外一些看法不相同的人,如于斌大主教的话,才算公道。

我提起陈纳德将军也可能应召作证。我的看法是,中国形势公认很糟,不过还不是糟到一无可为。时间虽迟,但还不是过晚。我说,中国政府正力求进行和平谈判以期达成和平,满足人民的热望。但是我个人对取得成功或恢复全国和平的可能性则甚为怀疑。如果和谈失败,我恐怕共产党将再启战端,而政府也不得不以武力对抗武力。(和谈定于次日,4月1日开始。)鉴于这种不幸的可能性,政府不得不采取步骤重组军队。最大的困难在于兵士们的士气十分低落。不过现在还有不少中国军队尚可一战。作为例子,我说我可以举出在中国西北回族长官统率下的部队。他们约在一年前曾狠狠打击过共军并且决心反对共产党在中国扩张其统治。这些部队不大为外国所知。

麦卡伦说,奥尔曼法官从中国回来后告诉过他这个情况。我说我很高兴听到这个情况,因为我知道奥尔曼法官最近访问过中国的西北各省并和该地区的省主席会谈过。另一位回族将领,李宗仁的左右手白崇禧统帅下的部队也是善战的,此外还有汤恩伯统帅下驻在南京、上海一带的军队。因此,任何国会所作有利于援华的行动都会对作战部队和普通老百姓起鼓舞作用。

麦卡伦说,外交委员会主席、参议员康纳利答应在欧洲复兴计划援助法案结束后,对援华问题作一次听证,听取麦卡伦愿意召来的证人的证词。康纳利还劝他对通过延长1948年援华法案的有效期限应当满意。他了解这等于提供一笔五千四百万美元的款项继续援华。他说,根据康纳利对他所谈,他不准备过急地催促讨论他所提出的议案,他也不指望议案中每一项都能通过,而和他联名要求举行一次听证会的五十名参议员也不是对议案的全部都同意。但是他认为他的议案可以作为对中国有所作为的手段。

我对此表示赞同,并说,在中国的和谈即将开始的特殊时刻,不催促此议案过急是明智的。也许再过一个月或六周就可知道和谈的结果,如果完全失败,那时将更有利于推动这项议案。

麦卡伦参议员完全同意。

我回顾一年以前,在一家中国饭店举办的宴会上我和他交谈过。我说我想在他得便之时,在中国大使馆准备一次小型宴会候教,如蒙他赏光,不胜荣幸。

当麦卡伦答应说他乐于赴约时,我说我将派我的秘书和他的秘书联系,安排适宜的日子及其他细节。

同日我向国务院发函并随函送去《关于继续对华美援的备忘录》和《援助计划建议书:1949年7月—1950年6月》各一份。该函开头说:

> 参照本大使和副国务卿詹姆斯·伊·韦布1949年3月3日的会谈,并根据本国政府的指示,兹送上备忘录一件,附《关于1949年4月3日至1949年6月30日临时援助的意见》和《援助计划建议书》各一份,谨供贵国政府考虑和采取措施之用。此二份文件均系按照中国目前情况并适当考虑到由于新的形势发展而引起的灵活调整之需要而编订。我

在随函附送的备忘录中说明：

原先计划的一项由 1949 年 4 月 3 日到 1949 年 6 月的短
期临时计划的细节，曾由经合署驻华代表和中国美援委员会
代表进行过专家一级的各种非正式讨论。中国政府本来准
备在华盛顿提交一项在此期间填空的计划。鉴于经合署业
经提出一项 1949 年 4 月 2 日以后时期的临时援助计划，中国
政府愿提出我方意见和建议，以供考虑并纳入该项经合署计
划……

然而我们没有申请继续军事援助，因为当时中国战事沉寂，
并正在企图安排停战和某种和平解决办法。

四天以后，4 月 4 日，众议院以微弱多数通过延长使用援华法
案拨款余额的法案。同一天，参议院也采取了同样行动。14 日两
院的委员会联席会议同意按延长欧洲复兴计划限期一年的修正
案形式为援华之事立法。此项修正案和基氏原提案不同之点在
于授权总统只能在非共产党区域运用此项 1948 年援华法案拨款
的余额。这主要是由于参议员诺兰在参议院坚持限制总统使用
此款之权，及众议员周以德和沃里斯在众议院反对原议案中关于
授予总统全权分配 1948 年拨款而无须考虑 1948 年援华法案的一
项条款的结果。

据李榦在 1949 年 6 月 20 日写给我的备忘录中所记，有关此
事的法律文字(第 81 届国会第四十七号公法)如下：

对于 1948 年 6 月 28 日通过的关于 1948 年援华法的第
七九三号公法拨款项下，至 1949 年 4 月 2 日止未指拨用途的
余额部分，或指定用途后未完全用完之余额部分，到 1950
年 2 月 15 日为止的期限内，授权总统可以作为对中国非共
产党地区援助之用，并由总统决定其使用之方式、条件及
环境。

同一天，4 月 14 日，《艾奇逊致康纳利的信》"无意之中"公开

了。在一段时期里成为继续争论对华问题的焦点。议会内的中国朋友对于最近的立法不当和国务院的对华政策异常不满，从而攻击艾奇逊的立场。15日布里奇斯参议员提出要对政府的对华政策进行一次议会审查并攻击艾奇逊的立场。21日，在援华法修正案完成立法程序以后两天，诺兰参议员提出正式议案，要求参众两院联合审查美国的远东政策。此议案之未能成立虽系意料中事，不过我愿引述此事以说明我们的美国朋友仍在国会内继续为援华而斗争，这是为了我们，也是为了他们所认识到的美国利益。

实际上，这些事情的消息是间接传到我处的，因为我在4月1日就离开华盛顿到纽约，作为中国首席代表出席联合国大会。3月17日我收到外交部电报称，即将宣布任命我为出席在纽约召开的联合国大会的中国代表团首席代表。这使我有些诧异，并引起一种复杂的感想。我在日记中记道：

> 政府承认我的经验并再次加以委任，自是好事，但这将在我已甚繁重的使馆工作之外给我增添更多的工作。

我心里还有个想法，虽然日记中没写下来，即这项任命有些先后矛盾。不久以前他们曾任命李惟果代替我在远东委员会的职务，说除了我还必须兼任其他工作外，大使馆的任务已经够繁重的了。（当时我刚完成我国出席粮食和农业组织会议首席代表的任务，并率领代表团参加国际小麦会议。我又是联合国善后救济署的中国代表及其领导机构中央委员会的成员。）但不足一月，他们又毫不迟疑地要我带领去联合国的代表团，这又要增加我很多工作，且不说还要离开华盛顿。而且，我觉得对我的委任其实无此必要，因为纽约的班子已足够承担此事。此会只是巴黎大会的第二阶段，仅处理巴黎大会留下来的未尽事宜。

外交部来电中还要我推荐一位代表团秘书长。此时有人告诉我,驻巴黎的中国代表团秘书长郑宝南曾从纽约打电话给我,听说我已出门,就和谭公使通了话。他对谭说,虽然他打算辞去他在代表团的领导职务回国,但愿意留待大会闭幕。我个人认为他是在纽约开会时当代表团秘书长的合适人选。事实上,过去我代表中国出席联合国会议时几乎每次代表团中都有他。因此在3月21日我请郑担任4月份联合国大会第二阶段的中国代表团秘书长,我还同他一起翻阅了巴黎会议的预算和名单(共有六十三人!)和他们的级别、津贴。

由于离开了华盛顿,我当然既无法和国务院、经合署或者其他美国政府机关的人员会晤或者讨论有关中国的问题,也无法和使馆同仁会面讨论问题。再者,我在纽约的时间完全让联合国的事务占去了。因此,我的日记出现了好几页空白。因为虽说我记下了逐日议程,但没有记下我在4月1日刚离开华盛顿后的那几天和其后忙碌的头两周中在纽约的活动和访问,会议或交谈。不过我却记下了和杜勒斯的谈话。杜勒斯习惯于和他的外国朋友——政界的,特别是外交界的朋友密切联系。第一次是在4月12日他为斯苿尔札伯爵举行的招待会上,当时我很高兴地前往赴会,不仅因为这是我的朋友杜勒斯举行的,而且也为了去看望斯苿尔札伯爵。我从民初在北京时期就认识他,那时他是意大利驻中国公使。不过更有意思的一次是18日和杜勒斯一起吃午饭。那是在他的乡村俱乐部促膝谈心,他友好地在那儿邀我进行私人晤谈,交换看法。

我们先讨论了前意大利殖民地问题。杜勒斯转而问我是否愿意谈谈中国的局势。我说这是我这次会见的主要目的。杜勒斯就问我,通过和谈达成和平解决的前景如何。

我说我对此十分怀疑。我不相信共产党真心同意谈判和平。恐怕他们只是为了赢得时间准备渡过长江而勉强同意开始谈判。他们的目的是控制全中国。但是国民党政府并不能接受不计代价的和平。它不可能按共产党的要求投降。因此现在谈判的结果终将再启战端。至于抵抗共产党的前进究竟能有多少成效则全赖从国外,也就是从美国能得到多少援助和支持。

他问我感到美国政府的态度如何。

我回答说,我曾经和杜鲁门总统、新任国务卿和新任副国务卿交谈过。虽说杜鲁门总统同情中国而且想有所作为,可是当遇到如何给予援助的实际问题时,他似乎把一切都推给国务院去办。艾奇逊先生看起来全神贯注于欧洲,很少时间研究远东和中国问题。我担心艾奇逊的前任马歇尔将军的影响在国务院还继续存在。国务院的整个态度似乎是设法为其已招致失败的过去政策辩护。

杜勒斯同意国务院仍旧在推行马歇尔的政策之说。他说,对华政策已多少成为马歇尔的个人问题,而马歇尔是不会认为他的失败是来自他的谬误政策的。他又问起,我认为国会对中国的一般态度如何。我说,我曾和一些众议员及参议员们交谈过,他们一般都同情中国,可是提到采取实际措施的问题时,他们都说这要靠政府先提出议案。如果政府不愿意采取行动,国会即便不是不可能,至少也是很难为中国作出什么具体的帮助。

杜勒斯提到最近和参议员范登堡交谈过,感到他的态度有些变化。这位参议员受到国务院提供给他的那些关于中国政府所谓无能和腐败的报告的影响,现在已认为不论美国政府再给什么样的援助,也无法指望中国政府能有什么成就。杜勒斯接着说,范登堡对中国的兴趣是由鲁斯激起的。但是这位参议员对于这次在共和党大会上竞选总统候选人提名的失败甚感失望。似乎他本来盼望用不着他自己费气力,鲁斯就可以为他赢得提名的。目下杜勒斯觉得鲁斯似乎对中国的事不如以前活跃了,(这也是我的印象。)杜勒斯说,不管怎样,鲁斯没有在华盛顿向范登堡或别的人谈论过中国。杜勒斯问我,中国在目前形势下,美国还能帮什么忙。

我回答说,就像我在华盛顿对许多朋友说过的,有两件美国立即可以做的事:(1)由政府发表公开声明表示同情和支持,以鼓舞中国人的意志;(2)派一个代表团到中国就地调查形势并和中国政府商讨一项援助计划。在这个调查报告的基础上,美国政府可以制订出一项援助计划,并提交国会以便采取行动。这个代表团长由著名的文职领袖人物担任要比军人为好,但要由军事、工业、财政、经济和技术等各界的代表们襄助他。

杜勒斯提到,有一段时期他希望被派往中国帮助中国政府工作一二年。

我告诉他,我提出要由著名文职人员担任拟议中的代表团长时,心目中的人选就是他。

杜勒斯说,他以为我设想的代表团的工作期限不过一两个月。

我说,这不过是收集资料,草拟计划以供政府提到国会的初步活动。等到国会通过此项计划后,那就需要再派一个代表团去中国,在那里待一二年。

我们于是又转而讨论国际形势。杜勒斯强调,如果想遏制共产主义,就必须有一个全球政策。但他的话头很快又转回到中国局势。他担心假如和共产党达成一项和平方案,结果就要导致成立联合政府,使得共产党披上了合法的外衣,并在全世界取得法定的地位。当中国存在这样的政府时,美国就不能向反对共产党的分子再继续提供援助,因为就国际法而言,这种援助等于帮助中国的叛乱分子反对其合法政府,而美国由于介入了国民党政府这一方面,故不得不承认由此产生的联合政府。杜勒斯说,这是极其重要的一点,必须牢记在心。但是,如果中国盼望美国支援它反对共产党统治的斗争,他相信美国的援助终归会到来的。

第四节　战事复起后，为寻求一项建设性政策所作的努力

1949 年 4 月中—6 月末

1949 年 4 月 15 日，共产党向国民党政府提出和平条件，限五天内接受或拒绝。这些条件以共产党 1 月提出的八点建议为基础，等于无条件投降。政府的正式反应是要求将最后期限从 4 月 20 日延至 4 月 25 日。这一要求遭到拒绝后，政府于 4 月 20 日抵制共产党的协议草案，并要求对方发出停战令以便进一步谈判。共产党对政府的要求根本置之不理。20 日午夜，他们的部队开始横渡长江。据 23 日报称：代总统李宗仁、行政院院长何应钦和原来留在南京的其他官员，已前往上海，再从上海赴广州。24 日，南京被共产党占领。

那天晚上，叶公超出乎意料地从上海打来电话，他向我谈了不少问题。首先，他迫切要求我回华盛顿去见国务卿迪安·艾奇逊，向国务卿说明：司徒雷登大使按照国务院的指示决定留在南京，此举已使中国政府不再负有保护他本人和他的僚属免受共产党威胁的任何责任，尤其是因为作出这一决定是在中国政府已经通过他（指叶）两次向外交使团团长们提出警告，并两次极力主张司徒雷登本人和他一起去上海和广州之后。（在其后几天中，有消息说共产党强行进入南京的美国大使馆，并将司徒雷登从床上拖起来进行讯问。此事使人相信叶公超的担心确有根据。）叶要我坚决请求美国政府勿以任何形式承认共产党政权，并且命令司徒雷登前往广州，以此表示对国民党政府的道义上的同情和支持。

上述最后一点实际上是重申了 1 月 14 日第一次提出的要求。当天，外交部并在电报中通知我迁都广州的决定。电报要我

向美国国务院提出这一问题,并且力劝美国大使和中国政府一起前往广州。我曾就此事和另一件事派谭公使去见巴特沃思,而得到的答复模棱两可。显然司徒雷登大使得到了国务院的鼓励或者同意,他之留在南京是有原因的。他在他所著的《在华五十年》一书中写道:他留在南京是为了向共产党提供"一个和美国讨论相互关系的机会"。

接着叶公超告诉我,政府军两个陆军师的叛变无碍大局,他说大部分军队仍然保持完整无缺,可以抵抗共产党的进击。他解释说,仓促撤离南京应归咎位于长江南岸、南京以东的江阴要塞司令官对政府不忠(该司令官已率领部下大部官兵倒戈)。第三点,他说代总统李宗仁和行政院长何应钦曾于4月21日会见蒋介石,并且获得蒋的同意,和他们同心协力对共产党的推进抵抗到底。委员长答应全力支持政府,并表示他将把他有权指挥和控制的全部武装力量移交给政府,听从政府的命令和指挥。

他说的第四点是,蒋委员长已经斩钉截铁地决定,不再重任总统职务。他还说,他和南京的其他官员已经就此事进行讨论,大家一致反对委员长复职,这表明委员长作出这一决定乃是大势所迫。

叶的第五点是关于联合国的事务。第六点,他说李代总统和行政院长何应钦已于当日(24日)清晨飞往广州,他本人也将于三日内前往广州。

但是事实上李宗仁并没有去广州,而是飞往广西桂林(原编者注:据李本人记述,他于4月23日离南京去桂林,5月8日由桂林到达广州)。鉴于他担任代总统是为了和共产党进行和平谈判,而今和平谈判失败,共军已经横渡长江,他已经没有理由作为政府的首脑而存在。至于说到权力,实际上,他丝毫也没有掌握过任何实权。因此,虽然他确实于5月回到广州,并基本上一直在那里待到10月广州失守,但他的地位始终很虚弱。

5月1日报界发表消息:蒋委员长亲临上海坐镇防守。换言之,他这一行动是根据他和李代总统协力制止共产党南下这一非正式协议而采取的。但是,5月13日上海防线外围一系列重要城镇已落入共产党之手;5月17日汉口被共产党占领,5月25日上海市陷落。5月27日,一位代表经济合作署的马尔登上校(他在中国执行任务后刚刚归来)告诉我,他目睹上海的巨大变化。当他在那里的时候,他看到市民们镇静地等待共产党的到来。6月7日来访的李大为上校向我提供了上海之战的第一手材料。他短期回国刚刚归来,他此行的目的是报告情况并亲自了解局势。他说他目击了上海之战。国军,尤其是装甲部队所进行的战斗给了他深刻的印象。他对上海的外国记者就上海之战所进行的恶劣宣传和不公正的报道表示不满。按照他的观点,上海失守的主要原因是国军防守部队人数太少。他认为何应钦拒绝用从青岛调出的两个师增援上海,却把他们派去防守广州,是"犯罪行为"。他还告诉我,他在台湾和澎湖列岛看到委员长和以前一样健康和安详。委员长并没有对他多谈过去的错误,只是说他看出在他的僚属中缺少贤能之士。

几天后,我召集了一次各处的联席会议,使李上校有机会报告上海国军的出色战斗和上海最终失陷的原因。李上校对出席会议的人说,上海失守是由于浦东(上海西部防区,位于黄浦江对岸。)的青年军战斗力低下,以及隶属交通部的交警总队毫不抵抗所致。

上海以南的浙江省省会杭州已于5月3日失守,5月9日共产党从江西省进入福建。接着,23日江西省省会南昌陷落。浙江沿海的宁波及其附近的奉化(委员长的祖籍和出生地)分别于5月26日和6月1日陷落。6月12日,刚刚从中国来的程远帆登门相见,他是我的一位老朋友和老同事。他是陈氏兄弟的密友,曾经担任过多种重要职务,包括浙江省财政厅长和政府的财政机构中央信托局的局长。他在谈论中国局势的时候,给我的印象是一片混乱和士气低落。

他还告诉我,他在香港时,中共曾向他接近(他是个自由主义者),不过他宁愿在美国独立工作,担任某种体面的非政治性的职务。他还说主管中央信托局八个月使他大失所望。那期间他逐渐地对委员长是怎样的一个领袖和怎样的一个人有了更多更深的了解。他深信要在大陆上挽回败局,已经毫无指望,对中国而言,也只有在共产党政权下经受一段时间的磨炼和苦难之后,才有可能得到拯救。

几天以后,有人向我报告说另外一个刚从台湾和广州回来的人,把广州描绘成一个放荡堕落、道德败坏的地方。据这个报告说,那里有一种绝望和醉生梦死的气氛,据说人人都盼望三样东西来帮助拯救中国:美国的援助;第三次世界大战;或出现一个奇迹。但是他们自己却不想工作,也不想战斗。6月15日,刚从香港、澳门和广州旅行回来的国际货币基金组织的顾翊群博士对我说,他发现那里有中国人用金条、美元、英镑和港币大规模地进行投机买卖。他说这些投机分子中不仅有富豪,而且还包括国民中一些最有聪明才智的人。取缔他们的活动十分困难。但是,他指出业已控制了像上海那样一些大城市的共产党人,在管理和控制货币交易方面已经扭转了局势。他认为,共产党可能被迫采取一项和去年8月上海实行的经济管制相类似的无情政策,甚至还要严厉得多。他说这样的政策势必失去人心。

在这一点上,我想引我6月10日日记中的一段话作为补充:

> 侄儿顾海昌晚上来看我。他从中国来,到匹兹堡一家公司任助理工程师。他证实了国军向上海的中国富户敲诈勒索的报道。这些部队坚持要在富家的住宅中驻兵,宅主若要求豁免,必须送金条,数量从一条至十条乃至二三十条不等,视住宅大小而定。

6月18日,顾翊群再次来访,并告诉我,广州和香港的一些热心公益和爱国的人士,如上海商业储蓄银行总经理陈光甫、浙江兴业银行总经理李铭、交通银行董事长钱永铭等,对中国的时局均持悲观态度。19日我的侄子顾应昌(哈佛大学博士)来告诉我,他从他弟弟海昌口中得知,上海商会花了一千条金条才买动汤恩伯将军同意停止抵抗,将部队撤出上海。汤恩伯将军是一位出色的将军,他担任京沪杭警备总司令,奉命保卫上海(委员长提出要在那里亲自指挥作战)。可是,显然军事形势已经如此恶化,致使上海的居民和上海的社会领袖们感到继续抵抗,只能给这个城市和人民造成更大的损害。

在政治战线上,委员长和李宗仁将军经过关于合作的会谈以后,成立了国民党非常委员会,委员长任主席,李宗仁任副主席。这是6月间的事,但是直到7月中旬才正式宣布。在广州的人士无疑都同意此举(虽然有的人一定是勉强同意)。由于战事复起,取得委员长的合作是绝对必要的,因为他掌握着很大一部分陆海空军和黄金储备,而且有大批忠实的支持者。正如4月24日叶公超在电话中表明的那样,这种合作在政府内是不可能的。然而在党内却是可行的,因为包括桂系在内的政府各派成员都是国民党员。同时,这个新的紧急机构的主席职务,能使委员长的领袖欲得到满足。因此,这一行动是实现合作的现实途径,也许这只是名义上的合作,然而却是一个绝对必要的开端。

早在6月初,我在和贝祖贻的谈话中就对他说过,李总统和委员长之间缺乏密切合作。我指出:政府不在如何保卫广州的问题上下功夫,却在讨论何时迁往重庆或台湾。我说没有团结或合作的迹象。立法院立法委员有三分之一在广州,三分之一在台湾,这分开的两处各自都能够达到法定人数,因而两处都可以举行立法院会议。

中央银行主管发行金元券的施处长(就是他告诉我将黄金储备运往台湾的命令以及公众获悉这一消息的经过),把那一段时期的情况描述为"一国三公"。因为如他所述,以中央银行为例,在如何处理政府资财问题上,当时就要听命于三个地方和三个领袖。后来在我们 1970 年 6 月的一次谈话中,他解释说,所谓的黄金储备是金条、金币及其他金器(如首饰),总值为三亿五千万美元,除此之外,还有银元宝和银元,以及大量美国和英国钞票。在这些资财中,只有金条已经按照委员长的命令运到了台湾(我想由于 1948 年 12 月这一行动被发现,引起了强烈的反对因而中断装运)。

这位处长说,3 月份左右,汤恩伯将军为了支付军饷以维持士气,要求拨给一部分黄金储备。当时中央银行里还有价值六千万至七千万美元的黄金库存,其中三千万美元拨给了汤将军。接着,他向我讲述了 4 月份共产党横渡长江时,他们采取步骤接管上海中央银行总部的情况。将近 4 月底共产党到达上海的前夕,他奉当时中央银行总裁刘攻芸之命,将剩余的银元和钞票带到香港以便转送台湾。他说,因为飞机很小,未能全部带走(使用的那架飞机是通过他和民航公司有关系的兄弟弄到的)。但是,共产党到达的前一天,未及带走的银元和钞票有很大一部分装上了一艘小轮船,离开上海时船上还有许多中央银行的工作人员。轮船在吴淞口不幸倾覆,船上人员全部遇难,价值约六千万美元的储备金也全部丧失。在我看来,也许曾经有过某种默契,不过他说根本不可能有这样的事,因为船上人员全部丧生,而且事后双方都没有作过打捞沉船的尝试。

(由于他是凭回忆讲述的,所提供的数字和日期就未必准确。上海是在 5 月 25 日失守的,因此那艘轮船的翻船时间,似乎应该是 5 月 23 日或 24 日左右,但是这一点没有把握。然而,关于他带着银元和钞票飞往香港一事,看来他很肯定,是在将近 4 月底的时候。)

施先生接着说,就他回忆所及,就在那时出现了"一国三公"的局面,即:身在台湾的委员长要将剩余的黄金储备运往台湾;而身在广州的阎锡山要将那些储备运往重庆去支持政府(那时他已经预期担任政府首脑),使政府能够坚决与四川的共产党对抗。

同时,甘介侯持李宗仁书面命令(李当时在广西)到中央银行支取十万美元的赴美就医费用。这三处的人物都有权势,又都对中央银行发号施令。

他说,银行各局的局长左右为难束手无策,他们去向刘攻芸请示(刘于1949年1月接替俞鸿钧担任中央银行总裁)。刘自然要向俞鸿钧讨教。因为在处理有关中央银行的事务方面,俞仍然是"太上皇",实际上俞的意见是:可以不管别人,只需执行委员长的命令。如果他当初不这样说,就不可能迅速地解决那个棘手的问题。在中国办事就是如此。我认为那是中国政治机构的根本弊病之一。而且,就此而言,其他东方国家,如印度尼西亚、缅甸、泰国等也大体相同,甚至菲律宾在某种程度上也是如此。实际的控制并非一定是合法的控制,而真正起作用的却是实际的控制。

我并非儒家,然而对某些孔孟哲言却十分尊重,例如"夫人必自侮然后人侮之"。中国的局势日益恶化,是有些事情做错了,不过我认为不应该百分之百归咎于中国。我想美国的政策在相当大的程度上也犯了错误。当然,如果就任何一个特定的时期而论(如南京失守后的时期),人们很容易这样提出问题:当时中国如此行事,美国又有何计可施? 可是,事情的缘由应该追溯到更早。美国的政策(如果是正确的),本来可以在防止危机方面起很大的作用。应该说是所有这些事情的综合结果。回顾过去二十至二十五年的情况,又重阅了过去的一些记录,使我感到惊奇的是,我对这个问题的看法竟然丝毫未变。我仍然和以前持相同观点。

5月30日,报载一则消息:国民党元老之一的居正已被提名接替何应钦任行政院长。然而这项提名最终因遭居先生拒绝,或因缺乏足够的支持而落空。因而6月2日李宗仁提名阎锡山为行政院院长来接替何应钦,此项提议获得了立法院的批准。显然,阎锡山之所以被选中,因为他是强大的山西军事集团首领,并且在国民党内无休止的争霸夺权中始终保持中立。6月4日,阎将军宣布他的新内阁将是一个战时内阁。

新内阁的组成却是一个难题。当时何应钦似乎将留任国防部长,徐堪将再次出任财政部长,但是外交部长将由何人担任则尚未确定。5 月 30 日香港报纸的一则消息曾经引起我的注意,据称我将被任命为新内阁的外交部长,对此消息我并未予以重视。6 月 14 日,我曾向在纽约的胡适发了贺电,因为我获悉他已被任命为外交部长。然而胡适博士最后拒绝了这项任命。因此,有很长一段时间,外交部长之职一直由次长叶公超代理。

　　这些事情的发展变化,在纽约和华盛顿都进行了报道和议论,这些事件虽然令人关切,但是错综复杂,难以理解。也揭示了那个时期中国政府的许多内部活动。5 月 9 日,我请胡适博士到纽约德雷克饭店午餐,并进行了三小时的长谈。记得那是胡适不久前由沪赴美后我第三次或第四次和他见面。他在纽约暂住,而我由于在联合国的工作关系,大部分时间都在纽约度过。他告诉我委员长曾经真心诚意地希望胡适被提名为总统,只是因为遭到国民党内的反对才不得不作为罢论。他说 1947 年秋和 1948 年 12 月,曾两次请他出任驻华盛顿大使,两次他都予以谢绝。本年初,孙科曾要求他担任外交部长,但是他未接受。理由是:凭王世杰的耐心尚且不能使国民党评论家们对其政策表示满意,何况是他。因为他不仅完全赞同王的政策,而且其耐心还不及王世杰。

　　1947 年曾经有过把胡适派到华盛顿的打算,这倒很有意思。对此我毫无所知。这一定是国民党中枢想把胡适从中国的总统选举中调开。(我已记不清,是否在他告诉我这一件事的时候,我就这样想的。)胡适博士深孚众望,拥戴他当总统的议论盛行一时。委员长一定注意到这种有利于胡适的呼声,从而建议他出任总统,以表示其谦恭之意和政治上的明智。可是,无论委员长对党的影响有多大,他终究无力和全党相抗衡,而党内当然不愿意看到胡适出任总统。于是就产生了如何把他调出中国的问题。根据我的理解,那就是请他出使华盛顿的内幕,我想胡适博士也一定意识到了这一点,因而加以拒绝。

第二次提出派他任驻华盛顿大使是在 1948 年 12 月。提起此事不妨回忆一下 1948 年初，当时我感到我和国会领袖们关于促进对华援助的会谈已经引起了华盛顿政府的反感。因此，我曾请即将回国的金问泗大使试探政府对我引退的前景有何看法。他回来后报告说，1948 年 3 月，司徒雷登大使表示胡适出使华盛顿最为适宜。我想这颇有可能，因为胡适一直深得人心，而且深受美国国务院的垂青，他从不越过国务院去和白宫或国会山接触。

　　总之，我感到胡适对委员长建议由他出任总统颇为得意，并且深表感激。至于他的大使职务，并不足奇，因为无论在中国还是其他地方，出于政治考虑而提出一项外交任命并非罕见。当然，在美国，外交任命更多地表示确认某人对党或竞选运动所作的贡献，这种贡献的形式可以是捐款资助竞选活动，或在竞选活动中给予实际有效的支持。我想以鲍勃·古根海姆告诉我的事为例来加以说明。他曾为艾森豪威尔的竞选活动捐助了十万美元。因此，在艾森豪威尔当选后，他被指定为华盛顿特区举行的新总统就职庆祝舞会的主持人，从而使他享有陪同总统前往参加的特殊荣幸，后来他被任命为驻葡萄牙大使，我们都清楚这是因为他在政治上立了功。

　　他和他的夫人波莉都非常殷勤好客，家中经常款待宾客，许多知名的大使常常是他们府中座上客。有一次他对我说，他被派到葡萄牙去任大使，但是他不愿意去。他想去巴黎或伦敦或者至少去布鲁塞尔。可是，据说别人更有权要求去那些地方，所以他不得不接受要他担任的职务。他到葡萄牙去赴任，但没有久留。有人告诉我，在一次宴会上，他显然饮酒过量，突然对在场的葡萄牙人说："我在总统竞选中出的力可不少，以前我还觉得有资格去到伦敦的。"这些话传到了华盛顿，于是他很快就奉召回国。不过他们都是很好的人。他不是什么外交家，虽然常常直言无忌，但是很讨人喜欢。

　　5 月 22 日，我会见了甘介侯博士，他代表代总统李宗仁刚从中国来。他对我讲述了傅秉常被任命为外交部长的经过。(傅先生被任命为何应钦内阁的外交部长,但未就职,由次长叶公超代理外交部长职务负责主持外交部的工作。)甘说任命傅为外长完全是张治中坚持的结果,其他人全都赞成由我担任。尽管何应钦曾经要求颜惠庆博士出任外长。但是,据甘说,颜惠庆予以谢绝,却推荐了王正廷、程天放和郭泰祺。

这些事使我想到张治中坚持请傅秉常在新的和平内阁中担任外交部长的原因,是傅和苏联关系密切,因为他是驻苏大使,认识苏联政府中的重要人物。张治中本人是兰州、新疆的西北军政长官,和苏联人颇为熟悉,而且从 1949 年 1 月以后,一直参与和共产党进行和平谈判的协商。事实上,同年 3 月,张治中被任为六人代表团的团长,到北平和共产党商谈和平解决的问题。

5 月 23 日,我在大使馆召集了一次会议,出席会议的有甘介侯;我国驻意大利大使于焌吉,他是来纽约出席联合国大会的中国代表团成员;张彭春,著名人士,南开大学校长张伯苓的兄弟,联合国教科文组织的中国代表;我国驻秘鲁的大使保君健(也是出席联合国大会的代表);联合国托管理事会的中国代表刘师舜博士以及出席安全理事会的副代表夏晋麟和徐淑希。会上甘向与会者又一次讲述了任命傅秉常为外长一事如何遭到甚至包括孙科在内的南京人士的一致反对(傅被认为是孙科集团的人),而我又如何被一致认为是担任此职的当然人选。他还说他们知道由于重要公务在身,我不能离开美国,但是两三个月后我就会被召回国。他要我对此作好准备。我表示担任公职历时已久,实在无力继续奔波,我已感到精疲力尽,需要充分休息;鉴于这种情况,依我看来,确实有必要起用更加年富力强的年轻人。

事实上我意识到甘介侯之所以重复提到任命外长一事,并非毫无用意,他自己向往外长职务在当时是人所共知的,我想他这样做是为了对我进行试探,并且力图争取我支持任命他为外交部长。不过,我确实相信,在当时的情况下,他是担任李宗仁手下的外交部长的当然人选(这一点我后面还要谈到)。

几天以后,甘再次来访,我们又进行了一次长谈,这次谈的主要是美援问题。他还解释说,张治中要傅秉常任外交部长是为了向苏联表示友好(我过去的猜测是正确的)。但是,甘又说,孙科强烈反对,表示强烈反对的还有想采取亲美政策的国民党人士以及李总统。李总统听取了他(甘)的意见,担心傅的声望不高,经验不足,在驻外的老资格使节中间可能不受欢迎。因此,为了抵消傅的提名,又要求颜惠庆担任外长。然而,李总统和何应钦却支持我,据甘博士说,他们只是对我是否愿意心中无数,而且感到,驻华盛顿大使的职务如此重要,如果没有人接替,我是不能长期离职的。甘还说明,他的使命也包括要求我同意出任外交部长。

我说应该任命一位年纪较轻的人,而他非常适宜。我指出,确定外交部长应该考虑政治因素,不应局限于职业外交官,他作为李总统的密友,最有资格担任此职。中国的外交部门是一个纪律严明的机构,对任何新外长都不会产生合作上的问题。接着在谈话将结束时,甘又补充了一点消息,他说吴铁城拒绝在何应钦内阁中担任行政院副院长,因为这样他就不能同时继续担任外交部长。(中国政治生活中微妙难办的问题以及错综复杂的关系由此可见一斑。)

6月15日,我再次和甘介侯谈话。我们的谈话证实了我原来意识到的那一点,即:甘来到美国的个人真正目的是为他自己担任外交部长作准备。甘首先更详细地说明他为什么一直未参加任何内阁的原因;那主要不是因为本心无意于此道,而是由于李总统的另外三个亲密合作者在政治上的忌妒和抗衡(那三个人全都是甘的同僚)。接着他说出了那三个人的姓名。他又说他甚至同意过在何应钦内阁中任交通部长,最后只是因为顾虑到和孙科的关系(他曾经答应过支持孙的内阁),才婉言谢绝。

与此同时,我的公使衔参事谭绍华要我注意香港的报纸报道说我将被任命为阎锡山新内阁的外交部长,一位名叫何清长(音译)的先生将接替我在华盛顿的职务。那是 5 月 31 日的事。他还告诉我,甘介侯获悉了这一报道后,已致电李宗仁,要求他制止这类谣言到处扩散。四天后,中国新闻记者蒋荫恩来述说他和一位美国国务院官员就那则香港消息所进行的谈话。蒋说他曾请那位官员注意香港报道中提到的我将被任命为新内阁的外交部长,以及西雅图华盛顿大学的何清长将接替我担任大使一事。蒋说他曾征求那位官员的意见。

　　他所做的是记者职责范围之内的事,我想不到他会在美国国务院提出那个问题,当时我认为那个报道的真实性极小,不必过多注意。但是他却主动去采访,然后又将对方的反应告诉了我。他说那位国务院官员认为国民党政府如果任命我为外交部长将是不明智的,因为在国内我将无用武之地,而在华盛顿却可以大有作为。而且,根据当时中国政府的状况,美国不大可能同意中国委派新大使。当问到如果任命像何那样的人为大使,美国将会怎么办时,那位官员不愿表态。但他最后说美国将不采取行动,只是将问题悬起来(事实确实如此)。接着蒋荫恩又说他还和白宫的新闻发布官黑兹利特谈过关于香港报道的问题。黑兹利特持相同的意见,认为将我调回国内担任外交部长是愚蠢的,因为据黑兹利特说,包括杜鲁门总统在内的所有白宫人士,都认为中国派不出另一个更能干更合适的外交使节。我不知道这些话到底有多少真实性,但我想这确实是他听到的意见。

　　此后一周间,虽然消息尚未得到证实,我却开始收到祝贺我"被任命为外长"或询问有关情况的函电。例如:6 月 8 日,谢寿康(此人受过法国教育,数月后来到华盛顿。)从台北来电:"欣悉足下荣膺新命。盼早日晤面,谨致衷心祝贺。"根据我的日记记载,那份电报使我迷惑不解,不过我猜测电文是指我将被任命为外交部长,因为阎锡山将军一直和委员长就新内阁的组成进行磋商。翌日,埃德加·莫勒谈到报纸最近传布我的新"职务"消息时说,如果经过努力奋斗,中国尚有得救的希望,我就应该回国就职。6月10日周谦冲教授(中国青年党的重要成员)前来叙谈。在他谈到的问题中,有一个是他急于了解的,那就是我是否已经接受了外长的职务。同一天下午于斌大主教提出了同一问题,并力劝我,如经任命即予接受。于斌正准备取道欧洲返回中国,他要求我帮助他解决护照以及携带枪支回国的问题。6月17日,我很惊讶地得到一则发自汉城的完全不同的报道,说我将被任为驻南朝鲜大使,由宋子文接替此间职务。这一报道根本不可能有任何根据,不过我提起此事,仅仅是为了说明当时周围的气氛,以及在中国人士中流传种种谣言达到了何种程度。

6月15日,我和胡适谈话。那时,胡实际已被任命为新内阁的外交部长。他对我说,直到他接到宋子文和我的贺电才得知他被任命为外交部长,而阎锡山的电报通知在上一天才通过纽约的领事馆送到。他还刚刚从皮宗敢将军那里接到委员长发来的关于任命他为外长的电报,电报说委员长知道他不愿意接受外长的职务,但是要求他不要公开拒绝这项任命。

另外,后面很快就要提到,我本人也希望看到中国有一个开明的自由主义的内阁,由胡适任行政院院长。6月22日,当我又一次和甘介侯谈话时,关于这样一个自由主义内阁的议论已经进行了一段时间,甘说明了这种情况是如何影响外交部长的任命的。甘说,他收到了一封长信,说明胡适被任命为外交部长的来龙去脉。他说,起初他(甘)奉命先后试探胡适对接任华盛顿的职务和我对接受何应钦内阁的外长职务的态度(何应钦和李总统都同意让我担任外长)。可是,胡适拒绝接替我在华盛顿的工作,我又不接受外长职务,他便据实向李总统作了汇报(那时阎锡山已内定接替何应钦)。

后来,蒋廷黻敦促甘介侯向李总统发电报,说明此间许多人一致认为当前最好的做法是任命胡适为行政院院长,甘又按此致电李总统。但当时正值行政院休会,而且阎锡山将军刚被提名为行政院院长。鉴于这种困难局面,他向李总统建议将胡适纳入阁锡山的内阁,但不指定具体职务。此时原定由何应钦出任国防部长,阎兼任外交部长。可是何随后改变了主意,拒绝担任国防部长,阎不得不兼任国防部长,因此,他当然不便同时兼任外交部长,于是把这个职位给了胡适。但甘确信他不会接受。

甘还告诉我,许多现在在广州的南京方面人士想当驻外大使,他们都认为担任驻华盛顿的大使以我最有资格,只要美国援华问题不解决,我就要留在美国,但一俟援助问题得到解决,我就会被任为外交部长。我对他说,我已如一匹精疲力竭的老马,想要退休,只是在寻找适当的时机,以免使人感到我是临难苟免,也因为据我所知,在当前的情况下,美国政府不会同意中国委派新大使,而宁愿我们只留一名代办,那样就会很不适宜。

甘说,政府人士感到我们驻伦敦和巴黎的大使不够积极,我们驻伦敦的大使郑天锡不是一位训练有素的外交官,曾经要甘担任驻伦敦大使,但是他因为对英国的风俗习惯不够熟悉而未接受。接着他告诉我,邱昌渭(李宗仁的支持者之一,也是甘介侯的竞争对手)想担任此职。但是他表示反对,因为邱的言谈举止过于粗鲁,不宜和英国人相处。甘又说,要我任外长还因为我能改组外交部,尤其是由于外交部在王世杰的任内搜罗了大量学究式人物,致使外交部大大变质。

就在当天下午,我获悉胡适已于前天致电行政院提出辞呈,尽管传说即将任命新人,还提出了若干人选,然而外交部长的职位一直空悬,直到1949年10月,才任命自3月初吴铁城将军辞职以后一直代理外长的叶公超为外交部长。

4月27日,我从纽约回到华盛顿,并根据外交部24日提出的要求,设法约见美国国务卿。在这里我想指出,鉴于我是出席联合国大会的首席代表,我不得不穿梭往来于纽约和华盛顿之间,以便在联大会议期间,兼顾大使馆和代表团的工作。于是,我在4月27日回到华盛顿,29日前往纽约,5月2日返华盛顿,4日再赴纽约,5月5日去华盛顿,7日又回纽约,10日重返华盛顿。这种情况一直继续到联大会议结束。

5月11日中午,我终于拜会了国务卿艾奇逊。安排那次会见竟费时三周,显然,国务卿觉得有诸如马歇尔计划及欧洲局势等更重要的事情需要他处理。会见时,陪同我去艾奇逊办公室的巴特沃思先生一直在座。

我首先指出,三个月以前我见到他时,中国的局势动荡不定,尤其由于当时正在准备开始和平谈判,因此,他感到难以明确表示美国对中国局势的态度,这是可以理解的,但是我一直认为那些谈判不可能使问题合理解决,而且我的看法已经得到了证实。中国共产党口头上声称准备通过谈判达到和平解决,实际上却一直利用这一间歇进行军事准备,当准备就绪以后,他们就重新进攻,渡过长江,并且把他们的军事行动迅速地向前推进。

我告诉他,中国政府业已下定决心抵抗共产党的进攻,当时战斗正在三四个地区同时进行。有些地区,政府军被迫后撤。但在其他一些地区,政府军成功地击退了敌人。有明显的证据可以表明,国军的抵抗正在不断增强。在政治方面,局势已更趋稳定。代总统已回广州,政府的重要领导人也已全部返回广州。接着我说明,我之所以要强调国民政府所采取决定的重要性,是因为它解决了许多疑问中一个重要的、甚至是最重要的疑问,而正是这些疑问使美国政府采取观望的态度。现在政府已经决心继续对共产党作战,不过同时也需要从美国方面获得道义上和物质上的援助。

谈到道义支持时,我说我想到了两点,第一:我得知司徒雷登大使已获准在任何他认为适宜的时机离开南京前来美国请训。中国政府希望美国大使在回国以前访问广州,使李总统和政府的其他领导人能有机会和司徒雷登大使讨论有关中国局势的各种问题。我希望国务卿将此事电告司徒雷登大使。

巴特沃思插话说,发给司徒雷登大使的指示大意是:只要他感到美国侨民的安全和利益已经得到保障，就可以由他自己决定何时离开南京前来美国磋商。据巴特沃思了解，司徒雷登大使尚未决定何时返美。

我恳切表示，如果司徒雷登大使目前不回美国，希望国务卿指示大使驻节广州，这样可以和驻在国政府接近，便于磋商。司徒雷登大使驻节广州将是非常有益的，因为这将证明美国对国民政府所从事业给予道义上的支持。

艾奇逊表示他将考虑这一问题。

我说我所想到的体现道义支持的第二个措施和缔结北大西洋公约有关。我相信这个公约是争取和平事业的一大成就，所有爱好和平的人民都对它表示欢迎。但是中国政府和人民在欢呼这一成就的同时不免忧心忡忡。他们担忧美国把注意力和思想都集中到大西洋地区的做法，会被公约的反对者理解为（或者说误解为）即使不是邀请也是暗示，共产党势力可以在中国和亚洲以及向全世界前进而无受阻之虞。

我说我知道这不可能是，实际上也并不是美国政府发起缔结大西洋公约的本意。事实上，我回忆起两个月前国务卿本人曾声明，缔结北大西洋公约并不意味着美国会对世界其他地方发生的事情漠不关心。杜鲁门总统就签订北大西洋公约所发表的讲话中，曾提到艾奇逊的声明，而且也强调了这一点。但是反对条约的人继续散布流言，说这意味着美国已放弃对该条约涉及范围以外地区的关注，他们举出中国正在发生的情况来证实他们的看法。我补充说，感到担忧的不只是中国人，我知道在亚洲就有人私下这样议论。仅仅几天前，韩国驻联合国代表来访问我时就表达了同样的忧虑。因此，我希望国务卿利用适当的时机重申：美国将对世界上任何地方、任何国家的自由受到侵犯都表示关注，特别提出中国的斗争作为例证。当中国和亚洲人们私下表示忧虑之时，重新作出这样的声明不仅可以打消这些顾虑，而且对中国和亚洲人民的士气和斗志也将普遍产生有益的影响。

艾奇逊表示,他将寻求适当的时机,重申美国政府的观点,虽说他认为在他启程去巴黎参加下周举行的外长会议以前,恐怕不会有这样的机会。

我对他的答复表示感谢。接着,我提出了物质援助的问题。我提到 1949 年 3 月 31 日送交国务卿的,有关进一步援华的照会和备忘录。我说我在照会中已经指出稳定货币的迫切需要,以及中国政府对于取得美国政府的支持和合作的愿望。我国政府自然认识到,要从事彻底的货币改革必须首先有一个相当平衡的预算,鉴于目前国民政府预算不平衡的幅度仍然很大,实行稳定货币的全面计划将有困难,但是中国政府认为鉴于中国货币持续贬值所造成的许多经济上的困难,迫切需要采取某种稳定货币的措施,现在想到发行足够数量的银币。这种银币已经发行了一定的数量,在降低物价上涨的速度,减轻人民经济上的贫困,以及通过用银币支付部分军饷从而提高士气方面,都产生了良好的作用。因此,我国政府想了解美国政府是否可以向中国拨款或贷款七千万盎司白银以满足此项用途。

关于这个问题,我要插叙一下,早在 1949 年 1 月 5 日,我的商务专员刘大钧博士曾来报告:财政部长希望从美国借贷一批白银,专造硬辅币,用以支付前线中国士兵的军饷,提高他们的士气。财政部长徐堪还想委任奥尔曼法官去促成美国国会通过这件事。刘大钧向我请示如何答复。我告诉他,由于在美国这方面所牵涉到的法律上的困难,这个提议不容易在华盛顿通过。再则,美国财政部里未指定用途的白银数量极少,总共不到一亿八千万盎司。我还指出,为在中国稳定货币而用的白银贷款实际上已经成了援助中的次要问题。美国对华的全面政策正在讨论之中,美国政府现在所采取的态度是观望和等待形势发展,然后再作出明确的决定。

两天后,贝祖贻到双橡园来访时,我告诉他,刘大钧受财政部长徐堪之命,想了解一下借贷白银以稳定货币的可能性。贝先生认为行不通。自前一年秋天起,美国财政部已经动用了大量白银,存银数量已降至一亿盎司以下。他还说,价格问题也很难解决。按"购银法"的规定要以 1.29 美元一盎司的价格借贷白银,然后以同样价格(比世界市场价格高四十美分)从美国购银偿还,这是绝对不合算的。况且,这样做需要国会授权,因而可能捅了国会山上白银集团的马蜂窝。总之,他表示强烈反对。至于请奥尔曼作中国财政部的顾问,贝祖贻说奥尔曼并不认识很多众议员和参议员。他在国会的朋友都是皮尔尼上校的朋友,而这位上校在国会的地位并不显要。(皮尔尼以前是魏德迈将军手下的一名军需官。他退役后建立了一个在中国营业的公司。)

3 月 24 日,我和奥尔曼讨论了这件事。这是他第二次来谈关于从美国借贷白银的想法。我们谈论了获得贷款的可能性问题。但是,正如我前述,美国方面无论从政策还是从法律程序方面,都有不少麻烦。所以,我不赞成。然而,我必须听他谈,并且了解一下他对获得这批白银贷款的前景到底有什么看法。在这个问题上,终究还是有话可说的。在回到我和艾奇逊谈话以前,我还要指出麦卡伦援华法案中有一项条款要求以白银贷款作基础来稳定货币。

我向艾奇逊提出以拨款或贷给白银作为稳定货币的一个步骤,然后,又补充说我的专门顾问们已经和财政部接洽过,并且和财政部的一些成员谈论了技术性的问题。我对艾奇逊说,根据我的了解,财政部长为这样的用途调拨白银的权限并不明确,也许需要国会授权。

巴特沃思又一次插言,他说这件事已经做了处理。那天早晨他和财政部的专家们进行了磋商。他们已经得出结论,即这个建议难以实行。他们一致认为中国政府可以轻而易举地从墨西哥或印度购买白银,而美国的造币厂乐意免费将白银制成银币,已经向广州美国大使馆的克拉克公使发出电报,请他将这意见转告中国政府。

我说,我知道克拉克公使已将经司徒雷登大使同意过的中国建议向美国政府作了汇报。这是两周前我希望和国务卿商讨的问题之一。但是,由于国务卿公务繁忙,直到如今我才能当面提出。我指出,因为美国的银价高于世界市场价格(除非美国政府能向中国赠款),在墨西哥或印度购买白银也许在价格上对我们有利。然而中国政府还是愿意提供一定数量的保证金来向美国借一笔白银贷款,因为购银毕竟需要大宗款项。

巴特沃思说,据他所知中国政府在台湾和广州储备有大量黄金,用以购买所需的白银绰绰有余。

我同意这一点,但是指出,那些黄金可能是用来稳定中国货币的。几年前宋子文博士曾经这样做过。

巴特沃思认为使用银元并不是稳定货币的有效办法,因为银元会被人囤积起来,从而,对银元的需求量将进一步增加。

我回答说,银元实际上已经在中国好几个地区的商业交易中使用。而且,我曾说过,已经用银元来支付士兵的部分军饷。在目前国民党控制下的有限几个地区内,所需的白银总量不会很大。因此,估计需要的白银只有七千万盎司。农民出售农产品得到了银元,但他们又必须用银元购买他们所需的商品,这样投入市场的银元就不会全部消失。我还说用现在政府掌握的黄金购买白银确实绰绰有余。但是,由于必须进口的货物需要用黄金支付,中国不能将黄金全部用于购买白银。因此,白银贷款将极有助益,如有必要,中国将提供保证金。

巴特沃思说,财政部的专家们认为那种建议无法实现。

我说,如果那种建议不可行,我还有一个也许更容易接受的想法。由于最近国会审议核准了延长1948年的《援华法案》的有效期限,有五千四百万美元可作援华之用。据我所知,鉴于中国的局势,这笔款项尚未调拨动用。另外,原来准备用船运往上海的几批棉花,已经转运日本,这几船货物价值共达一千六百万美元。我的想法是用这笔拨款来支付购银费用,实际的交易事宜可由经济合作署承办。

巴特沃思表示,这种做法违反《援华法》,因为《援华法》以呈交国会的计划为基础,而该计划对用援华基金购买的商品作了规定。

可是我认为,建议用这笔拨款购买白银和《援华法》的宗旨是一致的。因为该法载明其根本目的之一就是稳定中国的货币。如能用经济合作署的拨款购买白银制成银币加以发行流通,就会大大有助于稳定物价,从而刺激生产,并减轻人民在经济上遭受的痛苦。此外,因为这样就能继续用银元支付部分军饷,它还有助于提高中国军队的士气。再者,棉花是经济援助计划中的主要商品之一,现在棉花已经不能运往上海(中国的棉纺厂大多数在上海),那么,购买白银来减轻中国人民的贫困将是一个有效的代替办法。

巴特沃思说,经济合作署仍不得不继续向国民党政府控制下有限的几个地区运送粮食。

我对他说,我了解粮食还在运送,但我相信购买那批白银不会耗尽能够到手的全部援华拨款。

艾奇逊问这需要多少费用。

我答道,按目前世界市场价格,购买七千万盎司白银需要五千万美元。我希望国务卿考虑这一建议。如果对这一购银计划是否包括在《援华法》的范围之内这一点有疑问,我想国务卿可以将此事通知国会领袖们,以便取得他们的谅解。这个办法可以排除一切可能来自国会方面的困难。

艾奇逊表示他想确切了解巴特沃思的看法。巴特沃思扼要地重述了他的观点之后,艾奇逊说对这个问题存在着两种观点。

我再次敦促国务卿对此事进行考虑,以促进向中国提供这项援助。这时,艾奇逊说他一定考虑双方的观点,但他不能保证他以后得出的结论会不同于现有的结论。

接着我又说,我还要向他提出一个问题。在伦敦外长会议的前夕,国务卿马歇尔曾应我的请求向我作出保证:在外长会议上讨论的问题,凡属影响到中国利益的一定通知中国。据我了解,即将在巴黎召开的外长会议将集中讨论德国问题,我想美国无意于提出任何有关中国局势的问题。但是如果有任何其他国家提出这一问题,我希望艾奇逊能按照马歇尔将军的保证首先通知中国政府(当时我担心外长们会讨论承认中共的可能性问题)。

艾奇逊说,他肯定不准备提出任何有关中国的问题,而且会议的议程局限于德国问题。他想其他国家也不会提出中国问题;但是如果真的有其他国家提出,他一定会通知我。

我还告诉艾奇逊,胡适博士已经到达纽约。胡适让我转告,由于他这次完全是以个人身份来美,他没有提出要求会见,因为怕占用国务卿的宝贵时间。但是如果国务卿希望和他谈话,他完全听候安排。

艾奇逊说,他和胡适是老朋友,他非常希望和胡博士叙谈。

会见就此结束,可是在我离开时,陪我走到候客室的巴特沃思对我说,他希望私下告诉我关于司徒雷登大使继续留在南京的一些情况。根据他收到的报告,由于共军兵临南京城下,中国政府的领导人已经仓促离开南京。司徒雷登大使既没有时间准备离开南京,也没有人提供交通工具。不仅是司徒雷登大使,法国大使梅理霭和英国大使施谛文也面临同样的处境。

我说这使我感到惊奇。我告诉他外交部叶次长曾给我打过电报和电话,大意是:外交部已经敦促所有大使离开南京前往广州。因为政府已经迁至广州。甚至在政府领导人启程前夕,叶次长再次会见外交使团团长梅理霭,极力主张他和外交使团同仁与叶一起离开,并且说明将提供飞机。

这时,巴特沃思说并没有提供交通工具。他还补充道,无论如何美国大使不能将数千美国侨民弃之不顾。而且,广州并不具有全部必要的接待设施,而大使们又必须将他们的僚属带去。业已在广州安顿下来的部分使馆工作人员已经感到接待条件非常有限。

我说,就接待条件而言,问题不难得到圆满解决。至于照顾美国侨民的问题,既然大部分美侨集中在上海,司徒雷登大使在上海照顾他们比在南京更为方便,尤其上海仍然在国民政府的控制之下。我还指出:巴特沃思作为一位经验丰富的职业外交官,必定很清楚派往国民政府的大使,理应驻近政府,使中国的总统和中国政府的领导人得以直接与他进行个人磋商。司徒雷登大使继续留在南京势必引起各种猜测。

我问国务院是否能与美国驻南京的大使馆和华北以及其他共产党地区的领事馆进行通讯联系。

巴特沃思回答说,除沈阳外,国务院能和南京的大使馆和华北(天津、北平)的领事馆通讯。虽然大使本人和南京的共产党当局没有联系,但使馆人员和他们联系并无困难。

我提出,与共产党的这种接触只能被看作与地方当局的接触。巴特沃思同意这一点。我又补充说,美国大使馆人员留在共产党区域,这件事本身就引起了对他们的意图的种种猜测。

巴特沃思说,不管怎样,总是流传着种种猜测,这是不可避免的。

接着,我告诉巴特沃思,胡适博士还想见他,他表示很高兴会晤。

5月24日皮宗敢向我汇报了他和负责计划和作战的陆军副参谋长魏德迈将军会谈的情况,会谈的内容是从檀香山向中国空运几种炸弹的问题。魏德迈将军怀疑时间是否来得及,因为上海势将完全失陷。皮将军告诉我,鉴于上海的形势问题,他曾打电报向国防部请示(翌日上海失陷)。

同一天晚上,胡适来告诉我,他也见到了魏德迈,他说魏德迈强调台湾作为自由中国的基地并不理想。胡说,他即将会见巴特沃思。我极力要求他摸清楚,在如何才能获得新的对华援助,以阻止共产党向前推进这方面,巴特沃思有些什么想法。我对胡适说,巴特沃思一直在为国务院制定对华政策,而此人对国民政府和国民党心怀不满。

第二天上午,我在阿林顿国家公墓参加了詹姆斯·福莱斯特的葬礼。午后不久,胡适又来告诉我,午餐时他和巴特沃思的谈话情况。他说他感到巴特沃思对任何事情都要争辩。胡适说,巴特沃思认为李宗仁是个好人,但是无权。他还向胡适透露,目前美国尚无意承认中共政权。

很自然,在共军横渡长江,占领南京以后,承认中共政权的问题就成了头等重要的问题。由于共产党的军队迅速推进,中共建立中央权力机关势在必行,我们都为中国的国际地位担忧。中国的朋友也表示关切。5 月 8 日,杜勒斯对我说,他相信一旦中共政权建立,国务院就会建议承认,而且已经来不及抢先采取行动加以防止。他还说英国急于承认中共。事后证明他是对的。

在广州,外交部认为,阻止共产党政权继续发展的一个措施是在联合国采取行动,用先发制人的办法防止国际性的承认。5 月 20 日,联合国大会将结束时,蒋廷黻找我讨论外交部的一份电报,电报要求我研究一下是否赞成将中国的局势问题作为违反联合国宪章的案件提交联大,并且要求作出不承认中共政权的决议,并将赞成与否的理由电复。于是,我提出反对这一行动的意见和理由,蒋完全同意我的观点。我说,首先,宪章没有明文规定禁止以武力夺取政权。第二,国际法也不以此为理由禁止承认;第三,以前美国政府对一切以武力建立的政府所采取的不承认主义和政策已经起了变化(尤其是在去年波哥大会议以后);第四,当前美国的做法是赞成及早承认,美国至今仍为没有承认阿尔巴尼亚而感到遗憾,因为美国由此失去了铁幕后面的一个潜听哨。换言之,我认为美国支持这个提案的可能性极小。

我愿意在此补充几句并非定论,而是可供争议的话。在我1949 年 1 月至 5 月底的日记中仅有一处曾提到为中国的局势问题向联合国提出呼吁,那是 1949 年 2 月 11 日日记的内容,我在那天的日记中写道,我曾给在纽约的蒋廷黻打电话,就向联合国提出中国局势问题一事征询他的意见,因为孙科院长已经发表声明,认为这是唯一的解决办法。蒋廷黻不赞成此举,并且告诉我,他没有接到来自中国的电报。

这则日记说明了一些提出这一呼吁的经过,最终形成事实则是在1949年9月。早在1949年2月5日,政府已经从南京迁至广州(至少孙科和行政院的主体已经迁至广州)。李代总统却留在南京。众所周知,导致这两位领袖分裂的部分原因是在与共产党进行和平谈判的问题上,孙科不愿走得像李宗仁那样远。

5月26日,自2月初以后任副国务卿的腊斯克,请我到国务院去见他。我感到纳闷,不知是什么事。但很快就弄清楚了。他要求我就上海的国民党分子向美国领事馆开火一事向广州发电报。美国总领事卡伯特从上海给国务院打电报报告这一事件,电报结尾说如果国务院愿意,可以将电文公布。但腊斯克说他没有公布,因为电文中包含着一种看法,即:国民党政府方面开枪射击是故意的。并且说,除了两发子弹以外,其他的全部是从国民党方面射出的。

我利用这一机会要求腊斯克保证:在巴黎外长会议上讨论任何有关中国的问题都应征求中国的同意或通知中国,(虽然我已经和艾奇逊达成了这样的谅解,但我要再次得到确切的保证,同时给他留下深刻的印象,即:中国对背着它进行磋商深表关切,尤其是在5月25日以后。那天的《纽约时报》报道了美国和英国正就一旦共产党建立政府并要求承认以后,将采取什么行动方针一事进行对话的消息。那是巴黎会议开幕以后两天发生的事。)我已经得到了艾奇逊的保证不正式讨论中国问题;议事日程不包括中国问题;如果任何国家在正式会议上提出中国问题时将通知中国,但是我没有得到在正式会议以外也不提出中国问题的保证。而事实上,情况恰恰就是如此。

5月27日,在阿富汗大使佐赫拉·纳伊姆亲王和王妃为纪念阿富汗独立日而举行的招待会上,我遇到了一位老朋友汉密尔顿·赖特夫人,她提出愿意帮助中国。我对她说,当前最重要的事是阻止美国承认共产党中国。5 月 28 日,我就英国在美国之前给共产党政权事实上的承认的可能性问题急电外交部;并致电伦敦的郑天锡大使,询问英国对中国的最新态度。

战争再起和共产党渡江南下的另一个结果是,当时在美国的许多中国名流对于争取美援的宣传问题表现出异乎寻常的关心。4 月 22 日,中国青年党首脑曾琦在纽约举行午宴,有一些中国外交官出席,其中包括蒋廷黻、张彭春、刘师舜、驻纽约总领事张平群,还有赖琏(我在前面已经提到,他是 1 月份到达美国的),大使馆一等秘书傅冠雄和新闻秘书顾毓瑞以及曾琦的同事刘东岩。曾琦逗留美国是为了帮助开展宣传工作,而且他对中国的外交政策以及和美国的关系有浓厚的兴趣。因此,他要求我特别注意宣传问题。他说公众舆论是美国制定政策过程中的一个决定性因素,因此在美国宣传工作特别重要。这就使我有机会说明我的观点和这个问题的复杂性。我对出席宴会的人讲述了开展任何宣传活动的实际困难。我举例说,驻美大使馆通常应该对宣传政策和在美国付诸实施进行指导,但是大使馆根本没有支配宣传经费的权力,也没有挑选宣传人员的权力。相反,政府派到美国来的形形色色代表,名义上是开展宣传工作,但是既不跟大使馆接触,也不向大使馆报告他们的活动情况。由于他们通常一个字也不向大使馆汇报,也就无从统一宣传工作以取得最大的效果。然而这些还仅仅是组织和管理方面的困难,在推动宣传的实际工作方面,也存在着困难。

我对他们说,政府的一贯做法是:当国外出现不利于我们的声明时就命令我们出来纠正。然而,这并非上策。作为一项明智的政策,政府应该使大使馆和这里的宣传工作人员充分了解中国发生的情况,并且向他们提供全部事实。但实际情况是,政府事先对将要采取的政策总是讳莫如深,然而这对宣传工作却正是非常重要的因素。如果知道政府采取的是什么政策，就可以此作为准则进行宣传去推动这项政策的实现，我说，换言之，中国关于宣传的概念，似乎是建立在修正不正确的声明或谎言这样一种思想的基础之上。但这并不是最好的宣传方式。开展宣传运动犹如进行战争，只是所用的手段不同而已。在实际战争中，弹药和武器至关重要。在宣传工作中，事实就是使宣传战取得胜利的弹药。因此，任何宣传工作，如果缺乏事实，就不可能获得最大的成效。如果宣传方针仅局限于否认谣言或纠正已经在到处流传的错误言论，则其效果就只能极小或微不足道。

蒋廷黻发表了这样的看法：在中国，想事先了解政策以作为宣传工作的基础是特别困难的，因为那些负责部门，本身对三个月或半年后的政策也心中无数。赖琏认为，宣传方面最大的困难在于一切都必须由委员长定夺。就以从东北撤军为例，事先竟连行政院院长也毫无所知。

大约一星期以后，装甲部队和蒋纬国个人的代表李大为上校来告诉我，他即将回中国谒见委员长并且汇报美援状况以及美国人民对中国局势的态度。但 5 月 9 日，他又说他将要回中国去，就美国的情况和更有效地开展宣传工作的重要性问题晋见蒋纬国和委员长。他要我给委员长和白崇禧将军各写一信。至于他回美后所作的报告，我前此已作了叙述。

4 月 24 日和我共进早餐的谭绍华建议打电报给政府，提出一个促进美国援华的宣传计划。由于那么多政府以外的人都主张采取行动，政府现在已断然放弃了和平的希望，并且决定重新使用武力来抵抗共产党南下。但是那时还从未真正采用和协调过这样的正式计划。除了大使馆日常有关报界及宣传活动的工作以外，我继续像往常一样，设法了解朋友和老相识们的意见，另一方面尽力向他们讲述和解释中国的局势问题。与此同时，在美国的其他中国名流，如胡适、曾琦、李惟果和甘介侯等，也都在做着同样的事情。我要表明的是，这些做法的效果不尽理想，这是因为缺乏协调,另外,有些人乃是出于党派的利益。

4月21日,在联大第一委员会的会议间歇时间,我和联合国托管理事会的美国代表弗朗西斯·赛尔共进午餐。我们首先讨论了委员会的活动,但赛尔说他希望了解一下中国的局势以及美国准备怎样行动。他对我说,他曾在远东多年,担任过暹罗政府的顾问及美国驻马尼拉的高级专员。对中国目前的状况深表同情。他说他准备在几天内去华盛顿,并且很愿意和国务卿及其他人谈谈中国的情况。他深感应该采取某种措施来帮助中国反抗共产党的统治。报界的一些报道,特别是国务卿最近致参议员康纳利的信使他感到不安。信中说美国援华耗资已超过二十亿,全部款项浪费殆尽。

我指出:这个数字很成问题。根据中国的记录,在军事援助方面根本没有达到此数。即便按照国务院的数字,军事援助的总额也不过略略超出十亿而已。这笔款项还包括帮助中国遣返日本战俘和其他日本侨民所支出的费用。根据中国的记载,军事援助,包括最近的一亿二千五百万美元,实际上为二亿五千万美元左右。这一亿二千五百万美元军援物资中,十分之九依然完整未动,因为这批物资运送不及时,未能在长江以北军事防御崩溃以前到达中国,用于对共产党作战。

我对赛尔说,中国政府一直在要求美国政府做两件事,这两件事都不需美国花费大量金钱。一、发表一项声明,从道义上支持中国的正义事业;二、派代表团到中国去实地研究形势,然后向华盛顿报告,并提出援助中国的建议和计划。这种援助并不需要美国派遣战斗部队,因为中国并不希望美国卷入这场战争。最需要的是军事技术援助和经济援助。

赛尔说,反对进一步援助中国的人提出一个论点是:要想在中国见到成效,需要投入几十亿美元,而美国的财力物力有限。另外,美国已经在欧洲承担了大量费用。

我说,反对继续援华的人提出的这种论点尽管表面上似乎有道理,实质上却是一种丧失信心的论调。事实上,有几亿美元就可以在中国取得很大的成效,因为,美元在中国比在欧洲值钱得多。

赛尔说还有一种论点,那就是:中国军队已经失去斗志,供给中国军队的武器弹药最终将落到共产党人手中。

我承认中国军队的士气非常低落,但是政府一直在尽一切可能改善军中的伙食,并千方百计发给他们银元作为军饷,以此来提高士气。美国可以通过采取我刚才提到的两条措施,帮助提高士气。我追溯当年中国单枪匹马抗击日本侵略的时候,美国和美国人民的态度对于中国是十分重要的。正是美国的同情和道义支持鼓舞了中国人民在重重困难中继续斗争。接着我又谈到对付共产主义必需有一个全球观点。

5月4日,我在华盛顿拜访了蒲立德,和他商量怎样才能影响美国政府改变其冷漠无情的对华政策。我对他说,马歇尔仍然是影响白宫和国务院的一个重要因素。巴特沃思正在试图比以前更忠实地执行马歇尔抛弃中国的政策。蒲立德表示同意我的看法并认为现在唯一的办法就是向美国人民呼吁。他说美国仍然是个民主国家,人民的声音会受到总统和政府的注意。他认为在影响美国舆论方面,中国最大的王牌仍然是蒋夫人,美国各地人民都会不惜远道前往倾听她的声音。按照他的看法,现在没有任何东西可以阻碍她讲话了。委员长已经引退,她可以用一个爱国公民的私人身份说话。他问她在干什么,又说据他所听到的传闻都说她无所事事。然后他又重复人们对蒋夫人的一些批评意见。显然这些批评意见正在首都流传。我驳斥了那些批评意见,并说当前的形势存在这样的矛盾:一方面我们感觉受到了美国政府的不公正待遇,想将一切事实公诸于世;但是,另一方面,我们又不愿意招他们的怨恨。因为他们有权决定是否帮助中国。蒲立德持不同意见,他说除了美国舆论的强烈要求以外,没有任何力量能够让他们睁开眼睛或迫使他们采取有利于中国的行动。

5月8日,我在纽约像往常一样主持了代表团内部的会议以后,就去参加约翰·福斯特·杜勒斯先生和夫人的午宴,午宴的规模很大,出席者有三十人左右,包括参加联合国大会的大多数拉丁美洲代表。在宴会上我第一次遇见蒋廷黻的新夫人。午宴上,我坐的是杜勒斯夫人右手的贵宾席。午宴后,我和杜勒斯在他的书房里进行了亲切的交谈,就中国的局势以及应该如何重新赢得美国政府的好感和支持等问题向他请教。

　　杜勒斯认为,国务院在对华政策上存在着偏见,这是马歇尔在中国遭到失败和失望的结果;有一种显而易见的愿望,就是证明马歇尔是正确的,中国是错误的。就在此时,他说相信一旦中共政权建立,国务院就会建议予以承认,而且来不及再采取什么行动加以防止。我对他说(他也同意我的看法),我们应该敦促我国人民首先重建一个新的内阁,全部由胡适、晏阳初、吴国桢、孙立人、俞大维等以诚实、正直、富有才干而著称的人组成(这些人都为美国人民所熟知),并且准备好实行改革的计划。其次,改组军队和民政机构以表明我们自强不息。杜勒斯认为这是纠正一切所谓腐化无能之说的唯一办法。

　　5月16日,我拜访了《纽约先驱论坛报》的业主兼编辑奥格登·里德夫人,我认识她丈夫(她的前任编辑)多年,结识她也有多年。我想和她谈论中国问题,因为她和她已故的丈夫一样,一直对远东感兴趣。另外,她作为这个大都会的重要报纸的主编,对公众舆论有举足轻重的影响。我首先向她说明中国政府正准备努力进行的工作,即:加强一切非共产党党派之间的团结;坚决抵抗并在大陆上固守一道防线;同时进行改革以重新获得人民的信任和支持。

　　我问她,按她的看法,中国应该怎样做才能赢得美国的同情和援助。她反问了我一个问题,蒋介石和李宗仁的关系如何?她说对她而言,弄清这一点是重要的,并补充说关于他们互不合作的传闻使她不安。当我提到委员长支持李将军的声明时,她说美国人重行不重言,就是这些美国人仍旧蕴藏着对中国人民的深切友好感情。她说李宗仁在美国并不为人所知。她不清楚他是否有控制这个局面的力量和能力,虽然听说他很真诚也很坦率。她说美国人民为中华民族的苦难感到难过,如果宣布实施增进中国人民福利的政策,将会给美国人民以深刻的印象。她还说,在中国政府中有胡适和晏阳初这样有能力有才干的新人参加会有好处。她说,晏的计划已经获得了美国人民的衷心赞赏和支持。我告诉她,他已经是中国农村复兴联合委员会的成员,政府并急切希望他也在政府任职。

6月1日,李惟果向我报告两件事,他说比尔先生(我不能肯定是《时代》杂志的约翰·鲁宾逊·比尔还是国务院的什么人)告诉他,6月6日国务院将发表一个关于对华政策的官方文件,以及中国国民政府的政务记录,其内容大部分是对政府不利的。李惟果建议在大使馆再召开一次我以前召集过的那种会议,请知名学者和官员来议论中国的国家大事。他还告诉我,他参加了5月31日蒋夫人举行的午餐会,他说午餐会主要是社交性质的。但她询问了美国政府和国会对华态度方面的一些情况。李提出,在大使馆领导下协调宣传工作至关重要,因为这样可以采取某些措施以消除误解,此时她既不表态也不回答,这使他感到她对我态度不很友好。当他劝我主动采取措施消除蒋夫人对我的误会时,我将我猜想到的原因全都告诉了他。我说这可能是因为孔祥熙想出任能够和美国总统及政府商定要事的委员长的私人全权代表,而我为了中国的利益,提出防止出现这种违反外交惯例情况的建议,即我本人辞职,任命孔祥熙接替我的职务。我还向他讲述了1948年12月蒋夫人抵达华盛顿时的态度以及我当时难以见到她,以致未能把我与杜鲁门总统、马歇尔将军谈话的要点告诉她等一系列情况。我说她之所以产生误会,还可能是由于黄仁泉在大使馆的地位问题而引起的。

在重读了关于我和李惟果谈话的那则日记,以及有关那一段时间中国局势的各节日记之后,我开始认识到,孔祥熙的新任命(这是在委员长引退以前提出的),并非只是他本人的愿望,而且也是委员长和蒋夫人以及孔夫人的愿望,用作完全脱离中国政府渠道、直接和秘密地与华盛顿政府保持接触的一个必要步骤。1月21日,委员长从总统职位上引退,这一步并非完全出于自己的选择。肯定在总统的部属中间普遍存在着要他有朝一日重登宝座的情绪。为此目的,在过渡阶段,保持一条无须通过使馆或政府渠道来传达信息的独立线路,就是十分重要的了。因此,由于我未能敦促美国政府接受孔祥熙的特殊使命,一定使委员长的朋友们为他重揽大权铺平道路的总体战略遭到了阻碍。

这也许是事后之见。但是回顾当初,考虑一下1949年夏季几个月的形势(包括甘介侯代表李宗仁赴美),那或许是使孔祥熙成为委员长的私人代表这一行动的指导思想。这一切只是说明中国的政治舞台是多么动荡,以及我作为中国的外交代表如何力图避免卷入任何一方的利害之中,而我之所想所为都完全是为了整个国家的利益。

坎贝尔·刘易斯夫人是中国的一位朋友,她最近在纽约经常见到蒋夫人,而且和蒋夫人关系密切。虽说蒋夫人曾要求她不要向任何人透露,她却极其机密地把蒋夫人的计划告诉了我。她的计划是在国会的联席会议开始以前通过广播发出要求援华的呼吁。刘易斯夫人说,蒋夫人已不再消极被动,她给刘易斯夫人的印象是委员长将很快在中国东山再起。

刘易斯夫人谈到需要建立一个由大工商业代表组成的小型委员会,来争取美国人民支援中国。办法是以准备积极参加中国市场,以便将来进行投资和销售商品为理由,取得所有大公司负责公共关系的工作人员的合作。她说:为了能够参加中国市场,就必须拯救自由中国,因为在共产党的统治下,不存在或不会长期存在自由企业或私人交易的可能性。她对我说,她的想法既明确又稳妥,蒋夫人衷心赞同这一想法,并希望在委员会成立后参加委员会的会议。

第二天，即6月4日，我举行午宴招待珀尔·梅斯塔夫人和刘易斯夫妇。因为刘易斯夫妇都十分关心美国的政治生活和外交问题。梅斯塔夫人在华盛顿社交广泛，她即将被任命为驻卢森堡公使，但她说她并不因此而感到高兴，因为她向往大使的职务。我们讨论公共关系问题时，她极力推荐原威尔逊总统内阁司法部长的遗孀米切尔·帕尔默夫人。梅斯塔夫人还是美国妇女俱乐部的重要成员之一，她希望争取该俱乐部的支持来帮助中国。她和杜鲁门总统一家关系十分融洽，可以随时造访。传闻她向总统报告外界言论，总统总是认真听取的。事实上，有人说这就是派她出去担任外交使节的一个原因（我想这只是私下议论），因为杜鲁门的僚属认为她留在华盛顿对实行他们自己的计划诸多不便。

午夜，我参加了梅斯塔夫人举行的招待会，招待会的目的是为了支持司法部长汤姆·克拉克为盲人募捐的舞会，在那里我和帕尔默夫人进行了愉快的交谈，这次谈话是梅斯塔夫人特地安排的，借此她可以和我讨论公共关系问题。我还和首席法官文森夫妇及古根海姆上校夫妇闲谈，鲍勃·霍普也由人引来跟我们见面。几天后，古根海姆上校夫妇在一家中国餐馆举行午宴，午宴上我和刘易斯夫人进行了长时间亲切的交谈，她力劝我和蒋夫人合作。在她印象中，蒋夫人没有随时让我这个大使了解她正在做的和想做的事情。但是刘易斯夫人认为我作为中国的正式代表应该在一切外交活动中起主导作用（这是一个独立的判断）。她说当她问蒋夫人为什么不告诉我活动情况，不和我商量时，蒋夫人回答，说我太"圆滑"。接着，刘易斯夫人问及我和孔家的关系，她说她对他们并无好感。她说，孔夫人太傲慢，而孔先生又相当愚蠢。我告诉她孔祥熙坚持要我把委员长的信交给马歇尔将军而遭到我的拒绝一事，并说明了我拒绝的原因。刘易斯夫人说，斯泰尔斯·布里奇斯已经将全部情况告诉了她，并且对孔祥熙的企图表示完全反对。

6月7日,我在双橡园接待了刘易斯夫人。她刚和巴特沃思见过面,她来见我是为了告诉我他们谈话的大致内容。巴特沃思对她说,美国政府仍然在援助国民政府。他举出络绎不断的货运作为证据。他说他并不是决策人员,但又说美国政府并未考虑承认中共政权。这个政权甚至还未成立。然而,他不能说英国、法国和荷兰也是如此。但是他表示承认的问题更可能在联合国出现,这就要由中国采取措施来集结力量,投票反对任何承认中共政权的行动,而苏联及其卫星国家肯定会促进这一承认的行动。

至于和中共进行贸易,巴特沃思说美国政府无法加以阻止。他是在刘易斯夫人给他看了《纽约先驱论坛报》上载有关于和中共做生意前景良好的一则谈话的剪报后说这些话的。发表这项谈话的是基利昂,他是一家货运企业美国总统轮船公司的董事长。该公司的大部分业务在远东。巴特沃思补充说,和中共进行贸易并不一定具有什么含义,也并不一定意味着承认。他指出在美国1933年正式承认苏联以前很久,美国商人就已经和它进行贸易了。刘易斯夫人说,巴特沃思的态度给她的印象并不太坏,她认为他发表意见很直率。

刘易斯夫人的看法在一定意义上是正确的。巴特沃思或国务院的态度并不算"太坏"。他说过,美国并没有中止对中国的援助,也没有考虑承认共产党政权的问题。但是积极援助(道义的、经济的和军事的援助)的前景又如何呢?此时,人们自然会形成某些印象。我当时和来自中国的知名领袖人物的几次谈话和协商,都非常具体地表达了我自己对这个问题以及应该如何促进美援问题的看法。

5月27日,甘介侯和我就美援的前景进行了首次长谈,我们的谈话持续了一小时零三刻钟。我对他说,如果中国能通过下述各点以显示自助的决心(这是必不可少的),那么他最关心的美援肯定会到来的。一、将一切非共产党人士团结成一支巨大的政治力量;二、坚守某条防线阻止共产党推进;三、通过大力改革重新获得人民对政府的信任,从而使他们有可能支持政府。(前些时候,在 5 月里我和美国朋友多次谈话中已经提出过这几点,他们的反应很好。)我对甘说,我丝毫没有对美援失望或认为它不可能。

甘说,他的使命是弄清楚美国对中国的态度。他告诉我李宗仁总统感到美援已经无望。但是他和其他的人都认为有必要让他(即甘本人)到这里来一探究竟,如果不派他来此一行,那么事后就不能说是做到不遗余力。他说李总统要他至少会见四个人:杜鲁门总统、艾奇逊国务卿、魏德迈将军和马歇尔将军。我答应为他安排这些会见。

6 月 2 日,甘介侯应我的要求,再次前来向我谈他此行的使命。他又说来美的使命是了解在美援问题上存在的可能性。他谈话的内容和 27 日所谈的基本相同,他说李总统并不对此存在多少希望。但他和其他人(如何应钦等)都认为无论结果如何,他都应有此一行。这样,凡是能做的都千方百计地做到了。我再次提出愿为他安排会见,他又说李宗仁特别嘱咐他去见杜鲁门总统、艾奇逊国务卿等等。我建议也去会见众议院外交委员会新任主席约翰·基、参议院外交委员会主席参议员汤姆·康纳利和其他有影响的参议员及众议员。我还建议如果他愿意,我可以安排一次主要由美国人参加的圆桌讨论会。在不久以前,我曾请弗雷德里克·麦基以紧急援华委员会主席的名义为胡适博士安排过这样的讨论。

下午,我给在纽约的胡适打电话,请他前来参加另一次学者和官员的会议,讨论中国的国内问题。他说他来华盛顿有困难,但试探性地提出星期日上午对他是最合适的时间。后来,我接到周谦冲教授的电话。我已经提到过周教授是中国青年党的重要成员,因此,请他担任了中国出席联合国代表团的顾问,代表团里还有一位顾问来自张君劢博士领导的民社党。周教授因为约定在今早会见马歇尔将军,前一天曾来征求过我的意见。我当即要他就中国如何才能赢得美援问题试探一下马歇尔的看法,并告诉马歇尔,国民政府正在力图完成:(1)非共产党人士的统一战线;(2)坚决守住一条防线;(3)大力进行改革以重新取得人民的信任。

2日,他给我打电话时向我报告说已经见到了马歇尔将军,马歇尔请他向李总统转达敬意。周说马歇尔再次强调,在把来自农村的中国士兵送上前线以前,按照美国方式严格进行训练是绝对必要的。他问到委员长的行踪,但并未涉及其他事情。周强调了经济援助对于稳定货币的迫切性,但马歇尔不同意他的看法。马歇尔说,当前更重要的是军事上的努力。如果不抵抗共产党的进军,如果共产党控制了全中国,任何援助也无济于事。

我还给贝祖贻打了电话,他说星期日可以来参加会议。至于制造银币问题,他证实已经从墨西哥购买白银,其中一千万盎司已经付了款。他补充说,美国造币厂每造一千枚银币将索价二十七美元左右。这使我有些吃惊,因为在我和艾奇逊会见时,巴特沃思曾对我说将免费为国民政府制造银币。几周后,我要贝和李榦去弄清"免费"的问题。但当时我在日记中写道:"也许造币厂无权免费,需要由财政部授权"。

贝告诉我经济合作署的赖普汉和帕克已经从中国回来(帕克不再去中国),两人都感到广州的形势令人沮丧。贝从他们那里得悉,关于如何使用经济合作署的尚未分拨留待购买白银的经费问题,已经在广州进行了讨论。但是赖普汉反对用新银币支付武装部队的军饷,认为那背离了援华法的宗旨(由于这一原因,5月11日我和艾奇逊谈话时,故意避而不谈军事需要)。然后,我将李总统和委员长之间的不和以及缺乏合作的传闻告诉了贝祖贻。

星期六(6月4日)晚11点,我和蒋廷黻进行了交谈,他为参加第二天的会谈刚从纽约来,我对他也说我对美援并没有绝望。但是一切都取决于中国为了自助能够或者愿意做些什么。我概述了实行团结、抵抗和争取民众支持这三大原则的重要性。我提

出实行的三项原则,要点如下:

一、团结:仅由领袖们发表一个赞成的声明是不够的,还必须有以下各方之间的合作:(1)各党派、团体之间的合作;(2)行政部门和立法院之间的合作;(3)中央政府与地方首脑管辖下各省之间的合作;(4)政府与人民之间的合作。

二、抵抗:必须在最高层建立统一的指挥,各派系的武装部队在一个战略计划下协调行动。由各派系军事首脑组成一个小型委员会。

三、民众支持:开始进行增进农民福利的改革,并争取高等院校年轻毕业生和知识分子的效力。

蒋对我这些看法表示百分之百的同意。他还说对中国的情况他已经进行了反复的考虑,他和我持同样的观点。即:美国的同情、支持和物质援助整个取决于中国自己。他赞成我的这个主意,就是:让胡适博士担任行政院院长,并有权挑选内阁成员。他说有必要任用新人,因此为提名居正和阎锡山而感到遗憾。(这一提名的消息在前一个星期——即5月30日,曾经在美国报纸上报道过。)

蒋征求我对新内阁人员组成的意见。我告诉他我所想的是那些最重要的职务。他认为霍宝树(亚民)出任财政部长很合适,我说在美国他不如陈光甫出名。我认为他可以先当次长,以后再提升为部长。因为要使陈光甫接受这一职务将颇费唇舌,而且只会担任一个短时期(我预期是三个月)。我说蒋廷黻本人就能成为一位优秀的财政部长,而且担任此职困难不会太大,因为还有九千万美元左右的援华基金可供使用。

蒋问到外交部长的职务,也问到王世杰,我说除蒋廷黻本人以外王是合适的人选。至于国防部长一职,我提了孙立人。交通部长他建议由萨福均或俞大维担任,但我说俞大维也许需要出掌武装部队的联勤总部。经济、农业或社会(福利)部长我认为由晏阳初担任非常合适,他能够使美国人民相信我们立志改变现状。

至于其他职务,我认为不如上述几个职务重要,或者应该留给各个地方派系,如西北马家集团、国民党、川系、桂系、乃至粤系等等。

我问他怎样向广州说明这个想法。他说他在前三个晚上曾和胡适谈过,胡同意签发一份电报。蒋说既然已经征得了他的同意,我们就可以齐心合力来干,最好是分别向李代总统和委员长发出密电。我说还是以派人传送口信为好。由于刚刚任命了阎锡山,当前正处在一个很难以应付的局面。蒋认为不论怎样要实现我们的想法至少需要两个月,所以我们不打电报也无碍大事。我说时间很重要,这确实是我们拯救中国的最后一个机会和最后一张牌。拯救中国的办法是通过我们自己的行动使美国人民信服我们决心实行改革和自救,从而取得美国的帮助。他完全同意我的意见。

在双橡园举行的会议于星期日上午八时开始。出席会议的有于斌大主教、曾琦、李惟果、甘介侯、贝祖贻、谭绍华、周谦冲、刘东岩、李榦、陈之迈、崔存璘和王守竞。在前一天胡适来电话说他不能参加上午的会议,但下午将来参加。这次会议的目的是:(1)报告自上次会议以来中国的局势发展情况以及美国政府、国会和公众的看法;(2)提出改革的意见。我强调的各点如下:(1)当前首要的问题是阻止各国对中共政权的承认;(2)我要求保证在没有中国出席的情况下,巴黎外长会议不讨论任何有关中国的问题;(3)在我们致委员长、李代总统、何应钦、白崇禧、吴铁城和王世杰的联名电报中,必须强调实行我星期六向蒋廷黻详细解释过的三项原则。

此后的一星期中,我陪同甘介侯对他希望会见的人进行正式拜访。在每次会见时,我们两人都迫切要求美国政府提出道义和物质援助的具体措施。我们首先拜会马歇尔,他坚持说他已真正离开了政府,因此不再过问这些问题,但他强调军事改革和统一领导的必要性。但艾奇逊暂时离职期间代理国务卿的韦布则完全不肯明确表态。

会见马歇尔是在 6 月 6 日星期一，地点是五角大楼，在谈话过程中，马歇尔像往常一样，神情安详，一问一答都注重细节。我介绍了甘介侯，并说他从中国带来一封李宗仁代总统致马歇尔将军的信。甘向马歇尔交了这封信，马歇尔立刻看了英文译文。接着甘说李总统嘱他向马歇尔转达问候之意并向他说明中国的局势。和平谈判破裂的原因是中国共产党方面缺乏和平诚意，现在政府决心全力阻止共产党前进。

甘说白崇禧已经亲自向他讲述了防务计划，还说白是一位出色的将领，在安庆一战，他重创了共军，显示了他的战斗意志。甘说为了缩短防线，白崇禧已将部队撤至长沙以南的某地，这样，目前政府所在地广州就可以受到保护。还有十三四个省仍在政府控制之下，因此，认为有可能守住包括广州湾在内的新防线。白崇禧是李总统的得力助手，李总统对他的计划完全赞同。然而，甘说李总统认为要有效地守住这一防线，美国的援助将是必要的。现在中国急需经济援助，以后需要军事援助。中国的民意消沉，士气低落，因为他们感到尽管过去中国和美国曾一直为共同的事业而战斗，但现在美国这个传统的朋友却抛弃了他们。舆论一致认为如果美国不愿前来援助中国，则中国在抵抗共产党威胁方面取得成功的希望微乎其微。因此，李总统希望马歇尔将军能运用他对美国政府的影响，使中国获得必需的援助。

马歇尔说，三四天前他曾接见过一个姓周的中国人。他问我周在中国的政治地位如何？他说他听取了周的意见，但不知其人有何政治背景。

我回答说周教授是中国青年党成员，这次来美的身份是出席最近联合国大会的中国代表团顾问。

马歇尔说，他已经对周说过，自去年 12 月以来，他一直置身政府之外（他说"之外"就确实是"之外"），而且没有见过来自国务院或其他政府机构的任何有关中国的报告或文件，也没有参加过任何有关中国的会议。他回顾了和蒋夫人的谈话,蒋夫人曾经给他看过一些从委员长那里拿来的电文。但除此之外,他对中国局势的了解只不过是报载的消息而已。他无法说清中国从美国获得经济或财政援助的可能性有多大。

谈到军事方面的形势,马歇尔说守住一条防线固然重要,但其重要性仅是第二位的。要在和共产党作战中获取胜利,中国军队就必须以质量为基础。他已经对周说过,并且要对甘博士和我再说一遍:征集农家子弟将他们投入战斗是徒劳无益的,必须首先使他们锻炼坚强,并且教会他们掌握武器。每个士兵都必须经过严格的训练,质量比数量更重要。他曾经在中国反复强调,而且在这里和我多次谈过,只从数量上说有多少多少师的兵力毫无用处。如果想有一支有力的打击力量,那么,组成这支力量的每一个士兵必须训练有素。

马歇尔追述第二次世界大战时,他手下布置防御体系的参谋人员坚持至少需要一百二十个师,但他极力主张并坚持进行严格训练,同时提出只要八十九个师就已足够。他将三十万士兵完全作为补充兵员,不编入作战部队。他了解到在台湾进行的训练仍然是以师为基础,他认为那既不能适应需要,也不是最好的办法。如单兵训练不能达到标准,则一个师拥有再多的机枪、大炮和其他装备也全然无用。

他说在中国的时候,他看到共产党的军队纪律严明。共产党的军队里,并非每个士兵都是共产党员,常常在八个或十个士兵中有一个受过思想教育的共产党员,激励这些士兵,和他们并肩作战并且促使他们战斗。因此共产党军队懂得为什么而战。接着马歇尔叙述了他在济南时的经历,当时有一项军事调处执行部的命令,共产党的军队不肯执行,他向周恩来谈了这件事,第二天早晨六点钟,山东共军部队的指挥官陈毅将军来到他的住地(当时他正在修面),向他询问情况,他向陈毅说这种事情要由指挥官来制止,并且必须制止。当天上午这种情况就停止了。他对陈毅将军的学历不甚了解,但他感到陈毅是一位非常干练的领导人。他说国民党中国十分需要的另一件事是领导者,不仅在最高层,而且在各级都需要。有了好领导者,就能加强纪律。

马歇尔认为由于共产党在军事方面的胜利,局势已经倒转过来,他在中国时,政府军正保卫着城市和广大地区,他们的力量分散了,而共产党则可以挑选薄弱环节集中兵力进攻。共产党掌握着主动,采取打了就跑的战术。他回忆起的共军对政府军仅有的一次鏖战是在四平街,结果共军败北,这对于他们是一次沉痛的教训。此后,他们留心不再重蹈覆辙。由于共产党控制了包括北平、天津、南京、上海等大城市在内的大片领土,现在国民党军队具有有利条件,可以从事共产党做过的事情。国民党军队明智的做法是打击共军防线中的薄弱环节,采取主动,进攻一切可能进攻的地方。

按照马歇尔的观点,国民党中国面临的另一个问题是领袖人物间互相矛盾造成的危害。他追述了来自委员长的那些电文,电文中提到一些将军和另一些将军互不合作的情况。他认为那主要是领导人的问题。他重复说,有了好的领导人就能保证团结和纪律。马歇尔说他对中国当前的政治形势和政府的组成所知甚少。他认为最好由一些干练而又开明的领袖人物组成一个内阁,他在中国时曾提出过这一建议,至今仍然坚信这一点。他问到张君劢、莫德惠和胡霖等人的去向,还提到胡适。他相信如果这些人能够携起手来,和其他党派的领袖在政府中通力合作,他们就能实行改革,从而给国内外的人民留下深刻的印象,他还说,李宗仁在美国并不负有盛名。

我问将一个农家子弟训练成一个坚强的士兵需要多少时间。

马歇尔答道:"三个月到半年。"

甘介侯再次强调:中国迫切需要财政援助,因为要提高士兵的士气,就必须用白银支付军饷。

马歇尔说,他不知道这里政府的情况如何,但他将设法了解一下。他既然已经不在政府，他确实不能说什么能做到，什么做不到，但他可以调查研究。

甘介侯表示希望能在返回中国以前再和他交谈一次。

我可以补充一点：在去五角大楼的路上甘介侯告诉我，李总统给马歇尔的信是封口的，但他知道信的大意。李总统在信的开头写道：他曾试图和共产党达成和平协定，因为人民希望和平，而且和平解决符合马歇尔在华时提出的与共产党进行政治协商及和平合作的建议。但是由于共产党缺乏诚意，使和平谈判不可能继续进行。在当前的形势下，他决心抵抗共产党的侵略，但欲达此目的，美国的援助必不可少。李希望中国的伟大朋友马歇尔将军运用他的影响促其实现。

在这一点上，我可以这样说：政治手段和政治欲望是难以激发相互信任的。例如，蒋夫人向马歇尔传达的信息的内容就没有告诉我。另外，甘介侯看起来虽说对我谈话始终是坦率的，但事后证明他所说的并不总和事实相符。尽管我们都在为共同的事业即为中国而奋斗，但这一切仍然发生了，作为一个职业外交官，我对此感到难以理解。

我回到大使馆时，于焌吉大使来告诉我他刚见过助理国务卿约翰·普里福伊。普里福伊同情中国，想知道美国能帮助中国政府做些什么。于敦促美国援助中国，并且强调中国的事业也是美国的事业，并强调他是作为中美友谊的支持者说话的。蒋荫恩也来报告宋子文即将来美。

两天后，我在双橡园举行午宴，来宾包括于大使、江苏省政府秘书长徐道邻的夫人以及托尼·弗里曼夫妇。弗里曼是一个知名的商人，刚从中国来，他告诉我司徒雷登大使将于访问上海两三天后回到南京，并在和国务院磋商之后决定返美日期。我极力主张应该指示司徒雷登在返美前访问广州，那样就会对外界造成一个良好的印象。当我又说到司徒雷登继续留在南京似乎徒劳无益时，弗里曼证实了我的看法，他说司徒雷登甚至无法从沈阳了解他向总领事安格斯·沃德和领事馆人员下达的离开沈阳前往美国的指示是否已经收到。弗里曼接着说，在南京不可能和共产党当局的负责人取得联系，只有司徒雷登的秘书见过共产党方面的一些低级官员。

我已经叙述过，当司徒雷登还在燕京大学的时候，曾经掩护过被国民党政府通缉的共产党员。后来，共产党接管北平时，司徒雷登企图依靠一个姓王的年轻人，那是他保护过两三年的中国共产党员。司徒雷登想找到王，要求王去看他并告诉他情况究竟如何，但是王就是不愿去，并故意避开。

6月9日，刚从中国来的宋子文从纽约打来电话，他要见甘介侯，为的是告诉他我们应该齐心协力，并告诉他不应只效忠于李总统而反对委员长。事实上就在那天早晨，我遵约带甘介侯到国务院去见代理国务卿詹姆斯·韦布，甘原来想见艾奇逊，但由于艾奇逊在巴黎参加外长会议，我就替他安排改见韦布。这次谈话是最后一次会谈（至少是我在场的最后一次）。甘在谈话中，主要以李总统意图建立一条抵御共产党的防线和李、白二将军的战斗能力为理由，力争美援。不久，他改变了语气，开始"唱双簧"了（唱双簧的意思我后面还要作解释）。这说明宋子文关于甘的论点还是正确的。

我首先向韦布介绍甘介侯，在场的还有韦布的助手国务院中国科科长石博思和副科长富尔顿·弗里曼。甘介侯将李代总统致国务卿艾奇逊的信交给了他。甘说如果李将军事先知道艾奇逊先生去巴黎，这封信本来是会写给韦布先生的。

韦布说他相信国务卿不久就会回来，届时他将和国务卿一起研究信的内容。

甘说，他在前一天收到李总统的一封电报，告诉他现在部队的士气很高，军事形势有了好转。他强调了三点，第一点是李总统准备建立一条防线阻止共产党向前推进，防线将设在长沙以南，从衡阳起横过江西，再折而向南，以保卫广州。万一这一线无法防守,则防线将向西缩短并将广州湾包括在内,以便保有出海的通道并且守住一个港口,李总统认为,由于军事形势有了好转,白崇禧将军将能守住那条长的防线。

甘解释说,国民党政府仍拥有约五十万军队,其中原属傅作义的部队有八万、胡宗南将军的部队有十万人、白崇禧的部队有三十万人。他强调指出,白崇禧是一位特别善战的名将,他的部队曾在汉口以北和共军作战,有很长一段时间使共军不敢靠近汉口。李总统本人则是抗日战争中台儿庄战役的英雄。傅将军所属的八万部队现在驻扎在张家口一带,一定会听从李的命令。

第二点,甘说李总统要他说明中国需要美国的帮助,特别是道义上和经济上的援助。目前,李总统并不要求军事援助,但道义上的援助是必要的,以便使中国人民相信:美国政府和人民仍然支持中国。发表一项表明美国同情中国并且赞同国民政府决心继续抵抗共产党的声明将会大有帮助。甘补充说他看到过报上的一则消息,大意是:美国希望在印度支那建立一条抵抗共产党进攻的防线。这使中国感到沮丧。他不相信印度支那人能守住任何防线。美国将不得不派军队去保卫它,而在中国则没有必要派美国军队去,因为中国人愿意和共军作战(从近年东南亚形势的发展来看,甘介侯提出的这一点很有意思)。甘介侯说,关于承认共产党政权的议论也使中国不安。共产党甚至还没有建立起中央政府,任何关于承认中共政权的议论都会被理解为是美国打算抛弃中国的一种迹象。

石博思问甘介侯是否看到了国务卿关于这个问题的声明,声明称美国无意承认中共政权。

甘答称未见。

我说我曾见过那项声明。那是国务卿在最近的记者招待会上发表的。

韦布说,他在 6 月 1 日的记者招待会上也发表了类似的声明。

甘对此表示非常满意,接着他提出第三点:他说中国急需经济援助。如果不能很快得到经济援助,中国将无力支付军饷。他得悉有一亿美元左右的援华拨款可用,李总统希望这笔援华拨款可以用来购买白银,制成银元供中国使用。如果美国同意李总统的建议,它将大大有助于稳定中国的货币,并且使中国有可能发行银元券以支付军饷。这一措施是绝对必要的,因为在国民党中国,纸币实际上已经分文不值。李总统认为美国国会不至于因上述拨款用于这样一个目的而介意。

韦布说等国务卿一回来他就研究这个问题,并且向李总统作出答复。他目前能说的就是这些,因为他对情况不熟悉。

关于用一部分经济合作署的援华拨款购买白银来制造银元一事,我说在国务卿去巴黎以前,我曾和他谈过,他好意表示要研究这个问题,看能做些什么事情。我追述我见他的那天早晨,国务院和财政部的代表们曾就这个问题进行磋商,认为由美国贷给中国白银的建议不可行。因此,我提出为此目的使用一部分经济合作署的援华拨款,不知在这个问题上是否有了结论。

石博思说,他不知结论如何(也许这意味着国务院不愿承担责任)。

韦布声称他对此了解不多。

我说明有五千四百万美元的经济合作署的援华拨款尚未指定用途,另有价值三千五百万美元原定运往中国的货物,因为中国局势恶化,已转往朝鲜和日本。

韦布说他将就此事进行调查研究。

接着甘介侯又谈到中国需要道义上的援助。他说美国可以做的事情之一就是请司徒雷登大使在返美途中访问广州。司徒雷登是派往国民政府的大使,而广州是国民政府的所在地,因此,他访问广州是很适宜的。除此之外,李总统以前在南京时和司徒雷登经常会面;而且甘肯定美国大使必能了解到李总统最近的观点,以便向美国政府汇报。由于司徒雷登大使六个星期以来一直留在共产党占领下的南京(虽然美国政府和中国共产党没有正式的关系),引起了一些疑虑,访问广州也将有助于消除这些疑虑。

韦布表示将予以考虑。

弗里曼陪送我出来时,我请他敦促实现指示司徒雷登在返美前访问广州的建议。我说这是很好的一步,不仅从中国的观点来看是好的,而且也将为美国公众所理解。特别是由于司徒雷登大使已经在南京(那里尚无被承认的共产党政权)滞留了六个星期而毫无所获。弗里曼先生点头称是。

那天下午我在双橡园举行午宴,让甘介侯有机会会见一些华盛顿的知名记者。康斯坦丁·布朗和罗斯科·德拉蒙德想必都已知道国务院不久将发表白皮书,他们主张中国官方发表白皮书,论述马歇尔去中国的使命,中国共产党的态度和苏联的活动,以及美国在雅尔塔会议上的政策。他们感到这样可以指明使中国遭受不幸的责任所在。当我表示我们既不能公开冒犯苏联,也不能公开得罪美国时,他们都认为事情真是坏到无以复加的地步。他们还赞成将中国对苏俄的案件诉诸联合国。我表示异议说:我们首先必须确知在联合国能得到美国的支持。

甘介侯说苏联是中国共产党的后台,这话使我们都感到吃惊。1946 年他去北平时曾和苏联大使谈过话,他从大使那里了解到莫斯科只要求中国在苏俄对美国的战争中保持中立。但到了1949 年,在南京,苏联大使的态度完全改变了。李总统就职后,想在总统府宴请苏联大使,以便在仔细考虑与中共和平谈判之际和他进行一次谈话。苏联大使的答复却是:"不必着忙,以后再宴请吧。"甘介侯就此评论说,这完全是失礼,因为总统的邀请几乎就等于命令。但更近一些时候,何应钦将军在广州为外交使团举行招待会,李总统准备参加,因而让甘转告苏联大使罗申在招待会后留下参加晚宴,罗申予以谢绝。由于他不能留下参加晚宴,甘请他留下谈话。罗申再一次想拒绝,但甘告诉他,如果他拒绝将被看作是失礼行为,他才勉强同意。在谈话过程中,罗申从头说到尾,一味抱怨外交部在广州提供的接待条件太差,以致李总统根本没有机会开口,谈话就此结束。甘补充说,在广州会谈中,他曾经告诉罗申,李总统愿意讨论条件,并且按照罗申原来要求的那样保持中立,但罗申却表示对此不感兴趣。

周谦冲教授想和我再谈一次,于是 6 月 10 日我和他在双橡园共进午餐。这次他将去会见魏德迈,要求援华。我要他强调美国可以从以下几方面进行帮助:(1)在中共政权成立时,阻止承认;(2)发表一项声明,从道义上支持中国;(3)派遣一个高级军官小组去调查和报告中国的军事形势,从而提供机会和广州政府讨论中国的需要;(4)以贷给白银的方式提供经济援助,使军队有可能以银元支付军饷,达到提高士气的目的。我告诉周教授,马歇尔曾经问及,并急于了解他的政治立场,我已向马歇尔作了说明。周则迫切地希望知道我是否已经接受了外交部长之职。

第二天是星期六,我乘飞机赴纽约。下午在大使饭店见到宋子文,他的总部就设在那里。我虽然已经用电话和他交谈过,但自他前几天到达纽约以来,我还是第一次见到他。他看上去很健康。他说委员长本不想让他离开中国,但他到这里是以一个公民的身份来尽自己的力量。中国的局势已经十分危急,他感到国家兴亡匹夫有责(我们都有同感)。

他敦促所有的团体和政党携手合作,我告诉他我正是一直按照这一思想工作的。他也赞成建立一个由归国的留美学者组成的自由主义内阁,这也是我从一开始就有的主张;我还告诉宋,在胡适首次来到的时候我曾向他阐述了这一观点,这一观点我还向蒋廷黻作过阐述,蒋最近在华盛顿为了和我再次讨论这一问题曾来访我。接着,我将马歇尔、艾奇逊、奥格登·里德夫人,以及中国的重要朋友参议员麦卡伦、范登堡、康纳利和布里奇斯等人的看法的要点向宋子文作了叙述。我告诉他我开展的另一条工作路线即:设法去影响白宫、国务院、国会和妇女界。我还告诉他我和新国防部长路易斯·约翰逊的极其重要的联系,因为涉及的利害关系很大。我提出可以组成自由主义内阁的人选,这些人既会受到中国公众的欢迎,也会受到美国公众的欢迎,同时极力主张有必要为美国政府提供一个阶梯,使之能体面地下来,并且改变它对中国的政策。我说由于马歇尔的影响仍然十分巨大,杜鲁门总统不愿做任何有损于马歇尔声望的事情。最近总统在马歇尔计划问世一周年时对马歇尔的赞扬是个明证。我说我们必须按出钱的老板定的调子演奏,因为我总是讲求现实的。

星期日下午五时,我应邀拜会了蒋夫人。她想了解华盛顿的情况,我就将最近我们对美国政府所作的陈述和要求以及它的反应原原本本地告诉了她。我还向她分析了美国舆论的来源,并提出了我认为最有效的、而不是过时的影响舆论的方法。我告诉她国内人们抱怨我们在美国的宣传工作太差,实际情况也确实如此。但是宣传工作之所以失败,并不是由于我们在美国未作努力,而是由于缺乏三件必不可少的东西:(1)一个提出工作目标的明确纲领,以及源源提供的事实数字;(2)一个进行指挥和控制的中央机构以及足够的驻外工作人员;(3)进行工作所需的足够经费。

我说无论在国内还是在国外,宣传工作都没有协调。在中国国内,管理和职责都分散在外交部情报司、国民党中央党部、宣传部、行政院新闻局、国防部、国际新闻处和总统府等机构中。在美国,这里有十几个分散的、互相独立的人员和机构在从事宣传工作。大使馆感到理应对所有这些人和机构互通消息并且使之协调,但只能在经费和人员都不足的情况下很策略地来进行。

蒋夫人完全同意我的看法。我再一次告诉她,英国如何在美国开展着有效的宣传工作。总的看来,我感到她的态度令人愉快和友好,不同于往常,而且比以前坦率。她似乎认识到这种困境应归咎于美国国务院,并且认识到马歇尔仍然对杜鲁门有重大的影响,对国务院自然也是如此。我把在最近和马歇尔的谈话中了解到的他的最新观点告诉了她。她听后第一次向我透露:马歇尔曾答应她不反对援华。谈到中国的局势,蒋夫人说,她和我都处于这样的时刻:两人都已对个人的荣誉声望置之度外,关心的唯有国家利益。当我说到我像一匹奔走不息的马感到疲劳不堪,理应得到休息;说到我应该让位给宋子文那样的比较年富力强的人时,她对我在美国的工作备加赞扬,说亟需我为国效力,因此,我不应萌发退意。

蒋夫人向我询问甘介侯的态度和他的活动,使我意识到李宗仁和委员长的两派间仍然存在着一些隔阂。回想起来,我想她邀我相见的真实目的是了解我的立场和甘的活动情况。

回到华盛顿后,6月15日我第一次拜访新国防部长路易斯·约翰逊,他是詹姆斯·福莱斯特于5月去世后继任此职的。谈话一开始我就说我一直想见他,为的使他了解中国最近的形势。总的说来,可以分三个方面:军事上形势仍很不利,共产党正试图兵分三路长驱南下进迫广州。政府决心抵抗并正在尽力统一指挥和协调对抗的战略。由于目前除国军外,还有实际上属于各地方首脑控制的武装部队,这样做是必要的。目前主要有四个方面:(1)委员长统帅的部队;(2)白崇禧将军属下的部队(白是李代总统的密切合作者);(3)中国西北地区回族领袖指挥的部队;(4)四川和云南省主席统辖的部队。这些部队合计有八九十万人。

我又说,在政治方面,正在为团结一切非共产党的人士、党派和团体以组成一个统一战线而努力。最近组成的新内阁,包括了除共产党以外的一切党派和团体,这是一个好的迹象。同样还成立了一个最高的决策委员会,由十二位重要的领袖组成,蒋委员长任主席。在经济方面,由于纸币贬值过甚,以致百姓极不愿再接受。不过已经采取措施购买白银制造银元,目的不仅是为了稳定物价,而且为了支付军饷。以银元支付军饷效果甚为显著。

我说整个形势仍然很紧急,政府有可能不得不由广州迁往重庆,然而这并不意味着将停止抵抗。相反,政府最终迁往重庆将有利于保卫广州。接着我强调中国需要美国的鼓励和援助。因为美国一贯推行遏制共产主义的政策。我说他一定充分地认识到中国的存亡不仅对中国本身是重要的,而且对美国和全世界都是重要的。我告诉他我要提出三项建议,希望他能帮助实现。

我的第一项建议是派遣一个由三四名最高级军官组成的小组去调查中国的军事形势,并与国民政府讨论在这一形势下的军事需要。这个小组可以带回最新情况并据以作出报告,从而为国防部长提供向政府作出建议的根据。由于最近几个月来没有美国的高级军事代表在中国研究形势并提出报告,派遣调查小组就更为必要。约半年前,美国顾问团已撤出中国,美国海、空军代表也于几星期前撤离。

国防部长似乎对此很感兴趣,并且向他的秘书发问,这位秘书是为了在场作会谈记录并和国务院核实情况而出席的。

我说刚才我提出的建议不需要大量经费,但是却会大大鼓舞国民政府进行抵抗的斗志。接着我又说明我的第二项建议是提供一些经济援助。其方式可以是贷给白银或动用一部分经济合作署控制下的援华拨款,用来购买白银制造银元。我认为贷给白银的方式更合适,因为据悉美国政府有大量白银储备尚未动用。如果不能贷给白银,我建议(我已向国务卿艾奇逊提出过这一建议)授权将部分援华拨款用于这一目的的。

约翰逊说那笔款项已经用完。

我解释说(约翰逊的秘书作了证实)一亿二千五百万美元的军援拨款已经用完,但经济援助拨款尚有大量节余,还有五千四百万美元未曾分配专门用途,另外可用的还有三千五百万美元,那是原来准备运往中国的一批货物的价值,这批货物由于共产党在中国步步推进而转运朝鲜和日本。这笔拨款的动用无须国会重新授权,只需总统按新法规(新授权法延长了去年的援华专款所规定的有效期限)予以批准即可。我告诉约翰逊,中国已经购买了二千万盎司白银,运交费城、旧金山和丹佛的美国政府造币厂制造银元。

约翰逊问能造出多少银元。

我回答说每一盎司白银能制造一元五角银元,因此,二千万盎司白银就等于三千万银元,美国政府的造币厂在为国民政府承造银元的业务中起了非常有益的作用,但中国所需要的银元数量要比这大得多,因而有必要购买更多的白银以制造更多的银元。

然后我又提出第三项建议,希望他能支持已经向国务院提出的要求,即:指示司徒雷登大使在返美磋商以前访问广州。我向他说明:司徒雷登大使是派驻国民政府的大使,而他却一直留在六星期以前已沦入共产党之手的南京,这种情况未免有些反常。我了解到司徒雷登最近访问上海后又回到了南京,他试图和共产党的负责当局取得联系,但毫无进展,现在即将返美。如果司徒雷登大使访问广州,就使政府首脑有机会和他讨论目前局势的各个方面,并通过他向美国政府提供最新的情况。这样一次访问将成为一种道义支持的表示,但又不需要美国付出任何代价。

约翰逊说他能理解此点,但他认为司徒雷登大使不会亲自这样做。

我要求约翰逊部长运用他对美国政府的影响,使之采取更有利于国民党中国的政策,特别是因为我知道部长一贯是我国的伟大朋友。

他告诉我,他仍然关心着中国和中国的局势。我所提的某些建议涉及政策问题,而政策问题须由总统和国务院决定。不过他将和总统讨论这些建议。接着他问要求约定时间和他见面的那个姓詹的是谁。

我答称一定是甘博士。约翰逊的秘书证实的确是他。

约翰逊说他不认识甘博士,并问甘是否在这里进行反对蒋委员长活动,应不应该接见他。

我回答说,甘博士是李代总统的私人朋友。他是作为外交部的顾问到美国来的。甘博士并没有特殊的使命,只是希望使他的美国朋友和美国政府的领袖了解中国最近的局势。尽管他确实在二十年(或二十多年)以来一直和李代总统过往密切,但我并不认为他在进行反对蒋委员长的活动。我补充道,如果部长能接见他将是非常有益的,我说事实上,我曾经向甘博士建议拜会部长,而且据悉甘博士的一位美国朋友已经为他约定了时间。

约翰逊回答说并没有给甘博士安排会见时间,而且他想在会见甘以前先征求我的意见。

我说如果能安排会见,我将感到很高兴。

约翰逊认为我可以引甘博士来会见,并吩咐他的秘书给甘博士五分钟的会见时间。

国防部长问我和李宗仁将军的关系如何,还问李将军是否要将我逐出华盛顿。

我回答说,我想不会这样。我说我认识李将军的时间几乎和我认识蒋委员长的时间一样长。尽管我是国民党员,我始终像一个无党派人士一样为祖国的最大利益效力。

同一天下午,我见到了甘介侯,告诉他我和约翰逊谈话的主要内容以及约翰逊问起他和他要求约见一事。甘显得有些尴尬,因为他曾见过空军部长赛明顿,并且要求他安排和约翰逊会见。但这件事他既未告诉我也未通知大使馆。直到那时,他才较为详细地对我叙述为什么他一直没有参加内阁的原因。

事后,周谦冲教授打电话告诉我,他已见到魏德迈,魏德迈告诉他,国防部里从部长到全体人员都想为援助中国出力,然而援华牵涉到政策问题,必须由总统和国务院作主。魏德迈说只有在他的上司征求意见时他才能发表看法。周教授还见到了国务院的富尔顿·弗里曼,弗里曼对陈立夫进入新内阁表示惊讶,对胡适博士进入新内阁则表示喜悦。弗里曼还劝周不必为司徒雷登留在南京而担忧。他说美国不会承认中共政权,尤其是中共还没有建立中央政权。当周教授以国民党中央非常委员会为例证告诉弗里曼委员长和李宗仁将军合作共事的时候,弗里曼问台湾的黄金储备是否已经运到广州。

鲁斯夫人曾要顾毓瑞向我说明,如果中国以新班子组成全新的内阁,就有可能使国务院改变其对华政策,但是,那天下午顾汇报说,他告诉鲁斯夫人,胡适博士已被延纳入新的阎锡山内阁任外交部长,她说这还不够。后来我又接到我的朋友威廉·多诺万的电话,他表示愿意提供帮助。他向我说明,不宜对国务院进行批评,而应当寻求途径,使国务院能通情达理地改变政策。他听说杜鲁门总统对马歇尔钦佩之至,因此,不会做出任何可能使人们感到马歇尔的对华政策有问题的事情。他的话表明,从各个不同的来源获得的消息都集中在一点(这一点我早已意识到),即:美国对华政策的关键因素在于马歇尔的态度。

胡适当天傍晚六点三十分到华盛顿,我去火车站接他。我在前面已经提及,他直至接到我和宋子文的贺电才得悉他被任命为外交部长。阎锡山将军的电报通知他也是昨天才收到。他说他已经见到宋子文,宋劝他接受任命。他还说宋子文和蒋廷黻都急切地希望有一个自由主义的内阁,我对他说我一开始就持同一观点,并且向他追述了他刚到达纽约之际,我们第一次见面时我对他说过的话。胡对当时也在场的皮宗敢将军说,他已经收到了蒋委员长要求他不公开拒绝接受任命的电报。电报显然是通过皮转交的,因为皮过去曾在委员长的侍从室任职。

后来胡适私下对我透露,前一天他到大使饭店去见宋子文时突然心脏病发作,而当时身边没有药品,这使他感到意外,因为这是很长时间以来第一次发作。他解释说,他来华盛顿是应邀赴弗雷德里克·麦基在华盛顿饭店举行的圆桌宴会和腊斯克的午宴。

第二天(6月16日)早晨,胡适来访,我们在双橡园共进早餐。我们的谈话持续三小时,他给我看了5月28日委员长从台湾发出的致魏德迈的感谢信。从信中看出魏德迈曾致函委员长提出建议,特别提出需要团结统一。委员长在回信中表示,要达到团结和合作需要时间,并指出应当注意李宗仁将军抵抗共产党的决心。信中还说他(委员长)希望李将军能实行对共产党抵抗到底的政策。胡适说,据他看来,传闻中的委员长和李将军的合作仍需外力推动。

我力劝胡适暂时接受外交部长之职,因为加以拒绝将是对新内阁的一个打击。但他提醒我说,委员长曾通过皮宗敢转交他一封电报,说委员长知道胡不会接受,但只要求他不公开拒绝。关于胡不会接受外长职务的这样一个假设可以理解为委员长不愿意他接受。我想胡正是这样理解的。

我向胡适建议,他作为已被指派而未上任的外交部长,应该在决定拒绝这一任命之前,和美国当局举行一系列的会谈,确实摸清可以期望得到什么样的援助。我告诉他,我认为他的这一新职是为下一步准备的台阶,所谓下一步就是出任一个由具有自由主义思想的新人组成的新内阁的首脑。而这样一种内阁会给美国一个台阶,以便改变它的对华政策。我觉得这一直是个棘手的问题。但是胡对阎锡山内阁的人员组成表示不满,他觉得旧人员太多。他重看了一遍内阁人员名单后认为这也是个徐堪内阁,因为徐堪是财政部长,而且内阁中至少还有两人显然是徐堪的朋友。胡感到他作为一个平民在美国能多做些事情。但他预计至迟9月将回中国,届时可能组织一个自由主义的政党。他觉得没有政党就不能有所作为。没有一个他挑选的班子,即使他出任行政院院长,也不能做成什么事,在目前的新内阁中并找不出这样的班子。

我对他说,他是我们的王牌。这一点6月13日《纽约时报》关于新内阁的社论可为明证。我说我们应该按美国的期望行事,才能保证取得美援。没有美援,国民党中国的处境就会非常危急。他同意予以考虑,同时要求我致电广州,先转达他不大愿意接受此任(这和委员长的预料有所不同,委员长原来以为他会断然拒绝),接着他向我叙述了由于他在山西太原的讲话而造成了阎锡山对他的三十年宿怨。这件事使我感觉兴趣,他并以此作为想拒绝接受任命的另一个理由。他还向我谈了对李宗仁的度量深浅的评论,我感到他的评论很精辟,他对甘介侯的看法也是如此。后来我按胡的要求,致电李宗仁和阎锡山说明胡的态度。

翌日,巴特沃思为甘介侯举行午宴。此举是一种特殊礼遇,也许这是由于最近中共对美国在中国的外交和领事人员态度粗鲁而引起的。我为孙科事向宴会主人说,孙希望得到来美国的签证。我对他说,孙科向美国驻广州总领事馆提出的要求遭到拒绝,在拒绝以前,还询问他访美的目的,访问持续的时间以及在美国逗留三个月后离开时将前往何地。巴特沃思推托说他对此事不了解,不过他会和他的同事弗里曼谈论此事。他还说在护照问题上,并未采取新的政策;出现上述情况只是因为向美国驻香港总领事馆申请访美签证的中国人太多,使他们应接不暇。

就在那次午宴上,贝祖贻告诉我,他已经见到经济合作署的克利夫兰,并且敦促他们从扩建发电厂、化肥厂和食糖工业等项目着手,实行重建台湾的计划。但克利夫兰表示反对,说台湾是大陆中国的缩影,通货飞速膨胀,各地兵满为患。按克利夫兰的看法,这一切都是台湾这样一个小岛无力长期支持的。至于建议用经济合作署的部分基金购买白银来制造银元一事,贝说已向克利夫兰作了解释(克利夫兰问及银元的最终用途),说明银元将用来购买农民自产的大米,农民再用此款购置衣服以满足他们的需要。他补充说大米配给计划的实行范围应该扩大到广州。

18 日,公使衔参事陈之迈前来报告。他说最近台湾来信表明委员长和李宗仁之间的团结合作坎坷尚多。蒋夫人担心甘介侯过多地效忠李宗仁而过分地反对委员长。这也是我预料所及,正如在国内一样,两派之间的摩擦在美国最低限度也会产生怀疑和隔阂。我在日记中这样写道:

> 在我印象中,甘介侯正为有朝一日李宗仁将军的部下都能参加他所领导的政府而奋斗。我的印象似乎证实了陈之迈的话。

显然,李宗仁承担了总统的责任,当上了国家元首,就想获得必要的权力和权威以控制和指导管理国家的事务。但事实是他虽担任着政府的元首,而现政府的许多成员仍然忠于委员长。我在日记中接着写道:

也许两位领袖之间的鸿沟太深而无法逾越,但自由中国要求他们全心全意通力合作。

陈之迈受我的委任不仅负责学生事务,而且还负责特殊的公共关系事务。他就这方面接着向我报告说蒋夫人已经同意为一个负责公共关系工作的机构支付活动费用,以达到一项特殊的目的,那就是在国会促成一项反对承认任何中共政权的联合决议。他还告诉我,参加他和威廉·古德温举办的宴会的客人有斯帕克曼和默里等几位参议员和四五位众议员。

接着,我们谈到胡适和自由主义内阁的问题。在我的大使馆人员中,陈之迈由于和蒋廷黻及胡适一样,都是哥伦比亚大学的博士,所以与这两位学者交往最密。他告诉我,胡适很尊重王世杰、傅斯年和蒋廷黻的意见,正是他的这三位挚友认为如果胡适参加仅有他一人是自由主义者的内阁将是徒劳无益的,因为他起不了作用。他必须担任行政院院长,并由委员长答应全力支持,可以控制立法院,和给他选择自己的内阁成员和决定政策的充分权力,否则,他们认为胡适作自我牺牲是不值得的。

当天的早些时候,我曾致函在纽约的胡适,请他 6 月 22 日在纽约出席午宴,以便就他担任外交部长而后出任行政院长一事再次进行商谈。我还写信给蒋廷黻,邀他也来出席午宴。另外,还给同在纽约的宋子文写信,希望和他再谈一次。

6 月 21 日,我得到贝祖贻的两个有趣而又重要的报告,贝见到了几位中国的重要人物后前来报告他了解到的情况。他说宋子文改变了主意,不准备来华盛顿。我后来在纽约见到宋时从他本人那里得到了证实。宋说他已被华盛顿的共产党分子或同情共产党的分子诽谤中伤到如此程度,使他感到访问首都毫无意义。贝说甘介侯要求他告诉宋子文,他[甘]和美国政府打交道是在"唱双簧"。甘曾向贝表明,他将不得不承认我国政府过去的错误,并且对美国人说形势已经发生了变化,所以美国应该向李宗仁将军领导下的中国提供援助。他说,和美国争论我们过去的行动正确与否毫无用处。为了取得谅解,甘要求李宗仁向委员长解释这一点,以便使在美国的宋子文同样能理解他的行动目的,也就是说希望宋能理解他是有意在美国人面前"唱双簧"。但是贝说要向宋子文说明这一点是要颇费一些心思的。

一方面,从贝的报告已经可以明显地看出,甘介侯代表着李宗仁,而宋子文虽然没有官衔,却代表着委员长,或者至少像蒋夫人那样尽力为委员长效劳;另一方面,报告表明,尽管甘和美国打交道的手法和理由已为人所知,中国两位领袖之间的紧张关系或许有增无减。

贝先生报告的第三点谈到美国政府中的一位美国朋友告诉他,英国外交大臣贝文曾在巴黎和美国国务卿艾奇逊讨论过中国的局势,并曾建议成立中国共产党和其他党派的联合政府,由孙科任政府首脑,因为孙科在苏联眼中是友好的,而且对美国也持友好态度。但艾奇逊不赞成这个意见,他也不赞成美国支援香港的防务,尽管贝文已经告诉过他,美国可以按照任何需要使用香港。我曾注意到一则报道,说美国已经增强了它在香港附近的海军部队。但是我在日记中写道:

> 也许美国海军采取的这一行动,并不意味着对香港的防务有什么政策性的决定。

第二天(星期三),我和甘介侯进行了一次饶有趣味的长谈。他是来告诉我他正在从事的活动以及从事这些活动的原因。他说他以前一直没有对我谈过和美国政府打交道的手法,那是因为一直没有征得李宗仁的同意。(在那方面他十分小心谨慎。未经李宗仁授权,他什么也不想告诉我。这一切都表明当时我处在一个非常特殊甚至微妙的地位。)如今他的方法已经获得李的赞同,而且李已经同意将他在美国的活动方法告诉委员长,使委员长不致对他产生误解。

甘对我说,依他看来,有必要理解美国政府的心理。他所到之处无不得到这样的印象:美国已经对委员长感到厌倦,并且已经完全丧失了对他的信任。甘说因此他不得不表示过去的错误是事实,不过现在中国已经处在李宗仁将军的领导之下,情况已经不同,因而美国再也没有理由拒绝给予援助。他说他必须"唱双簧",但他并不真心反对委员长或者委员长的那一派。

甘还告诉我,6月17日下午五时他又见到了马歇尔。根据我的日记记载,李惟果在同一天中午也会见了马歇尔。这种情况在马歇尔看来一定很有意思,因为李惟果是委员长的信徒,而甘介侯却是李宗仁的追随者,并且显然在运用他的新手法。甘告诉我,马歇尔对委员长及其政府的过失和失职行为深表不满,他立即表示同意马歇尔的看法,说马歇尔的联合和改革计划是正确的。他还说中国并不责怪马歇尔,曾经希望他的计划获得成功。他对马歇尔说,现在中国已经由李宗仁领导,他与他的前任不同,因此马歇尔应该再给中国一个奋发图强的机会。(这里又是首先向马歇尔提出要求给予援助,尽管他已经不再担任任何决策的职务。)甘强调指出马歇尔显然有所触动,并且答应考虑该怎么办。

接着我偕同甘介侯去白宫会见杜鲁门总统,会见的时间约定在十二点一刻。我们于十二点十三分到达白宫,但直到十二点半才由礼宾官员伍德沃德引见。因为有一个庞大的护士代表团已先于我们进入总统办公室。十二点半,伍德沃德将我们引入总统办公室,他在总统接见过程中,一直留在那里。我想这意味着我们的会见仅仅是一次礼节性拜访而不是事务性会晤。接见结束后,伍德沃德对甘介侯说没有必要对等在外面准备向他提问的记者谈很多话,他补充说甘可以坚决地答复他们无可奉告,并说总统以关切和同情的态度听取了他的说明。

在会见时,甘递交了李代总统致杜鲁门总统的信,杜鲁门没有拆阅,但说将在复信时加以研究。甘接着说李代总统在前一天曾就中国最近的军事形势问题给他发了一封电报,并要他向杜鲁门总统作一说明。根据甘的说法,军事形势已大有好转。西北的回族部队和胡宗南的部队互相配合,已把共军向西安方面的推进击退。

我解释说西安位于延安以南,延安过去是中国共产党总部所在地,杜鲁门说他还记得这一点。

甘说我们在对共军作战中占上风的第二个防区是在长沙周围,白崇禧将军的部队在那个地区挡住了共军。第三个防区在广东省边界附近,江西的赣江沿岸一带。共军部队一度从东面渡过赣江,企图南下向广州方面进逼,但他们不仅被阻,而且被逐回到赣江东岸,损失惨重。

我解释说,那个防区离广州最近,是钨矿生产的中心。

甘说,第四个防区在福州沿海一带,国军在那里也击败了共军部队。他补充道,这些胜利清楚地表明国军的战斗意志还很旺盛。

杜鲁门说他曾接到关于两次胜利的报告,但他注意到没有一张报纸刊登这些消息。(他注意到了这个情况,这一点很重要。)

甘指出李将军决心继续进行反共战争,希望美国政府向他领导下的中国政府提供援助。李代总统的计划是建立一条从衡阳向东直达海边的防线,用以保卫当前中国政府的所在地广州。如果不能靠这条防线守住广州,则将防线缩短到广州以西、广州湾以东,那里有一个海港。接着甘拿出两张示意图向杜鲁门总统说明缩短的防线在什么地方。

杜鲁门对广州湾的港口很感兴趣,并问那是否是一个大港。

甘答道:"是的。"

我解释说广州湾过去是租借给法国的一个地区,最近几年内法国将它归还了中国。在广州湾里有一个港口,当然不如广州港大。

甘对着地图指出最近几个月来丢失的地区和最近发生战斗的地点。他说甚至到现在,国民政府控制下的地区仍比它在日本侵华时期占有的地盘大得多。

杜鲁门指着从东北越过天津、北平和整个华北直到长江以南的大片地区说,由于军事领导不力,这些地区都已经失陷,美国提供的大批武器弹药亦已落入共产党之手。对此他感到失望。杜鲁门还说他以前曾对我讲过他个人一直对中国人民满怀同情之心。正如我所知,他曾经希望帮助中国成为一个强国。但最近几个月来中国军事形势的发展使他深感沮丧和不安。

甘介侯解释说,政府军过去作战失利,美国向中国提供的武器弹药浪费殆尽。但最近的战况说明回族部队和白将军统帅下的部队仍然具有战斗意志。(回族部队和白崇禧将军的部队之间的合作是很有意义的,因为白将军是一位著名的回教徒。后来他在台湾当选为回教协会理事长,并且在那里建造了一座清真寺。)甘还说这些部队从未得到过美国提供的任何武器和弹药,(这一说明十分引人注意,不过我既不能加以证实也无法予以否定。)但是他们战斗得很出色。如果现在能够向他们提供美国装备,他们的战绩就会更加辉煌。

杜鲁门说:"我是个密苏里人①,希望你用事实证明中国军队仍然愿意并且在准备战斗。"他补充说:"你们必须停止一切派系和集团之争。"

我说,总统想的一定是团结统一的问题。我对他说,国民政府和各派系的领袖们正在努力追求的正是这一目标,而且在这方面已经取得了相当大的进展。

杜鲁门说这正是他要表达的意思,必须要团结合作,必须有

___

① 美国俚语,意为是不轻信的。杜鲁门来自密苏里州,是双关语。——译者

和共产党作战的决心。

我指出，我们正在努力统一军事指挥，并且在一个统一的战略计划下协调各派武装部队的军事行动。

杜鲁门说那也是正确的。他重复表示，他对进一步援华的态度将取决于中国将以什么行动来证明它的内部团结合作，而且军队仍然愿意战斗（这些是基本点）。他接着问甘介侯是否懂得他所说的"我是个密苏里人"的含义。

甘介侯回答："懂"，并进一步解释说总统要我们表明中国自身能够独立地做些什么事。谈到美国援华问题时，他说李将军认为目前要求军事援助不合时宜，那将是以后的事。但是经济援助是当务之急，而且据他所知，不必要求国会通过新的立法就有现成的款项可供使用。

我向总统解释，说明甘介侯所指的是援华拨款中尚未动用的金额，这笔拨款已于去年得到国会批准拨作专用，而且使用时间已延长到1950年2月，这样就使总统有全权决定如何加以使用。剩余的金额为九千万美元（军事和经济援助的总和），如果总统能批准以其中的一部分购买白银，并由美国政府的造币厂帮助制成银元，则将大大缓和经济形势，从而间接地提高中国军队的士气。最近，得到银元作为军饷的部队已经显示出银元对中国军队的士气能起有益的作用。我对总统说，在这方面，我还要提出另外两项建议请他参考：一是派遣三四位高级军官去调查中国的军事形势，和中国政府讨论其军事需要并提出报告以供美国政府考虑。另一项是应该指示司徒雷登大使在返回美国以前访问广州。正如总统所知，司徒雷登大使已经在陷入共产党之手的南京待了六个星期。我补充说，司徒雷登大使在共产党统治下的南京延长停留时间已经引起了对美国政府意图的许多推测。鉴于司徒雷登博士是杜鲁门总统正式派驻中国国民政府的大使，他在返回美国述职以前访问国民政府是名正言顺的。

杜鲁门总统转向伍德沃德，要他将此事告知国务卿。接着他对我说,至于那另外两项建议,他将予以考虑,并在和国务院有关负责人讨论之后作出决定。

随即我对他接见我和甘介侯表示感谢,然后起身告辞。和我一贯的感觉一样,杜鲁门很同情中国,急切地希望看到中国戡乱成功。我们的谈话清楚地表明他有意于采取一些行动。但是我在前面已经谈到过,在对外关系方面,总统(尤其是杜鲁门总统)认为必须依靠国务院,而国务院却远远不如他那样同情中国,因为国务院仍然受着马歇尔和国务院内一批重要人士的影响;这些重要人士同样不愿大力协助国民政府,其中部分原因是受了马歇尔的影响,另外还有他们个人的看法。

6月24日,我偕同甘介侯到五角大楼会见国防部长约翰逊。前文已说过,这次会见是我在大约一个星期以前第一次拜访这位新任国防部长时安排的。这次会见时,约翰逊的秘书也在座,我对国防部长解释说,甘博士刚从中国来,想将中国军事方面的最新情况告诉他。

甘向约翰逊递交了李代总统的名片之后说,李总统要他向国防部长转达他个人的问候,并向部长转达李总统抵抗中国共产党的计划。接着他拿出两张示意图,说明国军最近在四个地区所取得的胜利。他关于那四个地区所作的解释和他向杜鲁门总统所作的解释相同。

约翰逊部长说他也已经收到关于上述几次胜利的报告。

我问国防部长是否从杜鲁门总统那里听到了这些消息,因为6月22日我曾向总统作过说明。

约翰逊作了否定的答复,他说是在更早一些时候从国防部本身的消息来源获悉的。他问广州湾的港口是否和广州港口一样大。

甘答"是的。"并且补充说这个港口还非常现代化。

我说,广州湾曾一度租借给法国,法国在前几年才将它归还中国,但广州湾的港口不如广州的港口那样有用。

约翰逊问从广州到香港有多远。

甘回答说，如果乘广九铁路的火车，从广州到香港需要三小时，乘船出珠江口前往则费时较长。谈到政府军的士气时，甘说回族部队和白崇禧将军属下的部队战斗意志很旺盛，他们最近对共军作战取得的胜利就证明了这一点。不过，他坦率地说，中国政府以前是犯过许多错误，例如美国政府曾经提出，应该允许装载援华物资的船只溯内河上航，在沿河港口卸货。中国政府中某些人反对这一建议，因而未能实行。另外，在华的美国人对美国援华物资遭到浪费和存在贪污行为表示不满，并提议进行监督，但中国政府中的某些人反对监督。因此美国人停止向中国提供援助，以免更多的浪费。现在李将军准备接受美国的监督，这样美国人就可以亲眼看到他们援助中国的所有物资都用在实处。中国方面不致再有人以保卫主权之类的理由来反对监督。因此，美国政府进一步援华，它所提供的物资不会有使用不当的危险。

甘介侯接着说，李宗仁将军认为现在要求军事援助是不合时宜的；军事援助可以在将来，当中国军队进一步证明自己的战斗意志以后再提出来。但是稳定中国货币所需的经济援助却是当务之急。他提到援华拨款的余额部分，并指出如果能用其中一部分购买白银制成银元，中国就可以用这些银元向农民购买大米，从而有利于稳定严重的经济动荡局面。他说帮助稳定局势完全在援华法案的范围和宗旨之内。美国政府把钱用于这个目的完全适宜，而且无须经过国会新的立法手续，那是费时间的。他认为，如果中国能继续守住他刚才说到的四个地区，那么在美国进一步提供援助的情况下，就不仅能够保卫新防线而且能够把共军打回去。这对中国是很重要的，对美国也同样重要。

约翰逊问广西是不是一个现代化的省份。

甘介侯对此给予肯定的答复，并补充说，由于广西省和印度支那毗邻，因而占有重要的战略地位。如果广西受到共产党的统治，印度支那就势必陷入共产党的控制之中。与广西相邻的云南省因为和缅甸接壤，所以也很重要。但是云南内部却有问题，前云南省主席一直企图回去重新掌权，而省内许多地方又有共产党起事。甘重申，中国的情况已经发生了变化，李宗仁将军领导下的政府将能保证做到美援物资不再遭到浪费，并保证在美国的援助下，中国能够免受共产主义之害。

约翰逊感谢甘介侯清楚透彻地向他说明了中国的局势。他说他对甘的叙述很感兴趣，将予研究。（显然，约翰逊不愿发表任何意见。他对委员长领导下的国民政府非常友好，而且和委员长的私人关系也很融洽。）

我对国防部长说，我已经把一个星期以前向他提出的三点建议告诉了总统，约翰逊说他已经知道此事，因为总统曾对他说过。他又说，在美国方面绝对不存在混乱情况。

关于那次会见，我的日记上有这样的记载：

> 在和路易斯·约翰逊会见的过程中，实际上一直是甘介侯说话，他说明在中国西北和华南军事形势已有所好转，还说在李宗仁领导下，情况已有所不同。过去犯了不少错误，例如……然而现在已经不必担心会有浪费和分配不均的现象，因为李宗仁领导下的政府不会反对美国的监督或由美国分配援华物资。

> 路易斯·约翰逊仅是倾听，几乎不发表任何评论，只问了广州湾的港口是否和广州一样大，一样现代化。甘回答说是，同时我不得不说，在该地区租借给法国期间，法国人对港口的发展贡献很大；然而，目前港口虽很适用，却仍不及广州港大。会见将结束时，路易斯·约翰逊只说他已经听到了甘对当前局势的明确介绍，他将对这个问题进行研究。

前此在 22 日和杜鲁门总统会见以后，甘曾回大使馆和我共进午餐。他解释说李宗仁曾经给他一封电报，向他提供了有关最新胜利的资料。他说他还收到了一封长信，信中就胡适如何被任命为外长一事作了说明。关于此事的说明在本书中已经提到过。当天下午我离开华盛顿飞往纽约,颜樑生领事在拉瓜迪亚机场迎接我。他告诉我胡适博士已于前一天(即6月21日)用领事馆的密码拍发电报提出了辞呈。

那天晚上,我在市政厅俱乐部出席了为胡适、于焌吉大使和刘锴大使举行的宴会,来宾中有哥伦比亚大学的詹姆斯·肖特韦尔教授和斯蒂芬·达根教授。两位教授都是国际法学家。肖特韦尔博士教过我欧洲史和法国史,达根博士是一位研究国际组织的学者。宴会上向华美协进社赠送了胡适博士的半身塑像(他昔日的康奈尔校友所赠)。达根在代表该社接受塑像时,称胡适博士和我为来自中国的两位伟人,并且说他说不清两人中谁更伟大。他讲了一个关于法官和主教权力孰大孰小的故事,有人对牛津大学的一位朱厄尔博士说,法官可以判人绞刑,而主教可以将人打入地狱。"嗯,是这样。"朱厄尔说:"可是当这个人被法官判处绞刑的时候,他就真的丧命了。"

胡适讲话时没有讲稿。他讲了一小时,开始时有些紧张,但逐渐兴奋起来以后,他的讲话就颇为感人。他列举了一百年来中美友谊的三块主要奠基石:(1)包括"门户开放政策"在内的美国对中国的友好政策;(2)在中国进行传教活动,这方面的努力开辟了一个新的途径,建立了新的观点(例如对缠足问题的看法);(3)留美归国学生的影响。他尖锐而直率地问道:自从我上次到美国致力于扭转美国人民对中国的态度以来,发生了什么变化呢?那就是沉默、怀疑和对中国政府抱着批评的态度。然而正是这个政府进行了八年抗日战争,而且在这个政府成立的最初几年,为国家作出了许多贡献。随即他自己回答这个问题。他说美国和马歇尔将军虽然满怀好意,但操之过急,在抗日战争胜利后三个月内就想促成一个和共产党联合的政府以重建中国,而当时美国对铁幕的含义以及铁幕后面发生的一切都还缺乏了解。他说:"中国必须从内部重建",而且"这样做需要时间"。

第二天上午我拜访了宋子文,他告诉我,他在美国受到共产党人的污蔑,因而不来华盛顿。他说作为一个平民,他不愿拜会美国的官员。我把和约翰逊部长及杜鲁门总统的谈话要点告诉了他,他要我将详情电告在台湾的委员长,免得他自己汇报。杜鲁门对我和甘介侯所说的话显然给了他很深的印象(尤其是必须停止各党派集团之间的争吵以及杜鲁门说他是密苏里人要看事实这两点)。我还发现贝祖贻并没有按甘介侯的要求,将"唱双簧"的必要性告诉宋子文。

　　关于胡适拒绝接受外交部长职务一事,宋说这已是肯定无疑的了,尽管他本人也曾劝胡不要这样做,至少不要公开作这样的表示(委员长的意见也是如此)。宋为局势感到忧心忡忡,他说:"剩下的时间不多了。"但他显然为那些胜利的报道而高兴。他问我们是否可以轰炸上海发电厂(它是上海的主要供电单位)。他说如果能轰炸上海发电厂,也许会使上海的工业生产瘫痪。我说那不同于海上封锁。当时政府正在考虑海上封锁,尽管那样做也有缺点,但我认为海上封锁能打乱上海的工业生产,却不致使当地居民遭受大的痛苦,也不致使外国资产蒙受大的破坏。

　　此后,我按约定和胡适及蒋廷黻共进午餐。在前一天晚上市政厅的宴会结束后,胡给我看了他拒绝接受外长职务给阎锡山的电报。电报中陈述的理由是:他以平民的身份可以起更大的作用,可以纠正被引入歧途的人们对我们的批评,并可以争取人们正确理解我们的苦衷。他还提到他最近的心脏病,尽管那并不是他拒绝接受外长职务的原因。午餐席间我将电报交还给他,然后我回答了一个星期以前他提出的疑问——他,或者一个以他为首的内阁怎样才能在现实情况下(诸如委员长和李宗仁的权力集团相互对立的情况)有所建树。我说既然他已向我说清了困难,我倒有应付这种局面的办法。我说他领导下的内阁里,需要有五十来个既无职务、头衔,也没有权力的人,来充当领袖人物之间、领袖人物和内阁之间、立法院和政府(行政院)之间以及中央政府和各省集团之间的联络员。我又说,那些领袖人物必须保证将全部权力交给内阁,保证站在局外大力支持政府作出的决定,而不谋求扩大自己的权力或影响。这就是我的建议。

这个建议十分必要,而且,我觉得它可以在传统的中国政治体制内起作用。我们不期望取得难以实现的效果,但是通过一些联络人员的活动,却可以说服中国的政治领袖们在特定的基础上,在民族利益这个特定的问题上提供合作和帮助。事实上,在中国,如果一个有着胡适博士那样地位的无党派人士成为行政院院长,唯一可行的办法是依靠五十来位他所信任的、志同道合的人作为他的代表。这些人既周游全国,又留在政府所在地充当联络官,其任务是消除误会,指出中国的危险处境以及捐弃一切个人分歧真正同心协力的必要性。我当时深信,而且现在仍然认为,这样做是非常有益的。

至于所选之人,则应是有地位、有声望、形象美好的爱国人士。也许他们的差旅费用需要由政府开支,不过也仅如此而已。人们会知道,他们不领薪俸,不带头衔,不任职务,而只是一心为整个国家的利益工作。这不是不可能。胡适有许多热心公益的朋友,也可以说是无私的朋友。这些人看到胡博士是一位自由主义者,一位爱国者,一位不谋私利的人,因而一直愿意给予帮助。胡适是理想的人选,因为他并无个人企图。

关于我所谓联络工作的确切意义,在我写给胡适的草案中已经有所说明。有些人将在政府所在地工作,经常向委员长和李宗仁提供情况,如果出现困难或误解,他们就设法解决。同样,他们将在立法院和行政院之间进行活动,因为在中国,表面上的现象往往不是问题的症结所在;在表面分歧的后面有着某些迥然不同的东西,某些个人的或隐秘的问题,而这些问题可以通过真诚坦率的谈话,通过尽量满足其合理的要求以及通过建立相互间的信任来解决。中国有许多政治上的动乱是那些"小喽啰",那些不同营垒的拥护者们挑起来的;这些人都图谋求个人私利而为其主子效力,他们总是设法夸大其词,结果往往使不同营垒的领袖之间关系恶化。

同样,也需要这些联络员往来于首都和各省之间,设法了解各省军事长官有些什么想法以及希望中央政府做些什么。如果那些军事长官的要求有利于他们的省份,有利于人民,政府就应该照办。如果那些军事长官的要求完全是为了个人或家庭的利益,那么,这些进言之人,由于不担任任何官职,就可以更无拘束地说话,而这些长官们也会较乐于听从。我认为早就应该这样试行。有些军事长官很可能是听不进意见的。但是,即便其中只有百分之七十五肯于合作,中国的地位也定会大大加强。

胡适坦率地说,他并不认为自己能胜任这样重要的职务,因为他从来不愿意向任何人发号施令,就是对他以前的汽车司机托马斯(当时为我开车)他也十分客气。他生性不愿指挥别人,强令别人服从。我说那是一种美德,足以保证他的内阁能够通过坦率和充分的讨论,以民主的方式形成各项决议。我对他说,我一贯认为内阁部长们应该如此行事,应该积极参与国家大事的讨论,而不把自己的观点或看法局限于有关本部门的事务(人们的习惯做法却正是这样)。

胡适不断地推荐一些人选,其中包括蒋廷黻,认为比他更为胜任,蒋对此感到恼火,并要求胡适不可继续如此。我提出,胡博士本人正是中国当前的关键人物,他应该接受外长的职务,首先,是以此作为实现组成胡适内阁这一根本计划的预备性步骤。当胡适获悉甘介侯已经把我们拥护建立胡适内阁的意见电告李宗仁,颇感不悦。

蒋廷黻对我们说,他曾经将去年6月份南京建议他担任财政部长一事告诉了马歇尔,还告诉了马歇尔他曾经提出的三个条件,即:削减军事开支,平衡预算以及控制军队的供应和军饷;由于委员长只同意在他就职以后再商量这些条件,他就拒绝接受此职。(在这方面,我们的意见不谋而合。当年南京要我担任外交部长时,我曾提出就任的三项条件。宋子文在我和委员长之间充当联络人,在委员长明确表示全部接受三项条件之前我坚不就职。)蒋廷黻说,马歇尔听后答道:既然蒋本人对中国政府公开宣称的改革愿望都无法相信,怎能期望美国政府对中国政府寄予信任?因此,蒋认为如果胡适拒绝在这危急的关头为中国服务,外国朋友就会把他的态度理解为对政府的打击。

然而,一星期以后出现了另一则关于外长职务的新闻报道。甘介侯比会客时间提前半小时来到我的办公室,专为和我商谈此事。据报道说,由于胡适辞职,吴国桢或我将被任命为外交部长。甘想告诉我,他已经向李宗仁发出电报,说明由于美援问题正处在关键时刻,我不能离开华盛顿。如果需要新的外交部长,吴国桢是一个合适的人选,因为他和蒋介石关系密切,并且为蒋氏所宠信。当然,此事后来也并未实现。

星期三下午我离开华盛顿,星期四(6月23日)返回,在纽约一共停留不到两天。游建文在机场欢迎我,我已经理解其来意。就我而言,我急于将我会见国防部长约翰逊和甘介侯拜会杜鲁门(当时甘还未曾会见约翰逊)的经过告诉他,这完全是为了让蒋夫人秘密获悉这些消息(我设法使她不时地了解情况)。游在回答我的问题时说,蒋夫人曾请蒲立德去看她,但当时蒲立德在新罕布尔什。电话接通后,他说不打算在近期内去纽约,并问是否有急事。我知道蒲立德是因为蒋夫人没有在以前他想见她时邀请他会晤而感到不悦。我了解蒲立德的性格,因此建议现在不要强求,以后再找适当时机,以茶点或午宴之类的形式来款待他。

6月25日下午,我又离开华盛顿,这次是和甘介侯及顾毓瑞夫妇一起去大西洋城度周末。途中甘和我就李宗仁当选为副总统一事谈了很长时间。这可以说是第一手材料。甘说是他首先向李宗仁提出这个建议的。当时李作为华北行辕主任的任期将满,必须另谋职务。按照甘的意见,当时部长的职务对李说来未免大材小用,然而,他又不大可能就任行政院院长;因此,甘得出结论说李必须竞选副总统。甘说,李宗仁的桂系同僚包括白崇禧将军在内,都反对这个意见,理由是李不可能获得成功。但甘坚持己见,李最后也同意了。

关于竞选运动的计划、准备和进行情况,甘作了引人入胜的叙述。甘说经他推荐和李宗仁的批准,采用了美国的竞选方式,包括提出政府的施政和改革纲领,以及款待近三千人的国民代表大会代表,邀请他们出席晚宴、午宴和娱乐活动,招待他们免费在指定的五六家饭店、酒家大吃大喝(这在中国是司空见惯,美国则大不一样,在这里要筹备发表长篇演说。而在中国则是预订上五六家旅馆、饭店,派人从全国各地把代表接到旅馆住下。这些代表除了外出赴宴和打牌以外,无所事事。对他们有求必应,但同时监视他们,不让他们投别人的票)。

甘说,由他张罗让李宗仁带着亲笔题字的照片去拜访每一个代表,并且在选举那天和李夫人站在会场前门,迎接出席国民代表大会的每一个代表,和他们握手寒暄。他说在副总统竞选中的主要对手孙科也起而效仿,不过他只在内门迎接,而且只限于跟代表握手,对他们的朋友(例如陪同他们去选举大厅的新闻记者们)则不加理睬。

甘谈到他去北平时,李宗仁如何亲自去六国饭店拜访他,他如何提出用"长线放风筝"的策略对付"重庆大老板",显得特别得意。甘的策略是深谋远虑的,进行活动而不使人怀疑到真正的策划者。至于他所说的"重庆大老板"则指的是委员长。

他还告诉我,当邱昌渭和韦永成(李宗仁的僚属,甘的两个对手。)主张李宗仁退出竞选时,他如何成功地劝阻李退出;而当于右任退出竞选时,他又如何说服李退出。于右任退出竞选是因为孙科答应过投他和程潜的票,事后却食言,程潜也对此事有反感。我来解释一下他这番话的意思。当时除李宗仁和孙科外,还有若干人参加副总统竞选,其中有于右任(监察院院长,国民党的元老之一)、东北的莫德惠(无党派人士)以及程潜(曾任北伐时期的国民革命军第六军军长,后任湖南省主席)。孙科起初拒绝参加竞选,却鼓励他的政界朋友参加,并答应用本派的选票加以支持。但事后,孙科本人出面竞选,自然他的支持者拒绝投票选举孙科曾答应给予帮助的人。这些人对此极为反感,因此退出竞选。甘说的要点是:他起初反对李宗仁退出竞选,后来只是在两位政界元老也退出以后,他才表示赞同李退出。这一手非常高明,目的是赢得拥护退出竞选的于右任、程潜两个集团的同情和支持,同时,也使孙科的信誉扫地。

甘说这件事成了丑闻,委员长因此不得不要求李宗仁留在南京暂不回北平(李宗仁曾声言要回北平),而且答应让国民代表大会的代表自由选举。甘介侯这样施展圆熟的政治手腕,每走一步都能准确地估计到这一步对李宗仁竞选最后命运的效果。当各位竞选人纷纷退出竞选时,委员长担心这样看起来就不像是自由选举,因为没有人出来和他自己选择的候选人竞选副总统。甘说结果李宗仁当选,这是他(甘)巧施一系列锦囊妙计所获得的成果。

李宗仁为什么能够得到比孙科(他在副总统竞选中的主要对手)更多的选票?此后,李担任代总统,孙担任行政院院长时,他们本应在开展政府的工作和与共军作战方面互相合作,然而他们却是竞争对手,这又是为什么?对此,我有自己的看法。他们之间的争夺在根据新宪法进行的第一次选举时就变得十分激烈。蒋委员长理所当然会当选为新宪法实施后的第一任总统,但是副总统的争夺则非常激烈。人们普遍认为孙科比李宗仁的条件更为有利,因为他有国民党和委员长的支持,而且他是中华民国缔造者孙中山先生的儿子。另外,人们感到,中国的总统和副总统两个职位,最好不要都由军人占据。但是,双方都大张旗鼓地进行竞选。所以,尽管最后的结果出乎每个人的意料,然而,桂系在竞选的最后几天中的狂热活动,已经使人感到如果李宗仁落选,票数也将相差无几。然而他当选了,他的当选不仅出人意外,而且使国民党,当然也使得作为党的领袖的委员长感到十分关注,因为委员长一派和桂系之间的对立及意见分歧由来已久。桂系并不是李宗仁的唯一支持者。有些自由主义人士也拥护他,因为他的个性使人喜爱,而且,也许听取了别人正确意见,真正以西方民主国家的方式进行竞选。任何人想找他谈话和讨论问题他一律接见。为了取得公众的支持,他给所有来访者的印象是他具有民主倾向,真诚地想把中国引上民主的道路,而且遵守宪法。

现在我叙述一下我个人的印象。抗日战争胜利后的1946年,我在出使华盛顿以前回到重庆,也去过华北。那时,李宗仁仍然是委员长的代表和委员长的北平行辕主任,办公处设在北平故宫内。但是,正像我在前面刚说过的那样,他总是大门敞开,广于接纳。他的工作很清闲,虽然他是位军人,而且由于是委员长的代表,其级别理应高于华北的其他任何将领,但他担任的多少是个名誉职务。因此,在那个时期,人民非常容易接近他,这自然使他深得人心。在华北,民众对他评价很高,对他本人也颇怀好感。这种声望正是选举时政界候选人渴望的一笔巨大资产。

其次,桂系作为一个整体而言,其行事方式使人民感到他们和人民更接近,感到是他们向国民党和政府提出了建设性的批评意见。在桂系将领中,以廉洁奉公又具有战略才能而知名者不乏其人(例如很有名气的白崇禧将军,还有黄绍竑将军等人)。换言之,我认为孙科和他的朋友们,并不力图接近人民以取得平民百姓的好感,桂系却努力设法接近民众。李宗仁平易近人,而孙科却难以接近。在中国人中普遍称他为"太子"(且不说这种看法正确与否),是孙中山先生的"公认继承人"。他的朋友们十分重视他的这一地位。这就是普遍的印象。作为立法院院长,他对其成员了如指掌,广东系就其整体而言对他十分忠诚。但他在竞选中并不像李宗仁那样下功夫。他无意于接近人民,而且他的合作者中,有一些在廉洁奉公方面的名声和桂系相比,相差甚远。

桂系还有另外的长处。他们是军事长官,善于接近和结交东北、山西、甚至四川等各个军事派系的领袖人物。我认为他们考虑问题更周到些,处事态度更认真些,而孙科和广东系则因为孙中山先生创建民国中所起的作用一直在国民党中处于某种受优越的地位。

另外,还应考虑到,孙科那人所共知的政治立场对选举结果的影响。人们普遍认为(他自己公开宣称)他是苏俄的坚定朋友。他相信中国和苏俄之间的睦邻关系能够稳定中国的局势。尽管某些自由主义人士坚决支持孙科,但在他们中间观点也有分歧。按照我个人的估计,我认为大多数人仍然对共产主义和苏俄的对华政策持怀疑态度。在他们和许多见多识广的人士中间有一种普遍的看法:尽管人们承认苏俄和传统的沙俄不同,但它仍然是一个扩张主义的大国,而且就其外交政策来看,中国和它站在一边不会有很大好处,除非中国愿意加入共产主义阵营。即使说得轻一点,在当时就连自由主义人士对共产主义也深怀疑虑。当然,左翼分子也是有的,但他们是少数。蒋廷黻和胡适就是人们公认的自由主义人士,他们对苏俄的政策也十分怀疑。我认为自己并不是反动分子,而是个自由主义者,可是在中国问题上我对苏俄的外交政策从未寄予过多少信任。

不管是不是由于这些原因,选举的结果是李宗仁成了中国的副总统。当他竞选成功后,他和孙科之间的抗衡出现了新的局面。11 月 28 日以后两人同时担任了行政职务,孙被任命为行政院院长。更重要的是,桂系和委员长一派的斗争比以往任何时候都更显得尖锐、突出。很自然,委员长对桂系比对粤系考虑得更多些,这是由于桂系的军事实力所致。虽然一些广东将领对孙科十分友好,但孙科一派主要是文人集团,他们手中没有真正的兵权。广东将领对他的拥护是无法与桂系集团的将领们对其军事领袖的忠诚相比拟的。

李宗仁是否果真在和委员长争夺政权呢?众所周知,李是行伍出身,他所受的教育不多,比如,和他的智囊人物白崇禧相比,教育程度相差很远。李宗仁很像曹锟，一开始就具有军人的素质（不过他不像曹锟有吸鸦片的嗜好），是个朴实的人，也就是说，他这个武将犹如杜鲁门总统这个文官，是一个普通的、朴实的人，教育程度虽然不高，却具有聪明才智；他平易近人，由于他的朴实而获得人们的好感。但是我想正如当年的杜鲁门总统一样，他是有野心的。最初杜鲁门曾经表示过他不想当副总统，但他一旦成为副总统，野心也就随之而生。在美国，人们知道杜鲁门当副总统是罗斯福强加于他的。也有些人认为代总统职务是委员长强加于李宗仁的。杜鲁门当副总统是这么一回事：罗斯福一直答应以詹姆斯·法利作为竞选伙伴，然而在民主党全国大会的前夕，罗斯福突然认识到（或者是有人向他指出）要想获得一个得力的竞选伙伴，他不能从东部去找，而必须从中东部和南方与北方之间的交界各州中去挑选，这些州可以倒向甲方，也可以倒向乙方。杜鲁门来自南北交界的密苏里州。据说罗斯福就在全国大会的前夕直截了当地作出决定，要求杜鲁门作他的竞选伙伴，不过詹姆斯·法利则因而大失所望，并深为不满。

李宗仁的情况也是如此，他并非桂系的头号人物。真正的头号人物是李济深，但因李济深年事较高而且思想不如李宗仁进步，故被李宗仁取而代之。李宗仁被桂系的少壮派（如黄绍竑、白崇禧等人）推为首领。在这种背景下，他决定竞选副总统，而一旦当上副总统，他就成了总统引退后登上总统宝座的当然人物。他处于有名有实的地位。而且他是个将领，是个军人，还是桂系的领袖，在这个派系里颇出了几位能征善战的名将。

如果李宗仁当时知道他不会得到和他的官职相称的实际统治权，他是否会登上总统的职位，在最后时刻负起在中国执政的重任，那就不得而知了。谁能知道别人在想些什么？前面谈到在中国国内的压力下和共产党进行和平谈判的情况时，已经说明了委员长引退和李担任代总统的经过。这里我只想补充一点：正如中国一句成语所说，不在其位不谋其政，在现实的政治中，最重要的是必须在其位,一旦在其位,才可以谋其政,如果你不在位,在位的是别人,那么,无论你说什么话,发什么令,人家都会当作耳旁风,这就是现实的政治。

第五节 面临分裂之际,对建设性策略的探索

1949年6月中—8月末

1949年6月27日,蒋委员长和蒋夫人的亲信黄仁霖将军来看我,他刚从台北来,说他此行的任务是来取一亿二千五百万美元军援项下运交中国的军事物资分配和使用的资料。他问到美国政府的情况,特别是关于承认中共的情况。我告诉他,在承认共产党的问题上,国务院唯一可行的办法是利用联合国作掩护,就是说,即使美国有意承认中共,也将通过联合国来进行,因此承认与否要看联合国的意向如何而定,美国不会站在前面单独行动。但是,我对黄说,整个局势的关键在于我们自己能否团结合作与共产党人进行战斗。

当然,美国是否立即承认共产党中国只是问题的一部分。美国的某些人,就其本人而言,当时并不倾向于承认共产党,但却赞成与中共进行贸易和其他各种联系。人们还会记得坎贝尔·刘易斯夫人写的关于她与巴特沃思先生6月7日谈话的报道,那篇报道说,她曾提请他注意美国总统轮船公司董事长基利昂先生赞成与中共进行贸易的声明。巴特沃思告诉她,美国政府不能阻止这种贸易;这样的贸易并不具有什么意义,也不一定就意味着承认共产党。

约十天以后,6月17日,皮宗敢将军给我带来一份基利昂声明的剪报。在这份声明中,他表示与共产党中国进行贸易的前景是美好的。皮宗敢将军问我,由中国各政府机构抵制总统轮船公司的船只运输供应物资到中国是否可取,这个主意应否让该公司

知道。我告诉他说，这一举动可能招致相反的结果，因为中国没有足够的船只装运供应物资，总统轮船公司是最大的轮船公司之一，它有许多船只航行于太平洋上。但是我说，首先应该考虑的是货运的安全。应该小心防范使为我国政府装运军需物资的美国船只，不论往哪里运行，都不在上海或其他共产党控制的口岸停靠，以免共产党得以截获或检查货物。

6月27日，李大为上校告诉我，基利昂曾在电话中向李解释他那篇赞成与共产党做生意并让船只在上海和其他共产党口岸停靠的声明。但是李告诉他，假使他的声明真像他所说的那样是被错误地引用或误解的话，他就应该出面否认或加以更正。同日下午，皮将军带领基利昂在华盛顿的代表布林森和总统轮船公司的副董事长洛基特来访。他们希望就基利昂的声明向我作一番解释。他们说，对他的讲话引用有误，所作的解释也根本不是他的原意。他的公司一如既往乐于和国民政府发展业务。

我告诉他们，我的许多同胞和我一样，对基利昂的声明感到震惊。因为这个声明竟出自一个与美国政府和海事委员会有密切关系的一家公司的董事长之口，特别是该声明背离了美国政府宣布的反共政策，而美国政府为了反共的目的已经花费了几十亿美元。我说，尽管中国国民政府过去和现在为之战斗的事业正是美国政策总目标的组成部分，想不到竟然还会出现这样的声明。这件事也违反了国民政府关于封锁共区各港口的声明，该声明体现了国民政府要尽其所能来挫败共产党的决心。

我说，我们并不想否定基利昂先生有发表言论或意见，以及向共产党地区派船的自由。但是公开提倡和鼓励与共产党建立贸易关系，理所当然地激起了中国民众的愤怒，使他们下决心不再通过该公司船只送货物。（从他的声明激起在美华人团体愤怒的情况来看，我确信也必然会引起中国国内的愤怒，中国人和中国各政府机构一定会威胁要抵制其船只。）在回答问题中，我说，千百万美国人想必都已经读到基利昂先生的声明，它的公布已然造成了损失。为了纠正错误的印象，基科昂先生最好提出另一篇声明，并予以公布，尽可能地挽回这种损失。布林森说，他将告诉基利昂这么办。

基利昂显然由于对他的声明所激起的愤怒和反对他鼓吹继续与共产党统治下的中国大陆进行贸易而陷入极度困惑之中。我想，尤其使他不安的是中国各种团体抵制其船只的威胁，这种威胁自然立即引起了他的关切。他的公司的船只专门经营太平洋上的业务，中国的货运占了他总业务量的很大一部分。他一定意识到，中国各个团体的抵制可以起到很大作用，就像在抵制日货时，所曾显示过的那样。因此，他企图加以解释和冲淡原来的声明，并设法使中国人理解，该声明并不是一种真正有意支持共产党人的姿态。

会见以后，皮宗敢留下来与我商量怎样安排将来的货运。中国政府有许多货物要运，所以一直在利用基利昂公司的船只。我说，摆在我们面前的有三种办法：(1)完全抵制总统轮船公司；(2)不准其船只进入国民政府的港口；(3)要求他们的船在去上海前先停靠基隆或台湾。我说，第三个办法似乎最为可行，这样可以保障我们货运的安全并对共区各港口的共方当局保守秘密。

在基利昂方面，他并没有发表任何声明，而是继续设法对事情进行解释，譬如，7月14日，黄仁霖来告诉我说，他会见了美国驻菲律宾大使考恩，此人曾代表基利昂与他谈话。黄问我事情的真相，并建议我不要给基利昂一个我们拟抵制其公司船只的印象。我把事情的缘由告诉了黄，同时告诉他基利昂本人即将亲自来看我，我将利用他来解释的机会了结此事。

实际上，第二天薄暮，基利昂就偕其法律顾问包登来拜访了。开始，基利昂还是很随和的，但是后来他解释说，他不能针对他的第一篇声明发表另一篇声明。因为那太像是在回答这样一个问题："你是否已停止鞭挞你的妻子了？"而且这样做可能引起新闻记者们和国会的好奇心，国会会要求调查在中国接受美援的同时,中国为什么要抵制实际上是美国政府的总统轮船公司。他的话在我看来是一种威胁,所以我冷静地说,对于国会的任何调查我根本不关心。如果真的建议这么办(对此我还有疑问,那太不寻常了),真相就会大白。中国官员不用美国总统轮船公司船只运货的原因就在于他的声明。这种做法并不是无缘无故的。

基利昂改变了口气。他说,当然,他将寻找一个机会来表达其反共的观点,就像前一天他向杜鲁门总统报告他远东之行后离开白宫时那样的机会。他的法律顾问还说,那篇声明是由美联社和合众社发往美国太平洋沿岸以供发表的,他未见在东部各报上披露过。他说,他们想知道这件事怎样了结。我说,我认为这件事已经了结。他们表示十分满意,并向我保证基利昂将继续为援华而努力,因为他在国会和政府中有许多有影响的朋友。基利昂还说,1948年在费城曾帮助杜鲁门取得总统的提名,1944年曾帮助杜鲁门获得副总统的提名。会谈在友好的气氛中结束。应其要求,我说,我一定通知我们的有关方面。在他们走后,我确实这么办了。这场风暴终于过去。

与此同时,有些报纸的报道透露出美国官方对与共产党进行贸易的态度。报载,国务院国际贸易政策处处长马丁正与伦敦的英国外交部进行磋商。7月2日,我将此消息电告伦敦的同事和外交部。该报道说,马丁的目的是在与中共政权贸易的问题上把马歇尔计划各国和亚洲各国组成一个统一战线,并共同禁止战略物资流入共产党地区。据该报道称,英国的反应相当冷淡。他们强调说,对华贸易是英国生命线的一部分,而且也难以控制共产党中国的进口。这毫不足怪,因为甚至5月初,在上海即将陷落时,英国就已开始打算承认共产党政权。特别是那些在华有利益的领袖人物主张承认共产党,希望从共产党手中保住他们的这些利益。另外,英国的某些自治领,不知是否根据英国的命令,也似乎急于和中共建立关系。澳大利亚的伊瓦特刚刚发表声明,赞成与中共建立联系;并建议说,贸易和商业关系是缓和中共的观点,使他们与民主国家保持接触的手段。这项声明是刘易斯夫人告诉我的,她与国民党中国友善,正在竭力促进中国的事业。我在6月23日拜会了她,当时她把声明给我看了,并建议公开驳斥。我说首先我要在堪培拉进行核对,并建议为广州发表一项声明。(堪培拉是澳大利亚首都,中国大使馆所在地。)

6月27日在与基利昂的代表会谈中,提到了政府决定封闭共产党占据的各港口问题,封闭自福建闽江口至东北辽河口漫长海岸线上各港口的决定,外交部是6月24日来电通知我的。上海于5月25日被共产党占领。采取这一行动的目的是在经济上隔断上海,以破坏共产党对上海的控制。为了设法阻止共产党牢固地控制这座巨大的沿海都市,政府自然认为有必要采取一切方法来达到这个目的。实际上,甚至我的陆海军顾问都倾向于使用比共产党空军远为强大的政府空军去轰炸上海,迫使共产党撤离这座城市,甚至6月23日宋子文与我谈话时也问过我,我们是否能够轰炸上海发电厂,因为这样或许可以使上海的工业生产瘫痪。但是我告诉他,轰炸上海这个措施应该从各个角度来仔细加以考虑。比如说,上海有许多外国利益和外国人士,还有稠密的中国平民。

至于政府封闭港口的决定,我认为这对西方列强可能采取的态度也有重要影响。对西方各国侨民和利益的关系可能并不太大,但是,从国际法的观点来看,对与共产党冲突的法律地位问题则关系重大。我立即回电谈了我的看法,请政府注意,海上封锁可能对中国的国际地位造成影响。我们本身的举动默认了中共叛乱分子的交战地位。换句话说,拟议中的封锁,西方列强不无理由地会解释为这是一项政府承认共产党在与中国政府作战中的交战地位的行动,这就可能迫使美、英、法三个海军强国宣布和奉行一项中立政策。进一步讲,虽然外交部的电报似乎暗示这只不过是政府对外国航运封闭中国沿海各港口的一个举动,但是,这将授予美国政府完全停止国民政府军事、经济援助的绝好借口。

（这里，请让我用国际法解释一下。一场战争爆发时，对各第三国来说，宣布或明确其立场是有不同阶段的。就正式战争而言，不论宣战与否，各第三国立刻就可以宣布其中立的立场，并且遵守中立法所规定的对交战各方的权利和义务。但在非正式战争时，情况则不怎么清楚。当冲突尚处于不太明朗阶段时，必须先有某些情况发生，才能承认相互进行战斗双方的公开和明确的地位，即所谓"交战状态"，在这种情况下，各第三国即有资格宣布中立。通常在内战中，只有赋予对抗各方以"交战状态"，被承认处于交战状态的各方才能享有国际法所规定的某些权利并也带来对各第三国的贸易，保护各第三国国民，特别是在公海上的某些义务。）

海军上将柯克（曾一度任太平洋舰队司令）6 月 29 日来访，问我有关传说中的封锁一事。我借此机会解释说：这不是国际法意义上的封锁，而只是关闭中国沿海某些港口的行动而已。我着重说，这项措施只限于在中国自己领海内实施。（就国际封锁而言，交战和中立各方在领海以外的公海上都将有某些权利和义务。）我还解释说，根据封闭沿海中国各港口的决定，中国没有宣布捕获的权利，而只是向外国船只发出警告，叫它们离开。（国际法意义上的封锁，赋予执行封锁国家在公海上拦截和搜查第三国船只的权利，如果这些船只装运了违禁品，只要有理由，就有权把这些船只送往他们自己的捕获法庭并加以判处。）

柯克上将说，法律上有效的封锁必须是事先宣布的，并能保持有效。但他现在知道了他所想的和我向他解释的中国政府现行举动的区别。在我问他从军事观点出发有什么看法时，他说阻止上海的燃料进口当然会削弱上海的经济，但他又说，民众可能因其困苦而谴责国民政府。我说，共产党人曾使民众相信他们的统治会带来快乐和富庶。但实际上，在中共政权统治下，上海生活状况对他们来说可能只是一场打击而已。上将说，是的，但是共产党人也可能指责国民政府的轰炸和封锁是上海民众陷入艰难困苦的原因。我说，政府只是做了中共为反对政府所一向从事的那些事，这就是破坏、摧毁通讯交通和经济设施。

我问柯克上将，他认为美国舆论的反应可能会怎样。他说，美国人表现得很淡漠。他们常常听到中国官员腐败和无能的说法。他说，中国最好是请某些有名望的、秉性正直的中国人来赢得美国人的信任。他解释说，这并不是说所有的官员都贪污，他举出共产党接管前，一直担任上海市市长的吴国桢为例，说他就是一个能干而诚实的人。他希望中国政府就上海民众对轰炸和封锁会有什么反应，征求一下吴的意见。他还说，就算有腐败情形，也不能因此就拒绝援华。

同一天，我曾摘录晨报上的报道，说美国和英国都向广州提出抗议，宣布他们反对封锁，表示不承认封锁的有效性。他们主要的论点是，封闭不在国民政府控制之下的港口，不能被认为是合法的。另一方面，按照他们的看法，如果这就是封锁的话，也不符合国际法的要求。

根据《1949—50 年国际事务观察》一书第 338 页的说法，宣布封闭港口一事乃是英国和其他外国船只遭到国民党飞机和军舰袭击一连串事件的开端。但是，只有英国似乎真正耿耿于怀。可以回溯一下，贝文先生在 1950 年 5 月 24 日甚至声称，英国在华利益受国民党封锁的损害，大于受共产党所作所为的损害。

1949 年初夏的几个月里，美国国务院正在准备对华白皮书。事实上已经传说就要加以披露，我急于想多知道一些它的一般内容，如果真像我揣测和听到的那样对中国政府不利的话，那我就要极力阻止其发表。我感到国务院一定要为其政策进行辩解而不利于中国政府，为我查询此事的谭绍华公使在 6 月 27 日下午向我报告说，国务院的埃利森（谭公使曾向他探听某些情况）说他没有亲自看到对华白皮书，国务卿艾奇逊尚未决定是否公布。

还有一则报道说，司徒雷登大使在南京发表讲话，力促承认中共政权,主张中国知识分子与共产党人合作。我还想知道这里的确切情况。谭公使说,他把这个问题也向埃利森提出了,埃利森告诉他,司徒雷登大使在答复国务院查询的回电中说,报纸的报道根本不确。(这看来是符合逻辑的,因为那时中共不好好对待许多美国领事官员。但是后来不止一次地表明,司徒雷登大使确曾讲过,实际上是几次讲到,赞成承认共产党。)

第二天我的二等秘书陈家博送来一份使人颇感兴趣的报告。其中第一部分就是有关美国领事馆人员在中国的遭遇。他说,美国政府准备派出一架专机从大连撤出安格斯·沃德总领事和领事馆人员。但是共产党揭露了东北的间谍案,拘捕了三名特务,牵连到了沃德,目前中共已拒绝让他离境。此外,被捕者的家属被带到被捕者的面前严询,直到被捕者交待并坦白其活动为止。陈还说,已派出专机从上海接出司徒雷登大使。

陈的第二点是说,美政府和军方正在决定一项新的方针来代替现行对华的"袖手旁观"政策(但正如下文我将叙述到的那样,他们遇到了巨大的困难,部分原因是国务院、国防部和国会之间以及这些部门的成员个人之间有分歧。)陈告诉我说,国家安全委员会在上周五(6月24日)开会,魏德迈将军应邀出席,讨论中国的军事形势。会上的一般看法是倾向于支持中国的地方首脑,因为他们认为广州政府和李宗仁将军乃是国民党和蒋介石政府的一部分,已无任何作为可言。但他们建议有资格接受美援的地方首脑必须具备三个条件:(1)有与共产党作战的决心;(2)有从事抵抗的有效兵力;(3)表现出有民主思想。会议还同意支持西北回族领袖,但又认为这些领袖缺乏统治中国的政治经验和管理能力,而且可能因此而引起与汉族的纠纷(这是一个明智的意见)。陈家博还说,国家安全委员会已经放弃以前拟派登陆部队援助自由中国的计划,因为他们确信中共有能力占领和控制包括广州在内的整个海岸线。他说,目前委员会已断定通过缅甸和云南向中国空运物资来帮助反共的领袖们,是一条较为可靠的行动路线。

我的参事陈之迈接着来看我,带来了另一个使人感兴趣的消息。他说,据说台湾省主席陈诚赞成效法英国工党政府政策的模式,为台湾的中国工业制定一项社会主义方案。所以他给台湾大学校长傅斯年教授(傅是陈诚经常咨询的人物)写信,请他劝告陈诚打消其想法。很明显,陈之迈队为制定一项社会主义方案,将会失去美国的同情。

　　(在中国,了解一个人的背景是很重要的。傅斯年在英、德受过教育,并有像威尔斯这样知名的英国朋友。他对留美学生的印象不佳。仅在两天前,即1968年4月10日,我的一位和他很熟的友人对我说,傅斯年不喜欢留美学生。他提醒我说,傅斯年曾公开宣称,如果中国想要自主,就应该不让所有的留美学生担任公职。我不知道他对胡适是怎么想的,因为胡是一个著名的留美学生,他们两人是人所共知的好友。)

　　陈之迈还报告说,黄仁霖来美的真正任务是征求马歇尔的意见:在中国政府和军队中,按其想法谁是最受美国欢迎的人。但是,黄还有委员长所给予的另一任务,那就是护送蒋夫人回台湾。在这方面,我要提一下同日较先来访的李惟果。李博士和俞国华、黄仁霖一样都是委员长和蒋夫人的亲信,李惟果告诉我,他26日在纽约见到了蒋夫人,她现在对我的印象很好,感谢我向她提供情况。她叫他告诉我不要太客气,可以让游建文转给她消息。(由此看出,我虽然不是经常见她,但也设法向她提供情况。)她要李告诉我,如果我有什么事告诉她,任何时候都可以给她打电话或对她进行私人拜访。

　　李惟果还和我商量了停止远东委员会成员的津贴的问题。李离开中国是为了摆脱共产党造成的政治麻烦,但作为远东委员会中国代表团团长,他的报酬不足以使其在美国进行工作。不过,他下面的其他成员们并非专为委员会的工作由国内派来。他们都是大使馆、采购团或其他政府机构的成员。他们的正常职务和基本薪金在那些单位,他们在远东委员会的工作只是兼职。但是为了委员会的工作,也发给他们一些津贴。(如果我记忆不错的话,数字是很小的。)可以使他们应付一定的开支(如出席委员会的会议而支出的旅费),这就是李惟果所说的津贴。我向他提议,不要全部停止他们的津贴,可在合理的基础上予以减少。减少下来的款额,足可满足其本人的需要。

周谦冲教授同日(星期二)也曾来访,告诉我上周四他拜会赫尔的情况。赫尔告诉周,他为帮助中国成为一个强国作出了多少努力,而中国的现状又使他多么遗憾!周对他的某些说法已设法作了解释,并且敦促赫尔劝艾奇逊进行援华。赫尔回答说,艾奇逊尚未访问他,如来访,他将与艾奇逊面谈。

周说,他还访问了国务院的韦格尔先生。韦格尔问起李宗仁将军和蒋委员长的真正关系,并强调说,中国军队已丧失了斗志。周对他劝说,国务院既已使委员长下台,现在应当帮助李将军,因为根据宪法李是中华民国的合法元首,韦格尔明确地告诉周,李所领导下的现政府没有什么权力,仍然是靠蒋委员长。

随后,周又谈到他与蒙大拿州参议员迈克·曼斯菲尔德的谈话。他说,罗斯福总统几年前曾派曼斯菲尔德前往重庆,带回来的结论是:“蒋即中国。”曼斯菲尔德对周说,中国的形势已不可救药,因为国军已无斗志,共产党控制全国只是时间问题。美国的更多援助也于事无补。共产党缴获了美国供给国民政府的全部武器装备,共产党攻占上海后在该市拿着这些武器装备游行已经证明了这一点。周先生说,他试图以各种理由进行解释,但曼斯菲尔德似乎不为所动。

29 日,我接待了国务院的一位成员。他正要出发去远东。他告诉我,他对调查俄国人在中国东北研究细菌战的进展情况有兴趣。他说,现被美国关押的日本人石井多年来从事细菌战的研究,但苏联人从长春拿走了全部资料和设备。如果能获得中共应苏联的要求和指示运用了细菌战的证据,那么就可以向联合国申诉,美国则会立即转为反对中共。

他说,他正被派往远东,因为他所属的国务院某单位完全了解中国东北对东北亚和太平洋地区的整个美国防御计划的重要战略意义。他希望能会见蒋委员长,以便解释一下其任务对美中两国的重要性,并看委员长能如何对他进行帮助。他要求把他介绍给委员长。

他谈到了朝鲜的形势。同时告诉我,国务院已经开始认识到中共并不是土地改革派而是马克思主义者和斯大林主义者,并正在针对中国局势考虑改变其政策。来访者说,如果发生另一场世界大战,肯定会从远东开始,并很可能就在朝鲜爆发。他说,在那里,苏联的力量大大占了上风,因共军已深入华中甚至攻占了上海,美国人绝无在中国东北、华北和华中建立任何基地的可能性。他说,这就是苏联在欧亚和地中海地区所苦心经营的。换句话说,苏联所致力的就是在自己的周围形成一个由各卫星国组成的防御圈。

来访者认为细菌战远比原子战争更危险。他说,原子弹并不能决定胜负,而在细菌战中一枚四磅的小炸弹就可以在三十万人口的城镇中造成十五万人的伤亡,能杀死八万五千人。如果苏联要使用,首先就会通过中共在中国人身上做试验。

29日傍晚,我给甘介侯打了电话,告诉他次日我将陪他去拜会财政部长斯奈德,但不陪他去拜访参议员弗格森。我说明了原因。但我建议他在和这位参议员谈话时不要用那种与对国民政府不表同情的人谈话时他一向所采用的方式,因为这位参议员的观点是非常同情国民党的。正如我已经说过那样,甘博士前此在与美国政界领袖会谈时,甚至不管问题是否确实,就轻易地接受对国民政府的全部谴责。参议员弗格森曾亲自公开为中国辩护,并对指摘中国政府腐化无能的说法进行辩解。因此,如甘按照他那套固定的方式行事,弗格森将会目瞪口呆不知说什么才好。我告诉他,向弗格森承认任何指摘都会使他替中国辩护的高度热情泄气。

第二天,6月30日,我偕甘走访斯奈德。在我的日记中,是这样记录的:

> 大部分是甘先生在说话,而斯奈德似乎很警觉。他谨慎地说,总统对此已和他谈过。斯奈德认为甘先生提出的各点,应先与国务院讨论,然后自会转到财政部来。

这几点是:(1)由美国发表声明,表示同情中国抗击共产主义,给予道义上的支持;(2)派出以高级军官为首的军事代表团去考察形势搜集情况,提供政府考虑;(3)贷给一笔白银或利用部分经济合作总署经援款购买白银,铸造银元以供发放军饷。

关于白银一事,我要指出的是,不仅甘介侯而且中国技术代表团的李榦和贝祖贻也都向我说过,需要争取援款或动用经合署援款去购买白银铸成银元。我已经把这个问题多次与美国政府的官员们正式谈过。但直到6月24日,不论是中国财政部还是外交部,都没有对此事加以证实。所以我找来李榦请他起草一封给财政部长徐堪的电报,请其对动用经合署援华款部分余额购买白银铸造银元一事作出最后决定。此电于次日即6月25日发出。30日我在与美财政部长商谈中将此问题提出。7月11日徐堪证实了动用经合署援款购买白银的决定,并电告了有关经援的各项建议。

在中国,政府刚刚恢复银本位,以期重新建立民众对货币的信心。为了改善政府的财政状况,当然需要修改税制和削减开支,但是由于战争尚在进行,支出继续大大超过收入仍属不可避免。因此即使动用在台湾的一些金、银、外汇储备,也是可以理解的。此外,寻求经济援助,特别是白银借款也被认为绝对必需。

6月30日晚,我在双橡园设宴招待黄仁霖。客人全是中国人、大部分为大使馆人员。席间所谈主要为社交内容,唯有皮宗敢作了一次有针对性的评论。他说,英国国王和杜鲁门总统都比前威尔士亲王(现在的温莎公爵)和罗斯福显得颇为平庸,但他们似乎都很成功。每个人都觉察到皮(也许不是有意的)所指的是像委员长这样的人,企图建立个人统治并在每项重要政策上独断专行,往往不可能总是成功的。

7月1日,我约好在国务院向国务卿艾奇逊引见甘介侯。这次约会是甘要求我为他安排的。中国科副科长弗里曼也在座。当我向国务卿介绍甘博士之后,甘交给他一份叙述中国军事形势的备忘录以及两份手绘的军事形势图。甘解释说,这是一份上周交给杜鲁门总统的备忘录副本。如果国务卿看一下的话,那就可以发现中国的军事形势已有很大的改善。

艾奇逊说,杜鲁门总统已将军事形势告诉他了,备忘录已给他看过,并与他进行了讨论。

甘介侯说,李代总统指示他告诉国务卿形势已有改善,并要求美国政府在援华方面有所作为。首先,李将军相信美国政府能够发表一项同情国民政府与共产党进行斗争的声明,这意味着在道义上支持中国。甘说,其次,李将军希望从美国得到一笔白银借款,就像在大战期间曾借给英国的那样。中国非常需要白银铸成银元来发放军饷。甘说,援华拨款还有九千万美元,他希望用其中一部分购买白银。他继续说,共军有一半来自前国军士兵,这些兵士或向共军投降或被共军俘虏,他们并不关心任何意识形态。国民政府从实际经验中发现,向兵士支付银元大大提高了他们的士气。他还解释了国军在西北的西安周围,华南赣江地区如何成功地进行战斗,从而改善了军事形势。这证明国军士兵还是有充沛斗志的,他说,一个重要的因素就是以银元发饷。

艾奇逊说,在他赴巴黎之前已与顾大使讨论过这一问题,政府无权批准白银借款。他看了看弗里曼,弗里曼同意他的话,并说如果要这么办就得有新的立法授权才行。艾奇逊指出,至于用经合署援华款来购买白银,因为与援华法的目的相违背,根据规定也是不能使用的。

我说,我想补充一下甘博士刚才所说的内容。目前仅是在一部分中国部队中发放银元。中国政府所买的约二千万盎司白银，正由费城、丹佛和旧金山的美国政府造币厂铸造银元。在这些银元运至中国并用于军队发饷时，士兵们就会更为有效地战斗。但银元的需要量，远远大于目前的铸造量。我能够理解用援华款购买白银在中国用于军事支出，可能与援华法的规定不符。但向中国农民采办大米和其他农副产品也需要银元，因为农民对贬值的纸币已失去信心。依我看，这样的用途完全属于援华法的本意之内，因为该法主要目的在于稳定中国的经济。

艾奇逊说，他不知道为什么作出这样的规定。他将与有关人员研究一下这件事。他问，中国政府为什么不能把存于台湾的金、银用于这样的目的。

甘介侯说，在台湾有十七万左右的军队，其中包括从上海撤出的军队。

艾奇逊插话说，据他所知在台湾有三十万军队。

甘介侯继续说，这些军队也必须发饷，在台湾的钱就是用于该项目的。此外，在自由中国已发行了一种新币，约二千五百万美元的黄金必须留作储备。

艾奇逊说，台湾作为军事基地是无法守住的。

在介绍第二点时，甘介侯说，还有报载要公布对华白皮书的问题。他知道其中会包括一些不利于国民政府的文件。就他个人来说，他不反对加以公布，以使公众了解两国政府之间的关系，但是从中国政府的立场出发，现在就这么办则是很不可取的。据说某些美国共和党人也反对公布。

我说，拟议中公布白皮书一事的一个方面，是它将对美国舆论和中国共产党人的思想状况会产生什么影响。首先，中国政府曾一直在寻求美国政府的道义支持，迄今尚未获得肯定的帮助。这样一项白皮书的公布，其结果不仅会进一步削弱国民政府的地位和威信，而且会给共产党过去几年来所进行的反政府宣传提供更多的材料。我确信，美国不可能是怀有这种意图才提出公布白皮书的,所以我真诚地希望对此事尚未作出决定。

艾奇逊先生稍有犹疑,但也未否认已作出决定。他说,目前此事由总统决断,他将把我的意见转达给他。

在回答国务卿有关中国现状的询问时,我说,正如甘博士刚才提到的,西北回族部队已和胡宗南将军的部队一起取得了战斗的胜利,击退了从西安前进的共军。在华南,中国最能干的将军之一白崇禧将军的部队,也在广州北面二百四十英里的赣江附近,有力地阻挡住了共军的前进。这些胜利,加上共产党后方民众不满共产党统治而爆发的叛乱,使共军推进缓慢,从而军事形势得到了稳定,我希望这种稳定局面将会持续下去。这就是为什么中国的外国朋友们的支持,目前很有助于加速这种进程的原因。

国务卿说,正如总统上周对甘博士讲的那样,美国对中国的态度,要看中国自己的作为。艾奇逊也提起李宗仁将军在给他的信里说到了在他领导下的中国政府将着手实行某些改革。但是他要告诉甘博士,宣布意图,说明计划和空谈方案,都不会对他发生影响。这些在过去已经太多了。他希望看到中国本身首先有什么实际作为。

我说,关于这一点,如果我告诉他,约两月前我召开了在美国的中国各界领袖们非正式会议的话,他可能会有兴趣。参加这次会议的有驻联合国的代表和中国舆论界的领袖如胡适博士和于斌大主教,讨论了为改进中国局势所必须进行的工作。有三件事情是大家同意的(1)所有非共产主义党派和团体进行合作,组成一个反共联合战线;(2)自由中国各地的军队,在中央统一指挥下集中力量根据协同作战的计划与共军作战;(3)政府吸收新血液,并实行改组,以便恢复人民的信心和支持。当时曾将所提三项建议电告国内的六位领袖,其中包括李代总统、蒋委员长和白崇禧将军。回电都说他们衷心赞同这三条建议,现正为其实现而奋力工作。

甘介侯说，作为合作的一例，是成立了以蒋委员长为主席、李将军为副主席的政策制订委员会，他还说，该委员会是国民党的而不是政府的组织。

我解释说，这是一个十二人左右的小型组织，成员都是国民党的知名领袖，用以替代有二百多成员的庞大的国民党政治会议，以便对重要紧急的事件迅速作出决定。我说，正像我对杜鲁门总统说明过的那样，希望艾奇逊能指示司徒雷登大使在返美磋商前，去一下广州。如司徒雷登大使去穗访问，将能使其看到国民党中国的实际情况，有机会与他奉派正式驻节的中国政府的领袖们会见，了解他们的观点和问题以及形势的需要。

艾奇逊说，总统已提到这一点。但他对要求司徒雷登大使这样高龄的老人忍受旅途之苦是否合适，颇费踌躇。国务卿还说，在广州的克拉克先生已完全将情况随时向他作了反映。

我说，除了请司徒雷登大使了解最近情况，带回提供给艾奇逊先生外，还有另一方面，我想强调谈谈。司徒雷登大使滞留于共产党控制下的南京，在中国和海外都引起了很大的疑虑。如果司徒雷登大使不访广州就返美，则更将加深中国与海外的疑虑，这些疑虑认为美国政府偏向于共产党一边。虽然我知道不会有这种事，但长于宣传的中共是不会不利用这一情况的。这不仅意味着又一次打击了国民政府，而且也将使共产党对其他国家的态度更加傲慢。

艾奇逊看来显然为此一论点所动，他说他将予以考虑。

临告别时，我告诉艾奇逊，胡适博士仍在美国，让我再次转告国务卿，艾奇逊先生不管什么时间，如愿和他会谈，胡博士将悉听其便。

艾奇逊说，他当然愿与胡博士见面一叙。

在我的会谈记录中我还补充了这么几点：(1)在会见的过程中，甘介侯告诉艾奇逊，中国军需供应还可支持三四个月；(2)弗里曼在送我们出来时说，那天早晨他把胡博士约会的愿望告诉了国务卿,估计可望安排在下周某一时间。他曾打电话将这一点通知谭绍华,但未找到他。

我在日记中是这么记的:

> 与国务卿会谈持续三十五分钟。他对谈话感到兴趣,并且显得比以前更有耐心。甘博士和我说得很随便。艾奇逊的回答和评论与斯奈德一样,都表明已经开了一个内阁会议,讨论了中国的整个形势,他的说明也就是会议得出的结论,但内容没有很惊人之处。

同一天,《华盛顿邮报》援引众议员周以德的话,说国务院正在考虑改变其对华政策。这或者意味着新的美援将按中国自助的表现予以提供,或者美援将直接向具有以下三个条件的地方首脑提供:有反共的意志、有战斗实力和忠于民主思想。(这些想来就是由国家安全委员会提出的那些条件,所以似乎证实了陈家博的报告。)

7月7日报载委员长在台湾会见了法恩斯沃思和另一位记者。委员长在会见中,要求美国恢复对华援助政策,否则就会面临一场第三次世界大战。同一天,艾奇逊在一次记者招待会上认为对华政策毋须"重新活跃"。他说,美国仍旧承认国民政府,并一直在尽可能地给予国民政府一切积极而有效地援助。

次日我在双橡园设午宴招待以巴特沃思为首的国务院官员,这是对国务院款待甘介侯的回请。席间,巴特沃思证实了美国副领事奥利夫因在上海举行胜利游行时违反交通规则被共产党警方拘禁。巴特沃思还说,国民政府轰炸上海,给了共产党一个很好的借口来谴责广州的举动,说人民的经济困难是广州的举动造成的,而不是他们自己对局势控制得不好。他还向我谈起我们过去不让外国轮船公司到长江各港口装卸进出口货物。他说这个政策是在饿死汉口,因为汉口不可能只靠国内贸易来支撑。他好像总是随时利用机会来进行批评。

次日晚间，我又宴请参议员麦卡伦夫妇，在女士们离席后，进行了一场较长时间的更为友好的讨论。客人除了麦卡伦夫妇外，还包括国务院的普里福伊夫妇、参议员诺兰、利特尔夫妇和甘介侯博士。参议员麦卡伦告诉我，他将继续致力于帮助中国，实际上这也是帮助美国的一种办法。参议员诺兰和他都认为，作为美国派往国民政府的大使，司徒雷登不应与共产党发生关系，在安排了美国侨民的安全以后就应离开共区。我告诉他们，我已请艾奇逊国务卿和杜鲁门总统指示他返美前一访广州。我说，我不理解为什么他还继续留在共区，特别是共产党一再表示对他厌弃，并一再在那里使美国丢脸以后，还留在那里。指令他访问广州，是对国民政府道义上支持的一种姿态。除了电报费外，美国政府并不花费什么。

我问美国对华政策重新定向的可能性如何。麦卡伦说，只要目前的政府存在，就不要寄予什么希望。他在参院中属于少数派。在国务院里马歇尔仍有重大的影响。杜鲁门认为马歇尔是他的一位伟大的朋友。后来。麦卡伦甚至提到了他的一位朋友，这位朋友来自加州，说他是远东司司长的理想人选。（那时，任命巴特沃思为负责远东事务的助理国务卿一事正待参院批准中，他的现职远东司司长或相当的职位将成为空缺。）利特尔和诺兰都认为麦卡伦提出的人选是一个很好的建议。诺兰和麦卡伦说，对巴特沃思的批准将在下周一（7月11日）作出，然后再送回到委员会来。利特尔说，这将是对参院对华政策意见的一次测验。

国务院的普里福伊在回答我的提问时说，对华政策的白皮书将要发表。我说，那只能是无意中帮了共产党一个大忙。这样共产党甚至会更加趾高气扬。因此，美国政府证实了共产党所说的国民政府的那些短处和缺陷。这将使他们反对国民政府的宣传更为有力。白皮书的发表会使美国政府丢脸，成为一个对广州继续援助的"帝国主义"政府。我说，美国越是设法与共产党修好，他们就越是妄自尊大。一系列企图羞辱美国和美国人的事件已经说明这个问题。我举例说如:闯入司徒雷登大使在南京的房间,殴打其秘书(虽然后一事件的报道因国务院扣发未予公布);限制沃德总领事与其职员离开在沈阳的领事馆;对待高尔德则迫使其交待错误(高尔德是美国人在上海出版的一家英文报纸——《大美晚报》的编辑)以及在上海殴打及拘禁副领事奥利夫。甘介侯补充说,英舰紫石英号在长江遭共军炮击,英大使要向共产党当局抗议而无法达到目的,在无路可走时,求助于甘,转请国民政府在北平的和平代表与共产党领导人进行交涉。

利特尔和麦卡伦强调(诺兰也一起强调)说,国务院存心诬蔑国民政府说二十亿军援都白白浪费,以此来为其在对华政策上的错误进行辩解。他们说,这是没有的事。我同意他们的看法,并举出,事实上把运送中国军队到东北的全部六亿美元,也包括在二十亿之内了。诺兰和利特尔都同意这种说法:国务院为其过去的政策辩护,做得也太露骨了。这是受维护马歇尔个人声望的想法所驱使的。他们说杜鲁门与马歇尔相交甚笃,以致不会批驳白皮书出版。他们一致认为现任国防部长约翰逊很了解这种情况,但觉得外交事务是国务院的权限,所以有点谨慎。他们说,他们之所以反对现行的对华政策,首先是出于美国的利益。

7月10日,李大为上校(他被派来华府原是为了在一亿二千五百万美元军援项下采购坦克的)来与我商量一位名叫维克托·梅塞尔斯的人向他提的建议。该建议是,由此人设法从美国搞到一亿美元的贷款供中国购买武器装备,条件是付给他2.5%的佣金,用作民主党基金。梅塞尔斯说,巴克莱副总统赞成这个想法。在我看来,这太不可思议,也太不现实了。我告诫李上校不要给他肯定的答复,只是让他进一步提供该方案的可行性的情况。

李上校又谈到另一建议,说该建议是我的一等秘书顾毓瑞对他说的。据说一个泛美航空公司的高级职员与国防部长熟识,他能够设法获得一些宣布为剩余物资的陆军储备,使我们以低价购进。我告诉李上校,如果由约翰逊亲自宣布为剩余物资,那么他所说的主意倒是可行的。这样就不必依靠国防部的一个下级单位来建议了。我告诉他，可按照所建议的这条路线小心进行，以便确定此项建议是否可行。假使有可靠的材料证明可以办到，那么大使馆愿正式出面提出。

李上校和我谈的正是我早已想做的事。在华盛顿我不仅必须和各外交使团的同行们、美国官员们会见和洽谈问题，而且也和许多国内各界来访者，如美国传教士、商人，特别更多的是和我的同胞谈话。这些人从中国来，或为公务或为私事。他们的利益各不相同。他们中有许多人身居要职或被公认为舆论界领袖，如胡适或曾琦，还有许多是政府各部门、各机构的代表，如李上校就是。作为爱国者，他们当然关心国家的问题，并常来商讨其各种想法。他们常是满腔热情而来，认为他们的想法能够拯救中国。但这些想法实际上并非都是好主意。我竭力坦率地向他们解释我自己的看法，以免将来麻烦。我与他们讨论他们的各种想法，并指出哪些是可以赞成的，但也指出哪些是不能赞成的。我向他们说明不赞成的理由，而且他们往往是信服的。因为我能掌握更多的情况，有更多的接触。

我总使自己保持多方接触，并让任何人都能到大使馆来。我要向人们表达这样一个想法，即我愿意接待他们所有的人并倾听他们的意见。我认为，这是我的工作的一部分。这些事本不应是一个驻外大使的工作，但对我来说，这项工作占了我很大一部分时间，特别是在目前中国形势如此危急混乱，来访者又如此众多的时候。我之所以认为这件事重要，一是可使他们保持正确的轨道，另一是鼓励他们为了中国的最大利益像一个整体一样一致行动。

拿我与曾琦的谈话来说，那恰恰就在与李上校谈话一个月之前。他于晚九时来访，坐谈了两个小时。他让我看了他给李总统和白将军的长信，信中概略地叙述了一项防御计划。计划的第一步是保卫长江，第二步防守三江，最后是将十五万精锐部队撤至缅甸、暹罗和印度支那。我认为这后一条有点牵强，肯定会遭到有关各国的不满。我对他讲了这些国家人民对中国的情绪。因为我在上个月举行茶会招待亚洲各国外交代表时，搜集了这些情况。

另一个例子，就是我与美国医药援华会的格雷格森博士的谈话。该组织在抗日战争中给了中国很大的帮助。他访问我，是为了在美为中国学生建立一所医学院的事，征求我的看法。这所医学院的目的是把中国学生训练成医生，让他们可以再教别的中国学生。他提出这个想法，是因为他认为共产党在中国统治的扩展，将难于实施传统的教育方法。美国人则可能帮助进行他所说的那种教育。他想从该会筹集的资金用于这个目的，以备自由中国有朝一日胜利，再使用在美培训的中国医生。

我不同意该项计划，并援引留日学生的坏印象为佐证。我指的是那些派往日本学习的中国学生只能上单供中国学生学习的课程。这些课程简短，为的是使他们尽早毕业。我说，他建议训练出的这种医科学生同样不会受欢迎。我说中国青年是想与美国学生一样，在相同的条件和相同的老师的教育下到海外来学习，而不是只受中国老师的教育。如果我回忆不错的话，他是同意我的看法的。不管怎样，他的建议从未成为事实。

在我听到的许多较有意义的建议中，有一个是刘易斯夫人和一个叫拉里·艾夫斯上校的人提出的。我在6月23日访问了坎贝尔·刘易斯夫人，那是我从华盛顿到纽约短暂旅行期间的最后一次约会。首先她把澳大利亚伊瓦特的声明给我看，然后向我谈了艾夫斯上校的想法。该想法是在他的密友、墨西哥前总统罗德里格斯将军帮助下，提供某些步枪、机关枪、坦克和火焰喷射器等武器；另一个想法是派八到十名前美国海军陆战队军官（其中包括斯坦特将军）由中国雇用并在蒋委员长统率下工作。这些军官有全权训练并指挥一支国军部队与共军战斗。其想法是，如能取得两三场胜利，那么美国政府就会较为愿意给予援助，因为美国人喜欢看风转舵。

她说,路易斯·约翰逊已就供应问题与孔少校进行了接触,至于艾夫斯上校的另一个想法,蒋夫人(她也听到了他的建议)让上校和刘易斯夫人去找于焌吉。但当他们早晨到罕布什尔大厦拜会于和他共进早餐进行会谈时,于迟到了二十分钟,后来当他们向他解释计划时,他似乎理解不了。他争辩并攻击美国政府无视中国形势的严重性和不想援助中国。他不停地起身去打电话或者回电话,安排当天晚上的聚会。刘易斯夫人认为他好像是一个"罗马的花花公子",不适合谈正经事。所以没有继续说出他们的计划就离开了。她还说,蒋夫人要不问他们,他们就不向蒋夫人说起,问起时他们只是说于不适合办这件事,他们宁愿与我来谈。

这是她的话,虽然我并不同意她的估价。于焌吉是一个和蔼可亲的人,并且非常爱国,很有勇气,他的一个缺点就是常常安排太多的约会,特别是社交约会,而是每次都迟到。但这只是他的一个小小缺点。作为一个人,一个外交家,他经常想尽最大可能为中国办事。在他认为必要时,就会坦率地批评那些站在一边只是评论,什么事也不干的同事们。

我告诉刘易斯夫人,军事情况在三四个地区已有某种程度的改善。我说,艾夫斯上校的主意听起来很好,但还须研究和讨论。我回到华盛顿将乐意见到他。刘易斯夫人说他已在华盛顿等着见我。

当晚回到华盛顿时,艾夫斯上校来访。我们谈了两个小时。为了澄清各种情况,我问了一些问题。我告诉他,他的想法涉及许多问题,诸如财政问题与美国政府外交问题,还要取得蒋委员长和政府的同意。我说最好让孔少校办理装备的供应,我则就谋求前美国军官的合作与帮助问题询明我国政府的看法。我告诉他我正在致力于争取政治上的团结,军事指挥的统一以及根据一个作战计划协调各种武装力量的行动。艾夫斯上校同意这些都很重要。我说,首先我得了解一下,我国政府是否原则上赞成他的想法;然后我们可以谈谈派谁(或是艾夫斯自己或作为其代表的某人)去讨论并安排一项完整的方案。我还问他,我们能否得到五角大楼的秘密同意。他说,也许用不着五角大楼,但必须有海军和海军陆战队的同意。他还认为,敌后登陆只有在地面作战的配合下才能取得最佳效果。

6月25日,我与我的主要顾问(包括军事、外交和经济)举行了一次会议,讨论了艾夫斯上校关于请委员长雇用一个由艾夫斯率领的军事小组的建议。该军事小组的任务是训练中国士兵,帮助我们赢得一二场反共战斗的胜利,以便吸引美国政府采取一项积极援华的政策。我谈了我自己的看法:首先即使委员长原则上批准了该项建议也还涉及许多实施的问题。例如怎样把该建议也通知给广州,也就是说通知现在李宗仁代总统和行政院院长阎锡山领导下的政府;第二,虽然这件事将由委员长作为总指挥来处理,但为了取得成功,这件事必须成为政府的计划才行;第三,委员长对该军事小组能否授予全权?第四,中国军官对这个主意会有什么反应?第五,他们的主要任务是什么?在前线战斗还是在敌后空降和渗透?我说我已请艾夫斯上校首先问问蒋夫人是否同意该项提议,是否愿意让我来处理,因为他已访问过她并与她进行了讨论。

6月29日我由皮宗敢陪同接待了柯克上将。柯克告别后,我请皮试探一下柯克的口气,看他认为雇用退休海军陆战队军官帮助训练和指挥中国军队以对中共打几场胜仗一事有无益处。皮立即去和柯克谈。回来说,柯克认为这是好主意,他愿亲自去征询哪些军官有意从事此项任务。他说一切都有赖于雇用谁去干。皮说,柯克已私下告诉他两个人的名字——艾夫斯上校和斯坦特将军,但据我回忆,这件事一直没有下文。

7月11日,陈之迈来报告两件事。第一是参院就援华所采取的行动;第二,上周麦基先生(他是援华委员会成员,与蒋夫人有接触)与周以德、李惟果、甘介侯以及陈自己开会的情况。陈说,这次会议是周以德建议召开的,目的是消除国务院怀疑委员长和李宗仁两派分裂的印象。(周以德显然认为,如果我们希望美国政府改变对华政策,这么做是必要的。)陈说,麦基还将在星期四(7月14日)安排另一次会议,出席的将有黄仁霖,甘介侯、助理国务卿腊斯克和陈之迈。

我告诉陈之迈,请甘介侯和黄仁霖(分别代表李宗仁和蒋介石)事先准备一下,形成一个统一的阵势。更具体地说我请陈告诉他们都要突出这么几点:(1)不承认任何共产党政权;(2)道义上的支持,如指示司徒雷登大使访问广州;(3)经援,如用经合署援款余额和白银借款来铸造银元;(4)军援,派三四名高级军官去调查和报告中国当前的军事形势,在他们返回美国后讨论和提出中国为了防御并最终转为进攻共产党,在各方面的需求。我说,他们应该指出,这个小组不必称为"使团"也不必公开宣布。因为这种想法的后一步是提出一个方案,而这个方案可能要使美国政府放弃其"马歇尔式"的立场并重新制订对华政策,而又不会使杜鲁门总统或马歇尔将军或国务院有伤体面。

现在我想叙述一下在双橡园的一场极有意思的席间讨论。这次宴会是我招待委员长和李宗仁代总统的代表们和诸如胡适博士这样的自由人士而举办的。我向要去会见马歇尔将军的胡适博士建议:明智的办法是不要与他谈论过去的事。因为马歇尔将会长时间地尽情发泄对委员长拒绝接受其忠告的不满情绪;这样就会占用过多的时间,不允许胡适博士讨论别的事情了。我告诉他,更为重要的是探询马歇尔对中国目前应该怎么办和有什么想法,以便重新取得美国政府的好感和支持。

其次,我请黄仁霖、甘介侯和李惟果,谈谈他们分别访问马歇尔时,从他那里得到的印象。黄仁霖说,他向马歇尔将军说明了一亿二千五百万美元特别援助专款项下的军事物资如何分配和使用的情况,发现他对此很感兴趣,比以前表现得同情一些。甘介侯说,在第二次拜访马歇尔时,他告诉甘,他将把甘的建议转告美国当局。但是,使我大为惊讶的事,李惟果绝对否认曾见过这位将军。但当其他客人们走后,李惟果要求与我单独谈话。他解释道,他访问马歇尔主要是社交性质的,他不想让黄仁霖怀疑其执行委员长的任何任务。这是中国人的敏感性的表现,因为人们知道黄和李都是代表委员长的。

李惟果告诉我,过去在重庆有一次他看见马歇尔对委员长大发脾气,以致从座位上跳起来冲向汽车,一边愤怒的摔关车门,一边大喊:他要活着看委员长完蛋。当时为委员长和马歇尔当翻译的就是哥伦比亚大学的哲学博士李惟果。他所说的事,证实了我不止一次地提到过的一点。马歇尔对委员长的不满,相当程度上是个人之间的,我们常有所觉察,并均为此感到遗憾。这完全是不应该的。在国际交往中,这样的个性冲突常常是可以避免的。但是,既然两位军事领袖都习惯于发号施令,喜欢别人唯命是从,那么他们不能容人的性格,就造成了非常不幸的结果。

7月15日,胡适博士来双橡园与我共进午餐。我们促膝而谈。他告诉我有关他与马歇尔谈话的情况。他说,他告诉马歇尔,约三周前他在市政厅俱乐部会上公开讲过,美国在要求中国与中共成立联合政府进行改革这件事上太急躁了。美国缺乏对待"铁幕"的知识和经验,要求与共产党进行联合是不可能的事,而且马歇尔将军根本就不该执行这项任务。

我不知马歇尔对胡的观点有何想法。但胡说,马歇尔似乎被打动了。胡说,马歇尔否认他曾力促与中共成立联合政府,而仅仅是要建立一个两党政府体制,以共产党为少数派成为处于合法地位的反对派。但是其他各党派进行了干预并把他的想法改变为建立一个联合政府。这是非常有趣的解释,有一次他对我也提出了与此类似的说法。但是正如我已经指出的那样,马歇尔所描述的不同之处只是言词上的区别,实际上是一回事——就是让共产党进入政府。但是他已看到了原先的设想到头来弄得如此糟糕,不过是企图为自己开脱而已。

至于马歇尔提议任命司徒雷登出任大使的问题,胡适说,他请马歇尔回忆一下,他过去曾向他提过司徒雷登缺乏担此重任的条件。他说,司徒雷登是一个多重性格的人物。在提到司徒雷登在一篇讲话中擅自表示赞成美国承认中共政府时,他曾告诉马歇尔,司徒雷登是在以多重身份立言行事:(1)作为燕京大学的校长;(2)作为许多中国学生的老师;(3)作为一个自由主义者;(4)作为美国大使,他的言行具有多重作用。他说,在这一点上,马歇尔表示同意。

7月18日,产业工会联合会(产联)秘书兼司库詹姆斯·凯里到双橡园来访。他向我谈起产联如何退出世界工会联合会,以及如何与美国劳工联合会(劳联)一起进行工作终于建立了一个新的劳动国际。他说反对世界工会联合会的主要理由是:苏联的工会是"国家的工具而不是独立自主的"。我以一种婉转的态度建议产联适当表示一下对中国反对共产党侵略为自由而战的支持。凯里表示同情,但他询问了朱学范的情况。他要求中国政府作出某种表示,声明工会组织在中国不受政府的控制。

(朱学范是中国的自由主义分子之一,从20年代初期起,他即致力于促进中国劳工运动。他组织了中国工会,但与中国政府打交道时,时常遇到困难。因为成立工会的主张在政界尚未被完全理解。某些官员认为他们应被查禁。朱当然不会满意政府的政策,最后他投奔了共产党。我想他现在仍和共产党人在一起。美国劳工领袖对他的情况特别感兴趣,因为他作为国际劳工组织和世界工会联合会执行委员会管理机构的成员,并曾多次访问过美国和其他西方各国,他们都知道其人。)

我告诉凯里,国民党一党专政已经结束,中国现在实行的是民主宪法,该宪法是1947年国民大会自由通过的。凯里答应以产联的名义给政府或国会写信,请求给予中国支持。他将考虑我的建议,只要执委会中的共产党人不从中作梗,可以由产联执委会通过一项决议来表示这一愿望。不过他说,他认为共产党人是不可能阻止这一建议通过的,因为各组织选出的代表中仅有十一名共产党成员,而非共产党成员有三十九名。他补充说,他将对这些组织进行工作,不使他们继续当选,要不就把这些组织从产联中清除出去(这是一个很有远见的意见)。他说共产党不是遵守多数决定的。按照美国的民主办法,表决前允许完全自由地争论,但一经表决之后,那么每个人,即使表决时反对决定的人,也有义务遵守决定。

第二天,我与谭绍华,陈之迈开会讨论我为了使美国民众更好地了解中国问题和形势而起草的宣传工作方针。他们提出了一些有益的修改意见。我强调指出,有些工作适合于美国朋友来做,有些则适合于我们自己的人来执行,这两者之间有加以区别之必要。我说与在里弗代尔的蒋夫人商量一下最后定稿也是适宜的,因为我知道她也在推动宣传工作。

我们为了更有效地向美国人解释我们的情况而进行的组织工作,在时间上已很仓促。首先因为中国形势的性质关系,其次因为国会议员已经开始审议援外问题,其中也包括对华援助,准备进行新的立法。7月11日陈之迈告诉我参院拨款委员会以九票对六票否决了向中国提供一亿美元象征性援助的建议。使我惊讶的是一贯忠实支持援华的布里奇斯参议员表决时缺席。陈博士认为,主席麦凯勒付诸表决的时刻,是最有利于反对该项建议的人的时候(我知道经常是这么做的)。

7月14日,我听到了有关众议员最近的动向。我参加叙利亚公使胡里夫妇在他们家里举行的冷餐晚宴时,见到了威斯康星州众议员史密斯和众议员博尔顿。前者告诉我,后者也证实,众议院外交委员会就在那天已一致通过了周以德的有关批准四百万美元用于在美的中国学生的教育、生活供给和回国路费的提案。

那天(7月14日)早些时候,我设午宴招待保罗·格里菲思上校(他既是国防部副部长又是国防部长约翰逊的密友)和奥凯里赫上校。谭博士是第三位客人。宴会结束时,我提到了中国形势的问题。我说明它的严重性和对美国以及对全世界的影响,因为苏联和第三国际一向看重中国,把它作为亚洲的关键。我告诉美国朋友们,约翰逊在防御共产党进攻的问题上占有关键的地位,而援华则是这种防御的一部分。对于约翰逊看问题具有政治家眼光,我表示钦佩。并请格里菲思向约翰逊征求中国应怎么办才能获得美援的意见。

我还提及《华盛顿邮报》上德鲁·皮尔逊的专栏文章,大意是约翰逊火烧国务院,在对华政策问题上与艾奇逊发生了争辩,表决中他赢得了五票,而艾奇逊只得到一票。我问这件事是否真实。格里菲思说,这大部分是事实。文章的第一部分说约翰逊曾经作过孔祥熙的律师。当然,这种说法想必是国务院的话,为的是要减低文章中其他各部分的重要性。实际上皮尔逊说,由于约翰逊的坚持,国务院在白皮书中缓和了对中国的口气,并删去了不利于孔祥熙的段落(这全是身居高位的人士传出来的内幕趣闻)。

格里菲思请我在某个周末去访问他在马里兰州波托马克河畔的乡村住所。他很友善,我喜欢他的精明。他的邀请并不是一句空话,因为第二天我就收到一份来自华盛顿的中国新闻记者的报告,说与格里菲思先生一起来访的奥凯里赫上校要他告诉我:格里菲思对我的谈话印象颇深,建议我最好在某个周末去他家继续商谈,后来很快我们就安排好7月23日共进午餐。

该记者还说,7月14日前一天的晚上,在布莱尔大厦举行一次秘密会议,讨论的是对华政策问题,而不是如外界猜测的原子弹问题。(布莱尔大厦坐落在白宫对面,用于接待外国要人和举行各种会议,譬如与外国人士的会议或内阁的会议。)记者告诉我,在会上约翰逊发言反对国务院在其提出的白皮书中的说法,并力促采取援华政策,因为这也是美国本身的利益所在。艾奇逊表示反对,但是在约翰逊的意见获得大量支持的面前,他哑口无言了。这件事尚未决定,但是要由总统而不是由内阁作最后决定。

7月19日下午顾毓瑞向我报告说,他的一位朋友拉塞尔·谢泼德见到一位国务院官员,从他那里得知,对华白皮书实际上已经缓和了调门,但仍有对中国政府的错误和失败的叙述。白皮书也责备了苏联违反条约规定。白皮书在结束语中虽然没有提出具体方式,但也建议要继续提供援助。我对于白皮书即将以不利于国民政府的形式加以公布一事,显然不再有任何怀疑。已经到了采取步骤准备作出反应的时候。7月21日在大使馆我召开了一次会议,讨论如何准备回答白皮书对政府的攻击。

在会上,主管与报界联系的一等秘书顾毓瑞报告说,合众社的汉斯利建议大使馆应在对华白皮书发表前立即发表一个文件或一篇声明,以便减少国务院公布后可能造成的不良影响。但是我没有同意,因为我认为首先我们自己之间应在会上讨论一下对此建议的赞成或反对的意见。与会者除顾先生外,其他人都表示强烈反对。他们强调决不要做任何不利于争取更多美援这个主要目标的事,我们决不能在与国务院的是非问题上只图一时的痛快。

我建议,大家也都同意,合适的办法是针对白皮书的公布,由政府发表一个简短的声明。我们都认为在这篇声明中应当宣布一种解释中国观点的意愿,并应强调中国反对共产党的斗争是总的和平事业的一部分,众所周知美国也在支持这一事业。我指出,外交部的指示说我们不要热衷于次要问题的争论。我认为这个立场是正确的,特别因为与会者建议在该简短声明发表后,跟着公布一份中国的白皮书。该书的序言要使用为普通人易于理解的平易语言,而将一些佐证文件列为附件。这是一项折衷方案。因为王守竞想只向美国人提供一篇浅显的声明;而陈之迈的想法,是要提供若干文件以便使认真的美国领袖和研究中国事务的专家们信服。

我说,不管怎样起草,声明拟成后必须送交我们的政府批准。其中也包括委员长甚至里弗代尔(指蒋夫人)。我指定了一个小组委员会,由谭绍华任主席。请陈之迈、李榦、皮宗敢、向惟萱和谭绍华分别拟出政治、经济、军事、空军和外交各项的大纲,并草拟一份致广州的电报,索取有关文件。

前一天,贝祖贻在晚上来向我报告:他见到了国会大厦知名的律师汤姆·科克伦(他的事务所过去受聘于隶属宋子文的中国国防物资供应公司和宋本人),科克伦被认为是机敏的政治家和能干的律师。人们都知道他可以随便出入白宫和政府部门,有许多政界朋友。贝说,科克伦告诉他:(1)艾奇逊对委员长去碧瑶访问和发起一项太平洋公约非常不满,(我将谈到这个题目)。据科克伦说,国务院仍十分反对委员长。(2)巴特沃思不再主管对华政策,这项工作已交给菲利普·杰塞普,他正在研究并草拟一项政策用以代替现行的政策。(杰塞普是前哥伦比亚大学国际法教授,艾奇逊的密友。作为美国的无任所大使,年初曾在不同的国际集会上代表美国。因此他在缔结北大西洋公约和解除对柏林的封锁上起着重要作用。)科克伦建议我们请罗斯科·庞德院长将此事与杰塞普谈谈,为中国说些好话。(庞德博士是哈佛法学院的院长,曾一度受聘为中国政府法律编纂委员会顾问。)(3)建议胡适博士应去拜会艾奇逊。科克伦还说(4)加州参议员们正在邀请艾奇逊和约翰逊这两位在中国政策上的对手,"为了各自的利益",在下周到西部的波西米亚丛林去,以便消除他们的分歧,达成一项新的建设性的对华政策。(5)中国应该在两周内尽力不使自己在军事上再次栽倒在中共手里,以免给援华的反对者提供证据,说有效的帮助中国国民政府为时已经过晚。(6)我们或许可以向诺兰参议员建议邀请胡适参加波西米亚丛林的聚会。在这后一点上,贝和我一致认为请胡适参加是不明智的,因为他不参加,双方谈得不拘束,如有可能就会达成某种协议。

7月23日下午,我到格里菲思在波托马克河畔的乡村住所去拜访这位国防部副部长。当我的汽车进入大门驶向屋子的时候，我看见格里菲思从花园向我的汽车慢慢走来。他穿了一件圆领衬衫和工作裤，正在整修房屋，手上脸上都有许多泥污。在他布置崭新的书房里，我们作了饶有兴味的谈话，他并向我介绍了他的儿子和孙子。

他说，在约翰逊从波西米亚丛林回来之前，他不能回答我提出的中国能指望获得多少美援这个问题。他说约翰逊将于7月28日用他的专机"露珠号"同艾奇逊前往，总统秘书斯蒂芬·厄尔利已去为这次聚会进行准备工作，预计于周一（即7月25日）返回华盛顿再陪同他们两位前往。他说约翰逊邀请艾奇逊作此旅行，目的是设法就新的对华政策达成某种协议。格里菲思说，迄今约翰逊尚不能说服艾奇逊接受其援华的想法，但他对国务院在政策问题上向国防部发号施令已感到厌烦。我说，如外交工作是破坏而不是推进安全利益的话，那就要使它自己的目的受挫了。格里菲思说，这也就是约翰逊与艾奇逊争论之处。

格里菲思告诉我，他主管的事情，都是不属于约翰逊领导下的各陆、海、空军以及国防各部所专管的事务。他也不管公共关系事务。他说他在五角大楼供职对他来说是个牺牲，因为他没有钱。但是约翰逊是一位富翁，负担得起担任公职所造成的损失。他告诉我，1939—1940年在罗斯福领导下担任陆军部助理部长时，他是如何推荐马歇尔中校到陆军部担任参谋长助理的。他还说，他［格里菲思］和马歇尔都是宾夕法尼亚州尤宁敦人。我觉得这事非常有趣，因为我特别意识到，在政治和外交方面私人关系能够起多么重要的作用。

我问上周星期四（7月14日）在布莱尔大厦会议上是否讨论了对华政策。格里菲思说，他尚未问起此事，但他知道那不是一次正式会议。因为约翰逊和总统提出1950年在美国举行童子军大会使用军用帐篷的问题，也在那次会上进行了讨论。至于和苏联发生战争的可能性，格里菲思说他说不清。俄国人知道，一旦发生战争,他们将遭惨败。所以他们不想挑起战争,除非他们认为自己已足够强大。

我问他,约翰逊有无可能命令检查一下从美军储备中出售给中国政府的武器和弹药的价格;有无可能予以修订,降到相当于售给土耳其和希腊的价格水平。我告诉格里菲思,每支步枪我们买价为五十一美元,每千发 0.33 毫米子弹为八十五美元,而土耳其的买价每一美元同样物品只需十美分,即步枪五元十分,千发子弹八元五十分。实际上,虽然我们可以从私人工厂以六十三美元的市场价格买到一千发新子弹,而我们开始购买的价格却是一百零五美元,只是由于国会的压力,我们的子弹价格才降到八十五美元。

我指出如果检查和降低价格能够实现,而且依我看这件事将完全在国防部长管辖范围之内,不需要国务院的政治决定,这将意味着我们可用一亿二千五百万美元特别援助专款获得更多的武器和供应品。我说,实际上,检查价格已进行过多次,其差别也已由美国政府各机构如陆、海、空军记录在案。中国为了取得必要的供给和武器,大部分配额都给了这些机构。格里菲思说,他将对约翰逊提起此事,然后再告诉我。

不幸的是,约翰逊觉得在这一点上不能给我们以任何帮助。过后不到一周,与格里菲思过从密切的奥凯里赫上校代表格里菲思告诉我,我向他提的那件事,就是检查和修改一亿二千五百万元特别拨款项下,向我们供应武器装备的价格,要求与售给希、土的价格采取同一水平的问题,只能由国务院决定。约翰逊怕管这件事。奥凯里赫向我透露了一项机密,约翰逊有意参加美国总统的竞选,所以任何联系到钱的事他都要采取一切办法加以回避。奥凯里赫建议由约瑟夫·戴维斯和前参议员拉福莱特来帮助我们。但他又说到戴维斯也许太亲苏了,恐怕做不到这一点。

我在当晚(那是一个星期六)离开华盛顿赴纽约,出席星期日在纽约蒋廷黻家召开的一次会议。早晨宋子文的汽车来接我,把我带往了离纽约市区有一小时汽车路程的拉伊。我们谈了一小时并共进午餐。他告诉我,鉴于胡适以未就任的外交部长身份,连艾奇逊也见不到,所以他已开始怀疑让胡适领导内阁来给美国人以深刻印象的想法是否得当。他说不能信赖胡适当一个卓越的行政官员,但他在国内外是一个很好的自由主义的象征。

我再细说一下此事。胡适虽向广州政府和委员长发出辞职电,但他的辞职尚未公开宣布。7月15日我们在双橡园聚谈时,胡适给我看了他自己与阎锡山和教育部长杭立武之间交换的四五封电报,他们都力促其不要公开宣布辞职,而以未就任的外交部长身份执行与美国当局磋商的任务。胡适告诉我,他给阎锡山的第二封回电中,对这一点持有异议。他举例说,当他在此间任大使时,宋子文以外交部长的身份旅居华盛顿,对他很不方便,也使美国为难,他力陈不要重复这种错误。他还强烈地认为,如果他就任外交部长职务,是不可能干得令人满意的,就像那些进行金元券改革的人对中国造成巨大损失一样,将会贻误国家。后来,委员长又再次要求他不要公开宣布辞职(这一点我还会说到)。在我与宋子文谈话的时候,胡适仍然是人所共知的未就任的外交部长,并以此身份不声不响地设法约见美国国务卿。实际上,我在5月11日和7月1日与艾奇逊的会谈中,就曾向艾奇逊提过胡适要见他的愿望,而在7月1日会谈后,弗里曼又曾告诉我下周可能安排一次会见。但实际上并未实现。

宋子文问我为什么艾奇逊好像有意要避开会见胡适。我说,可能有两种解释:一是因为他对胡讲的任何内容都有可能影响胡决定接受还是拒绝这一新的职务,所以对会见身为未就任的外交部长的胡博士有所犹豫。按艾奇逊目前的心情,不可能作出许多的承诺,这将有伤胡的情绪。另一种可能的解释是,胡适曾在纽约市政厅俱乐部会议上以及向助理国务卿腊斯克,后来又向马歇尔本人直言不讳地表示过这样的看法:抗日刚一胜利,马歇尔使华和他所奉行的指示,错误地强迫中国改组成立一个包括中共在内的联合政府,是一个失败的政策。

我们还讨论了其他几个问题。下午,我与宋博士去蒋廷黻处开会。途中,访问了在纽约的中国银行总经理席德懋的家,约他一起去出席会议。在把 7 月 13 日《商业日报》一篇文章里声称中国官员侵吞公款一事提向会议之前,我还想先与他讨论一下。

那些日子,各种出版物上都有一些文章谈到中国人的贪污问题。刊登于头版的上述文章说:

> 中国高级政府官员们把政府财产大量转入私人账户被揭发后,国务院受到了日益增长的压力要求冻结中国国民政府在美资产。

该文说,"攫取资产"是国民党贪污腐化丑闻中令人生厌的又一章。只是在文章的结尾处该文说道,因预料共产党获胜将会产生麻烦,正在讨论下令冻结所有在美的中国资产。

该文只字未提许多银行总行所在城市被共产党攻占后,这些总行已由共产党接管。也未提共党当局在控制这些被接管的各总行后,曾向其在美国各地的分行发出冻结其全部存款和财产的命令。他们也不提在中国政府看来,这些财产转移至少有许多是符合正规手续的,并且也为政府所知,甚至是根据政府指示,为了临时安全而以此来避免被共产党没收。这里有我 1949 年 7 月 6 日的一则记载,颇值一谈。其中写道:

> 我接待了大通银行的谢默霍恩先生和另一位代表的来访。他们告诉我,他们需要我的证明,并要我给国务院写一封信,让国务院出具一项证明,证明中国外交部有权处理存于该行的八十五万美元存款,所提到的四位外交部官员的签字留底是有效的,他们有权签发支票。他们提到"外国人财产法",并给我看了卡伯特总领事给国务院的电报副本。该电报说,共产党接管的中国银行总行指示纽约分行冻结全部存款和财产。如果没有必要的证明,不能为伦敦的郑天锡大

使开立所提及的存款账户。他们把郑大使向他们发来的函电也给我看了。我说,我要研究一下这件事,同时暗示他们:外交部的目的是,一旦共产党控制整个大陆,用此法来维持外交人员的费用。

因为我知道胡适和鲁斯以及保罗·霍夫曼在乡下,七时半以前不可能到达,所以我们一到蒋廷黻处,几乎立即就开始了讨论。提向会议的有三个议题,第一个是报纸上公布过的有关从中国政府各银行和官方账户向私人银行和个人账户转拨公款的问题。

宋博士起先力主公布中国银行纽约经理处和纽约的银行审计员之间来往的信件,表明中国银行没有任何不正常的转账。席德懋告诉我,一笔二百多万美元和另一笔一千万美元的转账,都由毛邦初从中国银行转到他不知道的另一家银行。他还说,新的账户都是由毛邦初和毛的参谋——王上校以及俞国华签发支票才能支取。(换句话说,新的账户是以三个人的名义开立的。)

在讨论之后,贝先生、席先生和我都力陈中国银行的信件并不足为证,因为从政府机构的账户中另外有一些是通过别的银行转给私人账户的。如果中国银行公布了信件之后,一些美国的消息来源或各家银行随后又另外披露了公款转给了几个私人户头的话,只会使情况更趋严重。我说,最好的一步,是由政府发表声明来纠正这种错误的和无根据的,认为那些款项是为了私人占有而进行转账的印象。我们都认为这些转账肯定是根据上级命令进行的,其目的在于避免美国政府的冻结。

约一周后,谭绍华来报告说,他了解到最近从台湾汇来以蒋经国为收款人的巨款,因而引起了此间美国当局的注意。这可能是真的,但还是没有理由怀疑其有什么不妥之处。我没有记录该笔汇款的理由,但委员长有他自己的私人账户,可以按其意愿来处置,或者可能也是为了防备政府资金被没收。

星期天会上讨论的第二点是在美援问题上要形成统一的步调,以免不同的代表们提出各种不同的建议。第三点是就美国政府和国会的真实态度,特别是国务院和国防部门之间不同看法交换了情报。我们讨论了白皮书在这方面的原委。宋子文不倾向于阻止其公布(后来我得悉这也是委员长的意思),但我说服他最好还是予以阻止。目前单是军事上的溃败就已够糟的了。

胡适来到并参加了讨论,他首先报告说,亨利和克莱尔·鲁斯急于想知道,我们的军队能否抵挡得住共产党在华中的推进。然后他告诉我们,可以说霍夫曼也认为将援华拨款余额用于购买白银铸成银元在中国使用是一个好主意。

该日下午,我拜会蒋夫人未果。我到里弗代尔时,有人告诉我,夜间她胃不舒服,吃了什么药物使她病了,并说俞国华已用电话与我联系让我不要来。秘书回答我的问话时说,蒋夫人可能在星期一下午五时会见我,但要以俞先生星期一早晨的确息为准。星期一,7月25日,俞先生来说,蒋夫人还不见好,要我再等一天。我告诉他,星期二我在华盛顿有重要约会不能等待。但是我给他一份备忘录,其中列有为使人能更好地了解中国情况应着重说明的几点。让他转给她,同时还给他一份反对公布白皮书的声明的副本。

星期一那天早晨,宋子文到我的旅馆来访。我们又讨论了敦促胡适准备出任行政院长的想法。宋子文现在既已知道艾奇逊肯定不会约见胡,因而对胡的任职更有疑虑。但是,我们都同意,组织一个其成员主要是美国熟悉的留美学者同时又掌握实权的内阁,是挽救国家的唯一途径。这样我们就有把握通过使用美国人在军事、经济、金融、交通运输各个领域的技术帮助而取得全面的美援和合作。我们还一致认为,毋需害怕美国侵犯我们的主权,因为只要我们告诉他们或暗示我方意图,他们就会随时撤离。我们举出了菲律宾这个例子(美国刚刚撤离菲律宾并把一切都交给了菲律宾人),只要美国人说归还独立,那么说了就算数。但是要得到他们充分的关心和心甘情愿的支持,就必须分享控制权。

宋子文甚至比我还强烈地认为,在军事方面,正像魏德迈再三讲过的,我们还没有一位能有效地调度十万部队的将领。我们的将军们太妄自尊大,目中无人。我说,如果委员长在充分的外国技术支持下主持军事,把政治和政府事务交给文职官员,那么我们还是可以摆脱目前困境的。宋子文同意这一点,并说,在他担任行政院长时,就不能任命他自己的财政和外交部长。现在必须觉醒并加以改变。我们也一致同意让文官去当省主席以恢复百姓的信心;起用年轻有为者,给他们以希望,并提供其发展事业的出路。

下午,我与胡适共进午餐,他给我看了委员长的电报,请胡在他与阎锡山讨论前不要宣布辞职,并说他将与胡再次磋商。委员长还就拟议中的太平洋公约,征求胡的意见,胡又转问我的意见。当我谈了我的看法,并讨论一会儿以后,胡适切望我不要催促艾奇逊会见他。

8月9日(星期二)即将返华的周谦冲教授到大使馆来辞行。我告诉他,在国内,要竭力强调内部联合和合作的必要,因为我们必须先做到这一点,然后才能期望美国对我进一步援助。我告诉他,国人指望用美援来提高士气和鼓舞民心的心理是不对的,我们必须显示自强,才能赢得美国的帮助。周教授说,他将力促李宗仁和委员长取得谅解进行合作。我说必须努力做到的还不止此,在他们各自周围的人们之间,各个不同部队之间,中央政府和地方领袖之间,行政院和立法院之间以及政府和百姓之间也必须设法实现谅解和合作。

当晚我去看望宋子文。除了讨论别的事情以外,我们还讨论了建立一个新的自由派人士内阁的问题。我说,拯救中国局势的时间所剩已十分有限了,我再次竭力主张邀集一部分知名、廉洁、自由主义的留美学者在委员长和李宗仁将军支持下,组成一个新的内阁,并在各政府机构工作中使用若干美国顾问对我们进行帮助。我说,这样的联合不仅会鼓舞民心,而且也会影响到此间的美国政府,只要成功的合作二三个月,就会使美国当局认识到我们真诚自救的决心。但为使这项试验能付诸实施,必须说服委员长自己退居幕后。

宋子文认为这能做到,委员长也将会这么办。我说,使他的追随者们给予谅解和合作,同样也很必要。国民党也必须退居幕后,授于新内阁以施政的全权,用民主的方式来应付局面。我补充说,各军事领袖同样也需要美国顾问。至于这样一个内阁的首脑,我们都还认为胡适博士最为理想。但宋说,胡不敢贸然尝试。还有谁人合适?我建议吴国桢。尽管我个人常常不赞成他的意见和他的方式,但是我知道他精力充沛、能干并且是有勇气的。但宋认为,在当前情况下,吴国桢的威望不足以担当此任。我强调说,委员长的活动正在引起国务院越来越多的反对,如果我们要光明正大地拯救中国,就应该说服他暂时往后靠。如果中国得救,他作为最大股东来说,将得利最大,我们可以再次倡议并拥护他当领袖。

晚间,在菲律宾使馆欢迎其总统季里诺的招待会上,我与周以德畅谈。周以德详述了众议院外交委员会讨论中国局势的情况。一位委员说,已经宣布从政治生活中引退的委员长仍在继续设法影响中国政府。周以德回答说,在美国也有一位将军虽然他已退出政治生涯,其影响至少仍在支配着国防部和国务院。他还告诉我,1946 年马歇尔在中国率领的停战小组成员霍华德上校曾给马歇尔将军写信,请其注意在坚持与共产党达成停战协定上的错误。因为共产党不断破坏停战。

8 月 10 日,我去宋子文坐落在伍德兰大道的住宅访晤。他让我纠正《纽约时报》记者蒂尔曼·德丁 8 月 9 日在该报上发表的言论,德丁说,委员长拒绝与广州政府合作,他的部队在台湾按兵不动,因为他认为大陆已无法防守。我答应了。后来我让顾毓瑞给《纽约时报》在华盛顿的办事处和美联社以及国际新闻社打了电话。

宋子文秘密地告诉我,有关艾奇逊与斯塔尔在午餐时谈话的情况。斯塔尔是在中国开始其事业并发迹的,已成为美国的工业巨子。其业务,特别是保险和银行业务遍及全球。宋说,在午宴上斯塔尔问艾奇逊为什么不会见胡适博士,艾奇逊说胡适已被蒋介石收买了。宋子文想要把这件事泄露出去,用以说明他对待胡适这样一位著名的真正学者居然器量狭小到如此地步。但我认为这只是小事一桩。我说,许多美国人抨击艾奇逊过去与左派分子有来往,以及他对杰塞普的任命,现在杰塞普又在受到某些美国人士的攻击。也就是说,我劝他不要公开抨击艾奇逊拒绝会见胡适。我又一次敦促他考虑建立一个自由主义的、有能力的和爱国的集团,借助美国顾问之力来拯救中国。

这一次他较多地考虑了我让吴国桢来领导的意见。如果胡博士坚持不就的话,就让吴出来组阁,而让胡在吴国桢内阁中任外交部长。

晚饭时我们继续谈话。宋一再强调改组中国军队的重要性。他说 1946—1947 年,他的政府是一届强有力的政府。他任行政院长时,并不事事呈请委员长指示就作出决定,并据以执行。自他辞职以后,还没有哪一届能真正称为政府的。他还说,他的倒台实际是陈诚策划的,陈让傅斯年在立法院攻击行政院。他解释说,尽管他的内阁设法独立于委员长之外,行使其职权,但权力仍有限,不能任命任何省主席。当他在华盛顿时,委员长总算是客气,把任命其亲信钱大钧作抗日胜利后的上海市长一事通知了他。只是在钱大钧失败后,他才有机会任命吴国桢继任钱的职务,而吴的政绩表现得不错。(一般认为吴国桢的上海市市长干得很出色。许多美国来访者特别是新闻记者对他也有深刻的印象,新闻记者在海外帮助他树立了声誉。)

第二天下午宋子文来访,他对我说,他把艾奇逊以胡已被委员长收买为理由拒不接见胡适之事告诉了杜勒斯。他说,他向杜勒斯说这些,是稍微表示一下对艾奇逊的愤慨。当一个人说了一些有利于委员长的真诚看法,艾奇逊马上就认为这个人是仆从,被收买,这也太偏隘、太不公正了。宋预料杜勒斯会把这个意见转达给艾奇逊。相信艾奇逊不久就会约见胡适,用行动来反驳对他的批评。

后来,宋给我来电话,让我给广州发电,建议广州从人道主义出发,批准美国提出的让戈登轮通过上海封锁线的申请。我猜想该轮是去接运那里的美国侨民的。他说,美国政府也向南京提出了相同的申请,但双方都拒绝了。我发了电报,但加上了这样一句话:我们应当规定一个条件,即戈登轮不得载入进口货物或装运出口物资。

那天,我另外还见到宋两次,第一次是傍晚在他住所,另一次是夜间十一点半钟,他从司徒雷登大使所住旅馆来到双橡园找我。他和司徒雷登谈了一个多钟头,想来和我讨论讨论。大使是在宋见到他的前一天,即 8 月 10 月终于到达华盛顿的。我最后要谈论一下他返回美国的事以及宋子文、我自己和其他知名华人收集到的有关他的对华态度。但是这里我只转述一下 8 月 13 日我和他头次会谈的记录片断来说明一下我所提的由胡适或吴国桢领导一个自由主义内阁的想法。

我曾向司徒雷登大使谈到了国务院显然不愿同委员长和国民党再打什么交道。但是,我说,没有委员长的支持,国务院如果要想从中国其他方面找出一个新的领导人是不容易的。我冥思苦想,并与中国朋友们进行了多次讨论,打算找到一个拯救中国的方案。我想出一个主意,就是把一些爱国的、正直的和能干的领袖组成一个集团,而不管他们的政治背景和属于什么派系,就像胡适、蒋廷黻和吴国桢那样的人,他们不仅受到中国人民而且也受到美国人民的信任。由这些领导人根据中国的宪法,在委员长或李宗仁的领导下,受权管理政府。我已将这种想法对我的美国朋友们如参议员杜勒斯和法官道格拉斯谈了,他们似乎也同意这个想法。

司徒雷登说,这是一个很好的计划。他相信我提到的这样的人在中国是很多的,他回忆起马歇尔有一次说过,中国需要进行一次令人瞩目的变革。

我说,我与我的中国朋友们讨论了这件事。问题是如何鼓励这些人勇于一试和接此重任。我相信像胡适这种人虽然非常爱国但无投身一试的欲望,除非能得到美国援助和支持的某种保证。

司徒雷登说,这个问题就好比是确定先有鸡还是先有蛋。他认为美国政府不会使自己对任何中国领袖集团承担义务,因为担心他们会失败。但是如果我提出的这种集团一旦出现,他毫不怀疑最终将得到美国的援助和支持。这不仅是因为美国对遏制共产主义很关心,而且因为美国人民对中国深怀好感,并且希望中国好起来。

我说我有同感,世界上再没像美国人那样慷慨大方,乐于帮助别人的人了。

11 日下午在宋子文住所,宋、贝祖贻和我谈到了另一个题目。我们一致认为,军队之缺乏斗志和指挥官之堕落是军事溃败的主要原因之一。我在日记中写道:"中国军官似乎既要钱又要命",意即他们怕死,不敢拼死作战,同时还想发战争财。8 月 21 日,宋和我再次谈到这点时,我们也都有另一种看法:我们的将军们赶不上时代的要求,但他们自己又没有意识到这一点。我们还一致认为除了极少数以外,大多数指挥官对政治和现代化生活比对战争艺术有兴趣得多。作为一个社会阶层,他们太目中无人而又不想学习和改进。在我们的军队真正成为一个能有效地抗击任何头等敌人的作战工具之前,要做的事情实在太多了。我们还一致认为:军事形势——庞大的军事预算,指挥分散,纪律松弛——是造成中国许多麻烦的主要原因。至少宋子文对整个形势怀有悲观的看法,他说,这是因为,中国的领袖们好像还没有认识到必须进行改革和学会如何团结与合作,不再孜孜追求个人私利。

这场谈话是在纽约我的旅馆里进行的。我离开华盛顿是星期五,即 19 日,那时我告诉胡适,我想星期天和他以及在纽约的其他一些人再谈一次,星期六还要参加一个婚礼。星期天,宋子文头一个到达。一点钟,胡适、蒋廷黻和贝祖贻参加一起谈话。我们五人共进午餐并讨论了中国的局势以及救国之道。胡适仍不愿出任外交部长以及行政院长之类的任何公职,他不肯贸然尝试,并仍认为让著名而正直的自由主义者集团出来协助政府,使美国相信我们自救的真诚愿望是无济于事的。我报告了我与司徒雷登大使、诺兰参议员和杜勒斯参议员谈话的内容。我说,他们都告诉我,如果我们首先自救,美国将进行帮助。胡适对于艾奇逊认为他"完全为蒋委员长收买"因而不愿接见他的看法反应强烈,所以即使是试探一下美国对这样一个集团在委员长、李宗仁、阎锡山和白崇禧支持下接管政府权力有什么想法,胡适也表示反对,蒋廷黻对胡的坚决推辞,显然感到厌烦,说让胡做中国的甘地,我们大家再去找一位中国的尼赫鲁。

第六节　白皮书发表后要求继续援助

1949 年 7 月中—8 月

财政部长徐堪于 7 月 11 日来电,再次确认了请求美国政府允许中国动用经济合作署援款余额购买白银的决定。该电内容中还包括有关经援的几项建议,这些建议是:(1)用经合署余额(包括四千万美元)购买黄金或白银;(2)向美国商借三亿盎司的白银;(3)向华盛顿的国际货币基金组织借款二亿美元;(4)以每盎司四十五美分的原价把中国以前卖给美国的五千万至一亿盎司的白银重新买回。前来与我讨论财长建议的李榦,认为用经合署余额购买白银铸造的银元,无须像部长说的那样标明其出处。但是我认为这样可以迎合美国人的虚荣心或美国喜欢宣扬的愿望。不过我们一致同意,银元应用于购买中国产的大米而不用于进口国外商品。

第二天,7月12日,李带来一份他想发给徐堪的电报,请就拟议中的白银借款和实际预算情况提供更多的资料。13日,他偕贝祖贻再度来访,以便我们三人可以再仔细研究一下徐部长所提出的计划。我们一致认为借三亿盎司白银和向国际货币基金组织的外汇储备贷款二亿美元,都是办不到的。我们还认为以原价买回几年以前售予美国的白银也是行不通的。这太不现实,因为美国甚至连考虑一下这样的建议都不可能。

7月14日我去肖勒姆饭店拜访胡适,出席有胡适、甘介侯以及金融经济问题专家贝祖贻参加的会议。我主张召开这次会的目的,是讨论财长徐堪建议美国给予中国经援的两封电报。交换意见之后,我们全体同意集中力量争取用经合署余额援华,对下列建议暂缓办理,即:(1)白银借款和外汇储备;(2)重新买回四千万或五千万盎司白银。他们还赞成我的一项建议;请美国向广州派出一位财政金融专家帮助我们研究和探讨财政改组及货币改革的计划。

甘介侯告诉我,他曾给李宗仁发去一电,查询据说已运往台湾的中国黄金储备的处置情况。李宗仁回电说,中国政府现已能动用运到台湾的全部金银和外汇储备。但是甘说,他自己对此并不相信,因此虽然李宗仁要他把这一情况告诉美国政府,但他不拟照办。(我想他是对的,根据我的档案中这个时期的备忘录,政府是打算把台湾的储备用作新银元券的准备金。我的记录还表明政府每月可动用其中的一千二百万或一千三百万美元。但这与中国政府能够使用全部台湾储备的保证,完全不是一回事。李宗仁电报中让告诉美国政府,中国政府现在能动用全部储备,这似乎是想使美国政府得到一种好印象,因为国务院曾不止一次地问过在要求更多的美国援助之前为什么不动用台湾这笔储备。)

7月16日的宴会,也是为讨论徐堪所提的美援方案和听取财政经济专家们的意见而举行的。我所邀请的专家们有席德懋、李翰、贝祖贻、张悦联和顾翊群。谭绍华也参加了。我特地从纽约请来的席先生说，他对广州局势的印象是根本不妙。他认为拟议中的每月四千五百万银元，对政府来说是不够的，军事预算未作太多的削减，仍是开支中的主要项目。（他提到了政府预算：以后几个月，政府每月支出四千五百万银元，其中军费占三千万。估计税收每月一千万银元，在拟议中的税收结构改革完成后可能增至一千五百万银元。）席先生对政府一月税收一千万银元持怀疑态度。他告诉我们，中央银行耗尽了外汇储备，现在已经干涸了。他说实际财产只有二百四十万盎司黄金，其中八十万盎司已确定作为台湾新货币的准备。台湾是否在新的银元券之外另有新货币？

　　第二天是星期天，我与甘介侯和贝祖贻去比格森岛。途中，甘告诉我，参议员诺兰让他提出一项军事和经济援助的方案。他已将此要求电告李宗仁。李在给他的回电中提出的最低需要，与徐堪部长给我和给他的电报中说的数字不一样。我提议，他也同意，星期一与在华盛顿的各位军事代表商量一下。（甘介侯还顺便向我谈了对委员长 1 月 21 日声明里的"引退"一词的误解。）

　　其实，我已和一些军事代表就军援问题进行了讨论。7 月 9 日皮宗敢应我的要求来访，因为我想和他商讨一下实际可行的军援计划的要点，特别是需要何种装备，数量多少以及考虑到什么样的作战计划。我需要这些情况来答复美国国会和政府中的美国朋友一再提出的要求，究竟他们应提出和支持何种方案。他给我看一份由黄仁霖将军带来的最新计划，这份计划提出要四亿二千万美元的轻武器和弹药供三军使用。对于作战计划，皮将军则不知有什么打算。至于美国军事顾问的问题，我说，从美国人的观点和我们自己为免于被人指责浪费和贪污来看，很有必要。皮将军说这个问题全在于顾问团的团长。他说，过去魏德迈做得很出色。在抗日战争时期，向四个战区的中国司令长官各派一名准将，率领代表三军的相应参谋人员，驻扎在每一个战区。中国的四位司令长官是张发奎、薛岳、陈诚和卫立煌。四位美国顾问全都和中国的司令们相处得很好。如果任何一个美国军官与中国军官们相处不好时，魏得迈就把他送回美国。他说，他一定不让任何个人的责难来破坏赢得战争胜利这个根本目的。

星期一，18日，我按原定计划召集了各军事代表和甘介侯开会，目的是交换意见。因为我想在他们向各自的美国朋友提出援助计划前，协调一下方案和数额。黄仁霖头一个发言，坦率地说明了从国内带来的意见，甘介侯则吞吞吐吐，未将广州给他的指示和盘托出。我建议由皮、黄两位将军那样的军事人员拟出一份备忘录，供他考虑。甘不接受这个建议，他只管继续询问他从广州收到的电报中各项技术名词的含义和英文译法。

我同意这样一个意见：应该向参议员诺兰提供一份军援的概略方案。但我建议各种武器的精确数字不必全都写上。因为他是一位文职人员。详细数字，只会把他搞糊涂而不会对他有什么启发，我想还是提概略计划要好一点。我还说，可能对弹药的需要比武器更为迫切。与会的全体军人都赞同这个说法。我指出，在提出我方要求时，应该慎重，以免破坏我们的下述正式建议：邀请美国高级军官代表团赴华，考虑军事形势并与我国政府讨论我方要求，以便向美国政府报告，供美国政府考虑和采取行动。

皮宗敢在回答我的问题时说，我让他转告蒋夫人的话已全部转达了。我想，我在这段整个时期里的言行，表明了这样一个事实（这正是我的希望）：作为一名大使，我是以整个中国的代表来讲话和活动的，这一点我认为非常重要。除了集中我的精力为整个中国服务以外，我不支持任何派系。同时，我想这个事实会受到大多数不同集团的代表们的充分理解和赞赏，因为他们曾经忠实地与我（不只是一位大使而且也是一位有人格的人）一起工作过。他们似乎都相信我，相信我力求公正和奋斗的精神，这样我们大家都能尽最大努力为中国这个国家服务。也许我说这些没有必要，因为用作我这本回忆录资料来源的那些书面材料也都表明了这一点。

7月19日，李榦和我共同审阅了给徐堪部长的回电草稿。这份电报将由胡适、甘介侯、贝祖贻和我联名发出。该电是答复他关于向美国政府争取经济和金融或货币储备援助的两封来电的。7月21日李大为上校来报告说，国会中的美国朋友们因为我们的各位代表给他们的美援方案和计划互不一致而感到无所适从。这种混乱现象，国务院的腊斯克也有同感。国务院过去一直就说我们缺乏统一。李上校建议我应该接待麦基先生来谈谈这件事。当天下午晚些时候，麦基偕其负责公共关系事务的洛基特前来。他证实了李上校已对我讲过的内容，此外还说，甘介侯送去的计划不实际也不全面。他说，还有另外的几份计划，如陈纳德将军的计划，给了议员们以深刻的印象。甚至就在那天中午，在招待十五名国会议员的午餐会上，陈纳德结合几张有说服力的大地图解释了他的各项计划，形成了一个有利于采纳的气氛。但是为了导向集中而同情地考虑对华进行援助和避免混乱，我们必须提出一份正式的援助计划。

我解释说，三个月前，我们就曾提出了一份经援计划，但没有得到有利的反应。从那以后，我们就要求用经合署拨款余额来解决经援。洛基特先生说，他个人的想法是最好由我、甘介侯和黄仁霖一起向艾奇逊正式送交一份全面计划书，以便给艾奇逊一个我们大家是团结一致的印象。他还说，借此机会同样也可以向报界人士显示一下。（读者可以回忆起，根据周以德众议员的建议，援华委员会的麦基已经开过几次包括委员长和李宗仁两派代表的会议，就是为了消除不团结的印象。）

麦基先生认为，参议员诺兰将会在参议院发言中提出一项法案或者建议修改欧洲军事援助法案。但是，有些人（如国务院里的某些人）对他说，而且还一直在说，国民党的领导人正在分裂，美国不能把援助投入真空里去。如果正式提出一项计划，那么愿为中国作些工作的报界人士就能对艾奇逊说："你不赞成中国的计划,那你有什么更好的方案?"麦基还建议我们,应表示一下愿与美国代表共掌援华拨款的控制权。

此后不久,皮宗敢来电话说,参议员诺兰的秘书告诉穆迪上校,甘介侯给诺兰送去一份军援计划,但是该计划不实际,他们想要的是一个抗击共党入侵华南战略计划的实际方案以及一份各集团(如回族集团、四川集团、白崇禧集团以及委员长集团)武装部队所需物资的清单,这和麦基对我说的完全一样。

我把王守竞请来,并告诉他把这件事提交给毛邦初、皮宗敢各位将军,特别强调需要拟定一份全面军事需要计划(不是像甘介侯的计划只包括陆军,而应包括各军兵种),以及一份我们军事防御计划的说明。我说,应该考虑陈纳德的计划并把它合并进去。这个计划是毛邦初所反对的,但是该计划已受到相当大的一部分国会领袖们的支持。反对陈纳德是非常不妥当和非常不明智的。在支持中国事业的美国人士中,他是我们最强有力的朋友和鼓吹者。

同一天(星期四)下午晚些时候,宋子文从康涅狄格州的拉伊来电话,让我星期天和甘介侯等人一起出席在纽约蒋廷黻家中召开的一次会议(这就是7月24日的会)。目的是在争取援助的问题上协调我们各方面的行动,并且制定一个提交美国政府的统一计划。我猜想(同时他也证实),他也听到了美国朋友们的反映:我们各位代表未经协商所提出的不同计划使美国朋友无所适从。我说,这正是我在华盛顿一直强调的一点。我告诉他,我已召开多次大小会议并邀请各方的代表们一起来讨论并商定一个一致同意的方案。最近,在星期一又开了一次会议,想拟出一个统一的军援方案,但是,据我所知,甘介侯已把他的计划交给了参议员诺兰。宋子文说,星期六甘介侯将去纽约看他,打算让他也参加拟议中的星期天会议。

第二天7月22日,贝祖贻和李榦向我报告了有关甘介侯送给国务院和参议员诺兰军援及经援计划的想法。根据甘介侯在前一天见到贝时的叙述,诺兰要他星期三(20日)去,甘就是在那时候把一份军援方案送给参议员的。甘进一步对贝解释说,诺兰的要求很急,所以他只给了诺兰陆军武器的军事援助计划,不包括海、空军的需要。甘还说,诺兰大感不解的是:中国需要的武器(八万支步枪和其他轻武器)仅值几百万美元,与他想提的二亿美元相差太远。所以他们设法另订一项方案。诺兰建议再装备一些师,甘接受了这项建议。最后一致同意完整地装备十二个甲等或一级师,但未提弹药方面的建议。

贝建议他把这件事与我谈谈,最好由大使馆提出计划书。甘对贝说,他有他的责任和他的特殊使命,因此必须履行。但他告诉贝,他将给他一份麦基所建议的全面的新方案,由他或大使馆正式向国务院递交。他之所以这么办,是因为诺兰参议员说必须这么办,以免国务院说中国政府没有向国务院要求援助,而遭驳回。

贝先生说,甘午夜给他打电话讲:他经过考虑,如果我认为不方便,他就亲自给国务院送计划书。我说甘博士自己可以这么办,因为我不能递交任何不完整和不考虑中国空军、海军以及其他地面部队(像委员长和回族领袖所领导的部队)需要的计划书。但贝认为,甘介侯递交计划书是不适当的,建议再对他谈谈。

下午晚些时候,贝祖贻和李榦在与甘介侯谈话后又来找我。他们说,甘听到他们说诺兰的计划没有成功的保证(因为有许多参议员和众议员惯于提出法案而一点也不考虑能否被国会讨论),就同意由大使馆草拟出一份援助计划,并与中国在此间的陆、海、空军代表以及甘本人一起进行讨论,征得一致同意。在贝先生与我谈这些时,甘介侯给我来了电话,说他将在星期六来看我,并向我保证他自己将不再提任何全面的计划书,而将此事由我来办理。(读者可以看到那时的情况有多乱。那么多中国代表,代表着中国不同的集团,都在为其自己的集团设法争取援助。但是我非常顽强地坚持我的立场:如果我们要求援助,就必须是对整个中国的援助,一切集团应该形成一个联合的阵线。)

星期六(7月23日)甘介侯来看我,谈了他应诺兰之请前去拜访时,参议员对他提出的要求。他还谈了麦基在洛基特陪同下会晤他时的谈话内容。洛基特建议全面的援助计划应由他(甘介侯)、黄仁霖和我签署,以表示我们的统一阵线。我认为这个意见真是异想天开,在外交活动中根本不能这么办。甘介侯说,他不想向诺兰参议员再提建议或再递送什么计划书了,他以前给诺兰的只是一些情况而不是什么计划。

我催请甘介侯应宋子文之邀,于星期天出席拟议中的会议。但他说他不能去,因为他必须等司徒雷登大使从中国来华盛顿,以便与其接触,让他不要在给美国政府的报告书中过多地抨击国民政府。他说,李宗仁让他去旧金山会见司徒雷登,但他认为这样做太露骨,所以要在华盛顿见他。他请我向纽约会议转达其口信:不管有什么决定他都同意。他本人无意直接向美国政府递交计划书,完全赞成我们大家一起提出或建议一项经过协调的计划,使美国人没有任何理由怀疑我们不团结,也不使美国人得出我们内部紊乱分裂的印象。

午后不久,皮宗敢和王守竞来与我商讨全面援助计划的各个题目。他们写的与我所建议的没有很大不同。最重要的几个题目是:我们防御共军进攻的全面战略计划是什么?每个地区集团的实力有多少(如委员长的实力、白崇禧的实力、回教各领袖以及四川的实力)?关于各派武装力量的统一指挥和调遣有什么说法?每个集团有什么要求?什么是联合作战的精神实质?他们觉得难以回答这些问题,但又必须向美国政府作出回答,这样才能使他们相信我们的目的是严肃的,我们团结协作以抗御共产党的愿望是真诚的。

晚上,我离华盛顿去纽约出席蒋廷黻处的星期天会议。次日晨,宋子文的汽车接我去拉伊。他因听说甘介侯不通过华盛顿大使馆独自只为李宗仁集团活动显然感到不安。我向他报告了甘让我转给他和下午会议的口信。

前面,我已谈了会议上除第二点以外的一切内容。但正是第二点(即需要提出一个统一的援助计划和避免各代表提出不同的建议)才是会议的真正目的。我对会议讲:甚至陈纳德的计划(主要想法是组织一支空军志愿队)虽然遭到毛邦初的反对,但却给了众议员和参议员们很好的印象,也应该纳入我们的正式计划之中。宋子文提出他要电请委员长批准我将陈纳德的计划纳入统一援助计划。

星期三(27 日)贝祖贻来告诉我,陈纳德想与他磋商援华方案。我鼓励他与这位将军进行讨论。我说,陈纳德还向参、众议员们提出了援助的数额和用途的建议。但贝却提议(我也赞同)让陈纳德改与我谈,以便于协调我们的努力和所提的建议。后来,他来电话说,陈纳德可在周五与我共进午餐。星期五,在午餐桌上,陈纳德给我一份他的援助计划概要副本,要求军援二亿美元,和以经合署援款余额中的一亿美元用于经援。

我们讨论了中国的军事形势,他拿出一张地图,表示只要有空军支援,在湖南衡阳地区很容易防御。他完全同意我所说的需要一份经过协调的援助方案的意见。至于我提出的另一建议:派一个高级军官小组赴华研究,讨论情况并回报,以便给美国政府一个体面的台阶下,改变其现行的对华"袖手旁观"政策。他说恐怕时间上不允许。然而,他也意识到美国国务院并未改变其反对更多地援助中国的态度。

事实上,艾奇逊在众议院外交委员会,就对欧洲武器援助法案一事作证,并在回答众议员詹姆斯·富尔顿的问题时刚刚说过,向中国提供军援来抵御共产主义浪潮是"不可能的"。所谓欧洲武器援助法案,一般说来是为了实施北大西洋公约,是在 7 月25 日公约批准时,由美国政府向国会提出来的。众议院外交委员会的听证会几乎马上就开始进行,由国务卿第一个作证。由于该法案包括了继续向希腊、土耳其、伊朗、韩国和菲律宾提供军援的各种措施,但无一字提到中国,自然就会向艾奇逊提问:中国的国民政府为什么不包括在国务院的方案里。一方面艾奇逊以上述向中国提供军援"不可能"作为回答,另一方面他又说,远东情况尚在研究中。事实上,他就是在那时宣布,他已请杰塞普教授领导一个小组来向国务院提出有关对华政策的意见,同时还说,前洛克菲勒基金会主席雷蒙德·福斯迪克和科尔盖特大学校长埃弗雷特·凯斯将在一个目的相同的委员会工作。

这件事使得刘易斯夫人星期五给我打来电话。她警告说,杰塞普在太平洋学会与比森先生有关系。她认为比森是一名共产党,他发表了许多有关中国的文章,亲共而反对国民党。星期六,7月30日,我邀请美国对华政策协会的科尔伯格在双橡园午餐,与他讨论了这件事。科尔伯格刚从台湾回来,他先谈了白皮书的事,然后他谈了杰塞普和比森的关系,杰塞普作为太平洋学会远东问题委员会的主席,对比森反中国政府的文章负有责任(科尔伯格也是太平洋学会的成员)。他给我这样一个印象:杰塞普被委任向国务院提供对华政策的意见,是国务院的一着妙棋,其用意在于将来作出和以前一样不利于中国的决定时,可以减轻自己的责任。

皮宗敢在当天早些时候来告诉我说,他刚在里弗代尔见到了蒋夫人。她将去阿迪龙达克会见马歇尔夫妇。他说她要先把我们所提的援助计划交马歇尔,让他提提意见。她因上个星期天未见到我而感到非常抱歉,她对皮说,她乐于与我谈谈计划的问题。实际上,我曾设法告诉她,说下个星期天我不能去看她。但是由于我的秘书未能与游建文联系上,同时也由于皮将军转达了她最近的口信,所以我决定去一趟。

星期天中午一过,我就动身去纽约,六时在里弗代尔拜访了蒋夫人。我们谈了一个半小时。她告诉我,马歇尔夫妇邀请她到阿迪龙达克的普莱西德湖和他们呆些时间。她说她将于星期三四动身。正像皮宗敢已告诉我的那样,她想把我们的援助计划在提交美国政府之前先请马歇尔提提意见。她说,经过她的努力,马歇尔的怨气已经有所缓和,如果他不赞成我们的计划,那她可以问他,我们应该怎么办。

我犹豫了一下,没有立即表示同意,因为时间不允许这样做了。国会讨论对欧洲武器援助法案可能要持续两周,听证会已经开始。我们最大的希望是把中国军事援助计划附于该法案内。但她说,她可以把此事向马歇尔谈谈,几天之内就把他的反应告诉我。此外,她认为无论如何我们都应该把这项计划与委员长商量一下。(对于这件事,科尔伯格已告诉我,委员长曾对他说,中国目前只需军援,而不是经援,因为经合署对华援款明年已经够用。但是这与广州和李宗仁的看法有些出入。)

最后,我同意一俟计划草稿拟就即给她一份副本。她让我送到里弗代尔,由她的办公室转送阿迪龙达克交给她。至于援助金额,她认为较为聪明的办法是要求二亿美元多一点,以便给国会减数留有余地。她还说,购买白银铸成银元发军饷,得另外再要一笔,这样做有好处。我认为这是个好主意,因为经合署反对把它的援华拨款用于该项用途。

她说,宋子文已经对她讲了拟在蒋廷黻家召开会议讨论协调各项援助计划的想法。她赞成拟议中的这次会议。我告诉她,该会已开过,并谈了所讨论的各项问题。她说,皮宗敢和毛邦初对如何拟定军援方案已电委员长请示,但尚未得到回答。意思是让我们等一等。

我于晚上回到华盛顿。8月1日星期一,原也在纽约的陈之迈告诉我,他在星期天下午也拜访了蒋夫人。她问他应向马歇尔说些什么,并让他为她准备一份备忘录。但尽管蒋夫人没有告诉我她刚见过他,实际上陈的拜访想必就在我到达里弗代尔之前。我告诉陈我对她讲的内容(即:明智的办法是不要与马歇尔谈起过去,只承认他的用意是好的,仍旧被看作是中国的一位朋友,他了解中国的情况,非常需要他的意见)。然后我建议她问问马歇尔,中国能干些什么或应该干些什么才能在目前困境中重新获得美国的好感和支持。这对于美国以及最终对于全世界都会发生影响。

王守竞刚见过宋子文回来,向我转达了宋的口信:胡适、蒋廷黻和他现在都赞成在递交美国国会的经济和军事援助计划上再加一笔白银借款。然后皮宗敢详细叙述了他已告诉过我的星期六与蒋夫人谈话的内容,并报告说,他是根据她的命令于星期五晚上看她去的。她问到了有关援助方案的问题。在他向她报告了纽约会议讨论的情况之后,她让他就军援和需要什么物资向委员长请示。他说,他和毛将军都已向委员长发电请示,但尚未收到回答。但是,第二天,皮宗敢给我送来了委员长对他们请示所提二亿美元(增加了空、海军的比重)的分配意见,反共军事行动的统一战略方案以及协调军事指挥这些问题的回电副本。我发现回答非常具体清楚。回电还说,他们的电报和他的回电将送给国防部,阎锡山将直接给我来电俾便付诸行动。换言之,委员长是想谨慎行事通过阎锡山作答,以免显得他在幕后活动干预政府。

8月3日,星期三,我与毛邦初、皮宗敢、周仲山、谭绍华、向惟萱和王守竞又开了一次会。会上讨论并通过了按委员长指示(这一点我没有宣布)修改的军援计划草稿。我发现毛邦初仍强烈反对把外国陆、空军志愿人员的任何用项包括在内。

会后,我单独约见毛邦初,把蒋夫人说的关于她拟先给马歇尔一份军援计划,让他提提意见的想法告诉了毛。我指出,因为时间的关系,不允许我们把他的意见写进详细方案。毛说,蒋夫人也向他要过该方案,虽然他觉得时间因素十分重要,因为国会急于通过对欧洲武器援助法案后休会,但是,按他所处的地位不先送她是不可能的。他说,昨天早晨她给他来电话索取一份委员长对军援问题的回电副本。她说,委员长已经给她发来电报,她知道已有电报给他。所以昨夜已给她一个副本。后来我把这事告诉了皮宗敢,他说夫人要他送去的不只是大纲而是一份完整的方案。

与此同时,在 8 月 2 日胡适来电话说,他应杰塞普的要求,与他进行了三个小时的谈话。从这次谈话看来,我们不应对美援前景太抱乐观,但他未能在电话中详谈,因为我须到联合车站去接宋子文。宋告诉我,他来华盛顿主要是会见约翰·杜勒斯,但也要见赫尔利。宋说,他与纽约新任参议员杜勒斯的约会,是经过他的兄弟艾伦·杜勒斯安排的,因为杰塞普曾要约翰·杜勒斯在星期天(8 月 7 日)去见他讨论中国问题,而杜勒斯想先了解更多的情况。

下午晚些时候我回到使馆。贝祖贻和李榦前来对我说,他们和哈伦·克利夫兰关于根据经合署计划购买的汽油我方付款一事的会谈情况。贝祖贻非常激动,因为克利夫兰告诉他:由于付给中国购油款的油价高于美国市场价,对我们要求的四百万美元不仅不予拨付,而且还要我们退回以前多拨给我们的部分款项。

该日晚,我出席了亚拉巴马州众议员博伊金举行的一个大型、喧闹的非正式活动。我不久得出的印象是,这次活动的目的是支持议长萨姆·雷伯恩进行 1952 年民主党的总统竞选,但客人之一的宋子良告诉我,这是白宫为了使国会顺利通过对欧洲武器援助法案而授意搞的。这就使我了解到在整个美国政府拖延援华的同时,白宫做了多少工作来确保该法案获得通过!

第二天宋子文在与杜勒斯会谈后来访,告诉我有关会谈的情况。杜勒斯给他的印象是:国会将给中国以某些援助。因为当宋提出要谋求赫斯特报系、斯克里普斯-霍德华报系和《时代》、《生活》各刊物促进援助的时候,杜勒斯说,虽然国务院的态度还不太好办,但是他认为这么做没有必要。

简而言之,8 月这个月一开始,美国政府似乎就准备一方面给中国以某些援助,但另一方面又要马上公布非常有偏见和持批评态度的白皮书。正像我在另一场合中对宋子文讲的那样,这是一面狠踢我们，一面又给我们一块糖，表示并不意味着有什么恶意。

7月30日，在我与科尔伯格谈话中，他对我说，他反对要求国务院不公布白皮书，委员长在回答他的问题时也表示了同一看法，但我告诉科尔伯格，要求推迟白皮书的公布有两个理由。第一，尤为重要的是，为了美国安全和全世界的自由事业，美国政府应集中精力解决有关中国局势的一些重要关键问题；第二，公布白皮书将使国务院反对进一步援华的态度更加强硬，这正是我们希望避免的事。我们正在寻求一种办法给美国政府（实际上是马歇尔）一个体面的台阶下，并由此而改变其消极的对华政策。

科尔伯格起初认为对国民党中国的坏话都已说尽，公布白皮书也不会再造成更多的损害。但是他又认为国务院从未真正打算公布，如果我们请求不予发表，倒给了国务院放弃公布的一个绝好借口。他敢打赌，说他是对的。可我不这么看。（实际上，两天前艾奇逊在一次记者招待会上回答问题时就说过，白皮书有一千多页，即将发表。）

科尔伯格提议，如果白皮书发表，我们就公布白皮书中所略去的文件。这确是一个好主意，因为这不仅可以补救时间上的紧迫，同时也使国务院因竭力隐瞒某些事实而将它置于尴尬的境地。此外，我还告诉他，如果委员长在给科尔伯格回电中和给包括周以德在内的二三位众议员的回电中，应该表示反对要求推迟公布白皮书的话（他们这些人都主张不必要求国务院推迟公布），那么委员长的行为就与中国政府对我的指示相违背，这样就为美国政府一直所说的我国领导人之间缺乏团结，提供了证据。

第二天，我在与蒋夫人的谈话中发现她赞成我的后一意见。她对我说，科尔伯格反对我们现在的态度。她认为，如果科尔伯格致电委员长说不必推迟发表，则将置委员长于尴尬的地位，因为外交部已对大使馆发出的指示正好与此相反；而且使馆也已向国务院表达了推迟公布的意向。那天是星期六，而国务院不再推迟公布白皮书在星期三就已成为定局。宋子文谈到他与杜勒斯关于白皮书的谈话内容时,告诉我,杜勒斯说过,最晚于 8 月 5 日星期五上午十一点公布,副本将于星期四发给报界人士。杜勒斯说,杜鲁门亲自在当天早晨的记者招待会上就白皮书发表了一项声明,大意是,发表白皮书是为了消除美国政府在与中国关系的作用方面所受到的误解、歪曲和批评。宋子文又说他还会见了赫尔利,赫尔利也要为白皮书的公布发表一篇声明。

8 月 4 日星期四,蒋荫恩来访,告诉我奥凯里赫上校已了解到国防部长约翰逊和国务卿艾奇逊确曾去过西部、白皮书即将公布。他还说,约翰逊和艾奇逊在对华政策上决心继续斗个水落石出。后来他送来一份白皮书副本,但是陈之迈已给我一份看了。

委员长最后来电问我,是否在口头或书面上要求过不发表白皮书。电报说,这样做就等于承认了我们的错误。就在我起草回电时,陈之迈送来一份白皮书副本,即使粗略一看,也无疑地会感到如果我们能阻止其发表就好了。但是国务院在十个月前就已着手准备,决心要予以公布。首先,如共和党人在选举中取胜,公布白皮书的用意就在于回答共和党人。现在则显然在于争取参院确认巴特沃思的任命。此外也是为了回击社会上、报界和国会对于对华采取"袖手旁观"政策的批评。

我注意到白皮书包括了我所猜测的内容:一篇总的声明和两国关系的叙述以及一长串附录文件,共有一千零五十四页,分为八章,收录文件一百八十六份。公然地为美国政府的过去对华政策辩解,但编得非常精心。对委员长的抨击至少有一部分是相当露骨的。

下午六时,陈之迈又来让我注意白皮书最后引述 1949 年 5 月 5 日李宗仁将军致杜鲁门总统信中三段话的记载。有一段说,马歇尔将军在调停中的"艰苦努力",不幸"因当时的中国政府和中共双方都缺乏诚意而无结果"。引述信中的另一段如下:

> 尽管如此,贵国仍继续给我政府以援助。遗憾的是,由于我们当时的政府对援款使用不慎,未能实行适当的政治、

经济、军事改革，以致贵方援助未能起到预期的效果。这些失败，是造成敝国目前所处困境的原因。

该信的评价是极欠妥当的。有意思的是，直到6月22日，甘介侯才告诉我他的唱双簧计划，说他刚刚得到李宗仁对他的办法的批准。陈之迈说，记者们给他打电话，询问使馆对这段文字的意见。但我和他们一样感到惊讶，我从未看过这封信，也没有收到该信的副本。该信副本我曾不止三次向甘介侯索取过，每次他都答应给我。我想起当我陪他谒见杜鲁门总统时，见过他手里有一封信，我问他是什么内容或请他给我一份副本。他的回答是，他拿到时就是封好的，所以不能给我看。但是，他可以告诉我该信属于什么性质。然而他从未告诉过我该信有攻击委员长政府的内容。在我的记录中是这样写的：

> 可能他不想对我说真话，因为我一直提请他不要向美国政府领导人说反对委员长政府的话，以免因此而证实他们的怀疑和公开指责我们相互间的分歧、对立和争吵的那些话。他对我说的该信内容只是那些眼前的话，就是我们需要更多的援助，以便挽救局势，以及现在能够保证其有效使用，等等。

这说明了甘介侯是什么样的人品！他很不坦率也不真诚。他的政治野心似乎在支配他的思想。他力求与我交好，为的是便于完成他的任务，但是他告诉我事情时，却很不正直也不诚实。我一贯努力为整个中国服务，并且在政治上超脱于党派之上。虽然他口头上表示赞成，但实际并不如此。当我看到这信时，确使我感到震惊。它竟如此考虑欠周。除了增进李宗仁和甘介侯个人的私利以外，还能指望达到什么目的？我曾试图在纽约与甘介侯联系，但未成功。我想，他应该考虑一下，怎样回答报界代表的询问才好。

蒋荫恩再次来告诉我，杰塞普教授在白皮书散发给报界后所召开的记者招待会,是一个大失败。与会者对于用白皮书来打击一个友好国家的做法几乎达到愤慨的程度。一名记者问道,如此公开发表材料来反对一个友好国家有无先例?杰塞普不得不说,没有。关于将来的政策问题,他说国务卿将在明天(星期五)早晨亲自回答。至于承认中共政权的可能性,杰塞普的答复是否定的。这次会谈时间很短,因为没有人觉得需要再提什么问题。

当晚,我与宋子文有一次约会,我带给他一份白皮书副本,但他已收到一份。他提议发表一篇声明,表明他对白皮书的看法,以及澄清他所知道的某些事实,因为在战争岁月中,大部分时间由他担任行政院长和外交部长。我告诉他,如果要发表,也应在政府对白皮书发表声明之后,而不应在此之前,最好是星期五晚上在广州发表,如有可能同时还应公布一下白皮书的始末。

我们讨论了白皮书中提到的各点。我问他,1945年6月给我的电报中说我不必要去莫斯科和他一起进行中苏谈判的真正原因到底是什么,正像很早以前我说过的那样,他说这是委员长让他打的电报,但他怀疑是王世杰出的主意。因为委员长几乎已决定任命王当外交部长。宋子文说,这样做很不恰当,因为王世杰从不了解美国人的心理。我们谈到了雅尔塔秘密协定,以及白皮书有意造成正是中国自己请罗斯福总统发挥其作用来改善中苏关系的印象。我们注意到白皮书如何强调各方面对缔结中苏条约表示满意,目的在于为美国牺牲中国的绥靖政策进行辩解。宋子文说,罗斯福给委员长的信(经他之手转递),在白皮书内没有发现。另外,他在莫斯科得到雅尔塔协议副本时,美国保证取得中国同意的这项条款被删去了。所以,他有这种印象:似乎罗斯福所接受的苏联同意站在美中一边参加对日战争的各项条款已是一个中国认可的既成事实。但在当时,这些条款还并非既成事实。

宋子文还说,杰塞普在纽约与胡适争论时(读者可以回忆起,在杰塞普要求下,他们谈了三个小时),他坚持说中国军队已经失去了斗志,国民政府已经失去人民的支持,军事失败并非由于缺少武器。当我们行至其门口,要告别时,宋对我说,美国将给中国总额为一亿七千五百万美元的军援。这就是我当时讲的:一边狠狠踢我们,一边给我们一块糖以表示并不意味着有什么恶意。

当我回到双橡园后,接到从纽约来的电话,听来意思一样。美国驻联合国代表、参议员奥斯汀告诉中国国际事务专家、中国驻联合国代表团成员徐淑希说,公布白皮书仅仅是为了让公众知道情况,美国政府仍与中国友好。

那天是星期四,是我非常繁忙的一天。除了我的各项约会外,我立即向广州和台湾发出六封关于白皮书和我们应作出何种性质反应声明的电报。然后我于星期五到宋子文在伍德兰大道的住宅再次访问他。在此之前,宋曾请我去看他,并再给他一份白皮书副本。他所持的观点是:国务院用李宗仁信件来证实当时的政府缺乏诚意和没有能力慎用美援,是在趁机利用一个谋取更多援助的可怜乞求者的陈述。我告诉他,这是反击美国国务院的论点,但只是一个小问题。事实是,李宗仁以其中国元首的地位正式承认中国缺乏诚意和违法行为,这在国际上使我们完全认输,而且也妨碍了对白皮书的任何有效的回答。不管怎样,宋子文都决定写一份声明,他还将征求我的意见。他说昨天第二次会见了杜勒斯。杜勒斯对他说,我们一定不要通过蒋委员长来取得援助,这一点国务院看得特别重要,认为应予注意。

中午,蒋荫恩给我一份艾奇逊有关美国对华政策基本原则的声明副本。他说,该声明仍是基本指导原则。在声明中,他清楚的说,美国政府反对分裂中国、控制中国的任何意图和为外国利益服务的任何政权。这是在警告中共不要不顾现实。

艾奇逊声明的语调与白皮书相反,后者的意思十分清楚,就是说美国已经一笔勾销了国民党中国。仅在中共侵略其邻邦时,才加以反对。我给胡适打了电话,谈到了白皮书,后来也谈到了艾奇逊的声明。他同意我的看法:两者是相悖的,但是他倾向于认为:不应承诺一定对白皮书作出答复。

下午,我给纽约的甘介侯打电话,因为想肯定一下对李宗仁信件的引述是否正确。他实际上证实了白皮书的引述是准确的。他还承认他未给我看原件的内容,也未给我副本,但他对国务院把该信用于支持他们自己的观点表示非常惊讶。多么幼稚!我请他仔细想想并告诉我,他认为我们应该怎样回答有关该信真实性的询问。

宋子文顺道来向我再要一份白皮书副本。我把给胡适和蒋廷黻的两份白皮书副本也交给了他。我们另外还向在台湾、广州和香港的各要人发送约十份白皮书副本。宋告别后,我与李榦又详细润色了经援计划草稿,并给蒋夫人写信,送去包括经合署和临时援助在内的军援及经援说明各一份。我还把艾奇逊声明的要点电告外交部和委员长,要求外交部在接到我关于艾奇逊声明的电报之前,不要对白皮书发表任何声明。

最后我才有时间写日记,以下是我8月5日日记的结束语:

> 在目前的情况下,继续开展工作十分困难,因为要把重要的发展告诉许多领袖人物,在采取重要步骤之前又必须与所有这些人商量,以免中途受阻和产生麻烦。在台湾有委员长,在广州有李宗仁、外交部和阎锡山,在美国有宋子文、甘介侯、蒋夫人、胡适和蒋廷黻,而且他们都与委员长或政府互相之间有联系。

在中国古书中常用"一国三公"来形容一个被分裂的国家,但我用了"一国何止三公"的评语来结束我这天的日记。

星期六,巴尔的摩、纽约和华盛顿的各晨报,掀起了一阵白皮书的鼓噪。我在日记中写道:由于陈明仁的倒戈,长沙陷落,这一消息不幸同时发表,似乎是对白皮书叙述的证实。另一方面,大部分国会领袖在评论白皮书时,不甚同情国务院公布白皮书之举。他们都要求执行一项积极的建设性的政策,特别是诺兰、布里奇斯、马格纳森和杜勒斯各位参议员以及周以德、沃里斯各位众议员。

蒋荫恩报告说，奥凯里赫让他告诉我，约翰逊已经默许公布白皮书，现在等待艾奇逊的新对华政策。他说艾奇逊告诉杜鲁门，约翰逊的所作所为就像居于总统之上，所以总统对约翰逊的坚持态度有点不满。杜鲁门认为约翰逊已经得到了帮助他赢得竞选的报酬，不应当试图指挥内阁，特别是不应指挥国务院。

蒋荫恩说，奥凯里赫还告诉他，他将向约翰逊告发杰塞普。如果他成功地把杰塞普从国务院新的设计对华政策计划的领导职位上拉下来，那就意味着艾奇逊最终失败。（我猜想，艾奇逊委任杰塞普为研究和草拟对华政策小组主席，是把责任推给了杰塞普。）接着，蒋荫恩给了我一份科尔伯格关于杰塞普的信件副本，后来又给我一份奥凯里赫8日写给约翰逊的信件副本。这令人颇感兴趣，但我未加评论，因为我不愿参与他们的政治活动。

甘介侯于同一天（8月7日）四点四十五分来访，解释了白皮书在文章结尾处公布的李宗仁的信件。他说他对未与其商量也未获李同意就予以发表感到惊讶，他相信李一定十分尴尬。但他说，承认政府有错误和过失的想法是司徒雷登大使提出来的，说这是一个谋求美国政府帮助和支援的最好办法。（这可能是真的，因为司徒雷登全力支持李宗仁反对委员长。据可靠消息，他在南京的行为，就像一个为李谋划如何才能达到接收政府控制权目的的高级顾问。）

我告诉甘介侯，信任司徒雷登就太天真了。不仅这种承认使我们完全认输，而且还助长国务院关于进一步援华没有作用的说法。我说，其用意在于使国民政府垮台。李宗仁的信按其实际措词只不过证明了我们的不团结，这是艾奇逊在7月1日和我们谈话时心里显然存在的想法。他当时就对我们［甘和我］说，我们自己之间必须停止口角和争吵。我说，整个国民党都是国务院的眼中钉。如果现政府不能树立其权威和实行改革，再多的忏悔和认错也无济于事。我还告诉甘,尽管政府更迭,中国在国际关系上仍是一个连续的实体。正式以文字来认错,则有损于整个中国,口头上表示一下这种看法所引起的反感要轻一些,但绝不应当白纸黑字。我说,巴特沃思甚至曾经告诉过中国的一位美国朋友:中国的领袖们正在分裂,美国不能把援助投到真空里去。

甘介侯到达美国以来,第一次表现出沮丧。他说军事局势很糟,前广东省主席、后任内政部长李汉魂的私人来信说,司令部设在湖南衡阳的白崇禧所部,被五倍的共军所包围。如果衡阳失守,则没有什么防线可以阻挡共军直捣广州了。广州一失,重庆即将不保,因为驻守在四川北侧陕甘一带的胡宗南所部已经战败并损失了三个兵团,共军将会设法自北面入侵四川。甘介侯解释说,胡宗南未能与马氏(马鸿逵、马鸿宾、马步芳)回族部队合作,所以,后者就撤退了。结果共军猛扑胡宗南并狠狠打击了一下,然后共军转而向西,逼迫回族部队远离。这样,在共产党侵川时,侧翼即不致受到威胁。甘说,未来两周即可见分晓。但他怕广州一旦失守,那么就只剩下广西白崇禧、台湾蒋介石和远在西北不起作用的回族部队等三支力量了。

然后,甘又谈到在长沙的兵团司令陈明仁最近倒向了共产党,使共军得以占领长沙并向驻在更南一点的衡阳白崇禧所部运动。甘说,陈明仁原是应白的请求由委员长推荐任长沙警备部队副司令之职的。但是在没收来自重庆的船运武器供自己在白的指挥之下使用以后,他与委员长疏远了。(我打听到的有关没收船运武器弹药一事的情况是:委员长命令把这批武器供给徐州战役中的政府军使用,但在汉口就被截住并挪用了。那时,人们认为,这是白崇禧的责任,但实际是白指挥下的陈明仁所为。)

甘还告诉我,司徒雷登在冲绳发表了另一声明,赞成承认中共并与他们维持商务关系。但国务院未让该声明在美国发表,并电告其在途中不得再作声明。由于甘在四天前曾去看过蒋夫人,最后我问他,在她那里有何动静。甘说,她将不回国,因为回去对委员长也不会有什么帮助,委员长不会听她的话,他被一帮讨厌她的人包围住了。

8月8日,皮宗敢来告诉我,众议员周以德要他提供一份李宗仁致杜鲁门信的全文,以便在其评论白皮书的发言中应用。他想先看看,是否还有白皮书引述之外的更多内容。我说没有副本。我曾设法与甘联系,但找不到他。

那天下午,有一部有关白皮书的新闻片上演,我和艾奇逊都在影片中出现了。我的那篇一分钟声明,实际花了四个小时,先是准备声明,然后修改删节,再后是在双橡园草坪的阳光下拍摄和录音。但是花费时间显然很值得,因为陈之迈来告诉我说,新闻发布官古德温、众议员周以德和富尔顿以及麦基一致对他说,我的声明很好,既保持了尊严,时机选择得当。他们说用语温和,但所说的大部分在反击中都切中了要害。下一步应该在二三周内继续发表几篇声明,以扩大效果。陈说,迄今报纸和国会中的舆论都认为国务院在白皮书中做得太过分,反而有损于自己。有重要影响的一些人物如参议员康纳利,并没有出面来替国务院说话,而国会中许多其他的人已出来批评白皮书。蒋荫恩也来报告情况说,著名的华盛顿记者斯卡利说,他很喜欢我的声明,认为声明很好,简洁自重。

几周以后,我打电话给胡适,让他在纽约安排一次会议时,他告诉我,他喜欢我的声明,许多美国朋友也喜欢。例如,一度是中国协会主席的查德伯恩律师劝告他不要发表任何抨击白皮书的声明,因为中国的首要目标是必须争取新的援助,这还有赖于国务院。对! 这也是我的战略。我慎重避免在我自己的声明中对国务院批评和攻击。我愿简录那个声明如下,以便澄清我有鉴于形势而决定采取的立场:

> 对华白皮书的公布是一不寻常的步骤,特别是在我国为遏制共党侵略和捍卫国家独立进行殊死斗争之际。这一大卷书多为美国对事态的看法,当然,中国方面还有它的观点。

中国政府正在研究白皮书的内容,并将发表看法。不管过去的所作所为该不该算在国民政府的账上,今天的基本事实是:中国正与受到国际共产主义援助和唆使的共党侵略奋力搏斗。

在中国,战火正在燃烧,必须立即阻止其蔓延并加以扑灭。如果了解过去可以对我们今后较聪明地行事,那么温故当然很有价值。对整个复杂局势判断错误或评价不当,岂只我国一国而已。不过中国为使今后工作更有成效,愿意从过去经验中取教训,正如中国格言所说:我们不应因噎废食。

我还说,我高兴的是,一项新的、建设性的美国政策正在研究和制定中;局势要求中国自立,但也要求外国的援助;一个自由的中国对一个自由的亚洲来说,是不可缺少的,这转而对自由世界的存在又是生死攸关的。我在结束声明时,表达了如下的真诚愿望:

决心继续为反对共产党侵略而斗争的中国当能成功地赢得美国对其目的和努力的更好理解,并完全取得它道义上和物质上的支持。

我在那天的日记中写道:如果我的声明推迟一天,其受到注意的程度就会少一些,因为菲律宾总统季里诺到达华盛顿:国会领袖们和广州的匿名发言人发表了许多评论。陈诚在台湾也发表了含糊不清的评论。评论提到中国人的殖民地心理在于希望依赖外国援助,提出需要依靠自立,这对西方公众来说是难以理解的。但我知道,陈诚实际上是代表委员长作声明,因为委员长不愿表现出对政治有积极兴趣。作为台湾政府首脑的陈诚,想必觉得有此要求,或者可能是委员长让他发表某种声明,对白皮书作出反应。

8月9日下午,我接待了两位人士,其中一位是曾在成都传教四十年的哈里·奥彭肖,向我索取白皮书副本。我给了他一本,但拒绝为他在上面签字。另一位是前众议员,他说他懂得我拒绝的理由。奥彭肖不大理解他的请求之所以遭拒的背景。我相信在他读了其内容以后,也会完全赞成我的拒绝的。

晚上我拜访了宋子文。他告诉我,他又见到了杜勒斯,得悉杜勒斯和杰塞普在星期天进行了谈话,在援华问题上给他的希望不大。杰塞普告诉杜勒斯,中国当局枪决了反对中国统治的台湾地方领袖。在回答宋子文的问话时,杜勒斯说,他相信艾奇逊允诺提出新政策,主要是为了应付国会的批评,并争取通过援助欧洲武器的法案。还说,从杰塞普那里没有太大希望得到建设性的有帮助的政策。宋说,杜勒斯赞成宋的想法,即提供二亿美元的借款和向中国派出一个军事代表团,但是他又问下一步该怎么办。

我与宋子文谈了三点,并力陈其可行。第一,在我们就白皮书发表声明之后,跟着在二三周内再发表一系列声明,以便加强已经由我们的态度和声明所取得的良好效果。对于这一点,宋打电话给胡适,请他第二天来与我计议一下,但胡说,他将为白皮书忙碌一番,他要与蒋廷黻联名写文章在纽约发表。我的第二和第三点,是关于建立一个自由派内阁的问题,这在以前就已提过了。

后来宋子文说,他对甘介侯谈到周以德要一份李宗仁信件的问题,甘说,他将给他一份,但没有说要给我一份。我告诉宋,甘对我讲过,他同意公布该信的全文,他还解释说,这封信留在纽约,身边没有带着,但他要寄来这封信。(这些话从未兑现。)

我告诉宋子文:后来我还问甘,白皮书内提到,1949 年 1 月李宗仁曾向苏联大使提出苏联援助的三项条件,是否确有其事。在这些条件中,包括:(1)如果苏美发生战争,中国保持中立;(2)消除美国在中国的一切影响。白皮书进一步说,李宗仁曾向司徒雷登大使提出,要取得美国的支持,以便与苏联打交道时增强他[李]的地位。这使我感到十分离奇,然而白皮书则声称,这是"不可思议的"。

我告诉宋,甘介侯回答说事实真相不完全如此。他已请示李宗仁可否把原委和盘托出,但尚未接到回答,一俟接到马上告诉我。他还将给我一份白皮书中引述的信件副本。(这些承诺从未履行。)不过在6月7日,他还是给了我一份李宗仁和罗申谈话的文本。

次日晨,我在使馆开会,讨论正式答复白皮书的准备工作进展情况。与会者一致同意,应该而且只能在中国撰写和最后定稿。同时他们还同意我的提议:在以后的两三周内,从各个具体问题的侧面,准备一系列文章发表,以便持续反击并借此削弱白皮书的影响。皮宗敢正确地强调说,时间因素比我们回答的完满程度更为重要。

韩国大使张勉博士在8月12日下午来访,他问了有关白皮书的情况(虽然这不是他来的主要目的),他说他对国务院公布白皮书感到遗憾。

我告诉他,我国政府正在研究白皮书的内容,我本人已经发表了一项声明,强调有关中国反对共产党侵略的根本问题,并指出过去的错误不只限于中国。我告诉他,认清现在要干什么比争论过去已发生的事重要得多。文件公布的结果,似乎使美国舆论更为同情中国。例如发表五天以来,国会中已有二十三篇声明,其中十九篇反对国务院而支持中国,只有四篇倾向国务院。

张勉说,他不能理解为什么国务院要以这种态度来对待像中国这样一个友好的国家。他最近拜会过远东司司长,谈了有关援韩事宜,巴特沃思一面向他保证国务院支持对韩国的援助,又说,韩国应努力培养与印度这个未来亚洲领导者的友谊。张勉说,这个观点是在回答他表示关心中国局势(因为它影响到韩国本身)时对他说的。巴特沃思说,中国政府腐败无能,想要中国在反共斗争中获胜已无指望。(巴特沃思有意无意地向韩国大使流露出失败主义的情绪,此点值得注意。)巴特沃思夸奖印度,说它的领导人是明智的,正在推行一种现实的政策,他还说,美国将全力支持印度。

我告诉这位大使，我对巴特沃思观点的性质不感奇怪，我似乎觉得印度已经意识到这一点，并正为达到此一目的而进行工作。然后我们讨论了韩印两国之间的关系。

那天早些时候，公使衔参事陈之迈来向我报告他与魏德迈将军谈话的情况。魏德迈收到了五十来份让他就白皮书发表声明的请求。他自己没有时间从头到尾都看完，请陈之迈替他写了一份简介。他还建议要强调指出这样一个疏漏：白皮书对委员长和魏德迈将军成功的合作，结果于 1944—45 年在中国西南战胜日本一事只字未提。陈博士说，魏德迈对这一点感触颇深。他已叫秘书把这个时期与他在华有关的每件材料都找出来给陈之迈看。

魏德迈告诉陈之迈，他想辞掉现在的职务。他觉得，他所提的保卫美国的后勤计划，并未得到重视。他说为了美国的安全，需要保卫的地区和从前一样（其中包括中国地区），但实际上美国政府把钱只用到这些地区之一的欧洲去了。他对美国政策的前途感到悲观。

魏德迈认为，不要再派出像中国要求的那种正规军事代表团。他说他过去在中国有六万美国士兵可以使用（我猜想，这是指他的代表团在中国的那段时间），现在这样的计划费用太大，国会不会批准。但他相信，派少量美国顾问，分配给每个中国师长，则所费不大也许只需几百万美元，是可以做到的，这笔经费让宋子文单独筹措就可以了。他显然认为，宋子文应从私人财产中拿出这笔钱来。这就是他对宋子文财产的印象！但是陈之迈说，他知道魏德迈对宋子文不太友好。

在同一次谈话中，陈之迈告诉我，马歇尔夫妇最初请蒋夫人暂缓去阿迪龙达克与他们会面，现在则请其两天后即下星期天到那儿去。也就是说，现在不要她推迟这次访问了。他说，李惟果和他都认为蒋夫人在公布白皮书以后去那里有欠明智，因为白皮书正是马歇尔坚持公布的。

我很同意他们的看法，但我说，她相信她能说服马歇尔改变其观点,并使我们提出的援助计划获得通过(我本人对此有点怀疑)。这多么像对待一个孩子!马歇尔先狠狠打了他一顿屁股,然后给一块糖以减轻其影响。我们全都认为,这就是为什么马歇尔夫妇在邀请蒋夫人去阿迪龙达克访问之后,起初建议她推迟访问,而白皮书公布之后(虽然他们根本没有提及这一点)紧接着就请她尽快去访问他们的原因。

这些小事证实了我的这种印象:虽然马歇尔对中国客人讲,自从他离开国务院以来,没有看过任何现场调查材料,于对华政策既无兴趣也不过问。但实际上对国务院的工作进展仍保持接触(包括白皮书的准备和发表),他的政策在国务院仍有很大影响并受到高度的尊重。

我那时还有一种印象:国务院作为一个整体来说,在制定美国政策和对待世界的态度上,感情胜过理智,当制定对华政策时,他们似乎未能克服个人对委员长的好恶。在别的方面,感情也占了上风。有些人相信,国务院在对华关系上,是根据一种反对干涉别国内政和反对支持独裁者(即使这个独裁者正在与共产主义进行战斗)的自由主义观点来行事的。不错,这方面可能有些影响,但是,就中国而言,马歇尔和巴特沃思由于他们过去在中国受到的待遇和经历,个人怀有一种牢骚情绪。8月26日在我与韩国大使张勉会见过程中,张勉告诉我,他曾与巴特沃思谈过话,巴特沃思表现出骄傲自大,很难与之对话。他说,巴特沃思对中国十分不满,他不知道什么原因,特别是他了解到巴特沃思曾在中国任职,则更不知道是什么原因了。但这正是原因所在,他的经历是不幸的。

委员长与马歇尔由误解、摩擦而发展至敌视,确实起源于两位领导者个人,而在委员长与马歇尔将军会谈中提出的一些使美国头疼的难题,也加剧了这种情况,这已得到证实。至于巴特沃思,之所以成为国务院反对委员长立场的一个因素,是因为他在重庆时,给他的待遇显得鲁莽而幼稚。例如,我知道他未被邀请出席委员长的招待会,他的名字被从请柬上划去了。当他得知美国使馆其他全体成员和重庆的其他大使馆官员都被邀请以后,当然他的反感十分强烈。这确实不幸。当一位外交部的礼宾官员把这件事告诉我时,我有点奇怪,并说礼宾司应向委员长指出礼仪公务(招待会)是一回事,个人好恶是另外一个问题,两者不应混淆。负责处理这件事的人告诉我,委员长坚持说:"不要,不要。"他不想让巴特沃思出席。

大家都知道(我想这也是真实的),巴特沃思在陪同大使时,态度相当傲慢。有时说话非常生硬,使委员长甚为反感。他认为巴特沃思好像总是在设法制造困难,其实,这是巴特沃思的个性。我猜想,他认为这样做正是在尽忠职守!

我想说一点:事情不一定要像他们这样办。我相信,如果是别人(更了解中国情况和中国人的心理,更懂得外交方式的人)而不是马歇尔,那么他不仅能够指出国民政府的缺点而且也能使其改进。为了中美共同目标的利益,美国方面在选派赴华人选上原可以再努一把力,做得更灵活一些,不一定要派马歇尔或者巴特沃思来承担这样的任务。这两个人显然不懂得或不理解东方人对"面子"之重视,又不知道如何对待委员长根深蒂固的中国人性格特点。此外,应该回顾一下,1942—1943 年,在罗斯福总统的令人鼓舞的指导下,尽管中国缺乏实力,美国仍竭力提高中国在世界上的大国地位,并坚请英联邦战时领导人邱吉尔和苏联的斯大林先后承认此点。(作为一名不断地致力于提高中国国际地位的老外交人员,我个人对此怀有赞许的心情。)这样一来,一种可能未曾料到但却自然产生的结果是,中国过分妄自尊大起来。于是中国领导人常常在处理与美国的关系上持不妥协态度。

艾奇逊个人的态度和背景自然也会影响到国务院对待国民政府的态度。8 月 13 日,科克伦来看望我。他说,他曾与艾奇逊共事,对他很了解。艾奇逊对欧洲的情况和问题非常有兴趣,而且也了如指掌,但对中国和亚洲则全然不知。(我一直也有这个印象。)科克伦知道艾奇逊的思想、举止和外表都是有条不紊的,科克伦确实认为艾奇逊急于想摆脱中国问题,或者说"中国这一团乱麻"。艾奇逊相信等一段时间,这种混乱就可能自行解决。(情况确实如此!)至于白皮书,艾奇逊和约翰逊有严重的争执,科克伦说,最后杜鲁门把他们都叫到他的办公室去,并告诉约翰逊,这事属国务院管辖,是艾奇逊职权之内的事,约翰逊不得干预。

这对约翰逊来说,是一顿责备。但是,科克伦相信,目前急于要做的一件事,是请求派出一个军事代表团赴华就地研究军事形势并提出建议报告,这将是约翰逊的职权,艾奇逊不能干涉。此外,杜鲁门急于想给约翰逊一个转圜,来抵消一下他在白皮书问题上的尖锐指摘。科克伦认为魏德迈是执行这一任务的合适人选,另一位是克拉克。他说,这两人均在考虑之列。

科克伦告诉我,他非常了解约翰逊,在陆军部担任其助手时,也与他共过事。他说约翰逊鲁莽、生硬而有野心。他想当美国总统,艾奇逊也有此想法。(我在老早之前就听说过。6月底,蒋荫恩报告说,约翰逊想得到1952年的总统提名,以他的合作者格里菲思为副总统,7月末,奥凯里赫上校也谈到国防部长有当总统的野心。)科克伦还说,约翰逊不重视他的话,但对他很了解。他还说,柯林斯被任命为陆军参谋长,魏德迈现在感到失望,有怨言。

第二天,陈之迈给了我一份麦基起草的关于白皮书致每位参议员和众议员的信。他还告诉我,科克伦是陈纳德的一位极亲密的顾问。他说,麦基对艾奇逊的对华政策不满。他认为,艾奇逊对杜鲁门总统有害,想看到他被逐出国务院。从这一点分析,我猜想科克伦和麦基都在为约翰逊1952年的总统竞选进行工作。陈又说,麦基认为如果是甘介侯用李宗仁的名义给杜鲁门写信,那甘就未免太幼稚了。(不错,我也这么想。)

甘于15日亲自给我打电话,说李宗仁给杜鲁门信的副本还没有从雷诺兹先生处退回来,雷诺兹尚在弗吉尼亚州的里士满,他说的雷诺兹是雷诺兹矿产公司的董事长。在此以前不久,他说他把信留在纽约了,但正在取回,就在同一天他送给我一份据他说是按自己回忆写的该信的副本。真是荒唐之举。我怀疑他的话,也怀疑其所编造的信的真实程度。显然他不想给我全文,只是为了解释一下他为什么不能给我原文副本,编出一个又一个的借口。现在他给我一份回忆出来的副本,丝毫也不能打消我对其真实性的怀疑。

19日我与甘介侯讨论了这个问题,他再次解释说,原件副本借给了一位美国朋友,被他丢失了,所以他只能写一份回忆副本。但他向我保证,该副本完全准确。我告诉他,我不怀疑他的记忆力,但是追忆出来的东西决不会引起我们美国朋友的重视。他们要副本是想据以批评白皮书节录该信用来代表原信全文。我们在国会中的朋友想查明国务卿是否确实引用了该信全文而不仅是有利于美国观点的部分。我说,此外我对他们说不出理由,也不能指望他们相信或理解他[甘]为什么不把副本交给使馆,而只把它交给一位美国朋友。

甘又说,他能设法把信件要回来(如果丢了,怎能要回来?)我暗示说,如果不给我副本的原因,是因为该信末段谈了李宗仁和甘博士的关系以及甘的权力的话,那也不用吞吞吐吐。我告诉他,值此国家危急之时,当然,我不打算就大使之外又派一位特使在中美关系中是否得体、是否有伤中国尊严一事提出任何疑问。在他来美之初,我曾对他谈过我对孔祥熙任委员长常驻华府特使不够恰当的看法,而现在,鉴于中国的危急处境,这一问题已是次要的了。

8月16日,政府对白皮书的声明终于在广州公布。只有两小段,内容是:美国接受了中国政府长期坚持的下述两点看法,是令人满意的:(1)中共是马克思主义者,是莫斯科的工具;(2)苏联用促成中国现状的办法来破坏1945年的中苏条约。声明说,中国政府严正指出对白皮书中的观点和声明表示反对,但不愿陷入对过去的争论,以免有伤两国人民之间的传统友谊。

该日晚我写了如下评语：

> 白皮书公布十天之后发表的这份声明过于温和，并有意含混其词。论点也未击中要害。譬如，没有谈到雅尔塔协定的错误，以及中国为了维护国家独立、人民自由，决心继续进行反对共产党侵略的斗争。

以上几条我认为是基本要点。

> 台湾显然持这样的看法：谴责雅尔塔协议，意味着自己缔结中苏条约也是错误的（委员长和签字人王世杰竭力为签约作辩解），反对白皮书中的观点和声明，不一定是反对美国政府和其代表，我猜想，这意味着其中也包括了李宗仁致杜鲁门信中所表露的观点。

8月22日，甘介侯来与我商量，他打算发表一项声明纠正国务院白皮书中关于李宗仁与苏联大使谈判一项中苏中立条约之事的叙述。这也是他8月19日访问我的第二个目的。那一次甘向我解释道，白皮书293页中说，李宗仁将军年初在南京与苏联大使会谈的内容是：(1)缔结一项中苏中立条约；(2)清除美国在中国的影响；(3)中苏合作。但是只有第一点是正确的。与苏联大使讨论缔结中苏中立条约一事，曾得到司徒雷登大使的赞同。白皮书说其他两点也经李将军批准，这种说法全然不对。李将军来电要他发表声明予以否认，所以他想和盘托出与苏大使谈判的全过程。我对他说，为了澄清疑窦，可作某种否认，但声明的措词应该谨慎。

22日，甘进一步解释说，并不像白皮书坚持说的那样，已经草拟了协议。虽然苏联大使建议增加两项条件，即清除美国在华的影响，以及与苏密切合作，但李将军未予同意。他因为拒绝了苏联的要求，才感到有必要与司徒雷登大使商量，请求美国支持他的立场。

我在日记中写道：

但是甘的声明稿太长,还提到了委员长与苏联大使以及通过其子蒋经国于 1945 和 1946 年在莫斯科,就建议接受一项中立条约进行了会谈或建议进行会谈。

读完这点以后,我得出这样印象:甘运用其处理中国外交关系的机会,实际上在耍政治手腕。以委员长在四年前就亲自首先提出这个题目为理由,在某种程度上为李宗仁与苏联大使接触并建议就签订中立条约与苏联大使进行谈判一事作辩解。我在日记中继续写道:

显然,他的目的想要表示李宗仁接受中立条约是以早先委员长的想法为基础的。但是甘的说法是根据苏联大使的叙述,而苏联大使的叙述并不是对他讲的,是对刘仲容讲的,刘后来加入了北平的共产党政权。

我劝他把这一段叙述删掉,因为这和想要纠正的内容无关。此外,甘并没有代表李将军直接参加与苏联大使的首次谈话,仅是第二次谈话的三人中的一个,另两人是刘仲容和邱昌渭。发言人为刘,用俄语,而甘不懂俄语。

我说,他想谈及的事,可能会遭到莫斯科的否认和苏联大使的反驳。但他说这是李将军指示这么办的。他说他将试改一下声明,但他不完全信服修改是明智之举。该声明实际上于次日下午一时就由顾毓瑞发布了。我告诉他,不要说是使馆的举动,而仅仅是替李宗仁将军的私人代表甘介侯发布的。

8 月 26 日,李惟果来看我,我告诉他,我曾竭力劝甘介侯在他公布的声明中不要提到委员长致力于与苏联就中立条约进行谈判,因为这不太可能。其根据也就是苏联大使罗申向他谈过而已,而且鉴于 1945 年 8 月缔结了中苏同盟条约,因此,这事也不符合逻辑。

李惟果说我的劝告是对的,并开始讲了他知道的 1945—46 年谈判的情况。那时他是委员长亲信的机要秘书,也是中央宣传部的人员。他说通过蒋经国在莫斯科进行的谈判根本不是关于中立条约，只是关于苏军从东北撤退和苏联坚持进行中苏经济合作的问题。（我过去也这样猜测。）李说，苏联要求的经济特权很小，只是几个煤矿和发电厂等，甚至不包括鞍山铁矿。但当时的立法院长孙科反对根据委员长的提议接受这些条件。

我自己回想起，在此之前，于日本战败前几天才参战的苏联，向中国提出了经济合作的要求。那时，他们已经拆除并从东北运走了工业机器，如抚顺煤矿和鞍山铁矿的设备，我记得美国派鲍莱去调查。他提出的报告证实了这一点。但那时苏联提出的要求，主要是经济性质的。我在1946年返回重庆述职时曾被邀出席讨论该要求的会议。那时我倾向于与苏联进行商谈，因为他们的要求只是经济的而不是政治和军事的，但当时的外交部长王世杰强烈反对。他之所以反对进一步会谈，是因为重庆的敌对气氛以及包括为数众多的国民党员在内的民众对中苏条约的抨击。他不想更深的陷入这种麻烦之中，但又不可避免。拒绝谈判和拒绝与苏联商量这些事都造成了后果。苏联人把从日本人那里缴获的武器，都转交了中共，虽然不是转给穿军装的共产党，以便在技术上符合条约的规定。

李惟果说，王世杰根据1945年条约所规定的中国义务，提出了按法律观点行事，反对进一步退让，认为没有必要进行商谈，而且这也不是条约的规定，因此最后决定拒绝接受苏联的要求。

同一天晚些时候，台北的国民党总裁办公室秘书长黄少谷给使馆发来电报，收电人甘介侯。该电是从重庆打来的，当时黄正陪同委员长在重庆。电报语气严峻，严肃地质问甘根据什么说委员长同意过与苏联谈判中立条约。并告诫他，在有关历史事实的问题上，不应只根据苏联大使的话就轻易地发表声明。

回顾过去，我现在认为，甘因为白皮书揭露了李宗仁将军与苏联的谈判，被迫设法解释加以开脱。唯其如此，所以他说，谈判是委员长首先开始的。对此，过去我就有怀疑，觉得这不可能是真实的。而且,李惟果根据他的经历和在总裁秘书处任职的身份所谈的看法似乎更可信赖。

在这期间,司徒雷登大使于数度推迟后,终于到达华府。我在 7 月 29 日的记载:司徒雷登推迟从南京出发,是因为虽然他自己最后被共产党免予交保放了出来,但是他未能在无铺保的情况下把总领事卡伯特和副领事奥利夫带出来。铺保是中国的习惯,如果受控告的人想要离华,官方为了保证其离开后不做有害的举动,需要某一有地位的店铺作保,承认他们对该人在离华后的言行负有责任。对司徒雷登大使原先也要铺保,后来放弃了,但对总领事、副领事则未通融。因为他们没能取得铺保,因而被拒绝让其出境。(这种处理的方法,必然会使司徒雷登神志清醒。他起初认为中共是治理中国的适当人选,美国能与其友好相处,不会有国民政府与美国之间的那些困难。)但是,最后共产党同意由美国使馆出具他们所需要的保证书。尽管国务院原则上反对,但还是这么做了。司徒雷登及其随员于 8 月 2 日离开南京,8 月 10 日抵美,他未应我们的要求去广州。

我派谭公使到国家机场迎接他,因为谭迟到,差一点没有见到。谭回来说,司徒雷登请他代向我问候。第二天星期四,读者可从回想起,那天下午宋子文到旅馆拜访了司徒雷登,之后立即来双橡园与我讨论。宋说他们谈了一个多小时,在回来的汽车上又与大使的中国秘书和挚友傅泾波谈了话。司徒雷登的话,对宋子文对我,都是难以置信的。他赞扬共军的严明纪律和他们领导人的良好精神,但是说他们不一定能取得成功。

司徒雷登说,人民对共产党的统治已开始显出不满,对国民政府的轰炸也无气愤。沪、宁人民生活非常悲惨,封锁又加剧了这种情况。缺乏训练有素的管理大城市的人员是一个严重的障碍。司徒雷登认为,目前力图使部分人口和工厂内迁的做法不会成功。外国,特别是美国公民,尤其是商人,已经醒悟,急于撤出,他们甘愿将其投资和职务都作为亏蚀一笔勾销。

宋子文给甘介侯打电话。甘说,他已得悉司徒雷登对别人讲了另一番不同的话。据甘说,司徒雷登说过,委员长领导下的国民政府已经破产,李宗仁太软弱而且无权,共产党必然成功。这个报道也使我惊讶。作为传教士和大学校长的司徒雷登,曾被看成是一位非常诚实的人。确实没有人认为他老于政治和对政治生涯抱有很大兴趣,但自其担任大使以来,他的政治兴趣想必有了增加。尽管如此,他的两种说法如此悬殊,宋子文和我只能讨论和猜测真实的形势了。我们简直不相信司徒雷登竟会说谎!此外,他告诉宋子文的某些事情非常详细,不像是故意捏造,那么究竟为了什么?也许司徒雷登在共产党控制期间,个人不愉快的经历使他的希望破灭了。他告诉宋子文,他在上海去机场时,途中由军方摩托车护送,给了很大的荣耀,但他并未这样看待。他相信这是因为谣传国民党可能暗杀他,目的在于使共产党承担罪责而在国际上丢脸,共方为此而采取的预防措施。

我当然要亲自拜会司徒雷登大使,看看他的真实态度。因此我在星期五,试约其与我共进午餐,但他星期六的午、晚餐均已作了安排,星期日离开华府南行。似乎在他回来之前,我没有机会去拜会他了。但是许仕廉让顾毓瑞转告我,他已与司徒雷登谈过两次。自从他在燕京大学当司徒雷登的学生以来已经有二十年的私交。他说,他可以替我和司徒雷登安排一次约会。顾毓瑞在该星期五(8月12日)告诉我,约会订于星期六下午。

顾毓瑞说,根据许仕廉的报告,司徒雷登曾说过,共军士兵纪律严明,共产党当局人士很有能力,并且总有使问题得到解决的办法,但他们都依靠苏联。他竭力建议,委员长和李宗仁将军应该合作,以便在战场上取得一二场胜利。这将有助于维持美国对国民党中国的援助。他说,更多美援之门尚未关闭。许仕廉说,他反过来也劝大使,不要被国务院当作他们的错误和失败的替罪羊,也不要做国务院小集团反对国民党中国的工具。美国总的立场是反苏,所以美国承认或帮助中共,来反对抗击共产主义的国民党是不可思议的事。

后来，宋子文从纽约来电话，请我转告他的一位朋友：分析和考虑了司徒雷登对他的谈话，他相信大使的话是非各半，持中间立场，这是一个隐语口信，显然怕电话被窃听。所以我问他，朋友名字是否"T"字当头，他说是。那就是汤姆·科克伦了。当科克伦星期六早晨来看我，我把宋子文的口信告诉了他。

下午三时半，我前去拜会司徒雷登大使，在等他下楼时，傅泾波先生与我寒暄并闲聊约两分钟。他好像很坦率而友好。他说国务院告诉司徒雷登，中国领导人之间不团结，不知道应给谁援助。司徒雷登从他们那里得到的印象是：中国已被一笔勾销，为它做任何事情都为时太晚。傅说，他们似乎急于想从这个方面来影响司徒雷登的观点，并利用他来为他们的目的服务。（这席话出自司徒雷登私人机要秘书之口，令人颇感兴趣。他保管大使的文件，知道事态的发展情况。）

在与司徒雷登谈话过程中，傅也在场，一会儿以后，司徒雷登接到一个电话，返回卧室，显然是去把约会记下来。这时，傅悄悄地对我说，在和谈破裂、共产党恢复进军并渡江占领南京时，李宗仁就应辞职，把政府交还给委员长。这样一变，委员长将再度控制局势，形势也就简单和稳固了。

至于司徒雷登，在他的讲话中，关于人民对共产党统治的不利反应，说得似乎比较客观。他说，在北京、天津、青岛、武汉、还有南京，都确有其事。他说，他们对国民党轰炸上海没有不满。对于为避免我们两国日益疏远所做的一切未能奏效，他也有失意之感。我说，我觉得美国是我的第二故乡，我在此间度过了差不多二十个年头。司徒雷登说，他在中国度过了四十年，有时觉得自己像一个中国人，中国是他第二故乡。他加重语气说，如果出现某种运动能够赋予中国以一个正直、有效和非共产党政府的话，美国将会全力给予支持。

现在让我叙述一下我记载下来的这次会见的详情。这一段颇有意思。谈话一开始我说,自从我们上次在北平李宗仁将军处会见以来,时光流逝已有三载。但无论从中国观点还是从美国观点来看,并不是所有的变化都美妙,我们两国间的隔阂是极为不幸的,当然这不是因一时一事所造成,而是延续六七年的各种问题积累的结果。中美关系变成这样,实属憾事。尤其是因为美国人民对中国人民的友谊非常深厚,两国人民之间已有上百年的牢不可破的友好记录。

司徒雷登说,近几年的变化的确很大,也确实不妙。他觉得在设法使双方更好地谅解方面,未能尽如人意,因为不仅美国人对中国人民有深厚友谊,而且中国人对美国人民也完全一样。

我认为,有些举动在中国方面不管是否势在必行,都是可以避免的,但错误并不都在中国一边。现在要紧的是采取有效措施来适应目前中国的严峻局势。我说,据我看来公布白皮书没有必要。我曾设法劝国务卿不要公布,但现在既已出笼,我们可以把它看作是国务院对中国发泄情绪的一个高潮。几乎各种事实已全部暴露出来,而中国局势依然如故。

司徒雷登说,发表白皮书是消极的步骤,需要做一些积极的事。他自从返美以来,已进见过总统和国务卿,设法了解他们究竟是怎样想的。给他的印象是,总统对中国有兴趣也了解那里的局势,但总统和国务卿不知道在目前情况下怎样做才能帮助中国。他们认为过去给了中国很多援助,但没有产生效果。当他谈到赞成进一步援华时,他们反问道:"援助谁?李宗仁将军还是蒋委员长?"

我向司徒雷登讲了我发起的一些会议的情况,这些会议邀请一些在美的重要中国人士参加,而不管他们的政治背景如何。不仅有与委员长有关的官员,而且也有代表其他政党的一些人士和无党派人士。如于斌大主教、胡适博士和蒋廷黻博士,一起到华盛顿来讨论如何拯救中国。讨论的结果给十二位在中国的朝野领袖打了电报,其中包括委员长、李宗仁、阎锡山、白崇禧等人。

电报建议实行三条方针:(1)组成反共统一战线;(2)提高部队士气,并使其根据协调的战略计划在统一的指挥下作战;(3)唤起人民对伟大反共任务的关切,赢回他们的信心和支持。所有的领袖在回答中,都赞同向他们提出的三条原则。

司徒雷登对此印象颇深。他说,做这些事情对中国颇为重要,特别是李将军和委员长之间的团结和合作。

我还说,继该电之后,还提出了其他一些建议,使他们可将上述原则付诸实现。特别是在促进团结方面,不仅在领袖们之间,也要在他们的追随者之间进行;在合作方面,还有政府的行政机关和立法机关之间的合作;政府和地方领袖以及民众之间的合作。

我告诉司徒雷登,鉴于国务院强烈反对进一步援助国民政府。(这种情绪如此强烈,以致成了国务院的自尊心和威信的问题。)我想出一个办法能使美国政府改变其对华政策而不致使人感到有伤其自尊心和指摘以往任何一位国务卿的政策。我的方案(已对总统和国务卿谈过)包括派出一个由三四位高级官员组成的小组赴华,负责研究最近的军事和经济形势,并在其返美后提出采取行动的建议。小组的报告可能为通过一项大量援华的计划铺平道路。我不知道他与总统和国务卿会谈时,对接受此项建议的可能性得到什么印象。

司徒雷登说,他认为我的建议是成熟的,他将敦促中国各位领袖特别是李将军和蒋委员长和衷共济。他从杜鲁门总统那里得到的印象是:虽然总统认为蒋委员长过去做得不好,但没有强烈反对他的想法。

我说,实际上,最近几个月来,蒋委员长和李将军已在一起工作,他们已经会见并一起讨论了各项问题,委员长已在广州与李将军和阎锡山举行了几次会议,酝酿出了一项抵抗共产党侵略的协调计划。就在前天,委员长还来电否认《纽约时报》一篇报道(我说的是蒂尔曼·德丁的那篇报道)中讲他拒绝支持大陆战事的说法。电报明确指出：恰恰就在这个时候，还在从台湾向广州和福建派出援军。实际上正是由于这种合作，才使得在江西和湖南的国军部队作战大有起色。我补充说，政府还能够动用台湾的金银储备和外汇，这件事是国务院颇为注意的。我说，政府因得到这些储备的支持，才得以坚持下来。

我说，有一件事我不理解，并使我感到困惑。国务院一方面批评中国领袖们之间（特别提出李将军和蒋委员长）不团结和缺乏合作，但每当蒋委员长参与合作时，国务院又由于他的积极参加而表示不快。我好像觉得这样的态度有点自相矛盾。人们在处理政治局势时，必须重视现实。蒋委员长即使过去有过失，但还是一位勇敢而爱国的领袖。尤有进者，他仍然是中国政治局势的一个举足轻重的因素。

司徒雷登说，蒋委员长仍是一个主要的因素。

我说，在目前情况下，重要的是实现全国所有非共党力量的合作，和集中全力抵抗共产党的侵略，其他各种考虑均属次要，应置之一边。但是国务院一帮人的态度好像只是坚决不和委员长及其追随者打交道，好像对国民党和国民政府极其厌恶。但是我相信，如果国务院表示愿意看到蒋委员长去职，把政府交给李将军维持的话；只要能向委员长说清楚，他的去职符合中国的利益，那么这是能够做到的，因为不管人们怎样反对他，他肯定不是不爱国的。但是困难之处在于，没有蒋委员长的积极合作，政府在执行任务时就会显得软弱无能，国务院还会再次挑剔它的过失。倘若国务院打算在共产党之外物色一位中国领袖的话，我相信，没有蒋委员长的支持是不会轻易成功的。

就在这时，我向司徒雷登谈了我关于在蒋委员长或李将军领导下组织一批爱国、正直和有能力的中国人士来承担管理政府的责任的想法。人们可能记得，司徒雷登曾经说过，一旦这样的集团出现，最终无疑会得到美国的援助，因为美国的兴趣就是抑制共产主义，同时还因为美国人民对中国怀有深情厚意，希望看到它取得很好的进展。他说，美国人民已经对欧洲进行了援助，他确信他们在亚洲，特别是对中国也乐于这么办。

我说，作为一条出路，我有这样的想法：雇用一批美国政府中意的美国军官去帮助中国政府。我觉得美国军官的出现，将给美国人民一种中国确有改革诚意的迹象，美国政府也因此有了提供援助的根据。

司徒雷登同意这个看法。他说，如果美国政府看到它的帮助将会有结果的话，肯定会向中国政府提供援助。他确信，美国政府会支持任何这种动向。

我说，司徒雷登博士来得恰逢其时，正好参加新的美国对华政策的制定。由于他对中国人民和中国形势的深刻了解，他的合作将有很大价值。我继续说，使我感到不安的是：报载艾奇逊先生说，预料新的顾问小组将要提出一套帮助政府处理变化中的中国形势的准则，而要完成一项长期的政策则需要几个月的时间。我强调说，几个月意味着很长的时间，我怕目前的中国局势不容许这样慢吞吞地处理。时间是十分重要的因素，做任何建设性的事，几个月时间可能太晚了。虽然目前的中国境况很危急，但现在帮助中国要比等待长达几个月还是比较容易的。因为如果共产党占领了整个中国，要再来有效地从共产党控制和统治下拯救中国，其困难和代价就要大得多，时间也要更长。

司徒雷登同意几个月的时间是太长了，人们不能保证这期间不会发生什么事。然后我说，我知道他要去南方几天。

司徒雷登说，他要到亚拉巴马州去看他的儿子，约一周后回华盛顿。

我说，司徒雷登博士将参加制定的美国新对华政策，将会对中美关系有重大的影响。新顾问小组努力的成果以及根据其建议所形成的政策，可能不仅影响到中国事态的进程，而且最终也影响到美国乃至世界的重大利益。我希望有远见的司徒雷登博士，将竭尽全力促成一项真正的建设性政策。

司徒雷登说,他在这里仅呆了几天,他将继续了解总统、国务卿和其他人对于中国的真正看法。他还说,不幸的是,这个问题似乎成了政治问题。

我说,我确信司徒雷登博士将为解决问题献出自己的一份力量,不会卷进党派纠纷中去。然后我问他,中共地区情况给他的印象,以及人民对共产党统治的反应。

司徒雷登回答说,令人感兴趣的是,人民的反应对共产党不利,中共是正统的马克思主义者,他们坚信马克思主义的基本信条。他相信人民不可能轻易信仰共产主义。

当问到上海的情况时,司徒雷登说,他在返美途中没有经过上海,他所乘的美国海军飞机飞的是一条特殊航线,从南京直抵冲绳。未经上海,是因为害怕遭到高射炮射击。

傅泾波说,这架飞机是留下供司徒雷登博士用的,但飞机上的座位发现被拆掉了,这很可能是共产党干的。虽然驾驶舱完好无损,但也要一定时间把座位重新安装好。

根据谈话记录的附记,会谈中间司徒雷登去接电话时,傅泾波还对我说,如果李宗仁在上海陷落以后把总统职位交还给委员长,则中国的局势将要简单一些。而且这么做也是正确的,因为李宗仁出来执行总统职权是为了进行和谈。和谈既已破裂,战事复起,他就应该让委员长出来掌握局面。傅还说,他的印象是,巴特沃思是主要的不祥之物,看来他非常傲慢。

我对他说,巴特沃思肯定没有远见,好像把为过去辩护看得比未来的重大问题还要重要。傅又一次说到他有一种印象:国务院想把司徒雷登当作替罪羊。我说,那太不应该了,因为司徒雷登不仅是中国的一位伟大的朋友,而且也是一位伟大的学者和思想家。

第二天8月14日,陈之迈报告说,许仕廉曾告诉《纽约时报》的洛克哈特:司徒雷登赞许李宗仁领导中国与共党作战的能力,认为值得支持。两天后皮宗敢告诉我,他刚见到了他的老朋友傅泾波,他对皮说,司徒雷登作为二十年的朋友,仍然高度评价委员长,并且竭力主张团结起来,他认为这是我国领袖们所应实现的一件最重要的事。傅还说,当他提到甘介侯告诉大家1949年5月5日李宗仁致杜鲁门信的内容是司徒雷登的建议时。司徒雷登在甘面前大为发怒。

皮宗敢对于司徒雷登的真实态度感到迷惑。他说,傅和司徒雷登自己说了许多有关委员长的好话,而据与他谈过话的别人说则是相反的态度,说他倾向于李宗仁。而且傅和司徒雷登二人都曾对他讲过:共产党的纪律严明,组织能力强。我对皮说,司徒雷登个人对委员长的态度是友好的,但认为他的思想和方法已经过时。我说,司徒雷登也对我讲过需要团结,并表示这样一个信念:美国最终不会抛弃中国,并且对于任何一个旨在建立自由、民主中国和健全政府的运动都会给予支持。第二天,宋子文来电话打听消息,并且告诉我,司徒雷登的态度看来是同情和友好的。我也告诉他,我与这位大使会谈了一个半小时,见面时再叙。

第七节　从区域性条约看当时的国际阵营

1949 年 1 月—10 月

在 1949 年一年中,使世界分裂成两大对立阵营的紧张局势依然未见缓和,分歧集中于一点,双方社会制度不同。由于德国问题得不到解决,原子武器的控制问题,以及联合国日益显得软弱无能,使得相信在会议桌上可以解决世界问题的政治家越来越少。1 月 16 日,我访问了新西兰总理弗雷泽先生,问他在欧洲时有何观感,鉴于那里的人民面临着动荡不安的局面,他们是否对战争依旧心怀恐惧?

弗雷泽作了肯定的回答,尽管他看到马歇尔计划已经取得很大进展,但是法国、德国和意大利的老百姓却害怕东西方之间有朝一日会爆发战争,他们的家园将沦为战场。只要东西方之间的悬案一日不获解决,欧洲的老百姓就一日不得安宁。法国共产党非常活跃,和其他国家的共产党一样,训练有素。共产党领袖杜洛克在下院发言的时候,议会里的一百多名党员在他的讲话过程中对每句话都鼓掌欢呼,可是政府议员演讲时,他们却令人瞩目地一片沉默。意大利共产党势力也很大,意大利共产党领袖陶里亚蒂甚至比法国的杜洛克权势更大。弗雷泽指出,共产党人是绝对反对民主国家所理解的民主自由事业的。他和新西兰驻美大使卡尔·巴伦德森爵士完全赞成我的见解:共产党人在不同的国家里所采取的策略或有不同,但是他们的根本目标是绝不会改变的。他们的原则永远是目的决定手段。

1 月 11 日,艾森豪威尔在谈论由于苏联作梗而引起的世界性动荡不安时,衷心地同意我的说法,就是国际局势中存在着那么多阻挠着安定与复兴的难题,都是起源于俄国人毫不必要的猜疑与对抗。他告诉我,他在欧洲担任盟军总司令的时候,要用一半的时间去解决许多问题。而这些问题,正如他的参谋长比德尔·史密斯经常所说,本来都是不应该发生的。尽管在他统率下的武装部队中大约有十五个不同国籍的人,但这些问题应该是可以避免的。

那次我们交换意见是在哥伦比亚同学会举行的亚力山大·汉密尔顿授奖宴会上。宴会准备得很好,大约有五百人带着他们的夫人或家属来参加。在主宾席上就座的有同学会会长、当时纽约州商会会长彼得·格里姆、哥伦比亚大学校长艾森豪威尔将军和夫人、约翰·福斯特·杜勒斯、洛克菲勒第三、地方检察官霍根和哥伦比亚学院院长科尔曼。为了介绍我的生平,霍根先生发表了一通妙趣横生的讲话,内容十分详尽,讲了我的生活,讲了我在校园中以及教室里的种种活动,也讲了我的宦海生涯。杜勒斯谈的则是我在历次国际会议上的一些工作情况,他也参加了这些会议。他谈了 1907 年他本人参加海牙和平会议的情况,当时他担任中国代表团的秘书。他说,外交礼节成了阻挠那项会议开幕的棘手问题,因为一开始究竟应该由谁先去拜访谁就似乎是解决不了的问题。他说,最后还是大会秘书长想出了一个各方都能接受的办法——每位代表都在同一天下午给其他代表留一张名片。于是他整个下午就在忙于为中国代表团办这件事。他又提到1945年他在旧金山会议结束后给我写的那封信。在那封信里,他对我在大会上以及在"费尔蒙特饭店的屋顶小室"举行的五强秘密会谈中的工作表示赞扬。他说,我每次发言,都能把讨论中的复杂问题加以澄清,而且只有我一个人能做到这一点。我很感激他对我如此推崇,但不敢说就能当之无愧。

我在接受了亚力山大·汉密尔顿奖章之后讲话时,以忧郁的论调谈了共产主义对全世界自由人民的威胁。我的话使得艾森豪威尔将军对我的勇气表示钦佩。他说,他甘愿在我麾下当一名小兵,他把我说成是一个捍卫民主自由事业反对共产主义的、无懈可击的勇士。入座时他坐在我的右手,就座之后我才和他作了上述这番桌边趣谈。

我们谈到的另一个话题是空军、陆军和海军的相对重要性。艾森豪威尔强调空军非常有用,倒不是说可以单靠空军轰炸就能取得胜利,而是说空军能够担负快速运输之类的任务。例如,空军飞机现在能把大炮直接由机场运送到军械部门,或者直接运交急需大炮的部队,而在过去则要先运到离前线最近的港口,卸船后,还要使用不同类型的车辆运到前线。但是他说,各军种联合作战比以前任何时候都更有必要。地面部队在占领敌国、迫使敌人屈服等方面依然是必不可少的。他并不认为单靠轰炸,即便是战略轰炸,就能够使敌人丧失斗志;只有联合作战才能做到这一点。

坐在我左边的彼得·格里姆想起了那位异常健谈的尼古拉斯·默里·巴特勒博士。他每次从欧洲旅行归来,总要对十几位校友谈他的印象,以及他和一些人物的谈话。可是艾森豪威尔说,他一直未能把他所讲过的或听到的重要事情都在日记中记下来。他在同重要人物谈话的时候,精神过于集中,顾不上考虑说些什么可以载入史册或是传之后世的东西。他想起了邱吉尔先生在第二次世界大战期间担任英国首相时,经常派人来找他。邱吉尔每逢要给罗斯福总统打电报或写信,总是让他看看草稿,问他行不行,一旦艾森豪威尔建议要作什么改动,他就一定认真地修改原稿。他显然是意识到他的函电要被后人当作伟大的历史文献来读的。因此他要做到尽善尽美。

我认为我们的身体已经赶不上科学技术的进展,越来越多的紧张工作使我们的体力和脑力几乎支持不住了。艾森豪威尔完全同意我的话。他说,拿破仑在滑铁卢之战使用的军队总共不过二十五万人,而在第二次世界大战中,由他全面统率的竟达五百万人。接着话题就转到了动荡不定的世界局势。

2月2日,我和参议员汤姆·康纳利作了一次重要交谈,主要是关于援华的前景问题。当我们的谈论告一段落,我问他美国是否有可能和苏联达成某种和解。康纳利说,国务卿在一次记者招待会上直截了当地拒绝了斯大林的和平建议。但他对此颇感遗憾,因为不管斯大林的动机如何,和他谈判并无害处。总不能这样无休止地冷战下去,也许现在有必要采取这种作法,然而这毕竟是一条消极的路线。他是主张和平的。如果冷战继续下去,最后只能导致战争,而战争决不能成为,而且事实上也并不是这个国家的政策。如果不要战争,那么想解决造成两个国家对立的各种争端,就只有坐到会议桌上来,进行协商,寻求和解。这位参议员说,他相信杜鲁门总统可能要会晤斯大林,当面问问他是不是要和美国打仗。如果真要打,那么美国人尽管非常厌恶战争,还是照样可以奉陪的。如果斯大林声明他不要战争,那么美国就应该和他打交道并要和他达成和解。

这位参议员又说,他本人并不相信斯大林希望打仗,也不相信俄国已经作好要打仗的准备。从斯大林当年为了干革命,在格鲁吉亚劫火车抢银行的冒险经历来判断,他肯定是条硬汉子,他会重视美国实力的。俄国拥有一支庞大的陆军,可能还有几颗原子弹,然而斯大林知道美国的原子弹有一大堆,他也知道美国工业的战争潜力要比苏联雄厚得多。所以参议员康纳利认为斯大林的内心的确是要和平的。

我说,这也正是我的看法。我认为俄国人是现实主义者,他们最尊重的是实力,其他种种均属次要。斯大林清楚美国的力量,他会愿意同美国妥协的,这样,他的国家也好安定下来进行建设。

参议员同意我的看法。他知道俄国的大片领土在这次大战中惨遭希特勒军队蹂躏,迄今尚未恢复。斯大林要求和平可能是为了拖延时间,做好准备,以应付终于要来的战争。但通过和解,即便只能在今后几年中使世界保持和平,那也是可取的。他并不相信战争终归可以避免,但是他认为俄国在今后几年内肯定是不愿意打仗的,因为它还没有做好准备。

我说,中国一直期望苏美之间达成和解,因为这两个国家之间的分歧影响所及使世界各地都动荡不安。

康纳利参议员也认为,一旦美苏之间取得和解,可能对中国有利。因为到那时,美苏两国也有可能就中国共产党问题达成协议。

3月17日,我去看望乌拉圭大使阿尔维托·多明格斯·坎波拉博士,这是一次礼节性回访。我们谈论了杜鲁门总统就职演说中的第四点,即建议由各先进工业国家提供援助,帮助落后国家发展经济。这位大使说,拉丁美洲对这种开发性援助,要求殷切而且紧迫,因为这有助于那些国家抑制共产主义倾向的发展。

刚从莫斯科归来的法国驻莫斯科大使罗歇·加罗先生透露了一些苏俄的态度。他说苏俄的态度是要与西方保持某种程度的紧张关系。据加罗本人看来,一年、两年、顶多三年,必然要和西方发生战争。我们谈话是在4月20日丹麦外长古斯特夫·拉斯穆森举行的宴会上,当时我在纽约率领中国代表团参加联合国大会。一个月以后,我和当时担任美国国防部副部长的保罗·格里菲思会谈,主要是商谈援华问题,谈话中我问他与苏俄开战的可能性如何。格里菲思不能肯定。然而他相信,俄国人懂得,一旦发生战争,他们肯定要吃败仗;所以在他们自信强大得足以迎接一场战争以前,不见得会挑起战争。

加剧东西方的紧张关系,并引起谈论战争的事件之一是共产党人对扬·马萨里克的恫吓以及他的自杀。很多人认为这件事象征着苏联对东欧卫星国家的严密控制。1949年1月13日,我到诺曼·利特尔公馆参加晚宴后的鸡尾酒会。我没有能接受他们的晚宴邀请,因为时间与业已约定的托马斯·沃登的宴会有冲突,可是我答应饭后再去和他们叙会。参议员塔夫脱和夫人是主宾,和他们一道参加的还有众议员周以德和著名女记者多萝西·汤普森。她即将发表一篇广播讲话,想多了解一点美国的对华政策,所以她大部分时间都在和周以德谈论这个问题。但是她对欧洲的形势已经了如指掌,一再向我们叙述捷克斯洛伐克外交部长、捷克斯洛伐克第一任总统的儿子扬·马萨里克就共产党在他国内玩弄的种种阴谋,向她吐露的秘密。据她揭露,马萨里克自杀之前写给她的最后一封信是十分令人感伤的。他在信中仍然说,他和他的同胞们永远不会停止保卫他们自身自由与祖国自由的斗争。(据说,马萨里克这个彻底失败者,是从他居室的窗口跳楼自杀的。)

据个人了解,我知道共产党在捷克斯洛伐克掌权之后,马萨里克就受到了严密的监视。例如,有一次我出席联合国大会,他也以捷克斯洛伐克外交部长的身份奉派前来参加。他精神萎靡,沉默寡言。有一天会议正在进行之际,他却独自在会场外徘徊踯躅,我出去跟上了他,就在走廊内和他攀谈起来。他本来是一个年轻活泼、才华横溢的人,但此时却满面愁容,与平日的风度迥然不同。我问他:"你为什么总是保持沉默一言不发呢?"他说非这样不可,他在那里什么话也讲不得。他说时时刻刻有人在监视着他,不得不小心谨慎。我为他难过,后来事实证明其中是有缘故的。就在那次会后返捷不久,他就从窗口跳楼自杀了。

汤普森小姐也是极为崇拜邱吉尔的。邱吉尔在大战时期的大量事迹她都知道。她说,有一天在切克斯英国首相的乡间别墅,邱吉尔告诉她,要对希腊的局势和英军在那里采取的严峻措施负责的应该是他,而不是指挥驻希腊英国武装部队的斯科比将军,是他亲自下了一道命令,要把一切用暴力行动反抗希腊现政权的人统统枪毙掉。邱吉尔说过,遗憾的是他听了他儿子伦道夫·邱吉尔的话,因为误信了他的报告而支持了南斯拉夫的铁托。问题就出在过分听信家人,在这方面罗斯福也是有其弱点的。

在利特尔的宴会以前大约两个星期,我接待了捷克斯洛伐克著名外交家、政治家奥苏斯基先生,他是与我相交已有三十年之久的老朋友。他这次是代表纽约汉密尔顿的科尔盖特大学来看望我的,当时他是该大学的教授。他想请我到该校暑期讲习班去演讲,并主持讨论中国局势问题的圆桌讨论会。他告诉我,是该校校长凯斯在大学董事会的欧文·扬先生支持下派他来的。可是我们谈得津津有味的话题却是他的祖国——捷克斯洛伐克的局势。

我谈到贝奈斯总统对莫斯科和捷克斯洛伐克共产党信任得出奇,以致最后为他们的阴谋所颠覆。我对奥苏斯基说,像贝奈斯那样足智多谋、精明强干的人,居然看不到奉行与莫斯科合作政策的危险,实在难以理解。奥苏斯基给我作了意味深长的解释。他告诉我,那是贝奈斯敌视西方大国的复仇心理所造成的后果。贝奈斯永远不能忘记英法两国在慕尼黑出卖了他的祖国。奥苏斯基说,他曾一再与贝奈斯辩论,他强调捷克斯洛伐克的经济一定要依靠与西欧的贸易和原料生产国。但是贝奈斯对他说,苏俄资源丰富,供应这些东西并无困难。奥苏斯基说,事实上苏俄并没有足够的原料可供出口，它不过是安排南斯拉夫向捷克提供原料，以换取捷克斯洛伐克的制成品罢了。现在南斯拉夫与莫斯科的关系恶化了，又迫使捷克斯洛伐克与南斯拉夫断绝贸易关系。奥苏斯基问道：捷克斯洛伐克又能向哪里去取得原料呢？

　　他也警告过贝奈斯，让他警惕捷克斯洛伐克共产党领袖哥特瓦尔德，而最后使贝奈斯倒台的幕后操纵者正是此人。可是贝奈斯总是说，捷克斯洛伐克的共产党人并不是俄国那样的真正共产党人。奥苏斯基正告贝奈斯，全世界的共产党人都是一个样，都听命于莫斯科。凡是不听话的或是表现出一点独立性的，马上就要遭到清洗。他曾经说过，共产党人的信条就是党高于政府；所以铁托对于共产国际必须唯命是从。由于他拒绝这样做，就受到了莫斯科的驱逐。贝奈斯在他们最后一次见面的时候，跟奥苏斯基说，历史将对他们判明谁是谁非。奥苏斯基回答贝奈斯说，他自己还很年轻，可以看到历史的裁判。我感慨地说，贝奈斯的倒台和丧身真是个大悲剧。

　　奥苏斯基还谈到了扬·马萨里克。他说，1947 年在纽约出席联合国大会期间，他曾经劝告扬·马萨里克引退，组织反对党，谴责由共产党人控制的布拉格政权。但是扬·马萨里克踌躇不决，认为时机尚不成熟。后来，在我们谈话结束时，奥苏斯基说，他要向我祝贺，因为我的名字被中国共产党人列入了不良分子名单。他说他自己也是上了名单的人；还说共产党人只利用符合他们自己意图的人，一旦利用完毕，就立即加以清洗或者除掉。

　　西欧各国由于感到联合国不足以防止苏俄的侵略，便在美国的支持下组织起区域性防御公约，以对付共产党的威胁。到了1949 年 1 月，在欧洲大部分反共国家和美国、加拿大之间缔结北大西洋安全联盟的准备工作已经取得了很大的进展。1948 年 3月签订的布鲁塞尔条约与 1948 年 6 月美国参议院通过的范登堡决议业已为欧洲的军事合作奠定了基础。后来在 1949 年 1 月，挪威、丹麦、冰岛、意大利和葡萄牙也接受邀请，和已经缔结布鲁塞尔条约的五个国家,以及美国和加拿大共同讨论组织联盟的问题。

瑞典没有接受邀请。在这段时间里,三个斯堪的那维亚国家也一直在就他们之间结成防御联盟的可能性进行协商,瑞典始终最不愿意和西方合作,而挪威却最积极。1月14日,我回访了瑞典大使埃里克·博赫曼,他对这个问题以及这一问题对欧洲国际局势的影响作了详尽的阐述。在我的询问下,这位大使告诉我,他已奉召回斯德哥尔摩,与瑞典、挪威和丹麦等国的代表开会研讨加入北大西洋军事联盟问题。丹麦、挪威驻华盛顿大使也被邀请参加这一会议。但是挪威大使莫尔根斯泰因要把行期推迟到杜鲁门总统就职以后,因为他是此间外交使团团长,觉得不能不出席杜鲁门总统夫妇预定在1月24日举行的招待会。博赫曼本人则要在招待会之前动身,他已和礼宾司司长进行过磋商,对方答复他,如果是为了参加非常重要的会议而要在招待会之前离开华盛顿,那是没有问题的。

我问他斯堪的那维亚各国参加北大西洋军事联盟的前景如何。

他回答说,挪威与丹麦军队很少,实力不强,迫切要求参加联盟。但是瑞典却感到这个问题很难办。瑞典首先必须考虑芬兰的态度。可以肯定地说,如果瑞典参加联盟,苏军就要以安全与自卫为理由占领芬兰。芬兰人当然不会赞成。此外,如果苏联占领芬兰,就将迫使二百万左右的芬兰人逃出祖国,到瑞典避难。这么多的难民蜂拥而来,一定会危及瑞典的经济。对该国来说,这又是问题的另一面。

他接着说,瑞典的意见是成立斯堪的那维亚联盟,其目的是在东西方的斗争中保持中立。他说,该国认为这种中立是可以办到的,因为第二次世界大战虽已结束多年,该国迄今尚未复员。因此,瑞典的空军在世界上居第三位,仅次于美国和苏联,而且它的军火工业也很发达(这种情况当时尚未为国外所知)。谈到瑞典对外贸易,这位大使说,战前和大战期间,瑞典一向与德国以及世界其他各国进行大宗贸易。该国与苏联的贸易额是比较小的。瑞典外贸的年度总额是四十亿克朗,而对苏部分大约只有五千万克朗。瑞典与英国的贸易额仍然很大,但是因为英镑收入不能兑换美元,瑞典也感到美元奇缺,压力很大,因而不得不压缩进口,扩大出口。但是这两方面又是互相依存的,去年虽然有所改善,当前情况依旧十分困难。

1月20日是杜鲁门总统就职的日子。我在日记里写了一段有趣的记事:

> 杜鲁门何其幸运!多日以来,气象预报始终说他就职之日天气将是多么的寒冷,可能还要下雨,而今日阳光竟如此灿烂!尽管还略有寒意,可是晴空如洗,连云丝儿也没有!
>
> 宣誓仪式质朴无华,而参加者甚众,各项准备真是煞费苦心。据报载,游行规模之大,史无前例。
>
> 颇为有趣的是,杜鲁门的南方宿敌瑟蒙德居然以亚拉巴马州州长身份,带着一辆精心制作的彩车参加游行。田纳西州州长福尔索姆也来了,此人就是那位被女友控告毁弃婚约、并要求他赡养他们的私生儿子的"亲吻州长"。新婚的福尔索姆夫人倒是露面了,和他同车游行,就坐在他的右边。
>
> 杜鲁门和巴克莱骑着马走在游行队伍里。第一次世界大战时期他所在的炮兵连的退伍老兵们也都出来同他一道游行。新教牧师在祈祷,犹太教的拉比在祷告,天主堂的大主教在祝福,所有这一切都在证明:不存在什么特殊的宗教偏见。
>
> 我们(指我的夫人和我)十点三十分离开寓所,到国会圆形大厅附近的一个屋子里集合,十一点四十分,有人陪送我们上了观礼台。典礼推迟了十分钟。杜鲁门总统的演说是一篇强烈反共的演说。他歌颂民主,毫不含糊地用语言痛斥了共产主义哲学。我们外交使团中好些人都猜不透此时苏

俄大使潘友新心头是一股什么滋味。

陆军、海军、海军陆战队、海岸警卫队、空军和国民警卫队的操演实在令人神往。代表各州的彩车五彩缤纷,其中有许多辆都有女子队长指挥的乐队。纽约州州长杜威没有来,但是纽约州民主党委员会派来一辆彩车。人们在朔风凛冽的观礼台上足足等了一个半小时,吃不上东西,真是受不了,实在也没有必要。游行拖到一点三十分才开始,整整晚了一个半小时。

古巴大使贝尔特博士在观礼台上告诉我,他即将离开华盛顿,但是他不准备接受总统(他的老朋友)的任命去伦敦担任古巴第一任驻英大使。在回答我的直率询问时,他肯定地说,在华盛顿这个岗位上需要做的事情很多,对他的祖国古巴来说,这个岗位最为重要。但是在许多外交政策问题上,总统的看法已不再和他一致。他说,在巴勒斯坦问题上,他一向反对瓜分政策,然而古巴总统却要承认以色列。在食糖问题上,他和美国签订了一个有利的协定,可是他的上司为了讨好美国,现在又想让步。他说,总统迫不及待地要他去伦敦,甚至答应他可以自己决定大使馆的预算,然而他(贝尔特)情愿暂时去当律师,这样他就可以有批评古巴当局的自由。

我出席了美国财政部长为杜鲁门总统全家举行的招待会。衣帽间里排着长队,要在那里等十五分钟,然后我们还要排着队再等四十分钟才能见到他们。最后还要在大门口再站十五分钟等待上车。这里不像伦敦,对大使们并没有什么特殊照顾。加拿大和西班牙大使不愿再等,连主人和总统的面都没有见就走了。美国最高法院法官里德夫妇也走了。

次日,我出席了古巴大使馆为比弗尔夫妇举行的招待会。比弗尔先生任参议院秘书,多年以来,他一直是外交使团的朋友,在华盛顿各界颇有名气,在外交界的应酬场合经常可以看到他和他的夫人。出席这次招待会的,除比弗尔夫妇以外,还有副总统巴克莱、大部分阁员和他们的夫人、艾奇逊夫人、最高法院法官里德和夫人、外交使团的各国大使和其他人员。

和里德法官交谈中,我们一致认为,最高法院一直是根据发展观点或者公众舆论的进程来解释美国宪法的。他举例说,最近公布的禁止种族隔离法规,除了南方的几个州以外,一定会被全国当作一项健全的法规来接受。他认为中国的宪法更为完善。但是我说,由于缺乏历史渊源和法治传统,我们就必须充分发扬合作精神来使宪法产生实效。他完全同意。他接着说,美国参议院中没完没了的冗长演说可以使一切立法工作陷于瘫痪,然而刚刚提出来的新法律,如果能通过,就可以彻底制止这种做法。(冗长的演说是美国参议院的一种独特做法,在参议院里几乎被认为是一种神圣不可侵犯的惯例。)

几天以后,我出席了威廉·古德温举行的宴会,有好几位国会巨头在座。其中有参议员休·巴特勒和詹姆斯·伊斯特兰,还有众议员克拉伦斯·布朗、爱德华·考克斯、弗兰克·博伊金、乔治·格兰特、乔治·安德鲁斯。把我当天日记中的话摘一段出来也许不无意思:

> 布朗是一位好讲奇闻轶事的诙谐人物,讲起故事来滔滔不绝;博伊金性情温和,是个老实人,人缘很好;伊斯特兰格外严肃,也可以说是冷酷,但感情真挚。他很富裕。(那就是说,是个资本家)。伊斯特兰、博伊金、考克斯都是南方人,在有关黑人的问题上,他们的态度是完全一致的(这就证明了里德法官的估计是正确的)。他们决不承认自己在对待南方黑人的态度上有何错误,而且盛赞黑人对他们的主人热心忠诚。但是他们认为,只是由于黑人读书太少,因此不能给予和白人相同的待遇。作为论据,他们都讲了他们自己的黑奴如何在尝试了北方的生活之后,又要求回到他们身边,再为他们服务的故事。

1月24日，我出席了杜鲁门总统夫妇为外交使团举办的第一次招待会。就是为了参加这次招待会，莫尔根斯泰因大使觉得不得不推迟他去斯德哥尔摩参加北大西洋公约会议的行期。尽管礼宾司业已说过赴宴时穿什么衣服都可以，然而总统这一次却特地穿了燕尾服出场。陪着他出席的有新任国务卿艾奇逊和新任副国务卿詹姆斯·韦布夫妇。韦布比较年轻，和蔼可亲。接受新任命之前，他曾任联邦预算局局长二年，是杜鲁门的亲信。我向艾奇逊祝贺，并说他会遇到许多急待解决的问题，幸而这些问题在十二个月以前，当他离开国务院的时候就已经出现了，因此他会感到驾轻就熟的。他说："是的，但与此同时，有些问题已经变得更重要了。"

2月3日，举行了纪念美国前总统伍德罗·威尔逊的仪式。仪式是悲切的，仅仅用了十五分钟，大约有六十人参加，威尔逊夫人是由伯纳德·巴鲁克先生陪送来的。这和仅在两周前举行的隆重的杜鲁门总统就职典礼对照，简直无法相比。这使我想起了另外一件可以对照的事情，那就是1915年12月威尔逊伉俪在首都华盛顿举行的婚礼。当时我也在场。那真是一件了不起的大事，后来还拍成了记述他俩共同生活的美国电影。威尔逊夫人是华盛顿一家珠宝店主的女儿。他们就是邂逅于珠宝店而陷入情网的。他俩结婚时，我刚到华盛顿。事实上，我收到他们婚礼请柬的时候，还没有呈递国书，因为文件传递有所迟滞。按照外交礼仪，一位公使或大使必须先呈递国书，才算正式上任。必须到那个时候，他才算得到正式承认。我的处境真有些尴尬。然而国务院考虑得很周到，负责官员说："你认识威尔逊总统，他也认识你，并且希望你能出席观礼。即使未呈递国书也没有什么关系，因为这是一次社交性活动。事实上如果你不去，倒会引人注目。"但是我记得后来国书还是及时送到了。

2月8日，我收到一份有关挪威外交部长兰格先生到华盛顿访问的机密报告。报纸上说，他此行目的是进一步了解北大西洋公约拟议中的条件,以及该国可以从美国得到些什么保证。机密报告说,国家安全委员会在头天晚上连夜开会,慎重考虑了如何答复他的问题:如果挪威一旦参加北大西洋共同防御条约,可能给予该国什么样的军事援助,因为苏联刚刚警告过挪威,要求它不参加,而且三天前还建议和它签订一项互不侵犯条约。(如果挪威拒绝苏联的要求,苏联可能就要报复,所以局势的前途是严重的。)这个报告说,美国急于要把挪威拉到自己这一边,挪威沿海的许多峡湾,可为潜艇提供良好的基地,挪威北部可以提供良好的空军基地。这些基地都可以用来对付苏俄。这个消息给我证实了挪威外长来访的意图。此事说明,大使馆通过这些联系和报告,就能对当前国际问题的演变情况,做到心中有数。

2月17日,我出席了挪威大使馆的宴会。我向主人询问挪威外长在华盛顿谈判的结果,得到的答复是,美国的态度不能令他满意。他说,参议员康纳利在参议院发表演说,透过于欧洲各国之间的纷争,采用的几乎是敌对口气,挪威人民实在难于理解。他说,他觉得美国实际上是要重新走孤立主义的老路。他甚至还暗示,因为美国抱这种态度,挪威可能改变主意,决定参加斯堪的纳维亚同盟条约。由于我和康纳利有私交,我就尽量为他的演说开脱,我说那是他说话的习惯,参议院内总的意见是赞成北大西洋公约的。

我听挪威大使莫尔根斯泰因的夫人说,外长的访问决定得十分仓猝,说明挪威非常重视美国对北大西洋公约的态度,以及美国对挪威的安全提供保证的意愿。她说,从总统就职那天起,到外长一行访美之日的两星期中,吃尽了苦头。她说,就职典礼的第二天,她举行了一次招待会,希望接待一百五十人,而结果只来了十五个人!后来,她在外长到达前一天才听说外长要访美,听她丈夫说,奥斯陆打来电话,通知外长和他的随行人员要住在挪威大使馆。星期日,她丈夫从纽约打来电话通知她的时候,为了给外长一行准备住房,她不得不让她的女儿腾房让位。

尽管挪威外交部长对访美的结果不满意,并且重提另订斯堪的纳维亚公约的事。挪威最后还是属意于与西方各民主国家结盟以解决该国的安全问题。4月20日,我出席丹麦外交部长古斯特夫·拉斯穆森的宴会时,有机会和他谈论这件事。我发现他质朴、诚恳、坦率。他指出,为丹麦着想,他本来宁愿订立一个斯堪的纳维亚公约,但是发现此事行不通;因为挪威不愿参加。

体现西欧军事合作的北大西洋公约,那时业已签订,参加布鲁塞尔会议各国差不多立即就向美国要求军事援助。下一步就该由国会对共同防务援助计划进行批准,这是个由政府提出以新条约签字国为主要对象的大规模对外军事援助计划。该项计划是在7月25日条约刚刚批准的时候提交国会的。人们不难想起,几天之后,国会外交委员会的听证会就开始了。

此时,我已离华盛顿前往纽约,担任出席联合国大会的中国代表团团长。在重谈区域性条约问题之前,我想回顾一下联大开会期间忙忙碌碌的生活经历。那些日子的确是忙碌异常。现在翻开当时的日记,连我自己也觉得惊奇。我要处理大使馆繁重的日常事务,还要处理有关我必须参加的其他各种会议的许多工作,以及我所领导的中国代表团的工作,真不知道是怎样对付过去的。除了驻华盛顿大使的正规工作之外,我还担任着远东委员会的中国代表,直到1948年12月将近月底的时候,才摆脱这个职务。即使在我摆脱该项职务之后,我的后任李惟果还和我保持着密切联系,经常前来同我商议委员会的工作。例如5月25日,李惟果来我处请我看一份准备向委员会提出的声明草稿。其内容是关于美国取消日本赔偿的新政策。我在日记中写道:

> 许多措辞太生硬,近乎粗暴,我建议改动,他很感谢,并一一照改。

我还是联合国救济总署的中国代表,又是该署中央委员会,即其领导机构的成员。我是小麦会议的首席代表,后来又任粮农组织会议的首席代表，并且刚刚奉派担任在纽约举行的联合国大会第二阶段会议的代表。

这些任务哪一项都要求全力以赴。就联合国的职务而论，因为中国是安理会的五个常任理事国之一，那就比一般理事国的工作量更大，并且要参加为数繁多的委员会会议。尽管我有一个代表团，同事们进行了分工，但是他们总要来找我。就某一特定的会议，在某一个特定问题上，应遵循哪一种路线方针，请我作最后决定。和大使馆每星期三由我召集并主持的各部门联席会议一样，每天早上我要召集代表团会议。

各部门联席会议是国内各部和各部门派出的各种政府使团和小组的全体代表的会议。会议是遵照南京向海外所有外交使团统一发布的训令召开的。会议的目的是互通情报，这样一来各代表就可以了解彼此的情况，以免在某一具体问题上意见抵触，或在和当地政府谈判时缺乏协调。在华盛顿，由于国内派来的代表很多，因此这个会议尤其必要。可是正因为如此，就耗费时间，而且困难重重。我必须倾听他们的报告，听他们发牢骚，听他们谈问题。而且会后还常常有一些人留下来和我单独谈话，因为他们有特殊问题。当然，大使馆还有社交应酬方面的工作安排。

此外，中国正处在艰难时期。我必须时刻想到中国本身的处境。在联大或其委员会的任何一次特定会议上对某一个具体问题要采取什么方针——特别是像托管或安理会选举等这些大多数代表都极为关切的重要问题——我感到一定要从各个方面权衡轻重，小心谨慎，以免遭到反感，同时还要维护我国的尊严和地位。各国代表团都十分清楚，在它本国的种种条件下，它这个代表团到底能起多大作用。当时中国正处在非常时期，面临着无数的问题，从外部世界看来实在不是一个什么特别体面的形象。当然，我对这一点是十分清醒的，可是应该说，并非所有的同僚都能这样认识。鉴于这种局面，我知道自己必须小心谨慎地权衡轻重，不但要掌握好行动的方针，而且在遭到反对的时候，还要知道最多可以坚持到什么程度。只有这样才能保住我们的尊严，这就是说使中国受到尊重，同时还要力图实现我们的目的。这些就是外交上的微妙难测之处，必须铭记在心。作为代表团的团长，我当然更要牢牢记住，时刻不忘。

1948 年 12 月，联合国大会在巴黎休会时，议事日程并没有完成。意大利过去的殖民地问题仍然悬而未决，留待在纽约举行的第二阶段会议处理——这些殖民地是北非的由昔兰尼加、的黎波里塔尼亚和费赞组成的利比亚，东非的厄立特里亚和意属索马里兰。这个问题在 1949 年四五月间举行的大会上引起了很大重视，简直形成了一项难以解决的争端。四强外长在给他们规定的期限内未能加以解决，于是就把整个问题移交给联合国。

4 月 18 日，我和杜勒斯在成功湖附近他的俱乐部里共进午餐。我们就联大议程的若干问题交换意见以后，我提出把原属意大利的殖民地统统委托联合国管理的问题。这一规定曾由中国代表团在旧金山会议上提出列入宪章之中（事实上，这是我以中国代表团的名义亲自提出的），其原意就是为了处理像原属意大利的殖民地这一类领土。

杜勒斯说，根据第一委员会中各执一词的种种声明来判断，他不相信有哪一项提议能得到法定的三分之二多数。目前的联大会议完全可能达不成任何协议。这个问题一定要拖到下次大会去考虑。接着，我们就谈论中国的局势。

次日，我与我国驻安理会代表蒋廷黻博士，代表团团员、我国驻意大利大使于焌吉先生和胡世泽先生举行会商，为的是要在这些观点上求得一致。但是于焌吉强调有必要支持由意大利托管索马里兰。于先生当时是中国驻意大利大使，真诚维护并支持驻在国政府的事业与利益那是他的特色。当然，他是应意大利政府之请而支持意大利的要求。意大利的要求是，即使不能收回其他殖民地，最低限度也要由该国托管索马里兰。

说起于焌吉来，他在一个月前刚刚去世。（根据记录时间，他死于 1968 年 3 月。)他曾多次被召回国,但总是推迟直到能带点什么有利于中国的东西回去时再走。我记得,他曾两次带着意大利著名的工业资本家代表团回国,旨在促进中国与意大利的贸易。他希望能表明,他所从事的工作对中国是非常重要的。他觉得应该让他留在意大利继续担任大使,然而外交部却一再要派新人接替,因为于焌吉上了年纪,而且自从 1945 年以来一直占着这个职位。但是于大使说,由于大陆上存在着共产党中国,意大利不会接受另一位新大使,所以为中国着想,最好是不要更换大使,因为另任一位新的中国大使,根本不可能取得驻在国的同意。

就这样一拖多年,直到 1967 年,他终于在外交部的催促下回国,还想再去向外交部说明不宜更换大使。但是在 1967 年的联大会议上,意大利外交部长对接纳共产党中国的问题态度有所改变,我料想会后外交部再次提出要更换大使,开始时或多或少是非正式的,因为他们一定已经了解到意大利政府对任命新大使的问题并不像原来所想的那样坚决反对。于焌吉对此很不愉快,他请了一位知己朋友(这个人也是外长的好友),向外长转告,国府提出新大使太冒险,因为意大利不会接受。可是这位朋友和外交部长谈后,外长答道,于某提得太晚了,部里业已提名新人,意方表示不久即可同意。这位朋友写信如实告诉了在台北的于焌吉。这件事想必使他受到了沉重的打击,因为事后不久他就中风故去。

人们有时不能把个人利害看得太重。当然,就于而言,他是我的至交,我非常喜欢他。他这个人实在可爱,人人都喜欢他。他总是不遗余力地帮助朋友,以至在张群将军奉派率领特使团去梵蒂冈的时候,他大大地失了礼。张群到达的时候,中国驻罗马大使没有到机场去迎接。对此,张群一定是极为不快的,因为他作为一位特使,自然要和当地的大使就正式访问的细节安排进行磋商,在如何执行这次特殊使命的问题上,也要听取他的建议,取得他的帮助。

我在海牙接到张群从罗马打来的电话,他感谢我对他的欢迎与款待,这时我才了解到上述情况。我问他旅途是否顺利,他说不错,可是大使不在,谁也不知道他到哪里去了。实际上于焌吉大使当时在纽约。那天他受到两方面的邀请,一方面是孔夫人,他当然不能谢绝,另一方面是他的老朋友纽约市政府公共关系专员帕特森先生。当他把这些约会告诉在联合国工作的一位中国好友时,后者催他快走,不然就赶不上飞机了。但是他觉得两方面都必须出席,他不愿意让朋友失望。因此他当晚从这边赶到那边,结果到达艾德威尔德机场时,已为时过晚了,没有赶上飞机。我想说明的是他多么可爱,多么珍视友谊,又是多么愿意让自己的朋友满意,他明知有贻误更重要的公事的危险,居然也顾不得了。这是他的一个小缺点,也正是他这个缺点曾惹恼了中国人的好朋友,前去访他并和他商谈援华提案的坎贝尔·刘易斯夫人和艾夫斯上校。

4月20日,我根据业经商定的一致意见,代表中国代表团发表声明,赞成把意大利过去的一切殖民地都交由联合国托管,只有厄立特里亚港应划给埃塞俄比亚作为出海口。事后杜勒斯对我说,那是一个很好的声明,虽然从财政观点上考虑他并不同意我的立场。他认为联合国在财政上没有条件负担这笔行政开支。

托管理事会的法国代表达里东先生说,他充分理解我们的主张是正确的,但是法国赞成由意大利托管,特别是托管的黎波里塔尼亚。他不能理解英国为什么反对意大利托管,他就法国的立场作了以下的解释。他说,法国"准备失掉印度支那,或者听之任之,但是法属非洲殖民地的情况就不一样,这些意大利属地离法国很近,从法国的观点看,如果由联合国或英国托管,势必对法属非洲殖民地产生不利后果"。他说,换句话说,法国不希望,也不打算允许任何一个原意属殖民地独立。

索马里兰青年联盟代表获准参加4月21日第一委员会的会议。他们代表索马里兰提出了强烈的呼吁。我向他提出了两个问题。对于第一个问题，即他对由意大利托管索马里兰的提案有何意见，他表示强烈反对。接着我对他指出第二个问题，请他对下列三种托管形式进行选择：由一个国家托管、由几个国家联合托管或由联合国托管。他的答复并不十分中肯。他说，只要这块土地不是由意大利统治，一切联大会议的决定都可以接受。

后来，乌拉圭的代表圣克鲁斯大使前来同我和托管理事会美国代表赛尔先生商谈意大利殖民地问题。克鲁斯说，他正在以英、法、意、美、埃对三个意大利殖民地共同负责的想法为基础拟订一个方案，这就是说，由英、法、意、美联合托管，并给予埃及若干特权。

英国代表团团长、外交国务大臣赫克托·麦克尼尔表示他个人赞成这种设想，但美国必须参加，并要由伦敦认可。这说明意大利殖民地问题引起了各方高度的关切，议论纷纷。这是一个非常难办的问题，因为在这么多的代表间很难找到普遍同意的共同基础。

后来，我和赛尔共进午餐，继续我们在丹麦外长拉斯穆森前一天晚上举行的宴会上开始的谈话。赛尔同意我的想法，托管理事会应该发展成联合国的一个极重要的机构，负责管理诸如意大利以往的殖民地之类的领土。不过他担心以理事会目前这种结构，其工作恐怕不会有实效。这个理事会由十二个理事国组成，其中六个是托管国的，另六个是非托管国的，非托管国中包括中国、苏联和四个由选举产生的国家。他说，中国在一切问题上总是采取通情达理的立场，并且表示希望促进托管地区与尚未自治地区许多被统治民族的事业。苏俄则恰恰相反，它采取的立场往往是从它本身的政治打算出发并且着眼于为本国谋取利益而进行宣传。另外四个理事国代表着巴拿马、墨西哥这一类国家，根本不起作用，而且不具备代表应有的水平。他们之中有的将会努力学习，熟悉情况；有的则会采取一种客观的独立立场。他们也很容易为苏联的提案所左右，对它的高调随声附和。

赛尔指出,因为中国与苏俄都是安理会的常任理事国,所以只剩下四个席位每两年改选一次。他认为根据地理原则,拉丁美洲在四个席位中只能占一个。他曾就这点探询过几位拉丁美洲代表团的意见,他们一致反对把一个席位让给世界其他地区。而他认为全世界的主要地区最少有五六个,拉丁美洲占一个席位已经足够了。

我说,我和赛尔的见解相当一致。在旧金山会议上,我曾注意到每逢第四委员会讨论有关过去的委任统治地的重要问题,许多承担托管的大国经常是一致的,投票时总是勾结一气。我推测托管理事会的情况也是如此。非托管国的代表完全有必要组织一个同样的联合阵线,以便用真实论据和充分的理由来反驳那些托管国提出的似是而非的论点。我记得五强就起草宪章中有关托管制度进行协商的时候,英国与法国总是采取共同的立场,而中国所采取的立场最终往往和苏联的立场相接近。至于美国,在那些日子里多半也是采取一种比较接近中国观点的立场,显得不是采取体现殖民主义精神的死硬政策,而是为当地居民着想的进步而开明的态度。

赛尔说,一点不错,美国对非自治地区的态度,典型的表现在它对待菲律宾的政策上。但是在目前的托管理事会里,美国面对着苏联代表不遗余力地追求达到其宣传目的,也只得站到各托管的大国一边去。他认为如果不把更多的能起作用的理事国选进托管理事会,该理事会就不能有效地执行其使命。

我表示同意并说,有一个办法可以达到这个目的,那就是在选举托管理事会四个新理事国前夕,要在联大会议上发表声明,促使大家注意理事会的重要性,必须加强非托管国的阵容。

赛尔认为到那时就太晚了,因为大多数有意在理事会中争得席位的国家,可能都早已进行竞选活动了。

我说,那样的话,最好在一般性辩论结束时就提前提出这个意见。一般性辩论通常是在每届会期开始时进行的。

代理外交部长叶公超于 24 日从上海打来电话,他特别指出我就意大利殖民地问题所发表的声明,与外交部电令中有关同一问题的意向不符。我向他说明了所以不符的原委。前文提到,在 19 日的讨论会上,于焌吉大使不同意我们大家的意见。他竭力支持由意大利托管索马里兰,如果可能,还要托管全部意大利殖民地。他支持意大利的愿望,那是很自然的,因为他驻节罗马。

他显然已经就中国给予支持一事,对意大利政府作出了承诺,并打电报给外交部,力促外交部接受他对这件事的主张。外交部对于此类问题向不深入研究,习于采纳驻节大使的建议。于焌吉可能在和我们讨论之后,又致电外交部,仍然想说服外交部同意他的立场。

这就显示出全体讨论的好处。中国对这一事件与很多其他事件一样,在尽可能地避免公开反对任何主要大国的利益的同时,不能把这种做法作为指导方针。中国必须从联合国中对立着的利害关系来考虑应在国际上采取的态度,又要根据本国的利益来考虑自己的政策。特别是在这种意见极度分歧的问题上,在意大利的意图遭到强烈反对的时候,鉴于中国的国策一贯是支持殖民地人民的独立事业,我们考虑问题就绝不能局限于某个特定国家的利益。而且,联合国就这一问题举行投票的结果最后表明,绝大多数代表都反对把殖民地归还给有关的殖民大国。

政府在国内与辩论的现场远隔万里,只有事先对所有的问题有充分了解,并有机会作深入细致的研究,才具备发布指示的适当条件。而这一次并非如此。外交部支持意大利的立场,仅仅是由于于焌吉大使的极力陈请。我想当时南京并不认为这是个对中国有什么重大关系的问题,只不过因为对意大利有利,也就乐得采纳这位大使的建议。意大利要索还这些殖民地的心愿非常迫切,而中国政府正处于非常时期,大陆上四面八方动乱不已,面对着共产党的叛乱和混乱而危急的军政形势,简直认为没有必要,而且也顾不上从各个角度去考虑这个问题,甚至和驻在纽约的代表团也没有磋商过。它很自然地采取了最省事的办法，简单从事地采纳了驻节大使的建议，并把它当作自己的主张转到了纽约。如果我没有记错的话，外交部的来电对自己的意见并不十分坚持，不过是含糊其辞地把指示传达给代表团，而且要代表团根据具体情况权宜行事。这显然是一种聪明的做法，也不言而喻说明了为什么叶公超在代表外交部说话时，只不过点出了我声明中的立场与外交部来电不符之处而已。

我所要强调的是，像这一类问题，特别是与中国没有直接利害关系的问题，一般地说比较明智的办法是交给驻外代表团去考虑并作出结论，因为它与各主要国家代表团经常保持接触，能够就地了解谈判的气氛与趋向。如果问题极关重要，代表团当然会向政府请示。但是有时来不及请示，代表团就应自己作主。在这种情况下，代表团当然要承担责任。

时至今日，上述办法在很大程度上仍然适用，尤其是在一个出席国际会议的代表团团长有意发挥他的杰出判断力，并甘愿负起一定责任的情况下，就更应这样办。这种情况在过去也是不乏其例的。凡尔赛会议的时候，日本人分别通知英国人、美国人和法国人，说中国代表不按他们上级的指令办事。华盛顿会议中也发生过同样的事件，当时日本代表团拒绝恢复山东问题的会谈，时达一个多月之久。他们说，中国的代表并不代表他们的政府，理由是日本驻北京公使小幡亲自会见了中国总理，据说会谈要改在北京举行。

在凡尔赛会议上就有这么一桩具体事例。当时掌权的政府是以段祺瑞将军为首的安福系政府。段政府以吉林和满洲其他各地的金矿与森林为抵押，与日本政府签订了一系列的秘密借款协定，名义上是为了准备加入协约国行列参加世界大战，而实际上是为了扩军，以便进攻以孙中山为首的南方政府。所以这些借款协定都是保密的。但是十国委员会主席克里孟梭直截了当地问我："中国代表可以把他刚刚对大会说的秘密协定交出来吗？"

我当即毫不犹豫地回答说："可以!"这使日本人大吃一惊。当问到日本代表团时,牧野男爵踌躇半天才回答说:"这个问题我们必须向东京请示。"

我提这件事不过是为了举例说明。在那些年代里,中国的外交政策往往是被国内政治势力所利用的工具,而国内的政治又以中国各派系之间的斗争为其特点,各派竞争的焦点是竞向各自的外国靠山争取财政上的援助和外交上的支持,俾使在内战中加强各自的地位。这种局面也并非当年所独有。不过我想,这种局面是我和与我抱有同样观点的外交家们永远不会接受的。派往国外的外交代表所代表的应该是整个中国、整个民族,而不应是仅仅代表某一个政党,这是我的一贯主张。

在巴黎和会召开前夕,郭泰祺由陈友仁陪同来到华盛顿,他周游美国,发表演说,一提到国际所承认的北京中国政府,他就使用"北京朝廷"这个词,并且声明这个政府不能代表中国人民,只有孙中山先生领导的南方政府才是中国的政府。我听了这番话,就请他们吃饭,我跟他们说,关于郭先生所说的话,从国民党的政治观点来看,从政党利害关系来看,他们可能感到自己说的话十分正确。但是因为他们也是外交家,我就坦率地对他们说,我在华盛顿并不是"北京朝廷"的代表,而是由世界各国所承认的中国政府派来的中国代表。我还说,美国人会说:"你是想玩弄权术。"可是英国人却说:"家丑不可外扬!"作为他们的朋友,我恳求他们不要在国外宣扬家丑。他们二位看来是理解了我的观点,因为我了解到,他们在以后的公开言论中都不再用"北京朝廷"这个词了。

现在回到我的主题上来,再谈谈谁来决定外交政策的问题,诚然,在某种情况下中国代表们,特别是出席各种会议的代表们,有时迫于形势不得不对某个具体问题自己作出决定。根据我个人的体会,如果上级的指示显然没有把实际情况的最新发展考虑进去,也可能是由于国内还不知道这些发展,我就觉得必须发挥自己的判断力。一般说来,只要有可能,我总是设法先提出我的意见,向政府请示,指出是非与利害,以及为什么我认为他们的见解就我国来说并非上策的理由。但有时候,在国际集会上进行讨论时,需要马上作出决定,就不可能以暂不表态来拖延应付,表示需要致电上级请示。在这种情况下,会议照样可以作出决议而自己将被作为弃权。

因此,担任代表的人必须大胆自行裁决,从而也就必须勇于承担责任。当然,这并不是为了他个人,也不是为了什么政治原因,因为中国外交家们大都有一个优点,那就是他们绝不玩弄权术,而在国内则往往是拙劣的政治家。即使国内的政府对某一具体问题采取不切合国外形势的不同观点,而他们看待问题却总是竭力从国家民族的观点出发,他们是真正的外交家。

4月25日,我们举行例行的代表会议。集中讨论的问题是力促联合国把汉语和俄语同样用作联合国的工作语文。据指出,反对采用汉语为工作语文的论点是财政上的问题。采用俄语只需要花费六十八万美元,而采用汉语为工作语文则要花费一百零八万九千美元。讨论的结果是,我们决心和秘书长共同努力,把使用汉语的开支控制在适当的限额之内,就是说,不超过西班牙语或俄语的开支,这样来解决财政上的节约问题。

5月5日,我要去新泽西州的特伦顿参加新泽西州州长主持的植树典礼。到达终点站林肯时,一支摩托车护卫队前来迎接我,陪送我通过泽西城和纽瓦克,到达特伦顿。这当然是对我表示礼遇的一种姿态,也许还是使我能准时参加典礼的一种保证措施。但是在交通繁忙的时候,他们频繁地使用警报器开道,有点使人心惊肉跳,实在受不了。

到了特伦顿,我被让到州长办公室,受到了州长德里斯科尔的欢迎。他是在去年11月的大选中,顶着民主党席卷全国的胜利浪潮而当选的一位共和党人。在新泽西州,他是一位颇有名气的人物,我觉得好像谁都认识他,一个个都亲切地向他问候。要种的树是山茱萸,我隐约地记得在四川曾经见过和这类似的树木。可是所有其他中国人都告诉我,中国没有山茱萸,那是一种美国树木。我毕竟不是植物学家,可能把四川见过的什么树当成了山茱萸①;也可能是出于一缕乡思吧,那时候总有三年左右没有回大陆了。

当天上午,我与于焌吉大使就意大利殖民地问题谈论中国代表团的立场。于先生对我所撰写并代表中国代表团发表的声明很不满。但是我们终于一致同意支持拉丁美洲十八国提案,就是把利比亚问题交给英国、美国、法国、意大利和埃及;把厄立特里亚问题交给英国、美国、法国、意大利和埃塞俄比亚,并把索马里兰问题也交给上述五个国家,由它们在联大第四次会议上提出建议意见。我在日记中写道:

> 这个提案是符合意大利愿望的。于说,他从意大利代表塔基阿尼那里了解到,意大利认为我们支持这个提案就是履行了外交部支持由意大利托管索马里兰的诺言。

在意大利殖民地的处理问题上,中国在联合国的根本立场是,经过一段适当的治理后要使这些殖民地独立。美国最初的立场和中国相似,早先在伦敦的态度更是如此,但是在这次联合国大会上,美国代表团团长参议员奥斯汀显然改变了主意。5月13日,他在代表休息室等我谈这个问题,试图劝我投票赞成美国的决议案,这个决议案是以意大利外长和英国外交大臣贝文多次讨论后,于5月的第一周在伦敦签订的贝文—斯弗尔扎协议为基础制订出来的。这一协议的要点是要求英国、法国、可能还有意大利对利比亚托管十年;由意大利直接托管索马里兰;厄立特里亚则由埃塞俄比亚与苏丹瓜分。

我告诉奥斯汀,中国的立场是一贯支持殖民地的民族独立,并赞成由联合国本身托管,在过渡时期中负责治理。我说,维持

①　山茱萸产于我国浙、皖、川、陕、晋、豫各地。——译者

利比亚划分为三的现状、肢解厄利特里亚，甚至把该国的大部分领土并入英埃苏丹，并把意属索马里兰归还意大利统治，在中国看来，这些都是倒退的做法。奥斯汀说，我的批评不无道理，不过最初由美国在小组委员会上提出的这个解决方案虽然不够理想，但在当时情况下，也可说是最佳方案了。依他看来，对意大利殖民地问题作个通盘解决，总比任其悬而不决为好。他不想左右中国投票，但是从有关双方争夺票数的情况看来，很可能形成势均力敌的局面，中国的一票有可能会起决定性作用。他说，这就是他要和我谈这个问题的原因。我坦率地告诉他，我们充其量也只能做到弃权。我在谈话的记录中更详尽地说明了我们的立场，以及这个问题的来龙去脉。

这些记录中记着：参议员奥斯汀说，意大利前殖民地问题已在第一委员会进行了充分的辩论，即将对十六人小组委员会提出的决议草案投票。由于美国代表团希望这个决议案能够得到委员会的批准，他想摸清中国代表团的立场。

我说，中国的立场和三星期前我在委员会上发表的第一次声明中所作的阐述相同，赞成由联合国托管和治理。对于这些领土来说，那是一种可取的安排，因为它对当地居民的利益与福利都作了最妥善的照顾。我指出，联合国宪章第八十一条规定联合国可以是托管领土的管理当局的条文，原本是由中国代表团在旧金山提出来的，并曾取得美国代表团的全力支持。宪章第十二章也规定有联合国托管、集体托管和一国托管三种托管方式。

我接着说，在伦敦的外长会议上，美国曾提出了由联合国托管过去属于意大利的全部殖民地，中国代表团给予了全力支持。但是，现在成为小组委员会建议的美国决议案的处理意见，则是要把意大利原属各殖民地分给各国单独治理。我说，据我了解，这个建议是根据斯弗尔紮伯爵和英国外交大臣贝文最近在伦敦达成的双边协议提出来的。我觉得它背离了宪章中所规定的国际托管制度的精神，特别是小组委员会建议竟把厄立特里亚西部省并入英埃苏丹。

参议员奥斯汀承认,提出的具体安排并非理想办法,但他说重要的是要使问题得到解决。提出的解决办法之所以可取,首先是因为它在世界上的一个十分重要的地区——地中海盆地,有利于促进和平事业;其次是为建立世界性政府提供了机会。正是这两项考虑导致美国在小组委员会上提出了这样一项决议。(换句话说,它导致美国放弃了原来在伦敦采取的立场,转而迎合了英国的观点。)参议员奥斯汀又说,他知道中国代表团的态度在委员会中举足轻重,我在这个问题上的任何主张都会在很大程度上左右该会的委员们。他并不想恳求我投赞成票,只希望我不要反对这个决议案。

我告诉他,已向我国政府发电请示,对于这样的决议案,我觉得中国代表团是碍难投票赞成的。(这时候,中国代表团的一位团员来通知我,委员会即将开始投票,在会上代理我的于焌吉请我返回会场。)

参议员奥斯汀说,他早就想和我谈谈,现已如愿以偿,他很高兴。我说,一定考虑参议员方才所讲的决议案的种种优点,暗示他我不能作出支持这一决议案的承诺。

那天政治委员会的投票结果是以三十四票对十六票,通过了贝文—斯弗尔紮计划,有七票弃权,其中包括我的一票。于是意大利殖民地问题就在联大的全体会议上提出。大会在 5 月 17 日召开。因为要投票表决,整个会场气氛十分紧张。关于这次表决,我在日记中写道:

> 决议草案是逐段进行表决的。我发言说明中国的立场和弃权的理由。结果是大部分都以勉强接近三分之二的多数票通过。但的黎波里塔尼亚和意属索马里兰这两个关键问题则以一二票之差没有通过。的黎波里塔尼亚问题的失败,受到了大会的热烈欢迎,全场掌声雷动,罕见的是旁听席上也鼓起掌来。这显示了人心所向,也显示了各大国想伙同

他们的南美和欧洲卫星国家,把他们的意志强加于参加大会的其他各国并不那么容易。当然,苏联及其卫星国的反对,给其他国家,特别是亚洲和阿拉伯国家帮了忙。使这些国家的立场占了上风。

浏览这段日记时,我对使用"卫星国"这个词不免感到有些踌躇。但是它确实反映了我当时使用这个词的思想和用意。况且美苏两国在联合国中都有他们的投票集团,这种集团大家都称之为"卫星国"。不管怎样,的黎波里塔尼亚决议案表决失败终于促使大会作出决定,把整个问题推迟到9月份举行的下次会议去处理。

联大闭幕以后,我回到了华盛顿。在那里,我一直关注的问题之一是亚洲或太平洋公约的问题。一些相同的因素也导致倡议欧洲军事同盟。这些因素以及这些倡议本身,也在世界其他地区引起了组织地区性同盟的兴趣。1949年初,希腊和土耳其外长就在伦敦提出了地中海公约问题。甚至在此以前,英联邦的许多国家就已经在讨论太平洋公约的设想,那是由澳大利亚带头倡议的。

1949年1月16日,我和新西兰总理彼得·弗雷泽谈话,就中国的形势回答了他许多问题之后,我也反过来问他,关于组织东南亚反共联盟一事在伦敦取得了哪些进展。

弗雷泽答道,进展不大。他说,这个问题业已讨论过,可是中国如果不能在长江一线挡住共产党,他怀疑这个拟议中的联盟到底能起什么作用。倘若整个中国落入共产党手中,缅甸和印度支那在共产主义面前就难以挽救了,马来亚与印度尼西亚也在所难免。甚至印度也岌岌可危。据他了解,马来亚和印度尼西亚共产党的活动都是由中国共产党操纵的。他说,尼赫鲁对共产主义在中国蔓延十分担心,当然会尽一切力量防止共产主义进入印度。弗雷泽认为,考虑到印度所面临的种种难题,以及印度与巴基斯坦之间的关系很僵,应该说尼赫鲁是干得挺不错的。他说,印度的最大危机是国民贫困。只要存在着贫困,共产主义就有利用其国民的大好机会。这正是尼赫鲁千方百计发展农业生产,采取种种措施发展保健、教育和卫生事业的原因。

谈到印度和英联邦的关系,弗雷泽说,尼赫鲁的政策一直是在充分考虑印度人民要求独立的同时,和英联邦保持某种纽带关系。他还说,这样一条纽带当然对印度有利,他希望能制订出一种方案,既可以满足印度人民争取独立的渴望,同时也可以保持英、印两国之间的合作关系。他说,爱尔兰也出现了这种局面。尽管爱尔兰目前业已和英国断绝了一切官方关系,从而成为一个独立的国家,可是爱尔兰人仍然渴望在国籍和贸易等问题上不要完全分离。他们渴望和英国合作,英国也抱着同样心情。对英国来说,难办的是北爱尔兰人依旧忠于国王。弗雷泽还告诉我,有人建议印度可以作为英联邦的非正式成员,这样一来好像就会形成两类成员国,他认为这不是上策。另一方面,如果宣布完全独立,又将意味着对国王的失敬。

3月25日,我在双橡园举行午宴。客人中有刚从印度回来的英国上议院议员斯特拉博尔吉。他宣称,仿效北大西洋公约,带头组织亚洲防御公约的应该是印度,而不是英国,因为印度可以轻而易举地建成一支五百万人的军队。他还说,外交大臣贝文由于巴勒斯坦问题在工党内大失人望,不久即将辞职。

有些中国人也在更为直截了当地议论着订立亚洲防御公约,他们认为这是中国在进行反共战争中取得国际援助的一种手段,也是取得美国援助的手段,因为美援只向北大西洋公约各成员国提供。早在1月间,我也有过这种考虑。人们当还记得,1月份我原准备在亚历山大·汉密尔顿宴会上发表演说的主题就是敦促各自由国家组织一条反共的联合阵线,而且同样需要订立一个与欧洲的北大西洋安全公约相类似的亚洲安全互助公约。然而我不得不修改这个主题,因为国府在1月8日向包括苏联在内的四强提出,要求他们为促成与共产党的和谈进行斡旋。3月底,我的观点有所改变。国内局势的发展使我认识到,当时应该放在首要地位的是自己国内各反共集团组成联合阵线。我和中国青年党领袖曾琦的谈话就体现了这一观点。

曾琦和他的同僚刘东岩于 3 月 27 日来访,商谈发起亚洲公约的设想。他们让我看一封写给温斯顿·邱吉尔的中文信副本,建议签订这样一项公约,强调要联合亚洲反共势力,成立一个"民主国际",以对抗共产主义与共产党情报局的种种活动。曾对我说,邱吉尔和贝文他都想会见。但是我说,我自己可不想会见他们;国府正在尽力促进国共和谈,就我的地位来说,如果他们问起中国的形势来,未免有些难堪。

我向他强调,值此关头,我国不应一心乞灵于国际援助,而首先应该采取果断态度,联合国内一切不属于共产党的分子和集团,组成共同阵线,加强武装部队,挽回民心。我说,一旦我们国内出现一致对付共产党的迹象,外援是不难取得的。如果我们能够团结合作,我们自己就可以大有作为。(我考虑的是,国内不同政治集团之间的对抗与斗争。)我说,目前国内混乱分裂,军无斗志,舆论上和战分歧,使我们的外国朋友都感到茫然,而我们自己也无法向他们作出令人满意的解释。我们首先要多在国内想办法。我说,所谓的"国民外交"或"革命外交"都不会起多大作用。如果我们自己不努力,只顾哀求别人帮忙,那绝不是我们的上策。我们必须表现出自救的决心,才能达到求人帮助的目的。

这并不是说,我不再考虑亚洲反共联盟的重要性和必要性,我只是希望向同胞们强调,是我们自己无力在国内组成联合阵线限制了取得外援的可能性。我充分理解,实际上正是那种保证西欧防务与经济稳定的措施取得的成功,将会使亚洲沦为共产主义侵略的首要目标,除非在亚洲也采取同样的措施。

4 月 18 日,我和美国全球政策的主要倡议者杜勒斯在成功湖附近他的俱乐部里交换了意见。我问杜勒斯对国际局势的观感如何。同时指出,据我看来,尽管美苏两国目前都不想发动战争,然而国际局势照样持续紧张,而这种紧张局势不用很久就会使世界陷入瘫痪状态。

杜勒斯说,这是一个很难回答的问题,但是正像他在别处讲过的那样,欧洲复兴计划在稳定西欧各国的经济上确实取得了成功。至于北大西洋公约,他业已改变了看法。一开始,他认为可能由于苏联方面反应强烈而引起战争。现在,他认为这个公约将起到防止苏联侵略的作用。然而他担心,该项公约仅仅适用于北大西洋地区各国,世界上其他各地没有类似的公约与之互相呼应,这一事实可能被苏联理解成一种默许:他们可以在亚洲为所欲为。根据亚洲最近的形势发展来判断,他认为苏联对公约是有这种理解倾向的,这样当然会使中国承受最严重的压力。由于美国现政府采取的政策,致使中国蒙受更多的苦难,这使他感到遗憾。为了更有效地遏制共产主义,必须有一个全球政策。如果这个政策不是全球性的,那就终究不可能实现其各项主要目标。(这些话部分地说明了他后来在艾森豪威尔总统领导下担任国务卿时,终于采用并实行的政策。)

4月21日,我和联合国托管理事会的美国理事弗朗西斯·赛尔谈话时,表达了我的个人意见,赞成采取对付共产党问题的全球手段。我告诉他,中国是以抗日的态度看待当前的战争的。战争的结局不仅对中国本身生死攸关,而且对整个世界局势,甚至对美国的政策都会产生深远的影响。如果美国的政策真是要遏制共产主义、保障世界和平,这个政策就必须建立在全球性的基础上。我说,我固然相信欧洲复兴计划和北大西洋公约都很重要,不可缺少,然而如果把中国置之度外,单纯地依靠这些也不会完全奏效。共产党统治的危险有如洪水,无孔不入,会在全世界泛滥成灾,除非是围绕着共产主义的发源地筑起一道完整的堤坝。华盛顿当前的政策好像是要集中注意力于欧洲,让半个太平洋和亚洲大陆统统暴露在共产主义之下。我担心的是,苏联是个横跨欧亚两洲的国家,它会利用美国注意力集中于欧洲的时机,加紧赤化亚洲,其结果是花在欧洲的全部金钱与心血到头来必将尽付东流。俄国人是个有耐心的民族,不像美国人那么性急。他们制订政策的理论根据是,只要能控制亚洲,哪怕在欧洲暂时失利也无关宏旨,他们最后终归会达到统治全世界的根本目标的。

5月6日,我和菲利普·杰塞普博士畅谈了一次。在签订北大西洋公约时,他代表美方,起过重要作用。我们是在英国大使弗兰克斯夫妇举办的宴会上交谈的。我被让到弗兰克斯夫人右手的首席上,在她左边首席上就座的是美国最高法院法官拉特利奇。我发现弗兰克斯夫人是一位苏格兰妇女的典型代表,朴素、自然、坦率。她具有中产阶级的特有风度,热爱英国的习俗与传统,总觉得美国方式有点儿古怪。

我在日记中写道:

> 午宴后饮咖啡时,我和美国无任所大使杰塞普博士畅谈了一次。他最近与苏联代表马立克在纽约就解除柏林封锁,以及5月23日在巴黎举行外长会议两个问题达成了谅解。我祝贺他成功地签订了北大西洋公约,他当时说,他对远东的中国局势颇感忧虑。他认为,由于马歇尔计划和北大西洋公约卓有成效,苏联自知在欧洲的冷战中输掉了,但毫无疑问,苏联在亚洲是打赢了。

> 杰塞普准备在美国参加巴黎会议的代表团启程以前动身赴欧,以便与英法商量议事日程。我还从他的谈话中得知,他要就中国的局势问题探询英、法的意见。

国务院好像也认识到了亚洲的脆弱性以及它在美国防务系统中的重要地位。记得6月29日,我接待了一位即将前往远东的国务院人员。正像我说的那样,我这位来客很想了解俄国人在中国东北研究细菌战的进展情况,认为细菌战远比原子武器危险。他想俄国人如果要使用细菌战,肯定要通过中国共产党首先在中国人身上彻底试验一番。他告诉我,他如今奉派前往远东,是因为国务院内他所在的这个部门充分注意到,中国东北在美国东北亚和太平洋地区的整个防务计划中的重要战略地位。他接着就详细地叙述了朝鲜局势,认为这种局势可能导致下一次战争。

尽管国务院内有这样清楚的认识,然而美国政府和国务院在整体上却仍在推行老一套的"欧洲第一"政策。他们感到美国的资源有限,无法维持一项全球政策。再就是国务卿全神贯注于他所熟悉的欧洲,而对他似乎还不熟悉的亚洲就不大关心。我想这正是症结所在。

5月11日,我和国务卿艾奇逊会谈,要求美国给予中国经济援助与道义支持。我已经要求过让司徒雷登大使在回美之前去广州一行,又对他说,我所考虑到的第二项道义支持牵涉到北大西洋公约的签订,我想回顾一下我们谈话的那部分内容。

我对他说,我认为这个公约是和平事业的一项巨大成就,热爱和平的各国人民都欢迎它。但是我国政府和国民在祝贺这项成就之余,不无忧虑。他们忧虑的是,对大西洋地区如此全神贯注地关心和照顾,公约的对立面即便不把这理解成一种邀请,也会把它误解为一种暗示:共产主义武力尽可以在中国以及亚洲和世界其他各地大胆前进,无需害怕会有什么阻拦。我说我知道这并不是,而且从来也不可能是美国政府发起缔结这个公约的本意。事实上,我还记得国务卿本人两个月以前就声明过:这项公约的签订并不意味着美国对世界其他地区发生的一切问题会不闻不问,而且杜鲁门总统就签订北大西洋公约一事发表的演说中,也提到了艾奇逊的这一声明,并强调了这一点。我说,然而公约的敌人们继续在窃窃私语,说什么公约以外的地区美国一概不加闻问。他们指出中国当前所发生的一切事态,用以证明其判断之正确。

我补充说,不单是中国人有此忧虑,我知道亚洲各地到处如此。就在几天前,韩国驻联合国代表曾来看望我,他也同样表示不安。所以我想提出这种要求，希望国务卿利用适当时机，重申美国对世界上任何地区任何国家的自由遭到侵犯都加以注视与关切，并特别要以中国的战争为例，加以说明。这样的再次声明不仅可以清除弥漫于中国和亚洲的不安情绪，而且会对中国和亚洲整个地区的人心与士气起到有益的作用。

艾奇逊说，他要寻找适当时机重申美国政府的观点，可是在下星期动身前往巴黎参加外长会议之前，他认为不会有这样的机会。这是一个不负责任的答复。

从总体上来说，亚洲各国政府本身对共产主义威胁都已有此认识，但是对于如何应付这种威胁最为有效，则争论很大。韩国和菲律宾政府与我国政府一样，都深感共产党的直接威胁，所以渴望成立地区性防卫公约。显然是在争夺亚洲领导地位的印度，对这一公约则很少兴趣，强调从经济上解决亚洲问题。许多其他亚洲国家则心甘情愿地跟着美国走，一般来说，这些国家认为没有美国的支持，任何亚洲公约都是一纸空文。

1949年1月5日，韩国代表赵炳玉前来访晤。对于我们间的谈话，我照常作了笔记。因为谈话虽然简短，可是它对有关该国问题的性质和重要性的说明很有意义。我上次和这位大使见面，是在他即将动身前往巴黎参加联合国大会的时候。现在他刚从巴黎回来，经美返国。他说，此次前来会晤，是代表韩国代表团向我，并且通过我向中国政府表示感谢，感谢中国代表团就朝鲜问题给予韩国的有力支持。在回答我的一个问题时，他说：该国对联大作出的最后决议真是喜出望外，联合国业已承认韩国政府是朝鲜的合法政府，美国也已同样给予这种承认。

我问他，报载韩国第一任驻美大使业已选定的消息是否属实。

他秘密地告诉我，在巴黎时李承晚总统曾给他来过电报，提出由他出任该职。他已回电，希望与总统面谈后再定。他本人感到今后一两年内，他在国内工作，要比出任驻美大使更为重要。

赵炳玉接着说,中共军队在中国进展迅速,这是李承晚总统与韩国政府全体极为关心与忧虑的重大事件。他说,如果中国落入共产党手中,韩国就不可能保持独立。他对美国的对华政策表示不满,认为美国没有给国民政府提供充分而及时的援助。

提到韩国,他说,该国不久就将面临两大问题。第一个问题是明年年初必须举行大选。如果像金九与金奎植这样的左派政治家在议会中取得多数席位,李总统的党就要丧失现有的统治地位,而他们必将以统一为名对北朝鲜推行姑息政策,实际上就等于让北朝鲜傀儡政权统治全国。(显然,这位大使在那个时候就已对北朝鲜问题的错综复杂和重要意义看得一清二楚。)

赵炳玉接下去说,韩国面临的第二个问题是,北朝鲜政权使用由苏联训练与装备的军队进攻南朝鲜的危险。目前的情况是,韩国的军队正由美国军官进行训练。军队总数大约五万人,但装备尚未齐全。正是为了这个原因,韩国政府希望现在驻扎在南朝鲜的美国军队留下来。使他感到高兴的是中国政府的观点与此相同。联大就朝鲜问题作出的决议,也没有给美国军队规定撤出日期。

次日,随中国代表团前往巴黎参加联大的郑宝南先生来访,他向我叙述了联大在巴黎开会的情况,着重地讲了中国代表团在朝鲜问题上所起的作用。他说,美国与我国代表团通力合作,并接受了中国的决议草案。我们力劝美国取消美国军队从南朝鲜撤退的具体日期,美国听从了我们的劝告,最后采纳了"俟可行之时"这一措辞。

我本人清楚,中国代表团在这个问题上采取了坚定立场,并得到英国代表团的某种支持。美国好像一心要从韩国撤出美国军队,最初并不十分理解我们的立场。但是中国知道局势危险,因而坚持这一主张,最后终于取得一项折衷方案。大意是美国军队要撤退,但日期不定,只是说尽快撤退,使之不成定局。也是由于中国坚决主张立即承认韩国为独立国家,美国最后才表示赞成。所以联合国在这个问题上所作的决议,韩国政府全部认可并表示赞赏。

1月25日,我接待了韩国新任大使张勉,他是来进行礼节性拜访,同时就该国新使馆的预算编制、使馆组织等问题向我请教,特别是有关大使和馆员的薪俸、等级以及人员配备的问题。在国外建立外交使团对于该国来说,本来是一种新的尝试,我当然竭诚相告。在我们谈话中,我发现张先生和赵先生一样,对于美国对中国采取的冷淡政策深表遗憾,认为中国一旦赤化,韩国就难以立足了。

3月7日,星期六,我再次接待了韩国驻联合国代表赵炳玉,正像我告诉过艾奇逊国务卿那样,他忧心忡忡地谈起中国共产党的节节胜利,以及这种情况在韩国引起的反响。他对我说,他很想发起中韩互助条约以抵制共产党的威胁。这次谈话的笔记中写着:赵博士解释说,他之所以要求和我会面,是想了解一下中国的局势。他说,共产党军队的迅速推进,使李总统和他本人极为担忧,因为这种局面也在影响着韩国。

他接着说,前两天有两营韩国部队在亲共营长的率领下越过了三八线,进入北朝鲜,意欲投奔北朝鲜政权。幸亏有些兵士们发现了这个阴谋,经过一场战斗才逃回韩国境内。但是这两个营有不少人没有回来。他还说,将来一旦摊牌,发生了冲突,北朝鲜人民一定会声明赞成加入南朝鲜。北朝鲜境内有许多和南朝鲜当局保持联系的地下工作人员。李总统确信大多数北朝鲜人确实愿意加入他治理的南朝鲜,不过他还不想立刻人为地推动这种局面出现。

我问他韩国建军工作的进展情况怎样。

他答道,部队的训练颇有进展,但装备部队的武器仍感不足。计划训练现役部队十万人,后备役二十万人。训练完成之后,他们就足以维持秩序,保卫韩国,防止北朝鲜任何可能的入侵。

赵博士告诉我,美国在韩国的驻军已经裁减成一支很小的部队,他这次来华盛顿是为了推动军事援助计划。他听说杜鲁门总统业已向国会提出一项计划,他估计有希望得到批准。但是还需要进行一些解释和推动,这就是他为会见一些主要参议员和国会议员而来华盛顿的动机。他还说,大家都盼他返韩,但他还是很想前往广州,就地观察一下中国的局势。他认为中韩两国需要紧密合作,他有意倡议两国之间签订一项军事援助条约。据他所知,北朝鲜确实已和中国共产党签订协定,双方已在合作中。

我对他说,在共产党的威胁面前,中韩两国是利害与共的,他打算访问广州,我很高兴。我说,我一定把他的愿望上报国府,保证他到那里时受到欢迎。

6月底,韩国的局势变得更坏。6月29日,美国来访的国务院客人对我说,韩国形势正朝着他几个月前就预料到的方向发展。虽然美国军队仅仅撤退到日本,现在北朝鲜就进犯南朝鲜了。由于北朝鲜人进一步深入南方,李承晚总统和他的政府被迫避难日本,美国军队即将重新调回南朝鲜进行保卫,因为他们对南朝鲜人承担的义务仍然有效。他解释说,南朝鲜人大部分是农民,和工业化的北朝鲜人相比,部队的质量很差。他还说,李承晚之所以被美国人选中并得到支持,是因为他上了年纪,容易驾驭。他公开发表的每一篇声明都要首先由占领当局批准。(然而这个看法未免有点言之过早,因为后来事实表明李承晚总统非常固执,难于驾驭,多次在重要的关头拒绝按美国人的意见行事。我推测,正是因为他不肯事事按美国人的意愿办理,才导致他最后倒台。)

我的客人最后说,如果再次爆发世界战争,他深信会从远东开始,而韩国大概就是导火线。(事实上,韩国战争果然就在一年之后爆发了。)他说,因为中共部队业已深入华中地区,甚至占领了上海,美国排除了在中国东北、华北和华中建立基地的可能性,这就使俄国人在朝鲜大大地占了优势。他说,这正是苏联在欧洲、亚洲和地中海盆地所梦寐以求的愿望。换句话说,苏联所梦寐以求的是在该国周围以卫星国的形式,建成一个防卫圈。

亚洲各国派驻联合国的大使和公使所举行的一系列全体会议,是听取亚洲其他国家形势与看法的重要机会。举行这些会议起初原是我的主意,可是轮到印度大使和后来的伊朗大使召集会议时却把我排除在外了。对于这样一种疏忽,菲律宾大使伊利扎尔德先生和我本人都感到不解。3月18日这位大使来访。出乎意外,他告诉我说,会议开过两次,第一次是由印度大使劳召集的,第二次是伊朗大使侯赛因·阿拉召开的,开得都不错,但是他发现几乎所有的亚洲国家都参加了,唯独没有见到我代表中国出席,使他深感诧异。他问我为什么没有受到邀请,并说他也问过别人,为什么不邀请我参加。他们回答说,没有什么特殊理由,他们都十分愿意我能出席的。(可是他们并没有告诉我,会议正在召开。)

菲律宾大使说,下次会议该轮到他来召集,他准备在3月28日四点钟以鸡尾酒会的形式召开。他是来邀请我出席的,他说这一次并非正式会议,不过是就各自国家的问题随便交流一下情况的聚会,然而终归会涉及亚洲共产党问题的。我坦率地说,只要他邀请,我总是领情的,但是如果有人觉得中国的局势会使某些人为难,或是怀疑中国抱有领导亚洲的意图,我毕竟还是不出席为好。我说,就领导权而论,中国从来不抱丝毫希望,连想都不曾想过。然而我还是答应考虑他的邀请,以后通知他。结果我决定出席。

我在3月18日的日记中写道:

> 我怀疑劳大使之所以避免邀请我,可能是出于印度露骨的忌妒中国在联合国中的地位。该国在历次会议上的许多表现和尼赫鲁最近的演说都可以证明这一点。

我看得很清楚,印度渴望人们承认它为亚洲领袖,并已见诸行动。印度在联合国,总是设法在亚洲国家中扮演领袖角色。然而中国,至少是我个人(但是我认为,凡是中国来的人都会如此。)认为,此时此际,在亚洲国家中担任领袖角色,对中国来说,既不够明智,也不合时宜。

5月26日下午,我本人以茶会形式召开了一次同样性质的会议,邀请了亚洲各国的全体大使和公使。茶会在双橡园召开,进行得很好,出席的人很多。我的客人中有阿富汗、缅甸、锡兰、印度、伊朗、泰国、韩国、巴基斯坦和沙特阿拉伯的大使,伊拉克的代办,黎巴嫩的参赞,以及叙利亚、菲律宾和埃及的公使。

我在日记中写道:

> 茶会开得热烈,人人都发言,大多数一再发言。茶会开始,我给大家讲了中国共产党战争的起源、性质和目标,以及它在亚洲其他地方可能引起的反响。我也向大家讲了我在5月11日和国务卿艾奇逊就外传签订太平洋公约的讨论所作谈话的性质。我说,我并没有提出签订太平洋公约的建议,但我曾经指出,北大西洋公约对于和平虽然可贵,但还不足以达到它的根本目的,应在亚洲及其他地区采取类似的措施加以补充。

> 潘迪特夫人是出席人士当中唯一的女性。她说,亚洲各国的头等大事是发展经济。例如国民饥馑、贫困的印度,正是滋长共产主义的肥沃土壤。锡兰大使也如此说。叙利亚的胡里风趣地说,对他的国家来说,犹太人比共产党还要危险,但又说,要使任何太平洋公约能起作用,各个国家都必须首先解决自己的问题。缅甸和泰国两位大使认为最大的危险来自中国共产党,而不是当地共产党。

胡里对犹太人的戒心,在很多阿拉伯国家的代表中是个典型。8月9日,约旦哈希姆王国公使优素福·海卡勒博士来双橡园访问,他一下子就谈到了这个话题。他详细地叙述着约旦的艰难处境,以及大约九十万阿拉伯人的苦况。犹太人发出了限他们在二十小时内离境的命令,把他们赶出巴勒斯坦家园,来到约旦,并且不准他们带走任何贵重物品。他说,美国和英国对此都漠不关心,联合国委员会也无法贯彻联大关于应履行的各项条件的决议。他说,阿拉伯民族弱小无力,犹太人完全是凭借军队的武力把他们赶走的。在 5 月 26 日的那次聚会上,我没有听到阿富汗大使的发言,但是年初我对他回访时曾和他谈过话。在我们 1 月 25 日的简短会谈中,这位大使告诉我,该国国民虽然都是穆斯林,但是他们的生活方式和风俗习惯却与其他伊斯兰国家迥然不同。他们的教规并不那么严格,常吃猪肉。他说阿富汗是个内陆国家,无法迅速发展贸易。他给我留下的印象是,尽管到目前为止阿富汗根本还没有共产党,可是该国也在防范着苏联。

另一个处境奇特的亚洲国家是尼泊尔。该国派驻英、美两国政府的公使从不出席这些定期例会,因为他大部分时间都住在伦敦。可是 10 月 4 日他来看我了,他是从伦敦来华盛顿视事的,不过只能在这里停留很短的时间。我说,共产党的威胁干扰着世界上那么多的国家,我认为尼泊尔是不存在这种干扰的。但这位公使拉纳将军说,该国也并不是完全没有受到共产党的威胁。印度共产党一直在设法向尼泊尔渗透。而且和亚洲的其他国家类似,尼泊尔的生活水平很低,因此共产党就在这里找到了进行活动的肥沃土壤。

我说,我知道印度政府对付共产党问题的态度十分强硬。他当即表示,他希望印度政府能够说到做到,因为说话总是容易,做到就难了。

谈到该国的经济情况,他说尼泊尔正在尽力设法开展对美贸易,以便多取得一些美元。他说尼泊尔是个穷国,并说,由于美元短缺,连他本人也不能在美国住得太久。他解释道,他这次来纽约的目的是看看如何进一步争取使尼泊尔获准加入联合国。他说,加入联合国的道路是扫清了,但担心的是苏联的否决权,它行使否决权其实与尼泊尔本身并无任何关系,只是因为苏联坚决要求联合国必须允许其他亲苏国家和尼泊尔同时加入。

我说,这样坚持集体接纳表决实在不符合宪章的规定。

他表示同意,并说据他看来,这也违背了宪章的条文与精神。但是中国代表团对尼泊尔的申请给予了友好而有力的支持,他对此表示感谢。英、美两国也在这方面给尼泊尔以坚决支持,他也非常满意。

我问他,尼泊尔是否对美国有大量的出口。

这位将军答道:"现在还没有。"但他希望该国与印度政府正在谈判中的友好通商条约签订以后,就可以有较多的货物运到这里来。目前,尼泊尔货物通过印度运到美国有困难,费用又高。尚在谈判中的尼印条约必将为推行促进尼美贸易的政策奠定坚实的基础。

6月16日下午,又举行了一次招待亚洲各国代表的茶会,这次是由泰国大使主持的。有十六个国家的大使和公使出席。东道主的发言大多是谈该国国名改"暹罗"为"泰国"的来历和理由,又谈到为了使法国承认新国名而举行的多次谈判。他告诉我们,一直到曼谷提出使用"泰国国民"这个字眼来称呼泰国公民,以代替法国词"泰国人",法国才予以承认。这是因为法国人害怕在印度支那的泰族血统的人中间引起不满。他又谈到在泰国国内重要的大米贸易中,充当经纪人的都是华人,说该国政府要减少经纪人的利润,以限制大米的价格。

大约在那个茶会前的一个星期,著名记者和作家埃德加·莫勒来看望我。他告诉我,他要去采访潘迪特夫人。他向我请教怎样和她打交道最合适。他说,他不理解她对苏俄何以那样同情。我告诉他,她在担任驻莫斯科大使以后已不那么同情苏俄。莫勒谈到酝酿中的太平洋公约时,认为这要取决于印度的态度。我把上个月印度在双橡园的茶会上所流露出来的态度告诉了他。我说,印度并不很热心,该国强调对印度来说发展经济更为重要。莫勒接着说,他觉得美国是在支持印度以对付共产党中国。

6月20日,潘迪特夫人来进行礼节性拜会时,我和她有一段愉快的长谈。我在日记中写道:

> 潘迪特夫人看起来很健康,举止自然而妩媚。我们对许多问题加予讨论,交换意见,她很直爽。她谈到古老的印度法律的影响,并以财产和继承法对她本人生活状态的影响为例,加以说明。她的丈夫是个大富翁,是印度最大制革厂的厂主。在他去世的时候,他的兄弟继承了他的全部财产与土地。她没有儿子,只有两个女儿,落得身无分文,她丈夫的兄弟没有给过她任何帮助。

> 据潘迪特夫人说,在离开纽约之前,她拜会了蒋夫人,那次会见非常愉快。她跟我说,感到遗憾的是,她第二天未能按蒋夫人的要求再安排一次拜访。我提到蒋夫人很喜欢潘迪特夫人的两位女儿,听说这两个女孩都在卫斯理学院读过书。

我知道,她的一个女儿在卫斯理学院读书时,曾经获得该校为亚洲学生设置的蒋介石夫人奖学金。

> 潘迪特夫人说是的,还告诉我她们都结婚了,大女儿的丈夫经营商业,而二女儿的丈夫则已进入印度的外交界,现在葡属殖民地果阿任领事。

> 潘迪特夫人在回答一个问题的时候说,尼赫鲁总理接受了杜鲁门总统的邀请,将于10月上旬访问美国,但是由于印度要在10月份通过新宪法,并进行公布,尼赫鲁先生可能要晚几天才能到达美国。我问尼赫鲁先生过去是否到过美国,潘迪特夫人说,这是他的初次访问。她私下对我说,她认为她的兄长是在英国受的教育,在美国并不闻名,他对美国的生活方式并不十分欣赏。

(我应该补充说明,尼赫鲁先生本人来华盛顿访问,我与他长谈时,也证实了这一点。他对美国的生活方式颇多指责。)

我对潘迪特夫人说,我认为这是理所当然的。在美国,生活的节奏仿佛要快得多,人人好像都在赶时间。然而我相信,尼赫鲁先生观察一下这个国家会感到很大兴趣的,特别是初次来美,他到处可以发现活力与进取的象征。潘迪特夫人完全同意,她很高兴她兄长接受了这次邀请。

这次的谈话记录上写着:我接着说,潘迪特夫人一定会发现华盛顿的生活与她在那里当过大使的莫斯科的生活大不相同。

潘迪特夫人说,莫斯科的生活完全不同,那里很少社交活动。俄国人很少外出,只是在各国国庆时,苏联政府官员才出来参加外国使馆举行的招待会。一般说来,不仅是苏联人,东欧大使馆的人员也都对其他外交使团的人员敬而远之。由于这种缘故,其他外交使团人员之间彼此往还,和他们在美国的同行相比,要频繁得多,因为他们觉得都属于一个大家庭。

我说,听说印度在过去和英国及各英属自治领之间的贸易比较多。我不知道印度现在是不是和美国发展了更多的经济关系,是不是和世界其他各国一样,也感到缺乏美元的困难。

潘迪特夫人回答说,印度并不例外。它一直在用自己的大量美元从美国购买面粉、大米之类的粮食,因为缅甸与暹罗由于国内局势动荡不安,大米减产。印度在英国虽有大量英镑存款,但无法换成美元。印度也想进口大批机械,以便促进国家工业化,从而提高国民生活水平。她感到,只要国民还过着贫困的日子,就难以取得经济发展。

我表示同意,并问印度是否也有利用群众的不满和困苦以求发展的共产党。

潘迪特夫人说,该国的共产党问题现在也日益严重了。国大党最近在加尔各答的补缺选举中输给了共产党候选人萨拉特·钱德拉·鲍斯,他就是第二次世界大战时期勾结轴心国家和日本、并曾去过柏林的那个闻名的鲍斯的兄弟。鲍斯在这次补缺选举中获胜,多得选票一万四千张。这个数字看来相当大,因为这个席位过去是由国大党控制的。据潘迪特夫人的意见,印度的当务之急是繁荣经济、发展工业,而这是需要一个和平的世界的。

我感慨地说,不幸的是这个世界迄今尚未安定下来。恰恰相反,两个对立集团之间的分歧似乎比过去更大了。我担心这种分裂局面将继续下去,这对一切有关国家都是不利的。

潘迪特夫人说,两个集团间的尖锐竞争与激烈对抗,当然要给每一个国家带来极大的困难。

7月9日和10日,广播报道说,蒋委员长已去马尼拉,将在碧瑶会晤菲律宾总统季里诺,讨论签订太平洋公约,以便共同抵御共党的威胁。至于报道中提到的另一个问题,请求菲律宾允许中国在菲律宾领土上建立流亡政府,我听了很难置信,而事实上,后来季里诺总统在广播中发表声明说,没有一个负责的政府会加以拒绝,但是他不相信,蒋委员长会怀有这样的想法。

第二天早上,即7月11日,报上消息说,蒋委员长率领包括王世杰在内的十四名随员,飞往碧瑶,就签订太平洋公约以抗击共党侵略、保卫亚洲各国自由之必要性,与菲律宾总统季里诺协商。据报道,美国国务院的态度是对该项计划非常同情,但是打算"不介入",并强调说,艾奇逊5月18日发表的,认为该项条约时机尚未成熟的声明继续有效。

当时我的反应是,这一想法本身是好的,但遗憾的是,亚洲的重要国家政府和华盛顿完全没有进行事先的必要准备。事实上报道中所称国务院的同情态度,起码说,也是令人易于误解的。7月20日,贝先生前来汇报他会见汤姆·科克伦的情况,他说科克伦告诉他,蒋委员长访问碧瑶致力于发起太平洋公约,艾奇逊极为不悦。我从其他方面获悉,科克伦所说国务院的态度是比较接近事实真相的。

7月25日,我与胡适谈论这件事。胡和我共进午餐,让我看了委员长述及有关宣告引退的来电。委员长在电报中也提出拟议中的太平洋公约一事,征求他的意见,而胡又转而要听听我的见解。我把 5 月底潘迪特夫人、巴基斯坦大使和缅甸大使就这个问题和我的谈话都告诉了他。我说，美国的态度即使不是反对，也是冷淡的。本来应该事先在华盛顿、伦敦、巴黎和一些亚洲国家的首府进行一些准备性的试探工作。尽管大家都知道季里诺总统一开始就赞成此事，但行动得如此突然，也遭到了非议，并导致人们对委员长真实动机产生了种种猜测。我对胡适说，这是个好主意，但是需要在进一步深入考虑的基础上定出一个更具体的计划。我相信一个规定定期协商、交换情报，以对付共产党侵略的公约可能比较更现实些。但是，季里诺总统也有他本身的政治动机，因为他即将投入连任总统的竞选。

早在几天以前，中国青年党的刘东岩先生来访，他向我打听胡适对于出任外交部长职务的最后决定，也探询我和国务卿艾奇逊的会谈，以及美国的对华政策。他告诉我，曾琦业已上书委员长，建议成立外国志愿兵团，作为国军的核心，以鼓励士气。刘先生认为，委员长到碧瑶访问菲律宾总统，事实上也是打算讨论组织一支菲律宾部队，加入中国的反共战争。他告诉我，这一办法也将向韩国总统李承晚提出，即派遣韩国部队前往中国。

美国国务院就赞助缅甸与巴基斯坦申请加入远东委员会一事，请求我和中国驻远东委员会代表李惟果对美国驻广州代表在这方面的活动给予协助。7 月 22 日，李为这件事前来和我商议。我告诉他，我已经拟定了一份拍给外交部的电报，要求他们训令我国驻卡拉奇和仰光的大使，探询所在国对我国反共战争的看法，以及他们对太平洋公约问题的立场。我也把巴基斯坦与缅甸两国驻美大使最近在双橡园的聚会上和我谈的话，都告诉了他。即对于签订太平洋反共公约的计划前者赞成而后者表示冷淡。

五天后，缅甸大使吴梭纽亲自来到我处，要求我催促中国政府就缅甸申请加入远东委员会一事迅速作出答复。我们会谈的后半部是谈的太平洋公约问题，但是前半部谈的缅甸打算加入远东委员会这一点，也很有意思，反映出某些亚洲国家相互间的关系,同时也澄清了美国对亚洲合作的态度。从理论上讲,太平洋公约如果签订,这些国家都应该成为会员国。

谈话一开始,他就说明了这次访问的目的是要和我讨论他在一年半以前就已向我提出的缅甸申请加入远东委员会的问题。他告诉我,时间已经过去了近两年,中国、苏联、荷兰和菲律宾都没有作出答复,因此他再次向美国国务院提出了这个问题。他与远东事务助理国务卿巴特沃思就此问题进行了磋商,并向他提出,美国作为远东委员会的东道国,应该采取这样一种立场,各国政府作出答复的合理期限早已过去,迄今为止并没有一个国家提出反对,因而可以得出这样的结论:缅甸的请求业已取得了他们的一致同意。巴特沃思安慰他说,鉴于远东的政治形势和国际局势,美国渴望亚洲国家紧密团结起来,但是他认为采取吴梭纽先生所建议的立场是不明智的。不过国务院可以向这四个政府中的三个再次提出这一问题,而不考虑苏联,这是因为该国不见得会有助于取得理想的结果。巴特沃思并说,国务院将写信给我和另外两个国家的大使。

这位缅甸大使说,该国所以一直渴望加入远东委员会,因为它是在日本侵略中遭受蹂躏的国家之一,有资格取得一份赔偿。他业已写信给当时任英国驻华盛顿大使的英弗查佩尔勋爵,要求他支持缅甸加入远东委员会的申请,以及取得赔偿的要求。英弗查佩尔回复说,他已把这个问题上报伦敦。由于没有结果,吴梭纽大使后来又向英弗查佩尔的后任奥利弗·弗兰克斯爵士提出此事,他比较同情缅甸,并采取了步骤支持缅甸的要求。吴梭纽接着说,缅甸当然对赔偿感兴趣,而且认为它至少有资格分享其中的百分之五。但是缅甸独立之前,它那一份合并在英国所取得的赔偿额中,由于美国最近的声明,这个赔偿问题现在好像成了一件完全无人过问的事情。

吴梭纽说,他也曾和菲律宾大使谈论过这个问题,因为该国尚未与菲律宾建立外交关系。菲律宾大使告诉他,已经致电马尼拉,并得到了答复,答复的大意是菲律宾一定支持缅甸加入远东委员会的申请,但有一个条件,菲律宾应得的百分之五赔款不得由于支持缅甸的申请而遭到削减。吴梭纽说,因为赔偿问题成了无人过问的问题,他就再度向菲律宾交涉,这一次是和远东委员会的菲律宾委员罗慕洛将军谈的。罗慕洛向该国政府请示,得到答复是,季里诺总统让他全权处理,暗示这位将军可以不必考虑该国在支持缅甸申请这一问题上原来提出的条件。罗慕洛实际上已亲自告诉他,一旦这个问题进行投票表决,他可以投赞成票而不附加任何条件。

我告诉吴梭纽大使,就中国而言,我知道我国不反对缅甸的申请。只是因为中国处于动乱之中,政府忙于处理许多更急迫的事件,就把缅甸的申请问题搁置下了。事实上,自从缅甸提出这个问题以来,中国政府至少经历了四次改组。就在一星期左右以前,我还致电我国政府,要求早日作出决定。吴梭纽表示,希望是个同意的决定才好。我说,我相信会得到这样的答复。无论是我个人还是我国政府,都始终没有表示过反对,而且接替我在委员会中担任中国代表的李惟果,也同样对缅甸问题非常同情。我答应吴梭纽,一俟收到我国政府的决定马上就写信告诉他。

吴梭纽盼望这个决定很快就能到来,并说,下午他就去会见荷兰大使。他知道荷兰对缅甸的要求所以迟迟未作答复,是因为缅甸对印度尼西亚问题的态度使该国不满。但缅甸在这方面的态度与其他亚洲国家并无不同之处,即赞成各殖民地人民独立。现在,荷兰人与印度尼西亚人之间业已达成政治协议,整个问题即将最后解决,他相信荷兰对于缅甸的要求,正如巴特沃思所设想的那样,肯定是准备给予承认。

谈到拟议中的太平洋公约,吴梭纽说,他曾和罗慕洛将军交换过意见,罗慕洛和季里诺总统磋商后,最近才从马尼拉回来。吴梭纽了解到,这位将军为了在各亚洲国家间促成这项公约,将访问暹罗、缅甸和韩国。据罗慕洛说,该公约将不谈军事问题,其磋商范围仅限于政治、经济和文化。吴梭纽说，他对罗慕洛的见解提出了异议，极力主张在亚洲各国之间的商讨中，不应排除各项军事问题。他当然认识到，亚洲并没有哪个国家有力量对其他亚洲国家提供军事援助，但这并不成为不能讨论军事问题的理由。事实上，从中国的局势看来，军事是一个重要的方面。吴梭纽说，以他自己的国家为例，尽管目前尚能对付缅甸国内的共产党，但是否能够阻止中国共产党越界进入缅甸，那就没有信心了。缅甸的边防并不巩固，该国国民对中国的局势的确十分担忧。因此他认为这个问题应该讨论。

至于问题的政治方面，吴梭纽说，他和潘迪特夫人一样，认为仅仅一纸协定并不能起多大作用。最重要的是要提高一般平民的生活水平。中国和印度尤其如此，广大的老百姓与豪富为邻，但过着穷苦日子。他又说，在缅甸既没有过分富裕的人，也没有十分贫穷的人。

我说，经济方面当然是基本的，不过那是一项长期任务。可是目前共产党侵略的烈火正在烧向四面八方，最要紧的是军事和政治问题，非及时注意不可。

吴梭纽说，从经济发展情况来看，亚洲没有一个国家财力充实，可以给其他国家以经济援助。正如杜鲁门总统在发展落后地区的计划中所概括的那样，他们都需要援助。吴梭纽相信，他的国家一定能够在这方面得到相当数量的援助。

我认为，没有一个亚洲国家能够对其他国家提供较大的经济援助，这是事实；然而彼此更好地发展贸易关系，达到互利的目的，还是可以有所作为的。

吴梭纽同意我的看法。他又说，发展文化关系也不需要什么特殊条约。事实上这种关系是能够发展，并且一直在继续增进的。吴梭纽在回答我的问题时说，缅甸的局势大有改善，而且该国政府也觉得足可对付。统率陆军的副总理能够离开缅甸去国外访问，这件事本身就是个证明。（他刚刚去美国。）他还说，副总理出访欧美,这还是第一次。

在回答另一个问题时,吴梭纽说,缅甸政府中只有一个成员曾留学外国,那就是外交部长。他是剑桥毕业生,是从缅甸最高法院调到目前岗位上来的。他说,在缅甸,也和其他亚洲国家一样,群众总是怀疑留学回国的人。特别是留学英国的人,被认为在精神状态上和思想方法上都受英国的影响太深。在缅甸人争取独立的斗争年代里,这种现象尤其显著。吴梭纽还说,至于缅甸外交界,驻外使团的首脑几乎都是留过学的。在仰光政府里,各部的大部分秘书职务都由受过西方教育的缅甸人担任。

次日下午,巴基斯坦大使伊斯帕哈尼在大使馆举行茶会,这次茶会和其他亚洲国家的大使们举行过的茶会类似。我听伊斯帕哈尼说,并经印度公使森证实,印度教徒或穆斯林能读书写字的不到百分之十五,这两个自治领的官方语言都是英语,可是再过一个时期,巴基斯坦想把乌尔都语作为官方语言。在回答沙特阿拉伯公使的问题时,伊斯帕哈尼和森都说,两个自治领不能使用同一种官方语言,因为乌尔都语的基础是阿拉伯语,而印度语则由梵语演变而来。他们还告诉我,英国对印度的英镑债务约合二十五亿美元,欠巴基斯坦的约合九亿美元,这两国一致决定,对这两笔债务不可能仿照英美借款协定的规定有任何削减。伊斯帕哈尼并说,巴基斯坦现已获独立,他和他的同胞对英国不再怀有任何敌对情绪。巴基斯坦正在全力发展工业,因为原有的工业区几乎全部划归了印度。

8月6日,蒋委员长到达韩国,会见李承晚,他7日离开韩国。8日星期一,菲律宾总统季里诺到达华盛顿。当天,我走访菲律宾大使伊利扎尔德,我说希望谒见总统致敬,问他是否便于安排。从委员长的来电看,他急于想知道对拟议中的公约,华盛顿有何消息透露。

菲律宾大使说,总统下午到达,他一定把我的口信转达给总统。他说,但是总统在美的全部日程都掌握在国务院礼宾司手中。为了避免使国务院产生怀疑或不满,他必须跟艾奇逊谈谈,征求他的意见。他说,报纸上对总统访美的目的一直议论纷纷,而且断言是要和美国商谈太平洋联盟的问题。如果我去访问总统,这次会见肯定会被美国报界记者和国务院误解为,中国与菲律宾好像在这里携手推行太平洋联盟计划。他估计艾奇逊先生可能会说,总统接见我不太合适。他说,尽管菲律宾业已独立三年,但由于和美国有往日的关系,以及目前的局势,菲律宾仍须在很大程度上依靠美国从各个方面给予援助,所以还不便违背美国的意愿行事。

他向我解释:季里诺总统的来访是在接受杜鲁门总统的邀请之后才作出安排的,实际上与报界对此行目的所作的臆测毫不相干。季里诺总统在与杜鲁门总统会谈中不会提出太平洋联盟问题,尽管后者也许会谈起这件事,指点季里诺总统对此事应该怎样说。

我说,我十分理解伊利扎尔德先生的见解,并理解季里诺总统和他本人难以应付的处境,我决不会提出任何使他或季里诺总统为难的要求。所以,如果总统愿意接见我的话,那么把我的谒见安排在季里诺总统和杜鲁门总统以及美国政府的议事日程完毕之后,也许比较合适。

伊利扎尔德说,他将尽力给我安排一次谒见。可是总统在菲律宾大使馆官邸里接见我是不合适的。他想安排在他个人寓所里茶叙,以免引起外界的过分注意。他踌躇了一会儿接着说,可能还需要邀请潘迪特夫人和这里其他亚洲使团的首脑。是否能够这样办,也许要到星期三才能定下来。如果我不介意的话,他打算把预定的会晤时间用电话告诉我。他可能通知得极其仓促,希望我能谅解。

我对他说,大使既然十分友好而诚恳地解释了自己的处境,此事我就完全听从他的安排。如果季里诺总统和伊利扎尔德先生对于这次谒见实在感到难于安排,我会完全谅解他们的难处,就当我没有提出过这样的请求。

伊利扎尔德说,他虽然不能事先允诺,但他要尽最大的努力为我安排这次谒见。

这次谒见实际上还是安排成了,只是让大使费了不少心机。采取的方式是由菲律宾大使举行茶会,邀请亚洲各国大使馆的几位成员,于 8 月 10 日会见总统,出席的人一共有十四位。季里诺总统显得颇为和蔼可亲,他和每位客人至少交谈过一次,同我与潘迪特夫人则交谈了好几次。他讲起 1947 年在卡拉奇发生的一件不愉快的往事,当时他带着一张经过印度自治领签证的护照,但没有经过巴基斯坦的签证,来到了一个机场。他说,他受到护照检查官员的盘问,因为这张护照上虽然有他本人以副总统兼外交部长签的名,但该官员对这一点不予谅解,就要他左一张右一张地画押签字,简直使他生气了!他说他宁愿回去,不在这儿停留了。季里诺总统接着说,后来主管官员出来,向他道了歉,事情才算完结。

我在日记中写道:

> 我觉得有点担心,因为巴基斯坦大使也出席了那次茶会。但是巴基斯坦大使说,这次意外事件还不算太糟糕。他本人在伊拉克曾遇到过类似的麻烦,而当他要求返回埃及时,竟得不到准许,反而被关进了监狱。在场的伊拉克代表既不答话也未解释。茶会开了一小时零一刻钟,在结束时我走得晚些,想和季里诺总统再谈几句。韩国大使也想这样做。可是他很讲礼貌,让我先谈,于是季里诺和我就太平洋公约一事,交谈了五六分钟。

我对季里诺总统说,我收到委员长来电,要我代表他向总统问候。我说,我知道委员长对在马尼拉进行的那一次访问感到非常愉快。

季里诺说,就在他从马尼拉动身前,也收到了委员长的来电,内容与此相仿。

然后我说，我收到了驻汉城中国大使的来电，说委员长访问了韩国，与李承晚总统会谈，取得了完全一致的意见，支持季里诺总统为促进拟议中的太平洋联盟所作的努力（我尽量比较巧妙而又不露声色地提出了这个问题）。

季里诺说，在他动身前就知道了李承晚总统对该联盟抱支持态度，他业已注意到这件事情。

我提起，我以十分钦佩的心情读了季里诺总统在美国众议院和参议院发表的演说，我对他在参议院的演讲中强调亚洲各国必须结盟，阻遏共产主义潮流，尤感醉心。我对他说，我觉得可以不揣冒昧地这样估价，他的演说对亚洲的局势提出了有政治家气魄的高见。我不知道他是否已经找到机会和杜鲁门总统商讨这个问题。

季里诺作了否定的回答，说他是来杜鲁门这里作客的，不希望对他提出什么可能引起不同看法的问题。

我说，我从他在参议院的演说中注意到，他曾说过，美国对于参加拟议中的联盟这种想法可能不太欢迎。

季里诺说，他从菲律宾动身前，就已经听到这种意向了，所以他在参议院演讲时，在这一问题上，是根据这种了解说的。

我接着问，杜鲁门总统在和季里诺总统谈话时是否提出过这个问题。

季里诺回答说："没有。"

我说，听说印度方面对参加这一拟议中的太平洋联盟有些踌躇。

季里诺说，他把罗慕洛将军留在马尼拉，就是要探询亚洲其他各国的意向。在返回菲律宾的时候，他就可以知道印度的态度了。他继续说，这个拟议中的联盟不是军事性质的。它的目的在于促进经济与文化合作，这一点任何国家也不会反对。他业已指示罗慕洛把联盟的性质向亚洲各国充分说明，参加与否悉听其便。

我问季里诺,准备何时召开亚洲国家会议讨论这个问题。

他回答说,这必须等他返回菲律宾,听取了罗慕洛将军有关探询结果的详细报告之后才能肯定。

当起身告辞时,我说,我不想耽误他过多的时间,因为他还要和韩国大使谈话,大使正在外面等着呢。

总统指指他自己,又指指我说:"我们彼此心照不宣。"

大使送我上车的时候,我感谢他为我作了这样精彩的安排,使我得以和总统面谈。

大使说,他觉得必须安排这样的茶会,以免过分引人注目。他还说,即使在那座房子里,大约也还有八名特工人员。所以他一定要小心谨慎,否则他们可能又要向美国当局提出捕风捉影的密报了。

我问伊利扎尔德,这次茶会他是否向艾奇逊说过。

伊利扎尔德回答说,他对艾奇逊说过,这次茶会是让总统会见亚洲各国使团的首脑,艾奇逊没有什么表示。然而在国务院的谈话过程中,艾奇逊曾再次提请注意报界对他们商谈的性质,以及拟议中的太平洋联盟的种种猜测。(十分明显,艾奇逊对公约是反对的。)

杜鲁门总统与季里诺总统次日发表的联合公报,对拟议中的太平洋联盟只字未提,也没有直言不讳地使用"共产党"这个词,只是说"企图奴役亚洲自由人民的势力"。这一点意味颇为深长,尤其是据说这份公报曾经过一番修改,又压了一段时间才正式发表。(我揣测,这种修改一定是出于美国政府有意或是考虑到有可能承认中共政权,因为英国和许多欧洲国家已经在议论这个问题,并打算不久就要予以承认。)

8月12日下午,韩国大使张勉博士来中国大使馆访晤。他对我说,他来是为我提供一些消息。有一天,他在菲律宾大使馆和季里诺总统谈了约十分钟,向总统询问了拟议中的太平洋联盟的情况,还有美国对此所抱的态度。他还想知道总统对委员长参与此事抱何态度。据张勉说,季里诺总统答称,他是作为杜鲁门的客人来华盛顿的,一定要慎重行事。他并没有和杜鲁门总统研究这个问题。但是,他对张博士说,委员长仍旧是中国的领袖,而且委员长与韩国李总统会谈之举,是他本人和委员长在碧瑶会谈中一致同意的。如果委员长不参加,太平洋公约就毫无意义了。季里诺总统进一步表示,他定要为联盟继续奔走,设法左右美国的态度,使它赞成委员长参与其事。他还将要求美国参加,否则这个联盟就不能指望在军事上能合作起来。

我说,我收到了中国驻汉城大使的电报,报告李承晚总统和委员长会谈的情况,会谈中双方意见完全一致。电报还说,委员长在这次访问中受到了韩国的热情款待。接着我们就讨论了美国就中国问题所发表的白皮书。

关于这一点,记得张博士说,巴特沃思和他谈到中国时,措辞非常严厉,并劝告他和他的国家与印度发展友谊,要与其建立外交关系,因为印度必将成为亚洲的领袖。我说,我对巴特沃思的看法并不感到意外,据我看来,印度已经理解到这一点,而且一直致力于达到这一目标。对于印度的政策以及力争当上亚洲领袖的明显企图,我们两人都感到迷惑与惊讶。

我向张博士询问韩国与印度的关系,他说印度对韩国的态度他不能理解。他曾经请潘迪特夫人催促印度政府承认大韩民国。她回答说,她要向政府报告,他们会研究这个要求的。他认为印度在这个问题上本来无需踌躇。就在那天上午,土耳其和澳大利亚都承认了韩国。这样一来,承认韩国的国家总数已达到了十七个,包括全部五强、比利时、荷兰以及玻利维亚,古巴和巴西等一批拉丁美洲国家。他并说,联合国朝鲜问题委员会的印度委员对该国总是抱着不同情的态度。

我问他印度的不同情态度的原因。张博士回答说,印度总是装出一副反对朝鲜分裂的样子,说什么印度赞成团结合作,希望形成一个统一的朝鲜,但采取的却是一种令人奇怪的立场。他又说,他还看出,印度在联合国会议上,从来没有一次投票反对过苏联,印度代表团还经常站在苏联一边投票。我告诉他,我早有同感,恐怕印度还没有充分认识到根本不可能与共产主义国家合作。我观察到印度代表团在某些国际会议上,曾经多次设法在苏联集团和西方民主国家之间起桥梁作用。中国也一度相信有这种可能性,但是限于国际共产主义的根本目标和苏联的基本国策,我国的努力毫无结果。

回忆我和韩国大使的谈论,特别是他和季里诺与巴特沃思的谈话,我感到美国丝毫也不赞成把国民党中国包括进联盟之内,至少是不赞成由委员长代表国民党中国参加,这是再明显也没有了。我当时的印象是,就太平洋联盟的基本原则来说,美国是应该欢迎这一步骤的,何况他们在欧洲实行的正是这样的政策,北大西洋公约就是个例证。但事实上国务院好像是在集中力量促使委员长下台,或者说是袖手旁观,以加速他的垮台。他们对拟议中的太平洋联盟之所以踌躇不前无所作为,只因为这是由委员长亲自发起的,委员长甚至亲自为此出访马尼拉,会见季里诺总统,又去韩国与李承晚协商。国务院的反应是,一方面从美国观点来看,这个策略的本身无可非议;另一方面,又把这个太平洋联盟的具体倡议看作委员长为便于重新掌权返回大陆而精心策划的步骤。这显然不符合国务院的心意。他们对于这个计划不予任何支持和鼓励,正是因为其后果可能导致委员长重新在中国掌权。

大约就在那个时候,缅甸外交部长来到了华盛顿。后来他在某次谈话中告诉我,他的目的是要探询一下美国政府的援缅意向,以便作为缅英谈判援助的依据。缅甸大使在他的大使馆中为外交部长举行了一次茶会,招待亚洲各外交使团的首脑。因为这位外交部长是一位对客人有问必答的人,这就便于我在许多政策问题上听听他的见解。这种情况正合我的心意。因为 8 月 15 日我在庆祝韩国、巴基斯坦和印度国庆节的招待会上虽和他见过面，但那种场合不便个人谈心。

我在日记上写道：

> 缅甸外交部长在茶会上发言，坚决反对太平洋公约或亚洲公约。他的论点是，仅仅因为这些国家位于同一个大洲并不能构成全部亚洲国家必须结成集团的充分理由。（这是什么理由啊！）我推测已经有人通知过他，美国不赞成这个拟议中的公约，甚至也许吩咐过他，要避开菲律宾总统与台湾的蒋委员长所倡议的公约。

我也对这次聚会作了记录。记录中说，吴梭纽大使一开会就宣布，他们的外交部长愿意回答各种问题。

我提出了第一个问题。报上报道了外交部长的声明，据说缅甸的政策是吸引外资以实现工业发展计划，我问缅甸哪些类型的企业是由政府管理的。

外交部长吴貌回答说，缅甸国家垄断的企业仅仅限于武器和军火的生产。各种基础工业，诸如钢铁、动力都准许私营企业经营。

我问他像铁路这一类的交通企业如何。

外长回答说，包括大轮船在内的各种交通事业目前允许私营企业经营。

叙利亚公使法伊兹·胡里问，缅甸政府对共产党威胁抱什么态度，缅甸有没有共产党，克伦人是不是共产党。

外交部长回答说，本地共产党对政府来说不成为问题。克伦人不是共产党，尽管他们在接受当地共产党的某些帮助，那只是因为他们迫切需要支持与帮助，他们不问意识形态，谁的援助都欢迎。他又说，该国局势不稳是上次世界大战的必然结果。大战期间，进入缅甸的英国士兵和中国士兵丢下的武器都落到了克伦人手里。然而再过两年共产党就不会对缅甸形成威胁了。

叙利亚公使法伊兹·胡里问，为什么说两年呢？

外交部长回答说，坦率地讲，他指的是来自中国共产党的威胁。缅甸用两年的时间就可以排除国内的一切困难，到那时也就有力量抵抗来自国外的威胁了。

我说，非共产党中国正在竭尽全力遏制共产党的侵略。我表示希望通过中国政府的奋斗，两年以后中国共产党的威胁不是离缅甸越来越近，而是离缅甸越来越远。

叙利亚公使问，亚洲各国联合起来，组织一个联盟或同盟，以对付共同的威胁，部长意下如何。

外长回答说，他不认为联盟或同盟会有多大用处。亚洲各国彼此差别很大。他们没有共同的制度和信念，情况也各不相同。

叙利亚公使紧跟着他的观点问道，如果承认危险存在，难道联合起来共同对付它，不比每个国家各自为战，以致被逐个击破要好吗？

外长说，单从地理观点出发，并不是组织这种联盟或同盟的充分理由，中国有共产党，这件事本身并不意味着其他亚洲国家就得组织一个集团来对付他们。就印度而言，共产党的活动是相当厉害的。但是他认为该党不会成功。即便得势，也不能就因为印度有了共产党，其他国家非得与印度联合起来对付他们不可。

缅甸大使说，缅甸是反对共产主义的，当然愿意考虑组织联盟或同盟的设想，但是泛泛之谈无补于事。应该有一个具体的计划。

菲律宾代办阿贝略说，季里诺总统有一项具体计划，他在碧瑶与蒋委员长举行会谈就是个证明。

阿富汗代办穆罕默德·丘艾布说，联盟或同盟必须以互助这一概念为基础，但亚洲国家都很穷，既没有能力又没有实力。他们没有办法互助。所以无论什么联盟或同盟都没有多大用处。

我说，阿富汗代办方才说的话使我深有感触。为了使联盟或同盟产生实效，就必须有能力和实力作后盾。在这方面，大西洋公约的来历是意味深长,发人深省的。我认为亚洲公约要产生实效,就必须取得有力量帮助别人的美国的支持,西欧各国正是如此。但是当年西欧各国为了共同防御共产主义威胁,希望得到美援的时候,美国政府当即指出,他们首先必须自己联合起来,制订出一个合作计划。只有实现了这一点,美国才能考虑和他们携手合作,支持这种设想。所以争取美国对亚洲公约的支持,亚洲各国也首先必须自己进行合作,组织一个团体,合力对付共同的危机。当然,这先要承认确实有危机存在。不采取这种准备性的行动,那就很难指望得到美国这类国家的赞助。换句话说,亚洲国家必须迈出第一步,有了马才能拉车。我说,我相信如果共产党的威胁万一进一步蔓延开来,局势更加恶化,那就不仅亚洲的非共产主义国家要联合起来,互相合作,非共产主义的亚洲和非共产主义的欧洲以及西方世界之间,也必须进行密切的合作。

我接着说,为此,亚洲各国之间迫切需要建立更加密切的关系。即使从经济观点来看,亚洲各国的贸易与商业一向不是着眼于彼此之间,而是面向欧洲和美国。亚洲的许多国家虽然不生产机器设备等出口商品,但某些国家出产的其他东西却符合另一些国家的需要。我还说,在文化方面,亚洲各国之间也需要加深理解,促进合作。例如,一般说来中国人对其他亚洲国家的情况、问题和文化是十分陌生的。其他亚洲国家对于中国,恐怕也是如此。

缅甸大使说,那属于长远打算。眼下的问题是共产党的威胁。燃眉之急,必须设法对付。

我说,在我看来,眼下的问题当然格外迫切,但长期规划也应该同时制订。两种措施都是需要的。

韩国大使张勉声称,受共产主义之害最大的,除了中国之外恐怕就算韩国了。他认为,如果亚洲各国间的军事合作暂时行不通,在政治、经济、文化等领域里,还是大有可为的。所以亚洲的非共产主义国家可以发表声明,反对共产主义意识形态,他们也可以制定法律,在各自的国家中遏制共产党的活动。

外交部长说,缅甸政府已一再宣告反对共产主义,但是单靠宣言作用不大。要组织亚洲联盟或同盟,总得有一个国家出来牵头,比如印度。

阿富汗代表说,反共同盟如果要产生实效,就必须建立在以实力与能力为后盾的互助基础上。一旦某个国家受到共产主义侵略的威胁,其他各国都必须起来共同防御。如果不规定这种责任,反共同盟必然会给像阿富汗这样无力抵抗的小国招来共产主义威胁。他还说,阿富汗与印度为邻,处在非共产主义国家的边缘上。

这次讨论非常严肃,阿富汗代表发言之后,会场上沉默了很长一段时间。接着叙利亚公使起身告辞,其余的人也相继离去。印度、巴基斯坦和黎巴嫩没有派代表出席。

晚上,缅甸的吴梭纽大使和夫人又举行了一次招待会。这次招待会的性质迥然不同,出席的客人很少。我几乎没有看到其他大使。参加者大部分是缅甸人,还有几位美国国务院的官员。潘迪特夫人带着她的小女儿来了,但仅仅呆了五分钟。第二天我通过预约亲自拜访了缅甸外交部长,我们谈了四十五分钟,缅甸大使也在座。

谈话一开始,我就提起亚洲各国使团首脑前一天在缅甸大使馆举行的集会,就拟议中的太平洋公约讨论得很有意思。我得到的印象是,许多出席者认为,美国的态度起着举足轻重的影响(我是设法探听他的看法)。我说,我从和菲律宾总统的谈话以及向美国方面的探询,了解到美国政府的观点是,亚洲的种种情况与欧洲不同,因此考虑太平洋公约问题的时机尚未成熟。美国人曾指出美国的财力有限,根据欧洲第一的政策——这个政策在上次世界大战中执行得非常突出,中、缅两国都曾加以反对——美国不仅要通过马歇尔计划,而且要通过大西洋公约以及现在国会中辩论的欧洲军援法案,集中精力照顾欧洲。一句话,美国的态度是,在太平洋地区签订共同防御条约的条件尚不成熟。然而美国并不反对某些亚洲国家互相联合,成立政治、经济和文化方面的联盟,尽管它并不准备参加。我问缅甸外长,在他与美国官员交谈中是否得到同样的印象。(我想把我所获得的印象如实坦率地告诉他。我认为这是促使他开诚相见的最好办法。但是这位外长仅仅回答说,我的印象完全正确。)

于是我说,我感到印度对亚洲联盟尚在犹豫之中,不知外长是否曾就这个问题和潘迪特夫人谈过。

缅甸大使插话说,她没有出席昨天下午的茶会,晚上的招待会虽然出席了,也只和外长寒暄了几句。

外长说,他没有和潘迪特夫人谈过这件事,但是曾经分别与印度总理尼赫鲁,以及印度驻伦敦和仰光的大使谈过,业已从中了解到印度对拟议中的太平洋公约的态度。

我问,根据昨天外长在茶会上所作的陈述,是否可以说,缅甸在拟议中的太平洋公约问题上的官方立场与印度相同。

外长答道,只有一点相同,即缅甸认为亚洲各国在政治、经济与文化上的公约不会产生任何实效。除此以外,该国的态度都与印度不同。印度东陲有巴基斯坦和缅甸为之屏障,因此它并不像缅甸那样痛感来自中国共产党侵略的危险。此外,十分坦率的说,印度想成为亚洲的领袖(这是我长期以来的一贯看法),而缅甸却偏偏一点也不想任人宰割。印度的目的就是要继承大英帝国放弃了的亚洲领袖的衣钵。

我说,在这方面,中国的观点与缅甸十分相近。中国和其他亚洲国家一样,饱受不平等条约的摧残,一贯实行在国际大家庭中平等相待的政策。虽然经罗斯福总统和赫尔国务卿在莫斯科倡议,使中国在联合国安理会中获得了否决权,但是中国一次也没有行使过这种权利。中国无意担任亚洲领袖,一心继续实行以平等待人,并要求受到同样对待的政策。

我问缅甸政府对共产主义抱何态度,外长回答说,缅甸早已公开宣布反共,而印度并没有表示过这种态度。然而印度却不得不正视共产党问题了,因为战争年代与日本合作的印奸苏布哈斯·钱德拉·鲍斯的兄弟萨拉特·钱德拉·鲍斯领导的运动正在加尔各答及其附近地区壮大起来。共产主义将在处于极度贫困之中的加尔各答找到成长壮大的肥沃土壤。他还说,缅甸有共产党,但是他们内部四分五裂。此外,缅甸人贫富差别不大,而在印度则十分悬殊。他说,他对共产党问题以及拟议中的太平洋公约的态度,可以归纳为:缅甸准备探索这个问题,同时还要注视局势的发展。缅甸对当地共产党并不过分担心。缅甸人有一种强烈的个人主义观念。

我说中国人也是这样,我不相信共产主义会在中国长期顺利发展。但是共产党建立的铁的纪律和控制手段则是新鲜事物。此外,共产党人为了达到其目的所采取的方法是不顾一切的,因为他们的原则就是目的决定手段。所以在苏联只有为数极少的六七百万共产党员,就能控制一亿九千万人口。这就是共产党问题难于对付的重要因素,因此各国之间进行某种合作,看来十分可取。

缅甸外长同意这个原则,但是十分坦率地表示,他可不希望联盟中吸收那些不相称的伙伴。

我问外长指的是否是人的问题,我知道美国也是很重视这个问题的。

外长回答说,他所担心的是某些国家现在还反共,可是有朝一日也可能会成为共产主义国家。

缅甸大使说,例如在中国,国民党军队正和共产党武装部队交战,但严重的叛变事件不断发生,许多将领和整军整师的部队投奔到共产党方面,并开始与他们合作。他说,他想举一个例子。在日本人入侵缅甸以前有许多中国人在缅甸定居过,中国驻仰光大使涂(允檀)先生一直催促他准许这些华侨重返缅甸。他问过涂先生,是否能保证这些中国人中没有共产党,其中没有一个人因为在中国居住几年而沾染了共产主义思想。涂先生却保证不了。

我认为，由于美国政府正在推行、贯彻杜鲁门总统就职演说中的第四点，主张援助世界上不发达国家的政策。所以缅甸格外希望得到美国的经济援助。我还说，根据我的看法，美国贯彻这一长期政策，总得几十年时间，开始时援助额一定为数不大。

缅甸大使完全同意并说，美国政府为此目的而向国会申请即便很小的一笔款项，也许都要等到下次开会才能讨论决定。这时通报韩国大使来了，我遂起身告辞。

在缅甸大使陪送我走向门口的时候，我说，我估计国务院的官员们在和外长的谈话中，也谈到过中国的局势。

缅甸大使说："谈过。"并且说，缅甸业已和美国政府达成一项谅解，即在处理中国问题上，缅甸将与美国采取协调行动（真是不出所料）。他听说，印度也和美国达成了同样的谅解。他又说，他也许不应该那样肯定地说两国要协调行动，不过在中国问题上，采取任何行动，肯定要在事前进行磋商。他告诉我，缅甸在对待中国共产党的态度上迄今一直追随美国，然而美国人认为中国共产党并不是马克思主义者，可能要形成一种他们自己的铁托主义。可是中国共产党领导人发表的宣言业已驳斥了这一观点。

我设法尽量向他打听更多的消息，问他在关于美国对华态度方面外长听到了些什么。他还是回答得很直率。接着他告诉我，外长即将返回伦敦，他本人也可能要去。他又说，外长要和英国政府举行一系列会谈，因为英国明确告诉他，希望他先弄清楚美国政府对于即将进行讨论的各项问题的意向。他说，他随后也要赶去，和伦敦的同僚们交换一下意见，对照一下英美双方的意向，为从美国和英国取得合作与援助制订一项方案。他说，虽然英美双方都愿意援助缅甸，但利害关系不同。英国在缅甸的权益比美国大得多。美国人在援助缅甸的一切计划中都愿意让英国人参加，但即便英国人可能在投资和权益方面占有优势，美国人也不打算让英国人成为占领导地位的伙伴。美国人有他们自己的目的,绝不会让英国人牵着鼻子走。

于是我立即说,我的印象是美国打算给缅甸的援助要比英国给的更多,想在这方面起到主导作用。

8月26日,我回访了韩国大使张勉。他告诉我,他听李总统说,蒋委员长访问了韩国。蒋委员长并不是在首都汉城与总统会谈的,而是在韩国东南沿海的海军基地镇海,因此未能给予蒋委员长以应有的盛大欢迎,总统对此感到遗憾。10月26日,刚刚到美参加中国驻联合国代表团的刘驭万(后曾任驻韩大使)给我说明了这一情况的原由。据刘说,是蒋委员长决定不在汉城,而在那个韩国海军基地与李承晚会晤并举行会谈的。这就是没有去首都的原因。

我告诉张勉,我从国内得到消息说,蒋委员长对此次访问颇感满意。

张博士说,在我拜会缅甸外长后,接着他就同这位部长谈了一次话,吴貌先生告诉他,缅甸对拟议中的太平洋联盟不大感兴趣,认为它起不了多大作用。

我问他是不是因为牵涉到某些人物的问题。

张博士作了肯定的回答。于是我提起了《纽约时报》所载有关缅甸外长在伦敦接见记者的消息,大意是说,缅甸是否参加联盟要看有些什么人参加,据他看来,倡议者不得其人。

张博士说,他并没有见到这条消息,但那肯定是确实的,因为当天上午他见过缅甸大使,吴梭纽坦率地告诉他,拟议中的联盟不会有什么意义,因为中国实际上已被美国一笔勾销,美国认为组织联盟之事不合时宜,而且不会参加。吴梭纽还说,国务院对他说过,只要是蒋委员长在推动这个联盟,美国就对它一点不感兴趣。不过,张博士告诉我,他认为美国与苏俄签订雅尔塔协定,在中国问题上业已铸成大错,这与它让苏俄占领北朝鲜,从而在朝鲜问题上所铸成的大错如出一辙。他对国务院说,由于美国把苏联引进了北朝鲜,美国就要负责帮助韩国解决这个问题。张博士又说,国务院不喜欢蒋委员长。他还说,李承晚总统也不是受国务院欢迎的人,其理由是李总统有自己的见解,不肯一味地听从国务院的吩咐。

张博士又把话题转回到他与缅甸大使的谈话上,说那位大使告诉他,由于上次大战的爆发,他的同胞把成千上万在缅甸定居的中国人清除出去了。这些人现在吵吵嚷嚷要返回缅甸,但是该国政府不准他们重新入境。缅甸大使说,这些中国人没有十分浓厚的民族主义观念,也没有坚定的政治信仰。如果中国共产党征服了全中国,这些中国人出于单纯的权宜之计,一定会自动宣告拥护中共政权。事情这样发展下去,肯定会在缅甸造成一个极其严重的问题。因此,缅甸政府拒绝他们重返缅甸。

张博士接着说,他不理解印度为什么对韩国如此冷淡,甚至未予承认。他认为印度是在向左转,想讨好苏联。他记得印度除了那一次朝鲜决议案的表决以外,从来都没有在联合国中对苏联投过反对票,至多也不过是弃权。联合国朝鲜问题委员会的印度委员森先生总是发表对韩国不利的言论,投反对韩国的票,而且尼赫鲁则是把李总统当成极右派人物看待。印度在联合国委员会中采取不合作态度的动机是指望朝鲜统一起来,而那就意味着不要反对苏联。

同一天,即8月26日,我也回访了潘迪特夫人。一见面她就对我说,我来访问使她非常高兴,中国大使馆通知她,我想拜访她时,她正准备动笔写信邀我谈谈。

我提起拟议中的太平洋联盟问题,我说曾就这一问题和最近来华盛顿访问的菲律宾总统季里诺,及缅甸外长吴貌先生谈过。缅甸外长对这个拟议中的联盟似乎兴趣不大,我估计他的态度和印度有些类似。

潘迪特夫人说,她也和季里诺总统谈过一次。季里诺到达华盛顿之前,罗慕洛将军曾由马尼拉写信给她,建议8月下旬左右在马尼拉举行一次亚洲国家会议,问她印度政府是否愿意派代表参加。她把这封信转给了她的兄长印度总理尼赫鲁。他回答说,如果会议的宗旨是如何对付东亚共产党威胁,他认为议事日程就应该更具体些,而且要给予更多的时间以便进行准备。他还表示,印度不能派代表出席准备召开的这个会议。后来,季里诺总统到来之前,她又收到罗慕洛将军来信,说明准备召开的会议与共产党在中国的侵略无关,而是想讨论防止共产主义向亚洲其他国家扩散的问题。换句话说,这个问题要从防御观点出发来处理。听了这番解释,尼赫鲁声称,印度对这次会议有兴趣,乐意参加。但他建议说,需要拟定一个议事日程,还要给予准备的时间。

潘迪特夫人说,黎巴嫩公使马利克昨天来拜访她,说该国和其他中东国家不准备参加拟在马尼拉举行的会议。他觉得不应该在菲律宾举行,而建议由印度召开这样的会议。至于会期,马利克认为会议应该尽快召开。她向他指出联合国大会即将举行,马利克认为这也无妨,这次会议不应等到联大结束后再开。他还认为,出席的代表应是各国政府的首脑或外交部长。他说,他要和中东各国的同行们商量一下,然后再来和她面谈。他还告诉她,罗慕洛将军要竞选联大主席,但黎巴嫩不会支持他,其他中东国家也不会支持。然而潘迪特夫人认为,马利克给他留下的印象是,美国要支持罗慕洛这就够了。她后来问我对召开拟议中的会议作何感想。

我说,我认为这个设想是好的,亚洲各国应该聚在一起,讨论他们共同关心的共产党威胁问题。这次会议可以作出决议,规定就这个问题定期交流情报,进行协商。这肯定是个良好的开端。至于时间,如果能和联大的会期错开,可能更方便一些,因为按惯例两个重要的国际会议总是避免同时召开的,不过我认为,这并不是很重要的理由。

潘迪特夫人说,联大的议事日程她已仔细看过。其中虽然有三十四个议题,可并没有发现十分重要的问题。国务院的乔治·麦吉最近也和她一起看了这份议事日程,同时和她讨论诸如意大利过去的殖民地之类的问题,意在争取她的合作。

我说,她可能要出席联大吧。

潘迪特夫人说,"不。"她觉得参加这种漫长的会议太紧张,又没有多大成效,所以她决定不参加这一届印度代表团。

我说,联大的常规会期是两个半月,那就是说,这次会议要到11月底才能散会。既然这样,召开倡议中的会议的理想日期就应该是12月1日到15日之间。

潘迪特夫人说,马利克认为,这次会议不应该像上次在新德里讨论印度尼西亚问题的会议那样,开得很短促。应该开十天左右,使代表们可以有充分的时间进行讨论。

我赞成这个意见,我说这样可以使代表们有机会互相深入了解。

潘迪特夫人说,讨论印度尼西亚问题的新德里会议,代表们除了参加集会和进行社交活动以外,很少有时间进行个别交谈。她还尖锐地批评说,尽管缅甸竭力掩饰该国境内共产党活动的严重性,她知道已经大成问题。她说,印度离缅甸很远,可是印度的共产党问题也已演变得十分严重。印度政府迫不得已采取了种种严厉的措施来应付,例如禁止共产党集会,逮捕共产党人。她又说,她知道,中国在共产党的进攻中受到了沉重的打击。如果中国完全被共产党统治,其他亚洲国家的局势将很快地濒临难于控制的地步。所以这个问题的紧迫性已经超过了缅甸人的想象。

提到中国驻印度大使罗家伦博士的时候,潘迪特夫人说,尽管蒋夫人认为他什么事情也办不通,但她(潘迪特夫人)却认为,平心而论,他干得十分出色,她和她的哥哥现任总理以及印度政府都保持着友好而密切的交往。最近,罗博士向尼赫鲁先生递交了一份有关共产党问题的备忘录,写得漂亮极了。罗博士虽然有时候感情上表现得比较容易激动,但他是一位好大使。

我说,我也认识罗博士,认为他是一位勤奋的学者、一位实干家。接着我问起了尼赫鲁先生即将来华盛顿之事。

潘迪特夫人证实了这一点,说他的访问为期三周,但是他打算在华盛顿只住四天,其余的时间要到全国观光。她问我,由她召开一次亚洲各国大使会议,并请尼赫鲁主持是否合适。

我对她说,这可是个好主意。她问我,这次会议在纽约召开是否比较合适,因为联大也要在那里开会。我说,我认为华盛顿更合适一些。

她说,她也有这个意思,听了我的意见她很高兴,还说她一直在打算请求国务院为她兄长留出半天自由活动的时间,就是为了这个目的。她说,关于这些亚洲大使的定期例会,她认为应该就共同关心的各项问题真心实意地交换意见,开展讨论。她认为,这样的会议听任东道主代表各自的国家发表长篇演说,并不是最好的办法。听听各国的情况固然有意思,但是还有更重要的其他问题需要时间进行考虑。

我表示同意说,用一个小时或更多的时间,来听取一个东道国就该国情况发表演说,当然不是充分利用时间的办法。接着,我又把话题引回尼赫鲁即将来访的问题。

潘迪特夫人说,对他来说这是件好事,因为她兄长看来对美国了解不多,每逢有人提到美国,他总是对这个国家的缺点与粗野多所指责。

我说,人们听欧洲人谈起美国人来也是这样说的。潘迪特夫人说,她哥哥虽然反抗过英国的统治,但他是在英国受的大学教育,因此受过英国文化的熏陶。

我说,对尼赫鲁的文化背景我是可以理解的,因为他是在牛津大学完成学业的,那是英国文化与思想的最高中心。我本人出国深造之前,曾在国内的一所教会学校读书,该校有些教职员是英国人和美国人，所以我对问题的看法，往往不像一般中国人，而是更接近于西方人。

我在日记中写了下列几句话：

> 潘迪特夫人看上去非常健康、妩媚，说起话来友好而直爽，使人疑虑顿消。美国国务院为什么这般喜欢她，我是能理解的。她为人朴实，毫无矫揉造作，然而头脑机智，思想敏捷。男人的智力与女人的妩媚、温柔她兼而有之。

第二天，8月27日，我向外交部报告我与国务院官员和亚洲各国大使几次会谈的情况。我也给委员长报告了潘迪特夫人就筹备太平洋联盟的马尼拉会议前景所提供的消息。8月28日，我去纽约参加一次会议之后，在里弗代尔谒见了蒋夫人。在报告各方面情况时，我向她述说了印度、缅甸和黎巴嫩大使对太平洋联盟的态度。在我们的谈话过程中，我发觉她至少已经体会到，我对印度的野心以及该国对中国猜忌的看法和印象都是正确的。对于美国国务院正在尽力把印度树立成亚洲大国一事，她也同意我的看法。

印度推行着一种与中国对抗的政策这件事，当然要使她和委员长以及整个国府感到十分惊讶。我过去曾说过，中国、特别是委员长，在大战时期为了印度的独立问题曾不惮其烦地催逼英国，几乎弄到使英国恼火的程度。可是所有这些努力，印度的政界领袖们竟然都没有放在心上。这说明在政策问题上，每逢决定方针路线之前，无论怎样反复研究、考虑都不为过，而且决不能单凭感情用事，也不能依据表面的个人印象与反应来作出决定。我经常引以为憾的是，中国曾支持与促进那么多亚洲国家的独立事业，例如印度尼西亚和缅甸，还有印度，唯独没有考虑到这样对海外同胞，也就是世世代代在那些国家里生活、经商与贸易的大量华侨可能产生什么影响。这个问题本来应该在这些国家得到独立之前，通过极其友好的方式进行商谈。我相信这样办一定会赢得这些渴望独立、恳求中国援助的国家亲切的谅解。我本人在国外以亚洲的觉醒或其他类似的题目发表演说时,经常强调亚洲的自由事业应该得到和欧洲同样的赞助,生活在外来桎梏下的亚洲人民应该得到解放,亚洲人民的解放最终必将对全世界的和平与自由事业作出贡献。我至今仍不怀疑援助亚洲人民争取独立的政策。这是以孙中山先生的三民主义中的民族主义为依据的。那是十分正确的。不过在实行的过程中,我们一定要不失时机地考虑保护旅居在那些国家的华侨的权益。事实上,我当时就向国府指出过这一点。那时我们本来可以使人们抱着高度的同情心来倾听我们的声音的。

9月8日,贝祖贻来传达他与汤姆·科克伦就尼赫鲁的态度与影响进行会谈的情况。据科克伦说,贝文对艾奇逊在援华问题上的态度施加了影响(英国外交大臣贝文为参加美、英、加三国外长会议,刚刚到达华盛顿)。但是贝文与艾奇逊仍然觉得,在确定新的对华政策之前,有必要乘尼赫鲁即将访问华盛顿的机会和他讨论遏制亚洲共产主义的问题及中国问题。科克伦认为,国务院反对蒋委员长,尼赫鲁也曾积极活动,推波助澜,以便他本人可以成为公认的亚洲领袖,因为在这方面只有蒋委员长是他唯一的劲敌。

9月16日,我亲自与贝文会谈,并利用这个机会探询他对拟议中的太平洋联盟的意见。我问他,在亚洲组织这样一个抵制共产主义威胁的联盟是否有必要。他回答说,据他观察,这样一个联盟不会产生多大作用。首先必须解决中国国内的冲突,战争不结束,签订任何一般性的公约都不会有多大用处。我说,即便签订一项非军事性公约,把各国组成一条阵线,对抵制共产主义威胁也会有用。贝文说,他认为最重要的还是经济问题。他觉得问题的实质还在于提高老百姓的生活水平(这正是印度的观点)。

头一天晚上,在意大利使馆的招待会上,安得烈·维松先生问我对莫洛托夫的种种活动有何看法。长期以来他是在幕后指挥着中国和东南亚的共产党运动呢,还是在导演着苏俄心急如焚的南斯拉夫反铁托运动? 我对他说,莫洛托夫对亚洲并不陌生。此外,对苏俄来说,尽管南斯拉夫问题有如芒刺在背,目前更为紧迫,但是亚洲的全局问题毕竟重要得多。我不相信南斯拉夫的局势会爆发为一场公开的对抗,维松对这一点表示同意。

《华盛顿邮报》10 月 11 日专题报道说,尼赫鲁总理当日乘坐杜鲁门总统的专机"独立号"如期到达。该报强调,他此次来访的重要意义在于美国政府希望拉他放弃"第三势力"政策,参加西方民主阵营,在亚洲合力反共。印度被封为亚洲的天然领袖,尼赫鲁是印度受尊敬和爱戴的代言人。但是四天之后尼赫鲁在华盛顿结束了国事访问前往纽约的时候,我发现报界的态度变化不小。在访问的后三天里,华盛顿各报突然不再用显著版面进行详尽报道。国务院人士透露,除非他本人提出,美方不会提出具体问题与他商谈。他在国会发表的演说,也清楚反映出,美国未能说服他在反苏冷战中和西方民主国家站在一边,显然是失望了,就像我日记中写的那样:

> 美国政府虽然表面上还是按照不久前安排的那样,对他殷勤款待,礼遇逾恒,可是显然已经失望,在他来美之前所表现出的强烈兴趣与高度热忱业已荡然无存。

潘迪特夫人告诉过我,这是她哥哥初次访美。他从来不把美国当作民主典范来顶礼膜拜,他对美国生活中的许多因素感到痛惜,他本人主要的是接受英国式教育,习惯于英国式制度,这些话都十分中肯。

10 月 14 日,我如约前往印度大使馆,亲自和尼赫鲁先生会谈。他偕同他的妹妹潘迪特夫人和他的女儿甘地夫人,一道接待了我。他略有倦容,但谈吐爽朗、坦率,回答我的问题毫不踌躇。我在日记中写道:

颇具东方风度,学者气派,甚至还有些哲学家气质。我们谈了五十分钟,当我告辞时,弗兰克斯爵士与夫人正好也来拜访他。

寒暄中,我对尼赫鲁说,在他对美国首都进行匆忙而短暂的访问中我能与他会面感到荣幸。我告诉他,在中国有很多人敬仰他,蒋介石委员长就是最热心的钦佩者之一,他嘱托我向蒋委员长致以最良好的祝愿。他说,蒋委员长访问印度时,他们见过面,后来他本人访问重庆又见过一次。他说,蒋委员长的谈话真是引人入胜。但总的说来,他给我留下的印象是,他个人同情新成立的共产党政权,并不同情蒋委员长和国民政府。他认为中国的共产主义潮流势不可挡,任何抗拒和外援都无济于事。

按我的谈话记录,他在某一点上说到,过去十五年中,印度实行了一项土地改革计划,让耕者有其田,这样就可以使他们减少一些不满情绪。和印度一样,中国也有这样的尖锐问题,除非照顾到农民的利益,提高国民的福利,共产主义的蔓延就无法阻挡。

我表示同意,并说那是问题的根本所在。我觉得在这方面,中国政府并没有充分作到一切本来可以办到的事情。我告诉尼赫鲁,共产党每到一处,总是没收地主的土地,分给农民,借以收买人心;后来就征收重税,农民这才看清了真相。国民政府征收农民的粮食时用纸币付款,而共产党当局无论拿走什么东西,只给农民开张收条。这些作法在中国各地乡村中引起了不满,据说在共产党占领的几个省份中曾经发生过多次暴动。

尼赫鲁说,这种形势足以增强他的信念,中国人不是可以被共产党轻易征服的。他相信,如果有朝一日,老百姓能自己组织起来,壮大起来,他们就能够挣脱共产党的枷锁。

我说,我觉得共产党的威胁并不仅仅牵涉到中国的利害,让共产党蔓延到整个中国并不能解决亚洲其他国家的问题。正如我对贝文以及美国人说的那样,恰恰相反,到那时,这个问题会以更加严重的形式出现,这些国家解决起来就愈加困难,要付出更高的代价。例如,共产党一旦进入中国的西南地区,出现在缅甸与印度支那的大门口,这些国家当然就非对付他们不可。所以只要国民政府以西南地区为基地,坚持抵抗,东南亚各国就能得到掩护,赢得时间,各自作好准备。无论和共产党达成什么样的和解,签订什么样的协定,最终都不能保证其他各国的领土主权和独立得到尊重。

尼赫鲁问,中国的西南地区能够坚守多长时间。

我回答说,如果有国外的支持和援助,就可无限期的坚守下去,至少可以守一二年。由于那边地势多山,道路稀少,因此容易防守。

尼赫鲁说,那解决不了诸如缅甸、泰国等其他国家的问题。另一方面也不可能从其他亚洲国家取得物质援助,而道义上的支持也只能使中国共产党看作是这些国家对他们的敌对态度,一旦他们打到这些国家的边界线上,后者就更难应付。他认为,尽管共产党对中国的西南地区不易攻占,但拖延几个月或者一年,并不能挽回局面,也改变不了最后的结局。

这样一来,尼赫鲁即使不直截了当地说,也足以使我得到一种明确的印象:即他认为外援帮不上大忙,道义上的支持作用更小,实际上只有让中国人自己去解决问题。在我看来,这就表明印度一心想要登上亚洲领袖的宝座,已经不考虑中国这个因素了。鉴于尼赫鲁的态度,以及其他有关各国所表现的种种态度,虽然季里诺总统还在为促进太平洋联盟而独自继续奔走,并计划为此目的而召开亚洲各国会议,可是这次会议直拖到1950年4月才宣告召开,并且是徒具形式,也就并不令人感到意外了。这次会议,国民党中国没有派代表参加,军事问题也没有列入议事日程。当然,那个时候,中国的局势已经发生了戏剧性的变化。

第八节　军事和经济援助的情况

1949 年 8 月初—9 月

　　1949 年 8 月初,我忙于应付许多事务,如:美国国务院发表白皮书;司徒雷登大使来到华盛顿;各方对缔结太平洋公约的许多意见和反应;以及所有那些基于美国对华政策而发生的事情。与此同时,我还设法写完了关于美国对华军事经济援助的备忘录,准备送交国务卿,以期促使美国国会采取援华行动。1949 年 8 月 10 日广州发来电报,要我尽快向美国政府递交我国提出的军援计划。财政部长徐堪也同样要求我尽快递交经援计划。可是,同一天委员长来电却说,由于白皮书已经发表,他不主张再递交有关军援的备忘录。然而根据当时的实际情况,我还是决定两者都必须同时进行。12 日晨,贝祖贻和李榦来和我商讨经济援助备忘录如何最后定稿。原稿是在我的建议下,以我们早先商定的想法为基础而拟出的。但是我看了草稿之后,建议把所有三个部分合并成一个备忘录。也就是说,第一部分是关于把经济合作总署的余款用作应急性援助;第二部分是关于为期六个月的临时性援助;第三部分是关于一年或一年以上的援助。这尚有待两国的财政和经济专家们进行研究。

　　第二天星期六下午,谭绍华对我说,无论从体力或脑力方面说,他都无法在星期一前将军援备忘录和经援备忘录修订完毕,并在星期一发送出去。但是我急于要在那天送出。因此我说,我们一定要办到,因为我已经拟好了致艾奇逊介绍备忘录的信稿。为了加速进度,我得和他们一起工作。我让他和王守竞还有一位速记打字员在四点半钟到双橡园来。我们一起紧张地工作,凌晨一点十五分,终于完成了全部修改工作,有待星期天进行最后审阅。

8月14日星期天,上午十一时我们开始着手修改给艾奇逊的信稿,到十二点四十五分修改完毕。接着,我和王守竞,然后又和谭绍华研究了军事和经济援助两个备忘录。最后我又和李幹再度研究经济援助备忘录。七点,一切都已准备就绪,只等打印。我在日记本中写道:"在高度压力下工作,对他们是一次良好锻炼。"

星期一上午十一点,我在给艾奇逊的信和备忘录上签了字,并立即发出。我很高兴能如愿按期完成。接着,我给路易斯·约翰逊写了一封信,并附去一份上述信件和备忘录的副本,供他参阅。我们又讨论和决定了如何以最迅速而安全的方法送交给他的问题。然后我给委员长发去电报,向他说明为什么他在星期三虽已来电表示不同意向美方递送军援备忘录,而我仍然递送的理由。我又向李宗仁、阎锡山和外交部报告了为向美方申请援助发出了上述文件之事。我们还商量了如何给蒋夫人以及其他关心此事并曾在华盛顿参加过会议讨论的人士也都发了一份抄件。这是为了让他们都知道我们办了些什么事。我在日记中写道:

> 凡事不动则已,一动就感到面临着国人缺乏团结的问题,即使驻外人员之间也是如此。

美国国会里正在积极行动,设法把对华援助纳入新的对外援助计划中去。我曾说过,当时美国国会正在研究的军事援助法案中包括准备继续向希腊、土耳其、伊朗、南朝鲜和菲律宾等国提供援助的措施,但是其中没有中国。8月4日,即白皮书在报上公布之日,参议员诺兰在另外十一位参议员的支持下试图扭转这一局面,他提出一项修正案,要求从原来的军事援助法案金额中拨出一亿七千五百万美元给予非共产党中国作为军事援助,并附带提出要设立一个美国顾问团。在众议院,众议员洛奇、沃里斯和周以德提出了一项类似的修正案,可是15日在外交委员会上以十一对七的票数被否决了。同一天清晨,我的助理商务专员石道生再次对我说,众议员利奥·艾伦打算在众议院发表关于援助南朝鲜问题的发言中附带介绍中国的形势。艾伦是伊利诺斯州的共和党人,曾任众议院规则委员会的主席。他要求我就此问题写一篇长约十五到二十分钟的发言稿。我派人去找陈之迈来执笔,但是他不在办公室。我就亲自向速记员口授写成了三页讲稿,然后在下午五时差人送给了艾伦。

8月15日,王守竞来访,他向我转告了陈纳德将军托汤姆·科克伦给我带来消息。王说,陈纳德为西北的回族部队屡遭败北而感到心烦意乱,因为他在为中国争取援助的活动中一直夸耀马家部队是无可否认的坚强的反共部队。现在马军屡战屡败,使他无法自圆其说。王说,科克伦曾建议委员长和广州方面应向回族部队的主力马步芳军提供武器弹药,使其继续与共军作战。这使我想起了8月7日甘介侯来看我时神情沮丧,自他到美以来,这还是第一次。当时他说战局非常糟糕。他又告诉我,由于驻长沙国军部队投降共军,白崇禧将军在长沙以南衡阳的部队已被五倍的共军所包围。他认为如果衡阳一旦失守,就无法阻止共军直捣广州。广州若再失陷,重庆就岌岌可危。共军也会从北面入侵四川,因为胡宗南将军在陕西和甘肃的部队已被击溃,而回族部队也被迫向西撤退,这就使得四川的北面和西北面完全暴露,犹如广州的北面和东北面一样。甘说,结局如何,两星期内可见分晓。8月14日我在日记中记下了衡阳市所属的衡山县陷落以及共军越过江西省赣江以东的赣州等不幸消息。在这种情况下,不难想见何以回族部队在西北屡遭挫败,令人心焦如焚。特别是因为人们一致认为回族部队和白崇禧的部队联合起来是中国打败共军的希望所系。

据王守竞说,汤姆·科克伦还提出有必要和正在华盛顿访问的缅甸外长晤谈,请他也强调援助中国抗击共军的必要性,因为缅甸与中国国土毗连,援华等于援缅。王说,科克伦认为国务院关于援助中国地下武装和共军作战的设想是行不通的。他认为最好还是援助国民政府。但是国务院没有听从他的意见。我对王守竞说，我将给委员长发电请他支援马步芳的部队，同时我也将设法亲自说服缅甸外长。

前面说过，我和缅甸的吴貌外长于 8 月 15 日下午在南朝鲜大使馆为庆祝朝鲜独立一周年纪念的招待会上见了面。但是，我们握手以后，他一句话也没和我说，很快就转身走了。我在日记中写道：

> 是否由于他不能说英语，还是因为他不愿意在这样多的美国客人面前，特别是在国务院高级官员如助理国务卿乔治·艾伦面前和我谈话，抑或国务院官员已把他们对中国国民政府的态度以及认为国民政府必将倒台的看法告诉了他，正如他们已经向南朝鲜大使讲过的那样？

那天也是印度和巴基斯坦的独立纪念日。我又在巴基斯坦和印度大使馆的招待会上遇到了吴貌先生。我们仍然没有多谈。但是印度和巴基斯坦的招待会都是盛大豪华的庆祝会，许多外交使节和政府官员都出席了。我见到了来自纽约的众议员塞勒，他说他非常关切地阅读了我就白皮书所发表的声明，并希望国会能在援华方面作出一些贡献。我表示抱有同样希望，并说，中美两国在反共事业中本应风雨同舟。

> 在这三个宾客满堂的招待会上，我会见了许多老朋友。不禁因中国国势如此衰微而为之黯然失色。以往中国驻外大使是世界第四大国的代表，到处受到各方的尊敬、赞誉和瞩目。今昔对比，相去悬殊。

8 月 18 日缅甸大使馆举办了一次茶会和晚宴。我仍然没有机会和缅甸外长谈话。但是，这次茶会实际是一个亚洲各国代表们的定期聚会。我有机会听到他对我所关心的一些问题所发表的意见。接着，在 19 日我和他进行了一次为时四十五分钟的谈话。谈话中他说明他来华盛顿是想试探美国政府对援缅问题的态度,以便和伦敦的英国政府商讨英国对缅甸的援助问题。英国政府建议他先访问华盛顿作为英缅谈判的第一步。通过交谈,我弄清了尽管他的国家是反共的,并且担心来自中国的共产主义威胁,可是他们并没有和国民党中国合作的愿望。他们将一切按照美国安排的路线行事。根据我的回忆,缅甸大使是在送我出来的时候证实了这一点。

我发现缅甸大使如此真诚坦率地回答了我的第一个问题,就继续向他试探。由于他的国家打算在行动上与美国取得协调,我希望知道他所了解的美国的立场究竟如何。我说,虽然艾奇逊先生在公布白皮书后发表的声明中指出国务院已经制订了一项新的对华政策,但我不相信这个政策已经制订完成。我说,我不知美国官员们是否已经向外交部长透露了他们的对华态度。缅甸大使说,美国人只愿锦上添花不肯雪中送炭。确实如此。但当我问到国务院是否会支持中国共产党时,大使作了否定的答复,并说美国充其量准备给予中国共产党以正式的外交承认,不过这事现在也还遥遥无期。

8月16日参议员诺兰打电话给我,说他想和我谈谈。我提出我去拜访他。正像陈纳德一样,他告诉我受到陈纳德高度评价并被誉为劲旅和中国抗共救星的回族军队在中国西北部屡遭挫败,使他和他的朋友们深为担忧。他了解到问题在于这些军队缺少武器和弹药。因此他力促中国政府从一亿二千五百万美元援款中拨给他们若干军需品,空运到西北去挽救那边的危局。他说,否则将使国会中的对华友好人士们感到失望,也将使根据欧洲军备法案提出的对华军援修正案受到不利的影响。我告诉他,我也听到过同样的消息,并且已经电告我国政府首脑们。但是,由于他是那么着急,我表示将再电告我国政府催办此事。

那天下午,当我去拜访参议员诺兰时,交给他一份我致国务卿的关于对华军事和经济援助照会及其附件的副本。我说这是机密文件,但是我希望让他充分了解情况,因为他曾经是援助中国复兴事业和自由事业的领袖。我告诉他,我本来打算和甘介侯博士一同去看他的,但是没有找到甘。

诺兰参议员对我的访问表示感谢。他告诉我欧洲军备法案已于前一日由众议院外交委员会表决,但是把对华军事援助包括进去的修正案却以十一对七的票数被否决了。在他看来,双方票数相近,两三票之差就可以改变结果。他说打算和倡议这一修正草案的国会议员们商讨这个问题。他相信他们是能在众议院把这一问题重新提出来的。

我问到他本人提出的主张援华的议案在参议院里处于何种形势时,这位参议员说,参议院外交委员会已经开始讨论。但是在他的请求下,外交委员会主席参议员康纳利已经同意再多听取几位最同情中国人士的证词。诺兰深信这项法案在本周末就可以投票表决。

我又问道,照他看来,这项提案的前景如何,能否通过。诺兰说,参议院内有许多中国的朋友,他的议案已得到十四位参议员的支持。如果外交委员会不予批准,势将引起一场激烈的争论。他相信他能促成此事,这不仅是由于有相当一部分的参议员赞成他的提案,同时政府急于为欧洲军备法案争取赞成票,似乎也倾向于接受某种包括中国在内的折衷方案。

接着,这位参议员又谈到他认为回族军队的败北必将削弱中国的抵抗力量,也将使国会中许多对华友好人士感到失望。他希望中国政府能从一亿二千五百万美元的军援款项下获得的军需品中拨出一部分支援这些军队,以便使他们能继续作战。

我再次告诉他,我将把此点电告我国政府,并且要提醒他们注意迅速输送军需品的重要性。接着我说,关于对华军援问题,我的军事专家向我提出过一种设想,我愿意转告他。我说,我热切地希望他的对华军援提案能在参议院获得通过。万一通不过,我希望这位参议员采取最后一着:提请美国政府对一亿二千五百万元军援拨款中已记在中国名下的军需品价格加以复核,并援希腊和土耳其之例给中国以同等待遇。我说,如果这个新办法确属可行,则可以获得一笔相当可观的款项,供新的军需采购之用。

诺兰参议员说,他理解这种想法。事实上,他的法案中已经添加了符合这一精神的条款,主张对中国和欧洲国家要同样对待,这不仅是指今后的武器援助和其他物资供应问题,而且连过去国会在 1948 年批准的军援拨款项下取得的物资也包括在内。他还说,不过在他的提案被通过的希望彻底破灭以前,他将不采用我所提复核中国过去所付价格的建议(这是一种非常稳健的策略)。

次日,我派几位僚属分送几份和给诺兰相同的文件给国会中其他几位中国的朋友。他们都是为中国而斗争的领袖。但是这些文件具有机密性,我要求他们在任何情况下,都要把这些文件作为外交秘密妥善保存;因为我不愿让它们泄漏给新闻界,以免给国务院惹来麻烦。18 日我在参议院办公大楼拜会参议员杜勒斯,也递交给他一份上述文件和附件的副本。我对他说,军事援助备忘录中说明了防御的全面战略计划、指挥上的统一以及兵力的配合。我说,白皮书刚一公布,我们就提出要求援助,未免有些冒昧。但这是因为艾奇逊紧接着又发表了一项声明,宣布美国政府决心支持任何维护中国独立的行动。

杜勒斯把照会、两份备忘录和附去的地图粗略地看了一下。他问中国的东南部之所以难以防守是否确实由于缺乏天然屏障。他推测政府方面各部分军队之间的相互配合可能也不顺利。他又问到给现在正为政府作战的回族军队输送了什么军需品。据他看来,军事形势确实非常危急。(显而易见,他已经得到情报,这情报也许是由国务院提供的。)

我说,当然实现防卫计划是不容易的,但是应全力以赴。我相信广州至少可以守两三个月。关于西北的政府军队的军需品问题,我说,参议员诺兰也曾和我谈到此点,我已电告我国政府,要求他们给军队空运给养以争取时间,因为陆路的交通既遥远又困难。然后我指出信和文件中有两三件事需要向他解释清楚。第一，在军事计划里，六个月所需的二亿八千七百万美元中有一项五千万美元的款项是用以购买白银铸成银元去发放军饷的。我告诉他，最近的经验说明，用银元发放军饷对于鼓舞士气极为重要。但因中国政府资源有限，只能给一部分军队发放银元。我说，由于中国人民对纸币已失去信心，政府被迫重新采用银元本位制。目前已经从墨西哥购买了价值二千万美元的白银铸成银元，装船运往中国。可是中国还需要更多的白银，所以又要拨出五千万美元来购买白银。

参议员杜勒斯说，二亿八千七百万美元听起来确是很大一笔款项，但他能理解这笔钱只能应付六个月的花费。

我对他说，今后的六个月，将是中国的关键时期。事实上，从拟议中的军援计划所能获得的武器和军需品至多只能维持六个月。

然后，我又谈到经济援助计划。我说我有一个要求，这就是利用去年国会批准的援华拨款结余九千万美元，国会已将此项拨款的有效期延长到 1950 年 2 月 15 日。我指出其中四千万美元已考虑用以购买白银，铸成银元。此外，还有另一笔为数三千六百万美元的款项要用以缓解日益支绌的储备金，这是由于中国政府财政赤字而造成的。

我补充说，过去每次和国务卿谈话，要求继续对华提供援助时，他的答复总是问我中国为什么不能利用已经运往台湾的黄金和白银储备。事实上，这几个月来，特别是从 4 月份起，在蒋委员长同意下，政府就是用这些储备金来维持的。目前此项储备已经很少，因此，迫切需要经济援助。

杜勒斯合计了上述三个数字。他说，据他看来，这笔钱的总额相当庞大，不可能指望得到国会的批准。

我说，我理解国会是非常重视经济的。但是我认为，国会只要通过一笔款项，哪怕小于我国申请的数额也是一种给予道义支持的良好姿态。我问杜勒斯,国会表决通过对华援助的可能性如何?

他说,有一个好机会,但是金额不大……可能在一亿美元左右。他说,他对众议院的形势十分担心。在那里,一项类似的援华提案在外交委员会表决时,以十一对七的票数未获通过。他曾经和周以德谈过此事,但他也不知道其结果将会怎样。他颇不乐观。(这点和参议员诺兰的看法有些不同。诺兰认为票数的差距相当小。)

我告诉他,我了解到当众议院开始研究外交委员会的报告时,这一提案会再度被提出讨论。当然,众议院是个难于操纵的机构,不好对付。(事实上,提案就在那天进行了讨论,并且以一百六十四对九十四的票数被否决了。正如杜勒斯所说,众议院比较顺从政府,因为政府能有力地控制在那里占多数的民主党员。)

我解释说,现在我们所以要向国务院提出这个计划,一方面是考虑到中国的迫切需要,另一方面也为了防止国务院以中国并没有要求援助为理由,对国会中为争取援华而努力的我们的朋友进行反驳。

杜勒斯说,提出计划是对的,也很重要。

接着我又问,据他看来,国务卿现在对中国问题持什么态度?艾奇逊先生是否对过去的事情依然耿耿于怀?

杜勒斯参议员答道:"不是那样。"事实上,在从巴黎回来的旅途中,艾奇逊曾在飞机上和他交谈,要求他担任后来交给杰塞普的那项任务,因为当时杜勒斯已经接受了纽约州的参议员职务。(我倒是希望杜勒斯接受艾奇逊给他的任务。)

我说,要是当初杜勒斯参议员接受为国务院制订对华政策的工作,那真是再好不过了。但是我也很高兴看到他能够进入参议院,因为那也是一个很重要的职务。可惜无法让他身兼二职,实在太遗憾了。

杜勒斯参议员说,他也有同感,但是他实在分身乏术。

我说，在致国务卿的照会中，有一项建议就是由美国派遣一个军事代表团到中国，其任务不仅是为了研究局势，同时要保证给予中国的一切援助都要以有效的方式用于预定的目的。此外，还建议美国派出一组财政和经济专家去中国研究财政和经济援助方面的问题。这个小组可以自成一个独立单位，也可以附属于军事代表团。我说，我曾和总统、国务卿和国防部长谈过，最好派遣一个由最高级人士率领的代表团去中国就地了解情况，收集有关局势的最新情报。总统似乎甚表赞同，国防部长对此建议也有所动心。但是国务卿却不甚同意。他说，过去美国也曾派遣代表团到中国去，但他们的意见并没有受到重视。我说，这个建议的目的之一就是准备一个台阶，让政府或国务院可以顺坡而下，达到不失体面地改变对华政策。我甚至建议，这一行动不必公开宣布，可以悄悄地进行。

杜勒斯参议员说，他也曾建议艾奇逊先生应当立即派遣一个代表团前往中国，以便了解中国的最新情况，作为制订新的对华政策的基础。这是为改变对华政策铺平道路的极为有效的办法。相信国务院也正在考虑这个问题，但他还说不上结果如何。

接着，我又问他对杰塞普博士现在担任新的外交政策起草小组负责人有何看法。

杜勒斯答复我，两周前他曾与杰塞普博士共度周末。（记得那次，杜勒斯为了给他二人之间的晤谈作好准备，事先曾约见了宋子文，了解中国的局势。宋子文又为此事找过我。）杰塞普又邀请他于近期再次商谈。杜勒斯担心的是，杰塞普博士和他的同僚福斯迪克先生及凯斯先生都是学者，考虑问题时难免过于学究气。特别是他们缺乏处理当时局势中实际问题的经验。他又认为，不幸的是，杰塞普曾担任过编辑和校勘白皮书的工作。他唯恐这项任务会使杰塞普采取维护白皮书内所表明政策的立场。既然白皮书是杰塞普编辑的，他就不可能摆脱这一文件所罗列的许多事实和结论而另起炉灶。此外，杜勒斯不认为杰塞普有什么偏见。杰塞普思想开朗,艾奇逊亦复如此。6月份,在从巴黎去华盛顿的旅途中,他向艾奇逊指出美国必需关注中国的局势。如果对中国共产党不予阻遏,他们必然会越出中国国境向外扩张,美国总有一天,很难断言在什么地方不得不出头干涉。因此,他认为最好还是及早予以抑制。艾奇逊和他观点相同,并且要求他把这项工作担负起来。但是他无法接受,因为他已进入参议院。不过,这件事说明艾奇逊国务卿还是能接受各方意见的。(关于这一点,我可以指出,若干年后,杜勒斯成为艾森豪威尔总统的国务卿时,他提出并实行了对中国共产党的"遏制"政策。显然他多年以前就对这个政策成算在胸了。这正是他的宿愿。)

我问他巴特沃思先生有无调动工作的可能性。

杜勒斯答道,直到昨天还在讨论任命巴特沃思为助理国务卿的问题。艾奇逊曾告诉他(指杜勒斯),他要依靠巴特沃思处理中国事务。由于这个原因,政府仍在力促批准对巴特沃思的任命。

我说,假如问题果真在于物色人选的话,我相信能够胜任这个职务的大有人在。我提到斯坦利·亨培克博士,他曾在国务院处理远东事务多年,就怕他的政治面目可能会引起民主党政府的反感,因为他是个共和党员。

杜勒斯说,他认识亨培克,他原来担任驻荷兰大使,现已去职。接着,杜勒斯说,他理解我交给他的文件都是机密文件。

我说,是机密的,特别是有关防御计划和外汇储备的材料更要保密。我又说,我也给了诺兰参议员一份同样的文件。杜勒斯说,诺兰已将此事告诉他。当我说起另外一份给了参议员麦卡伦时,杜勒斯问我麦卡伦参议员是否关心中国问题。我对他说是关心的,并说参议员麦卡伦是一亿五千万美元援华方案的发起人。我还告诉他,在众议院只有周以德得到了一份这个文件。我说,这些人士都是为援华而奋斗的领袖。

那天下午,皮宗敢将军给我看一份国防部长阎锡山自广州发来的电报(阎锡山当时任行政院长兼国防部长)。批准购买由李大为上校谈判的一批美国陆军的剩余坦克。阎锡山在 7 月 27 日给我的复电中对此曾表示反对。于是我在日记中写道:"何等混乱!"我想可能是由于委员长亲自插手,使他改变了主意和决定。(皮和李大为在一起工作,他们相互之间以及和委员长的关系都很好。皮宗敢曾经当过委员长的侍从秘书,而李大为实际是由装甲兵团司令蒋纬国派到美国去购买坦克的。)

皮宗敢说,李大为发现美国陆军手中有一笔为数六十万美元的备用金。这笔钱是当初从一亿二千五百万美元军援内拨交美国陆军供我国购买武器和军用物资款项中的百分之一。他的意思是可以用这笔钱来购买坦克。第二天,李大为亲自来向我报告他发现了这笔备用金。他说,他已经得到美国陆军当局的同意,让我们用其中的三分之二购买坦克。

他又说,他还是相信前副国务卿罗伯特·洛维特将被任命负责远东事务的传说。我说,我对此表示怀疑,因为现在洛维特不会愿意屈就助理国务卿,负责不发达国家的经济发展计划,去执行杜鲁门总统就职演说中的第四点。

几天以后,8 月 22 日我到坎贝尔·刘易斯夫人家中拜访,向她问起有关她对全国妇女俱乐部联合会进行活动的成效如何。她说,她曾与前任联合会主席迪金森夫人联系,这位夫人非常友好而且富于同情心,她要和即将在 10 月份从欧洲归国的新主席,也是她的信徒,商谈此事。我还请求刘易斯夫人为支持中国的事业向产联进行呼吁。以后我又拜会了范妮·霍尔茨曼小姐,她是纽约的一位卓越的犹太律师。我也请求她帮助我们取得产联的支持。因为这个组织的主席菲利普·默里是她的朋友。她答应尽力而为。她建议我找参议员塔夫脱帮忙。我在日记中写道:"当然,我早已在和塔夫脱联系了。"

得到美国工人的支持是相当重要的。我已经亲自找过一些美国工人领袖谈话。我也把这件事和中国全国总工会的理事梁永章及总工会秘书长水祥云商谈过。我们 8 月 10 日的谈话,主题是如何取得美国工联,特别是产联对美国援华的支持。我对他们说,必须说明,中国的工会是不受政府支配的,还有朱学范的问题(朱是中国劳动协会的创办人)是由于对朱所领导的工会是否有权独立于社会部之外争论,并非受到社会部压迫的问题。

8月23日我收到国务卿艾奇逊对我8月15日给他的请求军事援助和经济援助信的答复。那是一份简短的通知,而不是直接的答复。信中说:

> 关于增加援助的要求将予以认真的考虑。关于使用经济合作总署拨款的建议已转交该署,也将同样予以慎重考虑。

接着,在8月24日蒋荫恩来报告得自奥凯里赫上校的消息。他说,美国政府已同意将七千五百万美元作为对华的军事援助款项,但此款仅限于购买白银以供前线战斗部队发饷之用。

其后,蒋荫恩从奥凯里赫那里获得了一些新情况,又来看我。他说,是在路易斯·约翰逊力争之下,最后才取得了艾奇逊的同意。但是正如他以前说的一样,此款不能用于购买武器,只能购买白银铸成银元发给与共产党作战的士兵,并将派遣一个美国代表团来华直接发放。奥凯里赫说,此事表明政府已有改变对华政策的迹象。如果顺利,则更多的援助将会随之而来。另有传说,一旦新的援华法案正式通过,我就得回去向委员长进行一番解释,他可能不同意美国官员来华直接发放军饷的主张。

总而言之,到了1949年8月底,似乎完全可以肯定美国国会将通过给予中国大约七千五百万美元的军事援助。同时,我从几个不同的消息来源,了解到国务院已经把中国抛弃了。我认为如果能在这时安排一次盖洛普民意测验,绝大多数美国人都不会同意迪安·艾奇逊领导下的国务院所宣布的对华政策。可是由于这一事态使我认识到即使投票通过增加对华援助,中国也许永远不能得到这笔款项的实惠。国务院的决定尚有待于杰塞普小组制订出"新"的美国对华政策后方能付诸实施。

8月26日我拜会了杰塞普。一如既往,我回到大使馆后立即向打字员口授记下我和他的谈话的要点。记录中写道,我首先谈到拟向联合国提出的呼吁。然后我说,我还想和他谈谈另一件与中国局势有关的事。我告诉他在白皮书发表之前,我曾经力劝国务卿不要这样做。但是现在白皮书已经发表,我国政府不打算过多地关注此事。事实上,代理外交部长叶公超在广州已告诉克拉克公使,中国政府正在尽最大努力使中国人民对白皮书的反应不至于越出理智常轨。因为中国政府仍旧重视美国的友谊,也不希望由于白皮书的发表而使得这种友谊受到损害。我说,白皮书公布了美国所掌握的全部资料。它为美国过去的对华政策申辩了理由,以及美国虽曾极力设法使政策能获得成功,但是终于未能达到预期效果的原因。当然,那是美国的观点,中国对这整个问题也有自己的观点。但实际上,中国政府更为关切的是美国打算怎样去应付当前和未来的局势。

我说,客观地观察一下中国局势,我觉得应该尽快办些有助于中国的事,这不仅对中国和亚洲有利,而且对美国和全世界也都有利。虽然目前要挽救这种局面为时已晚,但还不是过迟。中国共产党在战场上取得了很大的胜利,但是他们只占领了小半个中国,而日本人在上次大战中所占领的面积比这要大得多。现存的半壁江山,虽然比较贫瘠,但仍在国民党政府控制之下,而且由于地势有利,比较容易防守。这片广袤的土地,从中国的西北延伸到东南,为缅甸、泰国、印度和亚洲其他国家构成了一个强大的屏障。如果让这片广大的地区落入共产党之手,则东亚的共产主义问题将会变得更加严重。到那时再解决问题将更加棘手,并要付出极大的代价。这项任务势必将落在美国的肩上,否则美国就得放弃其领导世界的地位,我认为这是不可思议的。可以肯定,全世界爱好自由的人们都希望看到美国担负起遏制共产党威胁的领导责任。

我说,杰塞普博士受命和两位同僚共同研究、制订一项新的、积极的对华政策,这使我感到非常高兴。虽然他过去也曾受命编纂过白皮书,但是我认为这不会影响他对未来的看法。我知道杰塞普首先是一位伟大的学者,他对任何问题和局势从来都是能够客观地对待的。从这点来看,他对导致目前紧张局势的中美关系的理解,对今后的形势发展必将有所帮助而不致成为阻碍。作为一个爱国的中国人,同时又是美国的朋友,我对两国之间的关系演变到如此状况感到非常遗憾,但我仍然不相信美国已下定决心抛弃中国。不管美国对中国政府持什么态度,两国人民之间千丝万缕的友谊纽带已经圆满地存在了一个多世纪,两国之间有着如此之多的共同利益,不会使得现有的局面永远持续下去。尽管中国政府可能有所更迭,但中国人民和中国将永远屹立在亚洲大陆这块辽阔的土地上。

所以我说,问题在于决定采取什么样的政策,这是一项极端重要、意义深远的工作。可以说,当前中国和美国的关系正处在十字路口。杰塞普小组即将提出的建议不仅将在今后的五年、十年内,还可能在今后数十年内决定太平洋和亚洲地区事态发展的趋势。因此,在我看来,这不是关乎原则的问题,而是如何挽回中国局势的方法和步骤问题。这种局势显然是当前全球问题的一部分,我们必须如此认识和对待。

在谈到挽救这种局势的方法和步骤时,我说,就中国而言,它正在全力以赴地谋求自救之道。中国军队始终在顽强战斗,领导人们也一直在齐心合作。李总统曾去台湾拜会蒋委员长,蒋委员长也到广州与李总统和其他领导人会商国是。一个全面协调的军事计划也已制订完成,正在付诸实施。中国的团结正在增进。

我说,但是我国人民现在正面临着一个进退两难的局面:当李总统打算在没有蒋委员长支持的情况下继续干下去时,我们的美国朋友们却认为他软弱而急躁,并且断定中国政府在闹分裂。当李总统寻求获得蒋委员长的合作,而决心与之携手前进时,华盛顿又开始怀疑援助中国政府是否可取。对蒋委员长失望和丧失信心的往事现在又在美国当局的脑海中浮现出来,使得他们畏缩不前,对中国的局势不敢采取有利而同情的态度。

但是我要说的是许多志趣相投的中国朋友们的共同观点。今天中国所有的爱国人士,包括蒋委员长在内,都渴望挽救中国,并且维护它的独立和自由。这些人士认为党派和个人都是次要的问题,应该服从于救国这个首要问题。因此,我和我的朋友都认为,如果美国朋友们是由于考虑人的问题而不愿伸出援华之手,那么现在已不成为问题,因为蒋委员长已经在1月份辞去了总统职务。他之所以仍在四处奔走,进行活动,就是因为他也希望挽救中国。这并不是为了他自己着想,而是为了国家着想。不管他曾有过什么错误和缺点,没有人能说蒋委员长不爱国,也没有人比他更爱国。

此外,我还记得过去蒋委员长遭到舆论反对时,曾经三次辞职:他第一次辞职是在1927年;其后一次是在1931年,那时我正在他的政府中任外交部长;今年1月份是委员长第三次去职退隐,以顺民情。但是无论蒋委员长在朝在野,他终究是个不能被忽略的因素。他用了二十年的时间才建立起他今日的威望和领导地位,而且今天在整个中国仍有大批人拥护他。尽管如此,他个人也并不汲汲于恢复政治权力和地位。依我看来,如果是由于蒋委员长在继续活动而使得美国对援华犹疑不决,这就不应成为很难解决的问题。因为如果有人能向蒋委员长保证,只要他退出一切活动,美国即可援助他的国家,从而使中国得救,我想,他立刻就会急流勇退。

我回想起了与白皮书同时发表的艾奇逊的声明,大意是美国仍然准备帮助中国人民进行一切反对奴役和维护独立自由的人民运动。我还不明白"人民运动"这个词的真实含义是什么。如果指的是不属于任何政治党派,特别是指不属于国民党的民众所发起的什么运动,那么,我认为这是很难办到而且不能信赖的。

如果指的是一种独立运动，那就要花费五年、十年甚至十五年的时间才能发动起来。到那时，共产党已经牢固地控制了中国，任何这类的运动也无成功之望。

我说，我认为如果要在中国培育某种运动来实现一个自由、公正而有能力的政府，其唯一切实可行的办法就是在现行宪法结构内去促进这样的运动。按照马歇尔将军的说法，现行宪法毕竟是为了推行民主制度。本届政府已经按照宪法规定由立法院、监察院和另外三个院组成，其中也包括行政院。在各个政党内外有大批忠诚而又有才能的人士，他们都愿意把国家的利益放在个人利益之上。以国民党本身为例，在它的队伍里就有许多这样的人士。

我继续说，国民党仍然是最大的党。其他党如中国青年党、民社党都是比它小得多的团体，和国民党相比，可以说犹如沧海一粟。所以说，谁要是想把国民党这个团体一笔勾销，那是不现实的；同时在鼓励任何人民团体组成政府去管理国家时，也不应由于任何个人的政治影响而对其所属团体加以限制。

我说，我之所以坦率地发表个人意见，只是因为我以及我在美国和中国的许多朋友们都希望帮助杰塞普和他的小组。我相信他在为美国制定一项正确积极的对华政策时，必定愿意尽量多知道一些现实情况和潜在的趋势。我相信，他建议的任何政策将是切实可行的，并且也会适应中国的实际情况和美国的要求。我又说，我和我的朋友们都想知道按照美国的观点，在什么条件下，中国能指望从美国获得支援以建立一个自由、团结、民主的中国。我知道这是美国的目的，也是所有热爱自由的中国人民所梦寐以求的目标。

这时，电话铃响了，第三次通知杰塞普，国务卿要召见他。我于是起身告辞。但是我说希望能再有机会向他充分阐述我的看法及中国的观点。

杰塞普说，他觉得我的看法颇有见地。但由于国务卿的召见,未能继续深谈,这使他感到很抱歉。他愿意再次安排和我会晤,以便更多地听取我的意见。

晚上,我把有关我同杰塞普的谈话简短地记入了日记。我是这样写的:

> 杰塞普小心谨慎,而又显得很同情地听取了我所说的一切。他显然很感兴趣,有时似乎对我就我的观点和请求所作的诚挚解释颇受感动或留有深刻印象。由于国务卿要立即召见他,国务卿办公室打来的电话使我们的谈话在二十分钟内中断了三次。

同一天,我和韩国驻联合国代表赵炳玉有过一次谈话。他来找我的原因是为了关于韩国在联合国的地位问题有两项请求。他也谈到他知道周以德和国会中其他亲华人士正在为中国申请军事援助。这些人声称援助韩国无济于事,如果中国完全落入共产党之手,韩国也就无法幸存。赵博士本人不能理解国务院的目光短浅的对华政策。此外,他看不出发表所谓的白皮书有什么正当理由。从他的视听所及,他发现各方对白皮书的反应是不利于国务院的。那是该院对华政策失败的一个明确的标志。

我说,这些也是我的印象。自白皮书发表至上星期五(8月19日),对国会中发言次数的统计说明,有二十四次发言为中国辩护,仅有五次发言同情国务院。

前一天下午,我接见了孔令傑少校。自从1948年11月那次以后,这是他第二次来看我。那次他交给我一封委员长致当时美国国务卿马歇尔将军的信。信中说准备委派他的父亲孔祥熙为委员长的特使。我没有同意把那封信送交马歇尔。这次孔令傑带来一封蒋夫人的亲笔信,信中感谢我给她发去的一套致艾奇逊的照会及所有关于援华问题的各项附件的抄本,并且要求我用她亲自拟就的辞句给艾奇逊写一封信,具体内容由孔令傑亲自向我传达。

蒋夫人的书信内容是一个建议,要求让哈佛大学法学院院长罗斯科·庞德和曾在驻南京和重庆美国大使馆担任过公使衔参赞的饶伯森二人参加到以杰塞普为首的制订政策小组里去。理由是已被任命的三人中,没有一个人到过中国。孔令傑说,此建议实出自于马歇尔将军授意。

我说,我对这个建议还要加以研究,但是我首先认为这样做不合适,使用书面方式肯定不行,而且也不能直接谈。其理由是:(1)艾奇逊会觉得我在干涉国务院的内部事务,因为该小组是艾奇逊本人的顾问;(2)这个建议如果由马歇尔将军提出,艾奇逊可能会接受。如果由我提出,则他会不予理睬,也是为了显示其不受中国干预;(3)新的对华政策已经制订完成,现在提出这类建议已为时太晚;(4)这样做会引起杰塞普的反感(我一直在和他建立友谊),从而会使他坚持以他编纂的白皮书为依据的立场,不肯妥协。但不管怎样,我可以把这个意见通过杜勒斯间接转达给艾奇逊。

孔令傑认为杜勒斯现在和艾奇逊的关系不好,他主张通过范登堡参议员办理。我告诉他,杜勒斯和艾奇逊的关系很密切,而范登堡参议员则不然,并且由于艾奇逊对他有些冷淡而感到不快,例如,在起草欧洲军备法案时就是这样。孔令傑于是同意了我的分析和建议。

他说,参议院外交委员会关于援华问题的投票仅以两票的优势获得通过。当我说起拟议中的用以购买白银给中国作战部队发饷的七千五百万美元援华款项时,他说他还没有听到政府是否会接受这个建议的消息。他又问到甘介侯关于李宗仁将军在南京与苏联大使谈判一事的声明,并说,蒋夫人在声明发表之前也曾收到抄本。

同一天,《美国新闻与世界报道》周刊登载了一篇参议员迈克·曼斯菲尔德写的诽谤性文章。其内容是与蒋委员长有亲戚关系的某些中国官员的贪污劣迹。文章质问拨给中国的援助款项用到哪里去了。王守竞来报告说，他为此事已找过科克伦。科克伦告诉他，这件事是有背景的。此文仅仅是国务院授意的一系列文章中的第一篇，以后甚至还会把那些曾在美国援华拨款中私下捞到好处的人们的姓名公布出来。科克伦认为，参议院拒绝批准任命巴特沃思为助理国务卿一事深深伤害了国务院当局的感情。他们认为，这是对国务院声望的一次打击。

科克伦建议及早做好充分准备，断然予以迎击。必要时就把事实承认下来，而对中国的信誉则要加以维护。他说，例如在珍珠港事件后，国会通过了援助中国坚持抗战的五亿美元信贷，另外还有一批黄金运往中国。直接掌管这笔款项和黄金的人并没有试图从中谋取私利。我建议，由宋子文和孔祥熙等人采取措施，准备对美国新闻界的指控作出充分而有力的回击。但是王和我都意识到要使孔、宋合作是有困难的。我们觉得，如果贝祖贻愿意介入的话，最好是由他来办理此事，因为他和孔、宋二人的关系都密切。

科克伦也说，国务院仍在反对蒋委员长，并且不愿意再和他打交道。人们说蒋委员长是中国目前唯一的领袖时，国务院反驳道，那是蒋委员长自己的过错，因为在他执政时，从来不允许任何其他人上升到领袖的地位。国务院认为蒋委员长在期待着美、苏发生战争，到那时美国就会再来请他合作。但是国务院却想要躲开他，并避免再次与他携手。

上述种种都是非官方的内部消息，但却是非常可靠的。由此可见，国务院或美国领导层对委员长的反感之深。这种感情即或不是起源于马歇尔，也肯定是由于这位将军本人对委员长的反感而大大地恶化了。

如果对于国务院在这个问题上的态度仍有怀疑的话，我还可以引用我回访韩国驻美大使张勉的情况来说明。这次回访是在8月26日进行的。我已在前面谈到过某些情节。张大使提到他和缅甸外交部长的谈话时说，缅甸外交部长曾坦率地告诉他，因为中国实际上已被美国摈弃,故拟议中的太平洋联盟已毫无意义。只要蒋委员长还在推动这一联盟,美国就不会对它感到任何兴趣。

接着,张大使和我谈起了国会对韩国的援助法案。这个法案在某种程度上是与对华援助密切相关的。张大使说,国会通过的对韩军事援助是一个很小的数字,即由韩国、伊朗和菲律宾共分二千七百万美元,其中韩国仅分摊到一千一百万美元。虽然为数甚少,但却聊胜于无。我又问起对韩国的一亿五千万美元经济援助法案,张说,此事虽经众议院外交委员会通过,但是萨巴思先生告诉他,规则委员会对此事横加阻挠,致使他无能为力。这意味着,由于众议院正在休会,法案在 10 月份以前无法提出,而到那时就未免太晚了。韩国迫切需要经济援助,除非美国立即给予援助。他担心韩国的经济将会崩溃。

8 月 28 日星期日,我前往纽约。到达后,我如约去拜望宋子文。这是星期五在电话中约定的。那天他打电话约我去他那里和一位"朋友"谈谈。宋子文所说的"朋友"就是正在他那里度周末的司徒雷登大使的私人秘书傅泾波。宋子文给我看一份备忘录的草稿,这份备忘录将由雷诺金属公司的雷诺兹先生呈交杜鲁门总统。内容是建议总统任命一位高级军官,立即到中国了解军事情况,向他汇报,以便考虑援华问题。(人们应该记得雷诺兹先生是甘介侯的朋友,也是许仕廉的朋友。许在该公司工作,也在为力图挽救局势而积极活动。)

魏德迈将军被提名为充任这个职务的最佳人选,因为他熟悉中国情况,过去又有和中国合作的经验,尽管"他可能不是很受中国人欢迎的人"。我想,后面这句引语指的是,他上次访华曾应邀在许多政治元老和五院院长的集会上发表演讲时,他言辞直率,对在场的听众进行了口头上的鞭挞,因而激起了众怒。宋子文问我的意见如何。我说,事情可能会成功,但还要看目前正在参议院外交及军事委员会联席会议上讨论的、欧洲军备法案的援华附款结果如何才知分晓。如果附款获得通过，迅速的行动就会随之而来，因为附款中准备派遣一组美国官员到中国去。宋子文认为有个办法能使杜鲁门对我们的建议采取行动，就是让雷诺兹的岳父怀亚特把建议书呈递给杜鲁门总统。因为1948年他为杜鲁门的竞选活动捐献过大量基金，杜鲁门曾许诺让他担任司法部长，但是到了最后一刻，杜鲁门却不得不把这一职位给了霍华德·麦格拉思。

在我的建议下，删去了魏德迈的名字。如果公开指名要他，反而会影响他入选。因为当时无论在白宫，在国务卿和国务院看来，他都不是一个受欢迎的人物。1948年他在国会援华法案听证会上所作的直率发言引起了各方极大的不快。我们把措辞改变了一下，大意是说，可能国防部长会推荐一位合适的人选以供总统抉择。

我又向宋子文和傅泾波强调指出，当前重要的是需要弄清中国政府应该进行哪些改革方能重新获得美国政府的信任、支持和援助。当然，这些改革不能超越中国现行宪法的范畴。于是宋子文和我草拟了一份组成新的、自由主义的政府成员名单，总计约有五十人。这些人士我们认为是可以获得美国政府的好感与支持的。宋子文说，最好把他的名字删掉，我表示暂时同意。我说，我对把我包括在内并不感兴趣，但他还是写上了我的名字。接着我们共进午餐。

8月31日，我在华盛顿和傅泾波再次会面，当时他在我处共进午餐。谈话时，在我的直接询问下，他说，司徒雷登认为现在有两件事需要做。第一件是所有在华盛顿为中国争取援助的院外活动必须进行调整并联合。傅泾波提出，像甘介侯这些人应当遣送回国，因为他以李宗仁的特使身份出现在这里，只能起到加深中国两位领袖之间裂痕的作用。这种论调似乎有点奇怪，因为在南京时，甘介侯好像是颇受司徒雷登和傅泾波欢迎的。不过，当然那只是甘自己的说法。此刻他们要求甘离去，可能是因为在李宗仁和司徒雷登大使及李宗仁与苏联大使罗申之间关于如果美苏发生战争,中国将保持中立的谈判问题上发生了争论。此事在白皮书中曾有所透露。记得甘介侯告诉过我,与苏联大使谈判一事曾通知司徒雷登,而他对中国试图谋求苏联的同情和帮助一节并未提出反对。

第二件事,傅说,司徒雷登认为我们应该改组政府,推选一批贤能、爱国、忠诚、清廉的人士——自由主义者——来管理政府。这样做是出于希望我们能有一个好一些的政府,而不应把它作为取得美援的手段。因此我们不应该在推选这样一批人士之前,先要求美国应允或保证给予援助。傅告诉我,他已把宋子文提出的名单交给司徒雷登大使看过。他建议我再和司徒雷登晤谈一次,以便说透我以前对他提过的事,同时把宋子文和我的意图直接了当地告诉他。

我在 8 月 28 日星期日午夜,或者更确切地说是星期一凌晨回到了华盛顿。这是由于一件小事,这种事在一个忙忙碌碌的外交官生涯中是常有的。那天我到拉瓜迪亚机场乘晚上八点半飞机,正要起飞时,领航员宣布由于天气恶劣,飞机可能不在华盛顿着陆,而继续飞往北卡罗来纳州的罗利机场。除了自愿在罗利下机的旅客外,其余所有去华盛顿的旅客将于明早回华盛顿。我就离开机场到宾夕法尼亚车站搭乘火车。于次日凌晨 4 时抵达华盛顿。

几个小时以后,我的商务专员刘大钧来向我报告司徒雷登对燕京大学校友的讲话。刘是燕大毕业生。他说,在校友招待司徒雷登的宴会上,司徒雷登对大约八位燕京的华人校友,其中包括他的同事石道生和陈罗思(音译),作了一次谈话。他把司徒雷登的谈话归纳成六点。他说,司徒雷登大使认为:(1)中国共产党是中国第一个实行其主义的政党,而国民党虽有宏伟的主义却不曾奉行;(2)共产党将继续执行国家主义政策,而不会使他们自己从属于莫斯科;(3)在中国共产党的领导人中曾有过意见分歧,但不见得会出现分裂;(4)满洲将参加共产党中央政权,但要受苏俄控制;(5)共产党人具有组织的才能,但管理经济上有困难;(6)一旦整个中国被共产党征服,美国也将承认它。

刘说,司徒雷登大使的论调是同情中国共产党的,并且似乎并不介意共产党的粗野态度。他说闯入他卧室是下级人员干的,并且也不严重。(他是指共产党军队进入南京时,几个军人冲进大使馆,并且上楼,闯入了他的卧室。)他说副领事奥利夫曾被拘留,那是因为他忽视了他的忠告,出门未带译员。司徒雷登说,他自己没有理会共产党要他为每个大使馆馆员分别找一个铺保的要求,只是让一位官员代表全体使馆人员签了字。

我在日记中写道:

> 这个报告似乎与司徒雷登大使自己对我和宋子文所谈的话有很大出入。显然,司徒雷登向不同的人谈的是他经历的不同方面。可是甘介侯一向认为司徒雷登是不同情国民党而赞成共产党的。

大约一个星期之后,刘大钧给我带来他和司徒雷登私人谈话的一份备忘录。据刘说,司徒雷登对共产党表示同情,与他对燕京校友的讲话如出一辙。刘另外还给我一份关于白皮书中涉及的经济问题的备忘录,其中提出了三个有说服力的论点,以反对美国在中国执行的政策。

8月28日,我还在纽约时,曾去里弗代尔拜访了蒋夫人。那次我把美国国会和政府对援华问题的态度就我自己的印象大致地告诉了她,也谈了印度、缅甸和黎巴嫩等国大使对拟议中的太平洋联盟所持的态度。和孔令傑一样,她说在参院联席委员会上对援华修正案投票表决时仅以两票的多数获得通过。她又告诉我,大约三个月后将发生重大事件,到那时我们就可以摆脱困境。她没有具体说明是什么事。在我的日记中是这样写的:

> 可能是乔治·马歇尔给了她什么暗示。(她在阿迪龙达

克的拉基特湖附近马歇尔家中住了一个星期,最近刚回来。那所房子原来属于摩根家族,现为范德比尔特家所有。)

我曾特意给蒋夫人一份关于军援的备忘录,让她参阅并且和马歇尔进行研究。现在我想了解马歇尔对这一备忘录的态度,但是她仅仅说她和马歇尔都看过了,没有什么问题。(我对这一点有怀疑。)接着她问我,艾奇逊对我们建议在制订新的对华政策的杰塞普小组里加上罗斯科·庞德和饶伯森二人采取了什么行动。她似乎很重视他原话中的下列字句:"中国对该小组感到非常关切,因为其中没有一个人曾在中国居住过……"我向她说明了为什么直接给艾奇逊提建议的作法是不明智的。我说,我可以通过杜勒斯把建议转达给艾奇逊。

两天以后,我去拜会杜勒斯,主要是和他商谈中国打算向联合国提出呼吁。我所谈的第三点是关于对华援助修正草案,第四点是蒋夫人的建议。我告诉杜勒斯,在四五天前我曾听到一些消息,大意是政府领导人在国会里结合欧洲军备法案讨论了对华军事援助问题。他们已决定拟议中的七千五百万美元不用于为中国军队购买武器弹药,而要用于购买白银以支付正在与共产党作战的政府军队。我问杜勒斯是否能证实这点。

他说,他未曾听说此事,但如果此事属实,他能理解为什么政府宁愿购买白银,而不购买武器。他问我是否知道诺兰参议员最近提出的修正案,并且拿出一份该修正案给我看。这个修正案建议拨出二亿一千一百万美元,由总统决定给予非共产党中国、韩国和菲律宾作为军事援助。我问参议院联席委员会批准诺兰参议员修正案的可能性如何。杜勒斯答道,很有希望。那天中午参议院开会时,可能就要投票表决。

随后,我委婉地提出负责制订新对华政策的杰塞普小组是否可以增加某些人员的问题或者说是愿望。我很想知道杜勒斯是否会向国务卿提出这两个期待中的名字。

杜勒斯认为这样做不大明智,因为国务卿选定的顾问小组人员是很不错的。他觉得那些已被任命的人员在这个问题上都很虚心,并且希望把事情办好。

我说,我在上周已对杰塞普说过,中国政府仍然控制着广大国土,这是防止中国共产党向泰国、缅甸、印度支那、印度和马来亚等处扩张的堡垒。如果这个堡垒一旦被摧毁,他的任务就会变得更加困难,美国也会感到远东的共产党更加难以对付。

杜勒斯说,他最近曾与艾奇逊及杰塞普商谈过中国问题,并敦促他们从速采取行动。他说,请他们看在上帝的面上,务必立即采取某些政策,先不管它是好是坏。因为局势紧迫,需要用及时的行动去应付。

我惦记着参议院两次没有批准对巴特沃思的任命这件事。因此我向他问起任命洛维特担任助理国务卿负责远东事务和实施有关杜鲁门总统就职演说中第四点的可能性如何。

杜勒斯答道,他对此事未有所闻,但他认为此事不无可能。洛维特是马歇尔将军的好友,上次已由这位将军推荐,提名到国务院。此外,他还听说洛维特回到银行界后,感到颇不顺心,愿意重返政界。

第二天,我国驻意大利大使于焌吉从欧洲来,为谈杰塞普的事来访。他与杰塞普很熟悉,准备去看他。我把曾和杰塞普谈过的问题全都告诉了他,着重强调他起草新的对华政策这一任务的重要性。我说,他对起草工作必须客观从事。这样不仅对中国和亚洲有利,而且对美国和全世界也都有利。我请于焌吉转告杰塞普,我愿意向他提供他在工作中所需要的有关中国方面的资料。

傍晚,于焌吉又来把他和杰塞普谈话的情况告诉我。他们谈话时,小组的另外两位成员福斯迪克和凯斯也在场。于说,他已把他的观点告诉了他们。他说,白皮书把造成现在这种局势的责任归罪于中国是不公平的,采取这种行动来反对一个友好的大国在外交史上也是前所未有的。他又说,虽然白皮书也提到了苏俄违反了条约义务,但是美国并没有发表反对苏俄的白皮书。雅尔塔协定就像是从中国背后捅了一刀。这和美国所参加的九国公约是背道而驰的。

他又对杰塞普说,他们小组的任务是很重大的,决定着中国及其四亿七千五百万人民的命运。白皮书的政策实际上是宣判中国人民在苏联统治下永为奴隶。他恳求杰塞普和他的同事们用积极客观的态度办事。但是凯斯仅仅问了一下,美国能为中国做些什么,而杰塞普则问中国是否已经公布了苏联企图使满洲脱离中国。于说,他回答凯斯,美国应当尽力帮助中国向共产党作斗争。关于杰塞普所提的问题,于说,中国不知道如何去进行宣传,这是外界对中国缺乏了解的原因之一。杰塞普小组虽然以明显的同情心和关切态度听取了于的言论,但是他们始终保持缄默,基本上没有说什么,也不作任何评论,这使于感到大惑不解。我前些日子与杰塞普谈话时的印象也是如此。

9 月 1 日于大使在国务院会见了司徒雷登后,午餐时,他告诉我并没有从司徒雷登大使处了解到多少情况。不过他觉得司徒雷登仍然是同情委员长的。长期以来,我一直听到关于司徒雷登的态度有各种互相矛盾的说法。我总觉得司徒雷登要不是在试图对国共双方都表示友好,就是想避免显得袒护其中的一方,否则何以解释他对不同的人有不同的说法,或者至少是谈话内容各有侧重呢?他和人们谈话的内容是因人而异的,他对某人着重谈事情的一个方面,而对另一个人谈话时则着重另一方面。我请于转告蒋夫人,我已请杜勒斯把庞德和饶伯森两人参加到杰塞普小组中去的建议转达给艾奇逊。可是杜勒斯认为艾奇逊不会欢迎这个建议。

下午,贝祖贻来和我研究两个问题。一个是对于《美国新闻与世界报道》周刊所载迈克尔·曼斯菲尔德发表的关于中国官吏贪污腐化的文章如何答复;另一个问题是如何收集 1942 年美国给予中国五亿美元贷款的收支账目。贝祖贻和我一致主张把所有材料归纳一下,以便将各方对中国官吏贪污和对委员长的亲戚们利用外援中饱私囊的指责一劳永逸地予以澄清。我们要对几乎所有经管过援华款项的人一一进行访问。事实上这些人都在美国,如:孔祥熙、宋子文、郭景琨、王守竞、席德懋、顾翊群、张悦联、俞国华、李榦和贝祖贻本人。

第二天9月1日上午,我把所有当时身在华盛顿而又与此问题有关的人们都请到双橡园来举行了一次便宴。其中有李榦、谭绍华、王守竞和顾翊群,这些人都曾在美国大学获得过博士学位。我们的目的是要对1942年以来五亿美元贷款的开支资料以及上海和重庆中央银行出售黄金的情况进行研究并交换意见。顾翊群和贝祖贻都曾经管过此事。

看来出售黄金并无问题,但是有关的记录不完整。据顾翊群说,当时是根据美国经济顾问爱德乐的意见,把出售美金储蓄券的固定比价定为二十比一。这个比价导致这种证券以高得多的价格在黑市上被倒手卖出。倒卖者在黑市上取得了暴利,又再度大量购进美金储蓄券,这种做法引起了美国当局的不满,并且禁止在中国的美国兵购买这种储蓄券。(这也是白皮书中的批评意见之一。)

我又征询他们各位对爆发美苏战争的可能性有何看法。这一下立即引起了一场生动活泼的议论。顾翊群认为这场战争不出两三年一定会发生。李榦认为苏俄对各国渗透和扩张取得成就可能刺激它的胃口,从而诱使它冒险进行更公开的侵略。王守竞同意我的意见,认为美国不会发动战争,而苏俄既不敢也没有必要这样做,因为它在欧亚两洲并未诉诸战争,已经取得了丰硕的成果。谭认为尽管双方都不愿意打仗,但任何偶然事件都可能引起战争。有趣的是,在场的六人中就发表了四种不同看法,而王守竞和我实际上成了两个人的多数派。

一周后,贝祖贻打来电话报称在纽约的中国银行总经理席德懋说,1942年购买美金储蓄券和在政府出售美金公债与抛售黄金时涉及的名单中有很多知名人士。曼斯菲尔德在最近发行的一期《美国新闻与世界报道》周刊中著文尖锐地批评了他们。席认为最好是置之不理。

9月2日，曾在北平天主教会所办辅仁大学任教的托马斯·乔治教授来访。当时他正准备加入一个小组回到中国参加辅仁大学的教学工作，并从事社会福利事业，如训练护士和护理伤兵等。该小组的成员有一位美国人，两位比利时人，一位捷克人和一位法国人。当时辅仁大学正准备迁往台湾。乔治教授告诉我他曾和巴特沃思晤谈过。巴特沃思说他对中国的灾难深感惋惜，可是，他又认为时机已晚，爱莫能助。巴特沃思也谈到了挽救东南亚和远东的问题，其言下之意，并不包括中国在内。（这是我从各种渠道所取得的片断情报之一。这种小事情往往预示着大局的动向。其后的事态发展证明，这桩小事情确实能说明当时美国国务院的工作方针丝毫不爽，把中国抛在一边，而想全力挽救亚洲的其余部分。后来出现在东亚的事态证明这种政策实在是鼠目寸光。）

当晚，为了和司徒雷登畅谈一番，特别是想谈谈关于如何组织一个新的自由主义政府的问题。我特地在双橡园请他吃晚饭。我们从七点谈到十点。我告诉他，我对挽救中国的想法是要选拔一批开明贤能、正直、清廉之士，根据现行宪法，在包括蒋委员长和李宗仁等在内的许多领袖人物的支持以及美国专家顾问的帮助下，组成新的政府。他完全同意我的想法，而且认为这个新政府肯定能赢得美国的好感和支持。我表示希望聘请美国政府所赞赏的人士担任顾问，司徒雷登说，过去他也曾极力促成此事，但总觉得国务院不愿表态，其原因是怕这些顾问们不能胜任时，国务院要承担责任。

我问他，关于国务院对待李宗仁和蒋委员长的态度有什么感想。司徒雷登说，他们不信任蒋委员长的军事领导才能；满洲、济南和徐州等地的失陷，使他们深感失望。他们认为李宗仁是一位正直、爱国而且心地善良的人，但是软弱无能。"委员长的专横个性使他黯然失色"。不过,政府应由他们二者之一全面负责。像现在这样的双头政体是不可能产生成效的。司徒雷登以为,最好是请蒋委员长交出政权,出洋考察。

不知道他是真的向美国政府提出了这项建议,还是双方(指美国政府和司徒雷登)同时想到一处。而我这里却有人带着具体方案前来联系,这一方案几乎要把那件大事(指请委员长下野)变成行动。方案是威廉·里基特送来的。他是约瑟夫·戴维斯和我本人的好友,是一位著名的特工人员,又是阿拉伯的劳伦斯的追随者。在那些日子里,他几乎每天和戴维斯一起到白宫去,有时还不止去一次。里基特提议,如果蒋委员长愿意离开中国和台湾,美国政府就负责保证他的安全。他可以携带他的一切财物。他们将为蒋委员长装备一艘完全由他支配的游艇,而且他可以随心所欲地去往任何国家。

这个主意是经过白宫研究,作为白宫的意见通知我的,并将由美方作出安排。但是我还不知道这究竟是戴维斯和他的朋友向白宫提的建议,还是白宫向戴维斯等的授意,要他们来和我商量的。虽然后来里基特宣称这是他个人的主意,但未必完全属实。司徒雷登大使的这种想法可能也出自华盛顿,或者也可能是他自己从法国历史中拣来的。当年英国人就是这样对待拿破仑,他们先把他放逐到埃尔巴岛,后来又把他放逐到圣赫勒拿岛。

潘朝英在 9 月 15 日的报告中提出了另一种可能性。他认为多半是李宗仁坚持要委员长出国,因此激起了委员长对他的憎恶。委员长出国是正在寻求解决中国问题答案的人们自然会想起的出路之一。所以,司徒雷登的这个主意也可能是来自中国。

司徒雷登和我讨论了拟议中的援华新政策。他说,杰塞普那些人还在搜集情况并和以乔治·凯南为首的政策计划小组进行研究。他同意我的看法,认为美国不可能抛弃中国,但是他对国务院谈到全面的远东新政策时不提中国感到不满。我对司徒雷登说,要挽救东南亚和远东应该首先挽救中国,这才是面对当前局势的现实态度。国民党中国拥有从西北到西南的半壁江山，对于印度支那、缅甸、泰国、印度和马来亚，甚至香港，仍不失为一道屏障。因此美国与其谋求共产党承认它的国际地位并希望和他们进行贸易，倒不如同国民党中国达成一项谅解。我说，即使是取得了共产党的承诺，也是靠不住的。

蒋荫恩后来打电话通知我说，路易斯·约翰逊告诉奥凯里赫，参议院已经同意于下周通过援华修正案；另外，路易斯·约翰逊打算在会后和我见面。在这以前，蒋曾告诉我，约翰逊不希望蒋夫人去访问马歇尔，也不希望她宣扬马歇尔曾答应她去促成通过援华修正案这一谣传。他说，我出力，她出名，这是不公平的。我请蒋不要那样想。我说，我们都是为中国的事业而工作，只要取得胜利，功劳记在谁的名下都无关紧要。

国防部长约翰逊说，参议院将通过援华修正案果然属实。可是，对军事援助的问题仍在继续进行辩论，而且争论得愈益紧张。9月8日宋子文三次打电话给我，要求我发表一项声明驳斥参议员康纳利无中生有而又气势汹汹的指控。他指控委员长携带一亿三千八百万美元公款逃往台湾。这是他在7日举行的外交和军事委员会联席会议上与参议员诺兰辩论时提出来的。当时他问："为什么他们留着那一亿三千八百万美元不用，又来伸手向我们要钱？"其实，我已请驻华盛顿中央社的卢祺新把事实真相转告参议员诺兰，以便他要求康纳利为其指控提出事实和证据。后来，我决定由中国大使出面，以委员长私人代表的名义发表一篇声明。不过，我感到"中国大使馆"的字样实在更具有官方性质。

蒋廷黻也给我打电话，要我发表声明驳斥参议员康纳利对委员长毫无根据的攻击，并说胡适也有同样的意见。接着，蒋荫恩来告诉我说，奥凯里赫上校告诉他，康纳利在参议院大肆叫嚣，其目的是为了保全国务院的面子。他也听到联席委员会将通过援华修正案并提供七千五百万美元，按照美国总统的意图，在中国非共产党地区使用；不过，实际上早有谅解，这笔拨款是专为给对共产党作战的部队发饷用的。

贝祖贻汇报说,汤姆·科克伦告诉他,参议员康纳利认识到他在辩论时指控委员长潜逃是太过分了,已经转而同意这笔七千五百万美元援华款项按杜鲁门总统的意图在中国非共产区使用。科克伦说,这笔金额为数虽小,但不失为一种良好的姿态,至少也能使政府一时难以承认共产党政权。贝说,科克伦还曾谈到英国外交大臣贝文刚刚来到华盛顿,同来的有克里普斯爵士。他说,贝文也开始认识到,要和中国共产党进行贸易,即使不是不可能也是不容易的;并且曾对艾奇逊这样说,因此影响了艾奇逊对拟议中的援华修正案的态度。现在艾奇逊对于已经修改过的方案就不会反对了。但是,科克伦补充说,贝文和艾奇逊都认为在决定对华新政策之前,有必要在尼赫鲁访问华盛顿期间和他商讨遏制亚洲的共产主义和中国问题(这些使我明显地认识到他们的注意力已转移到印度)。科克伦认为,长期以来尼赫鲁一直在积极施加影响,使国务院反对他唯一的重要对手——蒋委员长。

委员长和蒋夫人的老友特维南夫人(一位在中国传教的美国人,已取得中国国籍,成为中国公民)特意来和我商量如何驳斥康纳利对委员长的无端攻击。她起草了一份我认为不错的声明。那天是9月9日,同一天,大使馆回击参议员康纳利攻击委员长的声明几乎在所有的报纸上同时发表,而且在纽约《先驱论坛报》和华盛顿《明星晚报》等报上更报道得相当全面。连《华盛顿邮报》都刊登了声明的主要部分。

那个星期内我一直在仔细阅读发表在《读者文摘》上的一篇关于中国形势与政策的文章。9月8日,该刊主编华莱士寄给我一封非常客气的信,对根据我的资料而写的那篇令人信服的文章表示感谢。不过,他惋惜这篇文章发表得太晚了些。他寄来一张300美元的支票以酬谢顾毓瑞对阿姆斯特朗先生的帮助。阿姆斯特朗的这篇文章是以我过去的几篇演讲和声明稿为基础写出来的。经过考虑,我勉强地同意了让顾接受这笔酬金。

我也获悉海军上将白吉尔在那天参议院外交与军事委员会联席会议作证之前显然已经接受过精心的指示,他反对给予委员长或是在委员长控制和管理下的国民政府以任何援助。不过,他倡议援助那时还在抵抗共产党进攻的四个地区,即:华南的李宗仁将军、云南的卢汉将军、西北的马步芳将军和海南、台湾两岛。经合署的赖普汉先生在旧金山发表了一篇声明,也严厉抨击委员长。说他的政府腐败、无能、反动透顶。他说,蒋个人是个伟人,但无知而且性格固执。

9日我请奥凯里赫上校吃午饭,就国会内援华的形势进行了密谈。他向我保证修正案一定能通过,并再次说到,国会将批准七千五百万美元用以购买白银给在前线与共产党作战的部队发放军饷。他还说,最近有一位中国人请求五角大楼和参议院外交委员会不要援助委员长,并说此人是反对共产党而支持国民政府的。此事使他们颇感为难。我非常奇怪,不知此人究竟是谁。后来,陈之迈对我说,他相信这是一位名叫李振鹏的教授。

在那些日子里,中国知识界,尤其在大学教授中,有相当一部分人对政府不满。他们给在国外的一些朋友们写信,有时则甚至公开发表文章,抱怨中国政治腐败,告诉西方国家中国应该怎么办。呼吁西方朋友们对政府施加压力,实现政治自由化,要政府更多地重视他们所认为的"人民的需要"。显然,李教授就是其中之一。

9月11日星期天,我接待了由刘东岩陪同来访的曾琦。曾先生问,鉴于参议员康纳利攻击委员长,坚决反对美国政府继续援助国民政府,在这种形势下对华的军事援助是否还有希望。我告诉他,援华的折衷方案能够通过,但是在具体使用援款时要由总统作主,而总统又要等国务院的新顾问小组提出建议,还要等下周艾奇逊和贝文谈话后才能拿定主意。

9月12日下午一点,蒋荫恩报告说,美国参议院外交与军事委员会已批准援华修正案,并删去了"中国"后面原有的"与远东"等字样。所以文本措词就成为:"考虑到美国在目前中国形势下的利害关系",下文"地区"一词前又加上了"整个"两字。这样改就成为:"因此授权拨交总统……七千五百万美元之数……,此款可在这一整个地区中使用,以期达成本法所宣布的政策和目的。"

与此同时,参议员诺兰打电话告诉我对于修正案中词句的变动感到满意。此外,鉴于美国宪法规定,在任何情况下只有总统才能使用援款,他也就不反对修正案中授予总统的处理权了。他认为这七千五百万美元加上经合署援华拨款的余额约八千五百万美元,也已规定用在"非共产党中国",则其总数就和他自己原来提出的修正案中的一亿七千五百万美元几乎相等了。如果这笔款项不够用,那么国会休会后在1月份复会时,可以提出这一问题。他说,业经批准的修正案有一个优点,就是它为政府准备采取的建设性政策打开了大门。即或政府对按照规定有权动用的款项不采取任何行动,它也足以说明国会的观点,此外还有助于提高中国军队的士气。他希望这件事能在中国产生良好的心理作用。我对他为援华工作而备极辛劳向他道谢,我说,最使我感动的是他坚韧不拔的毅力,因为这件事对他来说,犹如逆水行舟,他一直在进行艰苦的斗争。

这一时期,从中国来看望我的人川流不息。很多人想知道美国的真实态度以及获取美援挽救危局的前景如何。9月9日,潘朝英博士来访,我接待了他。他是一位虔诚的天主教徒,坚定地拥护于斌大主教。潘博士以反侵略同盟主席的身份代表阎锡山从广州来美。据他说,该联盟的目的是在留美华侨中发动反侵略运动,此外还要帮助推动美国援华。

我渴望知道潘朝英的具体职务和使命,于是谨慎地对他进行试探。最后,他说,一开始授予他的是特使头衔,但是经过慎重研究,考虑到宪法中规定立法委员不得接受行政职务,否则就将失去立法委员的身份,因此他决定以目前的非官方身份来到美国,但是他的使命仍然是官方性质的。

我向他简述了中国在美国的处境，特别是关于国会、白宫、国务院和国防部的态度。我概括地说，关键的问题是要找出一种方案，使美国既能向中国提供援助而又不致使国务院和政府由于过去在中国的失败而丢脸。接着，他告诉我，阎锡山请他向我保证，将尽力按期拨付大使馆的经费，我估计这是为了堵住我的嘴。

有一位与我素不相识的中国银行家，名叫沈熙瑞，那天也到大使馆来找我。他好像是一位头脑冷静而有才干的人。他是来参加中国技术代表团工作的。我们讨论了中国的形势以及从美国取得援助的问题与前景。他说，没有美援就无法扭转失败主义思潮，特别是中国军界的失败主义。他说军事形势极端重要；军队守不住防线；其他一切就无法挽救。只有美援能给中国军队逐渐注入希望。

各党各派的中国人，不论是原来在美国的或是新从中国来的，都同意这一点……美国的援助是绝对必要的，无论是道义上的以及经济和军事方面的援助都需要。我认为这一点相当明显。但是美国政府坚持不给中国这样的援助；倒是国会里的一些对华友好人士在试图扭转这种倾向，力求为中国的事业争取一些援助。

沈即将到中国技术代表团工作，我给他分析了国会和政府对于援华的态度。我说，关键还在于国务院，问题是必须设法克服该院的傲慢与偏见。他走后，参议员诺兰打电话来询问，他听说到目前为止蒋夫人还是不打算发表演讲，是否属实？我说是这样。

朱友渔主教是我在双橡园举行午宴的客人之一。这位主教向我请教在和美国朋友们谈话时以及在公开演讲中应以什么为重点。他是我在上海圣约翰大学读书时的老同学，也在哥伦比亚大学获得过哲学博士学位，当时担任华东英国圣公会的主教。我说，应该强调中国政府努力抵抗中国的共产主义浪潮和美国的基本政策的一致性。我建议说,我们和共产党战斗一天,就意味着为美国和东南亚各国争取到一天时间。既然如此,即或为它本身着想,美国也应该援助国民政府,何况双方的目标一致。如果等到中国全部沦于共产党之手再去对付它,就需要花费很大的代价。因为到那时对付亚洲共产主义的重担势必要落在美国肩上,这项任务就更大,更艰巨,更费钱。(附带说一句,当我重温当年的这番谈话时,我为自己预感的实现程度而感到惊讶。)

9月13日下午,李叔明来访,他是中国农民银行的总经理。我认为该行主要是用国民党的资金创办的,该行董事长陈果夫是由委员长指定的。李是委员长的拥护者和合作者,他当总经理实际也是委员长选定的。他来问我美国对委员长的态度有无好转的可能。

我说,国务院好像坚持成见没有变化,这可能由于他们的感情用事所致。至于杜鲁门总统和马歇尔将军,他们好像也无意于考虑他们自己的错误。我说,这种局面的症结在于我方虽然极力试图说明我们的困难和希望,但是美方似乎仍然不能用理智来控制他们的感情。我谈了我自己的看法,我们首先要力图自强,改善国内的状况,从而为我们的美国朋友搭个台阶,好让他们一步一步地跨下来。

李先生问,传闻前年美国总统选举中,有些中国人为共和党候选人捐献了竞选运动资金,因而招致了民主党的反感,此事真相如何?我说,竞选后的相当一段时期内,民主党的首脑人物,尤其是杜鲁门总统本人,对于中国的局面和某些留美华人的态度感到非常不愉快。不过这种状态已经过去了,美国首脑人物已不再寄憾于此。中美两国之间的严重误会其渊源可以从白皮书中找到。这些问题不是在最近两三年间产生的。马歇尔作为总统特使去中国调解国共争端的那一段时期在两国关系中是非常重要的时期。

在9月15日意大利使馆的招待会上,《时代》杂志记者安德烈·维松告诉我一些不很重要的事情,但却能说明国务院对中国的态度。他说,有一次他给国务院中国科打电话询问有关中国的非共产党区域(《时代》杂志上一篇关于加拿大圣劳伦特总理的文章提到该地区的面积比加拿大还要大)的情况时,该科的秘书查了四个小时,最后他说,请维松先生最好还是向中国大使馆查问他所希望了解的情况。

就在那次招待会上,以色列大使埃拉斯和许多其他同行一样,为中国的处境向我表示慰问。他是一位很能干的人,表示深信中国能够解决这一问题。他说,中国有这样优越的文化,最后一定会胜利的。两千年来以色列人和中国人一样证明了自己是一个不可摧毁的民族。历史上曾有许多人妄图消灭我们,最初是罗马人,然后是摩尔人,近年来是纳粹党人,可是到头来他们全都失败了。正和中国一样,是人民的顽强精神使他们得以永存不灭。(这点很对。)

那天晚上,印度大使馆举行自助餐宴会。宾客共约五十人,都是经过选择的,多数是英联邦和亚洲国家的大使。英国财政大臣斯塔福德·克里普斯爵士、加拿大大使朗夫妇、英国大使奥利弗·弗兰克斯爵士夫妇、我的妻子和我。我们几个人坐在一张桌子上聊得非常开心。朗夫人和克里普斯爵士在素食问题上展开了引人发笑的交锋。朗夫人反对吃素;尤其反对用有限几种食物来哺育克里普斯爵士的女儿。但是克里普斯爵士坚持他的论点,把吃腐烂着的肉描绘成野蛮和不卫生的行动。但是他们还是找到了共同点,一致同意裸体主义的优点。克里普斯爵士甚至请朗夫人到英国他常去的某些树林去,在那里过裸体生活。朗夫人也醉心于此,她说,在加拿大一个地方,他们夫妇俩和别人都裸体游泳。

很多欧洲人同样酷爱此道。我在北戴河海滨有所小别墅,我在那里时经常每天早上出去钓鱼。那是一个钓鱼的好地方,尤其适合钓海鲈鱼。一天早上,我看见从离我两幢房子远的一所小房子里出来两位德国少女，全身赤裸，这使我吓了一跳。我感到很不好意思，赶紧调转船头避开她们，可是她们并不在乎，往水里一钻就算了事。

宴会进行了一阵，克里普斯爵士和我就中国的局势作了长谈。他到过中国，也认识委员长，因此我急于了解他的反应和观点。他把在重庆时和委员长谈话的内容告诉了我。他力劝委员长采取民主制度，相信人民，还要铲除一切贪污腐化现象，不仅仅于军队内，也包括他自己的亲戚们在商业部门和政府机关内的一切贪污腐化行为。

我说，中国的局势也是国际问题，中国能指望从国际上得到些什么援助呢？克里普斯说，单纯依靠武力永远不能征服共产党。蒋委员长必须给与人民以值得为之奋斗的东西。他必须为人民工作，信任人民。最好是在台湾建一个真正民主的政权，作为中国今后的典范。只有这样，他才能重新获得英、美的支援。他说，在1940—1941年间，他发现人民对蒋介委员长的爱戴、尊敬和信任，曾超过了蒋委员长本人的想象。但他现在已经丧失了人民的期望和信任。除非他能重新得到人民的信任，否则就无法从共产主义统治下挽救中国。

和平常一样，我对这次谈话作了记录，以后在对某些问题作详细叙述时，加以引录，将是很有意思的。我曾说过，中国的局面是困难的，因为它的好友之一——美国，已对它感到失望。当然，我能理解为什么美国政府会有这样的感觉，不过中国的局面是由许多因素造成的。

克里普斯谈到美国人经常说他们对蒋委员长深感失望，虽然蒋委员长本人是清廉爱国的，但是他的同僚和追随者们则远非洁身自好的人。他说，那些美国人指的是蒋委员长的家族，包括孔祥熙、宋子文及其弟弟们，都发了大财，并且直截了当地说，宋子文现在到美国来，名义上是为了促进中国的利益，实际上是为了谋取他个人的利益。

我说,我理解中国曾有过腐败现象,这种现象在中央政府虽也有所流行,但更严重的是在各省、市政府。

　　克里普斯不同意我的说法。他说,蒋委员长的亲信如宋子文,在商业交易中的贪污行为实在已经达到了罪恶昭彰的地步。美国人曾向这位爵士明白表示,他们不再管蒋委员长的事了,他为此感到遗憾。他还说,美国人相信蒋委员长是建立一个强大民主中国的唯一领袖,确实曾经设法支持他,但是他们发现蒋委员长不合作。他觉得未能充分地利用这个机会,对蒋委员长及中国来说,都是一件极大的憾事。

　　我说,我理解美国人深感失望,但我曾对他们说过,过去的一切虽然重要,毕竟只能占次要位置。眼下紧迫的问题是对当前的局面和未来可能出现的局面如何处置。这一点肯定不仅对中国本身至关重要,而且对美国、英国以及其他民主国家亦复如此。白皮书表达了美国的不满和失望情绪,但问题还有待于解决,而且是解决得越快越好。就援助问题而言,我知道国务院基本上已经决定跟国民党一刀两断,虽然美国总统本人及政府其他成员或国会整体的观感和国务院并不相同。

　　我认为一种有政治家风度的处理办法,应该是公正地对待问题,同时应该认识到,不管国民政府有些什么缺点,他们仍在与共产党进行战斗。近几个月来,政府军一直打得比前几个月好些,这才延缓了共军向广州推进的速度。据上周从广州来的中国朋友说,现在那里普遍的情绪是平静的,而且更有信心。但是要做到真正能制止共军的猛攻,那就需要美国、英国及其他国家在道义上及物质上给予支持。鉴于美国和英国在香港和亚洲的其他地区都有重大的利益,帮助国民政府继续抗击共产党对他们自己也有利。因为只要国民政府能控制住中国从西北到东南这一大片领土,这个地区就会成为阻止共产主义向东南亚扩张的屏障,也许还是个堡垒。我补充道,我曾对美国人说过,如果他们继续保持要先等"尘埃落定"①的态度,他们最终会看到共产党控制全中国的局面。这样的发展前途不会解决美国所面临的问题,而只会使它更加恶化。事情还是非办不可,只是更加困难,必须付出更大的代价而已。所以,如果完全从现实主义观点出发,而不是感情用事,则美国应尽快向国民政府提供支援,这才是明智的政策。

这时克里普斯说,照他看来,中国不可能凭借武力解决共产党问题和共产主义的危机。他说,共产党人有些东西可以奉献给中国人民,他们愿意为这些东西去战斗,并且深信值得为此而战斗。克里普斯夫人访问延安时对共产党在那里治理的印象非常深刻。她发现他们有理想、有组织、有纪律,而且最重要的是,没有贪污腐化。而国民党方面则贪污风行,没有什么理想可言。

我说,延安是个小城镇,共产党不遗余力地使它成为一个对外界的展览橱窗。不过,我同意共产党确实为人民做了些贡献,虽然据新近来自共产党控制地区的报道说,人民正开始发现他们得不到原希望从共产党那里得到的东西;而且在共产党统治下,生活比国民党统治时期还要艰苦。我给克里普斯讲了一群决心留在那里与共产党合作的中国银行家的经历,他们的领头人由于食物不足,在近三个月内掉了十五磅肉,以及他对自己的决定是多么后悔。我接着说,此外,中国的战事并不完全是内战。中国共产党人是受俄国人鼓动和指使的,这场斗争具有非常严重的国际性。因此我问道,照他看来,中国能指望从其他民主国家得到什么样的援助和支持?

克里普斯重申他的信念,就是武力不能解决中国的共产党问题。他认为蒋委员长仍然控制着国民党中国的局势,他必须做有助于中国人民的事,并给人民指出战斗的目标。蒋委员长必须放

---

① "尘埃落定"是艾奇逊 1949 年 2 月 24 日与众议员谈话中所说的一句话。——译者

弃他的法西斯统治,这是克里普斯爵士听到的各方面谈论中所同声指责的。他说,如果他是个中国人,他宁愿和共产党站在一边。

我说,在中国没有人比蒋委员长更爱国,更想为建设中国出力。他为人正直,工作勤奋,不过他的工作方法可能是过时了。

克里普斯说,蒋委员长的一大缺点是不能使用最有才能的人,过分依赖他的老部下,依赖唯唯诺诺的人和陈氏兄弟,结果他对公共舆论和人民的愿望一无所知。

我说,蒋委员长确曾试图采用民主体制,不过他对国外如何实行民主制度缺乏足够的知识,所以他所试图推行的并不总能适应形势的要求。我问克里普斯认为蒋委员长应如何做,才能重新获得西方的好感和同情。

克里普斯认为要缓和中国的局势,蒋委员长只有一个办法,就是在台湾建立真正的民主政府。台湾完全在他的控制之下,并没有来自共产主义的危机。

我说,蒋委员长已任命陈诚将军为该岛的省主席,陈将军实行了一些改革以改善当地人民的生活。

克里普斯认为那还不够。问题不在于让哪一个人做台湾政府的首脑,而是要建立一个真正民主政府的典范。它不仅会增强台湾作为一个基地的地位,而且也会成为大陆人民的榜样。如果蒋委员长还能重返大陆,再次支配中国的命运,这个民主政府会向人民逐渐灌输一种希望,使得他们可以指望获得某种东西。

我说,我明白他的意思是要在台湾建立民主政府。我完全同意这种想法,但是我感到理解民主这个概念比实行民主要容易,建立民主政府是需要经验和外援的。

克里普斯说,中国人民具有民主的天性和精神。他们能够看到,也必将看到民主政府对他们意味着什么。至于缺乏经验,那是可以通过外来帮助和支援来加以解决的。

我说,最好有几个西方专家协助中国当局实行这种改革。我问,如果提出这样的要求,英、美政府是否愿意提出适当的人选来从事此项工作?

克里普斯答道,如果中国政府的意向是真诚的,那么,这些国家的政府不仅愿意推荐人选,并且会认为这种要求本身就能证明中国政府是真心实意地愿意放弃法西斯统治,为了人民利益而使政府自由化。蒋委员长应使其政府建立在人民的意愿和福利的基础上,而不应建立在一个党或一个集团的意愿和福利的基础上。孙中山先生的三民主义是正确的,但从未加以实行。依他看来,只要把这些主义付诸实行,就能唤起人民的关心和拥护。

四天以后,英镑贬值的消息成了所有报纸和无线电广播的特大新闻。英镑区的十几个国家一个个地跟着贬值,法国、加拿大和荷兰也很快就将行动起来。新闻界认为这是当代保守得最严的一个秘密,特别是因为它发表在 1948 年以来克里普斯爵士几次加以否认之后。星期日晚间,就在他启程去伦敦宣布这项决策的前几分钟,我还和他谈过话,但他对自己的计划仍然丝毫不露声色。

9 月 18 日,星期日的许多晨报上刊载了指责中国人贪污的新消息。《华盛顿邮报》在头版上专门刊载了题为《蒋在国会搞院外活动》的文章。据该报称,由该报工作人员及《圣路易邮报》所做的调查说明威廉·古德温以每年二万五千美元的代价受雇于中华新闻社,要他向考虑政策的领导人物,包括一些国会领袖们提供共产主义对中国以及对美国的安全有哪些危险性的消息,而且就是这个古德温,在与有关方面接触过程中还要促使他们提高对国民政府的信心,并为国民政府寻求多多益善的同情和物质援助。

许多报纸都援引中国大使馆陈之迈的话说,雇用古德温,是因为他善于影响国会的立法工作。我也看到下述文章,感到非常惊讶:

> 通常,古德温为国会议员设宴时,中国大使和陈之迈也总在座,向宾客们说明中国需要援助的情况,并且回答有关中国的问题。

我几次设法与陈联系,都没有找到他,直至晚间近十点钟才和他联系上,当时他在纽约。因为美国有一项特别法令规定,一切为外国政府工作的美国代理人都必须进行登记,我便问陈是否办过登记手续。陈说,古德温的合同是在司法部登记的,而且是他亲手办理的,但是登记的措词并未经过仔细斟酌。当时(1949年7月),中华新闻社的倪先生说,他完全不赞成这件事,但是命令来自蒋夫人,而且寄来的聘书上蒋夫人还作了亲笔修改。总之,大使馆对古德温的聘书毫不知情,是由蒋夫人那里起草、修改并批准的。甚至正式负责宣传业务的中华新闻社主任反对也无济于事,反而让他出面充当雇主。这一切都是在幕后进行的。但是每当一件事情公开出来时,国内不明内情的舆论界不免要问,大使馆办事何以如此疏忽,致使此事暴露于众。实际上,大使馆与此事毫不相干,也毫不知情,只是在事后才接到通知说某某已经受雇,并开始工作。

一天以后,陈之迈打电话给我说,倪先生建议发表一项声明,说他不了解古德温的背景,因为据传古德温是个孤立主义者,并曾一度亲希特勒。但我打消了他要发表声明的念头。在现实情况下,这点并非重要问题。我国使馆实际负责报纸工作和公众联系的宣传人员顾毓瑞及陈之迈都告诉我,古德温之所以透露这一消息是因为他对我们给他的报酬既不及时又无规定感到不满。

这件事是自作自受。它说明凡事如果不和大使馆取得协调,往往会导致不必要的失误或不足取的行动,由此而引起的反应也许是害多利少。有些美国人,如美国对华政策协会的艾尔弗雷德·科尔伯格等朋友们,从中国归来的传教士和美国企业家,还有许多中国人,他们都在为国民党中国的事业而工作。当然,纽约的中华新闻社是官方承认的机构,是正大光明的。但是另外还有一些负有特殊使命的中国人员,包括蒋夫人在内,他们的身份并不明确。他们在做他们认为对中国最有益的事,进行宣传工作,期望使美国人更好地了解中国的局势,以及中国在对共产主义的战斗中迫切需要援助。他们也很担心中国共产党政权会得到美国承认。出于这种热情,他们常常不和大使馆联系而独立行动,并且不知不觉地做出一些违反中国的最大利益的行动。诸如甘介侯,虽然他与我保持着密切联系,但是他显然并没有把他所做的一切都告诉我。他常常要求大使馆为他安排一些非正式的接触,但另一些接触则根本不通知大使馆。又如雇用古德温的事,蒋夫人并未与大使馆商量就决定了。然而这件事却导致了报纸上的文章,文章中至少有一部分是张冠李戴,把"院外活动"归咎于大使馆和我本人。

这似乎是个好机会,可以让我说明一下我对一般的院外活动集团问题,特别是对"中国院外活动集团"的一些看法。虽然这个名词是在 1952 年 4 月《报道者》杂志刊载了两篇有破坏性的文章之后才普遍流行起来的。

首先,我要指出,让一个驻外使团或大使馆试图规定合法外交代表的活动范围,以及明确在什么场合下院外活动是行使得恰当的,在什么场合下由于这种作法不符合公认的标准而变得不能为人们所接受,这是很困难的。在一般情况下,我们似乎可以说建立一切大使馆和公使馆的目的正是为了收集情报,使本国政府了解国外的实际情况,以及为了进行"院外活动"或向派驻国家的政府说明本国的真实情况。这一切都是为了促进两国人民间更好地了解,更好地合作,以及更好的友谊。换句话说,通常可以把院外活动说成是一种宣传方式。尤其是在民主国家,那里的人民是真正的主人,必须使他们了解正确的情况,这样,不论他们表达什么看法,或得出什么结论,就会具有见地。

说得更明确些,我总是这样想,国会和政府的美国人普遍认为,院外活动就意味着雇用公共关系人员或美国代理人去对国会的立法工作施加影响,也就是说,聘请专业的公共关系人员秘密地去进行这项工作。据我现在以及当时的了解,职业性的院外活动在华盛顿是完全公开而普遍的事。美国劳联、农场主组织以及美国的工商界都是这样做的。就我所知,在华盛顿几乎没有一个重要的大使馆不以这样或那样的形式,直接或间接地雇用各自的公共关系人员。一切大企业、大公司,一切有权势的机构,只要它的利益会因国会制订的法律而受到有利或不利的影响,都在华盛顿派驻有代理人,专门和参、众两院的议员们联系,阐明自己的观点,劝说议员们对影响他们利益的某一具体议案投赞成票或反对票。这是货真价实的院外活动。一方面,在公众的心目中,院外活动这一名称令人生厌,他们认为院外活动就是花钱去左右立法;另一方面,忙碌的议员们往往欣赏院外活动者们的活动,因为他们没有时间去对纷至沓来、五花八门的法规所牵涉到的各种问题进行深入的了解。他们可以从不同的院外活动者那里听到关于某一具体问题的各种不同观点。

联系到中国,"中国院外活动集团"一词以及对中国某些具体做法横加指责,在当时是一种破坏中国信誉的企图。大部分的批评来源于美国政府,特别是国务院。他们既已决定不再向中国政府进一步提供援助,就要实行他们自己的政策,自然也就不喜欢任何阻挠它的行动。总之,我觉得他们的目的是企图破坏一切有利于中国,因而不利于国务院取消援华政策的言论和行动。

我的意见是,对"中国院外活动集团"的指责之所以有效,就在于这一字眼给公众的印象不佳,也在于可接受与不能接受的两种作法之间并没有明确的界限。这一切都取决于人们所采取的立场。那些对公共关系人员所努力追求的目标采取反对态度的人,会把他们的工作视为越轨行动,也就是所谓院外活动。但是另一些同情这种目标的人则会把同一个公共关系人员说成是在做有益的工作,以便使国会更好地了解情况,而不致采取不符合两国间共同利益的行动。我记得,美国法律只简单地要求那些人登记,这样他就多少是公开的,只受到某种有限的监督或限制。当然也还有些决不允许公共关系人员逾越的界限。他不得赠送可能被认为是一种贿赂的贵重礼品,以及对国会议员给予经济援助。这些行为我也认为是完全非法、绝不应当做的。而且,我过去曾多次强调,这种做法既无必要也不起作用。

有些国会人士确实认为中国应该得到援助。他们极力促成此事,并毫不犹豫地批评国务院的政策违背了美国的最大利益。当然,这样的参、众议员们,因为对中国和中国人民友好,会把中国的外交代表当成朋友。反过来,我们了解到国会中某些成员对中国的问题有所理解,对中国同情而友好时,也很自然地会设法去和他们结识,向他们介绍中国的局势,和他们建立友谊。

此外,当时许多正在美国访问的中国人也都感到处境与我相同。他们对国内事态的发展极为关切,总想使他们的美国朋友了解得更详尽一些,并且尽可能地寻求他们的帮助。因此他们积极拜访他们所熟悉的参、众议员们。当然,华盛顿当时也有流言说一些在美国的中国富豪正在促使美国公共关系人员去影响国会的活动。不过,如果这种流言真有什么事实根据的话,大使馆是并不知情的。

9 月 16 日我接待了中国装甲兵团的李大为上校和美国陆军部援外处中国科的负责人史密斯上校。史密斯是来我处进行礼节性拜访的,他提到李上校负责来美采购的一批坦克通过他的努力已经为中国办成。他冷静地说,这件事如何去办,他曾感到棘手。他知道如果逼得太紧,可能会激起不利的反应,但是如果不抓紧,则这批坦克可能根本到不了手。我称赞他在取得这批坦克时做得审慎周详,运用了高明的判断力。

19 日,在中国政府采购团中代表陆军的韩朝宗上校来问我,他是否应给史密斯上校送一些数据去。鉴于即将通过给中国七千五百万美元援助的修正案,史密斯曾给他打电话要求了解情况。我告诉他只能把我给国务卿的照会连同所附的全部备忘录、附录和地图,抄送一份给他,但不要提起价格问题。我强调说,重要的问题是首先要使美国继续援助中国的原则得到通过,援助的数量和价格在此刻是次要的问题。

9月21日下午我约迪安·腊斯克在国务院见面,和他谈援助中国的问题。在那次会见中,我有必要说明中国国内正在发生些什么事,使他们可据以考虑我们关于援助的建议。事实上,来自国内的消息表明军事方面有所改善。当然,回族部队在西北吃了大败仗之后,紧接着,8月14日收到湖南省衡山陷落,共军已迂回越过江西省的赣州等消息,使我感到不安。但是8月23日报道了衡阳周围和粤汉铁路沿线的胜利,还有收复耒阳和安仁(也在湖南省)的消息,都令人鼓舞。8月27日新闻电讯报道了白崇禧将军的部队收复了衡阳以北更多的城镇。又据报道,共军已绕过厦门,同时广州以北的广东省境内发生战斗。我想那应是当地的小股共产党部队,战况不至于很严重。

9月4日,据报道,西南的关键省份云南省省主席卢汉宣布反对国民政府,但情况不明。就在第二天又报道说委员长与卢汉在重庆会谈。卢汉是否真的如报道所说曾去重庆与委员长会谈,仍是疑问,因为我还听到过若干互相矛盾的说法。委员长的亲信张群被派到云南省省会昆明与卢汉会谈,并设法劝阻他则是实情。我甚至听说张群一到云南就被扣,安全可虞,幸亏得到他在云南部队中的密友帮助,向他透露了消息,并终于把他偷偷地送到安全地点。

但这些我是事后才听说的。1961年冬我访问台湾时,与张群进行过一次长谈。我提到他当年去昆明的使命以及他为此冒了很大的风险。他告诉我,云南部队内有一位旅长和他很知己,全靠这位旅长帮助,他才得以脱身。

把这一经过与其他许多消息综合起来,似乎当时张群在昆明与省主席卢汉谈话的目的不仅在于劝他效忠委员长,同时还希望他支持委员长准备以西康省为反共军事基地,若有可能,也兼作政治基地的设想。西康位于西藏、四川和云南三省之间,土地富饶,又易于防守,因此当时正在讨论以该省为反共基地的问题。

我对云南省究竟发生了什么事情心中仍存有疑问,最近

（1970 年 7 月）跟我交谈过的缪云台先生告诉我，原来打算把临时首都从重庆搬到西康的想法不切实际。那里缺乏许多重要的条件。西康不像四川，不能保证良好的供应，没有充分的通讯设施可供与外界联系，邻省的四川人和云南人是否能给予合作与支持也缺乏保证。

在回忆云南省当年所发生的事变时，缪先生给我的帮助不小。他当时是云南省一位重要的民政首脑，与云南前主席龙云以及云南军事实力派卢汉主席的关系很亲密，他们都把他当作好朋友看待。据缪先生说，当年广泛传说张群在昆明因被卢汉扣押而遭到危险的说法是不真实的。1949 年 8 月他〔缪〕到香港去了。当时委员长正在重庆，他是到那里去视察四川的全面形势，以便决定在什么时候以及能否把重庆再次作为战时首都。因为他考虑广州已经受到共军的威胁。他还要去四川以西的西康，企图在必要时就把首都迁往那里。

缪说，委员长为了考虑迁都问题，也急于探明卢汉对他的态度，曾请卢汉去重庆和他会见。但是据缪说，卢对委员长的意图颇为警惕，没有亲自去重庆而派了一位私人代表去。因为这样并不能真正解决问题，委员长又派他的亲信顾问张群到昆明去弄清卢汉的真实想法。

缪先生说，张群跟卢汉有私交，受到了卢的殷勤接待，任何时候卢也不会加害于他。不过当张群到达昆明与卢见面时，卢已决定投向共产党，因为他认为委员长大势已去。他知道正在开赴重庆途中的胡宗南部队一路上吃了许多败仗。因此他想在宣布投向共产党的决定之前，把张群送往安全地点，尤其是因为他知道自己部下有些人对张以委员长的代表身份前来，不抱好感。（中国共产党与云南人之间的会谈已进行了一段时间，共产党已经赢得一些追随者。）考虑到这点，卢最后打电报给在香港的缪云台，通知他要把张群送往香港，由他保护，以策安全。这样，张才得以在香港同委员长汇合。委员长自己也差一点被冲向重庆的共军俘虏。

这就是缪先生所讲的故事。但是 1949 年 9 月 12 日，重庆和广州的报纸报道说，委员长解决了云南事件，说服了卢汉省主席继续追随国民政府，并且应允镇压云南的，特别是昆明的共党分子和他们的活动。我在日记中记下了这一报道，我说，这是个好兆头，"给委员长增加了声望"。

这并不是说缪云台说的故事不可靠，不过有些地方他是漏掉了。例如 1949 年 10 月，有一篇在昆明写成的第一手材料中说，卢汉终于接受了委员长的邀请于 9 月 6 日飞往重庆，9 月 8 日返回昆明，表态效忠国民党（至少当时是这样）。如果这是确实的，那么张群访问昆明实际是在 9 月事件之后，很可能是 1949 年 11 月底或 12 月初的事。这样，缪先生提到的胡宗南部队连遭挫败，以及最惨重的败仗应该是发生在重庆失陷（1949 年 11 月 30 日）之后。他也提到卢汉决定投向共方。据其他来源说，这个决定是 1949 年 12 月初实现的。

不管怎么说，在公开解决云南事件之前，9 月 10 日的报纸报道共产党增强了华南的攻势，打算在 10 月 10 日前占领广州。据传白崇禧预料一周内在湖南省衡阳一带将发生决定性的战斗。这就是说，虽然他在衡阳已经取得胜利，但他估计共军还要再次进攻。

在那些日子里，国会对援华问题的讨论，与中国局势的发展，特别是国军和共军之间战斗形势的发展，以及国民政府和各省当局之间关系的发展似乎是紧密相联，互相影响的。例如，我可以肯定地说，衡阳的胜利虽然只是政府军在白崇禧领导下取得的暂时成就，但对美国国会却产生了良好的影响。而且，不管是不是巧合，我是在 12 日深夜听说参议院联席委员会通过援华修正案。

9 月 9 日沈熙瑞到大使馆来看我。前面已经说过，我们讨论了中国的局势和美国的援助问题。他觉得如果没有美援，就无法扭转失败主义思潮，中国的军界尤其是如此。他也谈到财政状况的严重性,特别是那些巨额的预算赤字。他说,只收进了三百万银元的税收(原来估计可收入一千万或更多些),而支出预算却是四千五百万元,甚至这个数字现在也已突破。因为军队打了败仗时需要钱,而打了胜仗则要更多的钱。他说,委员长许诺每月从台湾支付的一千三百万元补贴到目前为止是月月照付的,但是如果不能立即得到美国的援助,政府在10月底以后就会垮台。

关于云南的局势,他告诉我,昆明事变是由于政府在云南边境部署军队防止叛乱而挑起来的。他说,几个月来昆明的新闻界比香港的赤色报纸更直言不讳地反对国民政府。但是卢汉省主席的力量有限,最后还是屈服了,他只得按照委员长的命令到重庆去见他。

沈说,军事局面依然如故。广州可以守两个月。委员长推迟回到广州的原因,是由于广东军事领袖们公开抗议,要求解除顾祝同参谋总长职务的问题。(顾祝同是委员长的忠实追随者。)但是白崇禧将军有信心守住防线,甚至对共产党打一两个胜仗。他说,白将军唯一的一次显出沮丧神色是陈明仁将军在湖南倒戈投向共产党的时候。幸亏陈部百分之九十被黄杰将军带回国民党这边,经过整编,重新用于协助抗拒共军的进攻。白崇禧以此在衡阳战线取得胜利。

那天早些时候,潘朝英也跟我谈到国内的局势。他说,委员长和李宗仁的合作已取得九成进展。他告诉我,他所代表的阎锡山已下定决心,希望在三年内回到太原去。(山西省的省会太原过去曾被日本人占据,现在又落入共产党手中。阎锡山被迫离开了他的故土山西省。他不仅多年来一直是那里的省主席,而且是该省的全权主宰者,他独立统治山西省,基本上不受国民政府管辖。)

据潘朝英说,当初要求阎锡山出掌行政院时,一开始他推辞不就,说他面前存有极大的困难。阎说,他已家破人亡,除了他的继母现在台湾外,太原失守时,他全家都自杀了,另外约有一千名他的部下也都自杀以殉。(这是一出很大的悲剧,阎锡山一直告诉山西省人民和他的军队说,他能守住山西。但是共产党和以前的日本人一样认为山西掌握在政府手中是个眼中钉,因为该省正处在黄河左岸,是陕西、四川以及当年战时首都重庆的大门。)但是潘说,细问之下,阎锡山指出委员长和李宗仁将军之间不团结,意见不合,乃是他不愿接受院长职位的真实原因。于是两位领袖都保证相互支持,决心为了中国的利益而携手合作,阎锡山才就职。其后蒋李之间产生分歧和摩擦时,阎曾两次提醒他们早先所作的保证。潘还说,于斌主教最近从欧、美回到中国后,也曾敦劝两位领袖团结起来共同合作,他说中国的命运就担在他们二人肩上。

9月11日晚我宴请中国青年党的曾琦和刘东岩,还有潘朝英。席间潘朝英说,于斌主教到达香港下飞机时有人企图刺杀他。当时有两个人鬼鬼祟祟地打算接近主教,但被香港当局派去的秘密警察抓走了。第二天,在主教的住所有一个人拿着桂系领袖李济琛将军的名片求见。主教本人没有见他,而是派了一名助手去见的。助手看出名片是伪造的。最后拘留了同来三人中的两人,发现其中一个怀中藏着手枪。

潘还告诉我,共产党在香港的报纸以大号黑体字发动了对我个人的攻击,扬言我为孔宋两家隐匿了他们聚敛的万贯资财。该报社论说他们决定迟早要我说明这些私产的下落,并表示不顾任何障碍也要把此事追究到底。

报界的报道透露,共军加强了攻势,打算在10月10日占领广州。但是潘朝英说,阎锡山将军反对由广州迁都到重庆,声称如果广州守不住,那时再迁都到重庆或台湾也不为晚。但在失陷之前,必须尽力死守。

第二天,即星期二,李惟果来告诉我,他同美国驻广州的公使衔参赞路易斯·克拉克谈了一次话。克拉克刚回来担任联合国对中国代表团的联络官,以备中国向联合国大会控告苏联。李惟果告诉我,克拉克对广州的局势感到悲观,据蒲立德说,克拉克实在是个天生的悲观主义者。是他在巴黎担任美国大使时将克拉克推荐给国务院的。

克拉克告诉李惟果,蒋委员长和李宗仁将军的关系不好,互不合作。李宗仁曾到台湾请求委员长发还外汇储备基金、武器和军需物资供政府使用,蒋委员长说暂缓办理,李未能从蒋委员长那里得到满意的答复,因此不欢而散。这是李宗仁在克拉克离开广州之前亲自告诉他的。据克拉克说,蒋委员长的意图是把外汇储备和军需物资留在台湾,供他两年之用。蒋委员长相信,到那时第三次世界大战就该爆发了。

李将军还告诉克拉克,起初他曾希望和委员长过去一样执行总统的职责。但他现在不得不屈从于一种不可抗拒的力量,只能仿效前主席林森的做法,让蒋委员长继续主宰时局。克拉克说,任何大事若不先同蒋委员长商量并征得他的同意,就不能做出决定,也不能执行。

两天之后,克拉克亲自来拜访我,直接跟我讲了广州的局势。他对时局以及国民政府的前景都感到不妙。我日记里是这样写的,他说:

> 人民焦虑不安,他们希望政权尽快易手,好让他们重新安居乐业。他说李宗仁和委员长毫不合作,李宗仁顺从地让委员长操纵一切……从台湾调来的资金和军需品很少。

我们谈话的记录上写着,克拉克公使在回答我的问题时说,他虽被授予美国代表团远东事务顾问的头衔,但回到纽约后不知道怎样去汇报他的工作。他还说,他是专程来拜访我的,希望能在纽约再次同我见而。

我问他,在他离穗返美时,广州的社会情绪如何。他问我:"从哪方面说?"我说,我听说两个月前广州的一般情绪很不安定,但上周从广州来的一些中国朋友说,现在骚乱有所减轻,情绪比较安定了。

克拉克说,自他离开以后一定发生了什么变化。他离穗时,那里的人民感到焦虑,希望不稳定的局面尽快结束。那里的英国人尤其如此,他们感到根本不能做什么买卖,所以盼望来个转变,好让他们继续做买卖。

克拉克问道,蒋委员长是否已经把四川问题解决了?我告诉他,我没有直接听到这方面的消息,但听说蒋委员长对云南局势的处理是很令人振奋的。不过四川省有三四个集团,而云南只有一两个,所以四川的局势更为复杂一些。我还说,我本人认为中国的军事局势已有好转。我的意思是说政府军队打得好多了,看来能够阻止共产党前进。克拉克说,看样子是如此。在他离开广州时,政府军还没有取得最近对共军的胜利。

我说,我相信两位领袖现在合作了,这是十分必要的。克拉克似乎怀疑这点。他说,这仅意味着是李宗仁顺应时势,让蒋委员长主持一切。

我说,在当前局势下,必须正视政治现实。当委员长引退去台湾之时,李宗仁自知肩负重任,曾力图尽其职责,但由于当时一片混乱,无能为力。我记得曾与十几位中国朋友联名给蒋委员长、李宗仁、阎锡山以及其他几位领袖人物发了一份电报,敦促他们为国家的整体利益齐心合作,他三人分别回电表示衷心赞同。不久后,李宗仁曾去台湾与蒋委员长会商,蒋委员长也回广州与李宗仁、阎锡山再次商谈。我说,他们如此合作,已使政治前景得到改善。克拉克说,他离穗时局面似乎并非如此。我问他是在蒋委员长第二次去广州之前还是之后离开广州的,他说是"之前"。他还说,蒋委员长的追随者们仍在执行他的命令。

我说,这恐怕是目前局势中的一大困难。我记得曾给几位领袖人物发过一份电报,指出仅有他们本人之间的合作是不够的。为了实现有效的合作,每位领导人的追随者也都必须合作。

克拉克说,看来让委员长的追随者不按他的命令行事是难于办到的。

我说，这可能是东方人的一种特殊情况，中国的局势确实是这样。但是据刚从广州来的中国朋友说，由于三位领袖之间合作得更为紧密，并采取了许多措施，以实现统一指挥，协调战略方案，不仅军事形势有所改善，政治和经济方面也都有了进步。例如近几个月来政府已经可以支取转移到台湾的资金弥补一部分预算赤字，台湾也给在大陆作战的部队送来了军需物资。在7月初采用银元之后尤其如此。

克拉克说，他也听说台湾拨了一些款，但为数极为有限，而且是在币制改革之后才这样办的。

我问克拉克是否能经常见到阎锡山，听说阎起到了李宗仁和蒋委员长之间的桥梁作用。

克拉克说，他只是偶尔见到阎锡山。

我说，阎锡山决心守住广州。

克拉克说，他也听到过这种说法，但这是个艰巨的任务。

我问，如果有必要迁都重庆，美国大使馆是否做了些什么准备。

克拉克说，他已派斯特朗先生到重庆去。斯特朗说，某些属于美国政府的产业还可以使用。一旦中国政府决定迁都重庆，他随时可以动身。我问克拉克是否还回中国。他说，他从国务院了解到，他在纽约的工作结束后仍将回中国任职。

我说，听说阎锡山是在广州工作最辛勤的人。

克拉克说，阎确实是如此。他并听说阎每天从中午十二点至四点半都要小睡，这就意味着他要工作到深夜。

我说，阎在做山西省主席时就习惯于清晨开始工作。接着我问克拉克，他觉得叶公超先生怎么样。

克拉克说，叶公超仍在干，不过他想摆脱这个职务。他听说叶仍是代理部长，始终未获转正。他问胡适现在何处，并说希望在联合国见到他。

我说,胡现住在曼哈顿,虽然在法律上说他仍是外交部长,我想他与中国代表团无关。

克拉克说,听说胡博士不曾接受这个职位。我说,他的辞呈也还没有被接受。接着,话题又转回到中国的局势上。我说局势仍很艰危,我们广州的同胞指望从美国得到些鼓励。

克拉克说,这主要依靠中国人民自己。

我表示同意,并说,三个月前我曾与美国总统及国务卿交谈,他们说中国必须表现出有自助的意志。我相信在过去的三个月中,我国人民已经表现出正在全力自救,并已朝正确方向前进了很多,但还有许多事情要做,不过我认为广州的局势与美国政府的态度是互相关联,互有影响的。

克拉克也认为自他离穗以来中国的局势有所改善。

9月15日何廉教授来访,作了畅谈。他说,他打算参加在多伦多举行的太平洋学会理事会议,并说,下一届全体会议将在某个不反对接待日本代表团出席的国家举行,很可能是印度。

21日,上海和无锡的纺织业巨头荣鸿三先生来作礼节性拜访。他告诉我,从原来他设在上海和无锡的纺织厂里工作的人们逃到香港后的谈话中了解到,当初决定留下的那些人现在后悔了。他们这才知道在共产党统治下生活是艰苦的。共产党统治的基调是严格的,人民感到厌烦。

同日下午我如约和迪安·腊斯克在国务院会见。会见时,中国科的弗里曼也在场,谈了一小时。按照原议,我谈的第一个问题是关于中国的局势和美援问题。我说,我国的领袖们在政治上一直合作无间,并且取得了不少进展。军事上的作战情况也已改善。例如在江西省和厦门周围的国军部队已能阻滞共军的推进速度,而且在粤汉铁路沿线则已能挡住共军前进。但是经济上困难很大。最近从广州来的最新消息说,政府的财力、物力即将枯竭。如果得不到物资接济,到11月就再也无法支撑下去。

我追述道,大约在五个星期之前,我曾按中国政府的指示提交了两份计划——一份是军援计划,另一份是经援计划。政府的预算估计每月收入为一千至一千五百万银元,支出为四千五百万银元。由于入不敷出,有必要提取去年年底转移到台湾的资财和储备金。我说,中国政府已经宣布,现在的货币采用银元制。虽然从表面上看来这是后退的做法,但却是一项必要的措施,因为无论老百姓或军队对纸币都已毫无信心。由于采用了银元制,前方作战部队也用银元发饷,大大提高了他们的士气,这就是战局好转的原因。

我说,撤出南京以后的五个月中,政府几乎一直在同共产党作战。由于转移到台湾的储备金有限,其中有一部分又已指定用作台湾新货币的准备金,其余供政府用的就很少了,因此,政府指示我把如此严重的财政状况通知美国政府。我解释说,由于收入没有达到预期的金额,而支出往往超出预算,所以困难就更大了。新近从中国来的一位金融专家告诉我,打了败仗需要用钱,而打了胜仗就要用更多的钱,因为要给打胜仗的部队犒赏。

我说,国务卿很客气地回信通知我,关于军援和经援两份计划的那封信已经收到。我问是否已做出有利于中国的结论,中国政府能够期待从美国政府得到些什么援助。我又补充说,中国的反共战争当然首先是为了我国本身生死攸关的自由而战,但同时也是为亚洲的共同目标而战。中国政府的战斗每持续一天,也就为东南亚其他国家尽了一天保护之责。如果由于求援无着而使整个中国沦于共产党之手,那也不等于中国的问题得到了解决;相反,这只会使美国在亚洲的任务变得更困难,更紧迫。因为它意味着共产主义的威胁已经扩展到了东南亚其他国家的大门口。因此我国政府提出要求援助并不是单纯从中国的利益出发,也是为亚洲其他国家的利益着想。

腊斯克考虑了片刻说,他对我的问题不能作具体答复。美国政府一直在研究中国的局势,关于援助方面,正在考虑两个问题。首先是向中国提供有效援助的可能性有多大,其次是通过什么渠道来提供这种援助。

关于军援,我说,我理解军援计划提案仍在参议院审议。我想知道,假如参议院再没有人提出反对意见,腊斯克先生认为这个提案还要多久才能通过。我说,我也知道在参议院通过之后,提案还得经过参、众两院联席会议批准,我想知道腊斯克先生是否认为在这个会议上援助款还会遭到进一步削减。

腊斯克说,参议院完全可能在周末之前就通过这项法案,他认为在联席会议上不会再对七千五百万美元这个数额进行削减。

我说,我知道授权法通过之后,这项法案还得提交拨款委员会审议,要在拨款法通过之后,才能使用这笔钱。

腊斯克说,授权法通过之后,政府的一些机构就可以拨给少量预支款项。

接着我强调时间因素对中国时局的重要性,我说,中国确实是需款孔亟。几个月来,政府军的薪饷一部分是用银元发的,作战用的大部分武器和军需品是用国会拨给的一亿二千五百万美元特别援助金购买的。回想起来,这些军需品在去年将近年终才开始运往中国,所以绝大部分未能在去年的战斗中使用,只是在近几个月的战斗中才用上。至于用银元发饷,到目前为止,中国政府购进了三千万盎司白银,相当于四千五百万银元左右。头一批的两千万盎司由美国政府造币厂制成银元。其余一千万盎司白银从墨西哥购入并在那里制成银元,因为墨西哥政府和美国政府不一样,他们同意免费制造银币,而且对购买他们的白银给予优惠的付款条件。这些银元的一部分已运到重庆和内地其他一些地方供部队发饷,这是提高部队战斗意志的一种手段。我补充说,中国政府提出的军援计划中,建议用五千万美元购买白银,供发军饷之用。

腊斯克说,根据我所说的中国政府的需要情况来看,国会申请的数额维持不了多久。

我说,假设用四千万美元购买制造银元的白银,按七十一美分买一盎司白银计算,则四千万美元可以购买约六千万盎司白银,再按每盎司可制成一元半银元计算,则可得到约九千万银元。这至少能使政府度过三个月。此外,腊斯克先生也知道,经济合作总署的援华拨款中还有九千万美元上下的余款。我曾多次建议用其中的四千万元购买白银铸造银元。我记得曾经两次跟国务卿提及此事。

腊斯克询问用这笔钱买的白银是否也将用以发放部分军队的薪饷,并说,我应该知道,这样做是不符合援华法规定的。

我说,用这笔钱铸造的银元将用在后方的老百姓身上,不过我有这样的想法,根据1949年新的扩大法案,总统可以全权决定援华款项的条件和方式。所以我觉得如果总统认为适当,他可以下令把这笔钱用于援助中国。他甚至可以下令把这笔钱用作军援。

腊斯克说,在这种情况下,该法的条款还是有决定作用的。

我说,除了用四千万美元制造银元外,中国政府希望剩余部分可以用于进一步缓和财政资源的紧张状况。也可以按照某种双方同意的方式用于救济人民。举个例说,在广州以及其他一两个城市现行的稻米配给制中如果把政府负担的百分之五十份额免掉,全部款项由经济合作总署负担,就可以把这个配给制扩大。这样不仅能减轻政府的财政负担,而且可以按照该法的目的,给中国人民带来真正的好处。尤其是我认为尽管美国政府对中国政府以往的政策和做法非常不满,但是对中国人民的友好情意是从来不容置疑的。所以允许把经济合作总署援华拨款中的未动用部分用于救济中国人民是再好不过了。我觉得,如果把这笔款项压着不用,而让中国在无援的情况下抗击共产主义的侵略,因而最后无法取胜,这样的结局将令人极端失望,深感不幸。我再次呼吁请把这笔余款尽早用于援助中国,这笔钱虽为数不大,但对目前处于困境的中国,却可以解其燃眉之急。

腊斯克说,国务院将研究我所提出的各点,并加以认真考虑。

我表示感谢,但再一次强调了整个问题的紧迫性。

腊斯克问台湾的局势如何。

我说,根据我得到的情报,那里的局势近来已有所改善。台湾省主席采取了一些经济措施,在很大程度上有助于改善人民的生活和稳定经济局势。他又问我是否听到过什么关于中国共产党控制地区的情况。我说,我得到的一些报告是对共产党不利的。在共产党到来之前,那些地区的人民本来对国民政府不满,并且相信只要变化就会带来好处,所以他们都有些急于欢迎共产党。但是现在他们在共产党的统治下生活了一段时间,已经体会到他们的生活被搞得比在国民党统治下还要更加困难。由于封锁,大城市中的经济生活被打乱了;即使在封锁不那么有效的华北,人民也感到不满意,觉得挣钱更困难了。在乡村,共产党对农民许过种种诺言,从而取得了巨大的政治资本。但是农民也感到在共产党统治下他们的生活比在国民党统治下更为艰难。通常,在共产党到来的最初几个星期内,农民们可以获得原属于地主而被共产党没收的部分土地。接着富农的土地也同样被没收和分配了。当所有的土地都分配完了以后,共产党就开始向农民征税,要求他们捐献,其负担之重远远超过他们在国民政府统治下的程度。

然后我又提到腊斯克刚才说起的台湾问题。我告诉他,外交部来了封电报,告诉我美国驻台湾的总领事接到上级指示要他负责与台湾地方当局办理外交事务。我请他查问一下是否确有此事。

腊斯克转向弗里曼,问他是否知道这件事。

弗里曼回答说,不是那么回事。

我指出,讨论外交问题的正常渠道是外交部。该部随时可以同广州的美国大使馆研究外交问题。

腊斯克又一次转向弗里曼,问他是否知道这件事。

弗里曼说,并未指示总领事讨论外交问题。这种问题仍由美国大使馆同外交部办理。但是凡属与台湾有关的问题，则已指示总领事要与地方当局采取同步行动，以加快办事进程。我说，我估计美国方面并没有绕过外交部的意图，弗里曼说，"一点也没有"。

那天晚上，我口授了这次会见的情况，直至午夜始毕。事前我已在日记中写下了我当时的印象如下：

> 看来腊斯克十分关切，问了许多有关广州、台湾、云南以及共产党战线后方的局势等问题。

在同一天的日记中我还写道：

> 新闻报道说，海军中仅次于重庆号的最大军舰长治号，在损失了重庆号之后一直是中国海军的旗舰。该舰水兵中的几个共党分子打死了新任舰长和他的几个支持者后，驾驶军舰投向了共方。这消息令我惊诧异常。尤其是因为它发生于我刚刚在国务院向迪安·腊斯克发表了保证性声明之后，使我更加懊恼。

那天早些时候，贝祖贻曾来同我研究如何为经济合作署援款余额约九千万至一亿美元提出新的用途，以便打破目前关于该款用途的僵局。他还告诉我，甘介侯于星期五会见了迪安·腊斯克。这使我感到诧异，但这消息和顾毓瑞早先给我的报告是完全一致的。潘朝英曾让顾毓瑞向我转告，甘曾告诉他大使馆一直不同他合作。这使我颇感诧异。自从甘于5月份到美国以来，事实上我在各方面都给了他极大的协助与合作，以至引起此间为委员长工作的人们怀疑我加入了李宗仁将军的阵营，当然这是毫无根据的。潘朝英此番来美国，实际上是为阎锡山做工作的。他是阎锡山的代表，正如甘介侯是李宗仁的代表一样，另有约五六个人正照管着委员长在美国的利益，也属于同样的情况。因此可以想象，我常常听着他们各执一词的说法，该是多么令人可笑。

我在日记中写道：

我经常对甘说,在中国历史上如此关键的时刻,不论哪个党派,不论什么人,都应当为中国的利益,为了维护中国的独立而工作,因此我同他竭诚合作。我也经常对他说,如果我们的国家安全、自由,那么每个人(我指的是每个中国人)都会感到自由快乐。

　　甘告诉潘,我是代表委员长的,他是代表李宗仁的。而且潘说,甘向国会的领导人们也是这样说的。他还说,星期五甘见到了腊斯克。腊斯克本来指定巴特沃思代他接见,但是因为甘坚持要与腊斯克面谈,于是带他去见了助理国务卿本人。不知道他具体谈了些什么,估计是关于中国财政的严重状况。这情况是李宗仁通知他的,因为甘本人在16日也告诉过我。几个月前,具体说是6月底,我的日记中记有蒋荫恩的另一个报告。他是个持有白宫和国务院记者招待会出入证的新闻记者。据他报告说,白宫和国务院对甘都不很重视,他们了解到他没有任何计划,只是个夸夸其谈难以信赖的人。我不知道腊斯克对此作何感想。

　　潘朝英说,甘介侯实际是在谋取外交部长的职位,并说这个打算是得到李宗仁支持的。但是李宗仁的另一个谋士邱昌渭则强烈反对,他认为甘不适于担任这个职务。甘还告诉潘,李宗仁之所以派他来这里,是因为李听说我不常见到杜鲁门总统。这似乎又一次证实了以前的一份报告。数天前,陈之迈曾对我讲过这件事。潘朝英让陈之迈转告我,首先,何应钦和吴铁城2月间向立法院报告说,我认为中国政府取得美国大量援助的前景非常乐观。但是,我在日记中写的却是"我似乎记不起自己有过这种信念"。其次,潘告诉陈,立法院曾询问过李宗仁为什么派甘介侯去华盛顿以及他的任务要延续多久,李宗仁说,那是因为我没有设法去找杜鲁门总统解决援华问题,并说甘的使命需要延续五个月。

　　(这些话李宗仁可能说过,也可能没说,也可能是受了别人的影响而说的。但是我想,如果他确实这么讲过,也确信是如此,那一定是因为他意识到他任总统的成败取决于美国政府的政策。他急切地希望成为一位有实力的总统,希望取得成功。但是他意识到很大一部分权力仍然掌握在委员长手中。这就是为什么他任总统的成败关键在于美国的政策,也就是说,要看美国能否绕过委员长把援助直接交给他领导下的政府。他对当时美国为他的政权所做的一切肯定是有所不满,这就需要有一个充分的理由来说明美国的态度对中国不利。这些情况,再加上甘介侯的从旁怂恿[甘希望先担任一段外交部长,然后出任驻美大使],这就激起了他的这种想法,认为大使馆没能做到它所应做的事,需要另外派人前往华盛顿,临时协助大使馆工作,或者干脆把现任大使接替下来。)

前面曾经提到,潘朝英也说过,李宗仁的举动中最令委员长忌恨的事莫过于他坚持要求委员长离开中国。而委员长则觉得他已辞掉了政府的职务,那么,作为一个普通公民应该有权按自己的意愿在中国居住。这件事反映了两位领袖之间的摩擦与误解。这种摩擦与误解在华盛顿也有所表演。所以蒋荫恩在9月20日报告说,参议员康纳利告诉他的同事们,关于委员长携款一亿三千八百万美元逃到台湾的消息,是他从一位中国官方代表即甘介侯那里得来的。

几天之后,我同宋子文讨论了这个问题。他到华盛顿来是为了会见塔夫脱参议员,先到我处了解一下国内时局的最新消息。我告诉他,路易斯·克拉克听李宗仁说,委员长不肯合作,因此对委员长的印象不佳。我把甘介侯对康纳利参议员所讲委员长将资金转到台湾的事以及他宣称我同他不合作等等也告诉了他。我说,国务院曾对一位去敦促该院援助中国的美国朋友说,广州政局分裂已在华盛顿反映出来。每个中国领袖在华盛顿都派驻有自己的特别代表,分头去拜访美国政府和国会的领袖。国务院告诉这位美国朋友,中国最好把这些人全部召回,而由大使馆照管中国的利益。国务院认为大使馆是完全能胜任的。宋子文本人则因不断有关于前中国高级官员贪污腐败的报道而深感不安，报道中甚至还提到了他本人。

9月22日，我在双橡园设午宴，在座的贝祖贻对甘介侯缺乏合作精神深感痛惜。他认为甘是不知不觉地在给中国的事业造成损失。贝也出席了当晚的晚餐会议。会议的内容是再次讨论以什么方式、方法促使美国政府同意使用剩余的经合署援华拨款。我们与王守竞、沈熙瑞取得了一致意见，决定要求用这笔款项在中国购买销往美国的出口商品以促进中国的出口贸易。

9月23日，终于接到报告说参、众两院联席会议讨论1949年军援法案时达成了一致意见，众议院的代表几乎接受了参议院提出的全部数额，其中也包括给中国的七千五百万美元援助。但这还未必值得庆幸。因为塔夫脱参议员那天早晨对宋子文说过，国务院仍然不同意给予中国更多的援助。塔夫脱担心杜鲁门总统不愿意使用这七千五百万美元来为中国谋福利。宋子文说，范登堡参议员即将去做手术切除癌瘤。弗兰克福特法官仍然是有影响的人，杰塞普和他的同事们软弱无能，他们正在旷日持久地拟定一个所谓的对华新政策。

当晚，为了改变一下周末生活，我离华府去费城，但仍然逃避不了来自国内的各种消息烦扰，令人心绪不宁。星期五晚报上有报道说，委员长推荐任命汤恩伯将军为中国军队东南剿共司令部的总司令，被李宗仁否决。星期六，报纸报道了委员长和李宗仁之间的裂痕。我在日记中写道：

> 我、胡适、宋子文、蒋廷黻以及其他人曾多次联名给他们二位拍发电报，力劝他们为了中国的前途携手合作。这些电报显然没有产生多大效果。

9月27日星期二，李惟果来见我，通知说他打算解雇三名雇员。这三个人原是我指派到远东委员会的中国代表团任职的。他说，根据外交部的命令要紧缩开支，而且代表团的津贴也减少了,因此必须把他们解雇。他说,政府的财政日益拮据,每月开销超过六千万银元,而收入还不到一千万。政府靠台湾剩下的资金也不能维持多久了。此外,他从广州得到的消息,证实了李宗仁和委员长之间的摩擦还在继续发展。

9月28日的日记,我记录了参、众两院通过军事援助计划的联席会议。这次更名为1949年共同防御互助计划。关于对"整个中国地带"的军事援助部分没有改变,而把参议员诺兰提议的,经参议院批准的修正案加了进去。关于获得经济援助的可能性,那天贝祖贻和李幹来扼要地谈了他们与经济合作署哈伦·克利夫兰关于该署援华拨款余额用途的会谈。他们告诉我,结果是令人失望的。克利夫兰说,关于8月15日中国向国务院提出的援助要求,经济合作署已向国务院做了答复。他强调说,答复是不利的,并说他们认为没有可能增加广州和汕头的大米配给量以及向台湾运送的肥料等这些小量援助。也不能批准用该项拨款购买白银。克利夫兰认为,这样做不符合援华法的精神。另外克利夫兰还告诉他们,国务院尚未做出增加对华援助的决定,执行的依然是静观中国局势如何发展的政策。

同一天在一些新闻报道中有一则消息说,西北的大省新疆倒向了共产党。这个消息使我感到极度失望,特别是因为此事发生在甘肃、宁夏和绥远都失守之后,对外界震动尤大。

两天以后,傅泾波告诉我,杰塞普小组将开会以便就新的对华政策做出结论,并提交艾奇逊。他说,美国行政当局(总统)将在10月中的某个时候,也就是说,在两周之内对这些结论做出决定。他补充说,杰塞普的同事福斯迪克一直在与美国的传教士组织进行商议,凯斯则与美国教育机构研究对中国该怎么办。

实际上傅是来告诉我司徒雷登大使想来拜访,因为他觉得应当来,但结果傅跟我聊了一个半小时,互相交换了情报。据他说,司徒雷登打算辞职,并曾在到阿迪龙达克拜访马歇尔时征求过他的意见。马歇尔建议他暂缓辞职,但是他们一致认为他不能再回中国,不论是广州还是北京都不能去。傅说,马歇尔虽然已经退休,但仍在幕后起着重大作用,特别是在对华政策方面。这话再一次肯定了我过去经常提到的事实。

傅说,马歇尔夫人曾用温和而坚定的语气暗示,建议蒋夫人回中国去。司徒雷登也见过蒋夫人。夫人问他对我在华盛顿的工作有何意见,并提到听说我不很活跃。司徒雷登说,关于活动问题,我为人处事十分得体。即使他自己作为一个美国人也不容易取得工作进展,特别是在同国务院打交道时尤为困难。(显然,司徒雷登也知道此事之艰难。)于是蒋夫人对司徒雷登说我作为大使的确是个非常称职的人。

司徒雷登也对马歇尔讲了派魏德迈来华处理对华援助事宜以及协助中国整编军队,指导反共战争的重要性。他感到马歇尔并不反对,或者说得更确切些,不反对派魏德迈,并答应和总统谈谈此事。但是当司徒雷登从阿迪龙达克归来时,发现雷诺兹和汤姆·科克伦已经和魏德迈联系过,并很不策略地提出每年给他一百万元,让他给中国当五年顾问。司徒雷登为此很生气。我理解所谓"中国"就是指委员长,但我并不能完全肯定。(这项提议显然与雷诺兹夫人准备递交杜鲁门总统的备忘录有关。宋子文已于8月18日给我看过这份备忘录。)

傅泾波还说,雷诺兹夫妇和科克伦的好意反而使魏德迈不高兴而予以拒绝。(这些都是听傅讲的。据另一位亲自与魏德迈本人谈过此事的人说,魏德迈不喜欢人家以这种方式和他打交道。尤其是因为对方是汤姆·科克伦。他认为科克伦在华盛顿是个不得人心的人。)但是现在魏德迈已启程去西海岸任第五军区司令。傅接着说,宋子文为什么冒冒失失地就去和他联系,实在太莽撞了。另外,司徒雷登感到除非魏德迈在政府中是个"受欢迎的人",并且有默契在中国的工作中能得到他们全心的支持,否则他根本起不了什么作用。

于斌大主教来告诉我,广州的时局令人十分失望与抑郁。他那天下午刚从广州来,是直接飞往关岛转赴美国的,没有经过香港。他说,李宗仁与委员长之间的摩擦仍很严重。他告诉我,例如,委员长写了封私信,任命汤恩伯将军接替朱绍良任福建省主席,并限令朱绍良在8月16日办理移交。朱绍良感到事出意外,就坚持要求立即移交。他立即与他的参谋长通了电话,当天就离职前往台湾。朱的行动激怒了汤恩伯,他没有立即就职,第二天福建省的省会福州就落入了共产党之手。

据于斌说,委员长也反对任命白崇禧为国防部的总参谋长,坚持要让他自己的亲信顾祝同留任。不过李宗仁觉得顾对委员长在军事上的失败应负责任,不能指望他执行任何整编计划,而白崇禧是合适的人选。于还说,白崇禧在打胜仗,甚至连委员长自己的某些嫡系部属,年轻的黄埔系军官们和一些广东军事集团的人如薛岳等都支持他。他又暗示阎锡山打算辞去行政院院长职务。

第二天,10月1日下午四点半,我在公园大道的圣巴托罗缪教堂参加贝祖贻女儿的婚礼时,遇见了孔祥熙。我们谈到了《美国新闻与世界报道》周刊上刊载的关于中国的贪污腐败问题的文章,并谈到我们和美国的租借法案谈判问题。他告诉我,蒋夫人将于10月底返回中国。

10月2日,因为我正在纽约,便到旅馆去拜访了宋子文。我告诉他,甘介侯在华盛顿不断地批评大使馆和委员长,指责我是委员长的个人代表,并且称他才是真正代表中国政府和李宗仁总统的。如此情况,我在华盛顿实在无法工作。我还告诉他,蒋夫人曾向司徒雷登大使询问过他对我在华盛顿的工作印象如何。我向他转述了于斌大主教所谈李宗仁和委员长不和以及阎锡山打算辞职等情况。

宋子文极力要求我打消辞意。并说任何人都不如他了解我忠心为国,正如任何人都不如我了解他的爱国心一样。他说,他对中国的未来并不悲观。还有许多风云变幻,将能挽回狂澜。我说,关于中国最终的命运问题,我和他一样乐观,但是在逆境中工作使我感到心力交瘁。这种逆境的形成主要是由于我们的某些自家人在华盛顿和纽约对我进行暗中破坏和诽谤,而不是由于中国的局势和美国的态度,以及国务院的偏见。

就在那天早晨,美国的通讯社报道了中央人民政府在北京成立的消息。这一消息使我的工作重点的顺序发生了变化。各国是否承认这个新政权就变成了最突出的问题,也是在我思想中占最主要地位的问题。从那以后,我同美国政府或与外交使团的同事们打交道时的一言一行,甚至设想打算,几乎无不与中国的这种新形势息息相关。而且,共产党政府在中国的崛起,国民政府撤退到台湾,很自然地给我这个国民党政府的正式代表,造成了一个极端严重的局面。

第十章 大陆失守

1949 年 9 月—1950 年 6 月

第一节 承认问题和中国向联合国控诉

1949 年 9 月—1950 年 1 月中

1949 年 6 月我向巴特沃思和弗里曼等美国国务院官员询及美国承认共产党政权的可能性，据称，无需为承认问题担忧，尤其是由于中共的中央政权尚未建立。8 月初，杰塞普就白皮书答记者问时，有人问到是否有可能承认中国共产党政权，他也曾作否定的答复。另一方面，杜勒斯于 5 月间曾对我说，一俟政权建立，国务院将建议予以承认，而且据闻司徒雷登大使 8 月间对燕京大学校友讲话时也曾说过，在共产党占领全中国后，美国将承认共产党政权。当然，这些只是我在 1949 年夏季所听到的一些有关美国政府对共产党政权将采取什么路线的互相抵触的议论和谈话。

英国政府的态度，甚至在 1949 年 5 月就已十分明显地赞成早日承认。他们认为，这是维护英国在远东利益的一个方法。他们关心香港，希望和中共做生意。7 月 20 日，杨锡仁来访。他是我在哥伦比亚大学求学时同住哈特利楼宿舍的同学。不久前他在国内担任了中国物产公司经理，此次是来作友好访问，并将其在国内的见闻告诉我。他说，中共虽已取得军事上的胜利，但将和国民党过去一样，在经济上遭到失败。没有和平就无法制止通货膨胀,上海的外汇汇率,在不到两个月的时间内已经从人民币二百三十元兑换一美元,上升到人民币三千二百元兑换一美元。他接着说,香港的英国人和熟悉中国事务的人一直在希望并且相信他们能和共产党做生意。但是他肯定他们是会失望的,尽管在向天津发货,尤其是在向上海发运棉花。

杨的看法是有见识的中国人所持的普遍看法,然而英国人却看不到这一点。熟悉中国事务的人,尤其是怡和洋行集团,相信共产党的革命也和任何一次军阀战争一样。动乱将成为过去,英国人可以和以前一样回来做生意。他们不了解共产党是一个完全不同的组织体系,其思想意识来自国外。然而英国政府十分相信怡和洋行和太古洋行那些英国大企业的看法和意见。这些大企业极力主张立即承认中共政权。怡和洋行的盖西克家族中的两个年轻弟兄之一,是英国国会议员,他在伦敦,尤其是在议会人士中间很有影响。

8月12日宋子文告诉我说,香港的英国人已经通知中国航空公司离开香港,并将维修车间移交英国皇家空军使用。(中国航空公司系政府监管,主要为政府所有的在大陆营运的商业航空公司,其工厂和仓库在香港。)宋子文说,英国人提出的理由从表面看是正确的,但是,实际上他们要中国航空公司离开香港,是担心中共会以该项财产为中国政府财产而提出要求。他又说,他正在考虑向委员长建议成立一家私营公司以接管中国航空公司和中央航空公司。

次日,科克伦来访。我向他询问英国人驱逐中航维修车间离港的意图,尽管那是以皇家空军司令部需要为名的。科克伦显然和宋子文的意见相同。他也说,英国人实际是怕中共有朝一日可能要求英国人把香港中航公司机构作为中国政府财产予以移交。他说,英国人不愿意这种情况出现,因为他们不愿和中共发生任何争执。

这就是英国态度的又一个例子。尽管我几乎毫不为此感到诧异,但我心里很不安。我还担心,一旦中共建立政权,这将影响到美国政府遵循什么路线的决定。8 月 26 日,我在美国国务院和腊斯克谈话时,曾就我所了解的英国外交大臣贝文即将来华盛顿一事问起贝文曾否建议和美国政府讨论中国的局势。

(实际上,我早知道英美两国政府间的会谈至少从 5 月的巴黎外长会议就已开始。例如 5 月 6 日,当我在一次宴会上和杰塞普闲谈时,他告诉我,他将在美国代表团去巴黎参加会议之前,先赴欧洲和英国及法国讨论议程;我还从他的话里了解到,他将试探英法对中国局势的看法。同样,我已得悉,英国政府打算和美国商谈,我只不过是想加以证实而已。)

腊斯克回答我的问题说,即将举行的英美会谈的日程已经安排妥当,但其中并未包括有关中国的任何问题。然而他说,假如在例会之外,以及在非正式宴会上讨论到中国问题,那是十分自然的。

我说,我提出这个问题,是因为我国政府有这样的确切印象,即英国人对中共的态度比美国政府要满意得多,他们相信能和中共做生意。我认为,贝文会利用其访美的机会将英国对中共的看法强加给美国。然而我感到英国在希望和中共做生意方面,肯定会失望的。

9 月初,当贝文和斯塔福德·克里普斯爵士来到华盛顿时,他当然确实和美国政府首脑讨论了中国问题。记得贝祖贻在 9 月 8 日向我汇报时,谈到科克伦曾对他说,贝文也已认识到,和中共做生意即使不是不可能,也是困难的,而且他曾对艾奇逊这样讲过。这一事实也曾影响艾奇逊对当时拟议中的给非共产党中国七千五百万美元援助的态度。这笔援助金额虽小,但会使美国政府难以承认中共政权。

我很想亲自拜访贝文。我们是好朋友。我想亲自弄清他的想法,以及他在华盛顿的情况。访问于 9 月 16 日进行。经过互致问候以及回顾我在伦敦任职时和作为外交大臣的他之间的愉快往来之后，我告诉他，我有很多问题希望和他讨论。我说，中国局势自然在我头脑中占首位。那是一个困难而危急的局势。据我了解，他已和艾奇逊讨论了中国局势。我知道，美国人由于过去对中国政府感到非常失望，现在可以说是正在袖手旁观，但是我曾告诉他们，两国政府之间曾有不愉快关系那是不幸的。当然，造成那种情况的原因是多方面的，而且其中有些或许是可以避免的。但是，鉴于目前中国的危急形势，过去毕竟是次要的。作为一个中国人，我自然首先关心中国，然而作为一个相信自由事业的具有正义性的人，我对于中国的斗争结果也十分忧虑。我对贝文说，一个对中国的动乱听其自然的消极政策，正如我曾对美国国务院当局讲的那样，是不能解决问题的办法。相反，如果他们要听任共产党占领全中国，他们会发现问题最终更难解决，而且他们为应付这个问题所付的代价，甚至会更为昂贵。随后我询问了贝文对局势的看法。

贝文说，他和艾奇逊进行的讨论主要是交换意见和看法，而不是为了作出决定。他知道美国对蒋委员长感到非常失望，发觉他们从他那里得不到合作。白皮书明显地表明，他们为了改善中国局势，曾提出许多建议，但均未被采纳。他又说，英国政府对蒋委员长也有同样的感受，因此也很失望。他们本来也可以发表白皮书，使公众知道蒋委员长的不合作，但是那不是英国的做法，因此他们没有发表。

我说，我能理解贝文先生以及美国的观点，但是原因并不都在一方。我希望贝文会同意，当前的迫切问题是对目前形势如何处理。我又说，从新闻报道看，我认为他比美国人更倾向于和中共建立关系。我不知道这些报道的正确性如何。美国最初曾抱有同样的希望，但是美国受到了共产党的粗暴对待。共产党对待英国一直不是那么冷酷无情，不过我恐怕这不会持久。最终他们会使英国遭受他们给予美国的同样待遇。

贝文说，英国在华拥有它不愿放弃的利益。它必须设法保护这些利益。此外,每当中国发生内战和中央政府不能统治时,英国的政策一向是和地方当局谈判。但是,关于承认问题,他可以说还不打算做出承认或不承认中共的决定。无论如何,到目前为止,共产党尚未建立中央政权。

我说,贝文先生可能考虑到香港的安全。不过在这方面,有必要对局势采取现实的看法。局势是怎样的呢?国民党政府仍在战斗以遏止共军前进。与前几个月相比,近三个月来国军作战情况大有好转,士气大为高涨,致使共军的前进在某些地区已被遏止,在其他地区则趋于缓慢。粤汉铁路沿线国军已将共军击退,并克复了许多城镇。再往东面,在政府军的抵御下,共军已陷于停顿。我补充说,使用银元并以白银支付战斗部队军饷,也有助于士气的提高。这就是我要求美国政府准予从九千万美元左右的经济合作署非专用援华拨款项下使用四千万美元购买白银并制成银元运往中国以支付中国军饷的原因之一。

贝文问到作为这项用途已使用的银元数字时,我答复说,近三个月来曾以中国自己的财力从墨西哥购买白银二千万盎司,由美国政府造币厂协助制成银元。另外刚又购进一千万盎司并已在墨西哥制成银元。

回到香港问题上来,我说即使从保护香港的观点看,国民党政府继续和共产党作斗争,对香港也大有帮助;而且只要国民党政府仍然控制着从中国西北到东南的广大领土,则不仅香港是安全的,而且国民党中国将成为东南亚各国的屏障。此外,关于香港,国民党政府和英国之间签有条约,而国民党政府对于条约规定的义务历来是尊重的。我接着说,当然贝文先生可能认为,为了使中共保证对香港地位的尊重,可以和他们达成某种协议。中共缔结这种协议是有可能的。但是,如果真能缔结这样的协议,我不相信共产党会长期遵守。所以我认为即使为了保护香港,支持国民党政府的斗争也是一个更为稳妥的政策,因为这会产生间接保障香港安全的作用。

贝文说,关于香港,他的政府正在采取以它自己的力量来保卫它的政策。那就是他们一直在香港设防的原因。如果中共进攻香港,他们就要抵抗,那就会产生一种非常严重的局势。

我说,英国用武力保卫香港只是最后一着。然而只要国民党政府仍在和共产党作战,就不会有共产党入侵香港的问题。因此,如果英国和美国能对国民党政府给予充分的道义上的支持和一些物质援助,这对香港是有利的。也是为了自由事业的利益,而自由事业必然是美国和英国所关怀的。

贝文说,英国政府的对港政策是以中国政府无力守住广州的设想为根据的。但是正如他曾对艾奇逊说的那样,英国的情报表明,共产党要在9月中旬才进攻广州。他问我,关于这个日期,我曾听到什么消息。

(在叙述我对贝文的答复之前,我应该指出,这一切对我是何等烦扰。当时国民党负责将领都宣称誓死保卫广州。)至于我的答复,我说,按照我得到的情报,共产党指望在9月底以前占领广州,并不迟于10月10日,即在中华民国国庆节前建立其中央政权。但是共军现在落后于预定的时间。如果他们要在9月底前占领广州,那么他们现在就应该已经进入广东了。然而实际上在粤汉路沿线他们还在广东以北三十至四十英里,而在江西方面,他们还远在广东以东的八十至一百英里处。我又说,据我所知,美国尚在观望等待,我相信贝文先生和他们的谈话会对美国的态度有很大影响。

贝文说,他和艾奇逊曾谈论过中国局势,但未得出任何结论;整个中国局势对他们来说,似乎仍是过于变幻不定,以致不能从中得出任何正确的结论。他知道艾奇逊尚未就应采取的政策下决心。美国对此仍在研究中,他认为美国不会很快作出决定。

后来,贝文答复了我有关组织所谓太平洋联盟的问题。我们还讨论了缔结对日和约问题。随后我起身告辞。这时他说,如果中国政府能固守广州两个月,这将不仅在他的国家,而且将在美国产生极为有利的影响。他相信这会起到改变美国当局目前态度的作用。

这一点有些令人鼓舞。我回答说，中国政府肯定将竭尽全力尽量长期固守该城。

我在日记里写道：

> 贝文表情颇为严肃，不似其轻松的常态。他对国民党政府不同情，而对中共却颇倾向于与之做生意，这反映了他的政策。这一点他必然已向艾奇逊表明。他的政府对委员长也是失望和不满的。至于香港，当我提到防守广州的努力作为对香港的保护来说，也有利于英国时，他极感兴趣。

然而，我们确实是好朋友。肯定是在我告辞往外走时，他作为一种友好的表示，对我说，内阁实际已决定承认共产党政权，但是执行决议的日期由他掌握。如果在广州的中国政府能够相当成功地保卫广州，他可以推迟执行，甚至要求内阁撤销这项根据具体情况作出的决定。这番话我记得清清楚楚，尽管我并未写在有关这次谈话的记录中。显然，我当时对于他对我的信任而吐露真情，是要特别小心为之保密的。因为我知道，任何内阁成员都不得事先透露机密决议，这是由来已久的传统。

同日，我将我和贝文及克里普斯有关英国对我国局势所采取政策的谈话电告代理外交部长叶公超，并请他报告委员长。次日，我还将谈话内容电告伦敦郑天锡大使，并直接电呈在台北的委员长。

其后，共产党于10月1日宣布其政权成立。次晨的报纸报道，继中华人民共和国宣告成立之后，北京建立了中央人民政府。当晚六时半，贝祖贻告诉我说，六点钟的无线电新闻广播宣布了苏联承认北京中共政权；并以广州仅仅是一个地方政府为理由，宣布从广州撤回其大使馆。事实上，我已预料到，莫斯科为了报复我们出乎其意料地向联合国控诉苏联违反条约及宪章义务，是会迅速采取这些行动的。

1949 年 8 月 21 日(星期日),我曾在纽约安排了一次由宋子文、胡适、蒋廷黻、贝祖贻及我自己参加的会议,主要是讨论我国局势以及我们在挽救国家方面还能做些什么。我们还讨论了政府希望将苏联违反条约义务提到联合国的问题。蒋廷黻汇报说,他曾试探美国首席代表奥斯汀参议员、法国首席代表肖维尔、英国的贾德幹以及加拿大的麦克诺顿将军。他们都说将向其政府请示,而奥斯汀还说,他个人赞同中国的要求。经过考虑这个拟议中的行动的利弊,我们一致同意应向联合国大会而不是向安全理事会提出控诉。然而除非我们能获得美国和英国的充分支持,我们看不到提出这个问题有什么大的好处,相反却有许多坏处。可是这种支持是靠不住的,在白皮书公布后尤其如此。

那天晚上,我听到胡世泽谈起他自己在联合国的处境问题。他是联合国副秘书长,负责托管事务,由于中国的局势而处境尴尬,这就是说,如果共产党中国被接纳入联合国的话,国民党中国代表可能根本出席不了安全理事会和联合国大会。这对我来说,则意味着政府向联合国控诉的意图更难以实现。

次日,胡世泽前来畅谈。我向他询问了共产党占领中国对他个人在联合国的地位和对联合国秘书处其他中国工作人员以及对国民党中国在安全理事会的席位的影响。他回答说,如果中国丧失席位,这个席位将保持空缺;虽然印度渴望获得上述席位,但是要取得这一席位,必须对宪章进行重大修改。而有关他自己的副秘书长职位则无需作此种修改,并且他已商讨过把这个负责托管制度的职位由非常任理事国轮流担任的可能性。那样,印度可能首先获得此职位。

胡世泽真正担心的是,全部中文翻译组将被撤销。他说,赖伊秘书长的任职期将于 1951 年结束,所以选他连任还是另选新秘书长,需由 1950 年联合国大会来解决。虽然赖伊并非很受欢迎,但是选出一位既为苏联又为美英法三国所能接受的新秘书长也非易事,因此,他很可能再度当选。(当然赖伊是同情苏联的,因而也是同情中共政权的。)

8月23日,我回复了外交部有关是否适宜向联合国提出中苏问题的电询。他们曾征求我的意见,我是不大赞成的,我的观点完全是基于中国作为一个国家的主要利益。然而在国内,这一主张得到了强烈拥护,这是为了向大部分中国人民以及世界人民说明,委员长领导下的政治局面和政府的崩溃,其根本原因在于莫斯科未能按照1945年8月的中苏条约规定的义务支持国民政府,从而怂恿了中共的武装反抗。由于国内舆论以至政府方面起初都强烈反对和苏联缔结协定,后来又反对予以批准,情况就更为如此。如我以前所指出的那样,只是由于委员长个人干预,才压服了对批准协定的公开反对。委员长说,原先指示王世杰签署条约的是他。他声称,对王世杰的任何指责和攻击,都是对他的指责和攻击,而委员长作为国民党总裁是拥有全权的。

当然,不仅是委员长,还有国民党所有其他领袖,如代总统李宗仁将军及行政院院长阎锡山将军,均于1949年8月支持向联合国控诉苏联的意见。在国民党政府面临共军顽强推进而情况十分危急的时刻,党的所有领袖都赞成控诉苏联,这是必然的。他们认为,控诉苏联可以使全世界看清,不论中共在中国大陆建立何种政权,都是苏联政府的产物而不是应该得到国际承认的真正的独立政府。

8月26日,我去会见腊斯克。我告诉他,我希望和他讨论苏联在华的活动。中国政府拟向联合国提出这个问题。我说,这个问题已由蒋廷黻在纽约向奥斯汀参议员提出,并已由代理外交部长叶公超在广州向克拉克公使提出。事实上,我曾派我的参事崔存璘对石博思先生(中国科科长,在这次会见时也在座)谈了此事,而且石博思曾作了答复。据我理解,答复的意思是,美国对这个意见持赞同态度,而且在原则上准备支持中国。至于支持到何种程度,则有待于情况的发展。我说,这是崔存璘汇报的要点。

如有不确之处，希望石博思先生予以指出。

石博思说，最好由他将他所说的话重复一遍，而他的复述和我刚才所说的相同。

我说，我设想所谓有待情况发展的条件，其含意是中国能够提出什么样的证据或证明。

腊斯克说，"美国在原则上将支持中国"这种说法可能引起误解。实际意思是美国可以在中国政府有根有据的一些论点上予以支持。换言之，美国虽然赞同这个意见但不能给中国一张支持的空头支票。这在很大程度上将取决于中国提案的内容。比如说，中国是否将指控苏联违反条约义务，还是将宣称苏联对中共的援助和怂恿构成了对和平的威胁。此外，这还将取决于中国谋求达到的目的。

我说，这正是我在答复我国政府征求我个人意见时所提出的两个问题。政府本身尚未最后决定是否向联合国提出此事，然而赞成这一意见的人数在不断增加。我相信我国政府如能指望美国、英国和法国等联合国主要成员国的支持，它将决定进行此事。

腊斯克说，他设想中国将提出证据，证明苏联一直在支援和怂恿中共，并且试图使东北脱离中国。他问中国政府已收集了多少证据。

我说，我当下不能确切答复，但是根据从中国政府得到的消息，某些事实看来是清楚的。例如，东北的铁路现正由苏联经营管理。至于苏联给中共的军事援助，某些美国记者曾不断询问这种说法有何证据，并且希望中国提出中共部队的苏制武器数字。但是我认为这个问题实际是不相干的。苏联人无需向中共提供其自己的武器。除将缴获的日军武器移交中共外，苏联人还一直在把东北前日本兵工厂生产的武器弹药以及德国投降后从德军缴获的德制武器供给他们。

我说，还有人询问是否有苏联人在共军中参加战斗的证据。这也是不相干的问题，因为苏联人无需亲自参加战斗。由于苏联和外蒙古签订的军事联盟以及苏联和北朝鲜缔结的协定，在苏联的唆使下，外蒙古人和北朝鲜人一直在和中共一起向中国国军作战。此外，经苏联训练的日本战俘也已被派到中共部队参加战斗。我又说，还有这样的事实，即苏联近来已和东北共产党当局缔结了贸易协定。所有这些事实都是违反 1945 年 8 月中苏条约的。

腊斯克重申美国政府将研究中国准备提交联合国的各个论点，并看一下有哪些论点可予支持。他问我中国和其他各国政府磋商所得的反应如何。

我回答说，蒋廷黻除已和奥斯汀参议员探讨外，还联系了英国的贾德幹、法国的肖维尔及安全理事会的加拿大代表。但是除奥斯汀外，他们都表示要把中国的要求报请其本国政府考虑；就我所知，尚无一国作出确切的答复。关于把苏联在华活动问题列入即将召开的大会议程，我说，我听说在正式议程中列入新问题的最后期限已于 8 月 21 日截止。然而根据大会的程序规则，如中国政府决定提出该问题，则必须在总务委员会提出，以便列入补充议程。我估计在该委员会中将有争辩，因为苏联及其卫星国肯定会反对。在此情况下，我相信美国将支持中国的建议。

腊斯克说，苏联可能反对，但是大家的意见总是倾向于不论问题的是非曲直如何，都应听取。所以他认为把中国的提案列入补充议程不会有很大困难。

我说，还有一个中国提案应该提交哪个机构的问题。如果提案是基于威胁和平，则应提交安全理事会。而提交安理会的困难是，苏联可以使用否决权以阻止任何实质性的决议。如果是一件违反条约的提案，则可提交联合国大会，尽管这未必能排除有人提出威胁和平的争论点。然而联合国大会的权限仅仅是建议，而不能具有安全理事会决议的效力，安理会的决议可继之以强制执行。

腊斯克认为，处理这个提案以联合国大会更为合宜，因为安全理事会是一个成员少得多的机构。那些也希望能发表看法的国家如菲律宾、印度和伊朗等在安全理事会都无法发言。再则安理会的否决权当然会阻碍决议的通过,而联合国大会的权限虽只是建议,但那是向世界舆论呼吁的更好的讲坛。

我说,关于目标,联合国大会的讨论将以作出某种决议而结束,但是截止至目前,已有范围很广的各种决议,有些是敷衍了事的,有些是很重要的。

腊斯克说,美国政府在表明能支持到什么程度之前还愿知道中国准备提出什么样的决议案。

我说,我国政府当然乐于和美国保持紧密联系,并欢迎美国政府的建议。

腊斯克说,还有一个听取中共代表意见的问题,这是苏联及其集团必将要求的。他相信中国政府会早已想到这一点。

我说,这是需要考虑的重要之点。然而我回顾了在朝鲜问题上,中美代表团的合作,成功地击败了要求北朝鲜代表出席联合国大会政治委员会的建议。那是一个先例,我想美国会采取同样办法。

腊斯克说,朝鲜问题与此不同。当时曾派出一个联合国委员会去朝鲜,向南北朝鲜取证,而北朝鲜拒绝和该委员会合作。拟议中的中国案件与此不同。此外,一般舆论是赞成听取直接有关各方的意见。

腊斯克询问印度的态度如何。他认为考虑印度态度是很重要的。

我对此完全同意,并且说,我国政府将不仅试探印度的意见,而且将试探亚洲其他国家的意见。我表示希望美国政府也通过外交渠道弄清那些国家对此问题的观点,并和中国互通情报。接着,这次时间颇长的谈话便转入了其他话题。

在我当天的记载里,我写道:

> 在白皮书已经发表的情况下,我和腊斯克的谈话较我所

预料的要更友好。同时,使人感到有些意外的是,美国有意支持拟议中的我国向联合国大会控诉苏联,只是将按照我们提供的证据的性质及其确凿程度来决定他们支持哪些方面和不支持哪些方面。

在和腊斯克交谈后,随即约见了杰塞普并和他进行了一次坦率的谈话。关于我国拟议中的控诉一事,我对他谈了我和腊斯克关于中国拟向联合国控诉苏联在华活动问题的商讨情况。我说,我已获悉,美国政府持赞成态度,并愿支持中国,条件是中国先和国务院探讨其拟提出的各点,以便国务院了解在哪些点上可予支持。我说,由于他和联合国机构交往有极为丰富的经验,我也愿意和他商讨此事。

我接着谈到腊斯克和我讨论了把中国的控诉案提交安全理事会与联合国大会的利弊,以及我们二人都认为,为了便于激起世界舆论,以向联合国大会控诉更为相宜。我们还探讨了通过这一控诉可能获得什么成果。

杰塞普说,这个问题取决于中国的指控的性质:是指控违反条约义务,还是指控苏联在华活动构成对世界和平以及对远东安全的威胁。

我说,第二种指控更为有力,因为这会导致采取国际制裁。不过由于安全理事会的否决权,我认为不能通过任何实质性的决议。由于我已有些时候未和安全理事会接触,我对其现行程序不很清楚,同时也不十分明确,当安全理事会的常任理事国为争端的一方时,它能否投票表决。

杰塞普查阅联合国宪章后说,根据第六章关于争端之和平解决和第五十二条第三款关于区域办法之规定,在表决时他们不能投票。当然,安全理事会也可能发生这样的争执,即一个特定案件是属于局势还是属于争端,而安理会从未就此制定明确的程序。临时委员会的有关建议未必是全体同意的。他记得,不仅苏联,而且英国和法国都对这样的建议持保留态度,即在决定一个特定案件是属于局势还是属于争端时并不需要安理会各常任理事国的一致表决。尽管安理会的决议具有强制性的优点，但由于苏联的否决权，通过的机会是极少的。谈到联合国大会，杰塞普说，在讨论结束时，总会做出一些决议，但是正像我所说的那样，迄今已有大量的种种决议，但都不起多大作用。

我说，如确定为违反条约义务，决议可能建议成立一个委员会以进行斡旋，并要求争执各方进行谈判。我恐怕这样的步骤将毫无结果，因为他和我都很了解苏联代表的拖延战术。决议也可能指定一个调查委员会，但是难以取得苏联的合作，而中共也不会接待。

杰塞普认为中共肯定不会接待这个委员会。然而他说，决议可能指定一个进行实地调查的委员会，或者如属控诉违反条约，中国可要求国际法院提供咨询意见。那可能也有困难。他记得在南乌克兰问题上，苏联否认该法院的裁判权，并且不参与诉讼，而该法院则宣布为此不能进行裁决。然而在摩泽尔问题上，该法院改变了态度，在一方反对的情况下进行裁决。对于酝酿中的中国控诉案，该法院可能认为，既然双方都是联合国会员国，即使苏联拒绝参与诉讼，该法院也有裁判权。

我说，我国政府迄今尚未作出明确决定。但在作出决定前，它愿意了解联合国主要成员国如美国的态度。我又说，我将建议我国政府不仅通盘研究这个提案的利弊，而且还要研究程序和要达到的目的。于是我转入了另一话题。

那天，我实际上有九个约会，其中第一个是前面提过的韩国赵大使来访。他是作为联合国的韩国代表派来美国的特使。他说，李承晚总统责成他对我谈两件事，因为9月份我将率领中国代表团出席联合国大会。第一件是要求中国在联合国大会建议指派一个新的委员会去朝鲜，以取代目前的委员会。目前的委员会中只有中国、法国、菲律宾和萨尔瓦多的委员对韩国有利，其中特别有帮助的是中国委员刘驭万博士。但是印度委员不友好，总是批评韩国政府。英国和澳大利亚委员不是采取不关心的态度，就是采取反对的态度。印度委员甚至批评韩国政府缺乏真正的民主精神。他说，他有必要在巴黎向印度委员指出，韩国是一个主权国家，委员会委员无权干涉其内政。所以李承晚总统希望指派一个新委员会以取代目前的委员会，并希望中国代表团提出这一建议。

我告诉赵说，我正在力争不担任即将到来的联合国大会的中国代表团成员，因为我感到大使馆的工作已使我忙得不可开交。然而，即使我不愿率领中国代表团，我还是经常关心朝鲜问题的。关于他的指派一个新的朝鲜委员会的意见，我说，我认为把现有的委员会加以扩大比重新指派新委员会为容易，因为后一个办法可能遭到被排出委员会的那些国家的反对。如将现有的委员会加以扩大，增加对韩国政府的事业表示赞同和友好的委员，那就会有压倒的多数赞同韩国，并且可能迫使原来持不同情态度的三位委员变更他们的态度。

赵博士认为我的建议比他自己的好。接着，把话题转到第二件事情。他说，他想请求中国在联合国大会中支持通过要求会员国，特别是美国，增加对韩国的军事援助的决议。目前，韩国有训练有素、装备精良的军队五万人，但是它需要这样的军队十万人。韩国曾要求美国给予军事援助，以便将其兵力增加到十万。可是它只能从美国国会批准给韩国、菲律宾和伊朗的二千七百万美元军事援助中获得一千一百万美元，然而却拨给了土耳其和希腊三亿美元。一千一百万美元对朝鲜所需要训练和装备的十万人的军队实在太少了。所以李承晚总统非常想从美国获得更多的军事援助，并且打算直接向杜鲁门总统呼吁增加对韩国的军事援助。李承晚的信刚到，将由韩国大使在白宫呈递。但是他担心改变这种局面已为时过晚，除非能在10月底向国会提出新的法案。由于这些原因，李承晚吩咐他要求我在即将举行的联合国大会上提出向韩国提供军事援助的决议案。

我说,我将把这一建议呈报我国政府并转告蒋廷黻博士。他是出席联合国大会的中国代表团的当然成员。接着,我们讨论了美国国务院的对华政策。

两天以后,我拜访蒋廷黻时,把韩国大使的两项要求告诉了他。我还把我和腊斯克及杰塞普有关中国打算就苏俄违反条约向联合国控诉的谈话要旨告诉了他。他对我说,奥斯汀已派美国代表团的罗斯来给他答复,内容和我从国务院得到的答复相同。然而英国、法国和加拿大尚未答复,或许须待和美国商议后才作答复。我主张控诉苏联的行动构成对远东和平与安全的威胁,而不仅仅是控诉违反中苏条约。蒋廷黻表示同意,但他认为此两项控诉应在同等基础上提出,以便其中一项因证据不足而失败时,另一项仍能成立。然后我们可以着手宣告中苏条约无效。他说,他是愿意看到废除该条约的。

至于我方最终目标的决议草案,蒋廷黻打算列入三点:第一,确认违约的事实;第二,不承认在中国的任何共产党政权;第三,建议会员国对中国进行道义上和物质上的援助。我说,是否向 9 月份的联合国大会提出这个问题应予充分而审慎的考虑。在没有确定和获得主要成员国,包括美国、英国、法国、澳大利亚及印度答应予以充分和真诚的支持之前,提出控诉是不明智的。他表示同意,并且说,事实上,他已按此意思电告外交部。

我说,联合国大会开会时的中国局势也将是非常重要的。蒋廷黻回答说,他也曾考虑到向外交部指出,在向联合国提交议案前,有必要固守军事阵地,以遏止共军前进,而且主要是保住广州,但是电文难于措词。我表示了我的看法,即尽快在新德里和印度联系,了解印度对我国向联合国大会提交这一控诉的想法有何反应,但是蒋廷黻担心印度会提出反对意见。那将使我们陷入是否仍着手提出控诉的困境。我说,印度在和华盛顿及伦敦商议以前,不会表示确切的看法。

8 月 20 日我在参议院大厦访问杜勒斯参议员时,和他商讨了关于我国拟向联合国大会提出苏联违反条约问题的意图。据我在日记中的记载，关于中国的目的，即国际上不应承认共产党政权，杜勒斯说，他对联合国大会通过不承认原则是"没有把握的"。他还认为就苏联未能按 1945 年 8 月中苏条约的诺言对国民政府给予道义上和物质上的援助提出控诉，这不能获得美国的支持。正如白皮书所透露的那样，美国本身也曾拒绝给予中国道义上的支持和物质上的援助。

按照我的会谈记录，会谈一开始，我就告诉杜勒斯，我曾和腊斯克讨论我国意图的可行性，并和杰塞普讨论了技术方面的问题。我感到腊斯克的回答颇为令人鼓舞。我还向杜勒斯回顾了上年秋季（1948 年 9 月）在巴黎举行联合国大会期间以及在华盛顿都和马歇尔探讨了这一问题。当时国务院曾不以为然地询问，中国向联合国提出这个问题能得到什么好处，以及中国已收集了什么证据以证实其所提各点。但是这次腊斯克的反应表明，美国政府原则上准备支持中国的控诉案，尽管他曾说明，如果中国能和美国政府研究其准备提出的各点，美国准备在某些点而不在所有各点上赞同中国。接着，我对杜勒斯说，为了获得联合国大会的有利行动，各主要代表团如美国、英国和法国对中国的控诉案给以充分支持是绝对必要的。有名无实或敷衍塞责的支持是不够的，因为这可以说只会导致其他代表团袖手旁观而不积极参加有利于中国的讨论。我询问杜勒斯对国务院的真实态度的印象怎样。

杜勒斯说，在他和国务卿及杰塞普的谈话中，这个问题没有提出来讨论；而在早先的一次会议上，当他们讨论到这个问题时，国务院鉴于苏联企图使东北脱离中国。其态度颇倾向于主要在东北问题上支持中国。换言之，不论哪个政权控制中国，国务院都急切于维护中国领土完整的原则。这是美国政策的基本原则，而国务院则努力予以坚持。

我说，维护中国领土完整是中苏条约的基本原则之一，而这一原则从未被否定,因而仍属有效。杜勒斯对此表示同意。

我说,腊斯克和杰塞普都询问过中国准备提出的指控的性质,并且我曾答以既是违反条约义务,又是苏联的行动构成对国际和平与远东安全的威胁。根据中苏条约,苏联政府有义务向中国国民政府提供道义上和物质上的支持。但是苏联不仅未能履行其义务,反而给予中共道义上和物质上的支援。

就在那时,杜勒斯说,关于道义上和物质上的支援问题,由于美国本身近来对国民政府的支持和援助的态度,美国可能难于支持中国;但是,一定还有其他方面是美国可以支持中国的。

我说,就东北海滨的大连来说,那是一个苏联未能履行其义务的明显事例,因为苏联从未按照条约规定将大连的行政管理权归还国民政府。

杜勒斯表示同意,并说,国务院对任何参与肢解中国的行动都是反对的。

我问杜勒斯,如果中国提出控诉,联合国大会将会产生什么结果。

杜勒斯说,当然会通过某种谴责性的决议。

我问道,除谴责外,大会能否建议不承认中共政权的原则。

杜勒斯问我指的是俄国人在东北建立的政权,还是整个中国的共产党政权。

我答道,我指的是二者,因为二者都是由苏联建成的。

杜勒斯认为坚持不承认东北政权的原则比较容易,而就不承认中国的整个共产党政权来说,则比较困难。经过反复思考,杜勒斯对这个建议感到没有把握。他说,各国政府曾认为不承认原则的约束性过大。各国不时发生变化,拿佛朗哥西班牙来说,各国政府曾因佛朗哥政权系在希特勒和墨索里尼的扶持下建立起来的,因而采取了这一原则,但为此而深感不便。近年来,这种看法发生了变化,从西班牙撤回大使的原来决议成了绊脚石。他回顾了上届联合国大会就此问题表决时,美国弃权。他说,因此,运用对侵略果实不予承认的史汀生主义,并以此为基础制订某种切实可行的方案,可能更为有用。

我告诉他,另一点是中国政府不希望联合国听取中共代表的意见;这样会引起承认的问题。我回顾了朝鲜的情况,中国、美国和其他国家的合作,成功地击败了听取北朝鲜代表意见的类似建议。

和杰塞普一样,杜勒斯指出,朝鲜问题不是一个适当的先例。事实上,国务院曾指示美国代表团不要反对苏联的建议。而那件事则是由于偶然发生的情况所造成的。如我所知,朝鲜问题是在那届大会行将结束时提出的,当时大家都已不耐烦。因而杜勒斯建议,为了节省时间,可派出一个代表团举行意见听取会,并为大会搜集资料。他的建议被通过了。他还记得,在第一委员会辩论其他问题时,波兰代表突然提出听取北朝鲜代表意见的建议,当时斯帕克先生裁定他的建议不合程序。然而这一裁决并非基于建议的实质,而是基于程序规则。但是,当波兰代表再次在适当场合提出该建议时,他的(杜勒斯的)派出一个委员会的方案起了作用,并阻止了波兰的建议。

我说,腊斯克曾给我这样的印象,即在这一点上,国务院倾向于反对听取中共政府代表的意见。谈至此处,我们结束了关于拟议中的向联合国控诉的讨论。

9月8日,蒋廷黻和我在电话中讨论了他的信;那封信报告说,美国最近对我国拟向联合国大会提出苏联违反条约一事,持不同情态度。至于英国的态度,他说贾德干的答复和美国最初的答复大体相同。贾德幹答复说,如果中国所提苏联违反条约各点都有证据,英国可以支持中国,但是它不能在所建议的不承认共产党政权方面以及在莫斯科未能在道义上和物质上援助国民政府方面支持中国。贾德幹私下对蒋廷黻说,他个人意见是,中国提出后一问题甚至是不明智的,因为苏联一向善于宣传,其代表只须将白皮书逐章宣读即可反击中国。

蒋廷黻还和联合国秘书长赖伊谈了我国拟议中的行动。赖伊对他说,他看不出中国在联合国大会的举动能得到任何实际好处,而这一举动会给苏联或其卫星国以诽谤中国及国民政府的机会。蒋廷黻对我说,他已将情况电告广州,并要求对全部问题重新考虑,尽管他还指出,美国提出的只要求不予共产党以任何道义上和物质上的支持的建议也有可取之处。

他告诉我,外交部要他答应担任参加联合国大会的代表团团长,并办理这一控诉,但是他觉得代表团应由我率领。我告诉他,这次我决心摆脱这项工作,并已于两周前向外交部说明。

这里,我愿提一下我和克拉克公使的部分谈话内容。人们可能记得,如果我们向联合国大会提出对苏联的控诉,克拉克将担任和联合国的中国代表团的联络工作。克拉克公使于 9 月 15 日来访。他说,他不知道怎样来谈他的职责,但是他已被授予美国代表团远东事务顾问的头衔。他说,他特地来访问我,并期待在纽约再见面。

我告诉他,这次我将不去纽约,因为根据我过去的经验,正如我在大约一个月前向我国政府说明的那样,我感到难以兼顾代表团和大使馆的工作。

克拉克说,他曾估计像联合国大会历届会议那样,我将再次率领中国代表团出席。

我说,基本上是这样,尽管我没参加巴黎的那届大会。然而,本年将由蒋廷黻率领代表团出席。由于他就在纽约,所以他能照料代表团的事务。我重复说,过去我感到兼顾华盛顿大使馆的事务和纽约代表团的事务非常吃力,尤其是这还意味着我得参加长岛成功湖的会议。接着,我向他询问他最近启程回美国时,广州的气氛如何。

还可以回顾一下,在克拉克来访的前几天,我曾在双橡园宴请新近到华盛顿的曾琦及其同事刘东岩以及阎锡山将军的私人代表潘朝英博士。在那次宴会上,我问潘朝英,关于政府拟向联合国大会指控苏联违反中苏条约一事,李宗仁将军和阎锡山将军的真正想法是什么。他答称,两位将军都急切要向联合国提出这个问题,但是外交部仍在踌躇。立法院的许多成员也赞成向联合国提出此案,甚至还通过一项决议,要政府照办。立法院曾几次召唤外交部长王世杰进行质询,但每次王世杰总是说,提出这一问题尚有困难。在极力迫使他作出解释时,他最后说,美国不支持中国的提案。同时潘朝英说,王世杰为了证明他的观点,还出示了我的去电,这些去电阐明了我认为不宜向联合国提出这个问题的理由。

潘朝英解释说,阎锡山赞成向联合国控诉苏联,因为那是他打算执行的两项主要政策之一。对内,他希望加强国内团结和合作,以便能更好地努力抗击共产党军队;对外,他赞成向联合国提交拟议中的对苏俄的控诉,因为这会激起全世界对中国事业的同情,从而使中国的反共斗争成为一个国际问题。

9月21日,我和腊斯克再次会晤达一小时。除有关援助问题外,我又向他提出三星期前曾和他讨论过的向联合国提出有关苏联违反条约义务及联合国宪章问题。我对他说,自那以后,我得悉美国代表团的罗斯和蒋廷黻曾再次会谈,并把美国政府经过充分考虑这个问题后的意见告诉了蒋廷黻。我还得悉,在不承认任何在华的共产党政权问题上,以及在要求给予中国政府在反对共产党的侵略斗争中以道义上和物质上的援助问题上,美国政府不能附和中国;但在苏联违反条约义务和联合国宪章问题上,美国政府将予中国以支持。我问他,这些意见有无改变,或者说,这些意见是否代表美国政府的最终决定。

腊斯克说,我所了解的情况是正确的。

我说,在违反条约和宪章方面,一旦事实得到证实,当然要进行某种形式的谴责。

腊斯克说,联合国大会可能通过一项决议,并将问题提交海牙国际法院,以确定争端的法律论点。关于不承认问题,他认为,各会员国会感到这对他们的行动自由限制过甚。美国政府的惯例是判定执政当局是否确实拥有权力,如确系如此,则作为事实予以承认。至于给中国以支持和援助问题,那是政策问题,而且有赖于会员国是否能给中国以援助和支持。

我说,我听说在这一点上,美国政府愿建议不给共产党政权以援助和支持。我问,美国政府能否在这一点上给以充分的道义上的支持。

腊斯克回答说,这将取决于中国提案在联合国大会的进展情况以及其他代表团的反应,因为关于中国的外援,这个问题和希腊问题不同。他问道,蒋廷黻在联合国大会上的发言中,是否将提到中国打算对苏联控诉。(他指的是次日开始的联合国大会第四届会议一般性辩论中的蒋廷黻的发言。)

我说,据我了解,蒋廷黻将在发言中表示有此可能。

腊斯克说,这是有益的,因为这可以给其他代表团以发表意见的机会。当然除非中国代表团在蒋廷黻的发言中谈到中国局势,其他代表团在发言中是不愿提的。腊斯克还推测蒋廷黻将了解大会各代表团的态度,尤其是印度、暹罗、菲律宾和亚洲其他国家的态度。

我说,我相信蒋廷黻一定会这样做。我接着说,我还可以补充一点,即中国政府已开始在各国首都进行试探并已得到不少反应。有些国家保证给予同情的支持,另一些国家说,他们愿意在仔细考虑这一问题后答复。还有一些国家说,他们打算和其他一些国家的政府商谈后作出决定,那时才能答复。我认为这些试探是必要的,因为如果中国向联合国大会的控诉不能取得满意的结果,风险就太大了。

腊斯克,尽管确定苏联违反条约义务和联合国宪章的事实未必能给中国带来任何具体成果,但是这会引起人们注意苏联的对华政策及其为实行扩张政策而分割中国部分领土的阴谋。他又说,美国代表团将在现场,他相信蒋廷黻会和杰塞普保持联系,杰塞普已去纽约参加大会。美国代表团将注视情况的发展,然后决定究竟能支持中国到何种程度。

两天以后,曾琦前来询问我对于向联合国提出苏联违反条约义务问题的态度。他说,他是极力赞同的。他要求我转发他敦促阎锡山早日予以提出的去电。我同意照办,尽管我本人不赞成向联合国提出这一争端。

我从联合国总部9月27日的报道得知,蒋廷黻已致函联合国大会主席罗慕洛及秘书长赖伊,提出了中国呼吁考虑苏联违反1945年条约和联合国宪章问题。我想是由于广州的压力,他终于提出了控诉。28日,合众社报道称,联合国程序委员会以十一票对二票通过将中国的控诉列入大会议程。该报道称,希腊支持中国,而波兰则支持苏联的维辛斯基的反对意见。正如我所预料,作为其论点的根据,维辛斯基引用了白皮书说明"国民政府"之所以"濒于崩溃"是由于其"反动性"及其领导人和成员的"腐朽"。

与此同时,来自成功湖的新闻报道称,美国和英国以及其他一些西方的代表团,本来不希望中国提出这一控诉案,而且美国早在1948年11月曾把向联大提出控诉可能引起的麻烦告知中国。我还得悉,加拿大外长曾坦率地对我国驻加拿大大使、中国代表团的成员刘锴说,我国的控诉无助于联合国,而且不会获得结果;加拿大政府经过仔细考虑,不能事前答应给予任何支持。加拿大政府愿意根据我国对控诉案可能提出的证明作出决定。这和华盛顿所持的立场相同。

9月29日,联合国大会以四十六票对五票批准程序委员会把中国对苏俄的控诉列入本届大会议程的建议。意外的是南斯拉夫代表反对中国的发言,虽然他的政府在报纸上一贯反对苏俄,而苏联政府则刚刚废除两国间的友好条约,这一情况正是那天早晨在莫斯科发表的。捷克代表也发言反对中国,但那是在意料之中的。

至于美国报纸,他们对我国的呼吁采取颇为冷淡的态度。许多报纸报道我方的呼吁极少而且还在里面的版面上。我在日记中写道:这和日本入侵满洲及后来入侵中国本土时美国人对中国所表现的广泛而同情的关注形成尖锐的对比。

次日,即 9 月 30 日,刚从广州抵美的于斌大主教来访并叙谈。他说,他将肩负友好亲善的使命访问拉丁美洲(他是天主教的大主教,而拉丁美洲各国几乎都是天主教徒),并且间接地寻求对中国向联合国控诉苏俄的支持和同情。然而,像以前提过的那样,我们谈话的大部分都是关于广州的局势,因为一如既往,我总是迫切希望听到第一手的消息。

10 月 2 日,传来了中央人民政府在北平成立和苏联承认新政权的消息。当晚 8 时,蒋廷黻来电话征求我对苏联承认共产党政权及撤销承认国民政府一事发表正式声明的意见。我告以此事由广州办理较为适当。此事不仅涉及中国和联合国或美国的关系,而且涉及中国的整个国际地位。这一严重局势影响了中苏关系,同时也影响了中国的国际地位。当我询问他时,蒋廷黻说,莫斯科在声明中未提到 1945 年的中苏条约,想来"条约仍然存在"。

我告诉他,我强烈地感到中央人民政府成立和苏联予以承认这两个公告,或许都由于我国向联合国大会控诉而不必要地加速了。显然,我国这一行动是出乎苏俄意料之外的。苏联代表团在联大刚一开始时,宣布并提交了一项和平建议,内容是举行五大国之间的讨论,以制订实现安全与和平并为此而促进五大国之间合作的方案;建议中列举了中国和其他四国的国名。"当然,中共政府和苏联共产党人必然会联合起来,但或许不会这样快。"这是我当时的个人想法,我在日记中就是这样记载的。

10 月 4 日,曾琦再次来访。除又一次要求我再向财政部长徐堪电索其在美的财务资助外,他还询问我对向联合国大会控诉苏联的可能结果有何看法。曾琦曾一再来要求我拍电为他索取财务资助,先是向南京,以后是向广州,随后又是向台湾。7 月初,他曾和刘东岩一起来访,要求我也和宋子文谈一下财务资助,以便他能访欧;必要的话,作为借款也可。他曾告诉我关于他的青年党在1947年支持提名宋子文任广东省主席的经过,当时行政院仅以一票的多数通过,而这是由于他的党的两个行政院委员投了赞成票。

曾琦在美就医。由于没有收入,他不得不依靠政府资助以维持他和家庭在美国的生活。作为报答,他关注中国和美国的关系,以努力为政府效劳。例如,他是极力主张向联合国提出控诉的少数人之一,并曾要求我代他把他的意见电告政府。他还设法尽量帮助政府,因为作为青年党的党魁,他非常反对共产主义和共产党。这样他就能同时实现他的政治信仰和个人需要。

在这方面或许需要解释几句,国民政府总是希望有少数几个中国所谓的附庸党参加新建立的不论什么机构,如国民参政会等,作为对抨击国民政府是独裁政府,不是多党组织的回答。在政府中,为了同样理由,通常把一两个次要职位分给这些少数党。作为一种权术,政府还寻求和欢迎少数党党员赞成其决策。

我对曾琦说,我看不出我国向联合国大会控诉苏联有多大成功的希望;以免他对可能出现的结局抱任何幻想。但是,他对联合国否决我国要求优先讨论我国的控诉案似乎感到十分意外,尽管如我在日记中所写的那样,对于那些了解联合国大会和政治委员会气氛的人来说,这并非意外。换言之,我们不难克服苏联及其卫星国的反对,使我们的控诉列入议程。美国的立场始终是赞成先把一个问题列入议程,这种立场是明智稳妥的。但那只是事情的一方面,它并不妨碍以后根据问题的是非曲直作出决定。这就是民主方式。但是许多人,甚至联合国的某些人,往往不懂得这种差别。他们认为列入议程的本身就意味着所列入的问题已获得赞同。

同日,即10月4日,捷克斯洛伐克、匈牙利和波兰,与前一日的保加利亚和罗马尼亚一样,宣布承认中共政权。我国驻华沙代办葆毅先生于大约四个月后来访,并对我说,他于波兰承认北平共产党政权的前一天离开华沙。他说,原来苏联准备在其卫星国承认后,再承认中共政权。但他认为,我国向联合国控诉苏联,导致莫斯科先采取行动,这证实了我自己的看法。

无论如何,苏联的五个卫星国的行动并非出乎意料,而不像南斯拉夫5月的声明那样,使人推测它是否意图在反对共产党和工人党情报局的斗争中物色朋友。大概这也是它出席联合国的代表于9月29日发言反对国民党中国及中国对苏联的控诉的原因。

4日传来了广州叶公超宣布与苏联断交的声明,以回击苏联承认北平政权及其撤销对我国政府的承认。我认为该声明既中肯又庄严。他着眼于我国提交联合国的控诉,一开始就说:

> 苏联承认近日在北平成立的伪政权,是苏联长期以来违反1945年中苏友好同盟条约,侵犯我国政治独立及领土完整之必然的极点。足资证明我国提交联合国大会的待议控诉案,决非虚妄,从而更有理由使我国的提案获得充分和即时的注意。

他还指出,苏联的承认,构成"对远东和平与安全的威胁"。当日,我在日记中写道:

> 作为我国代表团会议的结论,蒋廷黻致电外交部建议废除1945年8月14日的中苏条约,列举其违反该约条款的许多事实。但我认为在决定废约之前,这个问题应予充分考虑,因为美英是雅尔塔协定的共同签署国,而1945年的中苏条约,则旨在履行该协定,蒋廷黻应和美英协商,弄清废约对他们的立场有何影响,以及对苏联关于东北作为中华民国的一部分的主权和领土完整的态度可能产生什么影响。

10月12日星期三,我接待了来访的以色列大使埃拉斯。他请求中国支持以色列申请参加万国邮政联盟和联合国粮食及农业组织。我说,我将建议我国政府予以赞成。然后我向他提出,中国希望以色列支持我国向联合国大会提出的控诉。我说,我国代表团团长蒋廷黻认为他可以在纽约直接向以色列代表团提出中国的要求,所以迄今我未在华盛顿和他联系。但是中国的控诉涉及远东的和平与安全,我认为任何影响那个地区的和平与安全的事件都会受到联合国全体会员国的关注。

埃拉斯说,远东问题是一个世界性问题,正如中东的和平与安全受到普遍关注一样。世界已进展到所有和平与安全问题都应从全球观点予以考虑的地步。当我要求他向政府汇报并请求其政府指示在纽约代表团对中国的控诉采取同情和支持的态度时,他说,对中国的控诉他不能表示个人意见,但是他将把我的要求转达以色列代表团团长埃班先生。他还将致电特拉维夫说明这个问题是由我亲自代表我国政府提出的。他说,他要提出我的名字,因为我的名字在他国内是人所共知的,他的国家以感激的心情铭记我上年在联合国大会有关巴勒斯坦问题的发言。

我表示理解他的地位,并说,我知道美国虽将支持中国,但感到它在这个问题上的处境颇为不易。

埃拉斯说,中国对俄国的控诉涉及一个普遍关心的原则。俄国甚至在废除中苏条约之前就承认了中共政权。他认为美国不会很快承认中共政权。当我表示同意并说这是一个遵守条约义务的问题时,他说,他的政府很熟悉这个问题,因为美国政府一直在和他及其他许多国家的大使商讨这个问题,以了解他们的反应。(这一点在我和尼赫鲁总理14日的谈话中得到了证实。)

至于我应允代以色列向我国政府联系的事,我立即着手办理,并于11月21日把我国政府支持以色列申请参加联合国粮食及农业组织和万国邮政联盟的决定,用电话通知了埃拉斯。

10月12日埃拉斯离大使馆后不久,宋子文来电话询问消息。我把康纳利参议员及艾奇逊对承认中共政权和德意志民主共和国问题的声明告诉了他。艾奇逊的声明是在那天的记者招待会上发表的。声明重申美国承认一个新政府的标准,即:第一,能控制其所宣称应控制的国家;第二,承认其国际义务;第三,其统治为被统治的人民所默认。从我们的观点看,这是有利的,因为共产党早已表示不准备承认内战期间国民政府所承担的国际义务。况且,他们似乎决意要折磨其控制区内的西方外交人员。这是数周后为人们所强调之点,那时沃德总领事及其工作人员已被监禁了一个月。

我向宋子文建议由他要求胡适草拟一份致委员长、李宗仁和阎锡山的电报,用我们全体的名义,其中包括于斌大主教、曾琦和蒋廷黻,强调团结合作的绝对必要性,在华盛顿及其他主要国家首都正考虑承认中共政权的问题时尤为如此。他表示同意。

但是次日的广州消息更坏。事实上,整整一星期,从中国来的都是坏消息。我肯定这些消息不仅对承认问题,而且对我国的控诉,都会产生不利的影响。例如,在此以前,10月6日,宋子文在和我谈到国内军事形势时,曾坦率地表示,中国缺乏能在任何战役中部署和制订全面而切实可行的作战方案的第一流现代军官。但他对于白崇禧将军的全面指挥才能的印象极深。(白只是在最近才被任命为国防部参谋总长的。)所传白崇禧日益为青年军官所爱戴,其中甚至包括委员长的嫡系部下,这对宋来说是不足为奇的。可是次日,即10月7日,新闻报道称,白崇禧终于被迫从湖南衡阳撤退,而在广西桂林建立了司令部。报道称,国军对共产党的防御正在崩溃,并称共军的决定性行动是占领粤汉铁路线上的一个广东城市曲江。据《纽约时报》称,国军从曲江是"不战"而退的。

10月10日,即中华民国建国纪念日,代理外交部长叶公超来电称,将于当晚通知广州外交使团,政府拟在20日迁往重庆,外交部将于10月15日晨六时停止在广州办公,17日晨九时在重庆恢复办公。来电又称,李宗仁、阎锡山和叶公超本人均将于20日前抵重庆,致政府的电报应自14日起发往重庆。

11日,报载白崇禧把全部军队自湖南撤往广西,其原因在于委员长不给财政支持以发放军饷,以及广州以北国军防线的崩溃。这说明委员长和李宗仁之间的明显分歧造成了广州本身的困境。委员长命令其黄埔军校得意门生之一的刘安祺将军从曲江防区南撤,致使白崇禧仓促撤退。

有关这项命令的背景,我并不直接了解。然而,对委员长,对刘安祺以及对外界来说,十分明显的是,此项撤退命令必将导致白崇禧防御共军的防线崩溃。或许委员长认为这最后的挣扎无论如何是徒然的,牺牲也是无谓的,所以他希望尽量保存军队。归根到底,给刘安祺的命令是开赴厦门,而后转至台湾。

还有一事和此问题有关,而此事我只是最近(1970年3月)才在香港从张发奎将军处听到。他说,白崇禧的撤退也是由于名义上归他而不归委员长指挥的非桂系部队的行动所促成的。这些部队直属湖南省主席程潜将军,程潜后来投靠了共产党。他的部队当时防守株州地区的中部防线。但是该部撤走了,这也是造成白崇禧撤退的原因。

然而当时我不了解这一情况,因此对白崇禧撤退的消息,对委员长明显的措置失当,以及广州内部的分歧和仓促向重庆撤退,我都感到十分沮丧。我感到特别沮丧的是,因为我一直在和贝文、克里普斯以及美国国务院的官员们的谈话中辩解说,湖南南部战线的军事形势基本稳定下来了,国民政府所余地区仍甚广阔,以及只要国军在这一线挡住共产党,这就意味着在这一地区后面的各国仍然是安全的。因此,中国政府全力固守此线不仅是为了国民党中国本身的利益,也是为了东南亚其他各国领土的安全。

该防线的失守之使我非常失望,还因为我始终在宣扬这样一个论点,即委员长和李宗仁两位领导人之间的合作大有进步,他们之间的一致行动和合作会对中国的总形势产生极好的影响。虽然曾有与此相反的报道,但是由于刘安祺部队的撤退而使防线崩溃的这一发展情况,使我的论点站不住脚。我为此实感非常沮丧。

接着,在 10 月 12 日,即我建议宋子文拍发联名电报强调团结合作的绝对必要性的那天,传来了委员长和李宗仁不和的令人更为沮丧的报道。据说李宗仁将去广西桂林休养而不径去重庆,而政府应于该月 17 日在重庆开始行使职权。报道称,虽然敌人尚距广州三十五到五十英里,而广州却已一片慌乱,军政大员们或逃往重庆,或逃往台湾,或逃往香港。广州人普遍认为该市将被放弃,委员长的军队将撤往台湾或海南岛。

13 日,来自广州的消息当然更为糟糕。合众社报道称,军政当局正忙于撤退,预计共军于当晚进城,国军则不战而退。我痛心地看到那些领袖们所有固守广州和保卫到底的誓言——甚至有人还说与城共存亡,通通都是空话。据说阎锡山已飞往台湾晋谒委员长。曾误传委员长于数日前到达广州,实际他一直在台湾。

10 月 14 日,《纽约论坛报》称,政府全部领导人都已离开广州。但是外交部长叶公超仍在那里,而且情绪良好。他要求访问他的美国记者代他订一张船票,因为他弄不到飞机票。据报道,挣扎着要上飞机逃走的士兵向起飞的飞机开枪射击。这是一幅什么样的景象!

与此同时,英国官员的倾向日益明显,他们准备承认既成事实,准备和中共建立关系,以保护英国的经济利益和香港。实际上,早在 10 月 7 日,我和刚从英法之行归来的郭秉文曾谈论及此。他是一位财政专家,并十分熟悉英国人的心理。他曾任驻伦敦大使馆的经济参事和中国政府驻英贸易代表团团长。谈到英国对中共的态度,郭秉文说,泰茀亚勋爵(英国自由党领导人之一,大战期间访华的议会友好代表团成员之一)对他说,英国人关心的是贸易而不是中国的政治;英国是个穷国,需要贸易,不像美国那样富裕,等待得起。我告诉他,这和前一天《伦敦时报》社论的内容相似。那篇社论实际是说,英国有必要承认共产党政权,以便继续贸易,贸易对英国是必不可少的,在目前情况下它因经济拮据,外汇紧张,尤为如此。社论认为,无论如何,承认或不承认,都影响不了中共在中国的政治地位。

关于英国对中国贸易的关注,这里应该说一下。日本投降后,英国商人对美国人以其美国佬的精明,利用战争在对华贸易方面排挤了他们,深为怨恨,这在上海和香港商界都是公开的秘密。他们发誓要想一切办法从美国人手中夺回所失的一切。怨恨最深的是那些在中国较为知名的英国企业的头面人物。

10月14日,我去印度大使馆拜访尼赫鲁总理时,也向他探询了英国的态度。我知道他从伦敦来,我想了解他在那里曾否和贝文会谈。我说,贝文在华盛顿时,我曾和他交谈。我得到的印象是,由于贝文不能置英国的在华利益于不顾,所以他更倾向于承认中共政权。我问尼赫鲁在伦敦是否从贝文处得到同样的印象。(这是唯一获得正确印象的方法。我从一个方面得到一种暗示后,立即在另一方面予以核对。这就是我了解实际情况并以之提供我国政府的方法。)

尼赫鲁说,他在伦敦停留的时间很短。在那里他曾和艾德礼会谈,但未和贝文会谈;当时贝文尚在从纽约回国途中。虽然他和艾德礼的会谈中未提及中国,不过他相信我的印象是正确的。英国人更倾向于和中共政权建立关系。但是他说,当然他们考虑得更多的是贸易和其他利益。

尼赫鲁接着说,客观地讲,中国的局面是个棘手的局面。共产党现已控制或即将控制全中国,而国民党在遏止他们前进方面却无能为力。由于中国幅员辽阔及其重要性,其形势必然会引起亚洲各国,如缅甸、暹罗和印度等国的极大关注。

谈话的其余部分也很有趣。它给我的印象是,他本人实际是同情共产党政权而不同情委员长及国民政府的。(这次谈话的有些内容已列入有关太平洋公约的章节。)但我还是对他说,他在国会中的发言给我留下了深刻的印象,即无论何时正义受到威胁或出现侵略,印度不会保持中立;而中国的共产主义运动明显的是侵略。我说,中共的确控制了中国的大部分,尤其是沿海各省,而且即将占领广州,但是国民政府决心继续抵抗,并将以中国西南部为基地。当尼赫鲁问我是否指四川时,我回答说,这片地区除四川外还包括云南和贵州等省,一边与缅甸相邻,另一边与印度支那接壤。

尼赫鲁说,他看不出这种局势能够扭转,也看不出随着共产党在战场上的节节胜利,国民党如何能重新统治中国。

我说,如我曾对贝文所说那样,只要自由中国在中国抗拒共产党的侵略,它就不仅是在为它自己的事业奋斗,而且是在为东南亚其他各国的利益奋斗。国民党中国战斗的每一天,都是为其他国家赢得准备时间的一天。

尼赫鲁认为,把共产党的前进阻滞两三个月,并不能改变局势。

我说,我相信如果有友好国家的道义上和物质上的援助,中国政府能支持一两年。

尼赫鲁说,道义上的援助用处不大,而物质上的援助只有美国能够提供。他知道,美国人认为已经给了中国很多援助,但都浪费掉了,现在他们不准备再向中国提供援助。他认为中国的问题只能由中国人民自己解决。外界的援助只会激怒中国人民,使他们感到别的国家在干涉中国的内政。他相信中国人民并非生性倾向共产主义,而且虽然他知道中共领导人是马克思主义者,但是,鉴于中国的传统和背景,他们可能迟早会变得缓和一些。

我说,中国共产党人是正统的共产主义者;他所说的中国人民本身并非生而喜爱共产主义,这一点是对的。但是在目前形势下,中国的共产主义运动并非完全是一场国内战争。它显然是由苏联秘密指挥和支持的。作为例证,我补充说,共产党当局一方面故意迫使中国各大城市的美国新闻处关闭,另一方面却在每个大城市建立所谓的中苏文化协会。

尼赫鲁认为，任何外界的援助只会激怒中国人民，他了解共产党地区的经济情况很困难，而对国民政府的进一步援助，会使中国人民认为，他们的苦难系由于外国的干涉。

我说，一位新近离开南京的美国朋友曾告诉我，在共产党统治的最初几个星期，人们通常是期待着日子好过一些，因而没有表示反对。但是随着时间的流逝，他们日益不满了。

后来，我又说，据我了解，美国人在承认中共政权问题上，切望形成一个各国协调一致的态度，因为他们认为，用一个联合阵线去和共产党打交道会比较容易。我想知道我的印象是否正确。

尼赫鲁说，商谈一直在进行，但尚未就一致行动问题作出决定。

我说，我想印度是宁愿采取一致行动，而不愿在必要时最终采取单独行动，尽管我知道英国人急于和共产党政权建立关系。

尼赫鲁说，印度一直在通过新德里外交部和印度驻国外各大使馆同各国政府商谈，但是没有作出一致行动的安排。他又说，在印度尼西亚问题上，印度曾不时把它的态度和它打算采取的行动详告其他各国政府。

当晚，我参加了印度大使馆为尼赫鲁举行的招待会。我在那里见到了英国大使奥利弗·弗兰克斯爵士夫妇。他们和我一样，是在同一天内第二次去印度大使馆。他们说，杜鲁门总统刚离开招待会回到白宫去了。另一位客人莫勒告诉我说，法国已决定"原则上"承认中共政权，以便和英美一致，但须待他们承认几天以后再办理。《时代》杂志的维松问我，中国大使馆的目前地位有无前例可援。我想他的意思是，既然共产党政权已宣告成立，仍然分裂的国民党政府似乎即将崩溃。他猜想，在美国和其他国家承认中共政权后，我将被认为是中国在国外的所有外交官的老前辈。

维松是驻华盛顿和各国外交官保持联系的外事专家。我对他说，到那时，在美国政府眼里，我只是一个平民而已。他的回答是:"以你在世界上的名望,你永远不会仅仅是一个平民。"我不知道他这种说法有什么依据,但是,我从他的友好语言中得到一些安慰,因而予以引述。

数日后,朗特里小姐邀请我的妻子和我参加便宴。朗特里小姐是华盛顿的社会名流,并以其在美国广播公司的"会见新闻界"节目的工作闻名。我谢绝了邀请,因为英国检察总长肖克罗斯爵士是主宾,而他曾发表谈话赞同承认共产党中国。然而我让我的妻子去参加,以免使女主人过于失望。事后顾夫人告诉我,在便宴中,当肖克罗斯公然地说出赞同承认中共政权时,朗特里小姐制止了他。但是,这并未能制止住他在便宴后"会见新闻界"节目中发表出同样的见解。他的论点是:共产党事实上已经控制了中国的大部分。英国需要贸易,而且承认并不意味着赞成其意识形态,并没有其他动机。顾夫人告诉我,朗特里小姐反驳说,那么英国显然是情愿为几元钱出卖自己,这几乎是无可置辩的。

那天下午四点我去纽约。但在动身前,肖克罗斯来电话致意,显然是打算来看我。当时我正忙,于是说,如我不久去纽约,希望在纽约见到他。实际上,我们在伦敦颇为相知。那时他是检察总长,而我是中国驻英大使。

10月19日,我离华盛顿去巴尔的摩参加基督教青年会为创始人纪念日而举行的晚宴,并发表讲话。与会来宾皆为巴尔的摩各界的主要人物。使我惊异的是,英国大使馆参赞和英国总领事不仅出席,而且作为节目的一部分,还代表伦敦基督教青年会演了一出剧。我吃了一惊,因为在我的发言中要涉及中国的局势和中国共产主义对中国以及远东其他国家的危险;特别要提到英国的在华利益,比如香港或在整个远东的利益。但是我并未改变我的发言或是略去有关英国政府为了香港而采取的绥靖政策。我发言后,我的印象是这个发言很受欢迎。

次日。我在日记中写道:

我在巴尔的摩的发言由纽约《先驱论坛报》及《华盛顿邮

报》予以报道。但由于顾毓瑞未能通知华盛顿的《纽约时报》办事处，《纽约时报》未能报道。顾毓瑞用电话只通知了合众社、美联社及国际新闻社，而这并不十分必要，因为作为通讯社，他们对任何新闻都必然要发稿的。但《纽约时报》则除非获得通知，就有可能不刊载某条消息。

实际情况就是这样，说明对这种工作，人们必须警觉和行动迅速。

同一天，即10月20日，余铭先生来访。他以前在立法院工作，是孙科的拥护者和追随者。他辞去中国驻伦敦大使馆参事和国民党中宣部驻伦敦办事处的职务，刚从英国来。我急于知道他对英国有关中国大陆事态发展的态度的印象。他告诉我，英国外交部负责远东事务的丹宁曾对我国大使说，关于承认中共政权问题尚未作出决定。但是我国大使为了更多地了解英国的政策，在大使馆设宴邀请艾德礼首相，力劝其切勿承认中共政权。据余铭说，艾德礼没有表态，只是倾听。

尽管首相迟不表态，英国已采取走向承认的步骤，和共产党通商。余铭继续说，伦敦给人的印象是政界、商界甚至文化界都倾向于赞同早日承认。查塔姆大厦已派出以前在延安和共产党一起工作的林迈可去香港和共产党人士联系，以确定通商以及在英国和中共政权之间建立正式关系的条件。并且，他是经外交部批准，甚至是在外交部的授意下派出的。

余铭还告诉我，郑天锡大使曾要求维亚特将军（战时邱吉尔首相的私人代表，负责和重庆的委员长保持联系）了解英国对承认问题的官方意见和态度。这位将军答复称，英国渴望和中共通商。他说，香港和在华的英商企业一直在强烈地敦促政府早日承认。

我对他讲了肖克罗斯在华盛顿"会见新闻界"节目的谈话，以及他如何公开主张，承认中共政权是唯一的办法。但是余铭说，肖克罗斯只不过是反映了英国政府的态度。谈话临近结束时，我和余铭都痛惜政府不战而撤出广州,尽管官方再三宣称决心保卫广州到底。

当日,参众两院的六位共和党领袖,其中包括前众议院议长马丁,发表联合声明,告诫美国政府不要承认中共政权,认为这种举动是违反美国传统政策和美国根本利益的。

10 月 21 日我请谢寿康博士共进午餐。他先于 18 日来访,是刚从国内途经纽约来到华盛顿的,为了联络美国天主教上层人物帮助中国,和促成他任驻梵蒂冈公使。他原已被选定为公使,但据他说,梵蒂冈答复称,由于中国的微妙局势,罗马教廷认为应推迟同意他的出使。他有些着急,因此来美联系一些天主教的知名上层人物,向他们求助。

谢寿康告诉我说教皇驻华代表仍在南京而且他发现教皇代表对中国颇不同情。原因有三。第一,当他呈递国书后,在为他举行的宴会上蒋总统把他的座次安排在另一位大使之下。(这个问题外界不容易知道,在天主教国家中,不论何时,只要罗马教皇使节到达并呈递国书,总是被尊为外交使团的团长,因而被排在所有其他大使之上,不管这些大使已在职多少年。显然,这位罗马教皇使节对于中国未能遵循天主教国家的惯例感到失望。)其次,虽然他一再要求,但委员长从未亲自接见他。第三,这位罗马教皇使节对中国的枢机主教和大主教不满,因为他仍有旧时代欧洲人对中国人的看法,从内心里不服气一个中国人在天主教会中被授予如此高的地位。关于中国局势,谢寿康这位老国民党员和中文学者说,尽管失败,委员长并无转变,而且仍然非常自恃。接着,他把陈布雷自杀的内幕告诉了我。这件事我在前面已经提过。

21 日午餐时,我们继续交谈。谢寿康说,他曾会见斯佩尔曼枢机主教,请求致函梵蒂冈催促同意他出任公使。他还为此联系了波伊尔大主教。他告诉我说,梵蒂冈不赞成于斌大主教的政治活动,而且教皇已把此意通知了这位大主教。谢寿康说,在他任公使期间（他以前曾担任过一段驻梵蒂冈公使），他曾为于斌大主教的态度作过辩护。他对教皇提出的论点是："一个好的天主教徒，也必须是一个好的爱国者"，并列举第一次世界大战时的梅西耶枢机主教为例。但是梵蒂冈反驳说，梅西耶的活动也从未获得梵蒂冈的批准。在我的日记中，我写道：

> 梵蒂冈反对于斌大主教活动的动机可能是为了避免纠纷。只要没有纠纷，梵蒂冈不见得会提出反对。

谢寿康再次谈到他对中国局势的印象说，台湾省主席陈诚将军和海军总司令桂永清将军不和，李宗仁将军和委员长也是如此。我和他都认为他们必须合作，但是，尽管国家利益应予首先考虑，而我们知道他们的个人利益在发生冲突。他还说，推翻阎锡山内阁的运动是在李宗仁的默许下由朱家骅在台湾领导的，但是广州的告急终止了这一企图。他又说，王世杰鼓吹建立自由党以接管政府的主张是委员长默许的，甚至是委员长资助的。

关于军事形势，我从前一天的新闻报道得知，共军正在继续进迫广西省省会桂林，桂林即将撤退。报道称，共产党的聂荣臻将军准备进攻在四川北部的胡宗南部队，该部队当时正防守重庆北面的通路。（胡宗南是委员长最信任的将领，指挥着委员长手下最大的一支部队；重庆当时是政府的新所在地。）

10月22日星期六，我和蒲立德先生共进午餐，并授予他一等大绶景星勋章，以示中国政府对他在推进世界和平和自由事业，以及促进中美之间的了解、友谊和合作方面的不懈努力的表扬。他显然很受感动，并不止一次表示感谢。他认为，马歇尔在白宫和国务院幕后仍有极大影响，并致力于摧毁蒋委员长领导下的国民党政府。他说历史会对其报复政策给予公正的结论。

至于承认问题，蒲立德说，就他所知，国务院已决定承认中共政权，只是等待其他某个国家或联合国带头，以便减轻国会攻击的压力。他担心侨居美国的中国国民的命运。这些人的护照即将到期,并倡议最少延期五年。他又说,他任驻法大使时,不仅把护照发给为逃避德国人而要离开法国的法国人,而且也发给具有同样目的的英国人。

在这天的早些时候,中国驻联合国代表团的成员张忠绂博士来访。他对我说,在政治委员会讨论希腊和意大利殖民地问题后即行讨论中国控诉苏联问题的动议时以一票之差被否决了,那是古巴的一票。古巴曾提出修正案,由于未被通过,古巴代表在最后表决时弃权,从而造成 22 比 22 的相同票数。如果事前争取古巴代表投赞成票,或争取一些投反对票的代表在最后表决时投弃权票,那就有可能通过中国要求在议程上给予优先的建议。

当晚我去纽约。10 月 23 日星期日,我国代表团的刘锴大使来访。他向我询问美国对中国在联合国大会控诉苏联的态度。我告诉他说,美国的态度等于间接拒绝保证进一步予以支持。我还把我和贝文谈话的要点以及英国赞成早日承认中共政权告诉了他。他对我说,他曾在渥太华会见加拿大的副外长。这位副外长回答他的问题说,加拿大政府认为,中国的控诉不仅不会给中国本身带来任何实际好处,而且有损于联合国已经下降了的威信,因为联合国没有能力帮助中国。加拿大政府已下令自 11 月 15 日起暂停从加拿大向中国发运军需品。

但是关于承认问题,加拿大的立场当时尚未明朗化。10 月 25 日,据说加拿大外交部长莱斯特·皮尔逊向加拿大议会宣称,在承认之前,新政府须表明为不受任何外国控制、并能在其领土上有效地行使主权,这一点必须明确无误。澳大利亚的伊瓦特的声明与此相同。伊瓦特声称,英国、美国和澳大利亚对中共政府的态度是一致的,并称,在没有获得尊重邻国领土,特别是香港的完整及尊重全部国际义务的保证以前,不能予以承认。

然而实际上,美国和英国之间并无真正的协议。例如,11 月 2 日,司徒雷登的亲信傅泾波告诉我说,大使对中国局势深为担忧,而且国务院仍处于英国迫使美国承认中共政权的压力之下。

在此情况下，加拿大和澳大利亚自然就在英、美两国之间左右为难，因而只好拖延应付。各自治领显然不像英国那样急于着手承认，而要等待美国的行动；惟独印度例外。印度为了追求亚洲的领导地位，成为莫斯科和华盛顿之间的第三势力，极愿和北京建立关系；这种情况导致它于 12 月 30 日宣布承认，从而开了头，使英国得以步其后尘。

11 月 4 日，《芝加哥太阳时报》的雷诺兹告诉我说，尼赫鲁于访美前夕，曾在伦敦对该报的另一位美国记者弗雷德里克·库说，由于必须面对现实，印度将承认中共政权。

5 日，据报道，重庆方面对这个临时首都的安全很悲观。我在上面已提到有一支共军部队正从北面进逼重庆，企图占领该地。与此同时，据报道，另一支共军部队正向位于重庆正南的贵州省会贵阳挺进，意在切断国民党防线，并使重庆和广西南部的白崇禧部队隔离，尽管李代总统在访问昆明时以及阎锡山在重庆都曾在讲话中声称，决心固守重庆到底。由于收听广播后彻夜不眠，我感到非常疲乏，次日从十一点到两点在大使馆办公后，我几乎睡了整个一下午。

第二天星期日，我清理了我办公室积累的文件，并一一妥善归档，同时阅读了所有最近有关国内的经济形势和财政情况的报告。11 月 7 日星期一，无线电宣布了一则伦敦报道称，英国外交大臣贝文将通知艾奇逊和法国的舒曼，英国将在数周内承认中共政权。贝文和舒曼那时在巴黎，艾奇逊则在当天去巴黎和他们会晤，商谈有关德国和中国事宜，并可能商谈对日本的和约。

7 日那天，也是俄国革命三十二周年。两位记者来电话询问我是否参加苏联大使馆的庆祝招待会，以及我是否收到请帖。我在日记中写道：

> 当然我不去，并且当然没有请帖。我们双方均已断绝两国之间的外交关系。

我从我国驻比利时大使金问泗处收到了密函一封。他说,比国外交大臣范策兰曾对他说,在承认中共政权问题上,主要将听从美国而不是英国,可是英国和荷兰政府却在使美国不满的情况下和北平共产党当局联系,告以他们准备与之建立关系。

范策兰的消息十分准确,因为直到今天比国尚未承认共产党政权,而英国和荷兰却在最先承认的几个国家之内。事实上,就在第二天,伦敦报道仍然说,英国将承认中共政权,并说,此项决定系英国外交官和军事代表最近在新加坡开会的结果;这些人都赞成早日承认。

11月9日,我在美国国务院拜访了巴特沃思。除其他问题外,我们讨论了这个问题。自从他提升为助理国务卿后,这是我第一次访问他。参议院经先后十四次拒绝批准他的任命后,终于在9月29日严格按照政党路线予以批准。

我对巴特沃思说,从新闻报道看,欧洲、美洲甚至亚洲的各国外交部都在为承认中共政权问题焦思苦虑。据说,英国政府很可能首先承认中共,尽管我听说美国政府的政策是和关心此问题的各国政府协商,并建议组成针对中共的联合阵线。还据说,印度将是第一个带头承认这个共产党政权的国家。我接着说,另据上午报纸的报道,在巴黎会晤的三国外长也将讨论此问题。我想知道,巴特沃思能否为我澄清情况。

巴特沃思说,巴黎的外长会议并无确定的议程,但如我所深知,在这种会议上,只要有一位外长提出一个问题,讨论是在所难免的。他相信会有一位外长提出承认问题,但是他认为不会形成决定。他告诉我说,美国政府已与各有关政府联系,强调对此事采取一致行动和避免单独行动的重要性。虽说尚未达成最后协议,他认为可以说各国政府原则上都同意美国的建议。然而印度的尼赫鲁和澳大利亚的伊瓦特要保留他们认为在适当时机的行动自由。但亚洲国家可能会首先承认,那倒是真的。

我说,我知道印度可能是第一个承认的国家,而且事实上我曾和尼赫鲁在华盛顿有过交谈。巴特沃思说,他非常想听听尼赫鲁是怎样说的。我说,我们的谈话是友好而坦率的。我得到的印象是,尼赫鲁的思想有些混乱,可是我不能确定他态度背后的思想基础是什么。一会儿,尼赫鲁说他相信没有什么东西可以制止中共蔓延全中国,而印度则必须面对现实。可是当我谈到共产党的侵略对所有亚洲国家的危险以及必须组成联合阵线防止共同的威胁时,他又全然不同意。他说,没有任何亚洲国家能向国民党中国提供物资援助,只有美国能这样做。

至于道义上的支持,尼赫鲁认为这对中国意义不大。另一方面,这可能给提供这种支持的亚洲国家带来很大的危害。他推理说,以缅甸为例,如果它对国民党政府表示同情,中共就会予以注意;等到他们侵占全中国并且到达缅甸边界时,由于缅甸以前对国民党中国曾表示同情,他们就会更加苛刻地对待缅甸。

当我指出中共还勾结苏联进行世界革命时,尼赫鲁表示同意,但是不认为应当组成联合阵线去对付中共的威胁。我又说,考虑到尼赫鲁本人过去的马克思主义倾向,可能他真的被局势所迷惑了。

巴特沃思说,他觉得尼赫鲁不能忘怀他过去生活在英国殖民统治下的强烈反感。

我接着谈到了中国政府得到的消息。消息称,大批苏联工程师、艺术家及技术人员等到达共产党中国,目的是准备条件,签订经济政治合作条约,以使共产党中国成为苏联的一个真正的卫星国。我说,如果共产党政权和苏联可能不久在莫斯科缔结一项所谓同盟条约,那是毫不奇怪的。所以应该密切注视中共驻莫斯科大使的活动。美国大使馆现仍在莫斯科充分活动,当可做些工作。我认为苏联显然在试图执行其扩张政策。东北已与中国其他地区隔离,并已置于苏联代表的支配之下。苏联政府在新疆和内蒙古的活动,也已在某种程度上为人所知。他们的明显目的是沿着俄国在亚洲东部的外围建立起一连串的所谓自治组织,由此向南推进到华北、华中及东南亚。我问美国驻莫斯科大使馆曾否报告中共大使馆在那里的活动情况。巴特沃思说："没有。"但是他估计他们是会按时报告的。

11月18日，伊朗大使侯塞因·阿拉为伊朗国王正式访问华盛顿举行招待会。出席人数极多，至少有五千人。这位国王是一位年轻人，由穿着华丽军服的一群副官簇拥着。我到达时，他正在殷勤地接待来宾。杜鲁门总统刚刚离去，显然不准备像以前墨西哥总统和古巴总统来访时那样一起参加接待。我和我的妻子站在行列中，可以想象，这个行列是非常长的。我们正好站在潘迪特夫人前面。她由穿着鲜艳的英国式镶金边带红条纹军服的武官陪同。我们谈了片刻。然后她们突然挤到了我们的前面，因而先被接见了。这样做法是不寻常的，可是我得说，行列很长而且行动缓慢。（我想她是在她的武官劝说下这样干的吧。）

三天后的下午，潘朝英博士来访，探听我对于美国最近对华态度的印象。他说，他的一位法国朋友告诉他，在巴黎的英法美外长会议上，皮杜尔在表明法国态度时曾说，在部署共同防御共产主义对欧洲威胁的同时，承认共产党武力征服中国，这是不合逻辑的。贝文却答复说，政治并非总是合乎逻辑的，征服必须予以承认。艾奇逊说，不论从逻辑还是从政治来考虑，他认为过早行动是不明智的，最好是对中国的共产党政权采取一致行动。潘朝英问我这个消息是否可靠。我对他说，这和我所得情报的要点是一致的。

至于联合国中有关中国控诉苏联问题的气氛，潘朝英认为是良好的。他说，于斌大主教去拉丁美洲，争取拉美国家支持我国在联合国的控诉，这个任务已获得很大成功。只有阿根廷不愿作任何保证，但很可能在最后表决时弃权。他认为，中共虐待沃德有助于我们的事业。他还告诉我，我国代表团内部对蒋廷黻在控诉苏联案的准备工作方面的所谓专断行为大为不满。潘朝英或许不理解，在一个像代表团那样庞大的团体中，如果某些成员的观点未被采纳,他们总会不同意并感到不满的。

潘朝英对联合国中有关我国控诉的气氛的看法,大概是过于乐观了。其他方面的报告并未予以证实。例如,陈之迈于11月12日来访,主要是和我讨论即将召开的联合国粮食及农业组织会议。他还告诉我,他按照蒋廷黻的要求已为蒋写完了发言稿;但是他觉得我国提交联合国大会的控诉没有什么成功的希望。他对我国代表团缺乏内部合作也感到不愉快。他说,关于为我国控诉苏联违反中苏条约提供证明的问题,连一份"苏满商务协定"全文的抄件都没有。他指的是1949年8月苏联政府和共产党建立的所谓"东北人民民主政府"之间签订的协定。他说,中国驻莫斯科代办在协定签订时,并未呈送详尽的报告,而只是传送了塔斯社的一条片断消息。

蒋廷黻于22日自纽约来电话说,美国对我国提交联合国控诉案的态度不很有利。一位美国代表刚告诉他说,美国、澳大利亚、墨西哥、菲律宾和巴基斯坦将提出一项联合决议案以处理这一问题,但是看来决议案不打算涉及中国目前的局势,只是规定尊重中国独立和行政管理及领土完整的原则。此外,决议案给予中国人民自由选择政府制度的机会,并要求各国不要为本国的利益而乘机利用中国目前的动乱。

蒋廷黻认为,这个决议案太软弱无力。他要求美国代表不要提出,而先予以改进或加强。他的建议遭到拒绝,所以他亲自草拟另一个决议案给美国代表团看。他的决议案包括三点:第一,谴责苏联违反中苏条约的义务和联合国宪章;第二,谴责苏联利用中国的局势侵犯中国的独立、主权和领土及行政的完整;第三,敦促联合国会员国不要在道义上和物质上支持中共政权。然而美国代表团称,他们不能赞同或支持。他们对蒋廷黻说,早先美国代表团的确打算予以更有力的支持,但是中国局势从那时以来,随着广州的失守和新的临时首都重庆的告急而进一步恶化了。他们说,尽管军事形势不应成为政策的依据,但是其他代表团认为不容忽视。由于中国局势每况愈下,其他代表团的态度近来变得十分不利。

蒋廷黻问我,虽然明知失败也毅然提出他的决议案这样做是否明智,因为美国代表说,该决议案肯定会遭到否决。他指出,那个联合决议案当然会获得绝大多数的同意。我说,他可以把我们的三点作为力争的内容列入联合决议中,而不作为我们自己的正式决议案提出。但是重要的是要求美国不要立即提出联合决议案,而先让其他代表团对中国的控诉畅所欲言。因为我们的情报表明,许多拉美和中东国家十分同情中国,这样做,就尤为必要。蒋廷黻说,他非常希望我去纽约。我说,我星期六到那里去。他说,他愿意和我进一步讨论此事,辩论可能自星期五开始在政治委员会进行。

美国在联合国改变态度,使我想起以前和哥伦比亚新任大使爱德华多·苏莱塔—安赫尔的一次谈话。他曾于10月28日来作礼节性访问,并与我长谈,因为我们早在伦敦相识。他那时任联合国筹备委员会主席,曾和我一起在那里工作以使筹备任务获得成功。我愿意较为详细地引述那次会见的记录,因为他证实了我们的共同印象,也是当时世界各国首都十分普遍的印象,那就是,美国对外政策缺乏连续性,经常出乎意料地出现前后矛盾,致使我国代表团、哥伦比亚代表团和一些其他国家的代表团陷入困境,因为这些代表团的某一行动方针,是事先和美国达成谅解的。人们在阅读那次谈话全文的过程中,会留下这样的深刻印象,即在处理微妙的外交形势时,美国政策常会发生突然的甚至是反复无常的转变。那次谈话还提供了我对美国外交政策的体会的一些突出事例。

当我问他对世界总形势的看法时,苏莱塔说,形势不好,动乱总是由于美苏的不和。然后我问拉丁美洲是否有共产主义威胁。

苏莱塔回答说,目前不像中国那样严重。但是对付共产主义威胁的时机就是目前。正因如此,他一直敦促美国政府关注拉丁美洲的经济发展。拉丁美洲因贫穷而生活水平低,一直是共产党宣传鼓动的温床。然而美国国务院总是答复说他们完全被欧洲事务占住,那里的共产主义威胁更大,而且他们的财力不足以同时承担拉美各国的发展所需。他认为,美国的观点是目光短浅的。如果他们等到拉丁美洲的共产主义威胁尖锐化时,其扩散将是非常迅速的。凡是政治家都应未雨绸缪。

我说,一个国家的共产党问题如果不能及时解决,以后就更难处理。

苏莱塔说,他感到美国的外交政策很难理解。他曾向国务院拉丁美洲司司长询问美国对中国国民政府的态度的原因,但是未能获得满意的答复。

我说,在应付中国共产党的威胁方面,他们对国民政府的态度和他们的欧洲政策是互相矛盾的。

苏莱塔说:"确系如此。"这和美国对西班牙的态度相同。他认为反共各国在欧洲肯定需要西班牙的合作。和美国政府打交道的困难是,人们无法知道在一段时间里它的政策是什么。他觉得美国政府经常改变立场。他回顾了他自己在伦敦有关联合国选举第一届大会主席问题的经历。他曾向贝尔纳斯询问美国代表团对候选人问题的态度。贝尔纳斯答称,美国代表团已答应支持赖伊。苏莱塔说,既然那样,他的代表团及拉丁美洲其他各国代表团都将投票选举赖伊。但是贝尔纳斯说,他不希望赖伊当选,尽管他的代表团已答应投票选他。于是苏莱塔问他,美国代表团是否希望拉丁美洲国家另选他人。贝尔纳斯又不便那样说,因为他不愿意葛罗米柯知道赖伊的落选是由美国代表团造成的。因此他说,哥伦比亚代表团保留行动的完全自由。结果是比利时的斯帕克当选主席,尽管选举那天早晨在他(苏莱塔)极力主张无记名投票之后,葛罗米柯公开出来提名赖伊为主席。苏莱塔还说,美国代表团事先并未表示应当选斯帕克。

我说,中国代表团在国际会议上和美国代表团交往也有差不多的经历。例如,在决定联合国的永久地址设在何处问题上,当中国代表团按照美国代表团的要求支持设于旧金山之后,忽然发现美国代表团改变了立场,主张设于纽约。接着在长岛的大会上,美国代表团又要求中国代表团支持扩大调查范围的动议,以便再次包括旧金山。但是,未经事前通知中国代表团,美国代表团又突然赞成纽约。

苏莱塔说,在此问题上,他的代表团也有与此相似的经历。他还回顾了在前一年的西班牙问题上,他曾和奥斯汀参议员晤谈,极力主张修改1946年建议自西班牙撤回各国大使的决议,以便各会员国能再向西班牙派遣大使。奥斯汀参议员说,这正是美国代表团的立场。但在表决时,美国代表团却投票反对拟议的修改1946年决议的决议案。问到突然改变的原因时,奥斯汀答称,罗斯福夫人强烈反对拟议的决议案,美国代表团无法说服她改变立场,因而按此投票。

我说,美国外交政策的缺乏连续性使外国政府和外交官在重大国际问题上很难指望美国的支持。我觉得美国不仅在外交政策上缺乏连续性,而且尚未形成稳定的对外机构。

苏莱塔说,一点不错。他认为拉美国家的对外机构远较美国为好,而且是有其原因的。整个19世纪,拉美国家不仅在他们彼此之间,而且和欧洲各国处理了诸如边界及外交权利等很多重大国际问题。

他还回顾了在联合国,俄国代表,不论是莫洛托夫、维辛斯基,还是葛罗米柯,都不断利用联合国作为他们宣传的讲坛,而美国报刊却用大字标题发表他们的讲话。所以他相信,苏联把联合国作为其宣传的大讲坛,而美国舆论则受其影响。这就使得美国政府难以有效地执行其政策。苏莱塔认为任何国家的政府在开始执行新的对外政策之前,有必要先做好舆论准备。就美国来说,正是苏俄做好了美国的舆论准备,使之赞成苏俄本身的政策。美国对中国的国民政府的政策就是一例。长期以来,俄国驻联合国代表一直攻击美国是帝国主义和不民主的,而美国许多人已开始信以为真。

当我说到美国报刊看来相当幼稚,因为他们毫不迟疑地以大字标题刊登苏联代表对美国政府或美国政策的攻击时,苏莱塔说,美国报刊似乎关心耸人听闻的消息甚于关心刊登这种消息在美国国内发生的影响。

11月25日,据报道称,重庆即将撤退,并且由于李宗仁未能从香港赶回临时首都,委员长将重新出任总统。李宗仁本人电告我,他拟来美国。我国领袖之间如此分裂和重庆的即将失守,对于我国在联合国大会的控诉和地位的影响是不言而喻的。数月前,我和蒋廷黻就认为,我国国内形势对我国的控诉更是至关重要。那时我们都希望国军能固守广州一线。而重庆即将撤离和代总统即将出走的消息又正好在蒋廷黻准备在联合国大会政治委员会的辩论中,提出中国的控诉及证明材料的主要发言的当天传来。

当时我自己的感受是,我知道现在仍然如此,国内的人们只热衷于国内政局和争夺权力的政治斗争,而对我国的国际处境则思想模糊,对我国代表在国外面临和处理的那些困难问题很不了解。我经常感到纳闷,他们究竟是怎么想的,因为如果他们真正有所认识,他们一定会改变他们的立场和态度,或是会更加致力于合作。

次日,即11月26日,蒋廷黻来访,把他发言的结果以及目前英美对我国控诉的态度告诉了我。他对我说,杰塞普对他前一天向政治委员会所阐明的我国的控诉印象很深,但表示美国政府不能支持中国的决议案。蒋廷黻说,该决议案要求:第一,谴责苏联违反联合国宪章和中苏条约的义务;第二,不予中共以任何军事或经济援助;第三,不承认中共政权;第四,任何国家不得趁机谋取本国利益。(这些和他在11月22日所告实质相同,只是略有扩大,并特别指出不承认新政权。)他重复说,将由美国、墨西哥、菲律宾、澳大利亚和巴基斯坦联合提出的,经杰塞普本人起草的决议案不谈目前局势而只要求:第一,尊重中国的独立和领土完整;第二,中国人民在现在和将来有选择他们自己的政治制度的权利;第三,尊重和中国有关的现有条约;第四,任何外国不得据有势力范围或特权。(与此同时,美国似乎要在公众的心目中以旁观者的姿态出现。显然在国民政府对付共产党方面,它一点忙也不想帮。)

蒋廷黻说,英国出席联合国代表团的赫克托·麦克尼尔曾对他说,英国也不能支持中国的决议案。当蒋对他说英国的承认等于姑息时,他无言答对。我建议,如果中国的决议案没有希望获得多数票赞成,蒋廷黻可设法修改杰塞普准备提出的联合决议案。蒋说,他准备先缓和我国决议案的调子,以便得到美国的支持,如果不行,他将争取杰塞普同意修改,在一定程度上加强联合决议案。

在此期间,我受任主持即将召开的联合国粮食及农业组织会议。记得11月12日陈之迈曾来商谈此事,他已被委派参加粮农组织理事会会议。一星期后,在我把我国代表团的组成通知粮农组织后,我宴请了代表团,并讨论了其组织机构和方针。眼前的问题是确定我们对选举粮农组织理事会的新理事的态度和方针。泰国和巴基斯坦已经声明他们愿意竞选,而现在缅甸也要参加竞选,并要求我们支持,甚至要求我们提名。我建议在中国当前的困境下,最好不要在改选理事会时竞选,而让亚洲其他国家竞选那两个即将空出的席位。大家都同意我的意见。

会议过程中,邹秉文提出了一个个人问题,这个问题反映了许多中国人的担心和希望。他告诉我说,他最后决定不参加代表团,因为他为他的企业担忧。邹秉文是康奈尔大学农业系毕业生,曾任国内中央大学农学院院长。他被邀请参加我国出席粮农组织的代表团,其后便被任命。可是由于他近来已开始经商,他现在担心,如果他担任国民政府官职,就有可能危害他的企业。

他的企业在共产党统治区有分支机构。

次日，粮农组织举行了当年的首次会议。使我又惊又喜的是，会议根据提名委员会的报告，任命中国为总务委员会成员。到了星期一，即11月28日，会议进入高潮。那天有三个会。晚间的会议和下午的会议一样，是讨论粮农组织的常设地点问题。欧洲人和美洲大陆代表之间又一次出现分歧。问题是：应该设在美国还是欧洲？支持设在欧洲的人们意在罗马。两个阵营都有各种各样的策略。英国的策略受到除加拿大外的英联邦全部国家的支持。我应美国农业部长和出席这次会议的美国代表团首席代表布兰南的要求，积极支持设在美国。墨西哥也是如此。但是，最后，美洲阵营以二十八票对赞成设在欧洲罗马的三十票而失败。

失败的原因有二。第一，理事会的报告中作为其他三种选择之一提付表决的是在丹麦、瑞士、意大利、联合国，以及美国之间进行选择，而不是把联合国和美国合起来作为一种供选择的方式。第二，理事会成员之间有一个投票赞成修改章程第三十二款的君子协定，因为该款原规定地点设于联合国总部，由于这样，其本身便是有利于美国建议的，所以反对的阵营提出修改。

我参加了粮农组织总务委员会于星期三举行的会议。会议内容主要是讨论理事会选举六名新成员以代替六名期满的成员：中国、古巴、捷克斯洛伐克、荷兰、菲律宾和英国。然而，情况并不简单。例如，有轮流当选的原则，理事会主席和前一年的会议都曾为满足各小国的坚决要求而对此原则倍加称赞；还有应采取何种投票方法的问题，究竟是对每个新成员投一次票，还是对全部六个新成员投一次票。

大家议论纷纭。英国显然赞成轮流当选，它自己的席位则除外；它说，它的席位应该像美国席位那样蝉联。然而那就含有不应重选中国的意思。法国建议选举南斯拉夫以避免会议本身在选举时陷于政治困境，而秘书长补充说，如果美国所赞成的南斯拉夫当选,捷克斯洛伐克、波兰和匈牙利就有退出的可能性。我赞成投一次票选出全部六个成员,以便使中国易于再次选上。然而有些代表,特别是英国,以技术问题为理由表示反对。美国籍的秘书长多德建议对每一个被选的国家投一次票。但是我的意见占上风,直到后来英国又建议在票上标明由哪一个国家替换哪一个退职的国家。这将使中国更难再次当选。最后采纳了每一个替换或重选的国家投一张票的办法。对此我予以默认,因为既然亚洲有两个席位需要补缺,中国就会有两次重新当选的机会。

由于重庆指示我们不要为重新当选而提出我们的候选资格,我就没有迫切要求提名中国。但是因为我看到中国退出理事会可能为其他三个在联合国有否决权的国家开创先例,我就同布兰南谈了一下。他是赞成重选中国的,并且焦急地询问中国向粮农组织缴付其分摊费用的可能性。这笔欠款至 1949 年 12 月 31 日将满两年,从而按照粮农组织章程,中国将丧失在粮农组织任何会议上投票的资格,因而也为反对重选中国提供有力的论据。

中国由于欠交摊款而处境极坏,而且在联合国也是如此。事实上,我曾帮助筹集一些款项。就粮农组织来说,我已致电外交部长叶公超,力陈作一次象征性偿付的重要性,以便从技术上保护中国不被宣布取消投票资格。我还曾要求中国银行预支三万美元给粮农组织,记在我们的分摊费用账上,但遭中国银行拒绝,说只有该行总管理处才能核准(总管理处那时已在共产党控制下),而外交部长则从未答复。中国银行是国家银行,至少有四分之三的股本是国家的,但竟然拒绝预支区区三万美元以保全中国的投票权!他们只是把责任推给政府,而政府则从未答复,这就特别令人烦恼。因为我的希望是,如果中国再次当选,就可能加强它的国际地位,并且可能更长地延缓承认共产党政权的问题,尤其是因为美国、澳大利亚和古巴都已经提名中国重新当选。

两日后的傍晚,我因有重要约会离纽约赴华盛顿。到达后,即获悉在选举粮农组织理事会的六位成员时,中国仅得七票,因而巴基斯坦当选以取代中国。南斯拉夫也当选以取代捷克斯洛伐克。实际上，除英国再度当选外，其他五位期满退职的成员全部被替换。我还得悉，巴基斯坦代表曾努力要求各成员国汇报分摊费用情况，这显然是企图把中国和古巴的欠款摆出来，以使其难堪。但他的要求未获成功。我愿顺便提一下，巴基斯坦是亚洲匆匆承认中共政权的国家之一。

如果我们注意一下国际舞台的幕后，各国不论大小，其策略和活动并非总是那么仁义道德的。在社交或公共集会上，许多男人穿着军服或礼服，许多女士穿着华丽的服装，戴着珠宝，呈现出一派庄严、高雅和彬彬有礼的神态。然而在实际外交中，并非总是如此。有些国家，有些外交官，为了达到目的，会不择手段。虽然自从马基雅弗利时代以来，世界越来越好。虽然在品行标准和遵守某些原则方面大有进步，但是仍有一些做法，如果公诸于世，会使许多人大为震惊。

最后，12月6日，粮农组织举行了最后一次全体会议，即闭幕会。澳大利亚的布鲁斯勋爵再次当选为理事会主席。我在日记中写道：他显然是愉快地予以接受，尽管有人告诉我说，财务委员会降低了他的薪金和每日津贴。然而他确曾表示会议应该及早考虑他的继任人。

现在回过头来谈联合国大会。美国代表团和澳大利亚、墨西哥等国代表团一起，于11月28日提出了联合决议草案。该草案并未像蒋廷黻希望的那样予以加强。和以前一样，它不提"承认"这个争论点，而这一点是蒋廷黻的四点草案中之一点；他于11月26日曾向政治委员会说明这是"最重要的"一点。然而承认问题也是许多国家感到他所提出的决议草案中令人为难的一点。随着中国局势的不断恶化，他们愿意保持行动自由。12月1日，作为摆脱这种局面的一种方式，蒋廷黻机智地要求把决议案的表决推迟至12月5日。那天，古巴、厄瓜多尔和秘鲁提出一项折衷动议，把中国对苏联的控诉提交大会的临时委员会作进一步研究。

我与蒋廷黻于 12 月 7 日在拉瓜迪亚等待李宗仁的专机到达时,讨论了这个问题。蒋廷黻也来欢迎李宗仁一行。他对于联合国大会表决将中国的控诉提交临时委员会继续研究审查的三国动议感到更加放心。他说,杰塞普终于同意一旦蒋廷黻接受美国代表团所提出的一处更动,他就不反对这个动议而投赞成票。这次更动是,指示临时委员会按照五国联合决议案所采用的原则研究和审查中国的控诉案,并且还要考虑今后的违反条约行为。这是鉴于美国代表团反对三国原来的动议而作出的折衷建议。蒋廷黻告诉我说,作为交换条件,他同意不再发言反对联合决议案。下面是我的日记:

> 这是摆脱极坏局面的最好方式。尤其是表决时间和我国最坏的事态发展情况在时间上恰好相合,那就是军事上的重庆失守(11 月 30 日)和成都的即将撤退;政治上的李代总统抵美和阎锡山将军公开承认委员长和李宗仁之间意见分歧的扩大。(所有这些事件我将在下一节内叙述。)蒋廷黻虽已深感事态逆转,但仍勇气十足地设法在联合国内把这场斗争搞好。

次日,政治委员会通过了经乌拉圭提出修正案而予以加强的三国建议,同时也以绝大多数通过了五国决议案。

12 月 12 日,中国驻联合国代表团的几位成员前来华盛顿,并对我进行了礼节性拜访。在回答我询问中国向联合国控诉苏联案及其结果时,沈先生说,糟透了。除南美少数几个小国外,几乎没有代表团发言支持我们。尤为突出和令人失望的是亚洲各国代表团的保持沉默,除黎巴嫩和伊朗外,所有亚洲其他国家都对中国的控诉不发言,或在表决时弃权。他还说,没有一位中国大使或公使赞成政府向联合国控诉苏联的决定。甚至外交部起初也不想提出。

如前所述,我认为这一举动主要出自政治方面的考虑,起源于中苏条约不仅在一般民众中而且甚至在国民党党员中,都非常不得人心。随后是共产党在苏俄支持下的叛乱所取得的迅速成功十分惊人,并以大陆实际失守的局面告终。我猜想,政府为了转移视线,并使之集中于莫斯科,决定向联合国提出苏联违反条约案。但是,考虑到当时的全部国际因素和中国在整个世界的处境,至少可以说这个决定是不合时宜的。

12月19日,我国代表团的程天放来访,他是前驻德大使,国民党的积极分子,并且是宣传部长。他强调中国向联合国控诉的失败系由于提出和讨论的延误。他说,当该案最后付诸表决时,随着广州的失守、重庆的撤退和成都的即将放弃,以及云南和新疆两省的叛变,我国局势恶化到了极点。我国外交部政务次长董霖刚从欧洲抵美。他也于同日来访。他告诉我,他也曾反对向联合国提出对苏联的控诉。他说,事实上他知道我对这一拟议行动是否可取的疑虑而且同意我的看法。

12月23日,我请程天放向大使馆人员就以下两点发表讲话:第一,向联合国提交和讨论对苏联的控诉案;第二,中国崩溃的原因。在讲第一点时,程天放再次将该案的不能令人满意的结果归咎于提出时间的延误。他认为应该在二三年前提出。他还认为以下三点是使我们的提案处于不利情况的原因:第一,在政治委员会的议程中,未能确保在讨论苏联和平建议前讨论我国的控诉(他指出,在决定先后程序方面,我们仅以同样数目票失利。);第二,提案缺乏充分的准备,资料是在最后一分钟才由外交部的特派密使匆忙地送到美国的;第三,美国的不同情态度,尤其是在苏联违反条约和联合国宪章问题上未能履行其支持的保证或诺言。

12月21日,由于董霖拟进行一次礼节性访问,他和我一起拜访了副国务卿韦布。在我介绍了董霖继而他们之间相互寒暄之后,我提出愿借此机会询问一下毛泽东目前访问莫斯科的情况。接着我比较详尽地论述了我所了解的访问情况和我认为可能出现的结果。关于访问结果,它涉及到英国政府对中共政权的即将承认问题。我询问韦布是否了解伦敦的最近态度。

韦布答称,他认为英国的承认为期不远了。

我说,我获悉将在年终或 1950 年 1 月初。但是我又说,英国采取这一步骤会铸成大错。相信将来有一天英国民族会为此后悔,正如他们为张伯伦签署慕尼黑协定而后悔一样。英国关心对华贸易、在华投资以及香港的安全,这是可以理解的,然而尽管利害关系重大,他们也没有理由破坏反对侵略成性的共产主义的民主联合阵线。这种做法是眼光短浅和极为令人遗憾的。它不仅有损于中国,而且有损于自由事业。

接着,我说英国与美国合作在马歇尔计划和军事援助条约的数十亿美元援助下,在欧洲建立了一个反对共产主义扩张的堡垒。但是十分奇怪的是,与此同时,英国竟然在亚洲为共产主义影响和势力的闯入敞开大门。自由事业如在亚洲断送,则在欧洲也不能持久,这应该是不言自明的。我个人认为,英国如此自相矛盾的政策是难以理解的。我希望美国政府不仅是为了中国的利益,而且为了一切爱好自由国家的利益,尽力劝阻伦敦执行承认中共政权的愚蠢政策。如果伦敦承认了中共政权,这将形成民主国家联合阵线的一个缺口,而为克里姆林宫的利益效劳。因为苏联一直想要分裂这些国家,以便更易于控制他们。

韦布说,他听说不仅伦敦,而且亚洲有些英联邦国家也将承认中共政权,就像缅甸已经承认那样。(缅甸于 12 月 17 日共军进入云南时,承认了中共政权。云南与缅甸接壤。)他说,他同意我的见解,并说,美国一向主张联合阵线,而不愿意看到任何孤立行动。然而美国政府和苏联政府不一样,它不愿意对其他政府施加压力迫使其采取协调一致的步骤。美国本身一直致力于避免我刚才谈到的那种政策上的矛盾。

12 月 29 日,我宴请了于斌大主教。他对我谈了他最近拉美二十国之行所得到的颇为清楚的印象。他说,总的看来,这些国家对我们的事业都是友好和同情的,其中智利、秘鲁和古巴尤为如此。可是他没有和危地马拉政府或人民见面,他们是左倾的,是共产主义者。但是,所有其他国家在国际问题上都是唯美国的马首是瞻,并且没有美国的支持就无能为力。在阿根廷,庇隆曾对他说,他不能积极地支持中国。尽管如此,作为最后一着,即使美国承认了中共政权,他也不会承认。(我想这是因为当时的庇隆政府正在竭力争取阿根廷工人的友好和支持。如果积极支持国民政府,可能危害工人对阿根廷政府的同情。)

30日凌晨,华盛顿WINX电台报道称,印度已承认中共政权而且没有提及国民政府。我记载如下:

> 尽管并非出乎意料,然而这是非常不愉快的消息。我觉得印度这是以怨报德。中国,尤其是委员长,毕竟在第二次世界大战期间支援了印度的独立事业,甚至几乎以牺牲中英友谊为代价和不惜招致当时的战时首相邱吉尔的怨恨。这表明尼赫鲁的处世和思想完全是西方式的,甚至完全是英国的——基于权术而非基于原则;他不是坚定地依照亚洲的传统,在任何重大问题上以道德至上为原则。

后来自动收报机传来了国民政府通过叶公超宣布与印度断绝外交关系的通告。但是通告声称,政府对印度人民仍怀有最友好的感情。

12月31日,即1949年的最后一天,汉密尔顿·赖特夫人来访,并问她能为中国的事业做些什么。她刚从土耳其回来。在土耳其,她参加了一个限制鸦片的会议。会议的目的是为每个生产鸦片的国家规定一个限额。她不喜欢印度。印度虽属生产鸦片不多的国家,但其代表团却要求在鸦片生产限额中占较大比重。

她回顾了几年前在日内瓦和夏斯特里的谈话。夏斯特里是国际联盟的印度代表;我在鸦片委员会工作时,他是委员。他曾发表反对我在赖特夫人合作下提出的把鸦片生产限于药用的建议。该建议曾使英国惊恐,因为鸦片仍然是当时在英国统治下的印度政府岁入的一大来源。为此，夏斯特里建议将"药用"改为"合法用途"，这样就允许印度政府继续对吸鸦片者出售生鸦片。赖特夫人称，日内瓦会议后，她在伦敦遇到夏斯特里时，他在生病。他说，他患心脏病；但是她对他说，真正折磨他的不是他的心脏，而是他的良心。他于是承认他反对我的建议并非出于自愿，而是执行英国的命令。他说，印度人民为他反对中国限制鸦片生产的建议而攻击他。

这年在伦敦，她发现"明智的人""都反对现政府"，并发现英政府很快即将承认中共政权。她愿意帮助阻止承认。我建议她去见一些参议员和众议员。在这些人中，她认识许多重要人物。于是就在次日，她打电话来说，她已见到富布赖特参议员和范登堡夫人，即在病中的共和党参议员领袖的妻子。她要求他们反对英国承认中共政权。她对他们说，这是因为这个问题的涉及面比援华问题为广。

12 月 31 日，我自己见到了参议员诺兰。虽然承认问题并非我往访的主要目的，但是我提出了这个问题。我说，这是一个非常紧迫的问题。我不理解，英国虽说在香港和中国有些商业和投资，它为什么要牺牲重要原则而承认共产党政权。我担心这样做法会产生使世界各自由民族士气低落的效果。

诺兰说，那些支持承认的人声称，承认并不含有赞成的意思，但是从他的观点看，承认就含有赞成的意思。如果美国承认中共政权，那就意味着非共产党国家的自由事业与美国无关，而且中国的共产党政府可以为所欲为地统治中国人民。这会进一步湮灭那些在共产党统治下仍然期望着重获自由的人民的希望。

我说，他如此清楚地分析了承认问题所牵涉的根本问题，确是一针见血。我个人认为这里涉及道德问题以及法律和政治问题。首先，西方各民主国家，尤其是美国和英国，不应该抛弃自由事业。再者，撤销对国民政府的承认，将意味着在它和共产党统治的斗争中，连道义上的支持也不给了。我说，我看不出英国提出承认中共的明智之处。除使中国人民和其他爱好自由的民族士气低落而外,英国的承认最终会冲击其本身的利益,因为如果它为共产主义在亚洲的推进敞开大门,它就无论如何不能期望欧洲反对共产主义的共同斗争最终会强盛起来。

诺兰说,他深感承认中共政权是愚蠢的,并且在我到他办公室前几分钟曾向报界发表了一个声明。他说,必须告诉英国政府,如果它承认中共政权,它就不能指望美国国会一致通过给予更多的援助。他认为再给援助是毫无意义的。

我对诺兰为中国自由事业所作的巨大努力表示赞赏。我说,我已经从报纸上注意到他在西海岸针对许多相反的意见所发表的一些讲话,例如在世界事务理事会会议上的讲话。

诺兰说,那只是他在十六处讲话中的一处,该处似为美国教育界中的左派知识分子所控制。在那里,大多数发言人都赞成承认中共政权,但在其他十五处,发言人和听众都表示非常同情,并完全反对美国政府承认中共政权。

我向他询问预计参议院何时进行包括中国问题在内的对外政策辩论。

诺兰答称,辩论将在国会复会后不久进行;时间紧迫,必须加紧工作。(他是非常注重实际的。)

三日后,我收到报告称,英国已通知美国政府,它拟于1月7日或最迟于1月9日承认中共政权。1月6日,星期五,我动身去纽约赴几个约会。当我到达时,获悉英国外交部代理外交大臣麦克尼尔已召见我国驻英大使郑天锡。他将英国政府承认中共政权以及断绝与国民政府的关系的决定通知了郑天锡。星期六,伦敦宣布已向中共外交部长周恩来发出承认书。郑天锡大使对此行动的声明于当日中午在伦敦发表。这个声明写得很好,有力而庄严。大使说,这个行动是"来自中国的朋友和以前的同盟者的沉重打击"。他称之为"活埋国民政府"的行为。

在亚洲国家中,锡兰也于6日承认了中共政权,巴基斯坦则于两日前承认。接着是阿富汗和以色列。在欧洲,挪威、丹麦、芬兰、瑞典和瑞士迅速相继承认。许多国家对中共政权的迅速承认使我处于极不寻常而且肯定是尴尬的地位。我过去和这些国家在华盛顿的代表经常见面,而且一向很友好。我愿意引用我1月23日的日记,以说明我在这种情景下的感受。那天我去参加卢森堡公使加莱夫妇为庆祝卢森堡女大公诞辰举行的招待会。回来后,我写道:

> 我觉得在向外交使团人员致意时,现在不得不小心一点了。这么多国家已经承认中共政权,在社交或公共集会上不论我问候他们的大使还是他们向我致意都是不恰当的。这不是个人问题,而是涉及到个人所代表的国家;这在外交界是关系最大的。即使是小小的卢森堡,也因它的稳定和它的良好的行政管理而受到重视。

三日后,在澳大利亚大使馆为庆祝澳大利亚国庆举行的午宴上,挪威大使走过来和我握手。我和他握了手,但无话可说。在他那方面,他不禁为其政府承认了北京共产党政权而感到局促不安。仅仅一个月以前,他热情地倾听了我关于还能如何援助中国的意见,并询问他可否将我的话向其政府汇报。丹麦大使考夫曼由于丹麦也刚承认了中共政权,根本没过来打招呼,尽管我们私人之间的友谊已达三十年。前一天,巴基斯坦代办来函通知其政府已承认北平政权,同时感谢我过去对巴基斯坦大使馆的帮助。我记载道:"奇妙的来函,但是我无法书面告知信已收到。"

当然,最后一切都这样办了。那些确实对其政府的态度感到不满的人继续对我友好,特别是那位前来和我握手的挪威大使。他甚至邀请我参加他招待其他某位大使的宴会,并称他愿意保持和我的友谊,我们应该继续交往,这特别是因为他为他的政府的行动感到遗憾,他完全不同意那个行动。还有其他一些人,他们的政府已经承认了北平政权,但他们没有把他们的看法告诉我,只是回避我。随着时间的推移，不管怎么说，在一段时期内，越来越多的同行显得这样为难，而我认为这不是没有理由的。每当我到达一个社交场合，他们只得把头扭过去，好像没有看见我，因为他们的政府已和国民党中国断绝关系；我也不再和他们接近。

正如第一次世界大战期间那样，这是最好的办法。那时几乎所有的驻华外交使团都住在北京的所谓使馆区。那是一个由于安全原因而特别圈起来的地区。因此，虽然他们的国家正在欧洲交战，但协约国和同盟国的代表们常常在那里的唯一大街上相遇。此外，北京的外交使团特别小，许多问题都关系到共同利益，所以他们习惯于开会交换意见，而且往往继之以联合向中国政府交涉。由于这种情况，我向他们提出了同样的问题："你们相遇时怎样办？"他们中间有好几个人说，当他们见到敌国代表从对面走过来时，为了避免难堪，就迅速走向大街另一侧的便道，并向别处看。1950年，我和那些驻华盛顿的外交界同行相遇时，由于他们的政府已和国民党中国断绝了关系，我们也就常常这样做。

那些驻在已承认大陆上共产党新政权的各国的中国同僚又怎样呢？在以后的几个月里，他们许多人由于这样或那样的原因来到美国，并在大使馆稍作停留以交换意见。因此，我能直接听到他们叙述一些有趣的经历。我已经提到了我国驻华沙代办葆毅2月7日来访时所作的评论。一个月后，来自捷克斯洛伐克的梁龙大使也来访谈。他对我说，苏联在捷克斯洛伐克的秘密警察组织国家政治保卫局，曾一再并终于迫使他撤出中国大使馆大楼，因为他们在隔壁房子里工作，不愿人们听到他们拷问受害者。梁龙说，尽管捷克外交部一再向他保证，他可以在大楼里留下并看守大使馆，但政治保卫局坚决要求他迁入另一所房子。但是最后由于捷克迅速承认北平政权，即仅在莫斯科承认后的次日，"整个问题就解决了"。

前驻牙买加领事邵挺先生在前往台湾途中于3月20日来访。他对我说，当他把伦敦承认中共政权的消息告诉牙买加专员时,这位专员感到惊奇,并称他本人是反共的。他向邵挺保证,虽然他将不再行使中国领事职权,但是如果他愿意以个人身份留在牙买加,他将受到欢迎。他还许诺给予一切礼遇及便利。这位专员还保证对他的工作人员予以同等待遇,甚至答应帮助他们就业。

在1950年3月20日的日记中,我写下了有关前中国驻瑞士伯尔尼公使吴南如来访的有趣记录。他叙述了瑞士政府承认中共政权以及他结束中国公使馆和撤离的经过。他告诉我,瑞士外交部长于1949年6月曾对他说,瑞士不忙于承认中共政权,而且也许是第三十个承认的国家,因为联合国有59个会员国,而瑞士将在半数以上的国家承认以后才承认。这位外交部长称,瑞士在华利益不多。

然而到了12月,当英国即将承认时,这位外交部长召见了他,并通知他说,瑞士国内对中国感兴趣的商人正在催促政府承认。在国外,这位外交部长获悉挪威、丹麦和瑞典将予承认,同时尼赫鲁曾于9月告诉他说,印度将首先承认,其他英联邦国家也将相继承认。这位外长对吴说,瑞士也不得不行动了。

据吴南如说,瑞士承认中共政权的真正原因是:第一,一些瑞士商人对政府的压力;第二,英国的压力;第三,吸取在承认苏联问题上的教训,由于当初的拒绝承认,导致了和莫斯科建立关系延误二十三年,使瑞士损失了许多做买卖的机会,并在国际上经历了许多困难;第四,在尼赫鲁指出中共政权的必然胜利和国民党的不可救药之后,印度带头承认。我认为吴南如的叙述是非常清楚而有趣的。

吴南如接着又对我说,正如瑞士外交部长所许诺的那样,他受到了一切礼遇。他曾要求在调离或获准继续停留之前,继续享有和台湾通讯联络以及他和他的工作人员居留的外交特权。这些要求都获得瑞士方面的欣然同意。他又说,后来瑞士副外长告诉他,过了四个星期,北平政权对瑞士建立外交关系的建议连一封收到的复函都没有来,他们就不知以后会怎样了。吴南如说,英国对郑天锡大使及大使馆工作人员尚属有礼,但对我国其他官方代表却颇严厉。陈通伯(陈源)在巴黎参加联合国教育科学及文化组织会议后,最近曾被英国拒绝入境,后来经过许多周折方得进入。

次日,我请夏太太共进午餐。她是数月前死于任所的我国驻斯德哥尔摩代办的夫人。那位代办是民国初年我在北京外交部时的同事和知心朋友夏诒霆先生之子。当时夏诒霆在外交部任秘书,并且是第一任外交总长的心腹。为此,夏太太来华盛顿短期逗留期间,我很乐意欢迎和款待她;她非常精明能干。

她也向我叙述了瑞典在挪威和丹麦承认北平共产党政权后仅两天,即 1 月 17 日,也承认了中共政权的情况。她告诉我说,虽然瑞典和中国没有多少贸易并且强烈反共,但它担心延迟承认北平会招致苏联不满。(我想,其他两个斯堪的纳维亚国家都已承认之后,尤为如此。)她对我说,瑞典外交部一向对中国十分同情,并对我国驻斯德哥尔摩的使团成员都很友好。她还说,瑞典男人都被惯坏了,他们对瑞典妇女不献殷勤,而妇女则迎合他们。

我还想提一下一位来自英国的程绂远先生。他是在几个月后,即 1950 年 5 月 16 日,来到大使馆的。他对我叙述了英国承认中共政权前,他在驻伦敦大使馆最后那些日子里的生活情况。他说,郑天锡大使曾设法会见艾德礼首相,但是被告知说,如系公事,他应到外交部会见国务大臣麦克尼尔,因而郑天锡于上午九点半拜会了麦克尼尔,并得知英国政府的决定。他们原准备于次日将此项决定通知他。他们向郑天锡保证说,他和大使馆人员如果愿意,可以留在英国,而且如果需要维持生活的话,他们可以获准求职,只是需要每个月向警察当局报告一次他们的居住地点。但这项要求,郑天锡可以豁免。

接着,6 月 13 日,我国前驻马来亚总领事伍伯胜来访。他把英国在某些殖民地中的不同行径告诉了我。他叙述了外交部指示撤退后,他结束领事馆事务的情况。他说,当发现外交部有关出售领事馆家具的指示无法执行之后,他说服了驻马来亚其他港口的我国各领事联名向外交部请求更改指示。外交部后来批准了这个建议,他就按照香港的先例办理,即由于英国地方当局及中国的同业公会都拒绝保管家具和档案,中国的领事馆代表就把家具和档案存在汇丰银行保管。另一方面,新加坡英国当局则比较殷勤礼貌。他们允许领事馆人员愿留者留下,并答应给予帮助,甚至代谋职业。我认为这是更为典型的英国做法,因为英国人经验丰富且有远见。

第二节　政府自广州撤至台湾

1949 年 10 月 1 日—12 月 8 日

1949 年 10 月 1 日,星期六,我往访陈纳德将军。他住在华盛顿饭店,即将赴华。这位将军说,他将悄悄地离开,不愿惹人注目,但是,他将接受我的劝告于来年国会复会时返回。除马歇尔和艾奇逊拒绝约见外(胡适也曾遇到这种情况),他见到了美国国会和政府的所有重要人物。他认为马歇尔仍然是中国问题的最关键人物。我感谢他为中国的事业所做的工作,并且说,中国事业是美国以及其他爱好自由国家的共同事业的组成部分。

我在日记中写道:

> 他觉得美苏战争不出两年就会到来,因为他看不出紧张和冷战怎么能持续下去而不爆发战争。

这也是台湾最高当局所持的意见。我曾谈到外交部长王世杰于 1948 年秋从巴黎的联合国大会回国后向委员长汇报称,他肯定巴黎的一般意见认为战争即将爆发。陈纳德和其他人想必也把他们的看法告诉了委员长。遗憾的是,委员长想必已完全置信,因为在他自己的引退及他在台湾为卷土重来所做的各种准备行动,显然都是以相信战争即将爆发,以及中国将再次起到重要作用为依据的。

银元币制改革开始后,广州政府的开支是靠委员长引退前由大陆运到台湾的储备中拨出有限的金额维持的。这在以后就中断了。委员长觉得,他必须保存这些储备,把台湾政府维持到第三次世界大战爆发,以便返回大陆。

自从 1949 年夏季以来,我听到了许多证实这种论断的报道;这使我确信在我国一般人中,有许多人认为第三次世界大战不久必将来临。例如,1949 年 6 月,我收到了一位刚从中国来的朋友的一篇个人报道。他描绘了广州士气低落的景象。他说,在广州,没有一个人愿意工作或战斗,而是期待美国的援助,或第三次世界大战,或出现奇迹。7 月份,一则新闻报道称,委员长曾接见美国记者。接见时,委员长要求美国恢复对华的积极政策,否则就要面临第三次世界大战。9 月 1 日,我在宴请五位中国官员时,提出了美苏战争的可能性问题,问他们每个人的想法。一场活跃的讨论随之而来。五位客人中只有一位和我的意见相合,即认为战争极不可能。数周后,刚从任所回来的美国驻广州公使衔参赞克拉克说,委员长的意思是在台湾保存够用两年的储备金和军需品。他说,委员长相信,届时第三次世界大战必已爆发。

美国国务院似乎十分了解台湾的此种情绪,并为此而大为恼火。8 月 25 日王守竞博士自科克伦处获得消息称,国务院认为,委员长在指望着美苏之间的战争,并指望在发生这种情况时,再次被请求合作。科克伦系律师,和首都上层人物有许多联系。但是,他断定,国务院是不愿和委员长打交道的。国务院的官员也曾不止一次向我本人询问,为何我们不能利用或更多地利用台湾的黄金储备。

10 月 10 日,为庆祝中华民国国庆,委员长发表了文告,公开指责苏联支持中共叛乱实际是发动第三次世界大战,中共叛乱是苏联发起和支持的侵略。他说,北平共产党政权是又一个像满洲国那样的傀儡。但是,支援戡乱就可防止第三次世界大战。

至于我个人的看法,我倒是同意印度尼赫鲁总理于 10 月 14 日和我谈话中所说的一些话。那次在谈话将近结束时,我对他说,我还想提出一个问题。我很想知道他对世界总形势的看法,而且我想知道他在前往伦敦途中曾否在中东逗留。对于我提出的后一个问题,他答称,他曾路经开罗,但未久停。至于世界形势问题,他说,这是一个大的问题。他认为在今后的五六年内不会发生战争。一则还没有一个国家做好战争准备,再则未来的战争将是具有极大毁灭性的可怕事情。所以他认为,没有任何国家愿意诉诸战争。

这样,尼赫鲁表明了他是洞察世界形势的。首先,任何国家在现状下,除非他肯定能在短时间内打赢战争,决不会故意诉诸战争。其次,经过第二次世界大战,各大国都充分体会到进行一次世界大战的残酷、灾难和艰苦。因此,除非迫于无法克服的形势,任何政治家都不会诉诸战争。然而看来很明显的是,这种看法台湾并不理解。不仅委员长相信战争在短期内即将来临,而且他的许多经常接触世界大事的下属官员也相信战争即将发生。这就导致了采取最终有损于中国事业的政策。

我一有机会,就设法说服那些领袖们不要相信战争即将到来,以及不要希望一旦发生战争,我国问题就会得到使我们满意的解决,就像我国问题由于第二次世界大战的爆发而得到解决那样。这种信念的本质,实际上是一种如意算盘。但是应该指出,委员长及其同僚的信念确实得到很多支持。甚至有些知名的美国人也认为战争即将到来,或者认为早打比迟打对美国有利,后一种看法在 1949 年 9 月以后尤为如此。他们的理由是,苏俄既然在 9 月末爆炸了它的第一颗原子弹,这就意味着美国垄断核武器的优势连同其对世界均势的影响终将消失。

10 月 6 日晚,我参加了一位社会名流为联邦最高法院新任法官汤姆·克拉克举行的宴会。在宴会上,我和埃克尔斯先生闲谈。他以前是罗斯福总统私人的亲密合作者之一,也是联邦储备银行董事会主席。他主张打一场先发制人的战争。他说,不然的话,美国经济就会呆滞,并且随着它的崩溃,整个自由世界都会崩溃。他说,美国实力现仍超过苏联,但是再过两年,苏联秘密储存的原子弹将足以阻止美国使用原子弹。在此期间,苏俄将继续通过宣传、政治渗透和煽动内战进行扩张。

当时在场的法国大使馆参赞同意我的看法,即由于苏联成功地制造了原子弹,西欧深感不安,而且通过使用原子弹的威胁,苏联能恐吓或胁迫西欧使之屈服或中立。他接着说,然后当苏联感到自己足够强大时,它会直接袭击美国。(幸而迄今莫斯科尚未真正感到它本身已准备充分得足以和美国战斗。)

人们认为苏联爆炸原子弹的消息使美国国会不费力地通过了军事援助法案。尽管在其中列入了援华修正案,然而它对美国政府的援华政策仍无明显影响。10月3日,星期一,我在双橡园邀请保罗·格里菲思和路易斯·伦弗罗共进午餐,同时还邀请了奥凯里赫上校、谭绍华和王守竞。格里菲思和伦弗罗都刚被任命为国防部部长助理。当然,格里菲思曾任国防部副部长,而且是国防部长约翰逊的多年好友,而伦弗罗则曾任杜鲁门总统副助理四年。格里菲思说,他对于援华问题和美国对华政策问题谈不出什么,因为后者主要由国务院和总统决定。然而他可以肯定地告诉我,约翰逊是中国的朋友,并愿尽一切力量帮助中国;在他来我这里之前,约翰逊曾和他谈话。

当我谈到,我认为最近通过的援华修正案,既然属于军事援助,想必由五角大楼办理时,伦弗罗说,不是这样。按照该法的规定,此事将由总统办理,尽管总统自然要征求约翰逊的意见,也要征求艾奇逊的意见。格里菲思和伦弗罗都给了我这样的印象,即使用七千五百万美元特别资金的一部分供我国整个地区购买白银以支付军饷的想法,尚在考虑中。

当伦弗罗暗示，美国希望通过其自己的代表掌握这笔款项时，我说，我国政府根本无意掌握这笔款项。但是，我指出，越过政府而直接和作战部队打交道是不明智的。我告诉他，我国政府的唯一愿望是协助做到对每一元钱都予以有效的使用，而且为达到这个目的，我国政府可提供非常有益的建议和合作。伦弗罗随即解释说，此款不移交中国政府掌握，可使政府免于为难和遭到猜疑，因为美国人听到了许多中国将领贪污腐化及士兵个人从美国援助中得不到任何好处的传说。但是美国肯定欢迎中国政府提供的资料和建议，而且美国无论如何是愿意和中国政府商量的。奥凯里赫半开玩笑地说，他愿意作为美国代表向中国部队分发白银。虽然我对这个意见表示赞同，但看来不大为那两位官员所欢迎。

次日，我的武官皮宗敢将军来询问七千五百万美元援助款的使用问题，我告以美国希望自行掌握。然而皮告诉我说，美国陆军参谋长不准备为此项军事援助款项的使用问题去中国。显然皮宗敢有这样的想法，即这个最后消息表示美国可能不想掌握此款。然而他的印象是不正确的。

我向他询问蒋夫人拜访马歇尔的情况，因为他常去向她汇报事情。他说，蒋夫人没有对他谈多少，但是他曾对蒋夫人说，她认为马歇尔对委员长及中国的友好感情有所增加的印象是不可靠的；马歇尔说他不赞成发表白皮书，也不是实话。我想皮宗敢是从美国陆军总部获得这一内部消息的，他的工作使他常去那里。我理解这是说美国陆军人士不相信马歇尔已经变得更加友好，甚至打算推迟白皮书的发表。

意见不同的原因在我看来是清楚的。马歇尔在公私之间界线分明。所以他的对华政策和态度不影响他保持对蒋夫人的友谊。另一方面，中国人却做不到这样界线分明。这就是为什么包括蒋夫人在内的中国人把她的访美，特别是她下榻马歇尔家，理解为美国允予援助，以及美国政策向有利于中国方面转变的迹象。但是他们的期望是没有根据的。

一个民族往往很难理解另一个民族的姿态。例如，后来杜鲁门总统款待李宗仁将军的午宴，在白宫和国务院看来是一种日常的交际活动，而台湾和李宗仁本人却极为重视。虽然我极力解释情况并非如此，但是仅凭委员长的拥护者们为询问午宴情况打来的电报和电话的次数及甘介侯博士的扬扬得意，就表明他们不相信我的解释。

10 月 5 日，李大为上校来报告说，他受命提出一个使用七千五百万美元对华军事援助的方案，并且他已表示，此款应全部用于购买轻武器。我提请他注意，我们已经把使用此款的计划正式送交国务院，并已将抄件非正式地送交国防部；那个计划包括把部分拟议中的援款用于购买白银以支付在前线战斗的士兵。我指出经济和财政方面即使不比军事方面更为重要，也是同等重要的，确实没有必要再递送一个方案。因为我知道，白宫将通过一位专门的行政官员，如经济合作署长来掌握此款，而且这笔款项无论如何不会全部用于中国，因为该法规定，此款须用于整个中国地带。然而我们一致认为严格地说，我们 8 月份递交的那个计划实际上不是一个计划，它只是三个军种在今后六个月内需求的估计，并无具体的使用方案。事实上，这一直是美国军事专家对我们过去提出的军援计划的主要指责之一。

次日，即 10 月 6 日，宋子文来访，他为会见最高法院法官弗兰克福特而来华盛顿，并愿把会见的目的告我。（宋子文曾在哈佛大学就读，当时弗兰克福特在该校教法律。后来宋子文任外长驻华盛顿时，他一定已和弗兰克福特熟悉。弗兰克福特那时已任法官，为罗斯福总统所器重，并时而充当罗斯福的顾问。）我建议宋子文就中国应如何重新获得美国政府的友谊和信任征求弗兰克福特法官的意见，他表示同意。随后，他说，蒋廷黻在纽约曾将一份拟议中的自由党的党章草案给英国驻联合国大使贾德幹和美国代表杰塞普看。杰塞普还是国务院制订对华政策小组的负责人。他们二人对这个想法都颇感兴趣，并索取抄件以便研究。

这个建立自由党的想法是一个独立的设想。它和当年早些时候曾在纽约和华盛顿讨论的一个新的由开明人士组阁的设想有关，但又截然不同。蒋廷黻和胡适组成这样一个党以作为反对党的计划，发生在由开明人士组阁的建议之前。实际上，我认为蒋廷黻的想法早在他参加政府以及参加和《独立评论》有联系的小组初期就有了。胡适像许多无党派的政治思想家一样，是一个两党制的坚定信仰者。那就是说，他认为不论哪个政党执政，都应该有一个合法的反对党。蒋廷黻可能先想出这个主意，并获得了胡适的赞同，于是他们之间进行了探讨，然后取得了其他人的支持。

如果我记得不错，蒋廷黻第一次向我提出这个问题是在我抵美不久。1947 年末或 1948 年初，当时政府还管理着全中国，他在和我谈话中要我参加。我大体赞同这个设想。一度我们甚至讨论了这个党的纲领和章程，我想他在讨论之后写了草案。但是后来中国形势恶化，政治面临着整个东北将丧失给共产党的局面，所以我们没有急于组织。随着注意力转向别处，这方面的兴趣也就衰退了。但是当中国局势更加恶化，许多中国人有必要考虑应付对政府腐化无能的指责，特别是应付来自美国和美国政府的批评时，我们之中有某些人断定，唯一有效办法是由廉洁奉公著称并为美国人所熟悉的人组成政府。通过这种方法，我们认为可以一劳永逸地解决对政府官员的批评浪潮和反复攻击。

这种想法恰好和组织自由党的想法的再度出现同时产生，而这两种想法或许均为中国国内的一系列事件和美国对这些事件的不利反应所推动。因此，在致电委员长和代总统李宗仁建议成立一个开明政府甚至提到一些人名时，许多电报的署名者不仅有胡适、蒋廷黻和我本人，而且甚至有宋子文。宋子文是衷心赞同这个意见的。这表明开明政府的想法和组织自由党的原来想法在某种程度上是两回事。我想，在成立一个党的问题上，蒋廷黻并未和宋子文多作商议,宋子文也从未表示他希望成为这个党的成员;但是在必须敦促政府组成一个开明人士内阁的问题上,他却被我并通过我被胡适和蒋廷黻所说服;而开明内阁又或多或少地符合于组织一个自由党的想法。

1949 年 6 月 16 日,当胡适被任命为外长后不久,我和他谈了一次。我们讨论了他的任职和有关开明内阁的想法。记得那时他虽然不愿意接受这一任命,但他打算回国领导一个开明人士的内阁。在我们的讨论行将结束时,他对我说,他准备在 9 月份回国,可能要组织一个自由党,他觉得没有这样一个党,想要通过改革扭转乾坤,是不能有所作为的。

之后,于 9 月 14 日,我在日记中记下了我致函蒋廷黻接受他邀请我为拟议中的自由党的发起人,并赞同草拟的党章,还提了几点建议。我建议增加收取党费作为收入的规定,这比依靠有势力的政治团体或政党的津贴为好。我还建议公布财务和决算报告。也就是这个党的收入来源和支出情况的报告。我还认为有必要向公众指明,建立自由党的设想早已就有,而并非只是为了迎合艾奇逊最后声明中所提出的今后援华条件。然而次日我感到不得不再次致函蒋廷黻,要求他把我接受充当新的自由党的发起人看作是以我放弃我的国民党党籍和中央执行委员会的席位为条件的。我认为,在没有退出这两处之前,我发起这个新的政党是不对的。

9 月 26 日,我到纽约之后,登门访问了胡适。他说,陈之迈在有关拟议中的新的自由党党纲内加上企业自由经营原则的建议,遭到了蒋廷黻的反对。但是我说,我完全赞成这个建议。(当时胡适还告诉我说,行政院院长阎锡山现已来电同意解除其外长职务,因为他的辞呈早已递交。)总之,到 10 月初,建立自由党的准备工作已大有进展。蒋廷黻已把党章草案给某些美国人看了。这是宋子文告诉我的,他只提到了美国的杰塞普和英国的贾德幹,但是我听说蒋廷黻也给司徒雷登看了。

在这方面,我想回顾一下我 10 月 21 日日记中关于我和谢寿康博士谈话的一段有趣的记载。他是新近到华盛顿的。当时他正谈及中国各种人物间的冲突。据我日记所载,他说:

> 王世杰主张建立自由党以接管政府,委员长予以默许,甚至同意予以资助。

我想,这里所指的并非我上面所谈的自由党。王世杰和委员长所想的不是一个有组织的政治上的反对党,而是一个开明的团体,诸如开明政府设想中所包含的那种团体,而开明政府是我和许多中国领袖们曾一致同意并电告委员长以及李宗仁和阎锡山的。

那些拥护自由党设想的人,无疑地向王世杰靠拢。然而尽管他可能在原则上赞同这个设想,我怀疑他是否确实支持组成一个反对党,他毕竟是国民党的一名积极分子。据我了解,他的想法是由于他看到没有希望争取思想开明的知识分子领袖加入国民党并使之成为国民党的积极分子,就争取这些人加入政府,以帮助政府的事业并提高政府的威望和效率。

至于委员长的想法(如果是他的想法的话),那也是争取这些思想开明的知识分子领袖人物。当时把他们称作一个团体还是一个政党,他是无所谓的。但是从根本上讲,他并不赞同成立另一个政党,尤其是由强有力而受欢迎的开明的领袖们所组成的政党。更确切地说,他考虑的是当时需要建立一个阵线,一个由开明的领袖人物组成的新政府,以引起美国的重视。他实质上是一个注重实际的人,一个现实主义者,如果向他提出这样一个问题:有些开明人士考虑组织一个自由党,你支持吗? 肯定他不会答应。他所要的是在当时争取这些人加入政府,以便或多或少地迎合美国的期望,或许也是一般民众的期望。

成立自由党的动议和草案,一直也没有具体结果。甚至在 50 年代初大陆失守政府迁往台湾以后,蒋廷黻仍有那个想法。但是由于战斗已经结束,而且大陆已全部丧失,其他许多人的兴趣减弱了。保住台湾的地位及国民党中国和美国的关系问题已经变得更为重要。这一重要性随着朝鲜战争的爆发而出现新的局面,建立一个新政党的热情减退了。虽然偶尔仍提出这个话题来讨论,但是对这个问题的热情已经减退。然而国民党领袖一定是从他们在纽约的代表那里获得了与此相反的汇报。我于1954年秋访问台湾时,在我下飞机后举行的记者招待会上(在机场就地举行记者招待会是一种习惯),记者们明确地向我提出了这样一个问题:"你曾经是企图组织自由党的那些人中之一,而这个党将成为国民党的反对党,此事是否属实?"当我晋见委员长汇报世界形势、特别是美国的局势时,甚至也提到了这个问题。我说,那是几个个人的想法。当他问我是否这个党的积极分子时,我说,这个党尚未建立,但其根本思想系基于这样一种普遍信念,即在任何一个真正民主的国家中,执政党都应有一个合法而有效率的反对党。然而即使在那时,我想国民党似乎也总是在提防着。

10月10日下午,我举行了国庆招待会。不幸的是,就在两天前,新闻报道称,国民党的防线正在瓦解,白崇禧将军已从衡阳撤退;衡阳是抵御共产党前进的主要防线的战略中心。10日当天,我收到了政府撤离广州的通知。因此,虽然在过去的年代里,国庆招待会通常是一件大事,不仅邀请中国侨民,而且邀请各外交使团、美国政府官员、国会领袖和政府其他机构的领导人,但是这次鉴于国内令人沮丧的局势,我决定只招待中国侨民。限制招待范围的另一个原因是,华盛顿各报有时指责大使馆浪费和举行奢侈豪华的宴会和招待会。这种指责或许是含沙射影地暗示滥花的钱来自美援的一部分。这使我非常恼火,因为这完全是没有根据的指责或谩骂。

在招待会上,华盛顿中国卫理公会教堂的洪牧师给我看了哥伦比亚特区的一千六百名华侨效忠于国民政府的电文。我告诉他,我深为这一爱国主义的誓言所感动,并向他们保证我的信念,即中国一定会像历史上克服多次危机那样克服当前的危机。

实际上，旅美华侨的立场各有不同。9 月 20 日，我的同僚中国驻墨西哥大使冯执正借在华盛顿逗留之机来访。他向我询问华盛顿的情况，并汇报墨西哥、美国和加拿大的华侨情况，他们一半赞成国民党政府，一半赞成共产党。冯执正是一位有经验的外交官，在提升墨西哥现职之前，曾长期任驻旧金山总领事。他是广东人，认识美国各大城市华侨界的所有领袖们，并且为他们所喜欢，所以深知他们对中国政局的意见和看法。

他说，致公党中的少壮分子不久将在加拿大召开大会，以决定对中国局势的态度。但是奇怪的是，他们由该党最老的党员司徒美堂领导，而司徒美堂一度是国民党事业的支持者，现在则拥护共产党的事业。（司徒美堂是纽约唐人街年长而受到尊敬的华侨领袖，也是旅美华侨推选参加国民党及中国侨务委员会召开的会议的代表。致公党是从广东省移居北美的老侨民的最重要的地区性社团之一。唐人街的大多数人或他们的祖先都来自广东省。在我的学生时代，代表广东各乡村的"堂"都互相妒忌，并且不断地为控制当地华侨而斗殴。但是在他们之中，致公党发展成为多年来最有势力和最为富有的组织。）

10 月 19 日，我前往巴尔的摩，主要是为了在基督教青年会创始人纪念日的宴会上发言。但我还出席了当地华侨界大约十二位领袖举办的茶会。我发现这个团体热心公益，兴旺发达，对中国的困境深为关注，而且他们的情绪都是反共的。

至于我当时的思想，我曾于双十节向洪牧师确认过我的信念，即中国一定会像过去克服多次危机那样渡过其当前的难关。这是确定无疑的。我认为而且盼望，随着中共政权力图以违背中国传统的严密组织在大陆上实行全面而有效的统治时，中国民众会逐步发现共产党政权远不像他们所期望的或是像人们所宣传的那样令人惬意和美好。这就会导致民众的反对和抵制，开始或许是无组织的、分散的，但是我相信最终民众会对共产党政权不满或者起来反抗。如果外界那时了解大陆中共政权对亚洲其他国家，甚至对西方国家在远东的利益的潜在威胁，他们就会越来越同情中国国民党政府的事业，并且会极力和它合作以拯救局势。

至于由李宗仁正式代表，但台湾则由蒋委员长及其武装部队代表的政府本身，我觉得还是有希望的，而且我相信政府各成员最终会同心协力，使台湾或许加上西南的部分地区成为对共产党发起反攻的基地。中国有一句谚语，"兄弟阋于墙，外御其侮"。这正是大陆全部失守后的实际情况。虽然李宗仁呆在美国，但是桂系的其他人物，突出的如白崇禧将军已去台湾，仅有几个投奔共方是例外。阎锡山和一些回族将领也都去了台湾。

我想这是事物发展的必然过程；在内心里，他们可能还是觉得观点不同，然而在现实情况下，他们都会越发强烈地感到齐心协力的必要性。于是到了最后，在大陆上民众的同情、响应和当时为数约一千五六百万海外华侨的财政和物质支持下，共产主义在亚洲的威胁是可以有效地予以制止，以至最终予以消除的。这是我的想法和所怀的希望。在我这样希望的同时，我也努力使美国政府和人民懂得中国共产党问题不只是中国一国的问题，而是一个对美国以至全世界热爱自由的人民有巨大利害关系的问题。

10 月 15 日，皮宗敢给我带来一份中国国防部的武器弹药补充计划。这个计划是供一旦美国国会通过军事援助法案时使用的。我告诉他，虽然该法案已被通过，但是不宜提交任何计划。首先，如何使用军事援助还是根本不予使用需由杜鲁门总统决定；其次，广州的撤离和衡阳的退却已使局势更加恶化。我说，最好还是等待外交部的指示，看这个计划是否已由行政院批准。记得继广州即将撤离的消息之后，就有委员长和李宗仁不和的新消息，而且尽管叶公超通知我，政府将于 20 日前在重庆办公，以及李宗仁、阎锡山和他本人将于 20 日前到达重庆，但是，12 日的消息称，李宗仁将去广西休息。接着，10 月 13 日，据报道，国军从广州不战而退,尽管我国领袖们曾一再发誓要保卫广州。

10月16日,我前往纽约拜会蒋夫人。她说,她不久将回国,因为她相信这会给美国人民以中国事业并未失败的印象,而且也会长中国民众的志气。我试探她仓促要求见我的目的,但很快诧异地得知,乃是关于李宗仁总统与委员长之间不和的新闻报道。这些报道指责委员长应对白崇禧部队从衡阳撤退并对广州的撤离负责;前者是由于据称他未能以台湾的财政储备支持白崇禧,后者是由于他坚持撤离广州。蒋夫人给我看了委员长的来电,同时建议大使馆发表声明否认这些报道,并且把顾祝同将军即将发表的声明包括进去。她又说已指示参谋总长顾祝同把与此相同的意思拍电告我。

蒋夫人不仅希望我发表这个声明,而且迫切希望我不等顾祝同来电,就立即办理。我当然不能按照她的要求去做。尽管顾祝同接到指示自然会同意承担发表声明的责任;但,他有可能在收到委员长给他的电报指示之前,出于无意而否认发表这项声明。尽管委员长在台湾是事实,但是由于撤离广州所引起的混乱状况,顾祝同的下落不能确定。可是作为我要发表的声明的依据,他的电报对我是必不可少的。作为参谋总长,他是通知我有关任何确切军事局势的正式消息的权威。没有他的电报,我就没有发表此项声明的正式依据。

至于声明的内容,蒋夫人同意我的建议,即我们不应当轻描淡写地把蒋李不和的新闻报道归咎于共产党宣传的影响。既然发给《纽约时报》和《先驱论坛报》的电讯已明确地把责任归于李宗仁和白崇禧,再这样做就会使人听起来像是遁词。

次日,我为于斌大主教举行鸡尾酒会。于斌于拉美之行后抵达华盛顿,现在想要联系他在华盛顿的天主教朋友,以争取他们对国民党中国政府事业的支持。考虑到国内的局势,我把请帖数字限制在一百五十份以内,但是许多出席的重要来宾仍然非常满意。他们说,这是因为酒会安排周到,他们觉得比参加为数百宾客举行的拥挤的招待会更为愉快。

海军部长马修斯夫妇都是天主教徒,他们在这次招待会上以对大主教的谦恭有礼给我留下了非常深刻的印象。大主教身着红衣红帽,显得仪表堂堂,给人印象至深。当然还有许多其他信奉天主教的来宾;其中有天主教大学校长希恩。他和往常一样,非常敏锐和令人鼓舞。另外两位客人是全国广播公司"会见新闻界"专题节目的朗特里小姐和斯皮瓦克先生。我接受了他们邀请我参加他们下次有关中国问题和美国政策的节目。他们使我相信这样做是有益的。这个节目最后安排在 11 月 4 日。

10 月 18 日,我接待了中国技术代表团的李榦。他汇报说,贝祖贻、王守竞和沈熙瑞按照宋子文的要求,拟了一份备忘录。宋子文告诉他们说,有一位和杜鲁门总统很接近的美国政界重要人士,曾暗示想要一份美国如何能仍向中国提供有效援助的计划的备忘录。李榦解释说,他们是从纯技术角度拟定这份备忘录的。其要点是要求在五个月期间每月提供四千万美元,其中三千万美元用于军费开支,一千万美元用于武器弹药。此款来源为最近国会批准的七千五百万美元加上经济合作署中国专款结余的八千多万美元,余数则向美国政府预支,并以中国的锡和锑等战略物资偿还。李榦说,宋子文没有对他们讲如何从政治角度向美国朋友解释,只说,这显然是"死马当活马医"。

李榦还对我说,他和贝、沈二位都感到既然宋子文要这份备忘录,我们就不好拒绝,尽管我和他们都知道局势已达到几乎不可能获得更多援助的境地,因为国会已批准原由诺兰参议员提出的一笔用于整个中国地带的款项的修正案。

次日,贝祖贻来访。他告诉我,他认为宋子文要求草拟一份援华备忘录,这是蒋夫人授意的;蒋夫人准备把备忘录交给马歇尔,她将于星期三和马歇尔夫妇在里弗代尔共进晚餐。(贝祖贻所说的星期三,一定是指 10 月 26 日。)他又说,显然马歇尔只答应把备忘录转呈杜鲁门总统。然而如何扭转军事局势和领导人员问题以及现时谁能领导以恢复中国抵抗共产党的力量等问题，只是一带而过，并未提出任何答案；宋子文既未征求他们的意见，也未把自己的看法告诉他们。

我在日记中评述如下：

> 我看全部进行方法都非常不现实。可能只是弄点具体东西供蒋夫人向委员长汇报而已。

10月22日，诺兰参议员会见新闻界。在会见中，看来他是主张将七千五百万美元项下的援助款拨交李宗仁的，因为委员长的需要看来目前已有着落。10月24日星期一，我走访宋子文时，他一定是正想着其他一些事情；他给我看了一份关于美国在这最后时刻中如何援助中国的备忘录。他说的中国是指委员长。现引述我的日记如下：

> 这是一个长文件，叙述了如能获得美国的援助，以西南各省为基地守住一条防线的可能性。其想法是坚持一二年，以便赢得时间进行准备和等待世界形势的演变（第三次世界大战）。
>
> 宋子文为广州的撤离辩解说，这是基于有必要以空间换取时间和保存仍在中国（即在台湾的委员长）手中的少量军事和财政实力。他说，否则在缺乏进一步援助的情况下，消耗只能意味着抵御的早日瓦解。

宋子文的计划是由美国提供两亿美元，其中包括经济合作署中国专款结存的约八千五百万美元，国会批准的对整个中国地带军事援助款七千五百万美元，以及向美国政府预支并以中国的锡、钨、锑和猪鬃等战略物资偿还的四千万美元。总数分五个月使用，每月用于轻武器一千万美元，用于军饷三千万美元。当然其主要意见均根据驻华盛顿的军、政和经济专家在大使馆的会议上所讨论的内容及贝祖贻、李榦和沈熙瑞为宋子文准备的备忘录。

我告诉他,计划内容是够具体的,但要美方予以认可仍有很大困难。例如,所提的动用经济合作署的余额就需要新的立法。同时我们在广东、广西和湖南诸省失守之后,也无法保证生产所需战略物资的数量。再者,把大部分款项用于军饷,会遭到华盛顿政府的激烈反对。然而正如宋子文所说的那样,局势迫使我们不得不行动,只得把死马当作活马医。他的意思是我们必须尽人事,设法挽回显然已告失败的事业。

与我所预料的相反,和蒋夫人在里弗代尔共进晚餐的不是马歇尔,而是约翰逊。宋子文说,那是由科克伦安排的,日期是10月22日。科克伦和约翰逊熟识。当然,他也是宋子文的好朋友;他的法律事务所在中国国防物资供应公司这个中国政府的代理机构的整个历程中,始终受聘于该公司。该公司原来是宋子文所建立和经营的。(那份备忘录究竟为谁准备之所以弄混淆,可能是由于此后不久马歇尔夫妇也和蒋夫人一起进餐。)

宋子文再次要我放弃辞职的一切念头,但是我未应允;在他的要求下,我同意在纽约呆到星期二,以便听取科克伦报告他最近在华盛顿了解的美国政府意向,尤其是约翰逊对备忘录的反应。但是星期二,宋子文来电话称,科克伦那天下午不能来纽约。我决定不再等候,就乘晚七点半火车回华盛顿。在华盛顿,李惟果来告诉我说,委员长来电嘱他劝我放弃任何辞职的念头。我这里提及这一点,不是因为它有多大重要性,而且因为它足以说明我的一贯态度,即保持不受任何集团的支配。

10月28日,我就美国国务院关于承认中共政权的会议讨论情况和麦克奈尔关于访问台湾、广州、重庆及昆明后给约翰逊的报告致电外交部长叶公超。麦克奈尔对台湾的描绘较一般所认为的情况为好,而对共产党区域的生活和境况,则说成日益不得人心。

三天后,我接到奥凯里赫上校的电话。他告诉我,他刚见过助理国防部长格里菲思。格里菲思对他说,约翰逊和他的同僚都喜欢我和尊敬我,并愿直接与我共事,而不通过他(奥凯里赫),因为这是不必要的。他告诉我,在制订对华政策方面,杜鲁门仍然是倚重艾奇逊甚于倚重约翰逊,但是约翰逊不准备放弃为国民党中国争取援助的斗争。可是约翰逊极为小心谨慎并且正为取得1952年总统候选人资格铺平道路。

他接着说,格里菲思是约翰逊最亲近和最信任的合作者;如果我有时不想直接找约翰逊,可以找他商量。他又说,格里菲思客观而头脑冷静,不为奉承或感情所动。他的特点是有政治头脑;他将是1952年约翰逊的竞选经理人。另一方面,约翰逊的另一位支持者,国防部部长助理伦弗罗,则是爱虚荣爱奉承的。奥凯里赫说,可以找伦弗罗向杜鲁门总统转递任何有关中国的信息。他还说,格里菲思和伦弗罗都很喜欢我。

了解这种个人癖性是很重要的,因为以后就知道如何去接近某人,如何更有效地同他谈话或打交道。这里,奥凯里赫是说,如果我要向杜鲁门总统转达任何信息,有一个人愿意代转而且可以在任何时候见到总统。这是极为有用,而且有时是极为必要的。

11月1日,贝祖贻和李榦前来互通情况,我告诉他们,美国政府仍未决定如何使用七千五百万美元援华款项。自从广州失守以后,意见又转向抛开中国,而赞同将该款用于振兴东南亚各国的经济。然而五角大楼仍坚持将该款用于援华,甚至在探讨购买美国食品作为慈善和人道主义事业发放给中国非共产党区的想法。我建议他们研究这个问题,并在这方面向我提出意见。贝祖贻看来不太喜欢这种想法。他担心这会给美国提供借口。但是我说,这只是先供我参考而已。

我的建议具有双重目的。到1949年11月初,共产党不仅已占领长江以北的几乎全部地区,以及西北的陕西、甘肃、绥远、宁夏和新疆各省,而且其部队正向四川推进以威胁新选定的国民政府首都重庆,正如另一支共军在沿京汉铁路南进之后占领前首都广州一样。他们的一部军队还在向广西推进。代总统李宗仁正在那里，官方的说法是去休养。事实上省会桂林即将撤退。在这种情况下，民众的境况自然愈发恶化，他们的食品供应问题更为紧迫。

11月3日，李斡按照我的要求，带来了关于四川、西南其他各省、海南岛及台湾岛的食品需求量的一些资料。用这个办法我们或许能够动用经济合作署的余额，或那笔七千五百万美元，以补助当地民众的食品供应。

11月2日，傅泾波代表司徒雷登打电话邀我赴宴，同时邀请的有海军上将白吉尔夫妇、约翰逊夫妇和其他一些人。接着，他亲自来谈。他告诉我，司徒雷登为中国局势十分焦虑，而美国国务院仍处于英国要承认中共政权的压力之下。他还说，最不幸的是广州的陷落，国务院现已坚决停止援华，并且抱怨蒋夫人搞私下活动促使国会和舆论反对国务院的政策。他说，马歇尔已建议她回国，并称，她离开美国对中国有好处。

傅泾波告诉我，在里弗代尔最近举行的宴会上，马歇尔答复蒋夫人呼吁援华的唯一重要的话是，美国限于财力，不能承担中国战胜共产党军队，阻止其横行全国的艰巨任务。傅泾波还说，白宫和国务院都对孔祥熙、宋子文、蒋夫人及他们的家族有强烈反感。

他说，司徒雷登认为最好是由蒋委员长访问美国并亲自向马歇尔将军和艾奇逊国务卿提出呼吁。这有可能使他们改变主意。我说，我也一直在这样考虑，但是觉得委员长表面上应以平民身份来美考察民主政治，而无需为外交礼节操心。我说，他的人格、声誉和过去的成就，会给崇拜英雄的美国人民以深刻的印象。然而，只有在确知白宫和国务院不反对并愿对此行提供方便的情况下，才能这样做。对于委员长本人，这将是一个了解美国和观察其他民族用和他不同的方法作出成就的绝好机会。

傅泾波告诉我，司徒雷登对整个局势感到焦虑。他和杰塞普谈过几次，并曾参加国务院有关对华政策的会议。但是他发现他甚至还得应付巴特沃思。此人虽说一度曾是他的下属,现在在中国问题上却成了他的上司。杰塞普以前曾要求司徒雷登陪同他去中国,但上星期四(10 月 27 日)改变了主意,并且完全放弃了访华计划。他目前将只访问亚洲其他国家。博泾波认为局势日益艰难,而时间也越来越少了。如果蒋委员长真的来美,他应该在年底以前来,在英国承认中国大陆上的中共政权以前来。(顺便说一句,应该看到,通过这样的交谈,大使馆如何做到消息灵通,不仅了解情况,而且知道许多重要决策人物的态度和想法以及其个人的情感。)

11 月 4 日,由于以前接受了全国广播公司"会见新闻界"的朗特里小姐和斯皮瓦克先生邀请参加他们的中国问题和美国政策节目,为了先和晚间向我提问的四位名记者见面,我参加了朗特里小姐的宴会。这四位记者是:《纽约太阳报》的亚当斯、《新闻周刊》的林德利、《纽约时报》的赖斯顿和《芝加哥太阳时报》的雷诺兹。他们都是当时的著名记者。

节目在晚上九点半准时开始。它进行得比我想象的为快。全部会见在三十分钟内结束,他们和我都感到时间不充裕。他们问了我许多中肯的问题,有些问题是十分尖锐和扼要的。可是除雷诺兹外,他们都显得颇为同情和友好。雷诺兹则几乎是无情地一个接着一个问题地追问,就好像我们在进行一场激烈的辩论。后来,他在会见后对我说,他并非有意和我为难;虽然在政治上他是一个自由主义者,甚至是一个左派,但他不是一个共产主义者,所以他只是提出了批评中国的美国人一直问他的那些问题。

尽管如此,这次会见进行得很好。每个人,包括斯皮瓦克先生和朗特里小姐都说,我回答得——用他们的话说——好极了,而且不可能回答得更加有力,更加有礼或更加庄重的了。朗特里小姐向我保证说,听众一般为一千四百万人左右。几位提问者对我说,我应该经常这样做,因为这比我演讲一百次对中国更有好处。他们说,我可以说服这里的人们,而其他人就不行了,因为

"他们相信我的诚挚"。后来,《纽约太阳报》的亚当斯说,我是"一支单人大军"。(我认为这是过奖了。)

之后,我们回到朗特里小姐的姑母家吃夜宵。我和雷诺兹进行了畅谈,因为朗特里小姐曾向我透露,和雷诺兹建立友谊是有益的。这不仅因为他一直不同情中国和在中国问题上一直追随国务院的路线,而且因为他即将离华盛顿去担任《芝加哥太阳时报》副编辑的新职。朗特里小姐说,在华盛顿,雷诺兹是一位富有经验的老记者,罗斯福总统和杜鲁门总统每次出行他都随同,而且他曾任国务院记者协会主席。(因此,他不仅在新闻界里占有显要地位,而且在首都作为那里的记者团体的首脑人物之一,也占有显要地位。)她说,这就足以说明问题了,因为一般印象是《芝加哥太阳时报》是国务院一个非正式官方机构,不仅发表国务院想要发表的东西,而且反映国务院对重大国际问题的观点。

在我们的谈话中,雷诺兹把尼赫鲁的意见告诉了我,即印度准备承认中共政权,因为他认为有必要面对现实。这一点我在前面已经提到。雷诺兹还以谴责的口吻谈到委员长。但是我对他说,尽管他有很多缺点,委员长还是一位杰出的爱国者和一个正直的人。他的一个突出的弱点是对老朋友的忠诚。雷诺兹说,白宫里也有这样一个人;他是暗指杜鲁门。他说,罗斯福是一个政治家,而且在他的政治利益需要的时候,会毫不踌躇地抛弃老朋友;他曾甩掉加纳副总统和华莱士副总统。

我问他,如果委员长作为一位卸职的总统和一位普通而杰出的平民突然以私人身份访问美国,美国人民会有什么反应。雷诺兹说,在目前的舆论情况下,反应将是各式各样的。为了试探他对我的想法的意见,我说,将明确他来访是考察民主政治和为了使中国学习美国的改革和建设方法。他说,这是非常必要的,而且将使美国人民了解和同情他。

我在和美国记者谈话时,总是感到这样一点,即他们缺乏含蓄性,不仅在对我以及他人提出直截了当的以至有时令人难堪的问题时如此,而且在表达他们自己的观点时也是如此。他们并不想为了使人愉快而谦谨和迎合人意。他们觉得他们的任务是为了获得真实情况而冲击,以至狠狠地冲击。我倒喜欢这样,并且发现这也使我有机会坦率地表明我的观点,并尽力使他们相信我国的观点是有道理的。

次日,即 11 月 5 日,新闻报道称,共军正继续向贵州省省会贵阳推进,以切断国军防线,并使重庆和广西白崇禧的部队隔离。同一天,叶公超密电告我,甘介侯曾向李宗仁汇报称,美国愿和中国共同管辖海南岛,并称,这话是当着一位助理国务卿讲的。叶公超怀疑这个报告是否准确,并嘱我查明真相,尽管他自己也渴望美国在台湾以及在海南岛搞这样的合作。

四天以后,即 11 月 9 日,我收到了国务卿对我 8 月 15 日函的复信。复信表示尚未就如何使用 9 月 28 日参众两院会议通过的七千五百万美元问题作出决定。该款的授权已由总统于 10 月 6 日批准,继之于 10 月 28 日拨款。然而国务卿的复信写道:"至于在什么地方以及在什么条件下使用这笔款项",仍在"认真考虑之中"。

同一天上午,我还接到蒋委员长的一封密电。该电分四部分,系关于国务卿艾奇逊致委员长的有关台湾形势和美国期望我国自助的文电以及委员长对此文电的回复,最后还附有台湾省主席陈诚有关台湾的情况和需要的备忘录。看来陈诚正趁机利用艾奇逊的文电(他把此文电看作美国对台兴趣增加的迹象)敦促美援。

尽管国务卿给了我那样含意的复函,难道国务院的态度却正在改变?难道他们忽然决定像委员长的复函和陈诚的备忘录所提的那样准备在台湾和中国合作,或是像甘介侯给李宗仁的报告所提出的那样在海南岛和中国合作,或是在两处都合作? 他们是否已经决定和委员长合作,还是和李宗仁合作,还是和他们两位都合作? 当时,代总统李宗仁仍在桂林,没有参加撤至重庆的国民政府;行政院院长阎锡山在重庆;蒋介石委员长则在台湾。

国务院曾一直致力于从和委员长或台湾的任何牵连中解脱出来。经济合作署的克利夫兰始终反对在台湾执行任何建设项目。艾奇逊在和我谈话中曾说,台湾作为一个军事基地是无法防守的。一般说来,在美国对外政策思想上,考虑大西洋的安全优先于考虑太平洋的安全。过去一年中,美国在太平洋的兵力已经减少了。在这种情况下,国务院官员似乎很不可能最后决定和委员长在台湾合作。事实上,仔细阅读一下艾奇逊致委员长的文电,即可看出这一通文电,与其说是承诺,莫如说是恐吓。

至于和国民党政府在海南岛的合作,甘介侯的报告含有国务院支持这一点的意思。我虽怀疑这个报告的准确性,但是我知道美国政府在总体上仍在考虑各种可能发生的情况。五角大楼和国务院的看法存在分歧,甚至美国各军种之间也不一致。据我回忆,美国海军及其领导较美国陆军对委员长和中国政府更为同情和友好。因此,由于海南岛具有防御那些仍在中国政府控制下的各省以至防御整个东南亚的战略价值,有可能正考虑在海南岛的合作。

在我们面临整个大陆都有可能被共产党占领时,关系到当时美国对台湾或对海南岛或同时对这两处的合作或援助的另一个问题是台湾的法律地位。这个问题要追溯到开罗会议。当罗斯福、邱吉尔和蒋介石三位战时领导人会谈战争目标时,委员长曾被告知凡属日本从中国夺取的领土,一律归还中国。这一点已在波茨坦予以确认。可是,虽然在波茨坦提出的受降条件之一是日本向同盟国交出它用武力攫取的一切领土,但对这些领土的最后处置需先经同盟国之间决定,然后载入对日和平条约。但和平条约到 1949 年并未缔结,实际上是尚未草拟。即使在日本和中国以外的各同盟国签署和约时,这个和约也没有明确规定台湾归还中国。但是,实际上,国民党政府在中国战区代表同盟国接受日本投降时,曾在美国帮助下立即派兵前往台湾实施有效占领。因此,中国从 1946 年起一直在事实上管理着台湾,而且中国人的普遍看法过去是,现在仍然是,这个问题不容讨论。特别是国民党政府已经至少在其战时盟国的默许下治理台湾多年之后,尤为如此。

在这方面,我想讲几句表面上离题的话。第二次世界大战结束后留下了许多棘手问题有待最后解决。我想这是由于战胜国中各主要大国的领导人不愿意用过多时间去研究和解决这些问题,特别是因为他们很难在极为重要的问题上取得一致意见;在领土的划分问题上,尤为如此。例如,柏林一直是一个悬而未决的问题;朝鲜是另一个这样的问题,越南也是如此。维持现状是身居要职的政治家的习性之一,当所要讨论和解决的问题涉及不只一个国家利益时就更是这样;他们相信时间可以医治创伤,会使达成协议容易一些。然而,迄今他们的希望和期待并未实现。问题不断发生,仍待具体解决,至少多数国家认为是这样的。

就台湾而言,1949 年夏末对该岛法律地位的谈论很多,而且有些新闻报道似乎暗示美国政府中有人甚至抱有使台湾成为托管地的想法。早在 1949 年 4 月,上海报纸还谣传在日本的麦克阿瑟将军曾设想使台湾成为在盟军最高司令部管理下的美国托管地。不论这些是否属实,我的看法是美国政府在继续等待"尘埃落定"的同时,不得不考虑可能发生的情况和一切可供选择的办法。

1949 年 8 月 10 日晚,宋子文和贝祖贻同我共进晚餐。我们请贝祖贻草拟一份电报致委员长,大意是台湾并非安全之地,因为美国正酝酿向联合国提出台湾问题,企图使之成为联合国或美国的托管地。电文并需说明还有必要保住海南岛(这是宋子文从科克伦处得到的想法),为此应派遣军队占领海南岛,肃清那里的骚乱,还要派遣海军舰只扼守海南岛和中国南海岸之间的海峡。

那天中午,宋子文和我在双橡园共进午餐。当时我对他说,台湾归根到底不是一个安全基地。我说,台湾的地位仅仅基于继开罗协定之后的波茨坦协定,在法律上仍容有异议。我认为作为临时措施,可以邀请美国和我们共同占据台湾,以便用先发制人的办法防止中共政权在各同盟国予以承认之后提出拥有台湾的权利要求,或防止出现中共以此为同意和各同盟国建立贸易关系的条件。我当时也在考虑一切可供选择的办法以捍卫台湾作为国民党政府基地的地位。

这里,为了阐明我自己的观点,我愿补充几句。尽管从纯法律意义上讲,国民党中国对台湾的所有权的绝对性有一个"法学家的疑点",但是在非常情况下,这个所有权是有效的。事后知道,这也是美国政府的看法。

杜鲁门在1950年1月5日的重要声明中宣称:

1943年12月1日在开罗的联合宣言中,美国总统、英国首相和中国主席声明他们的目的是:凡属日本从中国攫取的领土,诸如台湾,应归还中华民国。

美国是1945年7月26日波茨坦宣言的签署国。该宣言宣布开罗宣言所载各款应予执行……

遵照这两个宣言,台湾交回蒋介石委员长;过去四年来,美国和其他盟国接受了中国对该岛行使权力的解释。

同日,艾奇逊在记者招待会上说:(这个记者招待会我将另述。)

中国人治理台湾已有四年。美国及其他任何盟国都从未对其在占领期间行使权力表示疑问。当台湾成为中国的一个省时,没有人就此提出法学家的疑点,而是被认为符合约定的。

重点号是我加的,因为我愿指出,即使美国总统和国务卿当时是在回答共和党对政府对华政策的指责——共和党希望美国武装力量占领台湾以延缓共产党入侵——他们也审慎选择用词,用"权力"而不用"主权",尽管这还是在支持国民党中国对台湾的权利要求的时候。

9月中旬,我接待了杨云竹先生。他作为中国代表团成员于参加在日本的盟国对日委员会之后刚刚来美,在我的大使馆里任公使衔参事。他在日本受过一定程度的教育,熟悉日语和日本问题。他打算和我讨论对日和约及台湾的法律地位问题。他告诉我,1945年9月他任外交部亚洲司司长时,曾参加过各部之间的会议,讨论中国接收台湾后应采取的治理措施。当时陈仪将军任行政院秘书长,张厉生任内政部部长。他们二人都强烈主张使台湾成为中国的一个省。杨云竹本人提出了一份节略,说明从法律观点看,使台湾成为中国的一个省的必要条件尚不完备。他在节略中说,虽然台湾以前曾为中国领土,但经日本占领和治理五十年后,对其原来的祖国的传统、习惯和感情既不熟悉,也不易理解。如果把台湾改为中国的一个省,结果是大陆上实施的全部法令规章均应同样适用于台湾。但是在台湾实施这些法令规章会引起许多问题;甚至是格格不入和不适用的。所以作为第一步,最好先把台湾改为特别行政区。他说,可是,他的建议未被接受,而且不久,行政院就颁布法令,把台湾改为一个省。然而他记得该公告的措词并未事先提出来仔细讨论。

那天,即1949年9月12日,我在日记里写道:

> 台湾现在对美国和英国也是一个问题。按台湾的目前地位,中共政权可以对台湾提出权利要求,而美国如果承认中共政权,就无法予以拒绝。另一方面,美国不愿帮助委员长保卫台湾,而委员长又反对把台湾置于正式国际托管之下。

1949年11月9日,即我收到委员长有关台湾的电报的同一天,我收到了顾毓瑞和R.M.*谈话后写给我的报告,反映R.M.对

---

* 原注:顾维钧博士认为R.M.是美国陆军部的一位高级官员。因为顾毓瑞在那里认识许多人。可能是陆军中将雷蒙德·麦克莱恩。此人1948至1949年任陆军部情报局局长。

他说的话。其中部分内容如下：

1.现在流行的中美可能联合管理台湾和海南岛的种种推测，是在中国的和在华盛顿的美国官员表述这种意见的结果。然而这种意见尚未具体化，也未草拟任何计划。

2.然而联合管理是可取的，以免这些岛屿遭到共产党的袭击。就台湾而言，还需在美国官员的帮助下做大量的细致工作。

3.这个建议会得到参谋长联席会议的赞同。就向中国提供积极援助而论，五角大楼的思想远较其他人领先。

4.关于七千五百万美元的武器援助款的使用，现正在草拟计划过程中，其中六千万美元将用于台湾，一千五百万美元将供大陆地下活动之用。

5.但是最后决定取决于总统和国务院。

6.金门的胜利给五角大楼留下了极好的印象。

7.这个建议还反对承认。"国务院不敢承认中共政权"。

8.中国不应直接向国务院提出有关援助的意见。否则国务院不是束之高阁，就是径予拒绝。

9.中国共产党今冬将很困难，这是近十年来他们占领区最困难的一年。他们已有两处遭受饥馑，一处在山东，一处在河南，明春还将有一处。他们还遭到了 1931 年以来最大的水灾。

在此背景下，我对巴特沃思在 11 月 9 日我去国务院拜访他时所作的回答就不感到惊奇了。那天我和他讨论了几个问题，包括台湾的局势和艾奇逊给委员长有关台湾的文电的由来；叶公超就李宗仁所得关于美国对海南岛关注的报告，来电向我提出的问题；和近几天新闻报道中宣布的关于英国和印度承认中共政权的打算。我们的谈话从下午三时开始，当时的中国科科长石博思先生在场。

我首先以我个人名义祝贺巴特沃思荣任助理国务卿而肩负重任。我半开玩笑地说,恐怕今后像我这样的首席外交代表会给他添麻烦的。但是巴特沃思说,谈不到麻烦,这是他的职责,同时也是一个愉快的调动,因为他可以少做一些日常文书工作了。然后我立即谈到了副国务卿韦布前一天在记者招待会上关于杰塞普博士打算作远东之行的声明。我问道,杰塞普已否确定行期和行程。我表示希望他在这次行程中访问国民党中国,而不要像报纸上报道的那样试图和共产党当局进行接触。

这位新任助理国务卿说,杰塞普已决定出访,但是尚未确定具体日期,也未确定行程。他还说不清杰塞普将访问哪些国家,可能是访问远东所有的国家。据他了解,杰塞普博士希望于12月初动身,乘船横渡太平洋,并在远东地区花费两三个月的时间。

我指出,杰塞普的延迟动身和乘船旅行将意味着时间上的极大耽搁。我担心远东特别是中国的事态发展得相当快,而且并非是诸事顺利的。

对此,巴特沃思说,杰塞普要等到国务卿从巴黎回来并同他商量后才做决定。

我提到了我当天上午收到的艾奇逊给我的复信。我说,这封信是关于国会已经通过的援助整个中国地带的七千五百万美元的拨款问题,并称正在研究计划和考虑我1949年8月15日致国务院函中所告中国政府的意见。在表达我对该复信的感谢之后,我问是否已确定以该款向中国提供援助的方式和条件。我告诉他,中国政府期待此款已久,而且鉴于我国局势,我国政府切望从中受益。

巴特沃思提请我注意批准这笔款项的法案的条款。他说,用多少和怎么用均需由总统决定。此事正在仔细考虑中。(换言之,他的答复是不明确的。)当我问他总统的最后决定是否需待杰塞普远东之行的结果时,他说:"不。"他认为在今后两三星期内即可作出决定,并说他一定会通知我的。他问我,我所说的中国极需援助是指什么:是指台湾还是指重庆?

我回答说,我认为两处都有,因为在反对共产党侵略的斗争中,两处都在对共同的努力作出贡献。

巴特沃思认为台湾有足够的资源。

我说,在这方面,我知道美国驻台湾总领事麦克唐纳先生最近曾致函蒋委员长。我还得知蒋委员长业已复信。巴特沃思说,他还没见到复信,并向石博思询问国务院已否收到。我说,我自己只是当天早晨才收到来电,所以复信可能刚到国务院。

石博思说,早晨收到一封长电,现正在译码。

接着是就台湾问题颇为坦率地交换意见。为了试探国务院的意图,我说,我为美国对台湾深为关注而高兴,美方任何援助和合作都是非常受欢迎的。

巴特沃思说,台湾以其自然资源和工业潜力,可以成为良好政体的模范。他说,目前美国政府对那里的不能令人满意的局势感到关切。他看不出那样大小的一个岛屿怎能维持几十万中国军队。这只能证明此乃台湾人民不满意的一个根源。他听说经济方面使人民负担极重,结果导致他们愤懑。大陆难民的涌入也是引起当地居民怨恨的一个原因。如果这种情况持续下去,该岛的安全将遭到破坏。他说,美国政府希望看到在改进台湾的政治和经济情况方面,作出认真的努力。建立一个模范的民主政府和消除该地普遍不满的根源是完全可能的。这样的政府会和大陆上共产党的极权主义统治形成对比,从而使中国人民对目前的共产党统治滋长不满和反抗的情绪。他又说,他不无诧异地注意到,台湾当局表示他们需要美国提供多达十个师的军队的装备和物资。这和法国、美国的武装部队相比较,似乎太不成比例了。

我说,我能理解美国政府的担心。然而,现在聚集台湾的大量军队,一部分是在那里训练的新兵,一部分是从上海和大陆其他地区撤退的军队。这些军队现正在改编和重新训练,以备在大陆上进行战斗。我说,金门岛战役是由台湾派去的士兵进行的,舟山群岛的另一战役也主要是由台湾派去的军队进行的。我继续说，我很高兴这些军队，尤其是新训练的军队打得很好，尽管他们是第一次上战场。

巴特沃思说，他也得到了中国军队在那两次战役中打得很好的报告。

我说，正是这种作战的需要成为压在台湾身上的重担。此外，如果大陆情况每况愈下，如果共产党统治了整个中国大陆，台湾就必须成为反攻大陆的基地。即使在目前，也有必要遏止共产党占领大陆沿海附近各岛的企图，以免这些岛屿被用作入侵台湾的跳板。

巴特沃思说，他认为中国当局不应设想到用台湾作为恢复大陆的基地。那应该是一个长远计划，至少不能在一两年内执行。他认为当前的任务应该是改善台湾人民的状况。如果使用得当，台湾的资源足够台湾的需要，而无需外界的援助。

接着，巴特沃思说，致函蒋委员长是为了说明美国政府对台湾的关切和态度。台湾当局竟然认为台湾在战略上如此重要以至要驻日本的盟军最高司令部派遣美国军队帮助防守台湾，这简直是异想天开。他不明白这种异想天开的想法怎么会在台湾高级当局中普遍流行。实际上，美国政府和盟军最高司令部都不会派遣美国军队去台湾帮助台湾当局防守该岛。

我说，台湾过去情况是不尽如人意，但是省主席陈诚所努力实行的某些改革，诸如农产品的减税，对大陆难民流入的管理，以及对岛上军队的更加严格控制等，已使当地居民的印象有所好转。当然，这仅仅是开始，还有大量工作需要做。如果美国政府有任何改善该岛情况的具体建议，我确信台湾中国当局会予以欢迎和赞同的。

巴特沃思说，岛上有很多能干的中国人，他们有办法，无需美国再提建议。所需的是把那些人的好主意付诸实施。

我说，我考虑得更多的是经济和技术援助。

巴特沃思说,他知道岛上也有许多能干的中国工程师和技术人员,他们知道该怎么办。如果当局能将改革措施付诸实践,岛上情况的改善将足以挽回当地人民的信任和支持。这样的事态发展会对该岛的安全更有意义,尽管中国共产党方面有敌对意图。(他的全部观点是台湾有足够的资源,政府有足够的资金。我想他指的是从大陆转移到台湾的黄金储备。所以据他看来,不需要任何外援。如果我在理解国务卿致委员长的电文方面有任何疑问,那么,这次和巴特沃思的谈话已经解决。)

我提出了海南岛的问题。我说,我最近听说美国政府关注海南岛的局势,并认为从防御共产党威胁的总战略观点看,该岛是一个重要地点。我不知道这些报道是否有据。如果属实,我愿意表示,中国政府乐意得到有关如何进行合作以确保该岛安全的建议。我说,从中国的观点看,海南岛具有同等重要的地位,而且如果中国政府由于共产党的进逼不得不进一步向西南地区转移,海南岛将成为自由中国的一个极为重要的补给基地。

巴特沃思的答复非常明确。他说,美国对海南岛不感兴趣。(这和甘介侯的报告正好相反。)

我对巴特沃思说,海南岛有一些共产党,中国当局尚未能予以肃清,但镇压工作正在加强。

巴特沃思重申美国对海南岛不感兴趣。他说在那里连美国领事都没有,因为既没有美国利益,也没有美国传教士。(他很肯定。)

我说,我认为美国应在海南岛设立一个领事馆或副领事馆作为观察哨,因为该岛位于香港和中国大陆及印度支那之间。

这位助理国务卿对这个建议未置可否。但是他说,关于这些岛屿在防御计划上的重要性,他愿指出,在当今的原子弹和航空母舰的时代里,岛屿基地已不再具有很大的重要性。只要一颗原子弹就可摧毁一整个岛屿作为基地的价值;而且航空母舰具有自由移动的好处,而岛屿则没有。他说,他知道中国当局有一个离奇的想法,即第三次世界大战将在最近的将来爆发,而且美国为了它本身的利益将不得不帮助中国。他不明白,这样一种没有根据的信念怎么会在中国官方高级人士中盛行。他说,他认为只凭柏林空运的经验就足以使人相信,在最近的将来,不会爆发第三次世界大战。成百架美国和英国的飞机一天又一天地通过苏联控制的空中走廊飞往柏林为柏林人民远道运送食品和其他物资;尽管苏联飞机以进行演习为借口试图威胁美国和英国运输机,他们却从来没敢靠近运输机,而总是注意保持一个安全距离。

我说,我知道中国某些人士有这种想法,但我自己曾几次汇报称,没有理由相信第三次世界大战即将来临。我恐怕我的汇报没有使我国国内的人们信服。但是作为一位职业外交官应该知道,要使国内人们彻底了解国外真实情况并非易事。

就在这时,我提出了前面叙述过的承认问题,然后,在告辞之前我还说,我很高兴能和他这样交换意见,而且恐怕今后还要给他添更多的麻烦。巴特沃思向我保证说,他也很高兴能和我这样交谈,并且乐于今后和我进行更多这样的谈话。

这样,我们个人之间相处很好,或者说至少表面如此。然而他对中国局势的看法和展望,自然和我大不一样。在我那天的日记里,关于我这次对他的访问,我写道:

> 巴特沃思升任负责远东事务的助理国务卿后,这是我首次拜访他。尽管在参议院外交委员会中共和党强烈反对,但在通过包括对韩国、菲律宾和整个中国地带的对外军事援助法案后,他的任命终于被通过了。
>
> 开始他看来很友好,但当我们讨论台湾形势和艾奇逊通过麦克唐纳领事致委员长文电的由来时,他显示出对委员长的憎恶毫未改变。

截至此刻,我想,人们无法避免这样一个明确的印象,即巴特沃思和整个国务院对委员长的态度是颇有偏见的,或者用中性词汇说,是不利的。

我从国务院回来并照例口授谈话记录后,接待了由傅泾波陪同来访的司徒雷登大使。这是司徒雷登回美国后的第一次正式来访。事前他要求我约他共进晚餐。他询问了我的"精彩的广播讲话"。这是他的朋友对他谈的,但是他没赶上。他告诉我,关于对整个中国地带的七千五百万美元援款的用法将作出决定,而不需等待杰塞普的出访和研究。

我注意到司徒雷登对共产党地区中国人的情绪的看法现已较为清楚。他对我讲述了他的一位参加了共产党的朋友。那个人原是国民党海军的一名活动分子,现在极想离开共产党地区。

大使走后,皮宗敢前来告诉我说,委员长来电嘱他把我收到的委员长密电弄一份抄件供蒋夫人参考。他指的是那天早晨我收到的包括四个部分的电报。我在日记中写道:

> 看来省主席陈诚是在乘机利用艾奇逊致委员长的文电敦促美国援助,但实际上是文不对题。问题是,从文字看,美国文电的用意并不是很清楚的。我只是在和巴特沃思长谈后才获悉真相,并得知该文电不是出于同情心理。

次日,即 11 月 10 日我在双橡园设午宴。客人中有赫尔利将军夫妇、白吉尔海军上将夫妇、亨培克博士夫妇、朗特里小姐、斯皮瓦克、王守竞及我的儿子顾福昌。我向白吉尔询问关于美国关心海南岛的报道。这是甘介侯的消息并由叶公超转告我的。白吉尔上将很直率,他说,当局曾提到这个问题,但未深入讨论。他说,中国应该爱护台湾,那里的状况是不能令人满意的。他强调了台湾人对政府行政管理以及对那里大批中国军队的恶劣行为感到不满。他说,该岛的安全不能单纯依靠军队。如果人民持冷漠态度,甚至怀有敌意,丧失该岛的危险是非常大的。他谈到需要有一位能干的文职省主席并两次提到吴国桢。当我争辩说,陈诚将军一直致力于改革,并已把农民的租税减低到百分之三十七时,这位上将说,这不仅仅是一个减租问题。他认识陈诚,并认为陈的用意是好的,但他不是做这种工作的人。

11月12日,星期六,是孙中山先生的诞辰。皮宗敢打电话说,他已将委员长9日来电抄本交给蒋夫人。蒋夫人嘱他代致谢意。他说,她曾计划于10月赴台湾以便及时赶到台湾参加委员长10月30日的诞辰。可是她推迟了行期,但未说明原因。

星期六晚,我参加了沃尔德罗普夫妇的宴会。这是一个为米勒夫妇举行的共有四十八人参加的大宴会。米勒夫人是麦考密克上校的侄女。麦考密克上校最近买下了华盛顿的《时代先驱报》,并把该企业交由米勒夫妇代为经营。沃尔德罗普先生任编辑。我和西奥多·罗斯福的妹妹朗沃思夫人进行了一个有趣的闲谈。她的丈夫已成为众议院议长。顺便说一下,她至今还住在华盛顿。当时朗沃思夫人刚刚阅读了何士先生所著《老祖宗》一书,此书是何士送给她的,她认为这本书不太好。她说,她对这位作者的明显印象是他缺乏语言知识。她说,他写得不好,肯定不是地道英语,而且他不必要地试图从道德上解释慈禧太后的私生活。她相信书中有明显的拼写错误,怕是作者弄混了。她认为,他不可能懂中文。事实确系如此。

朗沃思夫人本人曾见过西太后,是在20世纪初被接见的。她叙述了西太后在接见她时如何显示女皇威仪,因为伍廷芳作为译员当时是站着翻译的。伍廷芳当看到慈禧露出不悦之色时,立即匍匐在地。朗沃思夫人说,"也许这是想向我显示尽管伍廷芳作为中国的大臣,在美国受到高度的评价和尊敬,但是对她来讲则无足轻重,只不过是一个恭顺的奴仆而已。"

何士是我毕生的朋友。我曾为他的近作《我的快乐和美丽的建筑物》作序。不知怎么地他产生了在文学界成名的奢望,并且打算写作。我记得连同最近的一本,他已写了三本,但是实际上他并不具备写作的条件。他从未上过大学,尽管他确曾在芝加哥学过建筑,主要是通过夜校学的。作为一名建筑师,他很出色。

他是一位靠个人奋斗而成功的人,一位忠实的朋友,而且精力非常旺盛。他是洛克菲勒基金会所聘请的建筑师,实际是洛克菲勒本人所聘请的。他认识洛克菲勒,并且建筑了北京协和医学院。该医学院是美国大富豪们捐赠的,直至今日仍是东亚最大的医学院和医院。

在这次宴会上,我还和挪威大使莫尔根斯泰因交谈。因为他是外交使团团长,坐在女主人的右侧。饭后我们在吸烟室中进行了一次有趣的谈话。他询问美国的态度以及在帮助中国反对共产党方面是否尚能有所作为。他憎恶共产党。美国国务院曾对他说,中国军队已丧失斗志,百分之九十的美式武器已被敌人缴获,目前已无法援助中国;现在太迟了。他问我:"这是真的吗?"我说,现在是晚了,但还不算太晚,一些适当的援助仍能有效地扭转局势。我告诉他我国全部军队的物资装备中,美式武器仅占百分之十七。即使百分之九十这个数字是对的,这也不过意味着不到我国军队全部装备的百分之十六。我指出近两星期中的金门战役和舟山群岛的登步岛之战,是军队仍有斗志的明证。我还告诉他,做这样三件事会对中国十分有益,即:第一,一切具有同样想法的国家声明给予道义上的支持;第二,提供一些轻武器和弹药;第三,拒绝承认中共政权。

我的话给莫尔根斯泰因留下了极深的印象。他要求我同意将我所说的话报告他的政府。当我继续谈下去并且详谈了单纯集中注意力于西欧而拒绝帮助亚洲的不明智时,他完全同意我的意见,即单纯帮助欧洲是不够的。他说,也必须援助亚洲和中国,才能使遏制共产主义的政策最终收效。他又说,美国国务院高级官员曾对他说,蒋委员长作为一名军人,应该率领军队到前线战斗,而不应留在后方干预政治事务。这和其他间接得来的消息一样,再一次表明国务院的真实想法,而且也证实了我关于国务院的不同情态度的总估计是正确的,正如我根据类似消息对马歇尔将军的真实想法和政策的估计似乎是正确的一样。

关于金门和登步战役,10月下旬和11月初的战斗胜利消息使我感到十分鼓舞。因而我向这位大使指出这一情况作为我国军队具有斗志的证明,而且我于9日也向巴特沃思谈及这一情况,因为这两个战役不仅是台湾我军士气高涨的证明,而且也表明美国的援助是能够有效地予以利用的。一位当时在中国的美国记者多克·巴尼特描述这两个战役如下:

> 10月25日,一万七千名共军在炮火支援下夜袭金门。至27日,那里的国军三个军以孙立人训练的各团为主力,消灭了袭击者,其中俘虏八千人,击毙和淹死九千人。国军空军支援了守军。11月3日,一股较小的共军袭击了登步岛(新定海),最后于6日,被舟山群岛的四个军所属部队消灭……参战的国军士气高昂。作为这两个战役的结果,国军缴获了轻重武器,从而巩固了他们的阵地……1949年12月29日(《纽约先驱论坛报》)

巴尼特的战地报道为一位美国陆军军官欧文·肖特所证实。肖特也是该战役的目击者。他写道:

> 我刚从跨越海峡距台湾一百英里的金门巡视回来。我陪同台湾防卫司令兼陆军训练司令孙立人将军乘C-47飞机前往金门,飞机载有水果、糖果、点心、饼干和急需的医药用品。金门战役很可能成为为自由生活而斗争的转折点。这是在孙立人将军指挥训练下的新军和物资装备充足的共军在势均力敌的情况下的第一次遭遇。他们是首次经历战斗并获得胜利,这一胜利使这里在场的每个人大为惊愕。他们在数量上远被超过,而且只有小口径炮(75毫米)的协同支援,但他们击退了共军精锐部队的一次重大进攻。
> 共军两个军的部分军队(两万人)于10月25日凌晨乘帆船,舢板和特制的登陆艇登陆。攻击重点是郑果少将指挥的201步兵师的两个团。这些部队最近才从台湾到达。在

台湾,他们在孙立人将军指挥下受过严格的美式训练。孙立人将军本人为弗吉尼亚军事学院1927年毕业生。10月26日拂晓,这些部队已被逼后撤约两英里,而共军正在移动,从其右翼进行包围。在此时刻,第118师在轻型坦克的掩护下向共军左翼发起强大反攻,从而稳住了局势。天亮后,中国空军到达,与地面直接配合,给予空中支援,并且摧毁了拼命重新组织一次最后攻击的共军滩头阵地。于是国军发起反攻,把对方予以消灭或驱逐他们下海,其余的共军被俘。正像所有这种岛上的战斗那样,这是一次决定性的战役。不是这边战胜,就是那边战胜。按照最后统计,国军俘获七千人以上。这意味着有一万三千名共军或死或伤,或是在撤退时在海中淹死。

　　我在战斗后二十四小时实地巡视了战场……我看到共军俘虏在海滩上列队等待撤离。我对这些红军感到惊愕,因为过去听到过那么多有关这支不可思议的红军的神话。他们的军装质量甚至比国军还差,而他们的装备又是各式各样的。所有这些装备现都落入国军手中。有五千多支步枪、几百挺轻重机枪,甚至还有几门炮。俘获了几名红军高级军官,其中一名的口袋里装着红军的作战命令。虽然从命令中可以看出,共军预料不会有什么抵抗,因为他们估计在三日内可以完全控制该岛。考虑到国军刚经历的这场硬仗,并且鉴于他们绝大多数是从未参加过战斗的新兵,人们认为他们的士气是高昂的。

　　这次战斗戳穿了美国广为流传的中国军队不肯打仗的谎言,同时也向我表明,这些新训练的部队,配以有能力的军官和良好的装备,即使人数有限,也是能作战的。

　　11月15日,我接到通知称,军统首脑、国防部次长郑介民将军已到达华盛顿,但是他的访问是短暂的,仅停留两天。他此行任务没有向我透露,但是我想他是来同经济合作署联系设法推动美国对中国军队援助的。过了一些时候我才知道,他是应司徒雷登大使的邀请前来讨论美援问题。

我请郑介民共进午餐和交谈,只邀请了他的两位朋友作陪。在交谈中,他说他不明白为什么美国政府不愿意帮助中国打共产党。在答复我的问题时,他说,国民政府仍掌握着二百五十万军队,并且只需供给武器弹药就能发挥作用。他说,南京、上海、汉口和广东的兵工厂都已迁到台湾,但尚未安装投产。

我问他,中国军界是否仍然普遍认为第三次世界大战将于六个月到一年期间爆发。我说,美国官员嘲笑并且似乎讨厌这种看法。他坦率地回答说,对中国来讲,唯一明智稳妥的政策是坚持并保存其资源到美苏之间爆发这样一场战争,否则是无法击退共产党的。他并不遮遮掩掩,他说出了台湾高级人士的普遍信念;尽管我告诫情况不会那样,他们还是坚持。他说,台湾还能长期坚守。显然他没有意识到台湾人民由于对当局的愤愤不平而会爆发内乱的潜在危险。他说,台湾需要十个师的武器装备以保卫该岛。

我问他关于委员长可能复任总统的报道。他说,委员长及其高级顾问曾在台北举行会议。他们大多数赞成他复职,因为李代总统要求他复职。然而在一两位顾问的建议下,决定探询代总统是否确有诚意。探询的结果恰恰相反。郑介民说,代总统的真正目的是迫使委员长交出权力,听任其自由行动。

我在同一天的日记中写道:

> 中国航空公司和中央航空公司(均系国营的商业航空公司)部分职工连同十二架飞机叛变投向北平政权,这使人非常不安,并且引起国民党政府即将垮台的更加不好的印象。叶公超的来电焦躁地要求大使馆将此事(两航叛变)向美国政府提出。美国政府颇表同情。

五天前,中国空军驻华盛顿官员向惟萱上校曾到我的办公室来,给我看了中国空军总司令周至柔给此间中国空军首脑毛邦初的一份电报,为十余名中国航空公司和中央航空公司驾驶员、领航员、无线电报务员,连同十架中航飞机和两架央航飞机投奔共产党事,指示毛接管这两个公司在美国的资产和物资。然而,正如我在日记中所写的:

> 航空委员会(周至柔的司令部)对这两个公司没有管辖权,因此就中国政府的资本而言,任何有效的命令必须来自两公司所属的交通部;再有一个困难是,中国航空公司有百分之二十的资本属于泛美航空公司。
>
> 鉴于所牵涉到的法律纠纷,我建议向惟萱和空军代表团的律师(即毛邦初办事处的律师)商议,并致电重庆要求交通部授权。大使馆在向美国国务院提出此事之前,也将致电重庆。
>
> 能够做到的第一步是取得法院对这两个公司驻美代表的禁止令,责成他们在法院裁定中国政府的权利之前,不得处理钱财、物资和资产。

记得第一次提出如何保护中国商业航空公司财产的问题,是在英国人试图将中国航空公司驱逐出香港的时候。1949年8月11日,宋子文曾对我说,他在考虑向委员长建议成立一个私营公司接管中国航空公司、中央航空公司和民航大队以应付局势。当时正按照这个意见和陈纳德进行商谈。实际上,他已经在美国把民航大队改组为股份有限公司,并在香港注册。在香港还曾试图起诉,以使法院授权我国政府代表重新占有中国航空公司在那里的动产和不动产。

从11月18日收到的叶公超的来电可以看出所有这些行动之间的关系。电文如下:

> 所有中国航空公司和中央航空公司的飞机现依法不得调动,同时所有职工应服从新任命总经理的命令……香港政

府给予必要的保护和协助。中国政府拟将该两公司按照特殊安排移交陈纳德将军的民用航空公司。该公司现已在香港注册。由于泛美航空公司持有中国航空公司百分之二十的股份,请联系泛美航空公司最高当局立即指示其香港代表,在这里的董事会提出上述安排时予以同意。请向泛美航空公司强调这一行动的必要性,以便抢救财产,并使飞机恢复使用。如果泛美航空公司本身有意接管所有中国航空公司的飞机和设备供其经营,中国政府将优先考虑这样的安排……

供泛美航空公司选择的后一项建议是政府继香港发生变故后立即提出的。但泛美航空公司反对由陈纳德的公司收购,而本身又不愿接管中国航空公司的飞机和设备。因而他们提出由我国政府收购泛美航空公司在中国航空公司的股权的反建议。

11月16日,我从华盛顿去克利夫兰,乘飞机只需两小时,乘火车则需十四小时。在机场迎接我的是克利夫兰世界事务理事会理事惠特曼博士。那天晚上我将在该会发表讲话。我记得实际邀请我的是鲁斯先生。他是组织这次集会的委员会主席。

十二点半举行的会见理事会成员的午宴是非正式的,共计十四人,其中有几个人提出了有关中国局势的问题。之后,约有三十名中国学生在茶会上和我见面。我发现他们是一群欢快的人,而且除几个人外,似乎都对国民党政府的事业持赞同态度。我坦率地谈了共产党侵略问题,但未详述。我强调了中国人的真正问题是自由以及中国的独立正处于存亡攸关的关头。我说,所有中国学生从内心里都是爱国的,他们必须认清有必要反对任何使中国成为一个外国的卫星国的运动。我对他们说,他们难得有机会在美国学习并目睹民主政治,他们应该充分利用这个机会,以便在回国后为中国实现一个真正的民主政府而努力。

约有六名学生提出了问题,这些问题都是温和而克制的,不像美国记者甚至是美国朋友提问那样。美国人提问都是直截了当、尖锐而且常常是使人难堪的。和学生见面后,我参加了世界事务理事会的集会并发表了讲话。讲话很受欢迎。整个五十五分钟时间,约计一千二百名听众全神倾听,没有一声咳嗽或声响。但是讲话后提出的问题,有些是尖锐的。有一次,理事甚至不得不说所提的"美国援助物资只不过是破烂货是否属实?"这个问题是无关紧要的。

会后,为我举行了宴会。这较午宴隆重,商业、工业、银行、教育等界及公共团体领袖约七十人出席。饭后的活动持续了约一个半小时。我应邀略谈了中国的形势及其与亚洲和自由世界的关系。接着,问了我许多问题。有些问题又是非常直截了当的,显然是受报刊评论和报道的影响。有一个人就广泛流传的中国政府官员腐化,以及一些和委员长有亲切关系的人聚敛大量财富的报道连续不断地提出了一个又一个问题。主席鉴于这些连珠炮似的问题是那些显然不友好或不同情的人提出的,力求使他们住口。但是我对回答问题毫不介意,因此对每个问题都作了回答,其中有一个问题是据说中国平民在美国银行有大量存款,提问者说,这些存款足以帮助中国政府,因而中国政府无需向美国要求更多的援助。有一位对桐油生意感觉兴趣的客人在会后告诉我说,美国现在认为中国出口的桐油不可靠,并已发现用蓖麻油和其他两三种成分制成的代用品,而且发现代用品甚至更为适用。

我返回华盛顿后,温应星将军于 18 日来访,就美国政府对中国的态度和意图互通情报。他是在 10 月到达美国担任中国驻联合国军事代表团的工作的,但是由于某些任命上的混淆(外交部指定他为代表团团长,而国防部则任命他为陆军代表),他辞去了一切职务。但因他是美国西点军校的毕业生,并且和马歇尔将军以及美国军界一些其他人物十分熟悉,他一直在和他们谈论援助及合作问题。事实上,他的关于他和马歇尔的会谈的叙述,说明马歇尔异常坦率和亲切。我知道,马歇尔很喜欢温将军,很可能他对温应星比对其他人谈得更随便些。

温将军告诉我,他曾三次会见马歇尔,并且还和马歇尔的知心朋友艾克伯格将军、德弗斯将军及其他人交谈。他同各方面联系所得的结论是,没有希望从美国政府获得军事援助。向他问得最多的问题是:"援助给谁?"他发现马歇尔在诉说委员长未能听从并拒绝他的劝告时,耿耿于怀。他说,马歇尔甚至连连敲打他的办公桌以强调他的论点和气愤。他还说,马歇尔于 1947 年动身回美国时曾对他说,委员长不是"表里一致的"。

温将军觉得中国方面不理解美国对中国政府的意图和看法。他以蒋夫人 1948 年 12 月访问美国和拜会马歇尔为例说,国内的国民党员把她的访问看作是美国政府提议的,因而认为那是美国的关注和援助大有希望的标志。(那时候,我曾猜想蒋夫人曾在中国说,她的仓促赴美是因为华盛顿希望她去访问,并猜想,她之所以这样说,部分是为了在国内唤起希望,部分是为了说明她出访有理。这是权术。但是她以那种理由解释她的突然访问美国是必然的,因为她的访问决不能认为是一件平常的事情。她是一位妇女,在政府中没有正式职位,但是在国家危急的时候作为第一夫人被赋予重大使命。接着,像我以前解释的那样,她一到美国就下榻马歇尔家,这很容易被国内曲解。)

温将军说,艾克伯格将军和整个五角大楼是在这样的前提下进行工作的,那就是在远东只能依靠日本防止共产党扩张的危险,所以他们把精力集中于扶植日本。我觉得这一点很有意思,因为我在远东委员会里也察觉到这种前提的迹象。在赔款问题上和振兴日本经济问题上,美国的态度已转变为有利于日本。参加远东委员会的中国代表团不得不坚持并申明以工业机器和原料作为赔款是中国的合法要求。但是这样的赔款要求得不到美国的同情对待。

同样,9 月 14 日,艾奇逊和英国外交大臣贝文于华盛顿会谈后,艾奇逊在记者招待会上说,两国一致认为缔结对日和约是刻不容缓的。两天后，我见到贝文时，他确认他希望尽早和日本缔结和约。腊斯克于9月21日也确认美国政府对早日缔结对日和约的关注。英国方面的主要动机显然是他们在贸易方面的利益。美国人一方面无疑是针对中国的混乱局势寻求其他可供挑选的办法：以一个稳定的日本作为远东的新据点，印度则作为中亚和南亚的据点。另一方面美国人希望停止负担昂贵的占领费用。

那天中午，我宴请了亨培克博士。亨培克对共产党逮捕监禁沃德极为恼怒，并赞成采取直接的有力行动迫使共产党予以释放。他的印象是美国政府并不真想援助国民党事业，并且还在等待"尘埃落定"。他倒同意我的猜疑，即杰塞普的即将出访是为了赢得更多的时间以等待国民党中国的彻底崩溃，并且使国务院能于1月份对国会说，他们正积极考虑对中国和对亚洲的新政策，只是等待杰塞普回来汇报。他说，这对拟议中将于1950年1月举行的美国驻远东外交使节会议也是如此。换言之，这是为国务院处理中国问题的审慎和缓慢作辩护的手段，这种手段从表面上看肯定是非常合理的。

次日晚上，我参加了朗特里小姐为白吉尔海军上将举行的自助晚餐。白吉尔上将在全国广播公司的"会见新闻界"节目露面探讨中国的局势。饭后，我们前往播音室。在那里我观察到这位海军上将在回答问题时是非常审慎和老练的。但是很清楚他不愿意批评国务院的对华政策，也不愿意批评总统。他承认蒋委员长是一个固执的人，国民政府在军事上的节节败退是由于领导无方。

我们回到朗特里小姐家后，我问他，美国政府在愿意帮助中国政府进行反对共产党威胁的斗争之前，希望在中国看到什么样的政治状况。我补充说，这终究是对我们大家的一个共同威胁，因为这是苏联为了他自己的扩张以便反对美国而煽动、支持和指挥的。我对他说，我们首先愿意自助，但是我们自己的资源不足。

白吉尔说，他认为蒋委员长应该使李宗仁有充分的机会应付局势。他说,李宗仁是一位诚实的人。(当然这正是当时华盛顿政府人士的普遍感觉。)这位上将还说,他听说蒋夫人即将回国。但是我告诉他,我不晓得她的行期。

11 月 21 日香港电讯报道称,李宗仁将军已从他的原籍广西省会桂林到达香港。电讯称,他的香港之行是为了医治胃溃疡。但是其他报道则称,他赴港是因为他已和委员长决裂,并将组织一个既反共又反蒋的新政党。这些报道令人不安,并且加深了外界对我国领袖之间在此民族危机时刻仍不团结的普遍印象。

22 日,桂林陷入共产党之手。皮宗敢给我拿来了委员长在重庆的机要秘书黄少谷的一份来电。来电称,委员长应李宗仁的邀请去重庆,但他到达时李却不在那里。(记得李宗仁从未按计划前往重庆,而是从广州直接去桂林。)于是委员长邀请李宗仁去重庆,但是李宗仁却去了香港。来电接着说,内政部长李汉魂将军已经宣布脱离国民政府,桂系的另一个成员黄旭初,也已辞职。电报说,这表明他们的反共态度开始动摇。电报又说,李宗仁可能访问美国以弄清美国的政策并寻求援助,但是,与此同时,他没有宣布他离职期间由阎锡山将军代理,而是继续声称仍由他负责。(根据宪法,阎锡山作为行政院长,在总统和副总统不在期间应执行总统职务。)电报称,唯一办法是贯彻责任内阁的原则,由国民党总裁(这就是说委员长)从旁尽力协助。来电嘱皮宗敢将电文抄件给我和胡适各一份,并呈报美国各界包括美国政府和美国人民的反应。皮宗敢征求我的意见。

我说,最好略等一两天,看一看美国的反应到底如何。我提到了我致委员长、李宗仁和阎锡山等人的电报,并对皮宗敢说,我已经反复汇报了实际情况。这些情况可能使人不快,但其他部门很可能没有汇报这些情况,因为我恐怕其他汇报大多有讨人喜欢以邀宠的特点。为此,我担心国内在美国最高当局对中国,尤其是对委员长、李宗仁以及整个国民政府的态度和意图方面,仍缺乏清楚的了解。

皮宗敢于是告诉我,蒋夫人最近宴请了马歇尔将军,并且仍然认为局势已经好转。但是这次我告诉他,这位将军的社交往来是另一回事。他是一种愿意在社交上连细节也要做到正确无误的人,尽管他对援华问题的政策和态度完全是否定的和妨碍性的。我补充说,马歇尔在私人关系和国家关系之间是界线分明的。

同一天,甘介侯从纽约中国领事馆来电话说,李宗仁通过美国海军第七舰队拍电报给中国领事馆转他。电报称,代总统患胃溃疡病,将来美就医,但是不公开露面。约有十人随行。电报要求甘介侯告诉我,叶公超将把同样内容电告大使馆,因此甘介侯问我已否收到叶电。当我答以还没收到时,他问我能否依照他的电报办理,并答应立即把抄件送来。他觉得他作为李宗仁的私人代表不宜就此事直接致函国务院。我说,我将研究该电,并在叶公超来电指示前可能先作口头陈述。

人们可以看到大使馆的处境是何等棘手和复杂。(我们是从意见不同的双方电报中收到情报和指示的。)那时我感到李宗仁所说的来美理由基本上是托词。他的胃是有病,但那是他长期的病。他的主要目的显然是别有所在。首先,他以前从未来过美国,所以他希望来美国,以便自我介绍和美国政府领袖相会。他知道美国政府的军政领袖都颇为赞许地把他看作是也许能取代委员长的人。其次,他想确切知道他能指望美国赞同帮助他到什么程度。然后,如果他发现美国政府的意图和态度相当冷淡,并发现美国不准备特地帮助他的话,他就要相应地作出他自己的决定。我分析这就是他的动机。

然而,虽然李宗仁认为美国国务院官员都或多或少地赞成他作为取代者的想法是正确的,但是他没有意识到他们在这方面的感受和认识是何等有限。他们不知道他的能力如何或者他是否有组织才能,他们仅知道他比较民主,不那么独裁。对比起来,他们宁愿要他而不愿意要委员长,为了去掉委员长,他们就必须在中国支持另一个人,而这个人就是李宗仁。

在这一点上,让我提一下最近(1968年5月6日)我宴请李汉魂将军夫妇时的一次非常有趣而颇为切题的谈话。根据黄少谷的电报,李汉魂在李宗仁于1949年11月动身赴港时,就辞去了内政部长职务。他本人虽是广东人,可是他是桂系六位领导人之一,并且过去一直非常接近李宗仁。进餐时,我向他询问了他当部长的问题。他说,他是被阎锡山违反他的意愿而任命为内政部长的。他解释说,他本不愿就任,因为他认为李宗仁无法执行代总统职务。他之所以听从阎锡山的劝告,只是因为当他还是一个青年刚从军校毕业时,阎锡山对他异常优遇和关心,曾邀请他作为一个大有希望的青年访问山西。因此,由于个人的缘故并出于感激,而且感到阎锡山面临困境,他就任了部长,但为期很短,因为他反对李宗仁访美并向美国求援。他认为李宗仁不会成功,因为,虽然他为人可亲,但是他的背景、他的阅历和他的见识都使他不适于成为一位成功的行政官员。现在他们同属一个政治派别——桂系,是两位知心朋友和合作者。可是他说,他觉得李宗仁访美是一个错误,而李宗仁则坚持要到美国来。

11月22日,我还出席了黎巴嫩大使馆在肖勒姆饭店举行的鸡尾酒会,并在那里见到了韩国大使。他对我说,李承晚总统已经通知他,蒋委员长即将重任总统。我说,此事尚未决定,但很可能,因为李宗仁患胃溃疡病,需要就医。23日,我收到李宗仁来电称,他要来美就医,要求我了解美国政府是否将为他提供方便。同时我收到委员长来电称,曾敦促李宗仁从香港返回重庆,但李宗仁拒绝了。来电要求我弄清美方对李宗仁访问美国的态度。

25日星期五,在过了一个颇为轻松的感恩节后,我痛心地从晚报上看到重庆即将撤离的消息。与此同时,晚报还报道,由于未能使李宗仁返回首都,委员长即将重任总统。以后几天,我一直非常忙碌于粮农组织的委员会会议。可是在30日,我刚结束总务委员会会议并准备去纽约赴约时,我又接到了甘介侯的电话。他告诉我说,他收到了李宗仁的一封来电,嘱他通过美国国务院将该电转交给我。他解释说,该电系由美国海军第七舰队拍发并由领事馆转给他的。他认为这很奇怪,而这确实是很蹊跷的。

当然,其中的部分情况是可以理解的。记得第七舰队以前也曾为李宗仁发过一份电报。所以很可能在李宗仁的要求下,美国驻中国或许是驻香港的领事馆将电报交由第七舰队(该舰队往返美国巡航)拍给中国领事馆转交甘介侯,可是如由国务院转交,那就不能肯定会发生什么情况了。国务院会要推测电报是什么内容并决定是否转递。然而李宗仁也不会指定由国务院转我。甘介侯想必一直在和国务院通信,可能是有关李宗仁即将来访,而且为了方便起见,其中包括了给我的信,因为给我的信可能也和李宗仁的来访有关。

如我上面所述,甘介侯来电话时,我正要动身去纽约。我接受了于焌吉大使和保君健的邀请,准备参加他们当晚举行的招待会。他们两人那时都是中国驻联合国代表团成员。晚餐后演了电影《梦断香销》(由孔祥熙资助)。该片刻画了美国由于安逸的生活和孤立主义的态度而对诸如第二次世界大战那样的世界危机以及中国的目前危机漠不关心的特性。只有几位驻联合国的代表,而且大多是低级代表出席;虽然没有请妇女,但是约有十二位代表的夫人参加。

于焌吉致词约三十分钟。他讲了几个故事恰当而又有点尖锐地讽刺美国对国民党中国的态度。他在第一个故事开头说,中国是公认的难以为美国人所理解的。他举例说当他打电话给胡适博士时,对方问他:"你是谁?"他回答"我姓于(英文"你"的谐音),你是谁?"回答是:"我姓胡(英文"谁"的谐音)。"讲到这里,他说,这种混乱的会话,对美国人来说,是完全不可理解的,但是对中国人来说,却是有意义的。第二个故事是讽刺美国不承认即将来临的风暴。第三个故事是:一位丈夫患心脏病,他的妻子请来了一位医生。医生检查了他的情况后，声称这个人死了。这位丈夫抗议说："医生，我没死。"他的妻子斥责他说："亲爱的，不要和医生争辩。他说你死了，你一定是死了。"

次日，即 12 月 1 日，我出席了纽约扶轮社的招待会和午宴。招待会大约有五百人参加，其中包括一些商业、教会、金融、工业和社交等各方面极为知名的头面人物。我发言没用草稿，因为一点三刻准时休会是这里的习惯，而我得在一点一刻发言。我的发言是以"自由中国和世界贸易"为题，看来很受欢迎。发言后，一位自称认识我多年、曾在美国外交部门工作三十年并刚刚退休的人在旁边问我："中国这样一个大国，又有这么多的聪明的人民，为什么不能不求助于人而把自己组织起来建成一个强国呢？"我说这个问题完全可以这样解答，像英国和法国那样组织良好和发展迅速的国家，不是也还要靠美国的马歇尔计划的援助和军事援助以恢复经济和确保不受共产党的侵犯吗。答案都是一样的。他吃了一惊，并迅速地说："现在我找到了答案，明白了。"

这一天早上，我给大使馆打电话时，得知香港当局改变了它对授权国民政府代表重新占有中国航空公司在香港的飞机以及动产、不动产的态度。这显然是伦敦的指示。现在香港法院要到 12 月底才审理。很明显，他们打算等待中国国内的政治发展情况，即等待英国和北京共产党之间关于承认中共政权的谈判结果，也等待共产党进军四川占领重庆和成都的进展情况。

12 月 2 日，我返回华盛顿。刘大钧向我汇报说，他的一位美国朋友向他建议从美国政府借白银五万万两。他征求我的意见。我告诉他说，还不如通过国会的影响和支持，劝美国政府同意使用结余的经济合作署援华专款购买白银制成银元以支付我国军队。我说，我已为此敦促国务院，但迄未成功。我还告诉他说，国会 10 月份通过由总统决定用途的七千五百万美元中的一部分，也可作此目的之用。

10月5日,赫尔利夫妇为庆祝他们结婚三十周年,邀请了人数不多但是经过精选的客人。赫尔利夫人对我说,她希望我不要因为宴会规模小而介意。她说,这是她第一次能够只邀请她所喜欢的人,因为她的丈夫赫尔利将军已退出政界。有几位出席的客人对我谈到我在《读者文摘》发表的以"中国是值得拯救的"为题的文章,并建议我广泛散发。

次日,我参加了粮农组织的一次会议以后,再次动身赴纽约。这次是为了迎接李将军的飞机。我已得知重庆为共军攻占。继之而来的消息是成都即将撤离和行政院院长阎锡山公开承认委员长和李宗仁之间的意见分歧加剧以及后者正在赴美途中。

由于当时正在进行的各项事务,包括粮农组织会议,中国向联合国提出的控诉,航空公司问题,李宗仁的即将到来,我的纽约之行等等,我没有时间在日记中记载我对国内事件的个人反应。但是我记得上述消息使我多么烦恼,而且即使在那时候,我仍然希望西南的一部分地区能免于共产党的统治。

我在12月6日到达纽约的旅馆时,张平群总领事来和我商量关于李代总统及其随行人员到达飞机场时的迎接安排问题(他们预定次日到达)。国务院驻纽约的代表皮罗先生曾打电话通知领事馆称,国务院收到蒋介石委员长的直接要求,不予李宗仁以公开接待,并撤销警察对他的保护。这使张先生为难。他解释说,皮罗的电话是答复领事馆要求美国政府给予李宗仁及其随从以保护的(这一要求出自我的坚持)。

我对张平群说,我很怀疑皮罗的话是否正确。关于国务院对李宗仁来访的态度,我的印象不是这样。我还进一步怀疑委员长是否会发出那样一个电报,尤其是按皮罗所说的那样,"由蒋委员长以中华民国总统的身份提出"的要求。我告诉张说,我已派公使衔参事谭绍华会见了国务院的石博思先生,并获悉对李宗仁的到达,不论中国方面提出要求与否,都会作为一件理所当然的事采取通常的保安措施。如我对总领事说的那样,对任何贵宾给予一切必要的保护,实际是美国当局的义务。

张平群然后询问了中国方面欢迎代总统的安排。我则力劝不要组织大的接待委员会从唐人街前往飞机场,以及在李宗仁着陆后把他接到中华公所举行欢迎会。但是张先生说,唐人街的领袖们,尤其是唐人街的李姓家族坚持这样办。(那里广东人的风俗是唐人街那些和从中国来访的要人同姓的家族联合组织欢迎。)

他向我保证,对李宗仁不会出现任何危险事故。

谈到保卫问题时,不无意外地得知他已经把皮罗的电话内容通知了李汉魂夫人,尽管那简直不可能是正确的。李汉魂夫人住在纽约,而她的丈夫将和李宗仁一起到达。张先生说,她已经和旧金山通电话,而且据她说,李宗仁希望纽约的中国人会像旧金山那样热烈欢迎他。他是先在旧金山着陆的。

次日,李宗仁按照预定计划到达纽约。飞机在泛美航空公司海外线终点站拉瓜迪亚机场着陆。与李宗仁同机到达的有随行人员十二人,其中包括李宗仁夫人及两位公子、前内政部部长李汉魂、甘介侯夫人、王治将军、代总统的副官、秘书和一位医生及周锦朝。周系旧金山的一位中国知名人士,他自愿前往中国陪李宗仁一行来美。大约有一百名华籍人士在机场等候迎接,同时照例还有许多新闻记者、电台评论员和摄影记者等。

代表美国国务院的皮罗先生,看来像是一位神经过敏和没有经验的人。他坚持机场规章,不许欢迎人群进入停机坪,而只许我、蒋廷黻博士和总领事入内。他还坚持他作为国务院的代表和我作为华侨界的首脑可先登上飞机。我当然同意。但是皮罗又说,他不认识代总统。他还真的把周某错认为李宗仁,那时候周锦朝正在机舱口招手叫人们上舷梯进飞机。中华公所的罗主席应声冲上去,但被警察拦住。与此同时,我告诉皮罗,那位招手的是旧金山的周锦朝,而不是李宗仁。于是他要求我在机内给他介绍李宗仁,我照办了。

经过介绍后,皮罗对李宗仁说,他奉命提两个问题:在医院里他希望要多少保卫人员?（他准备去哥伦比亚医疗中心哈克尼斯隔离病房。）他是否会见机场上的新闻记者并且通过无线电广播讲几句话?我口译后,李宗仁根据我的建议说,他只需要最低限度的必要保卫;医院里面有一个人就够了。至于另一个问题,他准备只讲几句话,并且只回答一两个问题,这不过是使他们不失望而已。这也是我的建议,因为我知道新闻记者是难于对付的人。

在安排此行离开机场时,开始非常混乱。中华公所的罗主席要求李宗仁和他自己同乘一车前往唐人街参加欢迎会。所以我问是否还需要我,并且说我猜想不需要我去了。这话也许说得太绕弯子了。但是,当我指出罗是中华公所主席,所以也是唐人街华侨的首脑,而我作为中国政府的代表,感到有责任护送代总统以后,李夫人立即说,李宗仁要坐我的车,而且她也如此。（李夫人是一位受过现代教育的妇女,当过教员;在某种程度上,她比李宗仁本人更熟悉近代的和西方的习俗。她立即明白了要点,并相应地作出回答。）

那时,还在机场的时候,科图伊大夫（一位菲律宾医生,是李宗仁的私人医生,也是哈克尼斯隔离病房指定的照料李宗仁病情的四位医生之一。）将李宗仁架走,警察随即在后面堵住,甚至不让李夫人和我赶上去。我不得不请科图伊大夫不要无视为李宗仁已经作出的安排。他这才停下来。我们和他们一起在候机室里举行了一个简短的记者招待会。这位大夫颇富戏剧性,每隔几分钟他就跑到代总统身边,在大庭广众之中为他诊脉。

还在李宗仁一行到达之前,华侨代表和总领事之间就已经发生了颇大的一场吵闹。前者要求允许他们也走出候机室进入机场。但是罗主席答应了皮罗提出的并为总领事所赞成的要求,只让他们呆在候机室里面。无论如何，那里距离机场的停机坪只不过十码远。然而，当罗主席力图使他们呆在里面时，阎锡山的私人代表、一位最受欢迎的群众领袖潘朝英却鼓动他们一定要出去。他大声地宣称，民众代表和官员不应该有所不同，在目前中国的严重困境下尤为如此。罗主席走过来求助于我，于是我和皮罗商定让他们进去。我说，这些人久居这个民主国家，已经具有民主精神。他们觉得他们和政府代表有欢迎他们的总统的同等权利；所以最好特许他们和那些在机场欢迎代总统的人在一起。皮罗同意了。我又把总领事找来，对他也讲了这番话，以免当众引起事端。他勉强听从了。因此，即使是在机场，也有应予制止的吵闹和争端。

最后，我们到达了唐人街的中华公所，参加非正式的欢迎会。本来事先已经讲明不讲话，但是罗主席又自行其是。他请李宗仁夫妇和前内政部长李汉魂一个接一个地发言。李夫人用广东话讲话。她的讲话出人意料地优美动人，意味深长，而又得体，使李宗仁以生涩的普通官话所作的发言大为逊色。

唐人街往返之行未发生任何事故。安排在沿河东路行驶是明智的，这样不致由于通过市中心，尤其是由于有警察的摩托车和警笛闯过红灯，而造成太大的交通不便和过多地引起美国公众的注意和感触。可是当我们到达医院以后，由于有大量人员陪同，因之有些混乱。可以想象，好几十人到达医院，并设法拥进一间小房间的情景。我请李宗仁夫妇放心，在他们逗留期间，任何时候需要我办事或帮忙，尽管叫我。说完后，我就走了。

12 月 8 日，即李宗仁到达的次日，我去医院见他，向他概述了美国政府对中国的态度。我说，美国政府已经被白皮书弄得麻木了；目前在我国一系列事件和美国国会及公众舆论的压力下，它正试图走向制订一项新政策。但是中国共产党军队的迅速推进和中国政府军队同样的迅速撤退，已开始使国务院慌乱，并且有些吃惊。我们不战而放弃广州以及即将撤离大陆的不良影响,会使其他国家进一步产生赞同早日承认中共政权的偏见。我谈到了在大陆上保留据点的必要性。我给他分析了白宫、国会、国务院和国防部对中国的态度,以及美国政府有必要采取一项新的政策以便找到一个台阶,体面地摆脱他们迄今一直采取的行不通的立场。我指出了一个同等重要的问题,即如果中国得到更多的援助,如何向美国政府保证这次援助能导致良好的结果而不会引起更多的摩擦和失望。这给李宗仁留下了很深的印象。他说,他将考虑这个问题并和我再谈一次。他打算先和他的顾问商议,然后再发表意见。

下午五点半,我往访宋子文。他向我解释说,他因患流感和一种疟疾而卧床。他感到如此不舒服,以致显然对我要告诉他的有关华盛顿和中国国内的情况毫无兴趣。他就蒋夫人打算回国的报道评论说,她这样说已经有些时候了。关于他在华盛顿的知心朋友科克伦,他说,科克伦没有从华盛顿带来什么消息,他的主要兴趣在于他自己作为陈纳德民航大队律师的业务。看来宋子文很担心他自己的病。(旁人告诉我,他一直在同时试用不同的药物,服用青霉素及金霉素等。)但是他有夸大病情的脾气,有一点感冒和胃不舒服就意气消沉。

后来,我和李锦纶交谈。他是孙中山先生的旧交,一位老国民党员,曾任外交部次长和驻波兰及葡萄牙的公使。他对李宗仁和蒋委员长的分裂感到失望。他说,只有联合阵线和有效的战斗才能给美国政府和美国人民以深刻的印象。他的朋友和广东同乡李汉魂刚才对他说,他因为蒋委员长不予合作,所以辞去了内政部长职务。李锦纶还说,蒋委员长在一次军事会议上,曾亲自直截了当地问李汉魂,为什么反对他。(蒋委员长指的是李汉魂促进广西和广东军事领袖之间的合作活动,这一活动显然是为了能更好地对付委员长。)最后,8日传来了阎锡山已飞往台北的消息。在台北,政府于9日开始工作。

第三节　对台湾及海南岛的援助问题

1949 年 12 月 9 日—1950 年 3 月 7 日

一、援华法案的延长

1949 年 12 月 9 日—1950 年 2 月 15 日

1949 年 12 月 9 日,中国政府行政院开始在台北行使职权。那天是星期五,我在纽约会见代总统李宗仁后刚刚返回华盛顿。一到办公室,皮宗敢武官就接踵而至。首先,他对我说,他也和我一样,不愿站在任何人一边,一心只想为祖国效劳。显然他是以此解释为什么没有去纽约机场迎接李宗仁将军。接着,他向我报告,最近来华盛顿进行短期访问,商谈军事援助问题的郑介民将军来电,通知我 1949 年 11 月 19 日他和白吉尔上将会谈的要点,在这次会谈中,皮宗敢给郑将军作翻译(我猜想郑介民一定将会谈情况报告蒋委员长,委员长嘱他通知我。)

皮宗敢说,白吉尔曾告诉郑介民,关于援助台湾加强防务问题已由五角大楼的最高级人士根据中国的一位美国朋友所提出的备忘录以同情的态度予以讨论。白吉尔建议中国提出援助台湾的申请。他以为美国当局会予以同意:(1)拨给六个师的装备;十二艘巡逻台湾沿海的军舰和空军的备件;(2)派遣军事、政治、经济技术人员代表团帮助台湾当局,每个兵种约三十人,其中包括一批退役的和非现役的海军陆战队军官作为志愿人员由中国付酬,但也许可从经济合作署结余的中国专款项下拨付。

白吉尔说,作为上述申请的先决条件,中国政府须同意:第一,任命一位新的台湾省主席,替换已经证明为不适应局势的陈诚,人选最好是吴国桢,他担任重庆和上海市长时,在处理行政、治安、实业和劳工问题方面,证明是一个堪当其任的人;要给新的省主席以充分的权力;第二,要和美国顾问全心全意地合作,否则他们就要立即撤走。

在我的要求之下,皮宗敢说,他将把一份会谈记录和他收到的郑介民的电报给我。他们还希望我进行细节谈判,因为皮宗敢解释说,经委员长批准后,将由我秉承蒋委员长的指示进行谈判。

蒋荫恩来告诉我说,奥凯里赫上校已从威斯康星州探家归来想与我会晤。蒋还听说,大使馆有人将奥凯里赫打算访问大使馆一事报告了国务院。为此美国国务院询问国防部,据报告,约翰逊曾派一位上校同中国大使馆商讨美国对华援助问题,此事是否属实。

过了几天,奥凯里赫上校本人来访。他告诉我说,他已见过约翰逊,并获悉援华问题,特别是对台湾的援助问题,正得到推进。援华重点转向台湾,这自然是反映了新的局势。他问中国能否供应一些像钨和钼这类的战略矿产品,美国政府可以买来贮存。这样约翰逊就可据以推动对华援助。虽然大陆沦陷使得供应这些矿产品十分困难,但是我告诉他,我们能够从大陆设法弄到这些矿产品。他们可以从沿海走私外运,但数量不会太大。

同日,皮宗敢再次报告了白吉尔对郑介民提出的建议。他告诉我,郑介民是由司徒雷登大使邀请来华盛顿的,司徒雷登在发出邀请之前曾同白吉尔上将作过商议。(我认为司徒雷登那时已认识到他策动李宗仁副总统接任蒋委员长的总统职位,以及他把努力支持李宗仁作为政治解决方法以赢得中国公众和美国朝野的同情已经是事与愿违。他对中国局势的迅速恶化很可能感到意外和震惊。尤其是共产党的推进速度之快和国民党丧失整个大陆几乎已成定局使他感到焦急不安,从而使他要想出一些积极方法帮助国民党的事业。)

1949 年 12 月 10 日,王世杰从台北来电说蒋总裁仍在成都,我给蒋总裁的电报都已送成都转呈。王世杰说,美国对台湾的援助问题是一个重要问题,蒋委员长将在几天之内作出一些决定。

他要我电告我对白吉尔建议的意见并加以保密。

我立即将我对白吉尔上将援助台湾建议的看法电告蒋委员长。随后,在 13 日,王世杰从台北打电话代表委员长答复我。当时王世杰是委员长秘书处的人员,专门负责外交事务问题。我在电报中建议不宜提出过多的修正,最好是尽可能多采纳白吉尔的建议并列入提交美国政府的方案。如果感到援助的金额不够,我建议在援助计划已被通过和执行之后可提出进一步申请。我认为最重要的是争取美国开始执行一项援助计划,在执行过程中,如果我们感到需要更多的援助,可以再提出来。

王世杰在答复中表示衷心赞同我的建议,并且说,他将呈报委员长,他将在委员长从成都回来后把援助台湾问题呈交委员长本人,以便能对白吉尔的建议以及如何答复迅速作出决定。

12 月 14 日,甘介侯来电话说,李宗仁想同我谈一次话,并要求我仍在纽约见他。蒲立德也来电话说,他在去马德里看望他的女儿共度圣诞节和新年之前,愿意拜访一下李宗仁将军。我给纽约去电话作了安排,并告诉蒲立德,李宗仁将在 12 月 18 日星期日下午四点与他会见。

12 月 15 日,我收到外交部长叶公超的密电,内容是关于援助台湾问题的中文长篇备忘录的第一部分,要求我译成英文并亲自送交国务卿或副国务卿本人,请他们尽快予以考虑并转呈杜鲁门总统。叶公超说,备忘录中的建议是请示蒋总裁后决定的,而且鉴于台湾的当前情况,政府恳切希望杜鲁门总统和国务卿能对备忘录迅速予以考虑。他还说,如果我认为某些部分需要进一步充实或说明,我可以斟酌办理。为了保密起见,把这个备忘录定名为"艾丽斯"(Alice)。

16 日晚,我动身去纽约。我原想在上火车之前参加两个鸡尾酒会,但是未能如愿。因为我必须赶到车站搭乘七时的火车,可是这也未能实现,由于火车晚点两个小时,凌晨一时才到纽约。虽然如此,我在第二天一早就开始了工作。大使馆公使衔参事谭绍华从华盛顿来电话报告说,关于台湾所需援助的备忘录的其余部分已由台北用电报发来。(我曾要求谭绍华把备忘录译成英文。)

随同备忘录发来的还有叶公超的一封密电。电文说,当我把"艾丽斯一号"递交国务院后,应口头向他们说明,在美国政府着手讨论或考虑时,双方都要严格保密。他说,在台湾只有三四位经办人员知道此项建议。他要求我指定经办人员之后,不要泄露给我们在美国的任何人。但是在备忘录送出之后,应嘱皮宗敢通知白吉尔上将,并向白吉尔说明,备忘录中的计划是以他的建议为基础而提出的。只有个别地方稍作更改,那也是为了避免美国政府方面怀疑这些建议只是出自白吉尔一人之手。叶要求我将事态发展随时以密电告他。

那天下午,我应李宗仁之邀与他会晤。当时李汉魂夫人和甘介侯也在座。我在答复李宗仁的问题时,说明了美国对中国援助的情况。李宗仁迫切想把海南岛包括在我们要求援助的范围之内,并说,最好的办法是利用经济合作署的一部分中国专款给海南岛购买大米。(这似乎暗示他已知道正在准备要求对台湾提供援助。)

李宗仁没有提到他同杰塞普大使的谈话,但经我询问,他证实了杰塞普曾会见过他。他说,杰塞普大部分时间是在倾听,而对于援助问题或中国局势没有发表任何看法或提出任何意见。我还得知甘介侯曾在利斯堡会晤了马歇尔将军,可能也是关于援助海南岛问题,但是白吉尔并没有拜访李宗仁。

李宗仁主要关心对海南岛的援助,这是很自然的。首先,海南岛有很大的战略价值,中国政府和军方正在考虑是否能以海南岛作为继续抵抗共产党进攻的基地,借以保卫西南各省的剩余部分。其次,李宗仁急于想知道美国是否会对加强海南岛的军事和经济地位给予援助,因为海南岛在地理上紧邻他的家乡广西省。

蒋委员长对争取美援以保卫和发展海南岛也同样感到关心,

但是我推测他之关心海南岛是别有企图的。我认为他想把海南岛作为防卫台湾的外围，而不愿让李宗仁据有海南岛作为桂系东山再起的基地。因此，叶公超来电指示不得提及即将把有关美援问题的备忘录送交美国政府一事，并且除去经手翻译的人员以外，对任何人都不要透露。这就是中国的政治，而且在此情况下，双方都力图排斥对方。我了解这种动机，但是我没有受它的影响。在这件事情上和其他问题上一样，我只能尽力去做我认为对中国最有利的事。

我不记得我当时是否将备忘录的事特意告知李宗仁，但是我想我也没有特意不让他知道这件事。我不记得在那次会见中他问过我这件事情，而且在那以后，援助问题从来不是李宗仁与我郑重讨论的主题。李宗仁的意图是直接从美国政府探明对中国的援助是否有望；如果有望，那么金额是多少和什么时间实行。因为他认为美国一方面无意给蒋委员长领导下的国民政府以更多的援助，但是在另一方面，可能会给他自己领导下的政府以援助。事实上，他出访美国的主要目的就是为了要弄清这一点。因为他只有通过访问美国，获得援助，才能继续行使代总统的权力。我的立场则一如既往，就是努力为中国的事业效劳。我并不偏袒蒋委员长和李宗仁之间的任何一方。只要委员长所做的事情符合中国的利益，我就会像以往那样站在他那方面，如果李宗仁做的事情对中国有好处，我的立场也是如此。

至于白吉尔对李宗仁的态度以及他为什么没有拜访李宗仁，我已无法确切回忆。我在 11 月 10 日赫尔利的午宴上见到白吉尔时，他曾强调指出有必要纠正台湾的令人不满的状况。11 月 19 日，在"会见新闻界"节目中，他曾说蒋委员长是一位固执的人，国民政府在军事上节节失利是由于领导无方。后来我问他时，他说，委员长应该给李宗仁充分的机会来处理局势，李宗仁是一位诚实的人。我的印象是，白吉尔实际并不想在委员长与李宗仁的政治斗争中站在哪一方。他只是急于援助中国政府对共产党进行斗争。同时,他批评国民党政府做了一些本不应该做的事情。据他看来,这些事情使得政府在与共产党的斗争中处于劣势。

第二天是星期日。早晨我忙于在纽约塔里敦的塔本山俱乐部餐厅为李宗仁夫人和她的随行人员准备一次午宴,要安排接送、座位、菜单和酒等。十一点半我去接李夫人和她的儿子。其他客人有李汉魂部长夫妇、甘介侯博士夫妇、李总统的副官王治将军、黄旭初先生、贝祖贻夫妇、张平群夫妇和李锦纶博士夫妇。他们事先都被邀请在新月公园旅馆集合,以便一起出发。

午宴后,我按约定前往里弗代尔拜访了蒋夫人。她对于我参加由我国出席联合国代表团的于焌吉和保君健遵照她的建议所举办的华道夫-阿斯多里亚饭店聚会表示感谢。她暗示说,蒋廷黻博士在联合国大会办理中国控诉苏联一案中,对他的同僚不够坦率。(一定是有人向她报告。)她还告诉我说,她已经打电报给委员长,催促他迅速拨付驻外大使馆和领事馆的经费。她又说,当我们都在努力使美国政府和公众认识需要援助中国的事业以及需要我们决心继续进行反共斗争的时候,在美国的任何变节活动都将是一个沉重的打击。(最近在巴黎的中国大使馆就有一次严重的变节事件。)

我告诉她,民主党全国妇女委员会主席哈林顿夫人想要组织一次委员会的集会来欢迎她。蒋夫人表示对此感到兴趣并答应予以考虑。我提出了她能否雇用佩奇的问题;诺曼·佩奇是为我作新闻发布和对外联络工作的,由大使馆付酬,他与大使馆的合同将于1950年3月到期。蒋夫人说,她没有经费,并提到了古德温事件的经验教训。

我于12月19日星期一回到华盛顿后,吩咐皮宗敢了解白吉尔对于变动他的援助意见的细节有什么反应。星期二,我亲自拜访了白吉尔,想当面告诉他关于台湾来的备忘录内容,特别是他和我可能要对此加以补充,以免备忘录与美国政府人士近来讨论这一问题的最新发展情况发生抵触。与此同时,我想试探他对于李宗仁想提出的把海南岛问题包括进去的看法,以及对于在备忘录末尾提及蒋委员长一事的意见。

根据我的谈话记录,一开始我告诉白吉尔说,我收到了台湾一份电报,内容是关于需要美国援助以加强该岛防务,使之成为继续与大陆共产党作战的基地。我国政府要求我递交国务院一份关于这个问题的备忘录,供杜鲁门总统考虑。我说,我知道郑介民11月中旬在华盛顿时,白吉尔将军曾同他讨论这个问题,而且郑介民也曾将谈话内容告诉了我。我表达了蒋委员长和我国政府对于他为推动美国政府提供援助一事所作的努力深为感谢。然后我接着说,当然,自从11月初我同他讨论这个问题以来,局势变化很大。由于广州、重庆和几乎整个广西省的失守,政府不得不迁到台湾,但仍决心继续战斗。

我说,为了使要求援助的备忘录尽可能顺利地被国务院接受,我愿意向他请教。我告诉他,他所提的主要建议将成为备忘录的基础,但是我不知道美国政府在这个问题上的最近进展情况。不过,我听说在国务院与国防部之间以及在国家安全委员会中,都一直在进行讨论。

白吉尔说,关于向中国政府提供可能的援助以使它利用台湾作为反攻大陆的主要基地这个问题,几乎经常在讨论。他回顾了在他将要离开中国返回美国时,这个建议就已对他提出。彼时他在香港,代总统李宗仁将军和在台湾的蒋委员长都表达了同他见面的愿望。他认为按当时中国的情况,会见他们二人中的任何一位都是不明智的,尽管他本来很愿意应蒋委员长过去的邀请前往拜访。但是他不能只见委员长而不见李宗仁。为此,蒋委员长派了一个人到香港去看他,以便听取他的意见并向他说明台湾对美援的需要。这个人的名字他回忆不起来了。他当时在答复中所说的话以及他所提的建议和我们在11月份见面时他告诉我的大体相同。他还说,李宗仁那时也派了一位代表去见他,要求美国政府给予支持。

接着,我提出了几点具体问题征求他的意见。我说,首先,我奉命递交国务院的备忘录,将提到国务院通过美国驻台北总领事送交蒋委员长的备忘录以及陈诚省主席交给总领事供国务院参考的说明,这个说明是对总领事向他所作陈述的回复。为了表明中国当局已同意提出这项关于援助的要求,在备忘录结尾处还将说明此件已经蒋委员长核准。我认为这样说明是有好处的。

白吉尔认为将这些都写进备忘录是件好事。国务院一直在批评蒋委员长,并已发表白皮书声明不再给他更多的援助。白吉尔回顾了他和马歇尔的一次谈话。马歇尔把中国局势的恶化和崩溃归咎于领导无方,并认为这个问题比军事问题更为严重。政治状况也不能令人满意。中国政府所采取的经济措施同样得不到人民的赞同与支持。在中国这种实际情况下,即使像艾森豪威尔将军这样的军事天才,也不能逃脱中国军队所遭受的严重军事挫折。军队的士气已败坏到丧失战斗意志,其主要原因是给养不足和领导无方。

我同意他的意见,并说,造成这种情况的一个原因是政府的财政困难,使它无力供给庞大的军队。

白吉尔说,这是中国的问题之一。保持这样庞大的军队是不明智的。中国所需要的是适当数量的训练有素、给养充足和领导得力的军队。

其次,我说,我知道备忘录提出所需的军事援助数额将大约为二千五百万美元,但是在我收到的电报中没有分类数字。我想知道列出一些数字是否明智。

白吉尔回答说,列出可能的总数也许是有用的。据他自己计算,军事援助总额不应超过一千八百万美元,用以装备六个师,加上中国海军用的三百万美元和空军用的四百万美元。他知道已经训练了十二个师,其中六个师已经装备齐全,其余六个师需要装备,但是据他所知,这六个师也已有一些装备。中国海军只需要燃料油、备件和弹药,所有这些总共约三百万美元。至于中国空军,他知道有四百五十架到五百架飞机可用来对共产党作战,而共产党则没有值得一提的空军。因此,他认为有一百五十架飞机就足够了。这些飞机可以靠拆毁一些式样陈旧不堪使用的飞机所得的部件来进行维修。他认为中国空军所需要的备件不会超过四百万美元。

我说,除军事援助数额外,还需要加上支付美国军官和文职技术人员报酬这个项目。

白吉尔认为这是必要的,但是他认为一年有一百万美元就足够了。

我提的第三点是,除军事援助外,备忘录还将要求经济援助和若干文职人员在工业、商业、贸易、农业和行政管理等方面帮助台湾省政府当局工作以及帮助采办某些商品,如化肥和棉花。备忘录的建议将是利用经济合作署援华资金余额的大约三分之二,即大约六千万美元。

白吉尔说,这些官员不只是在上述各方面帮助台湾当局,而主要是监督援助款项的使用,不得浪费。他回顾了在讨论有关援助台湾问题会议上,那些持对立态度的人不断以这样的理由表示反对,即过去已经给了中国将近二十亿美元援助,尚且未见实效,如今这区区两千五百万美元的军事援助或六千万美元的经济援助能起什么作用。他说,他曾说明过去援助的失败是由于缺乏监督。他希望我对他的直言不讳不要介意。他说,现在应规定这种监督,而且他曾对美国的反对援华人士说,他知道中国方面对这种监督也是欢迎的。

我说,我的第四点是关于海南岛问题。现在中国西南地区的军事形势已经岌岌可危,海南岛的防务虽然不像台湾那样生死攸关,但是也至为重要。我问白吉尔,依他看来在备忘录中提出海南岛问题是否可取。

白吉尔回答说,他当然同意提出海南岛问题。事实上,由于国民党军队在大陆上一败涂地,过去几天中已经引起关于海南岛怎么办的多次讨论。前天在参谋长联席会议上又一次讨论了海南岛问题。他解释说,起初他们计划利用海防作为在西南各省作战的中国政府军队的供应基地,因此对于海南岛考虑不多。但是,随着广西省的丧失和云南形势的恶化,他们放弃了当初的想法,而是否可能利用海南岛就成为一个重要的问题。他接着说,当然,海南岛没有丰富的自然资源和发达的工业。日本在那里所建的铁矿工业,实际已被中国人废弃,岛上的交通也不方便。无论在工业发展和交通设施方面,或在自然资源方面,海南岛都不能和台湾相比。台湾现在应当是主要的作战基地,特别是国民政府和大多数军队都转移到了那里,其重要性更为增加。不过,海南岛可以作为继续战斗的重要辅助基地。

白吉尔说,关于台湾,他的主要意图是帮助中国政府在岛上建立起健全而民主的政府,使台湾人民感到满意并对中国当局信任。如果没有人民的支持,就没有一支军队能够有效地或持久地战斗。通过在台湾建立一个健全的民主政府,中国就会给大陆上的人民树立一个榜样,使他们可以看到台湾人民所享受的民主政府的进步和他们在共产党统治的大陆上所遭受的困苦之间的对比。

我说,这正是蒋委员长和中国政府的意图。无疑白吉尔已经注意到任命吴国桢接替陈诚为台湾省的新主席。(这项任命刚刚作出。)

白吉尔说,他对这件事很高兴。吴国桢在上海是一位能干的市长,把那个大城市的困难局面处理得很好。他曾同吴国桢谈过话,并看到他在上海的政绩,相信他能在台湾干得很好。但是他希望能给吴国桢充分的用人权限,因为,如果没有这种权限,吴就不能成功。

我说,我已经在给我国政府的电报中强调了这一点,而且我相信已被采纳。接着,我提出了我愿同他商量的最后一点,就是递交备忘录的程序问题。我解释说,摆在我面前有三个途径:第一,把它交给国务卿;第二,交给主管的助理国务卿巴特沃思,请他转交国务卿,过几天我再拜会国务卿了解他的反应;第三,呈交总统,他自然会交给国务院考虑并向他汇报。

白吉尔说,他赞成第三个途径。首先,若不这样,总统也许就不能很快地知道备忘录的内容。再者,国务院有人不赞成再给中国援助。

我说,我愿意仔细考虑哪一个途径最好,并表示同意白吉尔的看法,就是不论采取哪个途径,由于局势急迫,此事应迅速办理。

在问到他认为这次是否可以得到一些具体结果的前景时,白吉尔回答说,也许他是过分乐观,但是前一天的最后一次会议表明,在给中国以进一步援助这个问题上会有一些结果。我说,一俟完成备忘录我就通知他,并将嘱皮宗敢给他一份。他说,他对于这样做很赞赏,因为对他来说,给他一份备忘录抄件是很有用的。

随后,我派皮宗敢去问白吉尔:(1)备忘录中是否有必要将所需军事援助总额作一估计;(2)指出如果把海南岛包括在备忘录之内,就需要增加巡逻艇的总数;(3)白吉尔还有什么建议。

皮宗敢见到了白吉尔。他回来后向我报告说:(1)仍认为提出所需军事援助的估计总额是有用的;(2)为了海南岛的防务而需要增加多少船只执行巡逻任务这个问题可以留待以后讨论,但可在备忘录中"十六艘适于执行巡逻任务的船只"这句话之前加上"大约"一词;(3)最好在备忘录中写明提请总统考虑。(他显然认为这样一来就可以像通常那样交到国务院,并可保证使总统很快看到。)

次日,即12月21日,我请皮宗敢前来,吩咐他将所提出的装备保卫台湾的六个陆军师的一千八百万美元和海军所需要的三百万美元分成细目。我还告诉一同前来的毛邦初把分配给中国空军的四百万美元也同样办理。接着,王治代表李宗仁前来询问援助海南岛的可能性。他告诉我说,他曾拜访白吉尔;大概也是为了这个目的。

皮宗敢第二天回来时,带来了一些好消息。他再次见到了白吉尔上将,把我即将递交国务院的备忘录的提纲给了他。白吉尔告诉他,在美国援台的讨论中,已经达到了他的看法为各方面所接受的地步。他感到成功在望。不久,技术代表团的李翰和沈熙瑞来访并报告他们与经济合作署援华处长约翰·纳森先生的谈话。这一次他们得到的印象是台湾有可能也得到一些经济援助,但现在这件事要看上级的决定。

12月23日,我接到叶公超对我20日去电的复电。在我的去电中曾告诉他,我已将援助台湾的备忘录译成英文并准备亲自递交,但曾先和白吉尔晤谈,以便摸清美国方面最近的事态发展。在电报中我还报告了我与白吉尔谈话时他所提出的几点意见。我认为这几点似乎很重要,我们应该将备忘录进行修改并作一些补充。

叶公超复电的大意是,我可以根据白吉尔上将的意见斟酌修改备忘录。但在备忘录的结尾,应该说明此项计划完全是根据台湾的需要而拟订的,并说明虽然其他地区的战局十分困难,但我们仍将竭力设法保持我们的地盘;不过,因为海南岛对于我们在大陆上当前和今后的战斗具有很大的重要性,希望美国对保卫这个岛屿也给予援助。叶外长还说,他强烈希望我尽快将备忘录递交国务院。如果备忘录的英文本不太长,我就用电报发给他;不然的话,我可予以密封并请美国方面加速送交台湾。

那天中午,我在双橡园设午宴招待来华盛顿访问的程天放和外交部次长董霖。程天放是前宣传部长和立法委员,当时正作为中国代表在美国出席联合国大会,而外交部董霖次长则是在完成出访欧洲的特殊使命之后访问美国的。客人中有巴特沃思。他最近被任命为负责远东事务的助理国务卿。我告诉他,这个宴会是为他而设的,他显然对此很高兴。由于他对于几个来自中国的显要人物出席宴会不大感到兴趣,我事前请他务必光临。我以适当的赞誉之词提议为祝贺他的丰富经验、显著成就、远大前程和处理错综复杂问题的卓越能力而干杯。他为董霖祝酒,因为这次宴会是在董霖访问之际而为巴特沃思安排的。我为程天放祝酒,并把他说成是中国立法院中兼有参议员康纳利和众议员约翰·基两人特点的人物。

下午四时,我到国务院拜访了巴特沃思。这次拜访是在午宴时匆促约定的。因为我急于要将我写给国务卿艾奇逊的信交给他。信的内容是关于我们要求援助,把台湾建成反共的主要战斗基地。我希望和巴特沃思就此问题进行会谈。远东司副司长利文斯顿·麦钱特也在座。

我首先说明,我急于要见巴特沃思,是因为想交给他一件致国务院的照会;其中还包括一份关于台湾形势的备忘录。并要求军事和经济援助。我接着说,11 月初,国务卿曾通过美国驻台北总领事交给蒋委员长一份备忘录。总领事还将该备忘录抄件交给了省主席陈诚,陈诚也交给总领事一份供国务院参考的报告书,其中提到了改革计划,加强台湾防务的要求和稳定经济的要求。

我说,中国当局一直在尽最大努力实现台湾行政管理的改革,为的是取得台湾人民的好感和赢得他们的信任与支持。吴国桢被任命为新的省主席。他是一位能干的行政官员,在任上海市长和重庆市长期间积累了丰富的经验。吴国桢立即改组了省政府,使省政府委员大部分由台湾人担任。前任省主席陈诚在任职期间曾将农民的赋税从按产量抽百分之五十减到百分之三十七点五。这次减税大大减轻了农民的负担,产生了良好的效果。我说,我确信新的省主席会继续推行有利于台湾人民的其他改革。在改组台湾省政府方面,吴国桢的信念是基于要使台湾免遭侵略,既有赖于军队的力量,也有赖于当地人民的忠诚与合作。

我接着说,为了保证台湾的安全并改善其经济生活,中国政府将尽最大的努力。但是,与此同时,为了使其任务更易于和更有效地完成,它也愿意从美国得到一定数量的援助。正如照会中所指出的,我愿着重说明,我国政府不会由于有了援助而忽略自己的责任或者丝毫放松自己的努力。因为中国认识到毕竟它必须自助,它所要求的任何援助只是为了帮助它更有效地履行自己的责任而不是把责任推给旁人。然后我将照会交给了巴特沃思。

巴特沃思没有看照会就说,他愿意首先说任命吴国桢为台湾省新主席是一步好棋。但是吴国桢在同美国驻台湾助理武官谈话时曾说,美国政府期待中国进行的一切改革都已经办了。他(巴特沃思)不理解这一点,因为美国政府从未建议中国政府应采取的具体步骤。它所感到关切的是中国政府应该为台湾人民谋幸福,以保证他们的忠诚,从而巩固台湾抵御共产党入侵的防务。

我说,我国政府的看法已经在照会中阐明,这就是它已认识到改革的必要并且认为这完全是它自己的责任。

巴特沃思表示同意这一看法。他说,吴国桢是一位能干的人,他的能力在任上海市长时已经得到考验。他还开玩笑地说,吴国桢的成功还由于他是普林斯顿大学的毕业生,尽管这方面所占的分量很轻。他还确信麦钱特先生也会同意这个观点。

我说,我认为巴特沃思的说法非常谦虚,因为我知道他和麦钱特先生都毕业于普林斯顿大学,而普林斯顿大学也像哥伦比亚大学那样,是一所好大学。

巴特沃思然后又说,为了使新的省主席能够有效履行职责,应该给他足够的权力。他听说吴国桢在维持台湾的治安与秩序方面没有广泛的权力。他接到报告说,大量的武装部队和难民从大陆转移到台湾。他想知道岛上是什么军事体制。它是否由委员长全权指挥?他还接到报告说,陆海空军在岛上各行其是,士兵在街上到处游荡,向当地人民征用房屋和补给品,而省主席无权加以干涉或制止。

我说,除去任台湾省主席时间不长的魏道明外,吴国桢是第一位文官省主席,他在指挥台湾的行政机关方面拥有广泛的权力。台湾防卫司令孙立人将军毕业于弗吉尼亚军事学院,负责台湾的防务,他当能约束驻台军队的行动。

巴特沃思在谈到请求援助时说,他认为台湾如果不是承担中央政府的财政负担,它的收入应该能够自给自足。

我说,并非如此。事实上台湾省政府的收入和国民政府的收入界限分得很清楚。台湾岛的收入优先满足省政府的需要,中央政府则依靠它自己的资产维持,即从大陆转移到台湾的外汇、金条和银锭。现在外汇所余无几,中央政府来自大陆的收入也已濒于枯竭,唯一剩下的财源不过是一定数量的金条而已。

巴特沃思重申台湾的财源应能自给有余。他问要求进一步援助的用意何在,是为了援助台湾本身呢? 还是为了加强台湾的地位,使之成为在大陆继续战斗的作战基地呢?

我答复说,主要是为了使台湾能够免遭侵略并将它建成一个对大陆上共产党进行有效斗争的主要作战基地。

巴特沃思表示希望中国当局尽一切努力改进台湾的行政管理,使之成为一个良好、稳固、有效率的民主政府的榜样,从而影响大陆上的人民,引导他们同在共产党统治下不得不忍受的令人不满的情况进行对比。

我说,这正是台湾中国当局的意图,我刚交给他的照会就说明了这一点。关于这个照会,我还要说明其中所要求的经济援助和军事援助都没有包括细目。我得知经济合作署的纳森先生在台北时,当局曾给他一份关于经济合作署的援华拨款余额使用意见的备忘录,我想国务院已经从纳森那里收到一份该文件的副本,如果巴特沃思想从大使馆得到正式副本,我乐于给他一份,不过外交部给我来电说这个备忘录尚在邮寄途中,我还没有收到。

巴特沃思说,国务院已经有了中国备忘录的全文,没有必要再给他一份。

我又重复说,关于所提出的军事援助,在备忘录中未列细目,不过我有资料并乐于给他。我希望他如需要什么资料，务必告我，我愿将我手里的所有资料都向他提供。

我回到大使馆后，立即电复当天早些时候收到的叶公超来电。我告诉他，收到来电后，我立刻将备忘录作了一些修正，并将修正后的备忘录连同一份照会交给了助理国务卿。我把同巴特沃思谈话的要点告诉了他。接着我说，我知道在他的一封关于台湾需要经济援助的来电中，他对我提到的备忘录就是他在台湾交给纳森的备忘录。这份备忘录大使馆尚未收到。但我获悉国务院于12月22日已经开会讨论过这份备忘录的内容。虽然会议的气氛还不太坏，但是没有作出决定。我还说，我将寻找一个合适的途径把我给国务卿的备忘录送一份副本给他。

12月27日，我将我的信和关于台湾问题的备忘录各一份交给皮宗敢，以便他能交给可能已从旅途归来的白吉尔上将。次日，皮宗敢报告说，他已将文件交给白吉尔。白吉尔问他，为什么孙立人将军没有充分的权力，并且还有其他比他职位高的人干预他的工作。皮宗敢告诉他，除孙立人外，只有东南军政副长官罗卓英中将和保安副司令彭孟缉将军；那就是说，他们也负责保卫台湾的事务。但是白吉尔说，他知道这件事。（这也是我最近与巴特沃思谈话时他们所提出来的一个问题。）

随后，程天放前来道别。我对他说，如果李宗仁要求会见杜鲁门总统，我不能拒不为他办理。程天放表示同意，他问李宗仁将以什么身份会见杜鲁门总统，并说不能以代总统身份。我说，即使作为副总统，他也可以要求会见。（程天放是站在蒋委员长方面的，而我则想让他知道李宗仁不论以什么身份都有权要求会见，而且我将以对我们来说最好的方式为他安排会见，并陪同他以及为他引见。）我告诉程天放说，美国所愿见到的是中国领袖之间的团结与合作。代总统没有指挥军队的实权而委员长则对军队行使着有效的权力，这种怪现象，美国政府是难以理解的。他们经常问我这个问题。还有不经政府批准，而径由蒋委员长手谕派汤恩伯接替朱绍良任福建省主席这件事,也是美国朋友质疑的一个问题。程天放说,这是一个不可思议的行动。

曾琦是那天的第二位来访者。他要求与我合力斡旋,使委员长和代总统李宗仁之间实现和睦相处。他说,他的党的一百九十八票对选举李宗仁为副总统起了决定作用,而且在选举前夕委员长批准了青年党对李的支持。(他想给我这样一种印象,即他是李宗仁副总统的朋友,也是委员长的朋友,而且他对李有一定影响,因为青年党曾帮助李当选为副总统。)

曾琦阐述了他引用曾国藩与李鸿章的故事成功地说服委员长明智地同意选举李宗仁为副总统。曾琦对委员长讲了曾国藩如何坚持推荐李鸿章接替他担负起镇压继太平天国叛乱之后的捻军叛乱的任务,以及当朝廷怀疑他的动机是企图规避责任时,曾国藩又如何表示愿与李鸿章留在一起,作他的幕僚。他这样做就帮助了李鸿章在镇压叛乱中取得一次又一次胜利。而且曾国藩一直说李鸿章的胜利使曾家感到欣慰,以表明他推荐李鸿章确实出自本心。

在那个时代,所有高官显要,特别是那些声誉卓著的人,都由于这类事情而遭到朝廷猜疑。因此,在曾国藩镇压了太平天国叛乱拯救了清王朝之后,奉诏镇压捻军叛乱而推辞不就并转荐李鸿章时,也受到了猜疑。朝廷怀疑他不愿担此重任,而只望李鸿章失败。这种猜疑对曾国藩来说是很危险的,因为那时流言蜚语说曾国藩怀有野心,特别是他的一些亲信曾向他建议驱逐满人,自登皇位。所以,为了证明他的忠诚,他确实留下来辅佐李鸿章并帮助李鸿章取得胜利。曾国藩的行为是和当时有野心的领导者盛行的"功由我成"传统作风背道而驰的;"功由我成"这句成语的意思,是"如果有机会得到巨大成功,必须由我来完成",这样我就会享受胜利果实。曾琦对委员长讲这个故事,为的是说服他与李宗仁合作救国,尽管李宗仁当时作为副总统的权限是次于委员长的。

我对曾琦说，实际情况只有三种可能：两位领袖之间进行充分与坦率的合作；或者李宗仁继续享有总统的全权而不受委员长干预；或者委员长恢复总统职位，执行宪法赋予的充分权力，继续同共产党战斗，而不受李宗仁的干预。任何没有偏见的旁观者都可以看出这是清清楚楚的三种可能，如果表面上说是争取一种可能，而实际却意在另一种可能，这是没有用的。造成实际混乱的正是这种原因。我告诉曾琦说，如果一个人接受任务并承担全部责任，另一个人就应引退在野，他可以出国考察增长才识，以备日后工作。如果另一个人愿意接受任务，则第一个人就应让他单独去干，自己则出国考察，而不应仍留在那里想方设法企图卷土重来并进行牵制干预。我说，由于我个人劝说他们二人合作的努力已经失败，我不知道对他们还有何言可进。然而曾琦先生对国内政治情况和美国的希望均了解颇深，他当能想出良策弥合两位领袖之间的裂痕。

同日下午晚些时候，在莫勒的鸡尾酒会上，维松对我说，遏制政策在欧洲的成功不是由于马歇尔计划，而是由于在的里雅斯特有四万美国军队和在西德有八万美国军队。他说，苏联不愿战争，并将尽一切努力避免战争。维松确信如果美国准备在一两年之内对苏联进行战争，那么，马歇尔在第二次世界大战期间所倡导、并成功地执行了的欧洲第一、亚洲第二的政策就是一个明智稳妥的政策。但是就遏制政策而言，亚洲比欧洲更为重要。这是一个正确的见解，我个人也持有这种看法。实际上在第二天，即12月29日，我拜访助理国防部长格里菲思会谈时，也提出了这个见解。

我和格里菲思安排好共进午餐，并在约翰逊的办公室举行密谈，因为当时国防部长到佛罗里达去了。这次谈话是十分愉快和友好的。根据谈话记录，我一开始就告诉他说，对国民党中国，特别是对台湾的援助问题，美国政府已经讨论了一些时候，报纸关于这个问题也发表了大量的消息。据我看，似乎有两种不同的意见,一种是赞成,一种是反对。我想知道美国政府的真正态度。

他说,他不了解最近的情况。这件事曾由参谋长联席会议予以讨论,而且我也知道,国防部长本人从国防利益出发是赞成给中国援助的。

我说,我听说那天下午国家安全委员会将举行会议。我问他,国防部长是否还在佛罗里达。

格里菲思答复说,部长不在时,通常由副部长代表他出席会议。但是约翰逊对这个问题的看法已经全部向总统提出,他的同僚也都知道。这样办了以后,约翰逊便没有什么事要做,所以他就外出了。格里菲思更坦率地说明了国务院和国防部之间的权力之争。他说,国务院认为亚洲及西太平洋地区的安全和外交问题有密切联系,而国务院是负责处理对外关系的,应由它主管。他又说,杜鲁门总统决定在对外援助事务方面,国务院负主要责任,因此约翰逊最近很少谈论中国问题,并在表明自己的看法之后就听任国务院处理。

我说,在正常情况下,安全是一个首要目标,国务院的职责就是提供支持以达到这个目标。格里菲思说,在战时是这样的。上次战争期间,军事部门的意见所产生的影响居于支配地位,总统很信赖这些意见。但是在和平时期,情况就不同了。(这是一个很好的解释。它也说明为什么马歇尔的意见总是受到如此重视。)

我说,台湾的安全与防务不仅对中国有着极为重大的利害关系,而且对整个亚洲和西太平洋地区也是如此。共产主义的威胁是一个全球性的问题。美国如果把注意力集中在欧洲而不顾亚洲,它遏制共产主义的政策就不会有效。

格里菲思说,他也具有同感。然后他回顾了他同巴特沃思在一次会议上的谈话。他说,他们的座位相邻。他对巴特沃思说,他不能理解国务院所主张的中国政策。巴特沃思说,中国的情况十分复杂,而格里菲思对此并不了解。(言外之意是,他自己了解得多,他的意见理所当然地应占上风。)当格里菲思指出国务院对西欧的政策和对亚洲的政策明显不一致以进行反驳时,巴特沃思说,如果他要把全部理由相告,说来话可就长了。就这样,结束了那次谈话。

当我询问格里菲思对于国会通过给整个中国地带的七千五百万美元的使用办法是否已作出决定时,他说,那要由总统决定;据他所知,还没有作出决定。(人们可以看出,美国政府对于国会交办事项是并不着急的。)

我说,我以赞赏的心情注意到美国退伍军人协会在其最近的年会上所采取的立场,反对承认中国共产党政权和赞成向中国的国民党政府提供援助。

格里菲思说,他最近曾同美国退伍军人协会的新司令谈话,这位司令非常同情自由中国的事业。他还说,他和国防部长都是美国退伍军人协会的历任司令,他们经常和协会联系密切,这个协会在美国的公众舆论中是一股很大的力量。

接着,我把我写给国务卿的备忘录抄本交给格里菲思,请他在约翰逊回来时转交供其个人参考。但我希望格里菲思在交给国防部长之前,他自己先看一看。我还请他在约翰逊返回时代我与他约定会晤一次。

在那天的日记里我写道:

> 格里菲思说,约翰逊已经尽了最大努力,并已提出援华符合美国防务计划利益的观点。不过由于杜鲁门总统曾说而且艾奇逊也坚持在和平时期,国防涉及外交关系时,就要服从于外交政策。因此,约翰逊就不便多说,但是他将继续帮助中国。

> 格里菲思详细叙述了他在一次会议上坐在巴特沃思旁边,并对巴特沃思说,美国政府花费数以十亿计的美元在西欧遏制共产主义,却把中国和亚洲放弃给共产主义,他不明白这是什么意思。巴特沃思认为格里菲思不了解情况,并且

只说了一句说来话可长了。但是格里菲思紧追不舍;他说,他对于中国虽然所知不多,但却看到了美国政策的矛盾。

董显光是委员长的忠实追随者。我记得他曾告诉我,他年轻时教过委员长英文。他刚从台湾和香港来。12月29日,他在大使馆逗留并把他和白吉尔的谈话以及他的使命告诉我。他的使命是:(1)转达委员长对白吉尔的感谢;(2)探明美国是否仍反对委员长的统治;(3)摸清美国政府和公众舆论关于承认共产党政权的态度和意见;(4)摸清美国政府能否制止英国承认共产党政权;和(5)摸清第三次世界大战会不会在最近的将来爆发。(我想这些问题是根据委员长的指示提出的。)他对我说,在日本,他得悉日本人认为六个月后,当苏联已生产出两千枚原子弹而美国只储存一千五百枚时,战争就会爆发。(由于台湾也持有这种意见,好像日本的意见和台湾的意见是互为补充的。)

董显光说,他还要带个口信给蒋夫人,就是将为她派一架飞机去马尼拉(显然委员长要她一定回去)。委员长还托付他转达对我在美工作的嘉许和对工作中困难的体谅,并且要求我不要有辞职的念头。然后他问我,在美工作有什么困难。我告诉了他,并且答应给他一份节略以供他个人参考。这份节略他可以用来如实向委员长汇报。他说,委员长会为我解决这些困难的。

第二天,曾陪同董显光拜访白吉尔上将的皮宗敢前来汇报。正像董显光对我说的那样,他告诉我,白吉尔对于孙立人将军虽然任台湾的防卫司令而没有掌握很多权力感到非常遗憾。当皮宗敢再次向白吉尔解释说,除去孙立人之外,同时还有东南军政副长官和台湾省保安司令时,白吉尔说,那正是他从台湾已经听到的说法。白吉尔还询问了吴国桢的权力和台湾人在台湾省政府中所占的比例。皮宗敢说,董显光已经向他作了详细叙述。白吉尔说,备忘录给人这样一种印象,即对台湾的援助是为了在大陆上继续作战;这就可能使国务院认为需要支出巨额款项才能收效,因而进行反对。董显光已向白吉尔说明,当他离台之前,政府的最后决定是集中力量首先保证台湾的安全。

皮宗敢又说，在给予吴国桢和孙立人以充分权力这一点上，董显光已向白吉尔保证照办。白吉尔答复说，他很高兴得到这项保证，并将告诉那天下午准备举行的国家安全委员会会议（这是12月29日的重要会议）。皮宗敢说，白吉尔对于我在上周递交了有关援助的备忘录感到高兴，并说很及时。皮宗敢还说，他曾告诉董显光在回台后，必须实践他对白吉尔提出的给吴国桢和孙立人以充分权力的诺言。（我记得我已经说过，孙立人很钦佩马歇尔，因为他和马歇尔都是弗吉尼亚军事学院的毕业生，而马歇尔可能由于同一原因也赞赏孙立人。事实上，在1948年我同马歇尔的谈话中，他常常提到孙立人的名字。）

同一天，我给外交部长叶公超发出第二封电报，报告国家安全委员会会议的结果。这次会议讨论了要求对台湾援助和在亚洲防御共产主义问题。杜鲁门总统主持了会议。在12月29日的第一封电报中，我说，会议没有发表公报，但我收到一份机密报告，大意是：（1）在会上，参谋长联席会议曾建议向中国提供援助；（2）会议的一般气氛相当良好，在新的一年开始时，出现这种有利的气氛，显示着会有一定的事态发展。我还报告说，海军部的公报宣布派遣一艘二万七千吨的航空母舰和两艘驱逐舰从西海岸出发增援太平洋的第七舰队。

在第二封电报里，我说，根据可靠情报，前一天举行的国家安全委员会会议讨论了参谋长联席会议提出的向台湾提供援助的建议，最后没有作出决定。他们要等到国会复会，以便先向参议院外交委员会提出报告，并在就援助问题作出决定之前试探该委员会的意见。我请外交部长把这个电报也报告委员长。

我电告叶公超说，另一份报告称，在上述国家安全委员会会议上，国务卿对于援助台湾的建议抱十分犹豫的态度。他的理由是，这种援助只会增加国务院处理对外关系的困难，而且还会影响政府对付整个亚洲的共产主义威胁的全盘政策。我还说，《纽约时报》当天（12月30日）上午刊载的一则华盛顿专讯称,杜鲁门总统在援助台湾问题上由于国务卿的反对而感到棘手。

次日,我又去电阐述华盛顿专讯的内容。根据这个专讯的要点,我说,据称杜鲁门总统由于最近的下列事态发展而感到为难并处于困境:

（1）英国和印度最近将承认共产党政权。国会不久即将复会,据说许多重要的议员准备对政府的中国政策进行抨击,理由是政府迄今未制订拯救亚洲的明确政策。如果政府的政策是继续承认国民政府而且还向它提供援助,那就同印度宣布的政策背道而驰,而且对政府最近所宣布的同亚洲其他国家合作的政策也有不利影响。另一方面,如果政府不采取对中国有限援助的新政策,那又会同国会中有影响的议员们所表明的意见相抵触,从而不利于对欧洲经济与军事援助法案的通过。

（2）麦克阿瑟将军和五角大楼都认为如果台湾落入共产党手中,美国在日本、冲绳和琉球群岛的地位就会受到威胁。此外,参谋长联席会议承认台湾的战略重要性。但他们也持有这种观点,即援助台湾可能冒引起战争或招致台湾人民反对与叛乱的风险。国务院具有同样的看法,并认为这样做是得不偿失。

（3）苏联和南斯拉夫在联合国安理会已经提议撤销对国民政府代表的承认。如果英国、埃及、法国和挪威都承认了共产党政权,美国就不能不与之配合并采取同样行动。因此,美国也就会同苏联与南斯拉夫合作,支持接纳共产党代表,从而造成这样一种反常的局面,即美国不得不同它还没有承认的共产党政权代表坐在一起。同时,美国所承认的国民党中国政府代表将不再为其他国家所承认。

（4）由于中国代表权问题所引起的困难,使美国急于同日本签订和约的政策也将不得不推迟执行。

我发出电报后不久,无线电广播中宣布了印度承认共产党中国。这使得英国承认共产党更加迫在眉睫。宋子文甚至在十五分钟内给我来了三次电话谈到中国航空公司和中央航空公司托交香港法院监管的飞机和其他财产问题,因为他担心一旦英国承认共产党,我们对财产的要求权就会大大削弱。

在此期间,我在参议员诺兰的办公室里拜访了他。原先,当这位参议员于30日晚间给我来电话说想同我谈谈时,我本定于1月3日与他会晤,但因我想给他一份备忘录,于是改为31日当天去看望他。诺兰强调了中国领袖们团结与合作的必要。他说,这会使美国更易于提供援助。他还说,他反对英国承认共产党中国,而且刚刚就此问题接见了新闻记者。

他说,尽管有人可能不相信这一点,但承认共产党中国就将意味着赞成那个政权,这等于告诉在共产党统治下的中国人民,民主国家不再关心他们争取自由的斗争,共产党可以随意对他们进行压迫和镇压。他感到这无异于在道义上赞同那个政权的宗旨。在答复我的问题时,他还说,因为时间紧迫,当1月份国会复会之后,很快就会在参议院进行对外政策,包括中国问题的辩论。

根据我的会谈记录,我在开始时谈到了他最近的中国和远东之行,并希望他对中国的访问是愉快的。

他说,对中国之行很满意。他先到台湾,见到了那里的一些领袖人物,然后去重庆,在那里他三次见到蒋委员长。以后他又前往香港,见到了李宗仁将军。我问他在中国所得到的整个印象是什么。这位参议员答道,他在台湾的见闻给他印象很深。他看到那里新训练的部队的士气很旺盛。他认为如果美国给予援助,台湾是能够防守的。但是据他看来,中国所需要的是全体领袖齐心协力共同工作。如果由于意见分歧,态度各异,从而造成反共力量的分裂,这是一个很大的障碍,它不仅削弱同中国共产党战斗的力量,而且使得美国更难提供援助。他回顾俄国共产主义革命之所以获得成功,是因为俄国的各派反共力量未能团结起来对付共同敌人。英国和法国都曾设法向俄国的这派或那派提供援助,但是由于各派之间的对抗,他们的援助没有收到效果。我认为这是很恰当的例子。我说,我完全同意他的看法。事实上,在这一年的初期,我和在美国的许多知名中国人士曾联名致电国内敦促各个领袖摒除分歧,协力对付共同敌人。接着,我问这位参议员是否认为美国政府可能在最近的将来采取行动向中国政府提供援助。

诺兰回答说,他没有得到这方面的消息,但是他恐怕政府并未改变它的政策(即不给国民党中国以援助的政策)。不过,他和参议院的许多朋友将把这个问题提出来讨论。他在看到台湾情况之后,坚持这样的意见,即帮助中国对抗共产党的统治为时还不算太晚,也有钱提供援助。除上届国会通过的七千五百万美元军事援助外,经济合作署援华资金余额大约还有一亿零六百万美元。他说,后一数字是他在那天早晨才从经济合作署得到的。但是,他着重说,关键在于时间,因为印度已经承认共产党政权,英国和其他国家不久亦将效尤。这一切都会使国务院更有理由说美国不得不面对现实而照此办理。接着,我们比较详细地讨论了承认共产党政权的问题。

那天晚上我同家人一起守岁。我在日记中写道:

> 又一年过去了,庆祝 1949 年元旦好像只是几个月之前的事。

元旦那天,我照例为华侨界在双橡园举行招待会。到会的人不少,包括他们的眷属大约是二百人。这一年我没有发表讲话,但提议为中华民国万岁干杯,并为出席来宾的健康和幸福干杯。

从台湾发来的蒋介石委员长的新年祝词。在祝词中他承担了过去全部错误的责任,并宣称只要还有一寸中国领土被占领,在他有生之年,就决心为反对苏维埃统治而继续战斗。

在美国,包括《华盛顿邮报》在内的各报刊登了一条显然来自国务院方面的电讯,大意是杜鲁门总统不会改变其对中国和台湾的政策;他已裁决不派美国军队占领台湾;在向台湾提供一些政治和经济援助的同时,将不给予军事援助,但不会反对中国政府雇用非官方顾问来帮助台湾。第二天,WINX 电台作了同样的报道。

1月2日,参议员诺兰来电话告诉我,前总统胡佛在给他的复信中,列举七点理由强烈主张美国帮助蒋委员长保卫台湾与海南岛,甚至在必要时可以出动美国海军。诺兰还探听甘介侯的地址,并请中央通讯社的李先生将胡佛的信电告台湾。这封信在美国也发表了。参议员塔夫脱在记者招待会上对胡佛的建议立即表示赞成。塔夫脱几天前在会见新闻界时,曾提出如有必要美国应派海军保卫台湾不使落入共产党之手。

次日,国务院新闻秘书麦克德莫特发表了一份新闻公报。在公报中,国务院将迟迟不对援助台湾与中国采取行动一事归咎于我国大使馆未能提供必要的资料。这个说法既不公平也不正确,因为巴特沃思以前曾对我说,由于国务院已经从台湾收到了备忘录并且一直在进行研究,所以没有必要再送补充的和更详细的经济援助备忘录。至于补充的军事援助备忘录,在我告诉他我已备妥并且他什么时候需要我就什么时候送去之后,他说,他需要时就告诉我。

我把李榦请来,吩咐他准备一份经济援助备忘录。我还请王守竞和皮宗敢准备一份技术和军事援助备忘录,以备递交国务卿。我甚至要求他们当晚备妥,以便在第二天,即1月4日能立即发出。

1月3日下午,我接到了参议员弗格森的电话。他是密执安州的共和党人,任参议院拨款委员会委员,对国民政府十分同情。他想知道孙立人是否已见到麦克阿瑟将军,因为他根据孙立人的请求,亲自安排了这两位将军的会晤,可是董显光曾对我说,何东爵士的儿子、当时是盟国对日委员会成员的何世礼将军已由麦克阿瑟的助理威洛比将军邀请去见他了。因此我告诉弗格森,孙立人稍后将去会见麦克阿瑟。遗憾的是,我已记不起讨论内容以及孙立人究竟去见麦克阿瑟没有。不过很可能那次讨论和军事援助问题有关,因为麦克阿瑟是同情中国国民党事业而反对共产党的。

同一天,我得到报道说,英国已经通知美国,它打算在1月7日或至迟在9日承认共产党政权。

4日星期三,我参加了国会的两院联席会议。杜鲁门总统在会上发表了国情咨文。各外交使团都派代表参加,有大约四十位大使和公使出席。总统的国情咨文内容广泛,并且因为它的内容和语调比上年的咨文温和得多,所以很受欢迎。许多参议员当我走过他们面前时,都在他们的议员席上向我致意,其中有参议员康纳利、兰格和纽约州的新参议员莱曼。莱曼在1949年11月的选举中战胜了杜勒斯,我记得当时我很惋惜,因为杜勒斯曾是支持我们事业的一位活跃的朋友。

星期三下午,我参加了皮宗敢为白吉尔夫妇举行的鸡尾酒会。酒会上的交谈是很有启发性的。白吉尔说,他在提出援华问题上已经尽了最大努力。但是由于这个问题已成为一个政治问题,他决定不再介入,以免在同政府的关系中陷于尴尬地位。不过如果参议院外交委员会举行听证会而请他出席,那么他有责任说明原委并详述他对这个问题的看法。他暗示障碍在于国务院的反对。

他极力主张中国应继续在台湾进行改革,以使反对援助者无懈可击。他是在我告诉他吴国桢已被派兼任保安司令,从而使他有可能履行维持台湾的治安与秩序的职责而不受军方人士的干扰之后说这番话的。我还告诉他,委员长十分赞赏他的努力,并且愿意接受他对台湾行政各方面提出的建议。

白吉尔夫人告诉我,她的丈夫确实作了极大的努力。他到飞机场去迎接总统,又遵照总统的命令从飞机场赶到白宫去见他,因为总统刚从基韦斯特回来,而她的丈夫想敦促他帮助中国。(可以看出,白吉尔是很友好的。我认为他所代表的海军对于世界形势和国际政治比陆军更为了解,有时甚至比国务院还要了解。)

同日,我将杜鲁门总统对于援助中国的真实态度电告外交部,同时也供委员长参考。我说,杜鲁门在援助台湾问题上曾倾向于赞同,但是最近由于国务院的反对,他不愿完全由他自己对此问题作出决定,以免影响国务卿的威信。因此,他想把这个问题拖延下去,希望参议院外交委员会所作出的最后决定使他便于自己作出裁决。他估计这个委员会的决定会赞成援华,尽管艾奇逊在委员会的证词将与此相反。

第二天的新闻十分离奇。首先,据说国务院曾秘密指示美国国外各领事和外交代表作放弃台湾的舆论准备,国务院认为放弃台湾是预料中必然的结局。其次,更为离奇的是这些指示是在1949 年 12 月 23 日发出的,也就是在国家安全委员会为保全台湾而对援助问题作出决定的前六天。消息说,这个秘密文件是在东京发表的,可能出自于麦克阿瑟将军的司令部。它引起了轰动和不满的浪潮。(我猜想这是麦克阿瑟将军的司令部故意发表的,以说明国务院在左右台湾命运的行动上,甚至在安全委员会作出最后决定之前,已经走得多远,因为麦克阿瑟无论如何不会赞同提前放弃台湾的想法。毫无疑问,这也是为了配合华盛顿的政治争论。)

下午,《时代》的维松又来印证援助台湾问题。他说,这个问题现在是以杜鲁门总统与艾奇逊为一方,和以国会的共和党领袖们为另一方之间的争论问题。我把我 12 月 23 日致艾奇逊的照会和 1 月 4 日关于援助台湾问题的两个备忘录中对美国政府建议的要点告诉了他。

几小时后,杜鲁门总统发表声明,断然否认向中国政府提供军事援助以协助防守台湾。这使中国的美国朋友以及我们都感到意外。现从我的新闻稿案卷中引用这个声明的最后两段如下:

> 美国对台湾或中国其他领土没有野心。美国无意在台

湾谋求特权优惠或建立军事基地,也无意利用其军事力量干预现状。美国政府不采取导致卷入中国内战的方针。

同样,美国政府不对台湾的中国军队提供军事援助或意见。美国政府认为台湾的资源足以使他们获得保卫该岛所必需的物资。美国政府建议在现行立法许可范围内,继续执行目前的经济合作署的经济援助方案。(关于台湾形势的另外三段,已于前节引用。)

当时我的反应是,这个声明显然是共和党领袖胡佛和塔夫脱的声明所激起的。他们的声明主张在必要时用美国海军保卫台湾。

继总统声明之后,艾奇逊举行的记者招待会,甚至比声明更糟。他嘲笑地说,美国不能提供抗拒共产主义的"决心",而且不能重复过去的错误。他的声明重复了白皮书的论点。白皮书把情况描绘为一切失误都是中国方面造成的。

国务院发布的艾奇逊在记者招待会上发言的新闻稿送到了大使馆。我在某些段落上用红铅笔作了标记,指出我认为对我们有特殊重要性的地方。下面就引用这些段落。艾奇逊先说明总统那天早晨的声明是为了澄清流传着的流言蜚语和种种议论,接着说:

> 那么,当时的情况是怎样呢?在战争中期,美国总统、英国首相和中国主席在开罗一致同意台湾系日本窃据的中国的领土之一,台湾应该归还中国。
>
> 正如总统在今天早晨所指出,这一声明已载入《波茨坦宣言》而《波茨坦宣言》已送交日本作为其投降条件之一;日本接受了该宣言并在此基础上投降。
>
> 其后不久,台湾岛按照宣言和投降条件交还了中国。
>
> 中国人管理台湾已有四年。美国和任何其他盟国都从未对其权力和占有提出异议……

现在,有些人认为情况变了。他们认为目前控制中国大陆的力量对我们是不友好的,而这些力量无疑很快会被一些其他国家所承认。因此这些人想要说"好吧,我们不得不等待一个条约"。但是,我们不曾等待过关于朝鲜的条约。我们不曾等待过关于千岛群岛的条约。我们不曾等待过关于我们有托管权的各岛屿的条约。

不论法律地位如何,杜鲁门先生今天早晨说,美国对台湾地位的完整性不准备在法学家用语方面进行纠缠。这就是我们的立足点。

总统说,因此对待台湾的目前局势,我们不准备使用我们的军队。我们不准备攫取这个岛屿。我们不准备在军事上以任何方式介入台湾。就我所知,没有一位政府负责人,没有一位军人,曾认为我们应使我们的军队介入台湾。

我还在艾奇逊所说的美国不能提供抵抗的"决心"的段落处画了线。

那天下午较晚的时候,中国驻智利公使吴泽湘前来交换情报。他刚从中国和香港来,行将返回圣地亚哥任所。他告诉我说,他已辞职,且经外交部同意,只等待行政院批准,但这时他在香港见到外交部部长叶公超,叶敦促他返回智利。他还说,他建议吸引尽可能多的中国企业界领袖和资本家为了将来反共活动的利益而移居国外,叶对此十分赞成。吴泽湘认为只要冈萨雷斯总统在职,智利就会是最后一个承认中国共产党政权的国家。而且,智利会欢迎中国共产党统治下的难民到智利去避难。

接着,吴泽湘把他所听说的麦克阿瑟试图劝阻委员长干预台湾行政的情况告诉了我。据他说,麦克阿瑟先是建议委员长将台湾的行政管理权交给吴国桢而自己出国。当委员长拒绝后,麦克阿瑟则暗示委员长可以留在台湾,但是不应过多地干预行政。

为了证实他的说法,我在日记中写道:

董显光曾告诉我,麦克阿瑟的副官威洛比曾会见委员长,并曾试探他对于由麦克阿瑟派一位美国官员作他的顾问有何想法。

　　这表明麦克阿瑟已察觉这个问题并试图予以解决。麦克阿瑟和委员长是好朋友,显然麦克阿瑟一定已经得到华盛顿的指示或者至少是建议,设法说服委员长离开台湾。正如我以前曾经说过,约瑟夫·戴维斯和威廉·里基特后来可能是在白宫的建议下,向我提出了同样的办法,并且要求我作为中间人把这个意思转达给委员长。

　　事实上,前大使戴维斯1月26日来电话,要求在晚上九时半来看我,虽然他很少谈到中国的当前局势,我想他是在为以后的商谈打基础。他说,他来访是为了看一看中国妇女联合会的绸缎并想买一些丝织品,因为戴维斯夫人在下午买了一些并对他讲了中国绸缎的优美。(当时,华盛顿的中国妇女为救济的目的正举办义卖。其收益将捐赠蒋夫人在中国办的孤儿院。)在说明来意之后,他询问了中国的局势。我向他作了坦率的说明,包括我对于美国对自由中国的政策的看法及其后果的担心。我对他讲了1929年第三国际第五次代表大会决定的共产国际控制亚洲的方案,以及为何中国如由共产主义控制,东亚就不能逃脱共产主义统治的原因。

　　戴维斯先生似乎对我的说法无动于衷,但他担心印度会面临中国的命运。他强调罗斯福总统在开罗会议上对蒋介石是何等帮忙,并且说有许多因素造成中国的崩溃,意思是说大多由于中国自己的错误。他告诉我,他曾参加开罗、德黑兰、雅尔塔和波茨坦会议,并曾在1943年成功地说服斯大林与罗斯福会晤。

　　他说,斯大林曾告诉他,他认为蒋介石是唯一能使中国团结一致的领袖;斯大林同意他[戴维斯]密切与中国合作以维护世界和平的意见,斯大林还赞同由美国、苏联和英国合作帮助中国。当我答称苏联没有遵守1945年的中苏条约时,他说,可能是这样的,但是他又说,斯大林也有理由怀疑西方。他回顾了邱吉尔同意于 1943 年在西欧开辟第二战场之后,又自食其言而对罗斯福说,除非美国提供所需人力的四分之三,英国就不能开辟第二战场。更有甚者,这是在罗斯福已经向莫洛托夫保证即将开辟第二战场之后,而开辟第二战场是在德黑兰会议上取得一致同意的。

戴维斯诙谐地说,他同英国人过去打过不少交道,因为他出身于一百五十年前的英格兰家系,很了解英国人。他们是通过贸易和剥削当地土著建立英帝国的,正像荷兰人、西班牙人、葡萄牙人、罗马人以及他们的前辈在亚洲早年所干的那样。他们考虑和观察问题只是着眼于对他们帝国的利益如何。

他说,英国扮演"诚实的掮客"的角色曾帮助他们建立和发展一个庞大帝国;如果为了谋求英国的利益,他们在美国和苏联以及和其他共产主义国家之间的关系和冷战中再次扮演这个角色,他不会感到惊奇。他们最近对中国所作所为就是一个很好的例子;他这样说是指英国为了贸易和保护投资的利益而承认北平共产党政权。

戴维斯说,罗斯福曾告诉他,香港应当归还中国,并作为自由港开放通商。斯大林对此也同意,并曾亲自告诉过戴维斯本人。只有邱吉尔反对。邱吉尔说,他作为皇家首相没有承担主持清算大英帝国的责任。罗斯福对邱吉尔说,他的思想太陈旧了,他应请求英皇将香港归还中国。史汀生曾对戴维斯说,他在香港看见英国官员坐在中国人拉的人力车上,还用手杖打拉车的人,因为嫌他跑得太慢。史汀生对此感到愤慨,并决心为使香港归还中国而努力,而且也对罗斯福总统这样说过。戴维斯和罗斯福认为英国没有理由保留香港,因为他们只是为了自己的利益剥削香港,而对香港的中国人则极少或者没有做有益的事。

戴维斯认为斯大林和美国都不想战争,但是很难说不会由于一些偶然事件而引起战争。不过他仍然希望这两个最强大的国家达成一种谅解,即谁也不能摧毁谁,双方都应发现在这个世界上大有共处余地。如他曾对斯大林说的那样,美国不想干预苏联本身的事务,苏联也不应干预美国的事务。两种生活方式不同,但这是两国人民自己的选择。戴维斯说,他发现许多苏联人民的生活情况比以前好,尽管他们没有美国人所理解和重视的那种自由。他相信个人主义的中国人总有一天能够摆脱共产党的统治。我对他说,这是正确的想法,但是由于共产党的严密控制,恐怖行为和宣传,人民会感到重获自由比较困难,而且需要较长的时间。说到这里,我们那天晚上的谈话就结束了。但是,我认为戴维斯来访的目的并不是真正为了对我讲他那一番话,更不是为了购买绸缎,而是为以后讨论更紧迫的问题铺平道路。

3月16日,我接待了另一起相当有意思的来访。这次来访也向我表明美国的某些人希望见到委员长离开中国。来访者是挪威人,名叫布林约尔夫·布约尔塞特,是由中国驻开罗公使何凤山用名片介绍给我的。他精悍而直爽,并且显然同美国中央情报局和战时的美国战略情报局有联系。他曾在中国多年,对西北的马家回族将领很熟悉。显然他是在为马继援和马鸿宾工作;这两个人当时在开罗设法为反对中国共产党的斗争谋求支援。布约尔塞特说,何凤山对马家考虑不多,而认为所有的援助都应该通过委员长办理,委员长仍然是反共斗争的正式领袖。

布约尔塞特对我说,马氏二人曾告诉他,他们从来没有从蒋委员长获得的美国军事援助中得到任何武器。他说,坦率地讲,美国政府和美国商界再也不信任蒋委员长了。他们认为他应该走开,而交给另外一个人继续工作。他引用了一些人的话作为这种意见的根据,其中有美国全国贸易委员会远东处秘书斯图尔特·沃纳。布约尔塞特还说,何凤山的意见是,如果这样做不便的话,可以邀请委员长去美国,由何本人陪同他去要求援助并解释反对共产党的活动。布约尔塞特希望知道我的意见。

我告诉他,已有几位美国朋友向我提出过这种建议,作为使委员长离开台湾的办法。但现实终归是现实,如果不是由白宫发出邀请,我想他未必会来。既然他现已重任总统,再次成为国家元首,他肯定不愿离开台湾或在没有正式邀请和接待的情况下访问外国。布约尔塞特说旧金山的联邦俱乐部会发出所需的邀请,而且他愿探询国务院对此将作何反应。但是我告诉他,我认为这不是切实可行的建议。

布约尔塞特虽然是何风山介绍来的,但很可能是奉中央情报局的指示。何风山本人在担任中央宣传部负责人时曾与国防部情报局有过联系,也和中央情报局保持着接触。后来中央情报局曾企图在冲绳训练中国军队,用以推翻委员长和他的台湾政府。

但是这些都是后来的事态发展。早些时候,在杜鲁门总统声明禁止给中国以军事援助的第二天,即1月6日,我访问了参议员诺兰,地点在他的办公室。我是要把关于对台湾军事和经济援助的两个补充备忘录给他一份。我把白吉尔的建议告诉了他,即要求各军事首脑对台湾的战略价值发表意见,以便为杜鲁门改变立场并说服艾奇逊铺平道路。诺兰感到,对我们来说,最重要的是表明我们抵抗入侵海南岛的决心,以便驳斥艾奇逊的批评。

同日,我已确知蒋夫人将在1月10日返回中国,并且由于我想与李宗仁谈谈他离开医院以后的计划(有消息说他将于星期一去佛罗里达),我约定会见蒋夫人和李宗仁,并乘五点的火车前往纽约。

1月7日星期六还安排了和胡适、蒋廷黻及宋子文举行午餐会。宋子文于上午十时到我在纽约住的旅馆进行会前谈话。他和我都认为中国整个局势的处理不当,不仅是在军事方面,而且还有我们的外交方面,特别是对美国和英国的外交。他回顾了委员长是怎样猜疑旁人的,甚至像他自己这样的忠诚拥护者也得不到信任。宋子文说,有一次当他反对委员长的意见时,委员长以枪毙相威胁。

胡适在蒋廷黻之前到会。在午餐会上胡适说,他曾劝告李宗仁不要租房子,也不要住在现在的地方即纽约的花园饭店或任何朋友的家里,因为这样有失中国行政长官的尊严。他还劝告李宗仁不要通过美国朋友安排会见杜鲁门总统。他对我们说:"他不应该像陈立夫那样走后门进白宫。"(陈立夫曾经瞒着大使馆去见杜鲁门。)胡适说,他还告诉李宗仁,不应委托周锦朝和甘介侯办理这种事情;中国大使馆才是正当的渠道。他还说,蒋廷黻也对李宗仁讲了这些话,而事前并未和他商量。他想表明蒋廷黻和他看法相同。他说,蒋廷黻曾告诉李宗仁,我是公忠体国的,应当委托我安排他的公开的正式活动。胡适还说,李宗仁给他看了白崇禧的来信;信中力陈团结与合作是唯一应该遵循的路线。李宗仁否认了周锦朝曾公开说白崇禧要求他[周]争取对海南岛的援助。

我将诺兰参议员的忠告转告了与会者,即我国领袖之间应该团结和决心抵抗共产党入侵海南岛。这两个方面会影响美国舆论和官方意见,而且无论如何都会加强中国的地位并加强中国的朋友在华盛顿处理中国问题的实力。接着,我们议论了苏联要求将我们逐出联合国的问题。

下午四点半,我访问了蒋夫人。她要求我向华盛顿的菲律宾大使馆为她和她的一行办理着陆许可,并用以在泛美航空公司购票。在援助问题和即将返回台湾方面,看来她都十分愉快而镇静。会客室里,美国全国广播公司的技师和工人正忙于为转播第二天中午十二点她对美国人民的告别广播讲话安装电话通讯设备。

我把我国领袖之间团结合作的必要性和在海南岛进行一场反对入侵的出色战斗的重要性告诉了她。她对于第一点似乎不太感兴趣。但是对第二点立即表示同意。她和我有同样的看法,即美国舆论一直在朝着赞成给中国以更多援助的方面发展。

我在日记中写道:

> 我立刻用电话请大使馆的谭绍华公使立即向菲律宾大使馆办理着陆许可事宜。
>
> 一等秘书傅先生给我来电话说,董显光也决定赶回台

湾,并将于当晚启程。

他急于赶回以便和蒋夫人一起汇报,这是很明智的。蒋夫人肯定会向委员长汇报他奉命了解的同样问题,而委员长也想知道他了解到的情况。这样,情报就会是确实有用的;这两个汇报可以相互补充,而使委员长知道全貌。

星期日下午五时,我到医院看望了李宗仁将军。他气色很好;虽然三分之二的胃已经切除,但大手术后恢复得很快。这次只有李汉魂在座,李夫人和甘介侯都不在。我告诉李宗仁,参议员诺兰敦促我国领袖为了自由中国的事业而团结协作,并在海南岛进行一次出色的战斗,用以向美国政府和人民证明艾奇逊所说的中国军队已无斗志是错误的。我告诉他,我认为这是两个要点。虽然杜鲁门总统声明拒绝向我们提供军事援助,我对于经我们要求,而在以后出现一些有利的行动并不灰心。我们并没有要求美国派兵,没有要求美国海军干预,也没有要求由美国军官组成的官方军事小组。

李宗仁说,难以实现团结合作有许多原因,而且由来已久。团结合作需要所有党派共同实现,这就首先需要大家都把为中国的幸福而努力作为基本目标而放在首位。我认为他的意思是说,他已经为团结合作做出了努力,而其他领袖和派系则没有如此。

他现在尚未确定今后的计划,只是希望在回国之前会见杜鲁门总统。我说,杜鲁门肯定愿意把他作为中国的行政长官予以接见,但在正式要求会见之前,最好先试探一下杜鲁门的看法,特别是国务院的看法。我说,这一点我可以承办。

我推测他要会见杜鲁门的意图,是想弄清他获得美国政府的物质援助的希望,是否能比委员长更大一些。如果回答是肯定的,他就决定迅速回国。我已经说过,弄清这一点是他来美国的主要原因。如果回答是否定的,他就在美国逗留,观察台湾和海南岛以及大陆的事态发展,甚至正式退职。这就是为什么他还没有确定计划的原因。

1月9日星期一，我回到华盛顿。甘介侯来访，询问援助情况的消息。他告诉我说，他已见到了白吉尔、司徒雷登和巴特沃思。他说，巴特沃思已将援助台湾和海南岛问题搁置一边，并称杜鲁门总统的声明已经拒绝援助。他对此问题完全拒而不谈。我对甘介侯说，我认为按照我们所提内容的援助之门仍然敞着。我们从未要求派遣美国军队占领台湾，也未要求派遣官方军事小组给我们当顾问，我们只是要求聘请一个志愿小组，由我们付给报酬。

　　那天晚上，我设宴招待参议员史密斯与诺兰和众议员周以德与洛奇。这四位国会中的共和党领袖都对政府的对台湾和自由中国的政策表示不满。他们表示决心敦促援助并在参众两院继续进行辩论。我暗示最好请军事首脑就台湾对保卫东南亚和太平洋的重要性作证，以便确定国务院所宣称的台湾的战略价值不大是否正确。

　　众议员洛奇极力主张国会两院有必要在这个问题上遵循同一目标。参议员史密斯是外交委员会的重要成员，他仍赞成中美联合占领台湾，认为这在法律上既有根据而又有可能。他说，麦克阿瑟的权力可以扩大到包括台湾和整个东南亚地区。（史密斯1949年下半年的远东之行，显然使他相信这种想法是合理的。因为他在10月下旬回到美国时，曾分别向参议院外交委员会和艾奇逊建议，为了防止台湾落入共产党之手，美国可以宣布台湾在法律上仍然是日本的一部分，而且可以像行使对日本的占领权那样占领台湾，以使之成为联合国的托管地区。）后来，讨论转到了当艾奇逊来到参议院外交委员会和众议院外交委员会时应向他提出哪些问题。

　　晚餐聚会持续到十一点半。随后，我又乘夜车去纽约为蒋夫人送行。清晨我到达拉瓜迪亚机场，刚好赶上同她握别，当时她正站在飞机的舷梯上准备照相。她对我的到来显然很高兴，并请我同她合影。在场的中国官方人士有五六十位，其中有蒋廷黻、贝祖贻、席德懋、李德燨、李惟果、皮宗敢、陈之迈、宋子文夫妇、孔祥熙和他的女儿以及李汉魂夫人。我没有看见李宗仁夫人，但是有人告诉我，报上说她在场。刘锴博士也去了。虽然我乘夜车赶到那里很辛苦，但是我很高兴刚从纽约返回华盛顿才几个小时之后就又赶到纽约。在飞机场的我的朋友们也很高兴。如果我赶不到机场送行，就会因我的缺席而引起大量无根据的流言蜚语和臆测。可是我在华盛顿还有许多事情要办，因而六点半我又乘纽约到华盛顿的火车返回。

1月12日，国务卿艾奇逊对华盛顿的全国新闻俱乐部发表了美国的亚洲政策长篇讲话。显然他的意图是为他的亚洲政策、特别是其中有关中国的部分进行说明与辩解。因为这次讲话是在他出席众议院外交委员会和参议院外交委员会之后，那两次会上许多议员对他的政策都很不满，就像美国整个报界对他的政策进行大量批评一样。作为一种说明，讲话是经过充分准备的，论据是似乎有理的，就像出自一位高明而能干的律师之手，而艾奇逊一向正是这样。

然而在对外政策方面，总是有两条可供选择的道路。一条是近路，就是能够解决手头的棘手问题，而不问其后果如何；一条是远路，可以达到远大的目标，例如，19世纪早期宣布的对拉丁美洲的门罗主义和在同世纪末宣布的在中国的门户开放政策。艾奇逊显然选择了近路，其后果就是诸如在朝鲜、印度、印度尼西亚和最近在印度支那那样的事态发展。

艾奇逊讲话之后，紧接着就是副国务卿腊斯克讲话。我在日记里写道：

> 腊斯克1月14日，星期六，在费城的世界事务委员会的讲话是向美国人民兜售国务院对华政策的宣传。事实上，据报纸报道，费城会议是国务院要求召开的。

我在日记中引述了腊斯克的话，他说：

> 中国共产党的目标不是独裁……他们的革命在实质上

不是俄国式的,而是有了改变。

他还说:

> 亚洲动荡是一场革命;如果我们对它加以分析,就会看
> 到引起这场革命的事物是和引起英国、法国和美国历次革命
> 的事物相同的。

这显然是精通欧美历史的西方学者的观点。而一位熟悉亚洲革命历史的东方学者则持有不同观点,特别是对 1927 至 1950年的中国共产主义革命有不同观点。

15 日星期日深夜,艾夫斯上校来告诉我,在艾奇逊的坚持下,美国海军已指示远东舰队司令,不让中国海军拦阻在公海上企图越过中国沿海封锁线的美国商船。艾夫斯说,中国政府应避免发生任何事件,不要过问公海上的美国船只,只有当它们进入中国海岸线三海里之内时,才能采取措施阻止它们前进。

他警告说,艾奇逊会以任何冲突事件为口实谴责国民政府,以使他自己摆脱这样的困境,即他既拒不承认我方封锁的合法性,又拒绝保护偷越封锁线的美国船只。他认为艾奇逊会乐于谴责我方,藉以表明他在共产党以占领北平美国领事馆馆址相逼的时刻是不偏不倚的。(这件事发生在星期六。事件发生后,国务院命令从共产党中国召回全部美国官员并关闭全部美国官方机构。但是在参议院,参议员诺兰宣称占领美国领事馆标志美国对华政策的破产。他甚至提出这项政策的负责人应该辞职。参议员布里奇斯等人赞成这个意见。星期日的报纸大肆宣扬他们的声明,并把这些声明解释为要求艾奇逊辞职。)

艾夫斯上校说,美国政府还发出命令,如果发生任何事件,就扣留从费城开往台湾装运一百辆坦克的土耳其船只。他说,我们应立即采取行动使该船在星期二之前驶离费城,因为伊斯布兰得森轮船公司的克劳德轮刚刚离开香港驶往上海,星期一将到达台湾海峡。我立即致电委员长,事先警告我国海军总司令桂永清上

将。同晚,我派李大为上校去费城安排,使那条土耳其船无论如何在星期二清晨以前启航。

1月17日,民主党参议员为了集结力量应付共和党对民主党政府的攻击,召开了党的会议。一份以国会记录为依据并于1月19日交给我的报告说,参议院多数党领袖卢卡斯声称,会议赞同国务院和总统的立场,并一致认为正是共和党参议员经常指责国务院试图破坏两党的对外政策。

那天中午,李斡和沈熙瑞来报告说,沈和经济合作署的纳森举行了一次会谈,并得知经济援助将继续提供,但是规模有限;我们的方案中关于恢复经济的那一部分由于台湾安全堪虞而被否决。他们告诉我,纳森谈到延长援华法的可能性时措词很谨慎;他说这要由国务院决定。

援华法将于1950年2月15日到期,时间已不足一月。延长援华法,即继续给中国以经济援助,是当时美国政府和国会讨论中的对华政策的问题之一。1月5日,即我见到诺兰并将援华备忘录交给他的前一天,他在参议院谈到制定一个新的对华政策之必要性以及在制定现行对华政策的过程中缺乏两党一致。他说,现在纠正为时还不晚。在他的具体建议中,主张对中国合法政府进行有监督的援助,允许使用剩余的经济合作署资金和国会批准的七千五百万美元。接着,在12日,他按他所建议的内容提出了一项议案。建议将援华法的到期日从2月15日延长到财政年度年终,即1950年6月30日。

美国政府,特别是国务院,按照艾奇逊在两院外交委员会的证词,反对这个议案,这本在意料之中。只是当政府请求追加少量拨款用以援助韩国的议案在众议院以一票之差被否决之后,政府才结合对韩国的拨款,同意把援华法延长几个月。

1月18日中午,皮宗敢前来报告他和白吉尔的谈话情况。白吉尔刚从纽约回来,即将出席参议院外交委员会作证。据皮宗敢说,白吉尔认为共和党参议员主张采取强硬措施援助台湾的防务以促使美国卷入的做法是愚蠢的,因为这正是美国人民所害怕的。白吉尔本人将对参议院外交委员会说,台湾对于美国在太平洋的防务是重要的,但不是极端重要的。这样,他就可以避免在政府与国会之间关于台湾问题的争论中支持某一边。

皮宗敢把白吉尔的努力获得成功的希望说成是"比三个星期之前更大了"。但是白吉尔要求中国继续由吴国桢担任台湾省主席进行改革。他对皮宗敢说,他曾将吴国桢最近说明台湾改革进展情况的来信转交杜鲁门总统。他还说,他对于杜鲁门总统1月5日拒绝给台湾以军事援助的声明感到意外。就在那天早晨,他见到了董显光,并对董说,他对军事援助取得良好结果持乐观态度。但是在杜鲁门总统发表声明之后,他要求董显光再去见他,并将实际情况告诉董。他不希望被人误解。

皮宗敢相当困惑,国务院先是要求郑介民前来讨论援助问题,然后又坚持由杜鲁门总统公开声明美国拒绝给台湾以任何军事援助。他对国务院的这种态度和戏弄委员长的手法感到愤慨。皮宗敢觉得司徒雷登对郑介民的邀请一定是经国务院同意的。但是我告诉他,这件事未必如此,因为台湾一定是误解了11月给委员长的关于台湾问题备忘录的动机和本意。我解释说,据我的理解,那个备忘录不是出于良好的和积极帮助的动机,它的目的只是告诫我们不要对援助抱不切实际的幻想。

皮宗敢于是主张发表正式声明,说明中国并不想使美国卷入台湾问题,但现实局势对远东的自由世界来说,确实危险。我劝他当此共和党和民主党双方在援台问题上都群情激动的时刻,要谨慎从事。如果我们此刻发表声明,任何一方都可能曲解我们的声明。

第二天,即1月19日,我请李榦起草一份照会,答复艾奇逊一周前(1月13日)关于援台问题的来照。我的复照敦促延长援华法。这个复照在同日下午发出。虽然拨款还有一亿多美元未用,我的照会没有特别提到新的延长期限,因为我在上一次致美国政府的照会中曾要求延长到 1950 年底,而参议员诺兰在他的新提案中则要求延长到 1950 年 6 月 30 日,而且据说国务院正考虑延期一年或再长一些到 1951 年 6 月 30 日,尽管看来这是不大可能的。

1 月 23 日,李幹报告说,崔存璘听说美国政府在拟议的延期法案中,打算只提出对中国经济援助约五千万美元。李幹极盼我设法对国会施加影响,以便保留约一亿美元的全部余额用于今后援华。但此事不易办到。我感到有必要递交一份切合实际的方案以证明这个总数是合理的。不过台湾已经制定并给我寄来到本年底五千五百万美元的方案,其中包括恢复经济的项目,但经济合作署鉴于台湾的安全尚无保证,已经决定削除这些项目。

1 月 24 日,叶公超来电,主要是关于大使馆的开支问题。他解释说,台湾的士气是好的,如果能够实现紧缩开支,至少能支持五个月,可能到年底。同一天,在参议院外交委员会听取国务卿艾奇逊的证词后,委员会主席、参议员康纳利宣布艾奇逊同意继续向台湾提供经济援助。

下午,李大为上校来到我的办公室,报告他调度那艘土耳其船的任务。那艘船装载坦克一百辆、装甲车一百辆和其他物资,于上星期二之前从费城驶出。显然,在他到达那里执行任务时,这条船已经引起注意。那些同情共产党政权的人,其中可能有一些共产党人(我的日记径称为共产党人)把船包围了。不过李上校是以军人身份前往的。他知道应该怎样行事。他建议这家轮船公司立即请警察将包围者从码头驱走,因为这是私人财产。警察予以合作,把包围的人驱散。

李上校接着告诉我,美国陆军律师说,我们不能把在美国陆军的余款转给美国空军以购买炸弹。尽管杜鲁门总统曾宣布我们可以在公开市场上购买,我们也不能这样办,因为生产需要时间,最好的办法是从美国空军库存武器中购买。他还曾同麦基谈话。麦基曾访问众参两院的议员敦促援华。他对某些民主党参议员讲的话感到焦虑。他们声称某些中国要人至少已经积累了七亿美元存在美国。他们说,中国在向美国政府要求提供军事援助之前,应该向那些人请求援助。

我嘱李告诉麦基,这种说法是共产党人诽谤攻击的一部分。我第一次听到这种说法是在去年,而且曾在一年前的多次讲话中予以驳斥,特别是1948年12月在华美协进社的讲话和1949年5月在克利夫兰世界事务委员会的讲话。我嘱他到顾毓瑞那里拿这些发言的抄件送交麦基。

次日,李榦和贝祖贻汇报了他们在一次午宴时同经济合作署克利夫兰的谈话。据克利夫兰说,虽然李、贝按照我的指示敦促美国向海南岛提供新的援助,但是美国认为海南岛是中国大陆的一部分,过去和将来都不打算再给以援助。他们说,另一方面,经济合作署和国务院都有意将1949年的援华法所规定的援助延长到1951年6月30日。克利夫兰否认他知道参议员康纳利所提的经济援助的总额为二千八百万美元,但他暗示用于台湾的数字约为二千六百万美元。他说,这个数字是根据中国的方案减去恢复工业和交通部门估计需要的金额,而只算商品部分。

贝祖贻说,克利夫兰和经济合作署的其他美国成员米克尔约翰和纳森出席了那次午宴。他们都问起所传中国军队征集台湾籍兵员一事。克利夫兰曾向他询问我们能否保住台湾。贝祖贻答复说,这将取决于苏联的态度和美国的援助。但是他认为苏联不会给中国共产党很多援助去夺取台湾。按贝祖贻的看法,台湾随时可以被攻取,但是对于共产党来说,更重要的是对付东南亚。换句话说,贝祖贻认为共产党目前很可能执行集中注意力于东南亚而不在台湾的政策。贝还对克利夫兰说,苏联宁愿让台湾的国民党政府骚扰中国共产党,以便对它进行控制。他还说,斯大林和毛泽东在莫斯科的谈判实际是影响这个问题的一个重要因素。他是指毛泽东于1949年12月16日到达莫斯科后在那里开始的秘密谈判。

一个多月以前,我在国务院同巴特沃思的谈话中,将苏联的技术专家、工程师等到达中国一事告诉了他。我说,这显然是准备签订一项经济与政治合作条约。我说,如果不久中国共产党政权和苏联将在莫斯科订立"同盟",我不会感到意外。以后在 12月 21 日,当向副国务卿韦布引见外交部次长董霖时,我又提请国务院注意这个问题。

我对韦布说,我愿趁此机会问他曾否从莫斯科收到有关毛泽东访苏的情报。我说,我个人认为虽然表面上中国共产党领袖前往莫斯科是为了祝贺斯大林的七十寿辰,但其真正目的要比这更为重大。据新闻报道,苏联各部门的专家一直在同中共政权的领袖们进行讨论,很可能在讨论之后毛泽东和苏联政府之间将订立军事同盟和经济合作协定。

我指出,苏联和共产党中国的军事同盟,就像苏联同外蒙古和北朝鲜的军事同盟那样,会使苏联得到保证,即如果苏联同西方民主国家之间爆发战争,共产党中国将站在苏联一边作战。事实上,毛泽东和中共政权的其他领袖曾不止一次地宣称,在涉及苏联的任何冲突中,共产党中国将与苏联并肩前进。当然,在毛泽东方面,他将寻求莫斯科的军事、经济和技术援助。我还说,国民党中国在苏联承认中共政权之后,已经同它断绝了外交关系,并召回了驻莫斯科的外交使节,因而在当地没有代表。但是美国大使馆还在那里,我想知道曾否收到有关毛泽东访问期间活动的报告。

韦布说,他没有见到关于毛泽东访问的任何报告。他料想国务院也没有得到任何报告。他们知道的只是报纸上刊登的报道。

当时也在场的石博思问道,朱德将军是否陪同毛泽东进行这次访问,他说,他所得到的报道是相互矛盾的。

我说,我相信朱德和毛泽东一起在莫斯科,因为在几天前报道毛泽东访问莫斯科的一张纽约报纸上我曾见到朱德的照片。

石博思说,他曾见到一则新闻电讯称,毛泽东与苏联政府之间关于大连问题的会谈不很顺利。这给人的印象是毛泽东不像莫斯科所期望的那样一切都顺从苏联的要求。

我认为不大可能有什么严重的障碍。发表诸如石博思所提到的那种报道,大概是为了给共产党中国的人民这样一种印象,即毛泽东是在为中国的利益而奋斗,而不是在接受克里姆林宫的命令。我还认为会签订某种性质的协定以规定苏联在中国,特别是在新疆和东北的权利及地位。很可能新条约的签订是用以代替1945年8月的旧中苏条约,而且使苏联在东北的地位比过去更为巩固了。毛泽东肯定有信心他能够收回大连,而国民政府则没有办到。不过,这样的收复的实现,实际早已存在,因为大连的行政管理权已经在中国共产党的手中。这就是国民政府未能从俄国人手中接收大连的行政管理权的真正原因。人们当能记得,俄国人曾设置种种障碍,不使国民政府完成接管任务。

韦布询问俄国人在东北一直在做些什么。我回答说,从军事上看,俄国人抓住了当地铁路的控制权以巩固他们在东北的地位。在经济上,他们和地方当局达成协议,规定所有东北出产的重要商品如大豆、铁矿砂等只能输往俄国。毫无疑问,苏联政府执行的是首先向东北、新疆和内蒙古扩张,然后向华北及其以南扩张的经过深思熟虑的政策。中国共产党对在中国的各界美国人士的粗暴待遇也是俄国人唆使的。俄国人的最终目的是首先将美国人,随后将英国人、法国人和其他西方人全部从中国驱逐出去,这样他们就可以将共产党中国完全置于自己的控制之下。

我说,苏联政府如果不是把亚洲看得比欧洲更重要,也是看得和欧洲同等重要。俄国即使不是有四分之三在亚洲,至少也有五分之三在亚洲,它的人民的绝大多数是亚洲人或亚洲血统。俄国十分重视亚洲的资源,而事实上西方民主国家的工业也有赖于从东南亚供应某些必要的原料如锡、橡胶、黄麻等等。因此它认为如果能控制整个亚洲,就能够给西方民主国家的工业力量以致命打击。事实上,俄国最嫉妒的是西方的工业力量。它知道,它的军事力量已经发展到优于西方,但是在工业生产能力方面它还赶不上西方。这是苏联扩张的另一个方面,西方对这个方面还没有充分注意。

我接着说,在政治上,苏联的势力伸展到哪里,哪里的自由就被践踏,并在那里建立傀儡政权以执行克里姆林宫的命令。我在联合国大会上和联合国的其他机构中多次注意到苏联集团的投票总是一致的,因为苏联政府对其卫星国从不放松施加压力,以便取得它们的一致行动。由此可见,苏联在中国的扩张,对所有热爱自由的民族构成了真正的危险。

韦布同意我对苏联政策的揭露。接着,我转到了承认问题。

几个星期以后,苏联报刊宣布毛泽东将讨论加强 1945 年的中苏条约和苏联向中国提供信贷的问题。但是谈判的真正性质至少在美国仍是一个需要猜测的问题,这特别是由于毛泽东在莫斯科逗留的时间较预计要长得多。正如石博思所暗示的,有些人认为毛泽东给俄国人出了难题。他们希望这是中国共产党采取独立态度的迹象,也是中国共产党政权还有可能脱离莫斯科怀抱的迹象。艾奇逊 1 月 12 日在全国新闻俱乐部讲话时似乎就有这种想法。当时他宣称共产主义是苏联外交政策的工具,苏联正从事于把中国的北部即外蒙古、内蒙古、东北和新疆从中国分离出去而据为己有。他在着重对比苏联帝国主义和美国对中国的传统友谊之后说:“我们不能做那种将中国人民必然要发展起来的义愤、激怒和仇恨转向我们自己的事。”接着,在 1 月 25 日,即我见到贝祖贻和李斡之后不久,我收到了国务院刚发表的一份声明。这个声明的用意是证实艾奇逊在新闻俱乐部讲话中的指责,即苏联一直在分离中国的四个北方地区,使之并入苏联。

艾奇逊无疑是在设法阐明他的得意的信念,即中国共产党人是民族主义者,而美国总是支持中国的民族主义反对苏联和欧洲帝国主义的。这种信念为他的不干涉台湾的政策提供了又一个正当的理由。它也是为可能和中国共产党进行外交往来在美国做舆论准备的一种方式。

1月26日，我邀请李榦再次前来。我请他就经济援助法的延长问题起草致王世杰和外交部的复文。接着，蒋荫恩报告说，参议员诺兰关于把经济援助法延长到1950年6月30日的议案只是一个过渡法，以求与欧洲复兴计划法的期满日一致；对中国的经济援助法是欧洲复兴计划法的一个部分。由于欧洲复兴计划从1950年6月到1951年6月的延期即将提出考虑和通过，对中国的援助也将于同时再次提出。（这是诺兰对于为什么他所要求的现行法延长期较中国大使馆所要求的期限短的解释。）

可是我知道现在国务院和经济合作署都赞成延期到1951年6月30日。这倒未必是出于为中国着想，而是为了给他们自己以更大的行动自由。因为在现行法律之下，使用或不使用这样提供的资金是由他们判断决定的。我对蒋荫恩说，这就说明了经济合作署的援华资金有约一亿美元的巨款结余的道理。

同日，我听说国防部长约翰逊和参谋长联席会议主席布莱德雷将军曾在参议院外交委员会作证，大意和我以前得到的报道一样，即"台湾是重要的，但并不是极端重要的"。如果落到非友好国家手里，它是具有战略价值的，可是约翰逊和布莱德雷都不赞成占领台湾，他们还否认国防部与国务院之间的分歧。他们说，国防部只是从战略观点提出它的看法和建议，而没有考虑政治情况，后者是国务院主管的事。他们说，所有这些事情最后都由总统作出决定，并且说，这一点是在白宫的一次讨论对外表态问题的会议上，他们和总统所商定的。

这是官方的说法。就他们来说，作为政府的高级官员，这样说法是比较明智的。当参议院外交委员会要求国防部长和国务卿都到会作证时，总统和内阁很自然地商定采取权宜之计，对公众和国会掩盖他们的意见分歧，特别是由于他们知道许多同情中国事业的共和党参议员想要和他们作对。他们只有这样办，才能保全每个有关人员的脸面，同时缓和显然已经群情激愤的局面。

1 月 16 日我到奥凯里赫上校的公寓去访问他。（他一直有病，虽然已好了一些，但仍不能出门。）我们围绕内阁内部的矛盾和内阁与总统之间的矛盾问题谈了一个小时。他说，约翰逊没有参加 12 月 29 日的国家安全委员会会议（这次会议是决定对华政策的），因为他在援助台湾问题上和杜鲁门总统已有争执。杜鲁门再次告诉他把对外政策问题交给国务院处理。

奥凯里赫还对我说，约翰逊甚至准备辞职，但艾奇逊也要辞职。可是他在 2 月 1 日访问我时说，艾奇逊与约翰逊之间的关系有所好转。虽然他们的关系还不算很友好，但是表面上两人设法保持友谊。他说，可是约翰逊和杜鲁门总统之间的关系没有改善。

他解释说，在 1948 年的费城大会，约翰逊退出竞选而提名杜鲁门，杜鲁门欠约翰逊的情。他说，约翰逊还为竞选活动筹集过经费。杜鲁门则曾答应约翰逊，他在 1952 年将不再竞选而支持约翰逊作候选人。可是从那时以后，约翰逊实行了严厉而广泛的紧缩政策，导致从军队中解雇约十五万人，并废除了自南北战争之后在整个南方建立的挂名的军队保留职位。这引起了南方的巨大反感并失去了全国数十万民主党人的支持。据奥凯里赫说，南方各州的一些参议员和众议员以及南方的头面人物，曾向杜鲁门总统倾诉对此项政策的不满，并敦促他再度参加 1952 年的竞选，因为他们不同意约翰逊作候选人。所以如果约翰逊仍准备竞选，他就得离开政府。奥凯里赫认为这不是不可能的，而且认为约翰逊大有希望，因为他和格里菲思控制着美国退伍军人协会并且还有其他有影响的组织准备作他的后盾，其中包括天主教会。奥凯里赫的评论对于当时的华盛顿政局提供了令人感兴趣的侧面消息。

1 月 27 日，最引人注目的新闻是印度共和国宣告成立和印度总统就职，而最突出的美国国内新闻是对于艾奇逊声明的强烈反应。艾奇逊的声明说，虽然他的朋友阿尔杰·希斯因被指控在国务院为共产党刺探情报而被判犯有伪证罪，但是他不会抛弃他的朋友。这个声明引起了全国范围的批评，有些甚至要求他辞职。

《纽约时报》晨刊所载阿瑟·克罗克以"国务卿和私人侦探"为题的文章和《明星晚报》所载布朗的文章是这些反应中的典型,特别是关于美国国会的问题。

在那之前没有几个星期,当希斯的二审即将终结时,我回访了哥伦比亚大使苏莱塔。我们进行了友好的交谈。他很热诚。虽然他带着他的公使衔参赞担任英文翻译,但我们是用法语交谈的。他说,他无法理解美国对国民党中国的政策。他回顾了在旧金山会议期间,希斯作为国务院的成员如何在组织联合国过程中实际上并且不断地凌驾于出席旧金山会议的美国国务卿斯退丁纽斯之上。

我自己回顾在旧金山的总的印象也大体如此,那就是希斯试图总揽一切。斯退丁纽斯是一个好人,但他不长于外交或对外事务。他曾任美国钢铁公司的董事长。在战争期间,当罗斯福不能和国务卿赫尔共事时,把他选拔到政府工作。那时赫尔认为白宫过于直接地处理对外事务问题,而往往置国务院于不顾,罗斯福则想自己指挥对外事务,并认为他是更适于管理对外事务的人。因此,罗斯福总统任命斯退丁纽斯接替赫尔。斯退丁纽斯远比赫尔顺从,罗斯福可以永远指望他按照其指示办事。

这位哥伦比亚大使说,出席会议的墨西哥代表曾在某一问题上指责希斯独断专行。于是斯退丁纽斯在希斯的敦促下,坚决要求墨西哥代表向希斯道歉。他甚至恐吓墨西哥代表说,如果不接受他的要求并予照办,他就要公开痛斥这项指责。苏莱塔还说,他任哥伦比亚驻秘鲁大使时,秘鲁总统曾告诉他,1945年美国曾要求秘鲁同苏联建立外交关系,否则就不让它参加旧金山会议。但是秘鲁总统坚持不变,并说,他将派代表团出席会议,而不承认苏联。这位哥伦比亚大使的意思是,对秘鲁的建议可能是希斯的主意,希斯在旧金山会议上是支持苏联立场的。那不单是我的印象,而是普遍的看法。

1月27日下午6时,我前往纽约并在晚饭后访问了刘易斯夫人。她写信给我说,她有"重要的机密情报"给我。可是这个情报原来是来自孔祥熙夫人的。孔夫人曾告诉她关于发表在《星期六晚报》上标题为"我们为什么失去中国"的一组文章。孔夫人说，文章称赞宋子文而批评蒋夫人，以及她的丈夫和她本人（即孔祥熙夫妇）。她还对刘易斯夫人说，我是接近宋子文并且和他合作的。她还引证了我在前些时候和宋子文的一次电话交谈。她说，宋子文曾打电话要求我在周末去看他，虽然我开始有些犹豫，但宋子文终于说服我去了。她劝我回避宋子文，因为他在美国是受到监视的，并且已经失宠于在台湾的蒋委员长。

大约两星期之后，我去纽约度周末，在那里联系会晤我国一些重要领袖，并看望宋子文。他对我说，他预料我国外交部对他的护照会找麻烦，因为国民党中央执行委员会常务委员会通过一项决议，要求国民党党员返回台湾，否则注销护照。他要求我在他认为必要时给他以帮助。接着，他再一次否认参与《星期六晚报》1月份发表的三篇文章。这些文章曾激起孔家和蒋夫人的极大怨愤。但是，如我在日记里所说的："我知道他没有聘请索南伯格为他自己的对外联络员。"

宋子文还就不久的将来爆发第三次世界大战的可能性征求我的意见。我再次表示对这个说法持怀疑态度，并再次提出我不相信大战迫在眉睫的理由。我说，首先，杜鲁门总统把他的政治前途建立在和平方案上，而且本年将进行国会选举，1952年将进行美国总统大选。我还指出，苏联一直是不通过战争比通过战争所得为多。尽管莫斯科会在世界各处挑起事端以试探美国的容忍程度和真实意图，但这并不意味要挑起战争。

1月27日，刘易斯夫人还建议我发表正式声明，否认我们曾要求美国军队帮助保卫台湾；并建议我提请人们注意艾奇逊关于希斯事件的声明以及希斯的罪状和希斯在国务院的重要职位。虽然她的建议是出于善意，但是既不稳妥也不明智。她甚至说，作为中国大使，不发表这样一个声明就是"失职"。

接着，她告诉我，妇女俱乐部联合会主席布莱尔·巴克夫人原来同意采纳她的建议,捐助五千美元作为奖金,奖给美国妇女写给美国政府的信中最好的三封;这些信将写给从总统以下到参议员和众议员,内容是赞同援助台湾和反对承认北平中共政权。可是后来巴克夫人改变了主意。她对刘易斯夫人说,联合会不便批评美国政府对中国的政策。大家知道,巴克夫人是民主党员,她的联合会是支持政府的。刘易斯夫人解释说,奖金的钱将由孔祥熙夫人提供。

总的说来,刘易斯夫人所谈的事情,特别是她的"机密情报",近于流言蜚语,这类情报不可全信。我提到这件事情是为了表明我感到有必要一方面广交朋友以促进中国的事业,另一方面要经常警觉以便在发展友谊的基础上不致无意失言而妨害我思想里的主要目标——拯救中国。它还表明情况的复杂性,和我从美国人与中国人那里所得到的各种建议与忠告的多样性;这些建议或忠告往往出于善意,但又是办不到或不可取的。

我必须时时警惕,因为虽然有必要为了中国的事业而结交朋友,可是来向我提供帮助中国的建议的人虽然不总是,却往往有他们自己的企图,因此,虽然我对于愿意帮助中国的任何人都无例外地敞开大使馆的大门,但是我警惕地注意每项建议是否可行,是否确实对中国有好处,抑或会起反作用。

1月31日下午四时,科尔伯格来访。他是来告诉他准备前往太平洋沿岸唤起对中国事业的关心。他说,他将对抱行偏见的和不友好的人进行工作。他给我看了前任总统胡佛介绍他会见一位名叫肯尼迪的律师的信。胡佛请这位律师接待他,可能是为了讨论一项行动计划,以便就政府的错误的对华政策唤醒那里的人。由此可见,还是有许多美国人真诚地认为政府的对华政策是不正确的,他们来向我提出对中国十分有益的建议。

那天晚上,我参加了路易丝·斯坦曼女士在萨格雷夫俱乐部举行的晚宴。这是一个大规模的宴会,客人中有六位参议员和他们的夫人,其中有参议员诺兰、埃伦德、道格拉斯和艾肯斯,还有一些众议员，其中有蒙特。诺兰向我证实他的把对华援助延长到1950年6月30日的法案只是用以作为本财政年度所余时间的过渡办法；下一个财政年度的对华援助则将在讨论同年度的欧洲复兴计划时提出。他还说，他提交参议院的议案和一个提交众议院的议案那天下午刚刚分别由参议院的外交委员会和众议院的外交委员会通过。

据我随后收到的一份众议院外交委员会的报告说，诺兰所指的众议院的议案是1950年的远东经济援助法。这个议案同诺兰提交参议院的议案一样，是用以将1948年援华法的拨款有效期延长到1950年6月30日，以便对中国某些非共产党统治区提供援助。此外，众议院的议案还对韩国提供新的经济援助。

2月5日，康涅狄格州的众议员洛奇把这个议案在众议院的情况告诉了我。那天是星期日，赖特夫人为我举行鸡尾酒会。她对我说，她的真正目的是使我有机会再次同一些重要的参议员和众议员谈论中国问题。在我同洛奇谈话时，他说，众议院外交委员会中的民主党人反对把延长对华援助包括在原来的援助韩国法案，即现在的远东经济援助法之内。但是洛奇有力地回答说，杜鲁门总统在1月5日的声明中曾公开表示他将继续向台湾提供经济援助，而且一定是说话算数的。洛奇对我说，他这样讲了之后，这个法案在委员会通过了，预计在星期二（2月7日）的众议院全体会议上将进行辩论并作出决定。

在这一点上，应该再次强调说明在新的援助韩国法案中规定延长对华援助，是政府经过认真考虑而提出的，目的是平息共和党内中国集团的义愤以保证议案的通过；两星期前，众议院以一票之差出人意外地否决了政府原来提出的援助韩国补充拨款。因此，不论民主党人对国民党中国是如何不同情，他们也不难对新议案投赞成票。

洛奇还说，他希望从我这里得到一些关于改革或海南岛胜利的好消息，因为这将大大有助于他在众议院为援华问题作一简短发言。我不记得我是怎样答复他的，但是仅在一天前，无线电报告新闻说，共产党已把入侵海南岛推迟到来年春天了。

2月9日，众议院的新法案通过了。2月10日，参议院同意了众议院的修正案，从而使总统得以批准该议案，而总统则于2月14日予以签署。如上所述，这个法案包括把援华法延长到1950年6月30日。

二、美国的援助和中国的总统职位之争
1950年2月15日—3月7日

1950年1月20日，一等秘书傅先生告诉我，监察院发来一份电报，要求我转交李宗仁将军。电报指责他在中国的关键时刻擅离职守，玩忽代总统职责，并要求他立即回国。我告诉傅先生，电报可由大使馆经由李宗仁的副官兼私人秘书王治将军送交，并对外保密。1月29日星期日，我到李代总统里弗代尔寓邸去见他。

我到达他的看来相当破旧的房子时，李夫人和甘介侯博士同李将军一起在门口迎接我。我告诉他，我已了解到国务院对于他希望在回中国前访问杜鲁门总统一事反应相当顺利，我愿意在他准备旅行和访问白宫时随时为他要求一次会见。但我的印象是他并不急于立即会见杜鲁门总统。他说，他仍在恢复之中，需要护士为他安排全部饮食，医生们每天为他进行检查。我在日记中写道："大概白崇禧将军部队的失利和杜鲁门总统拒绝像对台湾那样向海南岛提供军事援助，使他改变了原来的计划。"白崇禧部队在防守广西的战斗中遭受了严重损失，共产党从北面扑向他们，而且还切断了白军退往海南岛的去路。

甘介侯代李宗仁提出了许多问题，目的是向我探问杜鲁门总统1月5日声明拒绝给台湾以军事援助的理由和今后援助的前景以及关于美国对华政策的舆论动态。我把所知道的全部情况如实相告。我还问李宗仁，新闻报道白崇禧部下的三万部队已进入印度支那，并且可能按照与法国方面的谅解获准从印度支那前

往海南岛,此事是否属实。李宗仁说,法国人改变了主意。他们当初曾答应帮助,但现在反悔了。

两个多星期后,甘介侯才来访并称李宗仁请我为他安排同杜鲁门的会见。在此期间,我们进行了多次有意思的交谈。这些交谈清楚地说明了美国的对华政策,也说明了李宗仁会晤美国总统时会听到些什么。

2月3日,我约请蒲立德在双橡园共进午餐和谈话。他刚访问马德里回来。他说,他发现西班牙的佛朗哥将军和葡萄牙总理萨拉查对蒋委员长都十分不满。他们认为他的政府极端腐败,他已经不能挽回所丧失的威信和权力。他们的说法带有情绪,使人有落井下石之感,即确信他不能复生。蒲立德是蒋委员长真正的朋友。他把他们的意见归因于共产党的宣传。但是,回想一下斯塔福德·克里普斯爵士1949年9月在华盛顿对我说的话,我认为英国和美国的外交官以及高级官员也都起了在全世界诋毁委员长的作用。

蒲立德认为杜鲁门和艾奇逊除非受到美国舆论压力而不得不改变政策,否则是不会改变的。他认为蒋委员长访问美国不会对美国政府有何影响,除非他是应美国政府邀请并受到正式接待。他说:“他们决心甩掉他。”他建议致力于组织一个委员会在美国集资援助台湾。他相信美国有大量持同情和友好态度的人可以保证这一运动的成功。我同意他的看法,因为我也从不相识的保证支持中国的美国人那里得到相同的意见。

蒲立德还愿意帮助拯救中国的人才,特别是目前在台湾有一技之长的人,他们可能在共产党袭击台湾时被杀害。他提出海地是一个可与商定的理想国家,可作为他们的移居目的地,因为在当时所有希望取得进入美国签证的中国人都必须指明他们的目的地国家,这样他们的签证就只是为了过境。但是他们一旦进入美国,就可以在移民当局准许的时间内继续停留。

据我回想,那时对中国移民的限制仍很严格。按照当时的法律规定,对每个国家的移民人数都有限额,中国移民的限额是每年一百零五人。结果是向移民当局申请进入美国的人数远远超过法定限额。因而他们想出一个方法,就是预支未来年度的限额。但是仅在过去几年中,据说预支未来年度的限额已达一百年以上,而即使是这样超支限额也只不过略多于一万人;这个经过若干年累计的人数和欧洲一处的移民相比,实际上不算很大。

这就是为什么蒲立德想到以海地为目的地取得过境签证的权宜方法。一个中国人一旦进入美国,他就可以继续停留。如果移民当局催促,这位移民可以请律师诉讼。法律程序通常需要相当长的时间。我想蒲立德的意思是利用这个权宜办法,至少可使这个为过境而被允许进入美国的中国人得到相当长的停留时间,直到解决问题。

当然中国政府官员和外交及领事部门代表进入美国另作别论,这也包括中国的要人,及想要访问美国的立法委员和其他重要政治人物。虽然他们也必须提出正式申请,并由美国当局审查他们的申请是否属实,而且审查询问也可能耽搁一些时间,但是最后他们通常能够得到所申请的签证而没有太大困难。

不过我愿补充说明,在那个时期,所有在美国的中国人或是希望旅美的中国人都不言而喻地受到美国移民当局非常严密的监视。这不单纯是一个人数和限额问题,而显然是一个和政治有关的问题。例如,2月2日前中国驻意大利大使、当时的立法委员刘文岛的夫人来访,要求我帮助她解决美国移民局对她的留难。美国移民局在对她的居留展期三次之后,现在通知她离开美国。她告诉我说,最近移民当局官员对于在美国的所有中国人监视很严,甚至向他们的美国邻居调查他们的活动和他们对共产主义和中国共产党政权的看法。

2月1日,将要访问五角大楼的奥凯里赫上校问我是否有问题要向美国国防部提出。我告诉他,我想知道三军参谋长行将联合访问日本和冲绳是否会为重新讨论对台湾军事援助问题铺平道路,以及是否指令禁止他们或者他们之中的任何一人访问台湾,抑或这个问题由他们自己决定。他说,他知道对他们的指令中没有禁令,但是他们不大可能访问台湾。我们的谈话继而转向其他令人关心的主要问题,其中包括上节所说的约翰逊与艾奇逊的关系问题。

2月7日上午十点半,奥凯里赫又来告诉我,他在五角大楼见到了高级人士,得悉已经出发视察远东美国基地的三位参谋长将不去访问台湾,而且即将返回华盛顿。他说,他们的汇报可能为杜鲁门总统修改对华政策铺平道路。至于杰塞普的远东之行,五角大楼是持怀疑态度的,特别是因为此行是得到巴特沃思的支持。他们认为这是艾奇逊为了证明在对华政策上他的观点与态度正确,从而反对约翰逊的一种精心策划。至于约翰逊,奥凯里赫说,他暂时保持缄默,不露声色。他对于同艾奇逊的争论感到苦恼。如果艾奇逊继续担任国务卿,他可能要辞职。

他还告诉我,美国政府最近的一项重要决定是加强远东水域的海军力量。除已经派驻那里的舰只外,将增派航空母舰和驱逐舰。(这表明美国政府对远东更加关心,尽管它对中华民国的态度并不友好。)

同一天晚上,国务卿艾奇逊夫妇在安德森大厦举行招待会。这是由国务卿举办的正式招待会,因为当时白宫正在翻新重建,杜鲁门不能在那里为外交使团举行一年一度的招待会。在国务卿对我表示欢迎时,我说,他虽然工作紧张,但是气色很好。他回答说:"这些日子很紧张。"印度代办和以色列大使回避了我,但是阿富汗大使前来同我握手,好像他的国家不曾承认中共政权。弗兰克斯大使(当时在伦敦)的夫人对我的夫人和我像平常一样热情。

2月14日晚上,我在双橡园举行宴会。客人有于斌大主教、白吉尔上将夫妇、华盛顿的社会名流和慈善家弗雷德里克·布鲁克夫妇,以及维松夫妇。这次宴会是由于2月7日皮宗敢请求我为白吉尔安排日后的联系而举行的,因为白吉尔在就任海军第二军区司令新职之前将离开华盛顿度假。我曾对皮宗敢说,我将请白吉尔吃一顿中餐,以便在他离开之前再同他畅谈一次。

关于白吉尔转任海军第二军区职务的意义,据我了解,通常情况是任命一位接近退役年龄的高级海军军官担任国内职位而不使他继续担任需要更多精力的国外工作。我个人怀疑这一调动是否同远东局势有关。可能这是一件例行公事。

在宴会上,白吉尔告诉我,三位参谋长已在星期六(当天是星期二)向杜鲁门总统汇报了他们的远东之行。陆军参谋长兼参谋长联席会议主席布莱德雷告诉他,他们发现白吉尔以前所说的完全正确。他的意思是说,他们向总统提出的建议和白吉尔所提的不谋而合。

第二天早晨的报纸全文登载了莫斯科宣布的关于斯大林和毛泽东缔结三十年同盟互助条约和关于经济与文化合作两个补充协定的消息。条约的六条条文全部发表了,但是莫斯科没有透露协定的全部条款。①

---

① 中苏两国在 1950 年 1—3 月间签订了《中苏友好同盟互助条约》、《关于中长铁路、旅顺口及大连的协定》、《关于贷款给中华人民共和国协定》、《关于在新疆创办中苏石油股份公司协定》、《关于在新疆创办中苏有色及稀有金属股份公司协定》和《关于创办中苏民用航空股份公司协定》。并于 1950 年 10 月 7 日由新华社发表上述条约及五个协定双方交换批准书的公告。

1951 年 1 月 16 日由中苏联合委员会发布公告指出在 1950 年内已将中国长春铁路,旅顺口及大连市苏联方面临时代管或租用之财产,苏联经济机关在东北自日本所有者手中获得的财产,以及过去北京兵营的全部房产,无偿地移交给我国。

1952 年 12 月 31 日中苏两国政府关于苏联将中国长春铁路移交给我国发表公告。中长铁路移交后原中国长春铁路局改为哈尔滨铁路管理局。

1954 年末,中苏民用航空公司、中苏石油股份公司、中苏有色及稀有金属股份公司、中苏造船股份公司分别召开会议,决定自 1955 年 1 月 1 日起将上述股份公司中的苏联股份全部移交我国。移交后,上述公司分别改为中国民用航空局、新疆石油公司、新疆有色金属公司和国营大连造船公司。

1955 年 5 月 25 日中苏发表关于苏联军队自共同使用的中国旅顺口海军根据地撤退并将该地区的设备无偿地移交我国的联合公报。26 日旅大市各界人民代表欢送苏军指挥人员回国。

摘自新华出版社《中华人民共和国大事记 1949—1980》第 508 页,509 页,512 页,513 页。——译者蒋廷黻从纽约来电话告诉我,他已拟好评论莫斯科公告的声明,大意是公告旨在提高毛泽东在中国的声望,同时给外部世界造成一种印象,即苏联和西方帝国主义不同,苏联是慷慨的。据我理解,蒋廷黻的用意在于了解我是否将发表声明和我对他的声明的看法。我告诉他,就这样办,把他的声明发出去。

有意义的是,1950年初期展现的事实(即莫斯科与北平之间缔结了同盟条约和经济与文化合作两个协定)表明,尽管援助范围很广泛,但是可能不如外界所想象的那样广泛。事实上这是有原因的。

过去的历史似乎证实斯大林对毛泽东和中国共产党并不十分关心。1942年赫尔利代表罗斯福总统前往莫斯科会见斯大林时,据赫尔利说,斯大林曾告诉他,中国共产党不是一个强有力的因素,它所代表的力量和蒋委员长所代表的力量是无法比拟的,蒋委员长是能够真正统一中国的唯一领袖。后来,1945年,在谈判缔结1945年的中苏条约时,苏联同意只向国民政府提供援助,因为他们不很相信和重视中国共产党。但是不久苏联的态度发生了显著变化。

在对日作战胜利日之前不久,苏联履行它在雅尔塔会议承担的义务,把军队开进东北,当时他们几乎没有打什么仗,日本和"满洲国"武装力量很快就投降了。但是苏军司令没有把解除日本和伪满军队武装所得的武器据为己有,也不愿把这些武器交给当时已在美国海军帮助下开往东北接收途中的中国政府军,而是交给了从内蒙古来的几十万中共游击队。

在随后关于撤退苏联军队和把东北归还中国的谈判中,由于苏联要求中国支付代价,于是合法统治者问题以及日益严重的摩擦和困难都出现了。最后,协定达成了,苏联军队撤退了,但是莫斯科继续偏袒中国共产党,甚至变本加厉。这完全违背了1945年协定中苏联只向中国国民党政府提供援助的规定。1950年2月斯大林和毛泽东签订的协定正是苏联这种不正当的偏袒中国共产党的态度和政策的继续发展。

但是从根本上说,他们之间的真正合作有许多障碍。毛泽东和斯大林这两个人的性格不是能真诚合作的。他们都是独裁者,都习惯于自行其是。作为一个人,毛泽东是以自我为中心的和骄傲自大的,他不是那种取悦于另一个独裁者的人。作为一个中国人(毛泽东虽然是一个国际共产主义者,毕竟是一个中国人),毛泽东不愿听命于斯大林,而斯大林则习惯于命令式地对待其东欧卫星国家。再者,任何熟悉苏俄所承袭的帝俄历史的人都不会不注意到苏联同中国之间在传统上、在历史上和在地理上的根本利害冲突。人们只需粗看一下苏联的地图,就会看到它的亚洲领土的大部分,特别是东北亚和中亚,都是从中华帝国攫夺的。毛泽东对这段中俄关系的历史是不会不知道的。

因此,尽管毛泽东和斯大林都设法在 1950 年初期达成协议,但是互存戒心。毛泽东设法尽量多取,斯大林则设法尽量少予,因为斯大林知道有朝一日共产党中国成为强国,俄国将首当其冲。因此,非常自然的是,尽管他们最后订立了 1950 年的同盟以应付当时的国际局势,但彼此都将保持警惕,即使在莫斯科同意向毛泽东提供援助并由此而支持共产党中国的国际地位时,也是如此。

我从其他方面得知,毛泽东和斯大林的第一次会晤并不是很愉快的。毛泽东到达莫斯科准备开始谈判时,等了好几天斯大林才确定会晤时间。后来,在苏联技术人员开始到达中国时,他们也采取目空一切的态度,这使中国人很不高兴。此外,苏联专家在安装和操作苏联同意给中国的精密机器时,总是设法保守重要的技术秘密。目前两国之间的疏远和摩擦正是两大邻国之间潜在利害冲突的证明。

2 月 15 日晚,甘介侯在华盛顿访问了我。他刚从纽约来,代表李宗仁并按照他的指示要求我为李宗仁安排会见杜鲁门总统,因为李宗仁现已决定回国。甘介侯说,李宗仁为不断来电威胁指控他不回中国和玩忽代总统职守而十分恼火。甘介侯告诉我,为了把话传给委员长,李宗仁曾对孔祥熙和胡适说,委员长最好保持缄默,不要大肆宣扬有损于中国的家丑,如果委员长暂时停止这种诽谤活动,李宗仁就返回台湾同他商讨如何把权力移交给他。这是甘介侯向我介绍的李宗仁的言语和口气。

他还说,李宗仁充分认识到蒋委员长不仅完全控制着武装力量,而且还控制着黄金储备,台湾已完全在蒋委员长的掌握之中,他是无法和委员长争夺台湾控制权的。因此李宗仁当然要放弃他的职位。事实上,他感到不宜眷恋现有职位,因为这会使他成为亡国总统。但是,甘介侯又说,如果蒋委员长继续和李宗仁捣乱,李宗仁也自有回击的武器。假若蒋委员长自成为军事独裁者,或自称为总统,他就要公开予以谴责。

甘介侯说,李宗仁认为自己是民国的合法元首,所有法律上的见解在这一点上都和他的看法一致。据法律专家说,只要他不中止执行总统职务,就没有人能把他撤职,因为他没有将总统权力移交行政院长。如果他将权力移交行政院长,则按照宪法规定,须在三个月后举行总统选举。但是国民代表大会的代表散居全国各地,不可能集中起来举行选举,因此现在实际上无法举行这种选举。为此,李宗仁有三个办法可供抉择:第一,他可以无限期地继续他的现有职位。第二,他可以中止执行总统职务,而以和好的方式安排将权力和责任移交他的继任者。(实际上这就意味着正式宣告辞去代总统职务。在此情况下,他甚至可以具体表明将权力交还委员长。)甘介侯说,只有在这种情况下,蒋委员长才能恢复总统职位。第三,他可以将总统职务移交行政院长,但那将意味着三个月后就根本成为无政府状态,因为不可能进行新的总统选举。

以上是甘介侯对于局势的理解,鉴于台湾有关委员长即将恢复总统职位的报道所引起的复杂与混乱局面,甘介侯必然已对李宗仁概述了这三项抉择。虽然委员长尚未正式宣布恢复总统职位,我已从台北收到密电称,委员长将重掌大权。李宗仁一定也已得到同样的情报。这个消息促使他争取早日访问美国总统,甘介侯当时甚至试图亲自为这件事奔走。

由于我曾听说甘介侯一直在设法亲自安排这次会晤,我就直截了当地问他是否确有其事。在我的询问下,他承认曾向巴特沃思谈及李宗仁拜访杜鲁门总统的愿望。他还承认他发现巴特沃思对请求会晤的态度和我就此事试探国务院所得知的态度大体一致。他们告诉甘,在我作为中国大使提出必要的请求时,他们将安排约会。显然,这就是他这次来访并直接请我进行必要安排的原因。

此事本来就应遵循正当的程序,因为国务院已因甘介侯的活动而大惑不解并感到为难。他们也一定认识到给我造成的困境。因为国务院礼宾司一向主张按正当的国际惯例办事,也就是说,我是一个正式任命的大使,代表美国所完全承认的一个政府,有关来自我国的任何要人会见美国国家元首事宜均应由我进行安排。但是甘介侯一定认为对我难以完全信赖,因为我代表的毕竟是国民政府,而国民政府事实上的首脑则是蒋委员长。

我知道甘介侯的真正朋友是参议员泰丁斯,而泰丁斯又和艾奇逊关系密切。我知道每当甘介侯陷入困难时,这位参议员就出面代表他同国务院联系。但是艾奇逊正好那时不在华盛顿,而国务院又不愿多承担责任,所以甘介侯亲自与国务院联系李宗仁的约见就不很顺利。由于台湾情况发展很快,委员长即将东山再起,李宗仁一定感到处境日益窘迫,因此想要推行他的计划。甘介侯代表李宗仁要求白宫接见,但没有得到满意的或正面的答复,于是前来要求大使馆进行安排。

甘介侯来访后,我立即着手处理此事。就在第二天,即2月16日早晨,我嘱谭绍华前往国务院拜访中国科的石博思,请他向白宫为李宗仁安排会见。

2月17日星期五,我和谭绍华通电话,了解他访问国务院的结果。我得知石博思将予上报，一俟商妥，即当告知。石博思表示他认为不能立即安排，但在十至十二天之内会作安排，因为国务卿本人愿与李宗仁会晤，而杜鲁门总统和国务卿也愿先商量确定对他们都方便的时间。

我立即设法将此消息通过甘介侯转告李宗仁，但是甘介侯正在里弗代尔，而李夫人接电话后，要求我在当天晚上打电话给甘介侯，那时他将返回。李夫人很谨慎，她显然不愿承担代收这样重要消息的责任。因为人所共知，甘介侯惯于为李宗仁传送消息和办理全部公务，尽管各方面的可靠报道表明，李夫人自己对这种做法并不欣赏。

星期六清晨，我给在里弗代尔的甘介侯打电话，但他又出去了，这次是甘夫人接电话。当她得知消息的内容后，也说最好由我直接告知甘介侯并请他报告李宗仁。甘夫人也不愿承担代收消息的责任。一直到中午我才同甘介侯本人通了话，把消息告诉他。他希望能早日安排约会。

那天下午，办理此事后，我前往艾德威尔德机场乘飞机前往迈阿密和基韦斯特作短期休息。26日星期日，度假将近一周之后，我乘飞机返回迈阿密。但是由于需经十至十二天才能举行所要求的约见，我决定不立即返回华盛顿，而在佛罗里达的阳光下再休息几天。可是次日上午我和谭绍华通电话时，知道国务院上午十一时刚通知大使馆，杜鲁门总统定于3月2日星期四下午一时设午宴款待李宗仁。甘介侯和我也在被邀请之列。另外参加接见的人只有国务卿艾奇逊。我吩咐谭绍华立即通知甘介侯。但是他说，他刚同石博思通完电话并准备给甘去电话时，甘从纽约来电话告诉他说，他已收到国务院内容相同的通知，但是他没有提到午宴。

这一事态发展打乱了我以后两天的全部计划；我原想在回华盛顿之前，前往棕榈滩，可是现在我决定就在第二天乘火车返回，因为买不到飞机票。一路陪同我的贝祖贻，实际给我这一行帮了大忙。我取消了仅在一小时前同意参加的一次鸡尾酒会。然后我和华盛顿通电话，吩咐大使馆为李宗仁和甘介侯准备两个房间，并在电话中嘱咐我的秘书陈家博3月2日在双橡园为李宗仁安排一个招待会，会后举行宴会。

我得悉过去两天的台湾电讯报道了委员长即将恢复总统职位的消息。当时我个人的想法是，这一行动的加速可能是由于李宗仁从纽约发回国内的电报促成的；李宗仁可能去电称美国总统邀请他共进午餐并谈话，而这一事态发展，如果说台湾把它看得比白宫的实际用意更为重要，那是十分自然的。

我在2月27日的日记中写道：

> 我曾打算从美国南方回到华盛顿并在大使馆用几个小时熟悉最近情况和浏览在我短期外出期间的来电之后，于3月1日星期三前往纽约……
>
> 王世杰于24日来电称，委员长复职在即。那是三天前的电报，但因我在南方尚未见到。可是我知道李宗仁想要达成一项和解的安排，据此他将以代总统的身份会见杜鲁门总统，然后在访问白宫的次日宣布辞去代总统职务。
>
> 但是现在上午各报刊登了甘介侯猛烈攻击委员长的报道。他攻击委员长就任总统职位是专横跋扈的行动，并称这是"非法的"和"违宪的"，因为在委员长放弃总统职位而让给当时的副总统李宗仁时，他已成为一个平民。甘介侯问道："一个平民怎能自称为中国总统？"
>
> 这件事是典型的家丑外扬，十分可悲。它使我恨不得立即飞往纽约和李宗仁面谈，敦促他不要再以他个人名义或以甘的名义代表他发表公开声明。

第二天，我乘午夜十二点半的火车前往华盛顿，并于3月1日星期三上午九点四十五分到达。我在大使馆浏览前一周的剪报之后，就前往办公室。中午前，我赶发了一份致美国政府关于蒋委员长恢复总统职位的正式通知并处理了其他待办事项。委员长恢复总统职位的通知是那一天在台北发表的。然后我乘下午一点的班机飞往纽约，因为李宗仁的访问和总统的午宴都安排在第二天，即 3 月 2 日。

到达纽约后，我直接往访胡适。他告诉我，李宗仁曾请他前往并告以委员长恢复总统职位的计划和他自己对这件事的看法，即这是违反宪法的。李宗仁说，他已嘱孔祥熙致电委员长，最好以和解的方式安排交回总统职位，否则他就不客气，并将公开反对他复职。李宗仁还把国务院给甘介侯的通知告诉了胡适，即杜鲁门总统邀请他午餐；李宗仁又说，甘介侯也在被邀请之列。（显然，李宗仁对于总统的约见，甚至还请他吃饭，感到非常高兴，所以很快就告诉了胡适。）当胡适向李宗仁询问是否已知照大使馆并称应由我陪同他去白宫时，李宗仁说，据甘介侯称，他们不很信任我。

胡适说，他向李宗仁表达了他的看法。他曾为南京选举总统和副总统的国民代表大会的主席之一，因而他心目中最理想的安排是由李宗仁自行宣告停止执行总统职责并请委员长予以收回。他向李宗仁解释说，他认为这个问题适用宪法第四十九条的第二部分。这部分规定，如果总统由于任何原因而不能执行其职责时，应由副总统以代总统身份予以执行。但是目前的代理状态怎样才能终止，宪法条文规定不够明确，因此他刚才建议友好安排是最好的方式。

胡适说，李宗仁给他看了他对监察院来电的正式答复，来电内容是催促他回国并以弹劾他玩忽职守相威胁。在答复中，李宗仁只是说，他虽然是出国医治胃病，但是他一直在直接或间接争取美援，因此他并未玩忽职守。他还给胡适看了他给居正的直言不讳的复信。居正是国民党元老及领袖之一，当时任监察委员。他曾致函李宗仁，敦促他回国或辞职。李宗仁的复信并不是心平气和的，而是对蒋委员长和台湾对他的指责发泄怨气。他说，他虽然在美国,但是仍在履行总统职责;对他施加压力企图使他放弃总统职位,那是徒劳的;他不会以违反宪法的不合法的方式放弃他的代总统职位。

胡适接着告诉我,蒋梦麟博士最初曾接受我 3 月 2 日在双橡园为李宗仁举行晚宴的邀请,但是现在由于李宗仁对他的冷淡,他觉得不应出席。蒋梦麟曾到李宗仁那里面交白崇禧的一封亲笔信。(蒋梦麟一定是刚从中国来美主持中华教育文化基金会年会,他是这个基金会的主席。)这封信敦促李宗仁或者速回台湾,或者辞去代总统职务,并强调中国领袖之间团结合作是进行戡乱救国大业的迫切需要。李宗仁看完信后,对蒋梦麟没有说一句话,也没有表示他个人的反应,但是显然他不同意这封信的内容。李宗仁对蒋梦麟冷淡,蒋没有得到讨论台湾政局的机会就走了。

我把早晨各报刊所刊登的甘介侯的令人惋惜的声明告诉了胡适。甘的声明谴责委员长恢复总统职位,称之为违宪行动,理由是委员长将总统职务移交李宗仁之后,他已成为一个平民。甘问道:"一个平民怎能自称为中国总统?"我说,我即将会见李宗仁,我的目的不只是同他商量和向他报告白宫会见和午宴的细节安排,而且同样重要的是劝他不要再让甘介侯在报纸上或当众发表不得体或欠考虑的声明。胡适完全同意我的意见,并且极力主张在李宗仁和杜鲁门总统谈话时,由我担任口译。我说,我将考虑一下,但是我认为还是由甘担任,以免怀疑我窜改李宗仁的原意。

下午四时,我拜访了李宗仁。甘介侯也来向我致意,并照例在我访晤时陪坐。我向李宗仁谈了白宫午宴、在双橡园为他举行的招待会和会后的中餐晚宴的详细安排以及华侨团体也愿欢迎他等等。我邀请他在双橡园过夜,但是他说他将乘夜车返回纽约。

当我在迈阿密给甘介侯打电话邀请李宗仁和他在双橡园过夜时,甘最初认为这是一个好主意。那样,李宗仁和他就能够在同杜鲁门总统会谈的前夕去华盛顿,以便就这件事交谈。但是当我告诉他我计划在那天下午,也就是在同杜鲁门总统会见的前一天下午拜访李宗仁时,甘介侯说,这比李宗仁在华盛顿过夜更好。

我力陈不宜向杜鲁门总统提出我们自己的政治问题。我说,提出这种问题只会使他为难,也会使参加宴会的国务卿为难。我接着说,我们的美国朋友和全体美国人民都希望我们内部,特别是我们领袖之间团结合作,他们对于我们方面的意见分歧或派系斗争感到痛惜。即使那些本来不喜欢委员长的美国人也不会偏袒一方,而是希望我们齐心协力结成联合阵线。只有那样,他们才会感到易于向自由中国提供援助。我说由于中国已经丧失了十分之九的领土和人口给共产党,美国人愿意看到这个国家的其余十分之一比以往任何时候都更加团结一心拯救国家。任何个人的或政治派别的争吵都会使他们厌恶,并产生亲者痛而仇者快的后果。

李宗仁像是被我的态度所感动,他说,他肯定不想把内部不和公之于世。但是甘介侯立即采取了不妥协的态度。他说,面对委员长的无理态度和违宪行动,李宗仁不得不表明自己的立场,不能对此俯首屈服。美国人民愿意看到被攻击的受害者进行反击和为保卫自己而斗争。我说,我们大家所追求的是获得美援,帮助我们拯救自由中国。如果我们一味进行内部的政治派别争吵,他们只会得出这样的结论,就是我们的领袖计较个人利害胜于考虑国家的最高利益。但是使我惊讶和失望的是,甘介侯说李宗仁刚举行了记者招待会,并且已以他自己的名义发表声明。确实,周围都是电视和摄影器材。有一些摄影记者仍在举行记者招待会的接待室里。他们渴望摄取更多的镜头。我走到旁边,以便他们给李宗仁和甘介侯照相。但是李宗仁请我和甘与他自己合影,而且甘把我是谁告诉了记者。于是在摄影记者的坚决要求下,我勉强地同他们照了相。这个记者招待会和声明实在是鲁莽行事。

可能这都是甘介侯干的。他大概想要赶在我对李宗仁的访问和谈话之前,在我未到达时就举行记者招待会,以免我设法劝阻。李宗仁虽然有野心,但是我得说他是一个头脑简单的人。他没有受过高等教育,不了解政治或外交的全部错综复杂的情况。所以许多事他都交给甘介侯办理。甘在美国受过教育,获得博士学位,而且善于辞令。李宗仁盲目相信甘介侯,甘在桂系集团里是唯一了解美国较多的人,因而不管李宗仁说什么,只要他不以为然,他总是有理有据地进行反驳。

但甘介侯和李宗仁都同意不向杜鲁门总统提出蒋委员长重掌大权一事。他们给我的印象是,他们把想要说的都在记者招待会上说了,并且愿意听其自然发展。他们要求我留下来吃晚饭,并同他们一起回华盛顿,但是我以还须到大使馆为他们的会见作些安排为词而谢绝了。

在某种意义上说,我曾请求李宗仁顺从不可避免之事。但现在则在这个派系冲突中我更倾向于蒋委员长。因为在当时情况下,中国的事业是同美国在道义上和物质上的援助错综地联结在一起的。为了得到美援,我们必须行为正当,以便唤起当时处于潜伏状态的美国的同情,而且必须促进美国的谅解,使他们自发地看到援助中国是符合美国利益的。美国官员也曾强调我们必须自助以及我们领袖之间必须团结。如果李宗仁在美国继续公开地发泄对蒋委员长的气愤,他就不仅害了自己,而且也害了中国的事业。这正是我所希望劝阻的。

告别李宗仁后,我乘飞机回到华盛顿,但在机场等了很长时间。美国航空公司的保管和维修工人从那天下午三点罢工,我不得不改乘另一家航空公司晚得多的一架备用飞机,午夜才到达华盛顿。

离开纽约前,我接到叶公超从台北来的电话。他询问杜鲁门总统的午宴情况及其意义。我请他不要过于重视此事,杜鲁门总统和国务院的意思只是一次社交和非正式活动。

这天更早些时候，我接到叶公超的"指示"说，如果这次午宴是把李宗仁作为代总统而举行的，我就根本不要参加，并向国务院正式说明不出席的原因。我想这是委员长在台北见到甘介侯攻击他的声明而命令叶发出的指示。显然这是一个不切实际的要求。如果我按照他的指示办理，那就会引起我国与美国政府之间的一场政治性事件，并且使情况对国民政府的事业和地位更为不利。但是我想人们如果从不同角度看问题就会得出不同的结论。

第二天早晨，我和蒲立德通电话。他曾在头天晚上来电话，而我不在。我得知他想会见李宗仁，以便说明攻击蒋委员长的声明对中国的事业是多么不利。我们约定稍后在他家见面。我们在他家谈了片刻。我把前一天我对李宗仁讲的话告诉了他，那就是中国的美国朋友不愿意在我国领袖之间的个人争吵中偏袒任何一方，而愿意看到他们在与大陆上的共产党作斗争的大业中团结合作，而且只有那样，我们的美国朋友和美国人民才能通过援助有效地帮助我们。蒲立德完全同意我的看法。他要我在李宗仁到达后为他安排会晤。我把约会时间定为那天下午总统午宴之后。

十一点半，我到车站迎接李宗仁。国务院礼宾司的米尔也在场，并说他是代表礼宾司长伍德沃德先生来的，因为伍德沃德病了。出站时，他说，杜鲁门总统嘱他对李宗仁表示欢迎，并期待着会见他。没有很多其他人到站迎接，甚至大使馆的人也没有来。谭绍华和顾毓瑞以及大使馆各武官都没有到场。空军代表毛邦初也没有来，他和皮宗敢与陈之迈一样谢绝了我邀请他们参加为李宗仁举行的晚宴。李惟果也没有出席。于斌大主教虽然以后到双橡园问候李宗仁，但是没有去车站。

在前往白宫之前，我领李宗仁到双橡园我为他准备的楼上房间。我对他谈了应该说什么和不说什么，并问他以怎样介绍他为最好。我说鉴于蒋委员长恢复总统职位及其正式通告，并鉴于李宗仁本人攻击委员长行动的声明,我认为最好的方式在介绍时称他为李元帅,以避免任何麻烦,或者把他介绍为副总统,这是一个无可争议的官衔。换句话说,我想避免再用代总统这个官衔,因为我已经将委员长恢复总统职位的正式通知送达国务院。

李宗仁未作明确的回答,我的理解是称他为副总统即可,而不要称为李元帅。(意思是他愿意明确他的地位的官方性质。)但是在前往白宫途中,甘介侯在汽车里说出了他的看法。他说,我可能已经收到有关蒋委员长恢复总统职位和对李宗仁态度的指示并需遵照执行,可能感到虽然作为中国大使我应将李将军介绍给杜鲁门总统,但是究竟怎样向杜鲁门总统介绍德公(李宗仁字德邻)才好,则很为难;既然这样,如果我认为不可能称李宗仁为代总统,可以由他来介绍。在这样直截了当地说出他的看法之后,甘坚决反对对杜鲁门总统称李宗仁为元帅,而李宗仁这时也坚决反对。因此我们同意由甘介绍。但是我补充说,国务院通知我,这次会见和宴会只是一次非正式的社交活动。

这时我们到了白宫,或者更确切地说,是到了大街对过的布莱尔大厦,因为白宫仍在修缮中,总统以布莱尔大厦为他的总部。使我惊奇的是我们在入口处遇到了国防部长约翰逊。我以为他是要走,但是他说,他刚来到并将参加午宴。他说,午饭后杜鲁门同李宗仁谈话时,他要问我几个关于中国军事形势的问题。

总统本人正在布莱尔大厦的会客室里等候。我首先同他握手,然后转向李宗仁将军,并说:"杜鲁门总统。"杜鲁门总统立刻同李宗仁握手,这就使得甘介侯没有机会说"李代总统"。其余的人很快都介绍完了。我刚向杜鲁门介绍了甘介侯,和艾奇逊握了手,并将艾奇逊介绍给李宗仁,就宣布入席。杜鲁门总统陪同李宗仁步入宴会厅。

往往会有这种情况,事前看来似乎是个很困难的问题,突然之间却顺利解决了。我之急于说"杜鲁门总统",是因为李宗仁不知道在场的哪一位是杜鲁门。当然在欧洲的宫廷觐见中,讲话形式更为拘泥,但是在白宫就不是那么拘于礼节。所以我只是说:"杜鲁门总统。"而杜鲁门就立即伸出手来。我就不用提官衔,甘介侯也来不及提了。我认为这不是杜鲁门有意识回避使用官衔的举动,而是他通常不拘礼节的作风。在向艾奇逊介绍时,我说:"国务卿迪安·艾奇逊。"但是在这种情况下,外交礼节只要求我将艾奇逊介绍给李宗仁,只是在向总统介绍时,正式的礼仪才必须说:"总统先生,我荣幸地介绍……"

我们就座用餐,一共六位。杜鲁门总统坐在餐桌的右边正中,他的右边是李宗仁,左边是约翰逊;在餐桌的左边,艾奇逊坐在总统的对面,我在艾奇逊的右边,甘介侯在他的左边。谈话轻松而完全不拘形式,大部分时间是谈美国的政治和人物。后来李宗仁以认真的口吻转而对总统和国务卿大肆赞扬,使得他们感到很窘。在宴会将结束时,李宗仁提议为杜鲁门总统的健康干杯,可能他没有注意到大家的酒杯都空了,只有他自己杯中有酒,因为他没有喝。但是杜鲁门总统说他也要回敬,于是我们大家都再一次举起空杯干杯。

宴会结束后,杜鲁门总统首先步出宴会厅,我示意李宗仁跟着出去。我正要自己陪他往前走时,艾奇逊对我说:"我们在这里谈一谈",并请甘介侯为李和杜鲁门的谈话作翻译。这可能是在我们到达之前商定的,为的是使李宗仁有机会同杜鲁门交谈而不要我在场。这可能是参议员泰丁斯暗示艾奇逊办的。但是这显然是事先的安排。就在艾奇逊说"我们在这里谈一谈"而把我和约翰逊留在狭长房间进门的一侧时就看到了这一点;与此同时,杜鲁门总统领着李宗仁到房间的另一侧,由甘介侯作他们的翻译。

结果是在房间的对角分别进行着两起谈话。艾奇逊、约翰逊和我津津有味地谈论苏联对华政策和中国大陆的形势。这些问题,我在事后都记了下来,这是我的习惯做法。但是在开始时谈话集中于国务院的各个人物,由于这纯属涉及个人的议论,我没有记录下来。不过我在日记里记下了艾奇逊对马歇尔将军的议论，因为这个问题一直使我感到兴趣。

艾奇逊曾在马歇尔领导下的国务院中工作。他谈到了马歇尔在国务院十分严格。实行了他在陆军时要求部下遵守的一些纪律，例如，他说，美国驻阿根廷大使梅塞史密斯同布宜诺斯艾利斯当局相处不甚融洽。国务卿马歇尔电令那位大使向阿根廷外交部提出抗议（艾奇逊奉命起草）。大使回电申辩他自己的观点。艾奇逊把电报送呈马歇尔。马歇尔阅后问道，这是否合乎惯例，然后淡淡地说："按原来的指示再次电达。"马歇尔在收到大使又一次申辩的回电后，立即把大使召回华盛顿。

我在日记里还写道：

> 在餐桌上使人有趣地注意到部长之间的争论，暗中互相攻击，表面上则显得亲切热诚。

我的会谈记录是这样叙述这次宴会的：

> （这是一次六个人的宴会。总统坐在右边正中，李宗仁在他的右首，约翰逊在他的左首。艾奇逊先生在左边正中，面对总统，顾维钧在他的右首，甘介侯在他的左首。午宴共三道菜：虾、烤雏鸡加青菜和色拉，冰淇淋，预备的是红酒。）
>
> 约翰逊首先低声告诉总统，他刚听说联邦地方法院的法官基奇已经宣判美国矿工联合会没有构成藐视法庭的民事和刑事犯罪。这一指控是由于煤矿罢工而经政府提出的。总统听后显然流露惊异的神色，他说他还不知道此事。
>
> 李宗仁说（由甘介侯翻译），他一直想访问美国，此行虽为了医治胃病，但为能前来而感到十分荣幸。新的治疗方法给他的印象很深。虽然他的胃切除了四分之三，但在手术后第二天医生就嘱他坐起来十分钟，两天后就在房间里慢慢踱步几分钟。最初他对于遵照医生的指示还有些犹豫，因为他认为根据他的情况他不能也不应那样办。但是在医生坚持

下,他听从了医生的意见,并感到这确实是迅速恢复体力的方法。这使他认为美国的科学与技术的进步确实是显著的。

甘介侯说,他听说发明了一种新药,可以使人长生不老。

艾奇逊认为那太可怕了。

杜鲁门总统说,由于科学和医药的进步,居住在美国的六十岁以上的人所占比例已从百分之十二增加到百分之二十。

甘介侯说,可以采取某种措施把人口限制为每死一个老人只出生一个婴儿。

李宗仁说,他非常高兴地看到美国是一个充分实行民主的真正范例,美国政府的特征是效率很高。他钦佩总统的旨在提高全国人民福利的国内政策和贯彻执行这一政策的有效方法。

杜鲁门总统说,美国确实是一个民主国家,他和他的同僚们也有信心用民主方式管理政府。至于效率,他说,李宗仁会发现不是所有的参议员都同意他的意见,当政府要求国会拨款时尤为如此。但是他可以说,作为总统,他的工作很简单,他只是将工作交给各部部长办理和批阅他们的签呈。工作之所以比较容易,是因为整个内阁与他配合得很好。

约翰逊说,总统讲得很谦虚。他曾多次向总统报告某个问题的情况,经过总统的指示、诱导使他对情况更为明了。他可以证实总统的说法,即整个内阁配合得很好,但他的过去经验告诉他,并不是每位总统都这样。他回顾了他担任助理陆军部长时,收到一份财政部长摩根索用白宫信笺写的备忘录,声称此后政府各部门的全部物资采办均应由财政部办理。他拿着备忘录去见罗斯福总统,说明陆军部不能照办,并问总统是否已予批准。罗斯福总统指着一堆由其他各部部长给他拿来的同一备忘录,并说他已予批准。罗斯福总统随即接过约翰逊拿来的那份并嘱他不要为此介意。

艾奇逊说,他同摩根索打交道有过不同的经历。他回顾了当他拿着一份摩根索用白宫信笺写的关于赞成变更黄金价格的备忘录去见罗斯福总统并称这个建议不妥时,总统只是吩咐他出去,于是他就感到像是在宾夕法尼亚大街上"失业"了。

李宗仁说,他还钦佩杜鲁门总统的遏制共产主义的对外政策,并愿祝贺总统有艾奇逊这样一位卓越的助手执行他的政策。

艾奇逊说,他只是执行总统作出的决定,而且他曾向总统保证,只要总统需要他效劳,他就愿意尽力从事。

李宗仁说,他还钦佩艾奇逊贯彻执行杜鲁门总统的外交政策的方式方法,这项政策在欧洲取得了巨大成功。如果说,这项政策在中国不如在欧洲有效,他认为责任在于中国本身的政治形势;在这方面他愿表示歉意。接着李宗仁说,他认为作为美国元首没有人比杜鲁门总统更合适。因为杜鲁门总统没有按他自己的意旨行事的欲望,而是总想实现国内大多数人的愿望。

杜鲁门总统说,那正是他努力追求的目标,因为他坚定地相信国家元首应该依靠公众的支持。没有公众的支持,他就不能在为国家或人民的利益方面有多大成就。他记得塔夫脱总统和胡佛总统都是品格高尚才能出众的人,而且都想竭尽全力为国家工作。但是由于他们无视人民的愿望,因而缺乏公众的支持,结果在行政管理方面失败了。他重申他相信国家元首只有以公众支持为后盾,才能实现他的政策。他认为大多数美国人是支持他的,他希望他将继续得到他们的支持。

李宗仁说,他认为杜鲁门总统会长期继续担任这个伟大国家的总统,因为他受到大多数人的全心全意的支持。

甘介侯补充说,在那种情况下,总统会在今后多年内继续得到艾奇逊作为国务卿的宝贵贡献。

顾维钧说,那么艾奇逊就会在政治方面和身体方面达到双重的永存。

艾奇逊说他怀疑是否会有人愿意这样。

……

宴会将结束时,李宗仁举杯为杜鲁门总统的健康干杯,其他人也一起举杯。紧跟着总统说他要借机回敬李宗仁,于是他起立为李宗仁的健康干杯。

在整个宴会过程中,杜鲁门总统称李宗仁为代总统或总统。这并没有任何特殊的意义,因为美国习惯于按一个人过去或现在的最高职位称呼他。

关于继此进行的艾奇逊、约翰逊和我之间的谈话,根据我的记录,我首先提出了莫斯科谈判的问题。我问艾奇逊,他曾否收到这方面的报告。

艾奇逊回答说,他没有收到特别重要的报告。他问我曾否收到报告。

我对他说,我得到的报告表明,谈判仍在继续进行。

我又说,广东、广西、湖南三省的领袖以及云南的一部分人现正组织联合阵线以联合抗拒共产党。

约翰逊说,他从美国的一处消息来源得到了相同的报道。报道说,中国大陆上三个半省现正组织联合抗共;他们正谋求与国民政府合作,条件是政府要实行某些改革。

艾奇逊说,他没有听到这些报告。

约翰逊说,他收到的报告的抄件已经送往国务院,艾奇逊回去后便可在他的办公桌上看到。

谈到这里,杜鲁门总统和李宗仁的谈话结束了,因之我们的谈话也就终止。

那天下午,蒲立德按照预先的约定拜访了李宗仁。我领他到会客室,但是没有参加他们的谈话,因为我愿意谨慎行事。可是在蒲立德离去时,我恰好在过道碰到他。他说:"我把我想到的都告诉了他,他总应该懂得了。"蒲立德就是这样的人。

下午五点半,大使馆为李宗仁举行招待会,介绍他与华盛顿的华侨领袖和我国驻美各政府机构的首脑见面。但有许多人没有露面,如李惟果、顾翊群、毛邦初、皮宗敢、空军武官曾庆澜、海军武官刘永仁等。为李宗仁举行的中餐宴会在下午八点开始,宾客共有十人,其中有中国青年党的领袖曾琦和几位在华盛顿的我国知名人士。饭后,我陪同李宗仁和甘介侯前往华盛顿的李氏会馆,并前往国泰中菜馆参加华侨界举行的招待会。会馆里听众很多,达六七十人。李宗仁作了长篇发言,是一篇政治性讲话,强调中国的领袖需要有爱国精神,中国需要有大公无私和真正的民主。他心目中指的是谁,他批评的陷中国于不幸困境的是谁,这都是很明显的。

我最后陪同李宗仁和甘介侯到车站时已是夜间十一点半。我是唯一为他送行的人,华侨界、大使馆或其他政府机构均无人到场。我想华侨人士可能是由于这个时间对他们不方便,因为这时正是饭馆和商店生意兴隆的时候。但是大使馆和政府机构的成员则显然是一种政治姿态,因为许多人并未出席晚宴,他们谢绝了我的邀请。

双橡园举行晚宴时,叶公超从台北来电,询问宴会和招待会的情况。我告诉他这纯属社交活动,请他和台湾的其他人士不要过于重视。我还说,这里的美国人对此也不太重视。事实确是如此。叶公超特别急于了解杜鲁门总统如何称呼李宗仁,是否称他为代总统,在当天上午的记者招待会上杜鲁门就用了这个称呼。

我告诉他,在记者招待会上,有人问杜鲁门总统,他将如何并按什么身份接待李宗仁。这正是美国记者的特点,越是令人为难的问题,他们就越爱问。杜鲁门总统当时答复说:"作为中国的代总统。"当问到他是否知道蒋委员长已经恢复总统职位时,杜鲁门答复说,他一直没有同委员长直接联系。但是在下午晚些时候,国务院新闻发布官麦克德莫特发表声明说,国务院收到了蒋委员长恢复总统职位的正式通知,美国承认蒋委员长是中国政府的首脑。声明说,关于谁是中国总统的问题是一个由中国政府自己决定的问题。

我接着说,当天更晚一些时候,白宫新闻秘书查尔斯·罗斯向新闻界解释说,杜鲁门总统上午所说的话的意思是:因为是以代总统的身份为李宗仁举行的午宴,所以就按这个身份接待他。当时还没有蒋介石将军恢复总统职位的问题。他解释说,总统无意决定"谁是中国总统这一重要的外交问题",而且午宴纯属社交聚会,来宾名单上也只称为"李将军"。我请叶公超将这一点报告蒋委员长,因为是蒋委员长吩咐他向我查明情况的。

在此期间,李宗仁已将他同杜鲁门谈话的一些情况告诉了我。他说,他对总统强调他决心与共产党的威胁作斗争并争取中国的民主,但是中国需要美国的援助。他告诉我,杜鲁门总统说,他将考虑能提供什么援助,并说,对中国来讲,最重要的是民主化,因为抵抗共产党扩张的力量寓于民主之中。他说,总统还希望他[李宗仁]能向他[总统]提供大陆人民思想情况和大陆上游击队活动的情报。但是我从我坐的地方可以看出大部分时间是李宗仁说话,杜鲁门总统则说得很少。我认为在李宗仁作出努力来到华盛顿之后,美国人感到他们最低限度能办到的就是安排这次会见和午宴,这特别是由于甘介侯的朋友、当时颇有影响的著名民主党参议员泰丁斯的协助。但是我料想在交谈中杜鲁门总统不会借此机会对他表示明确的看法,而只是倾听。

第二天,皮宗敢来看我,并解释为什么他没有参加为李宗仁举行的招待会或宴会。他说,李宗仁对新闻界发表的攻击委员长独裁和自私的声明使他非常烦恼。如果他来的话,他可能对他发火。李惟果也来解释他没有出席的原因,但是他还要求我说句好话以支持他提出的把他的代表团的一位工作人员提升为技术顾问的建议。接着,孔令杰前来打听杜鲁门总统款待李宗仁的性质,并询问他们二人之间是否进行了重要谈话。

晚间,我参加了布鲁克夫妇举行的家宴。主要来宾有新泽西州参议员史密斯夫妇、密执安州参议员弗格森夫妇(弗格森也是中国的真正朋友)和白吉尔上将夫妇。参加晚宴的几位友人都对《华盛顿邮报》赞扬李宗仁对蒋委员长攻击的社论表示惋惜。他们认为这篇社论是国务院白皮书的补遗,并表示应予否认或反驳。我说,我已保存剪报,即将送交李宗仁。(记得我曾告诫李宗仁,他所说的反对蒋委员长的话都会被人宣传,宣传的目的只不过是揭露中国比任何时候都更为分裂。我曾解释说,美国人作为一个民族,不能认定两个人中谁是谁非或谁好谁坏。)

参议员史密斯说,他认为轰炸美国在华财产和大陆上无辜的中国人民,正在激起美国人民对国民政府的极大反感,而且正在引起一种反应,这种反应可能导致要求美国政府停止向台湾供应炸弹和其他军用物资。我解释说,对美国财产和无辜的中国生命的不幸破坏是由于空袭无法准确控制所致。但目的是破坏共产党地区的经济,正像在国民政府撤到台湾之前共产党对待国民政府那样。这是阻止共产党巩固其地位的策略。由于共产党几乎没有空军,这个策略迄今颇为有效。

史密斯质问说,与其现在浪费炸弹,不如留待共产党开始入侵台湾时使用更好。他说,现在这种行动不会对斗争的最后结局产生立竿见影的效果,反而会引起美国人民的反感并且冒美国对国民政府禁运武器和物资的风险。他的看法很有道理。

3月4日,我见到了中国青年党内曾琦的一位副手周谦冲先生。他想要了解白宫宴会的情况。当然,他已听说甘介侯为杜鲁门总统一再称李宗仁为总统,甚至没有称他为代总统而欣喜若狂。但是我对周说,这是美国的习惯,正像我继续称詹森为詹森大使和蒲立德为蒲立德大使一样。我告诉他,在美国一个人只要曾有一个军衔或官衔,就总是被这样称呼。所以在美国有数以千计的"上校"和"将军",尽管他们已经退职家居以及按照法律规定有些人已在战争结束时因降级而被免去军衔。

《时代》杂志的杰克·比尔先生那天也来探询李宗仁访问白宫的背景材料，但是他说将不加引用。他要这些材料是为了即将发行的一期《时代》杂志，特别是关于这次宴会的座次、菜单以及谈话要点等细节。

3月7日，我设宴招待中华教育文化基金会的成员。客人有基金会主席蒋梦麟、胡适、梅贻琦、哈钦森、布罗迪、郭秉文、何炳衡和梁龙。在此之前，我在双橡园同胡适、蒋梦麟和蒋廷黻的谈话中，曾把在里弗代尔和华盛顿我同李宗仁的谈话、李宗仁对蒋委员长的态度、白宫午宴的真实情况、杜鲁门总统接待的社交性质以及甘介侯为李宗仁与杜鲁门总统会晤而无谓地狂喜等告诉了他们。他们都为李宗仁的"家丑外扬"的企图感到遗憾。

在这方面，我还愿提一下3月底我同白吉尔的谈话。那天他设宴招待我和我的夫人。白吉尔说，他准备在纽约访问李宗仁将军，因为他希望对事情加以补救。我请他务必这样办，把李宗仁自己的立场态度和攻击蒋委员长的公开声明所产生的不良反应告诉他。白吉尔说，他将直言不讳地把他对那种欠考虑的攻击的看法告诉李宗仁。

第四节　大陆失守，中国的局势
及由此而产生的若干问题

1949 年 9 月—1950 年 6 月

一、大陆失守的原因及失守后出现的局势
1949 年 12 月—1950 年 6 月

1949 年 12 月初，政府迁都台北后，许多中国国民党人，从台湾或香港来到美国。尽管他们来美的动机各不相同，但大多数人

都要谈谈大陆迅速失陷的原因以及大陆和台湾的情况。1950年2月6日,国际货币基金组织的中国代表、中国财政部官员瞿常先生专程从纽约来向我转达徐堪先生的问候。徐堪先生是在英国承认北平政权后,于1950年1月11日从香港启程来美国的,他刚到旧金山。瞿说,徐堪首先要到医院去检查一下身体。

一星期前,大使馆武官皮宗敢将军曾来见我。他向我报告,前交通部长俞大维将军已经到达美国西海岸。如果我想同俞谈谈的话,俞打算先来看我,然后再进医院动手术。我请他转告俞最好先去治病,主要是因为马歇尔将军在近两星期内不一定有空接见他。(俞是哈佛大学哲学博士,也是马歇尔的好朋友,此次来美很可能是受命设法找马歇尔研究问题。但我知道马歇尔大概没有时间接见他。)

翌日,我会见温应星将军。人们不难想起,他以前曾来过美国,但后来决定回国。现在他刚从香港来美。他说,他感到自己无法为国效劳,因此决心在美国当个农民。应他的请求,我写信把他介绍给赫尔利将军,要他向赫尔利请教在新墨西哥州从事农业的前途如何。

温应星谈到中国的形势时,痛惜蒋委员长与李宗仁之间的分裂。他说,不仅美国国务院,甚至连白宫和某些美国高级将领都已经对蒋委员长处理中国军事局势的能力丧失了信心,再也不相信他了。我问他觉得最近马歇尔的态度如何。温说,马歇尔对委员长更是强烈不满,向他诉说了委员长指挥中国军队如何错误百出,并且拍着桌子强调说明他反对委员长的处事方法的一些论点。

李济欧博士从中国来到美国,准备在美行医,他曾在圣西尔学院学习,后在李宗仁手下任职。我们在巴黎时相识,他于2月9日来访,向我叙述了他对中国形势的最新观感。他讨厌中国的官僚作风,尤其厌恶军事体制。他曾向军事当局提出过不下四十条建议,其中只有三条被采纳。他说,高级将领头脑陈旧,办事效率极低,贪污公行。去年 11 月,他在贵阳(这座城市后来未经抵抗即被共军占领)曾经看到天上正在飘雪,而国军士兵身上还穿着夏季军服。他说,他知道当时有十万套新棉军服存在贵阳,可就是不发给士兵,结果全部落入共军之手。(他们这种做法实在骇人听闻! 连带想起,宋子文对军事部门效能差,军事将领不称职,也有同样意见。真是可叹!)

3 月 6 日,我国驻巴拿马大使郑震宇来访,他问我美国对台湾提供援助的前景如何,美国有无承认中共政权的可能性。他是所谓 C.C. 派的骨干分子,是陈氏兄弟的追随者。他说,他来美之前,曾会见巴拿马总统。总统请他向我致意。郑说,总统对他促成中国承认巴拿马现政权,非常感激。中国是第三个承认巴拿马现政权的国家。

话题很快转到了中国的局势上。郑对过去国民党的办党方式和由蒋委员长一手操纵的做法深表不满。他说,他曾提出过革新建议,但无人理睬,他仍然认为应当鼓励新生力量,让新手来接替他所谓的党内的老朽分子。他确信,如不实行革新,国民党就没有复兴的希望。(此种批评竟出自国民党老党员、该党的中坚分子之口,听来耐人寻味。)

在此之前约一个半月,国民党另一位要人,当时国民党中央党部宣传部长、立法委员程天放,也曾流露过类似的感慨,只是说得比较含蓄而已。还记得那次他是以出席第四届联合国大会的代表身份来到美国的。我邀请他对使馆人员就两个问题作一次演讲:一是我国在联合国内控告苏联一事,这在前面已经讲过了。二是国民党中国垮台的原因何在。他坦率地说,这后一个问题多半要归因于我们本身的错误和失职,并不是因为共产党有什么了不起的优越性。这是他下的结论,似乎也是当时普遍的看法。

1949 年圣诞节前一日,我上午照常办公,晚上度过了一个宁静的圣诞之夜。我到程天放下榻的旅馆去回拜他,恰好中国青年党人曾琦和刘东岩也在探望他。于是我们四人严肃认真地探讨了国民党统治土崩瓦解的原因。我们谈到行政机构腐败,领导人眼光短浅,特别是:他们好像忘记了政府的职责是为老百姓谋福利。我们对这些论点的意见完全一致。最后我邀请程天放来双橡园共进圣诞节晚餐,仅有的两位陪客,即我的一等秘书傅冠雄和他的儿子。我们再次谈论了国内的形势。我和程都叹惜国军毫无反共斗志的颓废状态,叹惜由于政治工作做得太差而得不到老百姓的支持,叹惜教育制度不健全、脱离实际,以致中国青年意志消沉。

三个月之后,1950 年 3 月 18 日,有一位军人——唐子长上校来访。他头脑清楚,记忆力强,口齿流利。他向我陈述了 1948 年到 1949 年同共军作战迅速溃败的真实缘由。他说,战争的结果,不仅损失了数百万人马和装备,还丢掉了整个大陆。他认为最主要原因是:(1)中国军队待遇不公道、不平等;高级军官在部队中吃空额,贪污军饷,而下级军官和普通士兵则受冻挨饿;(2)缺乏严明的赏罚条例,存在歧视和不公平的对待。凡是委员长的嫡系部队,即使打了败仗,仍然不断获得擢升,其他部队,尤其是杂牌军,诸如由盗匪或地方游散队伍收编过来的部队,纵然奋勇作战,建立了战功,也未必能获奖或升迁;(3)最高统帅在作战中惯于亲自下令,直接指挥战役,既不征求前线司令官的意见,也不通知前线司令官,结果使军令体制混乱。换句话说,前线指挥官接到顶头上司的命令,同委员长的命令不一致,互相冲突,感到为难。结果是:前线的军官无所适从,无法履行职责;(4)主要指挥官的知识往往都是陈旧的,他们所受的教育甚至还是以 1894 年甲午战争以前的经验为依据的。利用奇兵制胜这一战略,早已为共军所采用,他们却一窍不通。不仅如此,他们对于根据第二次世界大战经验而形成的全面协同作战计划也毫无所知;其结果是:无数士兵和装备,徒然补充和增强了敌人;(5)最高统帅自以为自己的知识与判断力超人一等,拒不接受、或者不能容纳有益的劝告和明智的建议。

唐上校给我讲述了他晋见委员长,报告军队中"吃空额"之风盛行的严重情况。他说,委员长听后立刻怒不可遏,逼着他讲出侵吞军饷的官员姓名。他说他不应当攻击和出卖自己的朋友与上司。委员长便粗鲁地问他自己吃过多少空额。唐上校回答说是35%,但并非落入私囊,而是分给了他的部下。这就是说,他虚报了35%的人数,只有65%的名额是实在的。他说,若不采取这种做法,则其下属部队一个也不会执行任务,因为规定的军饷实在太菲薄了。

唐上校原系西北军出身,曾在英国炮兵学校深造。他擅长数学,任过我国炮兵学校教官,并一度担任国防部负责编训和研究的第六厅的副厅长。他告诉我,他最近的军职是孙立人属下防卫司令部的副司令。孙立人曾一度是他的下属(可能是孙在炮兵学校当学生的时候)。

据唐回忆,他在1948年11月最后一次上书委员长,建议将集结在徐州和蚌埠的精锐部队及其武器装备撤至长江以南,不要作坚守的打算,因为显然这两个城市肯定都保不住。委员长阅毕,只对当时的参谋总长顾祝同说了一句:"唐某过去一向勇敢,怎么现在变成个胆小鬼了。"

唐也惋惜我们同美国顾问团之间产生的摩擦与恶感。处于美国国务卿马歇尔影响下的美国政府,存心"拆台",将美国顾问团团长卢卡斯将军及其助手全部撤回美国。唐说,这对顾问团是一个沉重的打击,顾问团的一位成员向他暗示,假若当时能作个姿态,由委员长出面请求美国政府把卢卡斯调回来,即使不成功,对他也不失为一点安慰。虽然当晚有人通过参谋总长顾祝同提出过这项建议,但是却遭到委员长的断然拒绝。

唐上校说他正前往巴西,就任中国武官职务。他感谢委员长委以此职。但他并不急于赴任,他迫切希望访问他在美国军界的朋友们,多方探听关于美国对中华民国政府和对委员长的意见以及目前所采取的政策。

1950 年 4 月 11 日，我在双橡园设便宴招待唐上校等人。席间另一位来宾陈之迈博士讲起 1946 年皮宗敢反对让共军撤离海南岛一事，引起了一番意味深长的谈话。那时，马歇尔建议，要提供便利让所有在华南的共军安全撤至华北与其他共军会合。这一建议原是 1946 年根据军调部三人执行小组达成的协议，无奈让共军撤离的决定，始终没有实现。这是马歇尔经常向我们指出，以说明国民政府不守信的事例之一。

唐上校说，他在香港时，有一次同住的张发奎将军设宴招待他，他看到著名的共产党军事家、现在北平身居高位的叶剑英将军的夫人和黄绍竑夫人也在座，深感诧异。黄绍竑将军已于 1949 年春投共。唐又告诉我们，当时在台湾被捕的吴石将军以前曾受到陈诚将军高度器重，并委以国防部次长这样的高级官职。这说明有许多投共的将军原来曾是国民政府军队所信赖的军官。国防部次长吴石被捕，就是因为查出他同共产党秘密通信，并向共方提供了防卫台湾的战略计划。

对于上述种种国军的可悲状况，指挥水平的低劣，以及由此造成的互不协调，当然使我深感痛惜和沮丧。但是，这不过只是当时人们就其个人所知以及根据亲身经历给我略述数端而已。希望有朝一日，这次戡乱战争的全部历史以及历次决定性战役的作战情况和失败经过公开发表以后，就能充分阐明国民政府最后垮台的各种真实原因——其中或许有某些原因确非人力所能抗拒。

几个月后，1950 年 10 月间，我接待了从香港来美就医的马鸿逵将军，他的来美有些曲折。他告诉我，起初委员长不让他来，经他三次请求，并保证在两月内归国，才获准成行。

他说，蒋夫人曾邀请他的夫人去台湾，但她没有去而同他一道到美国来了。

马将军痛恨他堂兄马鸿宾投奔共产党，说他是"家之逆子，贻国之羞"。他认为胡宗南全军出击，仍未能制止共军前进，咎在胡氏思想陈旧,其部队缺乏作战经验。他说,单凭兵力雄厚和武器精良,是不足以赢得一次战役或一场战争的。他认为委员长任命张治中将军为"西北军政长官"是导致整个西北失陷的原因。(张治中后来投共,如今仍在北平,他本是委员长的两个暂定继承人之一,另一个是胡宗南将军。)

马鸿逵说,他向委员长指出这一错误时,蒋拍打自己的脑袋,对于错派了张治中表示懊恼和追悔。马说,委员长是个爱国者。他个性坚强,是个强有力的领袖,但在珍珠港事件之后,罗斯福把他当作四大同盟者之一,他就骄傲起来,忽视了治军,把军队交给下属去管理和控制。他自己则过多地专心致力于政治和外交,以博取威望。

一星期后,10 月 25 日,马鸿逵来辞行,同时要求我帮忙把他的儿子送进美国军事学校,最好是西点军校。他抱怨美国对中国执行不友好政策,拒不给中国以充分的支援,认为这是大陆失陷的一个重要原因。我提醒他说:主要原因是我们的军队缺乏斗志。他表示同意,并说白崇禧拒不支援徐州战役也是一个重要原因。我对他说,美国政府对我国军事将领们已经失去信心,魏德迈将军甚至对我说,没有一个中国将军能够有效地运用第二次世界大战中经过验证的、最先进的军事科学和战斗技术来指挥十万军队。

我对马鸿逵说,他希望他的儿子把军事作为终身事业,使我感到很高兴。马鸿逵说,他曾劝导他儿子从事其他职业,例如商业,但他儿子是国内陆军大学毕业生,坚持要进一步研究军事。

马鸿逵过了一个月才离开美国。行前曾在 11 月 21 日宴请我,并邀请于斌主教和曾琦先生等十数人作陪。谈话间,马又一次痛斥他堂兄马鸿宾的背叛行径。他说,马鸿宾的叛变使他无法挽救大西北。马先后担任过宁夏和甘肃两省的省主席,1949 年受任西北军政副长官。

马鸿逵说,他上次晋见委员长时曾请示,马鸿宾反叛,是否要处以死刑,如果委员长不答应把他处死,则他马鸿逵宁愿自尽,要不就请委员长用飞机把他送往宁夏,以便同他堂兄拼个你死我活。(马鸿宾已继马鸿逵担任宁夏省主席)委员长说,一定要对马鸿宾处以应得之罪。马鸿逵就是这样说的,这些话反映了回族部队的强烈反共立场,马鸿宾的叛变对他们有如晴天霹雳。

傅作义将军曾力图劝说马鸿逵向共军投降,马说他拒绝了,并说,他所提出的两条路都走不通,这就是说,马既不愿投降共产党,又因弹药供应不足,无法与共产党打下去,唯一的选择只有引退,脱离傅长官。

次年4月,我接待了刚辞去联合国教科文组织职务、从巴黎来美的程其保先生。他是一个很有活动能力的国民党员,是教育界、文化界公认的一位领袖。他说教科文组织的中国官员特别是高级官员,处境困难,不堪忍受。因为我国应缴的会费已经拖欠了将近四年,该组织的总干事鲍德特,脾气急躁,他以越来越激烈的言词,指责我国拖欠会费。他指摘说,由于我们拖欠会费,致使教科文组织的工作陷于瘫痪,因为我们分摊的金额多达年度预算的百分之八强。程并说,因此他、林语堂和郭有守都只好辞职。

程博士将以立法委员身份留居美国。他哀叹我国的局势,说这多半是因为没有施行改革的缘故。他说,在战争后期,委员长变得脾气暴躁,骄傲自大,没有人敢替他出谋划策。据程回忆,有一次委员长征询著名教育家黄炎培的意见,问他有哪些当务之急。黄指出了各种令人不满的情况,并提出了许多改革方案。委员长一听此话,顿时大发雷霆,令他走开。此事使黄决意背弃他认为无可救药的国民政府,而与共产党携手。

程在纽约见到了陈立夫。陈向他大诉委屈,说外人指责他和他兄长控制着国民党,致使国家受到损害,这是不公道的。陈说,他们从未掌过大权,他们提了意见,委员长往往置之不理,最后让他[陈立夫]离开台湾,不许回去。

1970年秋,导致大陆沦陷的许多可悲事件已经过去了二十多年,我到台湾和香港逗留了三个月,见到了许多中国知名人士。有一次在午宴上同张发奎谈起大陆失陷的情形及其原因。张将军说,主要原因是:(1)国民党的弊政,包括发行金圆券进行币制改革和恶性通货膨胀;(2)军事上无能;(3)委员长任命的军事长官贪污成风。他又讲了委员长召集的一次军事会议作为例证。那次委员长召集一批军事首脑开会,听取报告,研究如何挽回反共战争的颓势。有一位将军正在报告,尚未说完,委员长就不让说下去了,由他自己来指示如何对付共军。当时只有陈诚将军一个人敢于请委员长让人把话说完,然后再作训示。张发奎接着说,委员长总以为自己的主张和指示是正确的,过分自信,在具体问题上不能容忍或不够耐心地听取别人意见。

我问道,胡宗南的军队装备如此完善,大部分都使用美国军援提供的最精良武器、坦克和大炮等。何以1949年仍然未能战胜共军?张发奎说,胡宗南过分热衷于政治活动,他怀有政治野心,忽视了军队的士气,不关心下属,结果大家离心离德,都不愿意为他拼命打仗。他为了使他的军队免受共军袭击,率军奔向重庆,当时委员长正在该地视察,实际上委员长就是总司令,亲自指挥他与共军作战,但还是节节败退,结果他的五十万人马连同武器装备几乎全军覆没。人们说:"他的部队正如薄雾一样,消失在晨曦之中。"*

1970年秋,何世礼将军在香港同我交谈时,叹息着说,许多危害我国的事情之所以发生,都是由于委员长一直不知道外界的真实情况,谁也不向他提供情报,因为每逢人们向他汇报时,他的反应总是既急躁,又严厉。何说,委员长有时用人不当,似乎也不善于识别人才,真是可惜。何还说,委员长所信赖的许多高级军官并不是最能干、最廉洁的。他们这些人过分热衷于利用职权聚敛

---

* 原注:据1949年12月21日(成都陷于共军之前一日)王世杰博士来电称:"胡宗南仍然控制着军队。他有四十万正规军驻在四川和云南。目前正在开展扫荡战,以澄清西康与昆明的军事局势。"

钱财。

他接着告诉我他担任秦葫港口司令时的一次亲身经历。事情是这样的:中国东北国军的总司令写信请他指令海关税务司放行八辆满装进口货物的卡车。他立即感到有点奇怪,总司令为什么不直接写给税务司而要找他呢?(当然,他心里有数,这是因为他作为当地军事负责人,按理是有最后决定权的。)

我说,马歇尔将军曾多次向委员长建议指派一位更加够格的将军去主持东北的军政事务,特别是指挥该地区的反共战争。何世礼便说,在任命陈诚前,当时的总司令早该撤换了,况且这位总司令已患重病,不能胜任原职。我说,委员长是非常谨慎、沉着的,一旦拿定了主意,决不更改。尽管在作出决定前,他目光敏锐,很快就能洞察局势的利弊所在,然而他是刚愎自用的。

当然,以委员长的地位,他对问题和局势必须从多方面考虑。譬如说,在外交事务上,他不能只考虑外界形势或某一行动对我国产生的国际影响。而必须经常考虑对国内政治的影响,对公众舆论或党内舆论的影响。而一个职业外交家则只考虑对整个国家的利害,而无需顾及个人方面,因为个人的利害与国家的长远利益相比,毕竟是微不足道的。

我想在这里提一下我最近去香港期间同张发奎的另一次谈话。1970年3月4日,我对张作了私人拜访,想继续我们上次午宴上饶有趣味的谈话。我同他约会时,他提出由他来看我,以示敬意,但我说我有特殊问题向他请教,实际上我有好几个问题要问他。

首先我把1949年9月我在华盛顿同英国外交大臣贝文的谈话内容告诉他。贝文当时正与英国财政大臣斯塔福德·克里普斯爵士一道在美国进行正式访问。我告诉张发奎,我同贝文谈话的目的是想向他探明当时伦敦报载英国政府打算承认北平共产党政权的实情。同时,我也想劝他勿出此举,因为这样不仅将损害中国国民政府的事业,而且最终也将危及英国的利益。

我对张说,据我了解,委员长当时虽已卸去总统职务,但仍在同政府合作,大部分政府军队仍然效忠于他,服从他的命令。我进一步说,据我所知,当时广州的军政当局曾举行联席会议,目的在于组织一道由白崇禧全面指挥的联合防线,这道防线以长沙为起点,以长江为左翼,伸向广东省的门户韶关,再向东延伸到当时由委员长嫡系宋希濂将军所部驻守的厦门和潮州为右翼终点。但是,后来据传,委员长命令宋希濂将军率部撤离防线,从而破坏了这道阻止共军向广州挺进的最后屏障,使得当时的总司令白崇禧大为不满。

我对张发奎说,他们如此不合作,使我深感失望。我追述贝文对我说的话,他说国军不准备保卫广州了,这就是说,我们打算放弃中华民国最后一个重要堡垒,而我过去曾向他保证过要坚守。我敦劝贝文对局势要重作考虑,因为广州不仅是中华民国在大陆抵抗共产党进攻的最后堡垒,而且也是香港的后门,守住广州对保障香港的安全至关重要。贝文暗示,如果政府真的打算在华南(香港的后门)开展有力的阻击,他将对承认北平政权一事重作考虑,因为承认北平中共政权的日期是交给他决定的。(广州失陷给我的打击特别沉重,这是原因之一。)

张发奎将军毫不犹豫地解答了我的问题。他说,长沙—厦门—汕头—潮州这道防线之所以失守以及随后广州的陷落,其真正原因在于程潜将军投向了共产党。他是当时的湖南省主席,也是湖南部队的总司令。他的这些湖南子弟兵是该防线的组成部分。他投共后,部署在这条防线上的白崇禧将军所部湖南部队纷纷跟着投共,防线左翼因而崩溃。并且使得右翼宋希濂将军统率下的委员长嫡系部队不可能再守住剩余的防线,即使守住了也无济于事。

我又向张发奎将军提出第二个问题,据闻委员长为支持李宗仁执行代总统职务而引退以后,曾命令中央银行总裁刘攻芸,无视李宗仁的禁令,把上海的库存黄金转移到台湾,是否真有其事。

张说,这是真的,蒋委员长之所以能统治中国多年,其秘诀就在于总是集军、政、财权于一身,无论他在朝在野都是如此。这是他掌权的必要条件。按照张的说法,委员长转移库存金银的命令是他刚刚辞职归里后,从奉化发出的。但以往的传说是,这事发生在委员长"正式"引退之前。

张发奎又举了一个例子,用以说明委员长如何独揽大权。他说:国防部长和参谋总长一概不知道委员长之所谓嫡系,即只听命于他的部队之驻地与行踪;只有委员长自己知道他控制的政府军驻在何处。

张说,阎锡山在广州任行政院院长时,何应钦是正式的国防部长,但这些嫡系部队的驻地也不通知他,因此连他也不知道这些部队在什么地方。实际上,武装部队的总司令是委员长自己。黄杰将军是委员长的亲信,任职参谋次长,甚至连他也不知道这些情况。张说,委员长常常越过国防部或参谋总部,直接向前线部队发号施令。

我问张,据传1949年初,在南京的门户徐州展开的国共交战中最关键一役——徐蚌会战由于黄伯韬将军和邱清泉将军之间互不合作,互相嫉妒,而遭致败北,此说是否属实。他说,这仅仅是溃败的近因。根本的问题是共军统帅毛泽东对国军在战场上的一举一动、南京周围的防守据点等重要情况,始终是一清二楚。还有国防部参谋次长刘斐一直在把国军的作战计划,部队的配备和驻地等种种重要情报,通过秘密途径,传送给毛泽东。甚至连国军打算在什么时候向共军某一据点发动进攻,毛泽东也都了如指掌。因此,张说,徐州战役结局如此毫不足怪。

张接着不厌其详地给我进一步介绍了刘斐的情况。刘斐是个非常聪明、受过严格训练的军人,深得白崇禧将军的赏识和喜爱,由白选进国防部,当他的副手,结果刘斐供给中国共产党以可贵的情报,起到了极大的作用。后来在大陆他受到中共高度表扬。

张发奎又给我说了他为什么接受李宗仁代总统领导下的广州政府陆军总司令之职。他说，李宗仁坚持认为他是最适当的人选，尤其是因为他同广西、广东两省军事将领的关系融洽。他们都是本省的地方部队的实际指挥者。

张氏所谈种种，以及其他许多中国官员们关于40年代末期国内动荡情况的类似谈论，都突出地说明，这一时期的局势是多么混乱而且令人沮丧。因此，无可否认，美国国务院对国民政府和委员长之不满，并不是毫无根据的，因为美国国务院也在通过他们自己的渠道，不断获得类似的报道。应当强调指出的是，美国政府似乎不是胸襟豁达地以政治家的风度来看待这些报道。当然，国民政府并非十全十美，而且在许多方面都做得不好，但我早已说过，也不能把所有的不幸事件百分之百地都归罪于国民政府。例如，美国迫使国民政府同共产党成立联合政府以及美国过早地撤销美援，都导致中国产生了一些后来使美国感到非常讨厌的问题。此外，由于对国民政府和蒋委员长不满，美国在国民政府撤退到台湾以后，仍不提供足够的美援，这只能说明，美国政府并没有充分考虑到它将来会同欧、亚两洲的共产党发生全球性冲突的前景，以及共产党活动将会产生的后果。

至于台北成为国民政府新都以后的台湾，有一大堆紧迫的新问题急待解决，其中包括，涌入了一百多万从大陆来的难民，通货膨胀的严重威胁，从大陆撤退来的大批军事人员需要给养，新政府的建设资金不足，大陆人和台湾本地人之间的利害冲突，共产党入侵和渗透的威胁。虽然如此，所有问题，均在认真处理中。尽管这些都是异乎寻常的困难问题，但问题的解决进展迅速，令人振奋。

1949年12月23日，我在递交中国申请对台援助的备忘录时，曾向巴特沃思先生说明，中国当局一直在尽最大努力实现台湾的行政改革，以期赢得民心，争取民众的支持。那时候，吴国桢由于在上海市市长任内成绩卓著，获得美国政府赞许，刚被任命为台湾省主席。省府随之改组,许多台籍人士出任要职。过后不久,1950年1月4日,我得以欣然告诉白吉尔将军,吴国桢已经兼任保安司令,这样他就可以不受军人干扰而履行维护台湾治安与秩序的职责。这正是白吉尔所深切关心的。经济方面,正在试行改革措施。1月24日,叶公超答复我对大使馆财务困难的忧虑时称,台湾士气旺盛,如能厉行紧缩,政府至少可以维持五个月,也可能维持到年底。他指的是军政各部门削减开支。2月份,他又告诉我军费已缩减11%。

3月7日,中华教育文化基金董事会举行会议,会后我在大使办公室同董事会主席蒋梦麟博士交谈。蒋对委员长固执己见,不听劝告,表示伤心。他说,委员长自信过甚,毫无现代行政所必需的基本知识。他又说,委员长免陈诚将军之职是错误的,台北人士将此事归咎于我的建议。(人们应该还记得,我是考虑到美国政府的态度才提出这一建议的。但是,任命吴国桢为台湾省主席也是1949年11月白吉尔上将向郑介民将军提供某种军援的条件之一。)蒋梦麟谈到蒋委员长为了研究当时考虑的换人问题而召开的一次会议——是否以吴国桢代替陈诚作为取得必需的美援的手段。他说王世杰发表了正反两方面意见,但倾向于赞成换人。我对他说,我只是传达信息的中介人而已。向我提出这项建议的美国朋友,并没有告诉我换人之后就一定会提供美援,只是认为做到了这一点,事情就较易推动。

3月8日,叶公超从台北打来电话,告我陈诚将军已经重组行政院,他自己依旧担任外交部长。(蒋介石总统3月7日正式任命陈诚接替阎锡山任行政院长。蒋委员长3月1日复任总统后将采取这一步骤,这是早在意料中的。)

叶还告诉我,委员长并没有召开会议研究采用轰炸政策来答复美国的抗议,但他以后会这样做的。我想叶指的是,美国为台湾派飞机轰炸上海加强封锁大陆沿海而提出的几次抗议。驶入上海港的美国船只,在8月下旬和12月间曾两次遭到射击。因此,国务院禁止所有船只驶入上海。以免危及乘客的生命。

3月15日,孔令杰上校转来蒋夫人的信,信中说到台湾局势有所好转,特别是军民精神振奋,士气旺盛,她还写道,台湾不仅足以自卫,而且到一定时候还能打回大陆去。她对我在此的工作表示赞赏,她已告诉委员长说,长期以来我一直在艰苦奋斗,希望我和同人继续努力。

3月18日,星期六,台湾政界领袖柯台山先生来访。他向我纵谈了他以往的事业和活动,颇引人入胜。日本侵入中国以后,他因反对日本人而去重庆,从事台湾独立运动。1938年当时的国民党组织部长朱家骅对他说,台湾独立是个不切实际的口号。朱说,中国的首要目的是收复东北,而这在柯看来是非常遥远的事。当然,1938年时,中日战争的发展是对中国越来越不利。

柯说,他认识台湾省前主席陈仪。但因陈仪拒绝为他帮忙从中国大陆撤退三万多台籍同胞,就断绝了来往。可是这些台湾人,过去是由于反对日本,同情中国,为了摆脱日本的压制和恐怖统治而到大陆去的。他还说,这三万台湾人从此便成了陈仪的政敌。

柯认为,陈仪这位省主席倒不是个贪官污吏,但缺乏想象力和远见。这样的评论尚称公允。他认为陈诚实施三七五减租是个巨大的成就,台湾农民因此对他怀有好感。在改革以前,农民要向地主缴纳的佃租,平均为收成的百分之五十以上。柯说,这项改革还是一种勇敢的行动,因为台湾省议会主要是由当地最有势力的地主组成的,议会反对这项改革。柯把前省主席魏道明的政绩评为劣政,因为在他任内,大批在上海臭名昭著的角色,包括贪官污吏、唯利是图的商贾,以及秘密帮会的头子们,纷纷涌进台湾,掠夺台胞,以遂其营私肥己的目的。

柯台山接着谈到他办理访美的签证时,向驻香港、上海的美国领事哈里森交涉的经过,颇有意思。他对哈里森说,美国人不了解台湾的政治及其政治领袖。美国之同情所谓的台独运动,或者同意台湾由联合国托管的设想,都是不明智的。他说,台独运动是日本培养出来的台湾人发起的,这批人现在日本,为日本人效劳。至于托管的设想,只有台湾的既得利益阶层赞成,他们为了本身的目的,一味剥削台湾人民。凡是爱国的台湾人都反对这种主张。他的话,给了我有益的启迪,因为许多美国人,无论是在朝在野都赞成台独运动而抨击中华民国政府对其加以镇压的企图。现在,由一位台湾爱国领袖提供的情况揭露了受过日本教育的台湾人提倡独立运动,实际上是受日本人怂恿的。我认为他说的有道理。不难设想,一个独立的台湾对日本多么有利。台湾经过日本人五十年的统治,大多数台湾人,能讲日语,满脑子都是日本风俗,日本传统。这对日本来说,是一笔极为宝贵的资产。但是美国人却没有从这一角度来认识问题。

柯接着说,他以台湾民意代表身份申请签证,最初几乎遭到拒绝。因为国务院要求提供资格证件。于是哈里森电告国务院,坦白陈明柯向他表达过的见解,希望发给签证。出乎哈里森和柯的意料之外,他们获得了满意的答复,柯说,他此行目的是向这里的美国人士说明有关台湾人意向的真实情况。

3月20日,毛邦初将军设宴招待柯台山,我因迟到没有赶上入席,抵达那里时正好听到柯讲话,当时大家要他讲讲台湾人对国民政府的态度。柯再次声明,他忠于反共事业,他既反对台独运动,也不赞成台湾由联合国托管的设想。

我问到1947年2月28日发生的所谓"二二八"惨案,传说陈仪下令杀害了许多台湾人,他对此有何感想。柯说,有几种说法把数字夸大了。但他相信约有三千五百人丧命。在座的唐上校说,他从当时在场指挥军队的他的一个学生获悉,约有五百人当场毙命,有四千人逃到山上躲起来,其中有许多人悄悄溜回家中,没有人管了。遭到逮捕监禁的人中约有一千五百名被处决,其余都获释。因此,他认为总数为二千至二千五百比较接近实际。他还说从大陆去的人遭台湾人杀害的约有一百五十人。鉴于有些官方文件夸大了被害人数，我认为有必要记下这些数字来，因为这是同该案有密切关系的人士直接提供的数字。

在毛将军请客的前几天，我接见了沃尔特·伍德将军和迪克上校。他们恳求我电请台湾政府批准国际救济组织派船到上海接运八百二十名犹太难民去以色列的请求。我之所以要提到这事，是因为此事能证明，国民党政府不仅仍然封锁着大陆的海岸，而且中国海军执行封锁任务很成功。所以，这两位美国人为了把船开进上海，不得不向国民党政府申请许可。他们指出，正在开往上海，撤退美国官员和侨民以及其他国家侨民的远洋轮"戈登号"已经取得了许可。我说，准备派去的船只，不得携带中国公民或装载商品出入中国，他们保证，一定照办。

3月21日，在我举办的宴会上，国务院中国科科长石博思先生问起，有两艘登陆艇办妥了一切手续，准备驶入上海港，把应撤退的一千八百名美国和其他各国侨民接送到远洋轮"戈登号"上，中共却不予放行，不知其动机何在。石博思认为，可能是中共想要迫使美国促成国民党解除封锁，因为上海港仍处在台湾海军的严格封锁下。

我回答了这个问题之后，就把柯台山介绍给石博思和在座的其余客人。我对石博思说，柯是台湾的一位民众领袖，他能就台湾人对国民政府及其内外政策所持的态度，大胆陈述自己的观点。我说，中国政府曾竭力争取柯先生参加台湾政府工作，但他坚决不就，因为他要保留他对台湾局势发表意见和批评的自由。

3月23日，翁文灏的得力助手、中国石油公司总经理张兹闿来访。他曾任苏皖两省敌伪产业处理局局长。此次来美，是经蒋廷黻和刘师舜介绍，参加联合国托管委员会，代表联合国视察太平洋地区托管领地工作的。他向我讲述了台湾的军事、政治与一般形势，还谈到某些改革已经取得进展，令人鼓舞。

他告诉我，国民政府仍辖有六十万人的军队，台湾人参军的约有四千人（？）。陈诚任省主席，卓有政绩。他整顿军纪，不顾台湾地主的强烈反对,实施了三七五减租。(这一事实已由柯台山证实)。据他说,目前台湾最令人头痛的是财政问题。

他分析道,省政府预算,以台币计约一千三百万元,国民政府行政预算约九千五百万元,军事预算七千万元,共合美元一千五百万元,每月赤字由出售中央银行的库存黄金弥补,可维持四五个月。主要的收入来源为出口蔗糖以换取外汇,但是由于对稻米的需求增长,价格也较高,因此鼓励农民多种稻谷,少种甘蔗。他说,现在最大的希望是争取美国经济合作署给予支援,作为货币储备,而把现存约四千万美元用于弥补每月赤字。

张又说到,尽管台湾局势如此严重,但政治斗争仍然激烈。不过,陈诚一直保持着政治家风度,沉默寡言。张的话还使我了解到这位行政院长同台湾省主席吴国桢根本合不来。(他这番话意味颇为深长。我自己也深感疑惧,特别是因为吴国桢的性情急躁,野心勃勃,并自恃有美国人撑腰而趾高气扬,颇有取陈诚而代之之意。台湾两位关键性人物互不谅解,互不合作,台湾政权是否能保持稳定,不禁使我忧心忡忡。)

4月18日,刚从台北来的俞国华,向我转达了蒋委员长的问候和亲笔信件。他说,委员长自信他能够顶住大陆共产党的进攻,保卫台湾,但对守住海南岛信心不足。不过,他的主要忧虑还在于政府的财政困难。

鉴于委员长对海南岛所作预言,合众社4月21日发自台北的电讯,使我感到极大鼓舞。该新闻报道了国军击溃进攻海南岛的共军大获全胜,约有四千共军被击毙,六千人投降。我在当天日记里写道,这是共军两个月来对海南岛的第十一次进攻。该报道并称海南岛首府和主要港口海口为此次胜利举行了热烈的庆祝大会。但是到4月23日,委员长命令岛上国军全部撤退,当天海口即被共军占领。由于美国不保证后勤支援,而台湾又没有维持军队给养的物资,政府实在无法向海南岛驻军进行补给。

4月28日,柯台山偕同皮宗敢来访。柯经济困难,要求我致电陈诚求援。我当即应允。看来,在他来美之前,政府已准予立即给其汇寄生活费,但最近政府易人显已延迟了汇款之事。我上月已借给他三百美元,并允其在收到津贴以前,继续帮助他渡过难关。我看这人非常坦率,热心公众事业,敢于直言不讳地发表自己的政见,因此我乐意帮助他。

5月17日,报载国军从舟山群岛撤退的消息,使我愕然,特别是,台北宣布,鉴于共军已经有了空军,两星期前就已作出此项决定。此次舟山群岛撤退,实在令人失望。因为一望而知,这象征着政府削弱了对台湾及一些小岛的控制,实际上是破坏了对华东沿海的封锁。

5月25日,我同刚到美国的董显光博士晤谈。他抱着竭尽全力辅佐委员长的态度,尽管他知道这是徒劳无益的。他认为台湾对装备齐全的武装入侵是无法持久抵抗的,如果苏联向共方提供飞机、枪炮和技术人员,则更加如此。

二、大陆失守造成的困难
1949 年 9 月—1950 年 6 月

1949 年最后几个月中,整个大陆基本都已落入共产党之手,中华民国的处境急剧恶化,给国民政府,也给驻华盛顿大使馆造成了无数难题。前面已详述了其中最显著的困难,就是承认问题——对大陆的共产党新政权予以承认,撤销对中华民国政府的承认。这里我想从另一个与此紧密相关的问题说起,就是国民政府在各种国际机构,主要是在联合国及其附属机构中代表中国的权利遭到诘难的问题。

1949 年 11 月 18 日,共产党中国的周恩来通知联合国,中共政府不承认以蒋廷黻为首的中国代表团,认为这个代表团不能代表中国,也无权代表中国人民说话。一星期后,蒋廷黻在政治委员会会议上提出了中国指控苏联的重要声明,而苏联及其支持者则提出中共的诘难,认为中华民国代表团无权在联合国代表中国。12 月 29 日,苏联又在安理会上再次提出这一诘难。

前面已经提到过,我同胡适、宋子文和蒋廷黻曾于 1950 年 1 月 7 日在纽约开会。当时,蒋廷黻报告他计划如何对付苏联提出的诘难和把国民政府代表逐出安理会的要求。他说,他是安理会本月的执行主席,他要裁决苏联代表马立克违反程序,假若他坚持要求,就责令他提出书面提案。我极力主张,万一苏联可能提出的,要求把中华民国代表驱逐出安理会的提案要付诸表决,我们就行使否决权。宋子文和胡适都同意这样办。我说,联合国宪章有关和平解决争端一章中规定,争端当事国不得投票,但当问题属于对侵略者采取制裁手段,而侵略国又适为安理会五个常任理事国之一时,则后者可以诡辩说,它仍然拥有否决权,这是言之成理的。更何况一国政府的代表权将被剥夺,甚至连这个国家的存在都将被否定,而该国又正好是常任理事国,当然更有理由使用否决权。我又说,即使美国不愿投票,中国仍应投票,把这场关于否决权有效与否的官司打到底,以便拖延时间使之不能对中国代表权问题作出决定。

就在第二天,中共政府再电安理会称,现任中国代表是非法的,应当予以驱逐。两天以后,苏联代表马立克向安理会提交正式提案,要求把蒋廷黻博士逐出安理会。1 月 12 日,此议案付诸辩论。马立克威胁说,必须通过他的提案,否则他就再不参加安理会的工作了。

美国代表格罗斯认定在这个问题上绝不能行使否决权,因为他认为这是程序问题。他说,美国无论如何是要对苏联提案投反对票的。美国之所以要坚持认为这是程序问题,显然是为了想留有活动的余地,万一情况发生变化,美国在承认中共问题上需要改变政策的话,它便可以自由行动。但是,我始终认为,这种立场是否正确大有疑问。但是法国代表肖维尔,可能出于同样理由,却采取与格罗斯一样的立场。蒋廷黻当然不同意这是程序问题,因为这对他所代表的政府的权利提出了异议。他并提出,苏联的提案恰恰是苏联违反条约义务和联合国宪章的又一例证。

次日,1月23日,苏联的提案在安理会遭到否决,马立克声明"在国民党代表被开除"*之前,他的代表团将不参加安理会的会议,说着便走出会场。星期六,各报都以显要地位报道了马立克在他提出的驱逐国民党代表议案,以六票反对,三票赞成,两票弃权而遭否决之后中途离会的消息。印度、苏联和南斯拉夫投票赞成驱逐蒋廷黻,英国和挪威两国因已承认中共政权,故而弃权,投反对票的是美、法、中、古巴、厄瓜多尔和埃及。

我在日记中写道:

> 中华民国在第二次世界大战期间,为了促成印度的自由与独立事业,曾竭尽所能,全力以赴。想不到这次印度背弃国民党中国竟达到如此地步。

1月16日,苏联代表退出联合国经济及社会理事会的三个附属机构。紧接着,苏联及其卫星国的代表又退出其他几个联合国委员会和小组委员会。而后于1月19日,苏联代表在原子能委员会常任理事会和军事参谋团常任理事会的集会上中途退席,其理由与六天前在安理会宣布过的相同,发表的声明也如出一辙。军事参谋团决定照常继续进行工作。其他有苏联代表退出的委员会也都如此。但是,原子能委员会却不然,该会的其余常任理事认为,原子能是当时举世瞩目的问题,苏联是当时除美国以外唯一拥有核武器的国家,没有苏联参加,原子能问题的协议就无法研究,研究也必无结果。这一局面持续了几个星期之久。换言之,苏联的退出,实际上标志着苏联及其卫星国在联合国及其附属机构中持续七个月联合抵制的开始。

1月20日,中共政府通知联合国,已任命张闻天为派往联合国的中国代表团团长,并再次要求驱逐蒋廷黻。但这次共产党的策略却落空,既未形成提案,也未进行辩论。早在1月份,安理会

---

* 原注:联合国《公报》1950年2月1日第117页。

中除了中华民国以外的十个理事国,对于承认中共问题,是平分秋色的,其中五个国家已经承认北平政权,另五个国家则仍然承认中华民国。到了1月20日,均势发生了变化。苏联已退出安理会。北平美国领事馆馆址被占领,迫使美国在承认问题和代表权问题上态度强硬起来。北平对胡志明的越南政府给予外交承认,使法国承认共产党中国成为不可能。至少,法国目前在安理会投票反对国民政府的代表,看来是不大可能的。

但是在其他机构,例如远东委员会,苏联代表不断地试图驱逐中国代表或代表团。1949年12月10日,远东委员会中国代表团团长李惟果博士来告诉我,该委员会苏联代表、苏联大使潘友新,在一次会议上指控传说中的盟国最高统帅部出售军火给南朝鲜与中国一事时,把中华民国称为国民党集团。李所率领的中国代表力促李在下次会议上对此提出抗议。李惟果为此向我征求意见。我对他说,可以提出一项声明,不要引起讨论;或者请求主席裁定苏联大使措词不当就算了。

1月11日上午,我利用使馆各部门星期三的例会,研究了如何对付苏联大使在安理会作了尝试之后,可能在远东委员会提出驱逐中国代表团的问题。我对他们说,我认为,苏联将要采取的行动是越出远东委员会权限的,因为该委员会的组成问题已不在议程之内。所以,最好立即同美国代表进行联系,因为他恰好是这次会议的主席,提前告诉他有此可能性,请他拒绝苏联的这种企图。

2月3日,国际复兴开发银行(世界银行)和国际货币基金组织的中国执行董事张悦联先生来告诉我,波兰执行董事在最近世界银行举行的理事会上诘难我们。早些时候,在世界银行理事会的年会上,中央银行总裁、我国新任财政部长关吉玉,投票反对巴基斯坦加入世界银行。波兰执行董事提出,关的投票是不合法的,因为波兰已经承认北平中共政权,关先生已不能代表任何人。

张先生驳斥说,任命关先生为世界银行的理事一节曾正式通知该行,该行并已知照在案。世界银行不知道任何其他政府有权代表中国。于是代表布莱克主席主持会议的副主席说,双方的声明都将详细载入会议纪录。辩论就此中止。张先生说,会后,波兰代表特地过来安慰他说,刚才的事并不包含任何个人恶感,他只是执行政府的训令而已。接着美国执行董事麦克切斯尼·马丁向他保证,如果再有人提出这个问题,他会出来解围。他还请张尽可放心,因为美国仍然是承认中华民国政府的。

我在 2 月 4 日的日记中记道:

> 报载中共已把对海南岛的进攻推迟到春季。他们正对联合国施加更大的压力以驱逐中华民国代表。下一步将在经济及社会理事会的会议上进行较量。北京已委派冀朝鼎出席该会。

冀博士是著名经济学家,早年留学美国,后在孔祥熙手下任职。他在中华民国政府的最后职务是中国银行经济研究室主任。很明显,他已经投共。

人们当还记得,中国未能在 1949 年 12 月再度当选为联合国粮农组织的理事。在选举前,美国代表布兰南同我交谈时,关切地问到中国是否有可能缴纳所欠粮农组织的会费,此次会费到 12 月底就拖欠了整整两年了,因而中国在任何粮农组织会议上都没有被选举权。布兰南是赞成中国再次当选的,就怕中国缴不上会费而被取消被选举权,这是反对当选的有力论据。事实上,在选举那天,同中国争席位的巴基斯坦果真试图要求公布各成员国的缴费情况,显然是有意和中国,还有古巴,过不去,古巴也拖欠着会费。

就这样,国民政府的处境每况愈下,特别是由于各种收入来源断绝,同时政府又忙于应付国内的军事局势,开支浩繁,因而资金奇缺。这在经济上和外交上削弱了中华民国的国际地位。正当中国政府在各种国际机构中的代表权受到诘难的时候,政府不仅在缴纳这些机构的会费方面愈益困难，而且连驻外代表、使节的薪金和机构的经费也都难以支付了。

1949 年，将近 9 月底时，李惟果通知我，他打算解雇我原先派到远东委员会中国代表团去的三名职员。记得他说不得不如此，因为外交部命令需要实行紧缩，而且代表团的经费已经削减了。他说，政府资金日见支绌，每月开支超过六千万银元，而收入还不到一千万。他说，台湾政府所剩资金支撑不了多久。

9 月 30 日，刚从伦敦归来的世界贸易公司董事兼协理梁敬锌来访，该公司是设在纽约的中国政府企业。他曾奉当时财政部长徐堪之命，赴伦敦检查中国交通部购料委员会的账目，并试图挪用该委员会余款，挹注业已枯竭的国库，结果是两手空空而返。而且该委员会全体职员已决定今后放弃一切津贴，并降低该委员会主任王景春博士的薪金。可见广州政府的财政确已山穷水尽，影响所及，政府驻外机构也有苦难言，只得自动勒紧腰带。财政部长居然想到罗掘政府驻伦敦购料委员会的余款，以济广州政府之急。

11 月 22 日，驻美中国技术代表团的贝祖贻、李斡和沈熙瑞来我处研究该团的前途问题。他们曾向财政部电询经费问题，徐堪答复说，财政部没有该团预算记录。总之，技术代表团要钱，没有经费就无法执行任务。而财政部部长却说，查不到该团的预算记录。我建议，贝也同意，请外交部正式通知财政部，把技术代表团的管辖权和经费移交外交部，该团本来就是王世杰任外长时在外交部的领导和指示下组建后派赴华盛顿的。过去财政部是通过外交部了解该团情况的。徐堪任财政部长后，认为该团应隶属并听命于财政部，因此他以无案可稽为藉口，不发经费。

1950 年 2 月 8 日，技术代表团秘书长李斡和我研究技术代表团到 2 月 15 日以后撤销与否的问题。外交部迄未答复该团所提解散其组织的建议，也只字未提该团的经费和开支如何安排。当天我们未作决定，但到 2 月 17 日该团团长贝祖贻来访，同我研究了两个问题,一个是美国对台经济援助政策,另一个是他打算辞职。

贝一向不热衷仕途,因为他毕生从事银行业。他是宋子文提拔起来的,后来被任为中央银行总裁,过去曾先后在广州和上海担任过银行经理。他对官场生活不感兴趣。事实上,他早在1949年夏天就同我说过要辞职。现在因为技术代表团预算问题错综复杂,似乎无法解决,辞意更加坚决。我劝他继续留任,若他愿意,我就电告外交部,请求保留技术代表团,仍由外交部而不由财政部管辖,将预算酌减,以求节约。

3月22日,贝祖贻又来和我商量他辞职的事。他说,他已经向国务院和纽约以及华盛顿特区的移民当局提出,要求设法把他的官员身份改成商人身份。真没有想到他已经把事情办到了这等地步。

他还聘请了一位律师为他办理此事,国务院的巴特沃思通知他说,国务院只要求大使馆出一份正式通知,声明贝希望改变身份。移民局虽愿意接受他的要求,但必须收到国务院的通知书以后才能批准。这就意味着贝必须先辞掉官职,这是他自去夏以来一直急于要办的事。

当然,九年来大陆上事态的演变已经使许多中国人,尤其是公务员的生计成了问题。贝祖贻说,他家无恒产,长此下去,已无法赡养一家大小,因此必须预筹生活出路。我由此看出,他辞意坚决,势难挽回。因此,我安慰他说,我同情他的处境,并乐于助成其事。不过,我不能同意把他执掌至今的技术代表团撤销,也不同意由大使馆接办该团的业务。

他认为解决问题最便当的办法是撤销技术代表团,从而使他与该团的关系自动终止。但是我觉得面对许多仍在争取对中国进行援助的美国朋友和我国公众,采取这种行动,将使中国政府和大使馆陷于难堪的境地,因为这样就好像我们自己摆出一副失败者的姿态。我建议贝可以请李榦暂时代行职务,不必另派他人接替。我认为派人接替的办法也不明智，因为这会引起台湾同胞对美援产生不切实际的幻想，换句话说，假若我坚持主张派个新团长来以便代表团维持原状，照常工作，则国内人民会猜想，这是美援问题即将出现某种建设性发展的迹象。因此，若非确有可能获得更多美援，我不想建议另派一个新领导人来。

我同贝祖贻的谈话，使我想起了几个星期之前，我同使馆二等秘书周尔勋谈话的情况。周先生向我表示，他不愿接受出任荷属圭亚那（苏里南）领事的任命，这个任命是外交部鉴于他工作成绩卓越而刚刚发出的。我之所以提起这件事，就是因为这同贝的情况一样，反映了驻外人员感到前途渺茫的不安心情。不仅如此，周的态度也代表着我的几位使馆人员的共同倾向，他们都谢绝派到其他国家去工作的新任命，虽经我苦口劝告，也无济于事。我知道，调任新职意味着晋升和给予发迹的机会，例如周就是这样。但是，国内局势显然动荡异常，致使他们感到事业前途有无保障大成问题，他们不愿冒险从事，深恐日后落个走投无路的结局。

至于贝的问题，他偕同李榦在 3 月 23 日又来研究了一次。我曾提出由李榦暂代贝祖贻的职务，但李坚决不接受代理团长这一名义，也不愿正式接任贝的遗缺。其中原委，除了他素以谦逊著称外，可能是鉴于今后取得大量美援的前途非常黯淡，深恐自取其咎。我又提出请他以现任技术代表团秘书长的名义代行贝的职务，必要时可以规定一个期限，比方说，三个月，到那时将对整个问题再行研究。我向李榦提出保证，我将对他的工作和代表团的财务需求给予支持。鉴于我已提出保证，他二人都说，双方愿就此事进一步磋商后再作决定。

过了四天，李榦来见，说他已向贝先生建议，由沈熙瑞或张兹闿接替他。（张先生是最近来美的中国石油公司总经理。）但我对李说，我还是宁愿维持现状。如果贝先生非走不可，在这困难关头指派一个生手来代替他，不是个好主意。还是由李代理为好，哪怕是暂代也罢,但李坚决不干。

翌日,李来说,贝先生推荐沈熙瑞为他的接替人,为期三月。因为他希望尽快脱离技术代表团,贝自己也给我打电话提出这一建议,于是,我就给沈打了个电话,和他商定此事,并要求他担任技术代表团的代理团长,暂时不定期限,秘书长一职仍由李翰担任。沈对我的建议似乎并无异议。

这样,团长继任人选问题似乎在 3 月底已将圆满解决,但实际上却一直拖延到仲夏。4 月 21 日,李翰来见,他说台北正在考虑由霍宝树接替贝祖贻为驻华盛顿中国技术代表团团长。(霍长期任职中国银行。)因此,贝希望我致电外交部,请对他的辞呈和他所提由沈熙瑞暂代的建议早日给予答复。我当即照办,但未得回音。5 月 1 日晚,我在贝家吃饭,看到贝仍然急于解职。我答应电告外交部长叶公超,请求早日回复我先前推荐沈熙瑞暂代的电报。不过此时发生了一个新问题,就在当天晚上,沈到香港探问他夫人的病情去了,逗留多久未定。直到 6 月间,才终于决定由霍宝树接替贝祖贻的技术代表团团长职务。

前面说过,经费上有困难的不仅是技术代表团,还有几个政府机构,例如,远东委员会的中国代表团、驻纽约中国领事馆、在纽约的驻联合国代表团等,也都有财政困难,都担心是否能指望按原来预算得到拨款。

1949 年 9 月 9 日,刚抵达华盛顿的阎锡山特使潘朝英告诉我,阎将军嘱他安慰我说,一定竭力设法按时给大使馆拨发经费。过了几个月,蒋夫人同我谈话时(1949 年 12 月 18 日)说,她已电告委员长,要求立即给所有驻外大使馆和领事馆拨款。她说,我们正在力图使美国政府和公众深信,中国有决心进行反共斗争,中国的事业需要援助。此时此刻如果我国在美外交人员中发生叛变情事,那将会使我们受到沉重的打击。当时她心里一定是在想着九、十月间驻巴黎中国大使馆发生的严重叛变事件。

12 月 19 日,我同外交部次长董霖谈论了巴黎案件。他曾去巴黎,主要是为了调处巴黎使馆案,事后刚从欧洲来此。他对调处结果似乎十分满意。他说,他曾同现任外交部长叶公超约定,双方在外交部共事期间,(以前叶任常务次长时,董任政务次长。)彼此可在对方默许之下,作出各种决定。由于他在巴黎必须行动迅速,他就根据这一协定,全权处理了使馆人员的任免事项。但是他很早以前就对叶公超说过,下次任命新部长时,哪怕是叶自己再度出掌外交,他也不愿再担任次长了。他暗示,他宁愿以最近授予他的新头衔巡行各地,视察使馆和领事馆。(他是以次长身份,带着驻外使馆和领事馆视察员头衔出巡的。)他说,不过叶公超还没有同意。所以他目前并没有任何政治使命。

大约一年之后,我在纽约时,钱泰大使来访。巴黎大使馆发生骚乱,大部分馆员投共时,他正是那里的大使。他谈到有一次他的汽车出事,他险些丧命,还谈了大使馆职员阴谋叛变的经过。

他说,王思澄是这次叛乱的主谋。我认识王这个人,早先我任驻巴黎大使时,他在使馆任职,有人向我举荐他,我就把他提升了。接着金问泗请求把他调到荷兰去,荷兰承认中共后,他又调回巴黎大使馆。钱泰说,王起初伴称因为领不到薪水,所以要闹事,后来眼看中共政权即将在北平成立,便公开地鼓动参加中共政权。他们曾试图争取驻欧洲其他国家的中国大使馆起来参加他们的行动。真正响应的只有陈定一个,没有别人。陈是驻莫斯科中国大使馆的一等秘书,好像还兼任着代办。

1951年1月11日,钱泰来华盛顿见访。这次,他向我诉说了满腹牢骚,因为外交部责备他事前没有把使馆人员的不忠情绪向部报告,终于酿成了叛变。他申辩说,他的部属全是外交部选派的。他就任巴黎大使时推荐的职员,外交部一个也没有接受。他说,受命视察驻外使馆的董霖次长自诩平息叛乱有力,其实他在巴黎仅逗留了不到四十八小时。为了讨好使馆人员,也不问他们有无背叛言行,一律发给了积欠的薪水。钱泰本人因此次闹事而被召回,使馆由代办照管。

糟糕的是,从此以后法国政府再也不肯接受中国的新任大使。历届内阁都对我们说,最好不要再提这个问题,因为法国议会中大多数人想要迫使政府承认中共政权,还是听其自然为好,甚至连叶公超在欧洲旅行时,以外交部长的身份亲自向法国外长提出这一问题,所得到的答复也是一样。

1949 年 12 月间,我趁董霖次长访美的机会,在大使馆召集会议,把所有使馆人员和远东委员会中国代表全部请来参加。董霖在会上讲了巴黎使馆人员叛变事件以及给各地使领馆补发欠薪和津贴等问题。他十分详尽地谈了他在巴黎时曾力图做到的一切,并对他们的困难深表同情,但是对到会的全体人员却没有提出什么切实的建议。既没有说立即发清欠薪,也没有提今后的薪金怎么办。此公真是小心谨慎,不轻许诺。

尽管如此,我还得竭尽绵薄,力求解决问题。22 日我见到了董霖,我对他说,外交部在经济问题上所作的决定和采取的办法使大使馆受到了不堪忍受的压力。

1948 年,当时我们正在力争从美国政府取得为数可观的援助,外交部就已经把大使馆的经费预算削减了四分之一。最近又进一步把津贴削减了四分之一,同时强迫征收两个月的薪金,作为外交部同仁的福利基金,又从 10 月份起追减月薪,这一切只能使困难有增无已。我又给他举了几个例子,然后建议他为使馆设置一笔周转金,以便按月发薪,按时支付账单。

国内人士大都知道,早在国民政府以前的时代,事实上我就得向我的兄长要钱来贴补我所负责的外交使团的公费开支。(因为我名下的一份遗产是由我兄长掌管的。)不论是在华盛顿,或在其他地方,都是如此。例如在袁世凯窃国称帝的末期,在张勋 1917 年拥戴溥仪重登皇位、企图复辟清朝的时期,我都得稍事贴补,因为在这种时刻如果要求使馆人员继续工作,就必须给他们发薪。

最近期间,我有时也必须这样,用我的私人资产来解决问题。

此事由使馆一等秘书我的私人财务秘书傅冠雄经管。我请他协同主计处派来的审计员负责使馆的财务。他俩联合掌握使馆的资金,所有支票由他二人签署。傅还经管我的私人账目,使我免于为此操心。每当使馆和同仁收到汇款,他就把我的薪金和津贴存入我个人户下,其余则存入使馆的公共账户。假若使馆的存款已经用罄,他就支取我私人存款来支付某些公务开支。

使馆的审计员一职是政府新设的职司,但并非每个驻外使团都有,因为驻在小国的使馆人员较少,相应地预算就少得多。这一职司的创设,是驻外使馆实行固定预算,并由国家审计部通过外交部任命的正式审计员检查账目这一制度的一部分。这是一项早就应该实行的有益改革。对驻外使团来说,这种制度可以减轻向政府报账的负担,而且有助于杜绝非法使用公款的诱惑。

但是,说也奇怪,我们发觉这种处理公款的新制度,有时也引起一些不必要的困难,甚至给驻外使团带来某些可以避免的麻烦。以我们的使馆为例,曾有若干事件导致了使馆同国内外交部之间,甚至外交部同财政部之间,函电交驰,而这些麻烦事本来都是可以避免的。

开始时,有一次外交部会计处拒付大使坐车的汽油费,因为没有把收据交上去。我们向部里说明,美国的加油站没有给收据的习惯,使馆人员因公外出雇用汽车时,美国出租汽车司机也照例不开车费收据。但外交部会计处还是坚持,这些开支都要交呈收据后才能报销。

另一件事是大使馆垫款修了从使馆正门到双橡园大使住宅这段道路,外交部却拒绝补足部分追加费用。这个问题使外交部和大使馆都感到为难。这条相当长的道路年久失修,有些美国朋友们对使馆人员说,这条路使他们感到不方便。因为路陡,可能发生危险,所以必须翻修。我就吩咐负责总务的秘书,找人把路重修一下。他找了几个营造商,但他们开价都太高,因此犹豫不决。

有一天，我应邀到隔壁约瑟夫·戴维斯家吃午饭，看到他那整洁的花园和房屋周围平整光滑的水磨石子路。我委婉地问他，要把路面修成这样，得花多少钱。这个人商业知识丰富，熟谙法律，我早有所闻。这时，他对我的问话作了毫不隐讳的回答，使我感到确乎名不虚传。他对我说，他发现华盛顿的营造商都索价很高，就到弗吉尼亚州去物色，终于找到了一个索价合理的营造商，他竭力向我推荐。其后我的秘书去和这个营造商联系，他果然报了一个合理的工价。

整个修路计划确定后，就按例呈报外交部审批，因为凡是大使馆正规预算以外的特殊开支项目，都必须报部审批。不久，就批准了，我们于是请营造商立即动工。但等到他的工人们都已来到，正要动工时，工人们问道，从大使馆正门到马路边缘那一段通道是否包括在包工合同内。营造商说，他不知道这段路在承包范围内，他的报价仅限于从大门内到住房那条长道，如果要把门外的一段包括在内，那是要加价的。

实际加了多少钱，已经记不起来，但这一段碎石路是非铺不可的，因此我就吩咐秘书只管照办，一面准备立即向外交部申请增加汇款，以便支付追加的翻修费用。但此次申请却遭到了拒绝，理由是，这一申请应与原申请同时提出，现在为时已晚，碍难照准。很明显，外交部的意思是这部分追加的修路费用要由大使馆负担，也就是说，要由大使自己花钱。

这种情况，我还可以再举一个更加令人为难的例子。外交部出于好意，考虑到房租昂贵，而驻外使团人员都要自付房租，（这些人员曾向外交部提出过不可胜数的救济申请，可资证明。）决定在预算内加添一个新项目——驻外使团领导人和属员的房租补贴。补贴标准视各国生活水准而异。以华盛顿使馆来说，在我任期内，整个哥伦比亚特区房租上涨得很多，使馆人员处境特别困难。

虽然我所住的双橡园是政府的房产，不用付房租，但我这个大使也有一份补贴，真是意想不到。上面说过，我的私人账务是由傅冠雄兼管的，我就对傅先生说，此款不要存入我的账户，应退回给外交部。傅先生却另有打算，他劝我不要把此款退回。他告诉我，使馆雇用的美国速记员和打字员们，看到驻华盛顿的其他中国政府机构，例如政府采购委员会或使馆附属各办事处等雇用的美国女雇员，工作和她们相仿，而薪水却比她们高得多，一直感到不高兴，为此，傅先生坚决主张应该用那份房租作为给她们增加的津贴。

我认为这个主张有道理。使馆的那些美国女雇员，薪给较低，但是她们却安心地留在使馆工作，不去另谋高就，这是出于她们对使馆的忠心。这种不平等待遇，虽不是有意识造成的，但却是明显的事实。如果按傅冠雄的建议办理，不仅可以消除这种不平等现象，而且可以改变公众关于使馆对待美籍雇员问题的看法。但是外交部完全不同意我们的主张，指令把该款悉数缴回，真是出乎我二人的意料。经过旷日持久的往返函电反复申辩，外交部最后说，不管怎样，我的房租补贴已经交回国库，我们改作他用，该部无法批准，因为为时已晚。言下之意，此款必须退回外交部。

此事连同另外两个问题，一直等到我回国时，亲自同外交部交涉后才获得解决。两位次长都曾在国外留学或工作过，美国加油站从不开具加油费收据，出租汽车司机也从不开具车费收据，这些情况他们都很清楚。因此他们很痛快地同意免去外交部会计处向大使馆索取的收据。关于翻修道路费用问题，又增拨了一笔款项以补偿使馆业已付出的修路费。

至于大使的房租补贴问题却仍然十分难办。国库已经根据外交部的报告，将退回之数收讫入账，无法再付给外交部。外交部认为必须从拨付使馆的定期汇款中扣除此数。这样办对大使馆和对我个人显然都不公道，因此外交部长向行政院长作了请示。当时的副总统兼行政院长是陈诚将军，他秉性公正，吩咐将此问题提请行政院作出决定。他本人认为，大使的房租补贴原是作为一项公务费用拨付的，现在同样用于公务，应予批准。最后这一准则由行政院正式通过作为官方决定，方才解决了问题。当初傅冠雄出于对美国雇员的同情而提出了他的主张，而我则予以衷心地赞同，真想不到竟然招来了这么一堆棘手的问题。

至于大使馆的正式交际费，我倒可以比较称心地支配，而不致有太大的干扰。凡属员中因担负特殊任务，需要和朋友们交际，或是因为需要完成某些紧急任务而加班加点的，我都动用这笔款项，给予不同数量的特殊津贴。同时，我总是设法保证使馆属员能按时领薪，因为我知道，如果他们不能及时领到薪水，几乎没有一家能有余资足以维持生计，当然也有一二例外。纵然如此，馆员中也没有一个是继承了大量财富的人。因此，在我们等候外交部定期汇款时，傅先生经常取用我的私人存款来给他们发薪。我应当补充说一句，总的说来，外交部还是关心这种情况的，一般都按时汇款，这同北京政府时代的外交部恰成对照。从 1949 年下半年到 1950 年初，外交部的处境确实是很不正常的。

12 月 27 日，我和当时正在纽约的董霖通了电话，问他所欠使馆人员的薪水和津贴怎么办。我刚接到叶公超来电，内容和五天前我从远东委员会中国代表团拿到的副本一样。电文说，他已同新任财政部长关吉玉联名电请纽约中国银行总经理席德懋垫付十三万美元，拨交驻美国和拉丁美洲各国的大使馆和领事馆以及驻远东委员会代表团。这就是说，外交部真的在设法改善局面。

董先生答复我说，他已经同贝祖贻联系过，贝从 1914 年起就同中国银行结下了不解之缘。贝告诉他，纽约中国银行并无中国中央银行的存款，不过中央银行在中国银行加拿大支行还有些余款。董先生说，他已再次致电叶公超，请他迅速办理，但迄今为止，所作的多次呼吁，均未获复。

1950 年 1 月 3 日，中国驻远东委员会代表李惟果博士对我说，可以从两个方面筹措外事经费，其一是前南京伪政权（指汪精卫政权——译者)存在台湾银行的存款,约有六十万美元。此款已由驻日盟国最高统帅部予以查封,并已移交给驻日盟国最高统帅部中国代表团团长朱世明将军,由其转交中国政府;其二是日军撤退前所劫掠的无主资财。

日本人在全部中国沦陷区内曾对各种贵重物品和银行的保险库进行了系统地劫掠。事有凑巧,我从前在北京所租用国际银行的保险箱也在被劫之列。苏州是著名的中国工艺和文学中心,城内名门大户人家,藏有世代相传的书画、对联、名贵艺术品等稀世珍玩。据传,日本人在占领中国之前,就已通过特务人员查清了所有的家藏艺术珍品和古玩,并列出清单,注明家庭住址、收藏品细目、存放处所等。1938 年日军占领苏州后,他们就派出一支分遣队乘着大卡车,带着珍藏品清单,直奔大户人家,唤出户主,向他喝道:"这是你的珍宝清单,照单子把东西统统拿出来,否则……"他们就是用这种方法掠夺财宝的。不仅在苏州,其他城市,只要有家藏祖传贵重艺术珍品的名门世家,无不遭此洗劫。日本侵略与占领中国蓄谋已久,于此可见一斑。上海的日本大学——"同文书院"①,实际就是训练各种谍报工作人员的日本特务巢穴。

李说,这第二个来源包括价值超过一亿美元的贵重金属,但现在还不能到手,因为美国硬要把它用作日本进口业务的周转金。此外,还有价值六百万美元的宝石,中国可以取得其中百分之三十,只要中国同意这一成数。不过外交部仍然坚持要求取得百分之四十。他又说,印度、巴基斯坦、缅甸和英国已承认或即将承认中共政权,因为这些国家全是远东委员会的成员国,将使该委员会的内部情况进一步复杂化。

1 月 14 日,我又同李惟果商讨这个问题,他说,当时日本赔偿和归还的几种来源,形成了远东委员会讨论和协商的主题,特别

---

① 该校全称为"东亚同文书院",设在上海徐家汇虹桥路。——译者

是已经由盟国最高统帅部转交给东京中国代表团的中国名下那份无主劫物外加价值六十八万多美元的黄金。1月20日,李两次来我处,主张由他和我联名致电外交部,建议用那笔已由盟国统帅部转拨过来的,或对日本政府手中那批无主劫物提出产权要求后即可取得的资金,建立外事基金。我当即同意由我二人联名发出电报。

1月24日叶公超来信说,他对无法改变预算,以解决我使馆人员薪金和使馆经费大量削减后出现的困难,深感歉疚。如前所述,他说,台湾士气极佳,如能实施紧缩开支,台湾至少可以维持五个月,甚至可能到年底。此外,他和王世杰及委员长对我的报告,以及我所提应付当时危局的主张,都万分信赖。

1月25日,李惟果的儿子同我的侄子顾应昌来见。顾应昌是哈佛大学经济学博士,当时任远东委员会中国代表团的技术顾问。他们此来是想同我商量,应采用何种手续和策略去促使无主劫物的分配问题获得解决。他们说,我国应分得一百万美元,可用作外交使团的工作经费。应昌告我,外交部业已批准将中国所享份额减为百分之三十的建议,作为今后同委员会中七国小组进行协商时的最低限度。这是令人鼓舞的消息,我们三人一致同意去找美国代表团,争取他们的支持。

3月25日,我和李惟果、谭绍华还有其他几位,开会研究决定我们在七个国家间分配无主劫掠资财时,可以接受的最低百分比。这七个国家是:中国、英国、澳大利亚、法国、印度、荷兰和菲律宾。实际上,除中国以外,其余六个国家已经分成了两组,第一组包括英、澳、印度,第二组是法、荷、菲。其所以分成这样两组,是由于声誉关系。每一组的三个国家中,任何一国在份额数字上都不肯少于其他两国。

举行这次会议是因为外交部对李惟果作了答复,授权他降低中国的要求份额,并表示希望尽快达成协议。于是我国的份额就从总数的百分之三十减为百分之二十三点五。我说,鉴于这七个国家中已有两国承认了北平政权,而且还有更多的国家似乎都要承认,而中共会出来阻挠,所以最好还是尽快把这个问题解决,切勿迟于4月1日。到那时,三百多万美元的经济基金就可到手。我说,拖延则"夜长梦多",只会增加这批资金最终落入北平政权手中的可能性。

我并对他们说,澳大利亚提出把全部无主劫物赠与联合国儿童基金会,这种意见是没有道理的,因为各国所得的份额如何使用,应当由各国自行决定。尽管七国间在分配资金问题上达成协议有困难,但这决不能成为干脆放弃权利的理由。

大约过了六天,李惟果和顾应昌来报告无主劫物分配工作进展情况。最近经多次协商,拟定了一份分配方案草稿,尚待正式批准。方案的内容如下:第一组国家,澳、英、印度各得百分之八点五,共合总数的二十五点五,中国得二十六点五;第二组国家,法、荷、菲各得百分之十六。他们说,除荷兰代表之外,各国代表都认为草案是可以接受的。英国代表说,只要我们说这是一份定案,而不是一种仅供大家讨论的倡议,那么,他就要提请伦敦予以批准。

我告诉他们,对中国来说,最关键的是要尽快解决这个问题,尤其是现在分歧似乎已经很小。顾应昌这时想出了一个好主意,他说,如有必要,我们可以建议第一组各国各抽出四分之一,补给第二组各国;如再有必要,可把我的份额降低到百分之二十五,再往下就绝对不能再少了。

同一天,我接见了驻斯德哥尔摩中国大使馆前一等秘书夏孙嶽的夫人。正如来美的中国驻其他国家现任或卸任的外交人员一样,她也对我说,他们经济上有困难。显而易见,陷于经济困境的不仅仅是在美国的外交人员而已。夏太太说,外交部对斯德哥尔摩使馆下达的指示往往是不切实际的。大陆失守后,外交部曾有命令,使馆人员的薪水只发到1949年12月31日为止。而瑞典1950年1月17日才承认北平政权。这样,外交部的汇款中就没有 1 月份的工薪和账单开支。外交部虽然发给路费，但使馆人员还得安排各种未了事宜，交付 1 月份的房租，等待旅行安排等等。

此前十天，3 月 20 日，我设宴招待中国驻厄瓜多尔国首都基多代办陈开懋的夫人。她告诉我，厄瓜多尔总统对中国深表同情，决不支持联合国安理会剥夺中华民国代表席位的任何提案。她抱怨她丈夫迟迟不得晋升，外交部发给的补助费不敷应用。为了维护中国的威望，她不得不自掏腰包弥补不足。幸好，她比她丈夫富有得多，因为她父亲是南非约翰内斯堡的富翁。

4 月 24 日，我应邀在加拿大多伦多发表演说期间，中国派驻该市的熊应祚领事告诉我，外交部命令把领事馆关闭。但是，又自相矛盾地命令从速将领事馆房屋出售，以房款充作经费。这又一次说明，政府的财政十分困难，为了解决问题，竟致不择手段。

5 月 8 日，外交部来电，责成使馆派员出席国际棉花咨询委员会定于两星期内在华盛顿举行的一次会议。中国是该委员会的成员国，但已四年未缴会费。该组织的章程规定，凡会员国拖欠会费达两年者，就要褫夺表决权。经济部已暗示端木澜（音译），可用经济合作署的货款收入交付会费。但是外交部的来电却只字不提会费问题，仅简单地要求我派员代表中国出席，因为他们已经答应美国代办派人出席。端木先生是经济部的代表，又是常驻华盛顿的中国政府采购委员会的委员。

6 月 2 日晚，我宴请在华盛顿的几位中国政府代表，诸如，国际货币基金组织中国执行董事顾翊群，世界银行和国际货币基金组织的执行董事张悦联、顾的副手瞿季冈（祖辉）、张的副手俞国华及其他客人。席间讨论了中国是否应当退出世界银行和货币基金组织，以便动用已缴付该银行的九百万美元左右中国股款问题。外交部曾就此事电我征询意见。台湾当局显然正在考虑这个问题，俾便我们可以动用此款，因为现在已经一清二楚，台湾政府的经济已然山穷水尽，不仅海外各使领馆无法维持，就连台湾政府本身也难以支撑下去。

与宴的诸位都同意我这样的看法：即将发表的退股声明，必将导致北平政权对此款的所有权提出要求。而台湾无论如何要在六个月以后才能拿到此款，这是世界银行和基金会章程条款规定的。而且我们意识到，到那时，台湾还得和中共较量一番。既然会议一致同意给外交部回电，我请李榦博士起草电文稿，次日就发出电报。

在 4 月 11 日以前，我的商务专员刘大钧和副专员以及他办公室的一位职员请求我给该办公室的顶头上司经济部长打电报，催他把 1949 年 6 月以来的欠薪赶快寄来，而实际上财政部长已经安排好，由中国银行垫付到 1950 年底为止的全部所需资金。我在日记中写道：

> 他们的境况实际上比使馆人员还好些，我们这些人从 1949 年 12 月以来就分文没有到手。我照他们起草的电文稿把电报发了出去。

关于外交部长叶公超从台北打来的电话，我只在 1950 年 6 月 29 日的日记中找到一段记事如下：

> 他向我保证，不久就把使馆的欠薪和经费汇来。三天内寄 [1950] 4 月份的，十天内寄 5、6 月份的。他大体上已把到 9 月份为止的经费筹划好，但只能供薪水和火车费之用，交际费用不包括在内。

可是到了 6 月 29 日，韩战爆发，杜鲁门总统调遣了第七舰队，使局势起了很大的变化。

以上讲的都是政府在汇款支付驻外代表的薪金和经费以及国际机构的会费等方面所遇到的困难。但另外还有一些其他债务，政府也难于应付。这就要从 1949 年初说起。当年春天，大使馆就不断收到美国许多政府机构，诸如美国海事委员会和进出口银行等，催付各种欠款的通知。

1946 年的商船出售法曾授权海事委员会售与中国国民政府

战时建造的船只三十三艘,其中二十二艘分配给国营招商局,其余十一艘售给私营复兴航业股份有限公司(在美国称为中国联合航运公司),但当时国民政府同海事委员会签订的抵押协议是全部三十三艘船只的一揽子合同。该合同除规定分期摊付抵押贷款外,还规定必须付足各项保险单所列的全部保险费。

1949 年 4 月份,政府分配给招商局的二十二艘船只中,有一艘丧失,四艘停泊在美国港口,十七艘在亚洲海上航行。海事委员会 1949 年 4 月 28 日的通知书称,招商局有十七艘船,从 1949 年 1 月 17 日起的战时保险费未缴,4 月又加上这些船只还欠交船身海上保险费。5 月初,又通知我说,复兴航业公司的十一艘船中有两艘尚未缴付到期抵押借款。一周后,招商局付不出四艘船只已到期的抵押借款。其后一周内,我又接通知说,复兴航业公司拖欠缴付另外五艘船只的抵押借款。1949 年 6 月 30 日我接到通知说,有十三艘船因未付保险费而被撤销保险契约。

当天,正在华盛顿的交通部顾问、也是招商局的代表包可永先生来访,他给我说了关于招商局和复兴航业公司拖欠战时保险费的一段情节。他说,美国海事委员会打算等这些船只驶入美国港口时予以扣留,并把已经停泊在美国港口的几艘船只加以扣留。现在在美国的四艘船已经卸货,但还没有开往中国。保险费在 3 月份就已到期,船价本金和息金在 5 月 13 日到期,其他应付款项也即将到期。可是,世界贸易公司(经办购船业务、收取佣金的中国政府代理机构)却不愿意垫付保险费。

海事委员会已然函请我出面调处,我就派崔存璘参事会同包先生去向海事委员会说明中国处于非常情况,请求再度延期交款,以便电告政府汇款清偿。但结果并不圆满。6 月 7 日,包又来请我亲自出面说项,以期能获准再度延期偿付抵押借款。

这件事给我造成了不小的压力。我对包说,"战时保险费"已经拖欠了两个月,抵押给海事委员会的船只也有两期本息摊付金早已到期迄今未付。该委员会一直催我作出答复。包可永却一意要拿交通部的那笔资金去修理四艘待修的船只,而不支付保险费。而且那笔资金有一百多万美元是用船只作抵押,从海事委员会借来的。

我国人士往往不易说服。我一向力求按外国方式办事,用实事求是、言而有信的方法来维护自己的信用和名誉。但是这种方法的重要性往往不为中国官场人士所理解。在远东,人们处理这类问题时一般都是如此,例如,1950 年 8 月我回台湾汇报大使馆面临的问题及其解决办法,希望取得政府的批准和支持时,结果也是这样。

问题之二是有些债款早已到期,尚未清偿。向委员长汇报时,我说,政府指示我还要设法借款,我自当照办,并已着手进行。但是,现在许多愿意考虑新借款的债权人,如海事委员会等,坚决要求我们必须先把已到期的欠款还清。所以我们必须制订一个方案,既要考虑清偿到期的旧债,还要使我们能借到新债。委员长一听就很不耐烦。他说,我们需款急迫,问题是怎样借到更多的新债。那些还清旧债的事还提它干什么呢?

我向他解释道,美国银行界和美国政府机构,诸如进出口银行、海事委员会等,很像商业性质机构。他们借给我国政府的钱并非他们自己所有,而属于以国会为代表的美国人民。他们要再借钱给我国政府,就必须提出一个报告,说明他们干得很好。他们的报告必须能说明,一切已到期的借款都已有条不紊地得到清偿。借款到期而不还,则一下子就使银行当局向股东们作报告时处于尴尬的境地。我们首先必须设法还清已经到期的债务,才能要求借入新债。

可是委员长说,还债和再借债是两个不同的问题。我解释说,两个问题可以联系在一起处理,我们可以要求一笔借款,其数目之大,不仅要足够偿还已到期的旧债,还应包括我们所急需的新借款。比如说,我们需要的是五千万美元,应当归还的到期借款是二千五百万美元,我们可以要求再借入七千五百万美元,则既可用延期还本,只付清利息的办法处理旧债,同时又可获得我们所需要的新借款。我说,这就是银行家们给我们出的主意。

关于缴付十三艘船只的海上保险费问题,政府显然已经照办,因为6月底时,保险商通知我积欠的保险费(船只海上保险)业已收讫,因此他们撤回先前发出的合同作废的通知。不过当时积欠的保险费并未全部偿清,这十三艘船的“战时保险”费仍然拖欠着。

1949年6月6日,复兴航业公司总经理谭伯英来访,该公司要求把股权从政府与海事委员会订立的合同中分出来,他请我受理此事。6月8日,李澍(音译)先生偕其夫人,即复兴公司董事长钱永铭之女来访,也是为了此事。李先生在谈话中谈到,在最近国内局势恶化之前,中美间的航运生意颇为兴隆,为经济合作总署经办的货运业务尤为频繁。

这家私营公司的代表人为此感到担心,这是可以理解的,海事委员会正威胁说,如不付清欠款,则不管国营还是私营公司的船只,将一律扣留。但是不履行交款合同的是政府,而私营公司则一直按照它同政府签订的协议缴付了应交的货款。因此要求把他们公司的股权从政府对外签订的合同中正式分离出来。

7月11日,交通部包先生也为此事来找我。他说,现在他明白了,把目前在美国的四艘船中的两艘卖掉,藉以偿付欠款是可能的。他说,否则海事委员会根本不愿谈判中国方面提出的任何建议,连复兴公司提出的把十一艘船从合同中分离出来,由该公司向委员会直接负责这一设想也不考虑。

三天之后,谭伯英先生又来拜访。他说已同海事委员会方面谈过,获悉中国政府拖欠着三十三艘船的抵押借款。并悉,中国交通部故意不按政府所签协议的规定同委员会磋商,也不考虑归还拖欠着的借款,就下令把当时在美国四艘船只中的两艘进行修理。谭先生还告诉我,该委员会的代表说,除非政府立即把全部船只的欠款偿清,他们不能考虑对该公司所属的十一艘船分别对待。

在这种情况下,我于 8 月 3 日召集有关各方开会,目的是:第一,讨论并确定有多少资金可用以偿付对海事委员会的欠款,至少要先偿付一部分。第二,讨论出售在美国的四艘船只中的两艘,以便偿清现有债务及 1949 年底即将到期的应付款项。如不采取这种行动,则海事委员会不仅拒绝考虑把复兴公司的股权分离出来,他们还暗示,在我们对清偿债务做出安排之前,将拒绝批准我们修理或出售任何船只。此外,还威胁说要没收这些船只。因此,当我把海事委员会历次函件的内容向政府报告之后,政府才批准从原拟用于修船的资金和出售两艘船所得价款中抽出一部分用以偿付债务。7 月 22 日行政院长阎锡山来电批准,7 月 29 日,当时的行政院秘书长端木凯又来电通知。

会议以后几天,包可永和另一位交通部代表萧庆云偕同崔存璘参事一起访问了海事委员会的平珀和莫尔斯两位先生。根据崔存璘 8 月 5 日的书面报告,包先生在开始讨论时告诉大家,世界贸易公司复函指出,修船费用项下尚有余款六十一万美元,其中三十三万美元指定支付"战时保险费"及海上保险费,十万美元用作四艘船上基干人员的生活费、码头费等等。下余十八万美元可立刻付给海事委员会作为我们偿还积欠的象征性付款。

平珀当即问道,此款是否包括两艘船只的修理费用。包先生回答说,两艘船只的修理合同签订后,立即开出了面值四十五万三千美元的信用证。平珀先生问,此项信用证是否不能取消,包作了肯定的回答。

莫尔斯接着说,尽管海事委员会是同情中国政府的,但若委员会一面让中国拖欠着一百二十万美元债务而又准许它用四十五万三千美元去修理与债务有关的船只,那就很难答复美国国会和纳税人的责难。他说,委员会实在无法考虑这样的请求。

于是萧先生解释说,中国政府弄到这十八万美元已经费尽九牛二虎之力。如果有钱,我们是愿意尽量多还的,但实在力不从心。这次付款就是出于我们偿清债务的诚意。

平珀提出,中国政府应先将所有的钱,即六十一万美元加上指定修船用的四十五万三千美元,全数付给海事委员会。付款之后,中国政府才能从拟出售的两艘船只价款中提取款项,作为其他用途,如有必要,也可修理另外那两艘船。

萧先生和包先生竭力说明中国政府处境的困难情况。尽管如此,平珀和莫尔斯还是说,海事委员会原则上希望中国政府首先偿清所有欠债,然后才能考虑出售或修理船只的问题。假若中国政府不能偿付欠款,而海事委员会又不收回那四艘在它控制下的船只,则该委员会必将受到指责。换言之,如果中国政府不能还清欠款,则委员会唯一的办法就是把那四艘船只收回。

崔报告结束时说,海事委员会的两位官员措辞坚决,态度严峻。他觉得,继续同他们辩论下去是徒劳无益的。所以,就对他们说,萧和包非经请示政府和大使,都无权作出答复,并建议休会,改日再谈。

次日,我听取包、萧两先生的报告,他们说,谈判毫无结果,平珀和莫尔斯坚决要求把世界贸易公司现有的款项,其中包括准备摊付保险费用的款项和准备用作待出售或修理的那四艘船只维持费用的款项共六十一万美元,连同留出准备修理两艘船只的四十五万三千美元,统统付给海事委员会。他们提出将余款十八万美元偿付海事委员会,但却遭到了平珀和莫尔斯的断然拒绝。

我个人认为,平珀和莫尔斯提出的理由看来是正确的。他们说,我们不应把仅有的一些款项首先用于偿付保险费、维持费、修理费等,而把我们同该委员会所签合同上已经到期的债务放在第二位。我对包和萧说,从他们所谈各节来看,我们的论点实在无力。这只能使美国人丧失对我们人格和信用的尊重。萧先生立即理解了我的论点,而包先生则似乎目光短浅,还没有认识到这一点。

8月9日中午,我与萧和包会商,准备下午到海事委员会开会,同美国代表研究抵押借款业已到期的船只问题。那天下午的会议很重要,海事委员会有五个人,国务院有三个人参加。而召集会议的巴特沃思却没有出席。

海事委员会主席菲利普·弗莱明先生,起初态度和蔼,后来在讨论中变得有些严厉。我是有所准备的,为了解除他的疑团,我把我的想法全都公开,并表示愿把全部可以动用的现款统统交给他们,甚至不惜取消两艘船只的修理合同。这样一来,平珀就说,如果那两艘船只能够卖掉的话,修船合同就不必取消。弗莱明也说,要是我能给他写一份保证书,保证用售船所得款项偿付已经到期的债务,他们就可应允。我立刻同意,会议就此顺利结束。

当时,菲律宾总统季里诺正在美国访问。那天晚饭后,菲律宾大使伊利扎尔德为他举行招待会。我在会上见到了巴特沃思,并和他攀谈了一番。他因下午没有出席会议向我致歉。我把会上的结果告诉了他。他说明了召集这一会议的缘由,他说海事委员会想要把船只扣押起来,他认为如不事先听取中国大使的意见,不能那样办。显然委员会想要严厉对待,企图查封船只。但巴特沃思说得好,扣押必须由法院下令,按司法程序办事。这样就又会造成许多不利于中国的新闻。换句话说,巴特沃思的用意是在向我表示礼貌和友谊。

由于我向海事委员会作出了承诺,扣船的问题暂时搁下了。但因我的承诺没有立即兑现,该委员会通知我说,如果不在 1949年9月2日前把可动用的款项付出,则拖欠着抵押借款的那几艘船只就要由法院查封。事情如此紧迫,我就再次与航运界的代表们开会研究。会议于8月26日举行,到会的有交通部的萧、包两先生,代表私营公司产权的谭先生以及与问题有关的使馆参事崔存璘。经办这些船舶买卖业务的世界贸易公司副总经理任嗣达原本也打算出席,但因火车误点没有赶上。

我说话相当严肃,坚持要履行我在8月9日向海事委员会所作的诺言,立即把我们所能支配的现款全部付给他们,以维信誉。与会者都表示同意。不过他们说,现款在世界贸易公司手里,总共只有五十一万美元上下,要清偿到期款项,还相差约七十五万美元。

任先生在六点钟前后到达,我立即同他研究这一问题。他为自己迟到表示歉意,并说明为什么不能把世界贸易公司的资金垫付给海事委员会。他说,世界贸易公司(实际是中国国防供应公司)已代各部垫款四百万美元上下。只有交通部偿还了约一百五十万美元,其中已用去五十万美元,剩余之款最近奉财政部长徐堪之命已解交该部,而交通部尚不知情。因此,现在该款已无余额可供政府或交通部使用。不过,他答应把留作修船及有关用项的资金毫无保留地交出来,据我所知,总数约有五十一万美元。他已经打电话通知世界贸易公司在8月27日星期六上午把支票送到大使馆。

使馆接到支票,随即送交海事委员会,该委员会才不再提查封船只的事。接着,我方向海事委员会提出,最好能把世界贸易公司所垫款项交还,以便用来偿付其余船只保险单上即将到期的保险费,因为中国政府是无法如期缴付此款的。又过了些日子,复兴航业公司垫出了一部分资金,把它分担的那份船款付给了海事委员会。

1949年10月27日,交通部包、萧两先生来问我如何处理交通部拨来偿还中国复兴航业公司所垫付给海事委员会的船只摊付款二十三万美元。我们商议之后,决定此款应付给海事委员会作为归还10月31日即四天后将到期的债务余额。这样,我们就可以恢复海事委员会对我们的信任。以便为申请上述船只今后延期十五个月分期还本付息一事铺平道路。

一个月之后,11月29日,我拜访了进出口银行行长赫伯特·加斯顿先生。我本是去参加该行举行的一次会议的。那是一次令人难忘的集会。出席者不仅有该行的代表,还有国务院的代表。其目的是要求我答复中国政府所欠该银行的借款究竟打算怎么办，能够解决些什么问题。美方代表有五人。我方则有使馆参事崔先生，交通部代表萧先生、包先生和世界贸易公司代表任嗣达等随同我出席。

关于进出口银行借给中国政府的几宗借款，该行行长在 10 月 14 日来函中作了概括的说明。函称，我方积欠该行各项借款，本息共达六亿二千二百多万美元，其中包括电力设备、铁路、采矿设备、轮船等各方面的借款。原来中国政府除向海事委员会采购船只三十三艘外，次年又向进出口银行借款购进二十六艘。该行来函结尾称：以上债务，久悬未决，未悉如何处置，请速示知。

当这个问题在会上讨论时，我觉得加斯顿虽然态度严峻，但却合情合理。我告诉他，我国正在设法筹款汇往外国偿还债务，其所以延误时间是由于国内境况艰困。他问起我们的军事形势如何，并问我对最近的将来作何估计。我向他表示了乐观的看法，并举出国军在金门岛和登步岛的胜利作为证明。于是他问道：怎样才能重振中国军队的士气，使他们愿为抗击共军的进攻而效命？

12 月 16 日，我同弗莱明在商业大厦开会，这次研究的还是中国打算如何履行抵押合同的债务问题。弗莱明暗示，现在仍然相当庞大的那笔欠款，如不妥善设法清偿，则海事委员会只好对有关的三十一艘船只宣告取消赎回权。但我们究应如何办理，他却提不出具体建议。

我于是提出，我们已经作了努力，并已还给他们一百四十万美元，并提出，我们正准备出售现在美国的那四艘船，或者把现在中国和东南亚海上航行的部分船只退回。事实上，如果在南京或九江附近长江中沉没的那艘船能够查明沉没地点，作为损失予以注销，则目前已无债务。因为保险公司对该船的赔款，可以偿付海事委员会，这样中国就不欠债了。

1950 年 1 月 9 日，我同世界贸易公司代表和交通部代表以及崔参事,开了一个短会,研究偿还进出口银行的债务问题。会后按照事先约定,到进出口银行参加另一个会议。此次,该行总经理加斯顿没有到会,会议由高思代他主持,国务院也有一位代表在场。

果然不出所料,这次开会是为了询问中国政府对所欠船只、棉花、电力和采矿设备等四项债务打算怎么办。高思深知该行1949年曾拒绝再拨付五亿美元贷款给中国一事,就说,中国被共产党占领,使他深感惋惜。他问到那些由银行贷款购买,然后又抵押给银行的船只近况,特别是船员们的士气如何,有没有驾驶船只投奔共产党政权的危险性。我建议,将部分船只卖给银行或移交银行出售,以便偿付到期欠款。同我一起赴会的包先生比较乐观地回答了高思的问题。与此同时,我告诉高思,我准备把今天讨论的内容再次电告政府。不过当天早晨我已经接到行政院长和交通部的来电,通知我说,中央银行已指令中国银行垫付一笔足够偿清欠款的资金。

1月16日,我在日记中写道,香港的中国招商局有十三艘船投向了中共政权,升起了红旗。海事委员会通知我,该委员会有意收买已经投共的六艘船。这些船只都是抵押给他们或是进出口银行的。(其余七艘是我们自己的。)通知书说,如果这些船只交割时能不带船员,不带任何留置权,则该委员会愿意从我们手中买过去。不过,买卖手续必须在当天办妥。我猜想,海事委员会是想乘还有可能采取法律手段的时机把这几艘抵押给他们的船只弄到手,因为香港是英属殖民地,可望援用并强制执行国际海商法。

我倒是有意把那些船只立即出售,宁愿为此承担责任。但是萧和包却踌躇不决。我也感到政府,尤其是交通部,一定已经了解到船员们有投共的危险。因为在两天之前,该部曾电请我商诸美国,打算另行组织一家新公司,把全部船只接收过来,置于我方控制之下。可是包先生一星期前在同进出口银行举行的会议上却把中国招商局船员们的士气说得过于乐观。他说,船员们的待遇优厚,士气极好。

1月18日,海事委员会和国务院都派人送来备忘录,宣告中国政府拖欠了船只抵押贷款,并声称他们打算采取一切必要措施保护美国对这些船只的权益。我立即在使馆召开会议研究这一局面,并发出答辩声明。声明指出,我们过去为履行债务作了种种努力,成效卓著。我们对叛变事件深感遗憾,并宣布政府决心对叛逆者严肃处理。因为正是过去已发生的叛变事件和今后继续发生叛变的可能性促使美方发出了催交欠款和采取法律手段的备忘录,至少是使美方立即采取了这种行动。委员会唯恐他们的投资得不到盈利,实际是他们担心这些船只有可能被中共接收,致使海事委员会和进出口银行几个月来一直在向中国政府和大使馆施加压力。

事情还有光明的一面,我在给外交部的报告电文中曾指出,国务院深知他们这一决定将对国民政府的经济可能产生何等影响,也深知要维持台湾经济的活力,必须有一定的运输条件,而这四艘抵押中的船只,当时正承担着这种必要的运输任务。因此,国务院宣称,将同美国其他机构磋商后,考虑采取可行而适当的措施。

1月25日谭伯英来访。他向我报告说,身兼复兴航业公司董事长和交通银行董事长的钱永铭的女婿李澍(音译),曾和国务院及海事委员会接洽,希望把当时由复兴航业公司经营的中国政府船只接收过来由李澍自己的公司经营。李澍的公司称为李氏国际公司,是挂利比里亚国旗的美国公司,其资本百分之五十一属美国投资人,百分之四十九属中国股东。李澍声称,他是代表中国政府和复兴航业公司的,这使海事委员会甚至使谭先生也感到惊诧。海事委员会立即把谭请去,希望他能证实此事,谭却无法给予任何证明。我想,这显然是试图把这些船只掌握在手中,也是为了保全私营轮船公司的船只,因为在这种情况下即使船员们叛变,船只也不至于被扣留。

1950 年 2 月 3 日,谭伯英又来访。这次是来报告他最近同海事委员会的莫尔斯先生和菲奇先生研究,把当时停泊在美国的四艘船只交还他们,以代替积欠的分期付款一事谈判的结果。看起来似乎交还了这四艘船只便可解决积欠问题,同时可使他们将已在其余几艘船只所停泊的世界其他港口付诸实施的"取消赎回权"程序搁置起来。谭说,他竭力劝说他们改变态度,但不得要领。凡是有关改变办法或另作安排的问题,他们一概不谈,只是一心要实施"取消赎回权",以保全美国的利益。

他说,他们真正担心的倒不是欠款问题,而是其余船只上的员工是否忠诚的问题。因为目前香港已经有过这么多的船员声明拥护中共,而且还有一艘船抗拒台湾当局的命令,自行驶入新加坡港口,并挂起了红旗。谭让我看了钱永铭致海委会电报抄送我的副本,电文中提出了一项切实的方案,既可以保全美国的利益,又能使复兴航业公司对那些自从美国政府实施"取消赎回权"以来一直被扣在各港的船只恢复运输业务。

过了一星期,我到国务院访晤负责远东事务的助理国务卿帮办利文斯顿·麦钱特先生。此次会谈是应他之请举行的。我带着参事崔存璘同去,因为要谈的是由于拖欠抵押借款而取消船只的赎回权问题。麦钱特向我递交了一份很长的照会,其中对代表中国政府的律师在马尼拉法院就取消赎回权的诉讼中所作的抗辩表示不满。该律师抗辩说,马尼拉法院对此船没有管辖权,因为此船是中国政府所有,在司法诉讼中享有豁免权。

麦钱特指责中国政府当初签订抵押合同时就没有诚意,措辞相当严厉,言下之意,似乎中国政府强调马尼拉地方法院没有管辖权这一点是强词夺理,因为在不履行债务情况下,要取消赎回权是合同中有明文规定的。我向他保证,凡是合同中规定的事项都有效,中国政府一定会遵守,他所提到的抗辩一定是代表中国的律师未同政府磋商就提出来的,律师的职责本来就是尽可能为诉讼委托人的利益进行辩护。

崔存璘极力强调,把那些船只扣着不放,每天要使我们损失相当可观的资金,海事委员会似乎不像进出口银行那样肯于合作,后者已对欠款问题提出了友好的解决办法。部分船只由于船员投共,已经归属于英国管辖范围,进出口银行就不再坚持把这些船只包括在清算之列,海事委员会却不然。

2 月 13 日,我又召开一次会议。出席的有代表交通部和招商局的包可永,由应聘为招商局处理船务问题法律顾问的戴维·肖勒律师,还有承保船险的美国保险公司代表荣(音译)先生。肖勒告诉我,他为船只问题即将去见腊斯克,向他指出在外国法院起诉要求取消赎回权不是明智之举。他已经致函腊斯克和国务卿艾奇逊,信中援引了他们给我的照会和我的复照。

我心中记着同麦钱特的谈话,就请肖勒律师在他同国务院商谈的时候明确一下,他并不是代表中国政府,也不是代表大使馆去谈判解决办法的,而是为了给委托人招商局提出最恰当的指导意见。我对他说,我们两国政府之间的关系已经够糟糕的了,我不愿意国务院产生误解以为正当国务院在同大使联系,寻求直接达成解决办法的时候,中国政府却把船只问题委托给一位律师去同国务院谈判,从而使国务院感到更加恼怒。

我在 3 月 1 日的日记中写道:

> 我还签署了几张支票,全都付给海事委员会,用以清偿或补付被抵押船只的欠款,以便使那几艘根据美国政府命令扣押在日本、朝鲜和南非等外国港口的船只获得释放。

但是债项很多,陆续到期,还不上债的恐慌依然存在。处此境地,大家认为如能取得经济合作署的援助,便可缓解国库枯竭之危。该署可能会考虑支付那些船只的航行保险费,因为国务院对维持进出台湾的航运似乎颇为关切,而那些有关的船只在这方面正起着很重要的作用。再说,这些船只的主要收益不是美元,而正需要美元援款来缴付保险费。

技术代表团的李榦博士,交通部的包、萧两先生,根据在大使馆以上述方针为指导所作几次座谈的精神,于1950年4月21日同经济合作署的纳森先生和米克尔约翰先生进行了一次谈判。他们向经济合作署的代表提交的非正式备忘录中有一段如下:

> 1950年1月,中国政府在偿付已到期的抵押借款与保险费方面存有困难。受抵押机构随即宣布中国政府不履行债务,并对全部船只采取取消抵押品赎回权的行动。中国政府竭尽全力,在1950年2月,设法将过去欠款全部付清,但下列船只的欠款除外:在新加坡的一艘船、在香港的六艘船,均因船员违抗船主之命投敌,迄今仍处在被劫持中。此外还有在美国的四艘船,无法启用,因为原拟用于改装该四艘船只的拨款,必须挪用于偿付上述作抵船只已到期的抵押借款及保险费。

> 为了维持已偿清债务各船的航运业务,除应按期偿付抵押借款本息之外,还必须缴付海上保险费及战时保险费。兹建议将经济合作署拨归中国的援款用于缴付已到期及将于未来十二个月内到期的保险费,藉以帮助中国政府维持此项航运业务的重任。此项航运业务,不仅中国,而且所有远东非共产党占领区均利赖之。

当时,只要我们不按期付款,取消赎回权的危机随时都会降临到我们头上。而我则希望尽可能避免出现这种局面,其办法是设法卖掉有问题的船只。这一建议我早就提过了。卖船所得之款可用于偿付其余船只的债务。尽管卖船确实是应付当时那种局面最省钱,而且也是最好的办法,但是,由于种种原因,卖船的事迁延经年,又拖到以后几年才得以解决。

1950年5月8日,我把包先生请来,敦促他赶紧把在美国的四艘船卖掉,以便偿付债务。我还告诉他,交通部提出用以往同日本交换物资出售所得、如今封存在日本的美元来偿付债务。这个建议的好处仅仅是能赢得时间,以便在比较有利的条件下出售船只。我还提醒他们要懂得,如果我们的开价与目前船舶市价脱节,那就卖不出去。当然,他们是希望以高价售出。但是我告诉他,与其等到法院判决拍卖时任人宰割,还不如我们自动削价出售,损失不致太大。须知有许多狡黠的海运业主正在设法猎取船只,到那时,我们就只能任凭那些狠心杀价的船舶拍卖人摆布了。

6月15日,有一位王子刚先生来访,请求我帮忙,向复兴航业公司收一笔船款,此船他本不愿卖,是勉强卖给该公司的。复兴航业公司董事长钱永铭作了口头和书面保证,约定付他三万左右美元,但欺骗了他,因而他态度强硬。我告诉他,我不能正式命令钱先生付款给他。我很熟悉复兴航业公司和招商局某些船只的全部案情。由于我国没有交付已到期的船只抵押借款应付额,大使馆一直在同海事委员会和国务院进行冗长的谈判。此外,我还告诉他,钱先生是个正直、可敬的人,说话是算数的。我对他说,现在重要的是赶紧把复兴航业公司的几艘胜利轮卖掉,以便将所得船价付清他的债款。

船只还是没有卖出,甚至到1950年12月19日,复兴航业公司的股东们还给我来电,毫无理由地愤怒抗议台湾命令要把胜利轮卖掉。当然,卖船的建议原意是为了使我们能够偿还海事委员会的抵押借款。

1951年1月15日,我接见了萧先生和包先生。他们向我报告,需要赶快把自由轮的出售合同结束,并把胜利轮的出售合同订好,因为过了2月14日,海事委员会就可以,而且一定会对其余的船只取消赎回权,不论船只在何处都将遭到扣押。这一最后期限是我们自己承诺的,不难想象,情况是如何严重,我自己又是何等烦恼。因为这些问题都是由于政府骤然撤出大陆而引起的,这是一种未经深思熟虑其后果就贸然采取的行径。

最后,在1951年7月28日下午,我签署了一项把四艘仍然有争议的船只归还美国政府的协议,用以抵付当时称为海运管理署的部门所持有的抵押单。其所以要这样做,还是为了避免船只由法院下令拍卖。但是问题并未就此了结。到 1952 年 1 月底,问题仍在拖延中。

交通部遵照行政院的决定出售两艘胜利轮,萧、包两先生为此来我处请求授权办理出售手续。我当即予以批准,并且指示他们聘请一位有法定资格的律师来起草合同,不能再重复前次出售自由轮时犯过的错误。

1952 年 2 月 20 日,我又接见了萧、包两先生和谭先生。我们开会研究准备出售"上海"号和"南京"号两艘胜利轮的最新情况。我授权他们二人遵照政府指令订立卖船合同,这样就可以偿付所欠海事委员会的后继单位海运管理署的抵押借款,也可以避免船只被扣押和引起取消抵押品赎回权的讼案。

三天之后,交通部萧先生来访,他交给我一份交通部发来的电报,该电批准了复兴航业公司所提在与买主谈判"上海"号和"南京"号两艘胜利轮的交易时应列入的附加条件。这些条件是:不承担给船员发解雇费,不保证现行租船契约载明的租船费,和坚持要求对船用补给品进行估价。但是售船合同已谈定,在当天就要签字。

这使我颇感惊讶,就指示他遵照交通部的意图把这几点提出来,将签字日期往后推一下。尽管谭先生和崔先生都不赞成延期,但我却坚持要延期。于是,尽管第一与第二点买方是不可能接受的,而第三点如果被接受的话,反而有损于我们的利益,他们还是按交通部指示去向买主提出这些新的条件。

我之所以坚持延期是因为拟订附加条件的是物主复兴航业公司,交通部显然企图逃避责任。改变条件已经为时太晚,原定签署协议的日子就是当天。但交通部不愿意承认为时已晚,而是把这些附加条件交给了该部代表,该代表又交给了大使馆。我的顾问们都说这事已为时过晚,如果我们有所延误,那就会引起某种反应。但是我却坚决要求他们把这些新的条件向未来的买主提出,看看到底会有什么样的反应。我说,否则交通部驻华盛顿代表、交通部本身和复兴航业公司的领导人都会说,是大使馆反对把这些附加条件提出去的。即使这些条件肯定不能被接受,他们还是会这样说。这就是中国人的政治权术,害怕承认现实,害怕承担责任。这往往是给驻外使馆人员造成许多棘手事件的原因。

2月7日萧先生来报告说,买主果然拒绝了第一、二点而接受了关于对船用补给品进行估价的第三点。这是我早已预料到的,我曾指出,进行估价实际是对买主有利,因为合同上规定的是船用补给品一揽子作价七千美元,而不另作逐项估价,据复兴航业公司的谭先生说,各船的补给品都是低级品,实际价值不到三千美元。现在合同已经定案,萧先生就请我允许他签署合同。我请他稍缓一下,等我接到交通部的回电再签。他却给我看了交通部发来的另一个电报,指示他要求我授权签字。可我还是告诉他要等到次日中午,让交通部能有时间给我发回电,尽管交通部给他的电报中说得很明白,提请我注意的那三点是仅供参考的。

最后,还是对合同作了修改。我在1952年4月5日的日记中写道:

> 我会见了萧和包,并授权他们把"上海"号胜利轮交割的新办法进行下去。因为他们在修订售船合同时,已经取得了比交通部所指望的更为有利的条件。

在此期间,1952年2月14日,萧和包向我报告,出售招商局的另一艘自由轮"海天"号的工作遇到了障碍。买主发现船上的雷达、锚具和其他固定装置及物件都被拆走了。而我们的卖船契约却是规定按原状就地出售的。因此,买主拒绝向指定银行预付有待查核的船用补给品全部价款。萧和包都说那些东西是招商局命令拆走的,但不便对买主直说,只能说是被盗。我说,这个窃贼不是别人,正是卖主。他们对这一行径深感愤懑。我授权声明放弃预付价款的要求,并说,他们可在这一基础上签署合同。

同年7月7日,我接见谭伯英先生,他奉交通部之召,即将去台湾。他对我说,如果按他的办法把招商局和复兴公司的船只经营起来开展航运业务,所得盈利,除足够偿付我们所欠海运管理署的全部抵押借款之外,还有一百万美元的余额可以上缴政府。拿一艘胜利轮来说,由复兴公司驻纽约代理机构安排的一项租约,每月租赁费五万美元,公司只净得半数,约二万五千美元。如果把船租给另一家公司,每月租赁费七万五千美元,政府可净得五万美元,这样每年就可以保证净得六十万美元。但是他认为这两家公司的船只必须在纽约经营,这样可以节省管理费,并可经常保持与航运界接触。可是他自己又不愿意承担经营这项业务的工作。

最后,关于这一问题,我还想提一下我在日记中写得比较详细的另一件事。因为它能说明,随着失去大陆之后,这类事情是如何长年累月拖下去的。我在1952年9月26日的日记中写道:

> 崔先生来报告说,进出口银行愿意考虑古巴出资购买中国政府两艘"N—3"船的事。但是在此之前,台北曾来电说,他们现在打算把这两艘船保留下来,对古巴的出价,他们尚未答复,一反过去同意通过银行或自行出售这些船只,以偿付抵押债务的态度。不过古巴的出价比以前智利提出、并得到银行赞助的价目为高,每艘船要高出六万美元。我让崔先生对银行说,大使馆欢迎古巴的出价,只等台北交通部最后批准。这使得进出口银行可以决定接受古巴的出价,而不再坚持接受智利先前提出的价目。

由于失去大陆而产生的另一批问题起源于中共政权试图或可能试图攫取国民政府的财产。1949年12月28日,来访者中有一位郑南笙(郑宝南),他以善后事业理事会代表的身份,从香港来到华盛顿。(善后事业理事会和善后事业委员会是联合国善后救济总署在中国停止业务后,接管该署所创始的长期善后事业的。理事会成员共十五名,其中中国政府官员五人,中华民国公民五人,国际人士五人。)郑说,善后事业理事会的资金已经存入此地的美国银行,不会被共产党没收。提款支票须经两位中国理事、两位美国理事联署。

政府拥有的商业性航空公司也受到了被共产党没收的威胁。不难想起,为了防范此点,正在设法把这些航空公司转移给私营公司。12月31日,宋子文在十五分钟之内从纽约接连给我打了三次电话,要我火速致电香港和台湾。他说,我们必须设法证明中国航空公司和中央航空公司中原属中国政府的股权以及泛美航空公司在中国航空公司所拥有的股权,都已转让给陈纳德新设的民用航空公司,这是一家美国公司。宋子文刚被授权代表交通部与泛美公司谈判,收购该公司所持有中国航空公司的百分之二十股份。到12月31日为止,似乎已经取得了泛美航空公司的同意,转让手续也已办完。现在宋正急于迅速行动,抢救两航的飞机、资产和设备。

在香港,两航部分职工和飞行员于1949年11月驾机投共后,法院发出了禁令,以防止再发生任何挪动或转让飞机和装备等事件。同时法院宣称,陈纳德的所有权必须由法院认定,方为有效。宋子文要我急电香港和台湾时,心中一定是在盘算着此事。此外,众所周知,英国在几个星期之内就将承认共产党政权,因此,香港当局遇到中共政权对其管辖下的航空公司所属财产提出权利要求时,很可能无法拒绝。

宋子文并建议我立即寄一份转让证明书给英国驻华盛顿大使馆,再寄一份给国务院。我却不能同意。我对他说,如果我们要保证证明书的文本准确无误,避免混淆,那就必须先和外交部商量。因为我们明知道我国政府已将转让一事通知了香港和伦敦政府,倘若我遵照他的指示立即把转让一事函告国务院,我的措辞肯定会与政府的通知有所出入。这一情况只有实际负责发文的人才会了解。

我转而立即致函台北外交部长叶公超和伦敦郑天锡大使,向他们核实情况,转达宋子文的意图。如政府确已向香港和伦敦发出照会,则请他们把照会全文寄我一份。1950年1月2日,宋子文两次打电话问我,关于把中国航空公司和中央航空公司的资产及股权转让给陈纳德及同他合伙组织新公司的惠廷·威劳尔一事,是否已收到伦敦和台湾的答复。由于我还没有收到答复,他第二天又来电话询问。他要求我把汤姆·科克伦起草的证明书初稿送给国务院和英国大使馆。我估计那时科克伦已被聘为民用航空公司的秘书。因为他同宋子文及陈纳德的工作关系很密切。他们都是老朋友。这时,外交部的训令刚刚到达,要求我把行政院长阎锡山的证明书送交美国国务院,我当天就照办了。这份证明书的文本同早先发送给香港和伦敦的完全一样,但是没有提到转让泛美航空公司所拥有的股权问题,因此,不太适合目前的需要。

我在1950年1月12日写给美国银行的信中提到,伦敦郑大使曾在1949年12月23日向英国政府递交一份证明书,其内容与1月3日我递交国务院的完全相同。接着,郑大使又遵照政府的指示,递交了一份补充转让证明书,用以证明泛美航空公司所拥有的中国航空公司部分财产和股权业已全部转让给一家美国公司,即民用航空公司。这一来,民用航空公司就成了中国、中央两航空公司全部产权的唯一主人。就在1月12日的这封信中,还提到另有一份补充证明副本,已于1月6日送交国务院,供其参考。

不幸的是,所有这一切电报往还和所有的转让证明书,都不足以使民用航空公司顺利地把已经转让给它的产权拿到手。据上海出版的英语期刊《月报》(第7卷第8期第22页)报道香港的情况如下:

2月23日,香港法院对民用航空公司申请派员接收中国航空公司财产一案不予受理。紧接着,有报道说,停在启德机场的约七十架飞机,漆上了中国人民政府的国徽。据各方揣测,这些飞机将飞往中国。

但实际上,香港法院在2月23日判决中共要求取得在港航空公司的产权胜诉以后,败诉一方不服,提出了上诉,问题就此拖延下来。到6月份,那七十架飞机依然在香港当局扣押中。

即使在美国,民用航空公司也并不是一帆风顺。6月1日,科克伦以民用航空公司的秘书身份来见,坚求大使馆再出具一张证明该公司股权的证书,供他在加州法院使用。他要利用这张证明书使旧金山富国银行解冻中国航空公司的一百五十万美元存款。此款由于中共提出了权利要求,业已冻结,他向法院起诉,要求解决,迄未成功。他企图给我施加压力,令人不快,但我还是答应再给他开一张证明书。

到了6月份,中华民国政府各驻美机构存在美国各银行的存款,即使是已经转到私人或私人企业户下的,都因为有多方提出权利要求以及法庭诉讼而被封存或冻结,这种情况已经成了相当普遍的问题。例如,2月13日,中国银行代表席德懋同他的律师詹姆斯·伯克从纽约来找我,向使馆求援,因为韦尔斯·法戈银行拒绝中国银行提取存款。此案现正由加州联邦地方法院审理中。

他们说,国务院已经确认国民政府是美国政府承认的中国政府,而我是该政府在美国的唯一权威发言人。韦尔斯·法戈银行不让提取存款是因为北平政权的辩护律师弗雷德里克·菲尔德和肯尼宣称中国银行的董事会已经改组,现在由席德懋和伯克为代表的中国银行无权代表那个人们已经不承认、也不能代表任何人的中国政府。这就是说,中国银行董事会已经改组,总部设在现由中共统治的大陆上,中共政权宣称,那个董事会才是中国银行的唯一合法代表。而在纽约的中国银行,现在仅是一个分行,不代表任何人。法院判决席德懋所代表的中国银行胜诉。但是又接受了中共代表的抗辩,允许中共代表提出异议,并再次举行审判。

依我看,拖延时间似乎只会对共产党有利,因为他们显然是想把讼案拖延下去,等待美国承认北平中共政权。更有甚者,这件事开创了一个不良的先例,大通银行也已提出一个类似的问题向法院起诉,看来花旗银行亦将援例行事。

席先生告诉我,他曾亲自访问过大通银行副董事长舒马赫先生。舒马赫坦率告诉他,他们不过是想避免承担责任,希望不要同中共政权发生麻烦。同时他们迫切盼望同北平做生意,他们感兴趣的就是做生意,而不愿意卷入中国的政治纷争。

翌日,我同郑宝南谈话。他正担心行政院物资供应委员会存在美国银行的存款会像中国银行的存款一样被冻结起来。他说,他们正在研究该委员会的其他资产如何处理为好。至于善后事业理事会的最后报告,现在要在华盛顿写,不在上海写了。他又补充说,该会的资产有不少在共产党控制区,已不可能转移到其他地方。

1950 年 3 月 2 日,我正要到车站去迎接来华盛顿会见杜鲁门总统的李宗仁将军,当时正逗留在罗德岛普罗维登斯市的中国海关总税务司李度打来电话,询问关于海关总税务司的存款,由于共产党反对而遭大通银行冻结的真相。

1950 年 4 月 19 日,我接见了欧文信托公司副董事长弗雷德里克·哈特曼。外交部在该公司立有存款账户。他告诉我有关共产党在美国处理财政事务的许多消息。他的银行无意于反对把中国政府机构的存款,比如说交通部的和中华邮政总局的存款转入私人账户,作为暂时掩护措施。但是他对这事颇感为难。

人们当还记得,为了防止共产党占有政府的资金,已把这些政府存款转入私人账户,使共产党的财政机构无法把存款提出来并再以共产党政权名义转存到别处的新账户上去。我对哈特曼说,这种转移办法是经过中国国民政府全面授权的,通常是以行政院的决议授权。但是哈特曼担心,一旦某些新的联名签署人辞职,将来提款时就会产生合法性问题。我提醒他,外交部次长董霖曾签发致欧文信托公司一函,通知该公司,尔后外交部提款改为三人联名签署。我想用这一事例使他确信,遇到这种情况时,我们一定会及时通知银行。

哈特曼接着告诉我,大陆有几家中国的银行,为北平中共政权和地方政权经营美元买卖,干得很活跃。他又说,最近上海新华银行的一位王先生命令向香港和瑞士汇出大量款项。哈特曼说,对于共产党对中华民国政府在他们银行的存款提出所有权是否合法的问题,他执行的是国务院的政策,一概拒绝,不予理睬。

当然,失去大陆还产生了其他许多各种各样的问题,在此时期都需要大使馆加以照管。这些问题涉及的范围很广,从西藏问题直到许多在国共冲突中的被俘人员要求援助的问题,不一而足。

1950 年 1 月 11 日,拉铁摩尔博士带着西藏的迪洛瓦·呼图克图来大使馆找我。我认为他在美国的使命是为以达赖喇嘛为代表的西藏争取同情与支持,因为当时班禅喇嘛正在和共产党合谋策划推翻他。实际上局势非常复杂。为了重温旧事,我翻阅了1949—1950 年的《国际事务观察》(369—370 页)。看到早在1949 年 7 月,达赖喇嘛就撵走国民政府驻拉萨人员,到 12 月,他开始设法加强他反国民政府的独立君主地位,为此他向印度、尼泊尔、共产党中国、英国和美国分别派出了西藏使节。但与此同时,国民政府已任命被认为是前世班禅喇嘛转世灵童的班禅额尔德尼·却吉坚赞在青海省会西宁坐床,充当西藏的元首。到 9 月份共产党占领了西宁附近的塔尔寺,即小班禅喇嘛暂住的地方。两个月后,电台广播了班禅喇嘛在北京的讲话。他当时已受共产党控制,请求共产党解放西藏。于是共产党在青海建立了西藏临时政府,并通知西藏方面说,它没有权利往外派遣独立使团。

呼图克图对我说,西藏正受到共产党进攻的威胁。他很为此担心。他说,他有随员八人,现在巴尔的摩。他的钱只够维持他自己的生活,不够养活他的随员。他还申请把护照延期。

1950 年 2 月 3 日,原在上海的俄国东正教会约翰主教来访,他要我为他安排同杜鲁门会见一次,以便代表现在居留上海、面临着共产党迫害威胁的一千名白俄向总统陈情。他告诉我,他已经找过几位参议员和众议员,目的是请求他们修正现在国会悬而未决的法案。他希望在法案中规定准许难民入境,把飘泊在上海的这些俄国人也包括在有入境资格者之列。

2 月 13 日,装甲兵部队的代表李大为上校来访,他告诉我有一艘土耳其轮船正装载着一批坦克和装甲车从费城开往台湾。前曾谈到,为了防止这艘船在美国被扣,李上校曾奉命前往费城,督促该船立即离港。这次任务他虽然完成,但是中国的形势发展使新问题不断出现。

李告诉我,该土耳其船现在接到土耳其政府的命令,令其勿向台湾进发,因为台湾现在属于战争地带。所以,此船现在南加州圣彼得罗碇泊加煤。李说,如果这艘船必须服从土耳其政府的新命令改变航向,他建议开往日本作为变通办法,要求大使馆向土耳其大使馆提出磋商。起初我怀疑安卡拉发布此项命令是中共政府通过莫斯科施加压力的结果。但是不论事情真相如何,我还是同意派谭绍华到土耳其大使馆去提出这一请求。

两天后,李大为又来报告,说该船接到安卡拉命令,允许其开往离台湾最近的口岸。显然,土耳其使馆已转达了我们向土耳其政府提出的要求,所以该国政府发布了新的命令。但是李在离台湾最近的冲绳岛上找不到适当的港口,在日本港口卸货则费用太大。再说,他还怕美国当局颁发的出口许可证在日本无效。我建议去马尼拉,他说,他没有钱支付这笔额外费用。他希望把船直接开往台湾,要求大使馆再同土耳其大使馆联系。

我在派遣谭绍华到驻华盛顿土耳其大使馆去商谈此事的同

时,曾电告驻安卡拉中国大使馆李迪俊大使直接同土耳其政府洽商。李大使回电说,土耳其政府同意命令该船开往日本。所以我不得不再次电告他提出新的建议。同时,我们必须考虑到,台湾仅有的现代化港口为基隆。岛上其他地方不具备能够起吊三十吨重坦克的大型起重机。我感到灰心丧气,对李大为说,要在物资奇缺,处处仰赖外国人恩赐,并且进口必需补给品的情况下进行战争,真是一项无比艰巨的任务!中国驻外代表和中国外交部门在海外执行任务时,特别是在大陆失守以后,必须应付许多新困难,这次事件仅仅是说明此种情况的另一例证而已。

3月15日,李上校再次来大使馆报告,土耳其政府尚未命令该土耳其轮船驶往台湾卸交船上的坦克和武器,他仍放心不下。我告诉他,我已经在前一天电告安卡拉李大使,希望一二天内能收到令人满意的答复。土耳其政府即使不能按我们的愿望作出保证,也尽可以顺应我们的请求,让该船直接开往基隆,这该不会有什么其他困难。

当天,合众社记者斯图尔特·汉斯利来找我帮忙。他的岳父是我在中国的要好朋友、著名美国新闻工作者、上海英语日报发行人鲍维尔。因为台北合众社办事处的一个华籍职员,由于有共产党嫌疑而被捕,所以合众社社长贝利先生就叫汉斯利来找我求援。他并不想进行干涉,只是因为他的办事处无法同台北的被捕者联系,因此要求迅速审讯,以便澄清此案。被捕者被指控有两个罪状:一是他在一年前去过苏联大使馆;二是他往大陆寄过款。但这两件事都是合众社命令他执行的常规业务。我答应汉斯利为他电询情况,并建议迅速审理此案。

现在我想跳过一段时间,提一下1950年5月16日郭秉文来访的事,以结束这一段回忆。他来同我研究致哥伦比亚大学华人校友的一封供传阅的函件,该函目的在于筹款五千美元,用以向哥伦比亚大学表示感谢,感谢该大学为现代中国各个方面培养了这么多的领袖人物。我们同意暂时把目前住在大陆的校友除外,因为他们反正不能给我们汇款，而且，他们收到我们的信后，还可能遇到麻烦。

言念及此，不胜感伤，因为我特别热爱我的母校和校友，仅仅一年多以前，我曾召集哥伦比亚大学华人校友开会研究我的设想，请所有哥大华人校友（最近四年内至少有两千人），在二百年校庆之际，集资向学校献赠纪念品，以表我们对母校的感谢之情。我对到会的全体华人校友说，华人校友构成该校外籍校友中的一个最大集体，我们作出感谢的表示，不仅是理所当然，而且还会使美国公众舆论受到感动，特别是对教育界会影响更大。此举当然有赖于校友中的某些领袖人物，如郭秉文和蒋廷黻博士等共同努力玉成其事。最后，筹得的款额相当可观，足以购置适当的纪念品献给母校哥伦比亚大学，这使我感到颇为欣慰。

三、在联合国遇到的麻烦
1950 年 2 月—6 月

1949 年秋，中国向第四届联合国大会控诉苏联不履行条约义务和违犯联合国宪章。该项议题经大会反复讨论，由大会提交大会临时委员会，即"小型联大"，加以进一步研究，并向下届联大常会提出报告和建议。临时委员会于 1950 年 2 月 7 日开会研究这一问题。在会上，我国代表团团长蒋廷黻作了发言，并提交一份决议案，内容基本上是重复前次提交大会的决议草案，吁请各会员国谴责苏联违反中苏条约及联合国宪章，吁请各国不向中国共产党提供军事或经济援助，要求各国不承认中共政权。为了达到敦促会员国不向中国共产党提供任何援助这一目的，决议案中还提出派遣海空军观察组到中国去的建议。我存档的 1950 年 4 月 21 日备忘录草稿如下：

> 很可能中共不肯让观察组到上海、南京、徐州等苏联飞机集中的地点去进行观察。但是，一旦中共侵犯台湾，这样一个联合国观察组便将有一定价值。那时，观察组必然能获

得有关苏联给予中共援助的方式与规模的大量证据。再者，这样的观察组也能间接地获得不少情报。

应当注意到，苏联代表马立克把中华民国得到的情报说成是没有事实根据的造谣中伤。这就意味着苏联不承认事实本身，而不是想为之辩解。派出联合国观察组，目前多少可以在道义上制止苏联援助中共，将来则可以制止它援助亚州其他地区的共产党。

2月7日晚，我应邀出席保罗·道格拉斯博士为招待六十名伊利诺斯州基督教美以美会牧师而举行的自助晚餐会。他们来华盛顿开会五天，研究远东局势。当晚的活动有一部分是专门布置的，即在电视上辩论三个问题。我对这三个问题都颇感兴趣：（1）国民党中国的代表是否应被逐出联合国？（2）承认中国共产党的问题是否应先由联合国决定，而不是由各国单独行动予以承认？（3）美国是否应当承认北平共产党政权？

英国大使馆的一位英国人领头主张承认，一位华盛顿记者欧内斯特·林德利领头反对承认。辩论前后都进行了表决。第二次表决时，人人都主张承认，这使我感到出乎意外。主张应先由联合国决定的占80%以上，主张美国承认的占50%。

一星期后，我在国务院会见远东司代理司长麦钱特，想同他研究三个问题：（1）我国在印尼共和国的代表身份；（2）对台湾的经济援助要包括复兴项目；（3）美国对我们提交联合国临时委员会的决议草案，特别是派遣观察组到远东去的建议是否支持。

麦钱特问我，观察组是否要派驻在台湾，我说，不一定需要固定在台湾，可以观察整个地区并为此目的巡行各处。我说，观察组不仅对中国大有裨益，而且对亚洲所有爱好自由的国家，对谋求东南亚和平与安全的整个自由世界，都是大有裨益的。

那时，联合国秘书处法律部受秘书长赖伊之托，正在准备一份从法律观点考虑联合国内中国代表权问题的备忘录，许多人认为各国纷纷承认北平政权将会自动地把联合国代表权送给北平。

由于这股承认之风到 1950 年 1 月底实际上已经刹住了,赖伊就想把联合国代表权问题同单个国家政府承认中共的问题区分开来,以便强制规定在联合国内对代表权问题作出决议。他坚持认为,东西方紧张局势无可避免地要导致第三次世界大战,如果不希望再打一次世界大战,其唯一出路就是通过联合国来保持和平。但谋求缓和的先决条件就是要在联合国内把中国问题解决好。

3 月 7 日,我同我国驻联合国代表团团长蒋廷黻研究了此事。他在双橡园开完中华教育文化基金会的会议之后对我说,他想和我谈谈。他谈了他同赖伊秘书长的会晤以及赖伊竭力想要联合安理会的其他会员国,推动安理会以及联合国其他附属机构对中国的代表权问题作出决议。蒋博士还告诉我他自己同厄瓜多尔、埃及、法国等安理会成员国的代表进行接触和谈话的情形。

我对这次谈话所作的记录中写着,我首先引述了我同麦钱特的谈话,谈的是蒋廷黻提交临时委员会的决议案,也提到了我上次在蒋访问国务院以后同他的谈话。我问他,纽约美国代表团是否给了他一个比以往更为明确的回答。

蒋说,格罗斯先生在美国代表团团长奥斯汀参议员不在时会见了他。格罗斯告诉蒋,他曾去过华盛顿,发现国务院对中国的决议案态度非常冷淡。蒋对格罗斯说,假若这一决议案仅仅是呼吁联合国会员国不要承认中共政权,国务院态度冷淡是可以理解的。但若对决议案中其他问题,如谴责苏联违反 1945 年的中苏条约和联合国宪章,以及停止给予中共以道义上和物质上的援助也采取冷淡态度,他就难以理解了。格罗斯只说,国务院对这一问题还没有作出最后决定,等作了决定再通知他。

我问蒋廷黻,赖伊秘书长不怀好意地试图支持中国共产党取得联合国合法代表权的要求,并建议召开联大特别会议来解决这个问题,这件事情进展如何。

蒋回答我说,他在 2 月 9 日去西海岸之前,曾访问过赖伊,问起了外界所传他提出的建议,还补充说,他获悉秘书长正在就此事同安理会的几位代表磋商。赖伊先是说蒋廷黻博士所闻不实，但后来又说，他感到，由于苏联抗议中国代表出席而退出会场使会议中断，联合国工作已经陷于瘫痪状态。他认为，为了联合国的利益，必需有所行动，以便打开僵局。他说到了原子能这个重要问题，以及就这个问题同苏联继续进行谈判的必要性。

蒋廷黻说，他已向赖伊指出，这两个问题互不相干。苏联在限制原子能问题上同六国委员会其他成员国不合作已经四年了，用取消中华民国代表的席位作代价把苏联拉回来，并不能保证问题的讨论就会有成果。赖伊说，他担心如果不把苏联拉回来，它就会另行组织联合国，这对世界和平是非常不幸也非常不利的，建立这种对抗性的组织意味着第三次世界大战的序幕已经揭开。

蒋说，他不同意这种看法。并说中国绝不希望发生第三次世界大战，决心为倡导和平而努力。他对苏联将会另组联合国的见解无法同意，因为苏联之需要联合国有甚于联合国需要苏联。他正告赖伊，据他看来，赖伊身为联合国秘书长而推行一己之主张，实际上是在伤害中华民国的利益。赖伊在再次强调必须打开联合国僵局的同时，向蒋保证，他同几个代表团的谈话纯属非正式性质，如不先与蒋磋商，决不会提出正式动议。

接着蒋廷黻对我说，看来原先要召开联大特别会议的设想已经打消。赖伊现在的想法是召开一次安理会特别会议，邀请安理会各成员国的外交部长出席。他并说，他在会见赖伊之前曾同埃及、古巴、厄瓜多尔等国出席安理会的代表交谈过。埃及代表没有透露赖伊对他说过的话，但对蒋说，他的政府指示，如果赖伊提出传闻中的建议，埃及代表就要投反对票，以支持中华民国保住安理会的席位。厄瓜多尔代表的回答则不那么明朗；谈到他同赖伊之间的磋商属于什么性质时，简直是含糊其词。不过从外表看来，他大体上是同情中华民国的。蒋说，法国代表肖维尔去巴黎前，他没有见到；但肖维尔回来之后见到过，并获悉，如果中共政权谋取安理会合法代表权的要求付诸表决的话，法国政府决定弃权。

他还说,他已把他同赖伊的谈话以及赖伊向他保证,在未经和他商量前决不提出任何正式提案等情告诉了美国代表团团长格罗斯。但最近几天,赖伊又开始重谈他那打开联合国僵局的计划。格罗斯认为,赖伊这样做,似乎对他自己的保证言行不一。

蒋说,他亲自对赖伊讲过,如果恢复谈判限制原子能的问题非常紧迫,有一个办法可以打开僵局,他对赖伊回顾了敦巴顿橡树园会谈所采用的程序,那就是分为两组进行讨论,一组是美国、英国和苏联;另一组是美国、英国和中国。他向赖伊指出,由于安理会负责讨论限制原子能问题的六国小组并非联合国的正式机构,仅是非正式的工作小组,如能获得其余理事国同意的话,不妨仿效敦巴顿橡树园会议采用的程序。赖伊认为这个建议具有政治家风度。但当蒋把他的想法告诉格罗斯时,后者却不以为然,担心弄巧成拙,反而会开创一个不良先例。不过格罗斯说,这仅是他个人的意见,他正在请示国务院,还无法把美国的反应告知蒋廷黻。但是蒋所得的印象是:美国看到没有同俄国人达成协议的可能性,并不急于恢复限制原子能问题的谈判。

我说,敦巴顿橡树园会议采用的程序是不正常的,那样做只是为了应付当时的急需,如果今天用以讨论原子能问题,则无异于承认苏联反对中国代表团保持席位的态度是合理的,恐怕会对中国代表团的今后处境引起不良影响。

蒋廷黻随后告诉我,刘锴大使访问加拿大归来后对他说,加拿大政府显然已决定暂缓承认中共政权,但未能从加拿大当局探悉其中原委。不过这一消息是外交部长莱斯特·皮尔逊在渥太华通知他的。蒋认为这是个可喜的进展,因为皮尔逊部长1月份参加科伦坡英联邦会议后,曾在东京宣布,加拿大政府将在他回渥太华后承认中共政权。

我对蒋廷黻说,两星期前我也从美国某方面获得了同样的情报,并已设法通知已经返回加拿大的刘锴。

蒋接着告诉我,他听到当时正在美国的我国驻巴拿马大使郑震宇谈,巴拿马副外长私下告诉他,美国驻巴拿马大使曾照会巴拿马政府请他们不要急于承认中共政权,并要求对此事保密。蒋并说,这一消息似乎可以说明,美国政府在承认问题上的态度似乎已转向有利于中国的方面。也许还可以说明,为什么加拿大政府对承认中共政权改变了态度,延缓了行动。

我说,美国政府现在的意向不是要承认北平政权。从美国照会巴拿马一事看来,必然是出于想把联合国中许多友好的国家结成一个阵营,以避免出现大会以多数票决定批准中共对联合国合法代表权的要求这种局面。我说,由于华盛顿同伦敦之间在承认中共政权问题上摩擦甚多,美国此举就益发自然。现在伦敦已经承认共产党政权,很可能它还希望一劳永逸地解决这个问题。因此伦敦正在联合国大会中把一些会员国拉到一起,以便在表决时形成一个支持中共政权的多数集团。

我在日记里推测伦敦的意图是:

> 此举将增强他们同北平谈判的地位,因为这样可迫使美国跟着他们走,承认中共政权,从而打开联合国内的僵局,恢复西方民主国家共同对付苏联的统一战线。

蒋廷黻谈到的郑震宇大使,刚在前一天来看过我。当时他并没有提到巴拿马外交部副部长收到过美国大使照会的事。但他说来美之前,巴拿马总统曾接见他,并托他向我问候。郑说,总统对郑致力于促成中国承认总统的政权非常感激。他还说,中国是第三个承认现政权的国家。

3月8日,赖伊秘书长在联合国当众散发了他从法律角度看联合国代表权问题的备忘录。当天,叶公超从台北打来电话,主要是通知我陈诚内阁已经组成。并问我,是否需要由他发表一项声明,对赖伊借口承认问题与代表权问题之间并无必然关系,企图剥夺中华民国政府代表团的席位,并接纳中共代表团以打开联合国僵局的建议加以驳斥。

次日,《纽约时报》报道格罗斯的评论说,美国政府的立场不变,反对北平在联合国占有席位;不过将接受多数票的决议。换句话说,如果美国不把它投的一票算作是行使否决权的话,结果就是按多数票的决议办事。3月13日蒋廷黻向赖伊秘书长提交了一份抗议书,并要求向各国代表团散发传阅,与赖伊自己的备忘录同样对待。但是这位秘书长3月17日说,他仍在同安理会各位代表继续商谈。

在此期间,印尼首任驻联合国大使沙斯特罗阿米佐约来作礼节性访问。我问他印尼政府对中国建议互换外交使节持何态度。叶公超已来电告诉我,中国对此事颇为关切。实际上,我已经同国务院远东司的麦钱特非正式地谈过此事。

关于印尼新共和国的问题是这样的:自从1949年12月荷兰把宗主权移交给印度尼西亚联邦以来,已有三十五个国家,包括北平共产党政权在内,正式承认了新印尼国。但印尼人还没有对北平政权作出反应,我们希望印尼不同北平而同中华民国政府互换外交使节。

沙斯特罗阿米佐约告诉我,印尼外交部长即将访问莫斯科,印尼政府认为目前最好还是维持现状,让中国驻巴达维亚(今雅加达)总领事兼任外交使节。他说,他不明白为什么中国有两个总领事,一个在巴达维亚,一个在邦加岛,而后者不同前者合作,并直接向台湾汇报工作。我向他说明了我国领事机构的惯例是各单位直接向外交部报告工作。沙斯特罗阿米佐约就说,该国外长从莫斯科回国之后将会答复叶公超的电报。

3月21日,我举行了一次午宴。和往常一样,来宾中世界各国的人都有,其中有在中国传教的俄国东正教会约翰大主教、厄瓜多尔大使馆公使衔参赞莫斯科索夫妇和美国国务院的石博思。莫斯科索夫人是厄瓜多尔总统的姊妹。她的丈夫是个能干而头脑清醒的绅士,他和30年代初期在日内瓦国联行政院曾与我同事的克维多先生合营过律师业务。

厄瓜多尔政府对剥夺中华民国在安理会代表权问题投了反对票，为此我向他表示感谢。莫斯科索说，他的政府同情中国的事业。他认为，此次表决中支持中华民国的一方基本上取得了多数票，为中国以及国际局势赢得了时间，可以向有利的方向发展。不过他认为，中国代表权的问题应当由联合国大会，而不是由安理会来解决。（迄今为止这种见解仍占上风，而且由于美国终于认识到中国代表权是个重要问题，必需大会以三分之二的多数进行表决，因而这种见解就更占优势了。）

3月24日，赖伊在记者招待会上论述了他的想法或者说是他的建议，这就是安理会召开由各成员国首脑或外长出席的定期会议。早在三天之前，他就已经在华盛顿某一重要宴会上以《世界需要的是一项通过联合国赢得和平的二十年计划》为题发表演讲，公开鼓吹自己的主张，并由新闻界广为报道。

3月29日晚间，白吉尔海军上将和夫人在民主党全国妇女俱乐部宴请我和我的妻子。席间，上将告诉我，他曾应邀出席一个会议讨论赖伊的建议，即剥夺中华民国在安理会的代表权，而把这一席位让给中共代表团。他发现国务院内部意见分歧，有的主张承认现实，进行交易，有的担心这是姑息苏联，因而犹豫不决。

白吉尔说，他请他们不要把问题看得仅是关系到中国的利害，而要从它对美国会产生些什么后果的观点去考虑。他指出，在盟国对日委员会内，麦克阿瑟将军直到目前可以指望得到三对一的多数。承认中共以后，就会变成二对二。在处理对中国的封锁这类问题时，英国将会站在苏联一边，而使投票结果变成三票对美国一票。我认为这是对当时形势极为现实的分析，然而令人百思莫解的是，国务院竟然不去分析形势，也不估量美国在国际上究竟处于何等地位。

4月17日，蒋廷黻打来电话，他请我和国务院联系，要求他们对中国提交临时委员会的决议案，特别是对于请求派遣海空军观察组去远东的附加建议给予支持。我当即于 4 月 20 日去国务院，找腊斯克作了较长时间的会谈，把此事作为首要问题向他提出，腊斯克当时已经接替了巴特沃思，担任负责远东事务的助理国务卿。

首先，我说有三四件事要向他请教，为的是了解一下美国政府对这些问题持什么态度，然后就提出了中国向临时委员会提出控诉的问题。我说，蒋博士已经在纽约同美国代表奥斯汀参议员谈过关于中国向联大临时委员会控告苏联的事，特别详细地谈了他最近建议派遣海空军观察组到中国去，以便观察苏联和中共在中国大陆的活动，并请求奥斯汀参议员给予支持。奥斯汀当时曾说，他还在等待国务院的指示。因此，我来见腊斯克先生，请他澄清一下美国政府的态度。

我说，中国代表团提交临时委员会的决议草案和去年提交大会的大体相同，仅作了两点变动：(1)删去了关于尊重中国领土完整的条文；(2)增加了派遣观察组的特别建议。我表示希望美国支持这项决议草案。我又说，我能够理解要求美国方面支持号召会员国不承认中共政权的实施条款是有困难的，因为这事涉及各国的自主权，可能遭到各会员国的反对。但是关于保证不在物质上和道义上向中共提供支援，尤其是关于派遣观察组的问题，我希望美国在给予中国代表团以全力的支持上，不至于有什么困难。

腊斯克说，我对联合国的工作以及在这类问题上应该采取什么样的行动程序都是十分熟悉的。接着，他又问我认为获得多数票的前景如何，对其他国家代表团的意见是否都已探悉。

我说，这方面已经进行了一些工作，但还未获得全部答复。蒋博士目前正集中注意力于几个大国的态度，尤其急于知道美国政府作何打算。

腊斯克认为，如果这次仍然像上年那样有许多国家的代表团纷纷弃权，则无论对中国还是对联合国来说，都是不利的。

我说，根据我的经验，许多代表团都要等到知道了美国对这种情形持什么态度之后，才会决定采取什么态度。因为美国在联合国中举足轻重，这是众所公认的。

腊斯克说，他认为对于这一特殊问题，各国代表团都有自己的主见。例如，据他所知，许多亚洲和中东国家，甚至拉丁美洲国家，都有自己的观点，不见得会受美国行动的影响。至于派遣观察组的设想，腊斯克问道：观察组究竟能到何处去观察？

我说，我认为中共多半是不肯接纳这个观察组的，但观察组可以驻在台湾或其他某个仍在中华民国政府控制下的岛屿上。

腊斯克又问，我是否想到过观察组能办些什么事。

我说，该组的任务是观察苏联在共产党中国的活动，尤须仔细观察的是苏联如何帮助中共准备入侵目前仍在国民政府控制下的各个岛屿。

腊斯克问我是否想到过，观察组可以回报说，这一局势是内战造成的，甚至还可能提出中国的组成问题。

我猜想他的意思是指承认问题，我就说，这完全是另一个问题，不在观察组的任务范围之内。我说，派遣这样一个观察组作用很大，不仅对台湾有利，而且也对整个亚洲有着共同利益。苏联和中共正企图在亚洲加紧冷战，在东南亚各国煽动骚乱，这是无可争辩的事实。因此，注视该地区的形势和事态发展是为联合国的利益着想。由于莫斯科居心叵测，整个局势动荡不安，联合国有责任维护亚洲和其他地区的国际和平与安全。我觉得，我们建议派遣的观察组，其作用是观察苏联支援中共为入侵台湾作准备的有关活动，同时其观察范围还可以扩大到该地区的其他许多国家，例如印度支那、缅甸和马来亚等。

腊斯克问：大陆中国是否有向邻国方向调动军队的行动，观察组又如何能发现它？

我说，如果观察组受权调查的范围足够广泛的话，那么到印度支那去进行一次调查应该是可能的。这也是为了谋求国际和平与安全。我知道美国对亚洲至为关切,因此,我希望美国政府能支持中国这一建议。

腊斯克说,美国政府对这一问题还没有得出结论,因而尚未给美国代表团下达指示。所以,他也不能给我答复。看来,他这些话是要使这个问题告一段落。于是我就转向别的问题。这些问题我在其他地方已经提到过。

后来我提到即将在伦敦召开的外长会议。我说,听说国务卿将赴巴黎和伦敦同法国的舒曼先生和英国的贝文先生开会。我估计此次会议将研究中国的局势问题。如果艾奇逊先生不把这个问题提出来,贝文先生或舒曼先生很可能也会提出来。

腊斯克说,这个问题肯定是会被列入议事日程的。

我说,很不幸,英国率先承认了中共政权,这就严重地破坏了对付苏联和共产党世界的统一战线。最近伦敦方面有迹象表明,英国政府对于承认中共之举是否明智,已有所醒悟。中共业已明确表示,只有以他们自己提出的条件为基础,才同英国建立外交关系。英国商人和在共产党中国的其他外国商人的切身体会都使英国政府相信,要同共产党中国做赚钱的生意,根本没有多大希望。

不难回想,4月14日我曾同前国会议员威廉·阿斯特研究过英国政府承认北平政权的问题。他说,总而言之,他从不认为这是明智之举。伦敦、香港和特别是在中国的商界人士同共产党中国做生意的初期热潮已成过去。他认为贝文主张承认中共是个错误,可是他不认为伦敦会撤回承认,尽管同北平进行的谈判已经陷入泥淖,伦敦还是要听任这种局面继续下去。

我心里想着这件事,就对腊斯克说,前些时候有一位来美的英国朋友告诉我,他自己从一开始就反对承认中共的政策。现在看到有许多原来赞成这一政策的人,也都开始认识到这是不明智的。这位朋友认为,英国也不见得会撤回对北平政权的承认。纵然在北平谈判了三个月毫无结果,但贝文先生是个坚强的人,他必定会坚持他的方针,以期得出一个满意的解决办法。艾奇逊先生最近发表的演讲,表现了他对俄国外交政策的真正目的和实质,具有深邃的洞察力。我希望他运用他的影响力,说服贝文先生不要再坚持一相情愿的想法,而同美国合作,结成对抗苏联及共产主义世界的统一阵线。当然,我这样说是假定美国政府依然保持目前的立场,认为还不到考虑"承认"问题的时候。

腊斯克说,美国对承认问题所持立场一如既往,认为考虑承认问题尚非其时。美国政府对于英国承认中共政权的行动不甚赞同,他自己也听到英国人在三个月的谈判中毫无所获。贝文先生可能确实有些恼火,但正如一对新婚夫妇那样,虽然蜜月生活可能不尽令人满意,也未必立即就作离婚的打算。

我说,承认共产党政权并企图把这一问题带进联合国,不仅会使民主阵营各国更感困难,而且也会无意中陷入苏联及其卫星国的圈套。更有甚者,这将使其他指望西方大国团结起来、共同领导反共斗争的爱好自由各国感到混乱,丧失信心。

腊斯克说,华盛顿的人们对形势看得很清楚,然而在成功湖畔却未必尽然。

我说,最近联合国秘书长发表声明,建议以中共代表团取代中华民国代表团,这确实是错误而又不切实际的。苏联退出会场意在宣传,所谓抗议中国代表团在场云云,不过是一种借口而已。赖伊先生能拿什么保证,中国代表团撤出,由中共代表团取代之后,苏联就会同联合国充分合作呢? 我还说,至于成功湖畔的各国代表团,我由亲身体会得知,他们之中大多数人并不认真研究问题寻求解决办法,他们往往随波逐流,而不是根据原则和共同利益的考虑来决定自己的立场。

腊斯克说,他将把我所强调的那些问题转达艾奇逊先生,使这位国务卿在即将举行的欧洲会议上可以作为参考。

两天后,我乘火车离华盛顿去纽约。4 月 23 日,星期天上午十一时,蒋廷黻来访,我们互相交换了各自同杜勒斯谈话的内容。

我曾于 4 月 21 日同杜勒斯谈话,谈的主要是对华援助和对日和平条约问题。我也把腊斯克就我国向联合国临时委员会提出建议一事所作答复的要点告诉了蒋。蒋说,他把召开临时委员会的事请该委员会主席、阿根廷的鲁道尔夫·穆尼奥斯先生(由于要讨论的是中国问题,会议开得越晚就越有利于中国,穆尼奥斯当然是同情中国的)酌情办理。

蒋廷黻还告诉我,他 2 月 16 日在西雅图市华盛顿大学发表了演讲,回来后向赖伊发牢骚的事。他说赖伊不正直,不承认自己曾背着蒋干了不利于中国的事。他曾经承诺,不与蒋磋商就不再进一步推行他的主张或发表任何声明。但是等蒋一离开,就是说,当蒋去西雅图的时候,这两种事情他都干出来了。

4 月 23 日,我见到了在联合国工作的梁鋆立。他是来华盛顿参加美国国际法学会会议,并同国务院联系有关联合国的工作事宜的。他是秘书处法律司司长。实际上,他的这项职务是联合国在伦敦成立初期,由我推荐他担任的。迄今他一直在这个岗位上。

他说,赖伊关于承认和代表权之间界限的备忘录是由联合国法律部高级司长亚伯拉罕·法勒起草的。人们都知道法勒在出任联合国此职以前是美国政府中阿尔杰·希斯的亲密合作者。他毫不隐瞒他赞成北平政权的观点。他作为联合国的法律专家自然会对赖伊产生影响。赖伊是个工联主义者。人们都知道他没有受过多少教育。但因为他是挪威外长,又得到了联合国内两大集团的同意,于是就当上了联合国秘书长。赖伊论中国问题的备忘录,显然是蓄意用来支持并加强他自己对中共的同情和赞许态度。但是,一个人如果不理解这个承认问题同代表权问题在国际事务实践上有着紧密联系,又怎能真正划清两者之间的界限?人们接受一个政权的正式代表,当然就意味着承认派遣这一代表的政权。对赖伊来说,备忘录正是他梦寐以求的一个文件,既可以使他尽到秘书长的职责,防止联合国因苏联退席形成僵局,因而丧失活动能力;又能符合他这位反对国民党中国的工联主义者的个人好恶,让他看到共产党中国进入联合国。

梁博士说,不幸得很,美国国务院似乎赞成这种站不住脚的"区别论"。许多国际法权威,尤其是英国的权威,认为这一论据是不合法的。不过美国的意图显然是主张把中国在联合国的代表权问题,提到将在9月份召开的联合国大会去解决。他说,在此之前,任何驱逐中华民国在联合国及其附属机构的代表团的企图都不会成功。但是蒋廷黻将在安理会中遭到多数人投票反对。美国虽将投票反对驱逐蒋廷黻的动议,但同时将宣布这是程序问题,它投的反对票不属于行使否决权性质。蒋廷黻可以宣称这是实质问题,并自己行使否决权,但是那样的话,他投的否决票会被宣告无效。

我说,按照四大国在旧金山宣言中关于行使否决权的规定,对某一特定问题是否属于程序性问题存有疑问时,这个疑问本身就是实质性问题,能由安理会以七票以上的多数表决,其中必须包括全体常任理事国的一致赞成票。梁博士说,这个问题可以提请海牙国际法院提出咨询意见。不过,他认为只有联合国才能要求它提出咨询意见,而且国际法院对没有在附加议定书上签字接受管辖的国家没有强制管辖权。他说,中华民国政府可以控告已经接受管辖的英国政府。

大约一个月之后,我在纽约会见了蒋廷黻。他告诉我,美国对于我们请求它支持中国提交临时委员会的控诉苏联的决议案一事,作了否定的答复。美国政府的考虑是:(1)无法取得通过这一决议案所必需的三分之二多数票;(2)讨论结果将暴露出美国、英国和法国之间的意见分歧及不团结;(3)很难物色能令人满意的成员国组成观察组,许多亚洲国家将谢绝参加。他们还对蒋说,已经慎重考虑了把观察组的观察范围扩大到包括印度支那的建议,但他们决定不这样做,也不向联合国提出印度支那问题,除非苏联先提出。他们也不赞成把问题提到小组委员会去,因为小组委员会的重要性不如临时委员会。

接着我们研究了蒋委员长所征询关于中国退出联合国及其附属机构的问题。蒋廷黻和我一致认为,我们自动退出是不明智的。因为苏联和中共想要驱逐中华民国,我们退出只能是一种软弱的表示,给中共进入联合国大开方便之门。这不但不能保全我们的面子,反而会降低我们的国际威信和地位。我们的情况不同于当年苏联因被逐出国际联盟而声明该国自动退出,以保面子。当时苏联是个强国,而我们现在则处于弱国地位。进一步说,苏联、英国和赖伊都想以中华民国已不复存在为理由,把我们排斥于联合国之外。所以,我们与其为了害怕最终肯定被驱逐而自动退出,不如顶住驱逐的浪潮并对其提出抗议。(后来才知道,委员长实际上从来也没有就这个问题征询过意见,但当时我并不知道。因此,6月3日我还通过叶公超致电委员长详细报告我反对撤退的理由。)

蒋博士又告诉我:赖伊也把其致各国的备忘录给了他一份副本。该备忘录倡议召开安理会特别会议,由各成员国的政府首脑或外长出席,研究各种悬而未决的问题,诸如原子能及核武器、裁军、接纳新会员国以及建立联合国部队等。他说,备忘录虽也建议中国代表权问题需要优先解决,但又强调中国在联合国的代表权问题与承认问题不同,代表权与不承认并无矛盾,这无异在事实上公然主张接纳中共代表团取代中华民国代表团。

四天后,5月25日,我同董显光博士作了一次长谈。他从台湾来,途经伦敦和巴黎,在那里以中央社顾问资格考察了国际形势。他说,他在伦敦时见到了伦敦《泰晤士报》主编,英国政府的高级官员却一个也没有见到。他听说,外长会议上三方代表各执己见,最后决定让中国在联合国的代表权问题维持原状。这就回答了有一次我走访国务院时所提出的问题,即外长会议是否将讨论中国问题和鉴于英国已匆促地承认了北平政权,美国持什么态度。董博士还告诉我,会议无意于支持赖伊为召开由会员国政府首脑或外长出席的安理会特别会议,以加快解决中国问题所作的努力。

同日,赖伊在伦敦、巴黎、莫斯科以及海牙和日内瓦等地访问三十二天之后,回到了成功湖。3 月 27 日联合国负责托管事务的助理秘书长胡世泽来访,他告诉我赖伊刚向联合国全体助理秘书长作了他的出访报告。赖伊说,他在莫斯科同斯大林会谈虽无具体结果,他感到两三个月之内一定会有办法使冷战的紧张局面缓和下来,从而使苏联回到联合国。他说,他提出的关于举行由政府首脑或外长出席的安理会特别会议以解决中国代表权问题以及其他悬案的建议,在巴黎和伦敦受到热情的欢迎。

赖伊在报告中还说,他在莫斯科时,中共驻苏联大使王稼祥应他之请会见了他。王带着一名秘书、一名翻译、一名速记员,这使赖伊觉得讨厌,因为他自己是孑然一身,并且他早就向王声明过,这是一次非正式谈话。但王说,他必须报告北平。(我估计他一字不漏地记下了一切。)赖伊说,他向王提了两个问题:中共政权是否愿意接受国民政府的全部国际义务? 他们是否愿意让国民党自动撤出而不用投票的方法来驱逐? 接着赖伊又提出了第三个问题:北平是否能同联合国附属机构合作? 他希望这个问题能得到肯定的回答。王对最后一个问题回答说,他肯定认为他们是愿意合作的。但是赖伊对胡和他的同事说,他却不太相信,因为参加附属机构不符合莫斯科的政策。当胡世泽正和我谈论法国对美国向台湾和海南岛提供援助持赞同态度的时候,法国代表、托管理事会主席罗歇·加罗来约我和胡一道在联合国代表的餐厅共进午餐,以便作一次谈话。加罗说,他一向认为,支持国民党政府事关重要,并认为海南岛和台湾对印度支那的防务是必不可少的。他曾向舒曼外长推荐这一政策。舒曼赞成,要求他代表外长向杰塞普大使提出,但大使无动于衷。于是加罗就说,现在海南岛不幸已经易手,必须保住台湾以免落入中共之手。他认为,中华民国和印度支那抱有共同目标,并说法国政府正在力促美国政府承认此点。他说,他在伦敦时,听《泰晤士报》主编麦克唐纳先生谈及,三外长会谈时,贝文强调"承认"与"接纳中共加入联合国"这两个概念的差别。艾奇逊认为两者之间确有一些差别。舒曼显然是针对他们的看法说,坚持不让中共进入联合国是一项重要的原则。于是三位外长就一致同意把这个问题维持现状,等到9月份在纽约开会时再说。(我想,有人强调"承认"同"联合国代表权"之间有区别,艾奇逊想必会感到称心如意。)

两天之后,我应邀出席诺兰参议员夫妇举行的鸡尾酒会。这次招待会显然是为了答谢最近他们旅台期间所受到的款待。诺兰同我谈论了赖伊力促实现剥夺中华民国席位而接纳中共代表团的提案。我盛赞参议员在参院坚持美国不仅应对那个议案投反对票,而且应行使否决权的立场。我说,他是对的,因为剥夺与保持某国代表席位的问题是个实质性问题,根据旧金山会议发表的四大国宣言,是可以行使否决权的。

我们还议论了法国和埃及最终也很可能加入赞成中共进入联合国的行列。我把我所知道的伦敦会议的决议情况告诉了这位参议员。当时在场的董显光证实了那次会议的决议。他说,所以在9月份联大开会由三位外长审议这一局面之前,法国不见得会投票赞成共产党进入联合国。

同一天,6月6日,赖伊向各会员国发出公函,并附入了他已经分发给四大国的备忘录全文。据联合国《公报》第7卷第12册第509页载:

> 赖伊先生在公函中着重指出目前国际形势的严重性。他强调,在中国代表权问题获得解决以前,要取得重大的改进是不可能的。

6月11日星期天,我应邀出席内华达州参议员马隆夫妇在彼得·米勒的农场举行的牛排宴会。该农场位于华盛顿郊外,场主是芝加哥报界巨子《芝加哥论坛报》创办人麦考密克先生的侄女。

麦考密克已把华盛顿《时代先驱报》交给他侄女及其夫经营。当时麦考密克本人也在场。马隆夫人请我和她同席就餐,并和麦考密克叙谈。赴宴的约有二百人,其中至少有十来位参议员,诸如诺兰、布鲁斯特、惠里·希肯卢珀、索顿斯托尔、兰格、弗格森和麦卡锡等都在场。还有几位众议员,包括雷伯恩议长和前议长马丁。

虽然没有表演正式节目,但笑料不少。米勒夫妇和马隆参议员穿着骑士服,在马背上做了各种竞技表演。马隆参议员在非正式演讲中同民主党人大开玩笑,在场的民主党人和雷伯恩等都被他逗得哈哈大笑。

参议员索顿斯托尔同我谈起中国以及赖伊企图剥夺中华民国代表权的事。他反对让共产党进入联合国,并说,他对赖伊讲过,中国对安理会中任何驱逐其代表团的动议都将行使否决权。我对他说,我觉得美国所宣布的态度——对这样的提案要投反对票,但不认为这是个实质性问题,因而也不打算把这一票当作行使否决权看待——无法理解。我说,毫无疑问,再没有什么问题比决定一个政府在联合国有无代表权更为实质性的了。说真的,这实际就是决定这个国家在国际大家庭中是否存在的问题。我说,根据那个由苏联提出,又在苏联的强求下得到了美国、英国和中国认可而发表的四大国宣言,这种决定某一特定问题究竟属于程序性还是属于实质性的问题本身就是可以适用否决权的。

第二天,我在国务院同杜勒斯进行长谈时又涉及了这个问题。我说,据我了解,在伦敦会议上三国外长都同意把这一问题维持原状,等到联大在纽约开会时,他们将在会前重新审议这一局面。我问道,据杜勒斯先生看来,美国政府的态度是否可能来个突然转变?

杜勒斯答道,他不认为三外长下次在纽约举行会议时能解决这个问题,也不相信赖伊先生所建议的召开安理会特别会议处理这个问题能够获得成功。据他看来,要等到联合国大会开幕后,各国代表团决定了各自的态度,才能对问题作出决议。

6 月 23 日,我已经抵达纽约,我是前一天离开华盛顿的。傍晚,我登门拜访了蒋廷黻,告诉他叶公超来电说蒋委员长从未让陈之迈转告我们对退出联合国的问题进行研究并写出报告。蒋说,叶没有给他电报,但给他写了信,其内容和我给他的电报相同,就是说,反对退出的设想。

蒋廷黻有个对策是为了应付一旦安理会当真把驱逐中华民国代表团的提案付诸表决而准备的,这时他把其中的两点提出来和我磋商。他说,他对美国代表团团长奥斯汀参议员和副团长格罗斯及诺伊斯说过,保留或驱逐中华民国政府代表的问题不同于鉴定代表证件的技术准确性问题。后者仅涉及个人问题,而前者却是关系到一个政府的代表权的争议,这就不能看作程序性问题。奥斯汀和格罗斯似乎有所领悟,并说他们已经认识到这一差别。可是诺伊斯却说,国务院对这一点有明确指示,指示他们不能采取这种看法(国务院采取了怪诞的立场),美国对剥夺中华民国政府代表权的提案要投反对票,但不把它当作行使否决权看待,因为国务院不顾安理会曾先后有过解决捷克代表问题和西班牙问题两个先例这一事实,仍然认为这个问题是程序性问题。在上述两起案件中,曾决定,当争议中的问题发生是否属于程序性的疑问而不能适用否决权时,按旧金山四国的规定,该疑问本身就应当由安理会全体常任理事国一致的投票表决来决定。

为彻底弄清美国这一意图,我可以回顾一下当时安理会极为微妙的局面。安理会除中国以外的四个常任理事国中,苏联和英国已经承认了中共,美国和法国似乎想抛开承认的念头。加拿大的立场与此也颇相仿佛。但实际上他们目前都是保持着观望态度,等到他们能够更加清楚地看出远东形势究竟如何发展时再作最后决定。五个非常任理事国中,印度、挪威和南斯拉夫已经承认了北平,埃及和厄瓜多尔尚未承认,多半会跟着美国走。因此,假如把蒋廷黻的代表权问题算作程序性问题,那么只需要简单的多数票便可决定。在这种情况下，如果美国的反对票居于少数，则多数票将在表决中获胜，蒋廷黻就要被驱逐。另一方面，如果这个问题算作是实质性问题，美国代表的反对票即可被认为是行使否决权，则这一提议就不能通过。可是因为美国国务院不愿人们对它的反对票作如此解释，蒋的地位就越发岌岌可危。

蒋廷黻告诉我，尽管美国代表团可能要宣布美国投的反对票不是行使否决权，但他还是向他们请求过不要拒绝中国的观点。他也对他们说过，希望在其他的投票中能获得美国道义上的支持。但他们不肯承诺，而诺伊斯尤其使人陷于绝望。

蒋廷黻对策中的第二点是：假若他的观点遭到拒绝，他就要提请国际法院对这一问题提出咨询意见。但我劝他，最好还是联合安理会中的几个友好代表一起设法，把他的建议作为一种折衷办法提出，以消除中美之间的意见冲突和僵持局面。如果他自己提请国际法院发表咨询意见的话，就会给人一种印象，好像他已不再坚持中国的意见。

蒋接着告诉我在常规军备委员会中出现的一个意想不到的场面。他料想苏联会拒绝承认中国代表出席会议的权利，就先同主席厄瓜多尔的比托里·拉弗隆特商议。他的论点是，附属机构的组织只能由母体来决定，在这里就是由安理会决定。主席完全同意，并说，他就照此裁决。蒋说，临开会时，他自己不能赴会，由副团长徐淑希博士代表出席。当苏联代表提出组织问题，反对徐淑希出席时，徐立刻要求主席制裁苏联代表扰乱秩序。这一来激怒了主席，他拒绝以主席身份作出裁决，而把问题交付表决，自己则弃了权。蒋说，事后拉弗隆特向他解释道，他认为中国代表无权就这一问题向主席提出要求，只能由主席在处理权限范围内自行决定。人们或许会说，拉丁美洲人非常敏感。但据蒋说，主席改变态度的真实原因，不仅在于徐先生笨拙而唐突的要求，美国代表也对他施加了影响。

两天后，北朝鲜军队向南朝鲜发动进攻。应奥斯汀参议员的请求,对侵略大韩民国的控诉立即排上了安理会的议程。在这种情况下,蒋廷黻向临时委员会提出的决议草案已无人注意。事实上,临时委员会在向大会提出的报告中声明这个案件涉及范围太广,在委员会上进行辩论对于当前政治局面不会产生什么效果,委员会决定对此案不加研究,也不向大会作任何情况介绍。

第五节　朝鲜战争爆发前夕的美援情况
1950 年 2 月中—6 月

　　1950 年 2 月 14 日,杜鲁门总统签署文件,形成法律,将给中国非共产党地区的经济援助延长至 1950 年 6 月。2 月 15 日我拜访远东司的利文斯顿·麦钱特先生,部分目的是争取在对台经援中包括复兴项目。如前文所述,由于那里的形势难料,经济合作署和国务院一直反对此事,而中国方面则切盼将复兴项目包括进去。技术代表团的李榦博士刚由国务院返回使馆,即应我之约来见。我请他再次同经济合作署接洽,为实施复兴台湾的若干项目制订计划。我说,这项计划应在作为草案性质的基础上取得协议,以便随后由台湾方面批准。

　　在此以前,美国政府曾经表示,如果为了救济用途申请援助,我们也许可以动用此项经援拨款。对此曾有过一些有趣的建议,其中一项是购买美国剩余的马铃薯,这项建议是 2 月 6 日周锦朝先生从纽约打电话给我时提出来的。这项建议可说是异想天开,因为马铃薯并非中国人的普遍食品,但其目的则在于给中国援助。

　　周锦朝和他的兄弟一道经营远东(香港、台湾)与美国西海岸间的进出口贸易,政治上也很活跃。看来他同华盛顿的民主党人有许多接触,主要是因为他积极参与旧金山的民主党活动并且在当地的民主党华人俱乐部中担任了工作。我曾提到他在这方面支持过李宗仁将军。周告诉我,加州民主党参议员唐尼办公室刚同他联系过,询问中国是否要向美国政府购买剩余马铃薯,价格是每一百磅一美分,可用经济合作署的援华拨款支付。他还建议,为降低运费,可将马铃薯脱水,加工费每百磅为 0.1325 美元。据参议员唐尼称,买下这批马铃薯有助于赈济中国的饥民。我告诉周,这个问题我也考虑了好几天。马铃薯可以作为海南岛百姓的口粮,因为那里正严重缺粮,可能台湾也如此,不过我希望,如果我们只从援华拨款中支付运费,则美国应该无偿供应我们这些马铃薯。我对他说,我要我们的专家研究此事并向我报告,希望专家们能提出进行此事的具体建议。

事后,我嘱咐技术代表团的李榦草拟一项计划,并就此事试探经济合作署的态度。李榦认为,我国民众的饮食习惯很难改变,人们不习惯于吃马铃薯,他认为可以磨成薯面,作为补充粮食。他说他要先去经济合作署洽谈此事,然后我们好将经过报请台湾批准。

两天后李榦报告说,他已和经济合作署的纳森先生讨论了采办、加工剩余马铃薯,并从美国运往海南岛等问题。李榦发现纳森的态度对我们不很有利。纳森已从技术角度试探了各有关部门的态度,得知他们都不大赞成。纳森还问,如果经济合作署承担运费,那么中国能否支付加工费。显然,这个主意纯属个人之见。

我告诉李榦,美国农业部及唐尼的愿望是以一种值得称道的办法来处理这批剩余农产品,而不是将其毁掉(这才是问题的症结)。对这种政治性的考虑,恐怕纳森并未能真正领会。农业部行将要求国会批准拨给更多的款项来维持,甚至扩大对农产品价格的扶持制度。如果不断增加对农场主的补助,却只是为了生产出势将抛弃的过剩产品,他们何以自圆其说? 我指出,一边是其他国家的千百万人正在忍饥挨饿,一边却要抛掉大量的粮食,这种做法也会受到美国人民的谴责,遭到全世界的批评。

2月10日,我告诉农林部驻美代表张信诚,要他对争取剩余马铃薯供给海南岛民众的可能性作更多的了解。他报告说,已经做过一些调查,还要搜集更详尽的资料。就他所知,马铃薯的售价每百磅仅为一美分,而加工费却很可观。翌日,他与美国农业部当局商谈后带回了较详细的情报。他已了解到,购买剩余马铃薯、加工脱水后运往海南岛或台湾的主意行不通。马铃薯加工脱水必须在中西部进行,因为脱水处理的公司设在那里。为此每磅要付运费0.061—0.062美元,另外再加每磅约为0.07美元的加工费,这样一来,比往中国运大米还贵。

13日李榦来报告说,他再次会见了纳森,纳森也对他说马铃薯一事难于实现,理由有三:(1)中国人的饮食习惯难改;(2)海南岛被认为是大陆的一部分;(3)加工、运输马铃薯的费用过于昂贵。根据以上原因,我们放弃了购买马铃薯的主意。既然价格高出原来所料,经济合作署又反对此举,因此进一步推动此事已无意义。

撇开这些建议不谈,1950年2月初至3月22日,参众两院外交委员会通过议案将援华拨款中仍未动用的部分延期一年,这段时期里,从中国的角度看,一般说来对华经济援助处于停滞状态。经援计划已在台湾和华盛顿两地拟就并经过修订,但除技术方面的磋商外,其他尚未见诸行动。

3月8日,李榦将一份我方所提关于台湾经济需要的非正式备忘录的抄本送交我处。此项非正式备忘录是从台湾经由经济合作署中国分署转送华盛顿的。他于3月16日再来看我,我们一起将台湾美援运用委员会提出的最新经援计划看了一遍。这项计划包括提供四千万美元的援款用于稳定通货。(当然,台湾根据美国对其建议的反应,经常修订其受援计划。)李榦是技术代表团团长,由他同美援运用委员会直接联系,这个中美合作的美援运用委员会直接负责在中国的美援工作,而大使馆则通常由外交部转告有关情况。我和李榦认为,实际有效的途径是与经济合作署讨论他们打算讨论的任何项目,制定出一套尽量多争取美援的计划。

美国的对华军援问题与仅仅暂时停顿的经援问题不同,一直受到杜鲁门总统1月5日声明的有力限制。不过也曾提到过雇用外国志愿人员帮助国民政府继续在大陆上进行反共斗争的想法。

我在1949年12月23日就军事、经济援助台湾及海南岛一事照会美国国务卿艾奇逊,照会中述及,中国政府希望美国向中国海陆空三军各提供三四十名军官,以及二三十名政治、经济方面的专家。我强调:

> 上述军官及专家将在自愿和合同的基础上受聘于中国政府,其薪给由中国政府支付。

但也希望:

> 作为某种安排,从根据美国现行援华法提供的拨款中支付其薪给。

这份照会是按照白吉尔海军上将11月19日对暂时来华盛顿洽谈援助问题的郑介民将军所作建议写的,当时,白吉尔曾告诉郑介民说,他相信美国政府将会同意中国的请求,派遣军事、政治及经济等技术人员帮助台湾的中国当局。为每个军种配备三十人左右,其中包括一批退役或非现役的海军陆战队军官,作为志愿人员受雇于中国,其薪给有可能从经济合作署下余的援华拨款中为中国支付。当然应该记住,白吉尔提出此项建议看来主要还是出于考虑对美援的监督。

总而言之,随着共和党著名人士提出要美国出兵台湾,尤其是出动海军之后,总统及国务卿于1950年1月5日断然拒绝了向台湾提供任何形式的军事援助。但在此之前,即元旦那天,美国各报纷纷刊载消息(显然是来自国务院方面)说,虽然杜鲁门总统决定不派美国军队占领台湾,也不给台湾任何军事援助,但中国政府聘用非官方的顾问以帮助台湾一事则不会遭到拒绝。

事实上，这段时期以来，招募外国志愿人员一事在某种范围内一直是经常讨论的题目。早在 1949 年 1 月份，亨利·赖利空军准将来访，他是经前国务卿爱德华·斯退丁纽斯介绍与我结识的。他熟悉法国的外籍军团和西班牙内战时的国际纵队，因此建议组织类似的军团，开赴中国同共产党作战。当问及所需款项及装备时，他说这只能靠美国政府提供，它的支援必不可少。他指出，第二次世界大战后退役的许多军人会乐于参加的。

记得在 1949 年 6 月，劳伦斯·艾夫斯上校和坎贝尔·刘易斯夫人建议中国聘用八至十名海军陆战队退役军官，在委员长手下训练、领导一支中国军队同共产党作战。1949 年 9 月 17 日王守竞博士报告说，一个退役的德国军官送来一份备忘录，内述如何由德国人帮助改组中国军队。鉴于建议中谈到在改组后的中国战斗部队中，德国人的比例要占三分之一，这件事可能引起严重国际纠葛，我考虑此事并不可取。我说我们切不可造成类似西班牙共和国内战那样的局面；此外，美国人不可能赞助这项计划，而他们的财政援助又很必要。我嘱王务必慎重研究。

11 月初，弗吉尼亚大学一个叫詹姆斯·科扎特的学生来见，他提出组织一支美国志愿军团，帮助自由中国同共产党作战。

我在日记中这样写道：

> 他言之成理。他说，这个团体在唤起美国人民同情中国事业方面所起的作用较其本身的作用为大。如一镇有一人应募，则全镇老幼关注，祝他和中国成功。我感谢其苦心，并告以某些类似建议正在考虑中，但有不少实际问题尚待解决。

接着，1950 年 1 月 5 日，弗兰克·柯林斯上校和普雷斯顿·古德费洛上校前来磋商为中国组织一支外籍军团同共产党作战之事。我告诉他们二位，他们的主意很好，另外还有两三位朋友也如此建议。我指出主要的问题是：美国政府会不会出来禁止招募这些人？其经费与装备如何解决？古德费洛一直是李承晚的朋友和崇拜者，他岔开话题谈了一些他在朝鲜的经历和那里的时局，随即又拉回到这次来访的主题上。他想毛遂自荐，帮助组织地下武装派往大陆共产党地区活动。他说他曾任华盛顿的战略情报局副局长，与威廉·多诺万合作；派遣过许多人潜入中国。他说当时他已安排好为南朝鲜训练数千名青年，以便去朝鲜北部从事此种活动。他提的另一个建议是利用南朝鲜作为获得美援的渠道，并在那里建立活动基地，除此之外，别无他策。他举例说，中国船只不妨悬挂韩国国旗作为伪装。

这两位校官 1 月 22 日再次来访。这次提出出售数千支自动手枪，这批武器能抗海水，原先是供美国伞兵部队从事地下活动用的。古德费洛告诉我，他在第二次世界大战中担任情报机构 G^2 的行动处长时主持欧亚非三洲地下工作情况，特别是他担任战略情报局局长威廉·多诺万副手的情况。他反复说他是韩国总统李承晚的老朋友，又谈到他被委派训练南朝鲜人去北部从事特工之事，还说他同麦克阿瑟将军很要好。

他说，马歇尔将军从来不喜欢麦克阿瑟将军。共和党参议员要麦克阿瑟回国为对华政策问题作证时，马歇尔则不想让他回美国。马歇尔告诉麦克阿瑟说，他可在国内休假两周，麦克阿瑟认为这是对他的公开侮辱。艾森豪威尔，甚至更低一级的将军，回国时都作为民族英雄而受到盛大欢迎。麦克阿瑟发誓，不得到同样盛大隆重的欢迎他决不回国。

因为古德费洛暗示有意去台湾，因而在我问明他愿意访问台湾并向蒋委员长概述其为我们组织地下工作的设想之后，便给台北发了电报。接到台北复电同意后，2 月 3 日我和古德费洛一起研究了他的台湾之行，其公开身份为在台湾设有办事处的一家美国化肥公司的代表。国际货币基金组织的中国代表俞国华奉委员长之命送来一张支票作为古德费洛的开销及酬金。我表示，既然这笔款子数额有限,他在台湾停留不必超过两周。

约一个半月以后,使馆武官皮宗敢给我看一封国防部早先发来的电报,要他与一位美国志愿人员接触,安排其台湾之行。但3月16日皮来访的真正目的是同我全盘讨论是否使用申请去华与共产党作战的美国人问题。他说美国陆军军官欧文·肖特上尉刚从台湾、金门访问归来,此人正在为一个五至六人的陆海军退役军官组作安排,以便他们离美去台,作为志愿人员参加国军。我嘱皮将军应先得到台湾指示,原则上同意志愿人员参加国军,方可行事;否则可能引起美国政府及我国政府双方更多的纠纷,以至造成摩擦或引起志愿人员的恶感。(如果他安排了个人身份的志愿人员去台,而后来中国政府或美国政府有一方不批准,那就很难避免引起麻烦。说得确切些,就皮将军的来访而言,我想强调的是台湾在使用外国志愿军方面迄无明确决定。)

我问皮将军,肖特上尉在台湾时达成了哪些谅解。由于他不清楚,我便建议他通过陈之迈从最近去过台湾的阿瑟·科尔伯格那里弄清此事。我对皮说是科尔伯格安排肖特上尉访问台湾,后来又访问金门岛的。肖特访问归来后曾写过一篇关于金门战役的出色报道。

通常,援华问题不顺利时,宣传工作便受到我国人民的更多注意。3月9日我接待了我国前驻捷克斯洛伐克大使梁龙博士,他行将离美返华,特地前来辞行。他对我说,他的一位英国朋友说中国缺乏宣传工作,而宣传工作对中国的事业又多么重要。恕我重申,我国自己人,尤其是外交部门的人常常提出这个问题要我注意。显然他们并不知道驻华盛顿使馆的难处。

我向梁龙详细谈了在美国从事宣传工作的性质以及完成这一任务的艰难情况。我说这项工作最有效的方式是由美国人来做,而不是像旧时那样由中国人直接进行。中国人作一些讲演,写几篇文章固然有用,但这仅是杯水车薪,远远不够。开展宣传工作最有成效的办法须如本使馆在此地所采用的方式,即影响、鼓励工业巨子、商界大亨、报业老板、电台编辑、专栏作家、大学教授及教会组织，通过向他们提供事实材料、情报信息及见解看法，由他们向美国人民去作宣传。为此目的，使馆在推进此项事业时置身于幕后，从未标榜自己。但是这样做也困难重重，包括缺少经费、人员、协调及统一指挥等等。许多独立的单位或个人自行其是，他们在经费、资料、对外联系及宣传计划方面互不协调，互不联系，缺乏组织，然后就向国内报告一些肤浅的宣传效果。

这就是当时的实际情况，因为对外宣传是个时髦的题目，可以借此作为进入大陆政界以及后来进入台湾政界的敲门砖，或者借此获准出国旅行，拿到出国的经费。因而有不少人说要出国讲演、写文章，或者联系朋友。对主管其事的领导人来说这一切都非常动听。因为政府领导人中很少有人出国，即使到过国外，去的又不是美国。但有一点他们还是正确的，即最迫切需要的是在美国进行宣传，因为美援是必不可少的。所以对美宣传成了一种出国旅行以及获得官方批准和经费资助的堂皇旗号或热门题目。通常的理论是："中国需要更多的援助，为了获得更多的援助，我们需要做更多的宣传工作。在美国作宣传工作最重要，因为没有公众舆论的支持，美国政府不能也不肯有效地行事。大使馆及各领事馆目前没有做此项工作，至少做得不够。因此需要做更多有效的工作。"这种理论说起来娓娓动听，而且大有市场。

事实上驻美大使馆始终把对公众的宣传作为自己很重要的一部分工作。但同时也认识到，这项工作应个别地做，并须特别审慎。譬如，一些同情而友好的参议员和众议员，有时愿在国会发表演说支持中国的事业，使馆或应其要求或为其方便，理所当然地代笔起草讲稿。但是，为了保护朋友的声名，我们不能向政府报告这一隐情，因为书信电文在途中难保不被截取。英国外交部一位官员告诉我说，我们亟应改换电码，因为现在的电码太简单了。他说，英国还有其他一些国家，都能破译我们的函电。而我们所从事的工作一旦泄露，即将毁掉国会中美国朋友的事业。

美国报纸的记者就专门留意猎取这类消息。像德鲁·皮尔逊这样的记者，一旦叫他们抓到把柄，肯定会利用它来发表耸人听闻的新闻。正如我在前文提到"院外活动中国集团"一词时想要说明的那样，那本来是件光明正大、无可厚非的事，却被曲解为有什么不正当的政治目的。

基于这些理由，对于使馆在公众宣传方面所做的工作，我们并没有把每一细节都向政府电告。所以，虽然许多人在强调众所周知的宣传重要性及必要性，然而却很少有人懂得，要使宣传工作取得实效，这项工作应做得何等的精微细致。我对梁龙谈到，要有效地开展全盘工作，我们应以英国的方式为楷模，不声不响、系统、巧妙、持续地进行工作。

3日14日，我接待了俞国华先生。他是国际货币基金组织的中国副执行董事。他同委员长有亲戚关系，我估计他经营着委员长在美国的往来账目。上次就是他奉委员长之命送来支票用以支付古德费洛上校的费用。这次他又从委员长名下开给我一张两万美元支票作为特殊支出的秘密经费。我向他表示感谢，并说，委员长多次问我是否还需要宣传经费，我总是回答尚可支应；我也从未去电另向他申请款项。诺曼·佩奇先生的酬薪及开销都由外交部为此目的而专设的津贴费项下安排支付，只是此款总不能及时汇到，当政府财政拮据之际尤其如此。

翌日，李大为上校前来辞行，他将返台任装甲兵副参谋长。他提议向委员长报告这里宣传工作的重要，并请求委员长授我以集中控制、全面协调的全权。（他考虑甚周。）他说他还要提议发动一次袭击或挺进大陆的尝试，让这里的美国朋友信服我们的抵抗决心和继续奋战的精神，从而证明我们有资格得到美国更多的援助。然而，我对他说，如果不经充分准备就进攻大陆，可能招致失败，反而成为坏事。这样做意味着徒然牺牲宝贵的武器和人员。我还说，如果只是一次突击，那也须事先妥善准备，事后并向全世界解释清楚。

第二天,3月16日,国务卿艾奇逊发表了两个讲话。一个是在旧金山的加利福尼亚联邦俱乐部发表的,论述美国对东南亚的政策;另一个是在伯克利的加利福尼亚大学发表的,谈论国际合作发展经济问题。两篇演说内容重要,值得注意。首先,令人注意的是艾奇逊完全未提台湾,但他却特别注意大陆上的中国人,对之发表了一大段议论。显然企图警告共产党政权不要受制于俄国人,不要入侵其他国家,从而使自身卷入纠纷带来麻烦。这是杜鲁门主义向亚洲温和的扩展。

艾奇逊的讲话也是美国政府的态度及政策仍然举棋未定,犹豫不决的反映。当时美国领导人对国民政府,尤其是对委员长本人不满,甚至不愿用现存的经济援助款项去帮助国民党人,可是面对大陆的北平新政权应持何种立场,他们依然踌躇不决。然而,此时他们又不得不发表一些看法以表明他们总的见解及态度。在这种情况下,他们想做和能做的至多是警告共产党不要将共产主义进一步扩大到东南亚,同时也对某些亚洲国家进行有限的援助。

这里我愿谈一下亚洲各国代表在华盛顿的两次聚会,即当时为交流情报和意见而召开的两次所谓"茶会"。一次是叙利亚公使法伊兹·胡里2月15日在其使馆举行的,约有十六位亚洲各国的代表出席。我赶到时,发现几乎全部客人都已先我到会。胡里谈到叙利亚的情况,随后是伊朗大使侯赛因·阿拉发言,他也谈到本国的情况。然后泰国亲王解释为什么虽受到法、英、美等国的压力,他的政府仍未决定是否承认保大皇帝。

美国国会中为"中国地带"拨出七千五百万美元的军援,泰、缅两国都要求从这笔款项中得到援助。(他们也想从中取利。)这使胡里议论说,缅甸已经承认了北平共产党政权,现在缅甸又打算用这项希望到手的军援来反对谁呢? 对此一针见血的问题,缅甸代办回答说,这笔军援将用于反对中共的任何侵略。

我讲了亚洲各国应有统一的目标和行动,因为这些国家都面临着苏联对他们独立与自由的共同威胁,苏联是国际共产主义的大本营,出席茶会的国家多半与苏联有共同边界。我说,亚洲虽然在物质发展方面贫穷、落后,工业方面尤其如此,但是在道义和精神源泉方面则构成巨大的力量并有着共同的前景。所以我力陈:置权宜于原则之上,使道义屈从于短暂的现实,是与亚洲各国人民格格不入的。我间接地批评了缅甸承认中共政权的做法,也批评了印度。我说我们必须携起手来,共同对付威胁,并且忠告其他民主国家,在拯救自由世界,使其免遭共产主义统治的共同斗争中,只是优先考虑欧洲,拒绝把亚洲摆在同等重要地位(如果不是更重要的话),这样作法是不明智的。我说,欧洲还在冷战,亚洲已是弹火横飞了。

令我愕然的是,印度的森居然同意我关于亚洲人民拥有巨大道德力量的见解。但随后森和胡里谈到亚洲应联合起来形成一个第三势力,即既不同美国联合也不同苏联结盟的独立集团。这才说明了他的真正目的所在。同胡里一样,泰国亲王看来也赞成尼赫鲁在冷战中保持中立的理论。

在座还有两位人士强调,重要的问题是每个亚洲国家应在国内开展工作,清除引起人民不满的原因。他们强调各国内部共产主义渗透及颠覆活动的危险性,外来的公开武装侵略还不是大问题。不过我则告诉他们,每个亚洲国家的共产党对采用武装暴力并不犹豫,他们所使用的武器,则是通过由国际共产主义的代理人指挥的走私活动而获得的。

另一次茶会于4月5日举行,由埃及大使穆罕默德·卡米勒·贝·阿卜杜勒·拉希姆在其使馆作东。我到会时再次发现十六国代表大多都已在场,其中包括潘迪特夫人。为了避免与一些已承认北平政权国家的使节直接互致问候而难堪,我同出来迎我的主人握手后向众人鞠躬致意。在座的有伊朗的阿拉,人们恭贺他荣任外交大臣,他阐述了伊朗对美援的需要以及在国王领导下进行的改革。他和韩国大使都强调美援必须及时,否则又会感到数量过少,时间过晚。

3月23日我听取了一次关于古德费洛上校的汇报,此人希望帮助我们在共产党中国组织地下武装并已于本月初从台湾归来。王守竞博士在古德费洛返美后会见了他。据王说,在台湾董显光曾去机场迎接古德费洛,然后古德费洛初次谒见了委员长,并进行了长谈。第二次会谈是委员长和蒋夫人设宴招待他以后进行的。(董显光当时负责处理委员长的公共关系事宜。)王说,看来两次谈话都很融洽、满意。主人请古德费洛与麦克阿瑟将军及李承晚总统就有关各节进行磋商,并回报磋商结果。他已照办。他同麦克阿瑟讨论了麦克阿瑟对大陆开展地下活动计划的意见。又同李承晚讨论了为台湾获得大米以及韩台间运送大米的航线等事项。麦克阿瑟甚表同情,他并告诉古德费洛,参谋长联席会议主席奥马尔·布莱德雷将军向他表示过,由于台湾在战略上的重要性,他支持援助台湾的观点,但是华盛顿政界却把整个援助问题弄得复杂了。

王守竞继续叙述与古德费洛交谈的情况。他说,麦克阿瑟将军参谋部的惠勒将军已建议由麦克阿瑟负责整个中国地区,包括台湾在内。据惠勒说,可作出一项安排,通过他使用援款资助大陆上的地下活动经费,从而克服或绕过政府中反对再给委员长以军援的根深蒂固的阻力。

这说明参议员史密斯早些时同我说的话是对的,即麦克阿瑟已同意将其控制范围扩大至包括台湾在内,以防该岛落入共产党之手。还说明,在美国国家安全战略计划中,台湾处于何种地位的问题,不仅被认为是重要问题,而且也已成为华盛顿两派有影响的军、政领袖间的重大议题。

驻在日本的麦克阿瑟将军是共和党人,在国会里有许多支持他的人。据我了解(事后证明属实),新泽西州的参议员亚历山大·史密斯经常同麦克阿瑟保持联系,史密斯的话常常反映出麦克阿瑟的观点。他们一直合作,在共和党内都颇有影响。惠勒向古德费洛提及的建议,与史密斯向国会和政府所提的建议一样,都提出扩大麦克阿瑟的管辖区域,使之包括台湾,我想这一主张反映了麦克阿瑟将军本人对时局的看法和解决方式。但这一主张作为一个整体,并未得到华盛顿政府当局的赞许,因为彼此政见不一,也因为对时局所作的分析各不相同。

3月23日同一天,我在日记中写道:

> 参院及众院两外交委员会昨日通过议案,将尚未动用的一亿零三百万美元援华拨款期限延长一年,至1951年6月底,参院外委会决议表示希望至少将五千万美元用于援助中华民国政府,包括台湾及海南岛;众院外委会决议则表示希望至少将四千万美元用于同一目的。

当时称为"中国集团"的支持援华者已有能力迫使此二委员会通过这项议案,因为他们在国会中具有战略政治地位。有些参与表决者投票赞成援助中国并非情愿,然而不管怎么说,反对者退让了。"中国集团"几乎全部由反对政府的共和党人组成,其立场始终坚定不移。他们确信,中共是对美国安全的威胁。为此理由,共和党中许多人还大力支持麦克阿瑟将军,想推选他为1952年的总统候选人。其中有众院的约翰·沃里斯、周以德和参院的亚历山大·史密斯、霍默·弗格森、威廉·诺兰、塔夫脱、德克森等人。

3月24日上午,我接待了皮宗敢将军,他报告说已见到白吉尔海军上将。上将建议,他去纽约任海军东部军区司令新职后,我们可结交海军中将亚瑟·斯特鲁布尔作为联络人,此人为海军副参谋长,7月份将前往太平洋就任第七特遣舰队司令之新职。白吉尔还说,对援华一事他始终持乐观态度。如果台湾能好自为之,继续努力,革新政治,改善行政,为大陆上的人民做出表率,那么最终一定会有军援送来。但与此同时,要充分利用过去延续下来的经济援助。

当晚,我为接待来自汉城的韩国国会议长申翼熙先生举行宴会。来宾中有韩国的张勉大使及其他韩国议员。申翼熙先生在重庆时另用一名,这次出访美国还率有两位议员及一位政府官员。他的中文娴熟流利,曾在中国三十余年,致力于从日本桎梏下解放朝鲜的工作。

他对代表团受到美国国会的接待感到很满意,尤其是在参议院,还有三位参议员发表演说赞扬韩国在恢复独立的奋斗中所取得的胜利。他还会见了副总统巴克莱、众院议长雷伯恩及国务卿艾奇逊。他向他们力陈,韩、中两国现正处于反对共党扩张的前线,应给他们美援。他对美国领袖们说,没有两国的抵抗,或者他们失败了,那么苏俄就会蹂躏整个亚洲,危及美国的安全。现在帮助他们继续抵抗,代价要相对小些,但若没有这两个国家,那么抗衡共党侵略将需要付出高昂代价。他相信蒋介石将军是在中国进行战斗的唯一领袖。

韩国大使张勉是一位虔诚的天主教徒。他告诉我作为一个天主教徒的崇高美德和舒畅心情,在神父面前忏悔的做法"妙不可言",他"每次忏悔之后都感到良心得到宽慰","好似成为一个新人"。他的父母也是天主教徒,夫人是父母代他选择的。他说她贤惠无比,结婚三十一年,二人相敬如宾,从来没有半句恶言相加。

翌日,李榦报告他同经济合作署的克利夫兰、莫耶及纳森等的会谈情况。会谈时在座的有中国石油公司总经理张兹闿。李榦说援助海南岛的问题仍无进展,至于动用经济合作署部分经援款作为台币储备金一事,克利夫兰回答说,它超越了经济合作法的范围。至于申请增加稻米及其他物资供应以缓和台湾经济形势,并应付庞大的军事预算一节,克利夫兰表示,任何有利于台湾军事状况的援助都是同美国政府所宣布的政策背道而驰的。

克利夫兰向李榦透露,只要委员长掌权,美国政府就不会考虑给予军事援助。他暗示,国务院是坚持此点的。李榦补充说,这是他第一次听到克利夫兰如此坦率地阐述这一态度。克利夫兰甚至说,据国务院看来,委员长历来置军事于首位,而把台湾一切合理的财经政策放在从属地位。从经济合作署的角度来看,对大陆上的共产党继续采取军事行动,就像最近对浙江沿海地区的袭击一样,都是徒劳无益的,不过是在消耗台湾岛上的资源。我发现国务院的态度反映得已很明白。在它看来,毋庸置疑,共产党控制大陆已是既成事实,因而它对台湾的国民政府进攻大陆沿海岛屿或大陆沿岸的任何企图都持反对态度。

3月25日晚,我应约会见威斯康星州参议员约瑟夫·麦卡锡,地点在二十四号大街他的秘书家里,同行者有陈之迈博士,双方晤谈达一小时之久。麦卡锡参议员首先询问了台湾的情况,然后告诉我参院即将开始"欧洲复兴计划"的辩论,其中包括对华援助问题。他说,艾奇逊和杰塞普对如何支持中国的邻国抵制共产党的扩张颇感兴趣,他本人认为中国本身才是应予援助的主要对象。我对他说,重要的是要讲明事实,国军的士气同八个月前相比,已大有改观。像金门战役、舟山群岛战役以及对共产党统治下的大陆加强了封锁等,都证明了这一点。艾奇逊所持中国军队丧失斗志之说已不能成立。目前中国拥有作战部队六十万人,为亚洲(包括印度在内)抗衡共产主义的最大一支战斗力量。其中一半是用一亿二千五百万美元军援款购置的武器装备起来的,作战用的弹药也来自这笔军援。

麦卡锡对我们所知道的一切关于拉铁摩尔在中国的工作情况和他的背景与活动最为关注。他说此人多年前曾将印度支那的越南共产主义领袖胡志明邀至波士顿他家中作客。他说他要就拉铁摩尔的历史及活动发表演说,加以揭露。他并不指望能毕全功于一役,但他要满怀信心坚持不懈,深信美国人民将支持他的事业,在秋季大选中投票支持共和党参议员,因为美国人民对其国家安全无不深为关心。只要再增加六个席位"GOP"(共和党)就将成为参议院的多数党了。他们在康涅狄格、宾夕法尼亚、肯塔基及科罗拉多诸州前景良好,在加利福尼亚州亦可能赢得一席。他说他对其个人选举前景毫不在意,反正 1952 年以前他不必考虑改选问题。我们谈话生动,情趣盎然,表明了政治形势及他本人有关拉铁摩尔讲话的动机。显然,他已接到过关于拉铁摩尔和其他某些人活动的报告。那时当然我还不知道胡志明后来会在越南起那样重要的作用。

3 月 27 日李榦再次来访。他于 25 日已同经济合作署的克雷格会谈过,他发现此人较该署其他人士坦率。吴国桢曾不止一次请经济合作署再把克雷格派回台湾。但克雷格发现,华盛顿的态度和情况同他在台北时所想象的大不相同,在华盛顿,任何即使是间接有助于改善台湾军事形势的计划都不可能通过,因为担心与杜鲁门总统 1950 年 1 月 5 日的正式声明发生抵触。甚至买一座铁桥的计划竟费尽周折,才得通过。原来人们首先想到这种改进的铁桥可以承受十六吨卡车通行会不会是打算通过中型坦克,因为商用汽车只需载重为十吨的桥。据克雷格对经济合作署及国务院态度的估计,每月只能从现存的援华拨款中支出大约二百万美元用于台湾,任何额外追加都要受到限制。他还建议,对台湾防卫至关重要的军事项目或许可从杜鲁门总统控制的七千五百万美元机动援款中筹措,但我对此表示怀疑,因为我了解国务卿及其国务院同事的真正意向。

3 月 28 日星期二,李榦来谈,他已按我所嘱,起草好一份发往台北外交部的电报。电报提醒他们,经济合作署的援助计划可能不超过每月二百万美元,交通部所订购的一些交通运输器材及一些工业机器(如枕木、建桥器材及电厂发电机)已经批准,但仍须从我们对美出口货物(诸如矿产品和桐油)的销售收益中支付。器材价款总额约为五百万美元。

同一天,我在日记中记载了国务院人事改组的情况:

> 杰塞普教授不回哥伦比亚,而将继续在国务院任职。巴特沃思先生已奉调处理对日事务,兼任对盟军最高司令部与

五角大楼的联络官。迪安·腊斯克取代巴特沃思,被任命为负责远东事务的助理国务卿。杰塞普与韦布将分担腊斯克的协调工作。

据我看来,发生这一人事变动的部分原因是巴特沃思正处于以参议员麦卡锡为首的一伙人的攻击之下。将其调至朝鲜日本部门显然在于安抚国会领袖。但是事实上正准备晋升巴特沃思为美国驻瑞典大使。他任新职一个短暂时期后,很快就去了斯德哥尔摩。至于迪安·腊斯克出任负责远东事务之职,我觉得他在处理问题上比巴特沃思更具有学者风度,看来他对问题不抱偏见。

周三是黄花岗纪念日。当年孙中山先生领导下的一批革命党人举行武装起义,试图夺取广州,不幸失败。所有举事者均被捕就义,其忠骸葬于广州城外黄花岗,因此定这天为纪念日。参议员诺兰为要求国民政府给予合作的事打电话给我。他已写信给艾奇逊,建议派出救济代表团,携带美国剩余粮食赈济共产党中国灾区的饥民。他说,这样做无须承认中共政权。他想得到我国政府的合作,给予船舶及人员进入被封锁港口的方便,因为当时仍在实行封锁。他给我一份信件的副本,我将其中要点电告了台北。我在电报中征求他们的反应,并要求得到目前委员长通过广播向全世界发表的呼吁书的细节。委员长在呼吁中曾要求世界各国救援大陆上的饥民,同时将饥馑归因于共产党当局把粮食从中国运往苏俄。

3月30日,经济合作署的马尔登来访,询问是否有什么事要他帮助,他行将代表经济合作署前往台湾和香港,视察中国分署的工作情况。我告诉他,需要更多的对台援助,如果目前必须削减建设计划项目,则需要对更多的善后复兴项目加以援助。他同意我的见解,并建议我们根据台湾的防卫计划并考虑情报部门所报告的共产党的企图及其准备入侵的情况估计,制定一项计划。

马尔登所以作此建议,是因为我告诉他台湾岛的安全至关重要,在无军援的情况下,我们必须得到更多的经援,像对海南岛提供稻米那样。我说经济合作署不愿批准这一计划,因为杜鲁门总统1月5日的声明拒绝提供军援,然而每当我们提出一些重要的建设项目甚至一些复兴工程的计划时,他们总是不同意,说我们对台湾岛能控制多久尚无保证。关于海南岛,我告诉他,他们把它当作大陆的一部分,业已将其一笔勾销。事实上,他们批评国军无意抵抗一说并非实情。最近国军对大陆发动的袭击以及对中共一再企图侵犯海南岛的成功抵抗等事实便是明证。

马尔登认为,基于我们有防卫能力,共产党无力占领台湾,或者共产党认识到入侵要付出高昂代价等的情况,我们能制定半年、一年或一年半的一系列计划,则有更好的机会从经济合作署得到我们所需要的东西。

同日下午晚些时候,李榦博士来晤。他建议说,既然经济合作署担心做任何事情都可能被间接视为有利于国军,因而构成某种形式的为杜鲁门声明所不允许的军援。最好还是探讨一下动用一部分七千五百万美元援助拨款的可能性,为海南岛和台湾获得稻米和布匹供应。

3月31日下午,我拜访了诺兰参议员,他想知道经援的追加计划是否已由使馆递交国务院。我告诉他,我已非正式地向经济合作署提交了一项商品、善后复兴项目和建设项目所需的计划;一方面我们承认,从美国的角度来看,台湾前途未卜,执行任何建设计划都不明智。但是我们觉得,对台湾的善后复兴所需理应供给。我还告诉他,海南岛及台湾所需稻米及布匹等是应该供应的。但是经济合作署却反对说,这样有可能使国军受惠,因而构成间接的军援,而这正是杜鲁门总统1月5日声明所拒绝的。他们这种反对态度实在令人气沮。

诺兰参议员说,这就未免把不给军援的政策引伸得太宽了。他赞成在今后一年中至少将五千万美元用于中国,而另外只以五千万美元用于"中国地带"的印度支那、缅甸等地。(这是参院外交委员会决议中所表示的愿望。)他说即将讨论制定一项新的东南亚政策,他不愿看到经济合作署中国名下的援款余额用于中国的过少。

我告诉他,我们已从美国政府不止一个部门的人士中得到确切印象,即经济合作署对援华款项每月支出不得多于二百万美元,理由是中国的需要减少了。我们已提出的到本年年底只用二千五百万至三千万美元的计划,也难得到他们的同意。因此我要求诺兰参议员支持从七千五百万美元特别援助拨款中动用一部分的意见,譬如三千五百万至四千万美元。上述美援拨款应归功于诺兰,是他四处奔走,不懈努力,方于去年获得通过,由杜鲁门总统支配用于中国。我说,所需稻米及布匹应由这项援款支付,以避免或应付任何认为这是军援,因而不能动用经济合作署经援款项的反对意见。

参议员诺兰认为,经济合作署不让海南岛和台湾获得拟议中的稻米和布匹,是过分夸大了这项援助的经济性质。诺兰并不反对用七千五百万美元军援采购这类商品,但是他还是希望把这项援款用于购买武器及其他军需品,因为这是国会拨款的原始宗旨。

我告诉他,至今中国尚未从这项拨款中得到分文,而对援助则十分需要。国军最近显示出的高涨士气及勇于战斗的自觉精神,当能缓和或改变国务院所持的反对态度。

诺兰说肯定会如此,并补充说:"但在目前,看来他们实际上是害怕中国军队的战斗精神变得过于活跃,他们反对并且不满意国民政府轰炸、袭击大陆沿海一事即足以反映出这种态度。"反之,根据他自己在战争中得来的经验,他理解一支训练有素的陆、海、空军,必须勤于军事行动,否则士气就会日趋低落。他说,欢迎给他一份最新请求援助计划的抄本,好放在他的资料夹里,因为他要发表演说,并将就东南亚政策同政府进行磋商,他愿看到台湾和国民政府也能包括在这项新计划之内。不应该忽视拥有八百万人民的台湾和同共产党军队积极进行斗争的国民政府,诺兰最近在费城的一次演说中已指出了这一点。

我对他说,我认为国务院应当态度坚定,并且应当承认中国在抵制共产党扩张方面所做的努力,以及它在美国支持东南亚各国对抗和遏制共产主义的政策方面所起的帮助作用。中国是唯一身处前线为自由事业而战的国家。而这项事业正是国务院一再表示愿意支持的。

参议员诺兰接着问起我对他给艾奇逊的信有何反应。他在信中建议也像派往比利时的胡佛救济特派团那样,给共产党统治下的受灾地区运送救济品。

我对他说,我已将那封信的要点报告了台湾,建议如果美国派出这样的特派团,应给以充分合作和方便。我说,事实上委员长已公开宣布中国政府准备为这类努力提供方便,允许救济船只通过禁运线进入被封锁的港口。似乎只是共产党当局提出反对,诡称有充分粮食供应灾区。

据我当天日记所载,诺兰还问起美国政府拖延发给我们急需的供应品出口许可证一事。考虑到此事及他提出的其他问题,我让李榦与王守竞两位准备一份关于我们近期送交经济合作署各项计划的备忘录,并草拟一份关于迟迟未能获得所需许可证的说明。

4月3日星期一,我去斯塔特勒饭店出席经济合作署成立两周年纪念会。除英国大使外,接受该署援助的各国大使都出席了纪念会,只有韩国大使和我代表亚洲。我们都坐在台下前排;台上的十二个座位则由两院四位议长、两院外交委员会及拨款委员会的成员就座。经济合作署署长霍夫曼首先致辞,他说人们建议他邀请大使们在台上就座,但他决定将这些席位留给国会各委员会成员。

经济合作署副署长威廉·福斯特接着发言,然后是迪安·艾奇逊及马歇尔发言。艾奇逊谈到亚洲也在政府考虑之中,说韩国及"台湾"是该署两个援助对象,但他没有提到中国。马歇尔则极力要求继续全力推行"欧洲复兴计划"(即"马歇尔计划")至1952年。但他不赞成延长到那个时限之后。整个会议的安排明显地是要影响和促使国会各委员会的领袖们不折不扣地同意政府提出的"欧洲复兴计划"。

当晚九时,宋子文来访。他说,他是应亚拉巴马州参议员博伊金之邀来华盛顿的。博伊金向杜鲁门总统谈及如何帮助台湾之事,并建议总统接见宋子文一次。杜鲁门总统指示副国务卿韦布先生代他接见宋。因此,宋子文经博伊金介绍会见了韦布。石博思也出席了国务院的会见。经宋子文谈了台湾局势已有改善以及国军士气也有所提高以后,韦布建议由宋子文和石博思两人共同准备一份备忘录,提供总统考虑。

宋子文想听我谈谈应当提哪些建议,并说他已对韦布讲过,他要先同我商量后再提建议。我向他叙述我为了获得更多的经援和恢复军援所作的种种努力,并说主要的困难还是国务院的反蒋偏见。我还向他谈了同诺兰参议员谈话的要点和古德费洛在台湾秘密访问委员长一事,以及朱世明对整个访问所表露的明显不快的印象。

(委员长的机要秘书黄少谷3月27日以委员长名义电告我,关于古德费洛访台一事要我从古德费洛那里了解有何具体的建议,以便报告委员长考虑采纳,因为尚未签订聘用他的协议。电报还提到朱世明报告说,古德费洛曾建议派一个联合国调查团去共产党大陆,朱还建议由古德费洛本人去向美国人筹集在大陆进行游击活动所需的巨款。还说,古德费洛的东京、韩国之行并不成功,没有任何具体结果。)

宋子文说他要电请委员长指示最近有关军援、经援的需求情况以及今后数月的军事计划。等接到复示后,他还要同我通盘讨论,然后再写出备忘录。回示一到,他便立即通知我。他说他前次送往白宫的备忘录(大约是1949年9月)至今杳无音信。关于

这次谈话,我 4 月 3 日的日记中写道:

> "希望这次能获得若干成果。"

4 月 15 日,委员长回电来了,我们一起对此进行了讨论。电报指示宋同我磋商,并提出这项工作通过外交途径进行较为可取。

4 月 5 日,皮宗敢来访,交给我一份俞济时的电报抄件,此电是俞对总统府的报告,然后通过外交部转告的。俞在总统府任职。电报内容是关于聘用欧文·肖特上尉之事。显然肖特比古德费洛上校受到更好的接待。电报遵照委员长的命令,请皮宗敢转告肖特上尉,他可携带四五名志愿人员前去台湾。皮将军对我说,阿瑟·科尔伯格是肖特的幕后人物(前此科尔伯格去台湾时便产生了派遣志愿人员赴台的主意),他还建议不要挫伤肖特的热情,因为他满腔热忱想帮助台湾的事业。

翌日 4 月 6 日,李榦和技术代表团的沈熙瑞来汇报他们同经济合作署纳森就援台计划进行会谈的情况。他们说,纳森仍坚决反对援助海南岛,甚至用稻米、布匹这类物资援助该岛也予反对,理由是当地的任何匮乏都起源于大陆流入台湾及海南岛的数以十万计的士兵。

两日前,我同经济合作署的马尔登的谈话,尚令人鼓舞。我邀他在双橡园共进午餐。席间,他再次强调最好为经济方面的需要提出一项协调的计划,可按对台湾安全情况的估计分为不同时期的几个阶段。他说 8 月份以后至少有八个月,台湾一带的天气不利于入侵。实施不超过这个时限的建议或复兴计划是可以完成的,这样争取经济合作署同意的可能性较大。这一建议颇有见地。

4 月 4 日下午,我接待了使馆聘请的对外联络员诺曼·佩奇先生。一起来的还有顾毓瑞和陈之迈,他们二位也负责使馆的对外联络及宣传工作。我对佩奇说,我想把他的合同延期半年,但建议他着重于宣传有关军队士气的提高、政局的好转、大陆人民在共产党统治下的不满情绪、中共政权的苏俄背景等方面的真实情况,既有新闻,又有近期的资料数据等,而不要总是敦促报馆杂志的发行人和编辑撰写有利于中国的社论文章。我请他着重宣传事实,让事实及消息来引导人们得出有利于我们事业的结论。我说,这项新的努力应当更有教育作用而不仅是起说服作用。

顾毓瑞、陈之迈二人报告说,迪安·艾奇逊作了报告,阐述他个人关于东南亚新政策的见解,其观点显然仍是反对蒋介石的。不过诺曼·佩奇对顾毓瑞说,白吉尔将军已呈交杜鲁门总统一份备忘录,这份材料是星期六带到基韦斯特给总统的。备忘录中建议指派一个超党派的使团访问台湾,研究考察那里的形势,以便为制定新政策提出建议。他说,现在美国国内关于对华政策失败的争论有损于总统的政治前途,虽然杜鲁门总统并未倡导这一政策,但他还是继承了雅尔塔协定、德黑兰协定的成果。(诚然,杜鲁门总统与上两协定毫无关系。)

陈之迈报告说,他已将最近我们要求经济合作署给予的援助和申请美国商务部颁发许可证等的日期清单一并交给了诺兰参议员。至于像诺兰建议的那样指派一个救济特派使团去共产党中国之事,陈之迈说,他已向诺兰提出,绕开国民政府直接同中共当局接触,那是不明智的。但诺兰参议员认为,反正中共不会全盘接受这一建议,而只有他们接受了此项建议,那才可能损及国民党的事业。陈个人的想法是,空投救济品可能有利于共产党当局而无益于饥民,因此只能作为最后一着。

十日后,赫伯特·布罗德利爵士在联合国粮农组织美国办事处的一次会议上发言时,公开提出请中国灾区当局向联合国粮农组织提出申请,要求派遣技术考察团去现场调查灾情的严重情况,以便提出援助、救济的办法,这使陈之迈颇感不安。他来找我,我请他安排会见布罗德利(此人当时是该办事处的代理主任)探明他的真意。我让他告诉布罗德利,既然联合国粮农组织是各国政府间的国际组织,那么涉及赈济中国灾荒问题,该组织的任何行动均应通过国民政府这条渠道。

我想我已说过,陈之迈同顾毓瑞一样,担任使馆的对外联络、宣传及新闻工作。事实上在我任职期间,同报界接触、联络之事均属一等秘书顾毓瑞的职责。但陈之迈曾在我的前任领导下工作过,而且他是不可缺少的一员,主要因为他文笔好,善于辞令,并且对新闻界和国会很熟悉。

我刚来华盛顿任职时,按照我自己的方式指导宣传工作,保持同报界及公共舆论方面的联系,有必要确保使馆执行稳健、实际而协调的工作程序。对于政府以及使馆已从官方立场表明了态度的某些问题,如果使馆内的人都可以对外任意发表个人意见则后果将不堪设想。因此,我重新安排了使馆工作人员的职责。陈之迈既然很熟悉于照顾中国留美学生的教育和文化事宜以及国民党的党务活动(诸如联系华盛顿和台湾的党员等工作),因此仍委以上述职责。至于同报界及国会内的联络宣传事务,则分配给顾毓瑞承担,在我直接指导下工作。但这并不妨碍陈之迈关心这项工作。他经常为我出谋划策,提供情报,如报界普遍持有何种看法等等。

4月6日我在顾毓瑞建议下,同他的好友泛美航空公司的塞缪尔·普赖尔先生共进午餐。当时得知蒲立德先生与世界航空公司副总裁比克斯比先生亦将出席他要在斯塔特勒饭店举行的午宴,我于是接受了他的邀请。结果两位先生未能前来,普赖尔却同我进行了一次友好的交谈。

普赖尔认为在欧洲、柏林和南斯拉夫肯定会出麻烦。他说,铁托曾告诉他刚从南斯拉夫回来的一位朋友说,他[铁托]有生命危险,可能挨不过5月份;在苏联的煽动下可能出现暗杀或发生叛乱。普赖尔相信先发制人的战争,但他说总统和总统的大多数阁员们并不如此看。依普赖尔看来,杜鲁门无力承担起罗斯福总统承担过的责任。但在美国这样的民主国家,难于说服人们相信需要这种政策。

谈到国务院对外交政策的控制一事,普赖尔说这是长期以来的症结所在。他回忆说,大战期间,国务院某次确曾以国防部长的名义呈总统一份备忘录,而国防部长直至在白宫看到这一文件方才知晓此事,不觉大吃一惊。(我感到这事颇为新奇,同时也认识到了解美国政府重要部门之间在某一具体时刻的彼此关系以及各部门在白宫中的地位,甚为重要。这种情报能使我对各个观点、建议的重要程序和分量作出评价。)

普赖尔认为,对华政策问题已成为关系到国务院和白宫面子的问题了。他们不能也不肯承认自己的错误。他认为马歇尔将军不过是国务院内亲共集团所愚弄的对象罢了,他接受中国之行的指示,就像一个好兵一样,完全是奉行上级命令,对于这种问题及其深远的后果,从不加以询问,也知之不多。

众所周知,马歇尔是一位忠于职守的人,来自上级的尤其是总统的命令,他从不表示怀疑,他亲口告诉过我,杜鲁门总统打电话给他,委他为特使出使中国,他当时十分犹豫,一想这是总统下的命令,他不能拒绝。换句话说,他想花些时间考虑一下,又不想表现出踌躇不前,因为那样就不成其为一个在总司令命令面前以服从为天职的战士了。

就普赖尔谈话的前一部分而言,我认为马歇尔不是一个容易坠入任何集团所设圈套的人。然而一个人可能在无意中受到外界影响,自己却不知道。想施加影响的人往往以不干预他人工作的面貌出现,他们千方百计追求其目标而不露声色。马歇尔不知不觉地或无意中受了多大的影响,我们不得而知。但当时确实有一些人为达到他们反对国民党中国的目的,企图按他们需要的方向去影响政策。任何部长都难以单独地对需要了解的事实和有关因素进行全面的研究并从而做出明智稳妥的决策。这就要求各职能部门对某些专题写出备忘录及报告。不过这些报告和备忘录无疑地要表达作者个人的观点。

普赖尔继而说道,同迪安·腊斯克比较起来,还是马歇尔的胸怀宽广,更具有公心。现在他没有参加制订新的对华政策,但他在国内久负盛名,普赖尔同作为美国红十字会主席的马歇尔最近在美国旅行时,发现所到之处,美国人民对马歇尔都深表崇敬。

　　4月9日星期日晚,毛邦初夫妇设宴招待夏鹏先生和夫人。席间,毛将军同我谈到美国政府拒不签发我们先前申请的喷气式飞机出口许可证的事。他已就此事同他在美国空军中的朋友磋商过。他们建议说,既然国务院名义上以我们未同任何公司签订过购买飞机的合同,他们不能只按我们的申请办事为理由而拒绝批准,我们需要先签订一项合同。因此他建议我们继续进行此事,向某家美国公司订货并签订采购合同,然后再次提出申请,以验证美国的真实意图。

　　翌日,毛将军打电话告诉我,他通过对我们订购喷气式飞机感兴趣的一位美国商人获悉,国务院已对他明确表示,即使签订了购机合同,也不批准签发出口许可证。他们劝他不要再谈订购飞机的事了。显然,国务院基于对政策的考虑反对此事,他们很坚持自己的决定。

　　当时我们要为中国获得援助的任何尝试,还要牵涉到其他一些复杂的情况。前此我曾提到同麦卡锡参议员的谈话,他在谈话中告诉我,他将就拉铁摩尔其人其事发表演说。我在1950年4月9日的日记中写道:

　　　　拉铁摩尔试图诽谤艾尔弗雷德·科尔伯格和威廉·古德温为国民政府的"说客",显系借以转移视线,因为麦卡锡参议员正攻击他为共产党的一名重要间谍。

　　由此可以略知华盛顿政治争议之激,以及涉及中国问题之深,对使馆争取美援和广泛寻求美国舆论支持的工作影响之大!

　　一周前,蒋荫恩来见我,说《基督教箴言报》驻华盛顿的代表问他,麦卡锡参议员发起反对国务院"间谍圈"的运动,是不是由科尔伯格用孔祥熙、宋子文的钱,或者用大使馆的钱资助的。蒋问我,这是否真实。我对他说,这完全是虚构。科尔伯格是一位富翁,在三十多年经营中国花边的贸易中积累下家业,他是一位激烈反共的人。我进而告诉蒋,科尔伯格甚至早在我1946年来华盛顿之前就已创办了"美国对华政策协会",从那时起他一直积极促使美国政府推行一项稳健的对华政策。换句话说,科尔伯格同麦卡锡固然早有交情,但我觉得,这种交情还是基于科尔伯格对中国的共产党问题的关心。不过在华盛顿政治气氛紧张之际,许多情况都会描绘成是出自某种预谋或有什么内在企图,超出了事实本身的合理范围,这是可以理解的。

4月10日星期一,陈之迈详细报告了外交部以中央社社长萧同兹的名义发给他和中央社华盛顿办事处主任任玲逊的来电,电报指示他们邀请美国记者、出版商及电台评论员以中央社客人的身份去台湾观光,报道当地的情形,还要陈先观光团一周返台,准备接待事宜,并参加照顾观光人士。陈说,任先生认为中央社出面邀请不适合,也不够隆重,建议由政府出面邀请。

我说,鉴于我们请求更多的经援,以及华盛顿这里甚至美国全国的激烈气氛,此时我不赞成由政府邀请这些人。激烈气氛起因于有关对华政策的失败及国会对拉铁摩尔的调查所引起的争议,有人认为是他通过幕后活动使对华政策归于失败的,因而他应对失败负责。这类邀请可能给这里的反对者以进一步攻击中国的口实。他们可能以此作为进一步的证据,证明我们有反对美国政府的某种宣传计划。我从陈之迈那里获悉,请人观光的全盘主意出之于蒋夫人,纽约的孔令傑甚至已直接通过董显光同罗伊·霍华德及其他记者一起进行联系,对这次访台计划作好了安排。(此事再次说明在美国的宣传工作缺乏必要的政策协调。)

我同日获知,纽约的中华新闻社社长倪源卿先生强烈反对威廉·古德温自愿在参院的小组委员会作证,回答拉铁摩尔对他的攻击。这使倪想写信给古德温,马上将其解聘,虽然他同中华新闻社的聘约要到 6 月 30 日方才结束。这项聘用原本是蒋夫人安排的，"以期影响美国立法，使之有利于国民政府之大业"。（我说过，这样措词太不明智，如果当时能及早通知，我们使馆绝不会同意将此类词句写进雇用对外联络人员的聘书。）

4 月 11 日陈之迈来报，太平洋学会中国委员会负责人胡适博士及其在纽约的同事蒋廷黻、蒋梦麟、夏晋麟和徐淑希诸博士都赞成解散中国委员会。理由是学会秘书长霍兰先生远东之行后在报告中谈到中国委员会的胡适博士和其他成员分散在纽约、香港、北平、天津和台湾等地，因此建议与适当的机构联系，邀请大陆中国的少数学者参加太平洋学会的新德里会议，他同印度总理尼赫鲁一起已为这次会议作了安排。（简言之，霍兰的基本思想是从太平洋学会排除国民党中国，由共产党中国取而代之。他认为国民党中国已无重要性可言，正面临不可避免的彻底失败。因而他说，构成太平洋学会中国委员会的代表们分散各地，亦无活动，他已定下计划让中国共产党人士取代，并建议邀请他们参加下届会议。）

由于麦卡锡参议员对拉铁摩尔及杰塞普领导下的太平洋学会的调查和因而引起的争议，又鉴于拉铁摩尔指控麦卡锡参议员背后受亲蒋介石的中国集团的支持，而麦卡锡又断定太平洋学会因受拉铁摩尔和杰塞普的影响而具有亲共色彩；我建议，对解散中国委员会一说应慎重考虑，避免为亲者所痛，认为这样做无异于为共产党集团进入该学会开路；或者为仇者所快，说霍兰对该学会中国委员会无所作为的指责是公正合理的。我不反对陈提议打电话给胡适，但我要他首先同中国委员会的秘书李斡商谈并间接表达我的看法。

4 月 26 日，胡适博士来访，我本人同他就此事又进行了交谈。他告诉我，他已通过外交部给该学会中国委员会其他成员发去电报，磋商退出学会一事，因为霍兰建议就即将在新德里召开的太平洋学会一事同共产党中国的人士接触，并批评胡本人（该学会中国委员会主席）及其他成员不关心推进会务。

胡告诉我，他收到了表示同意的答复，但蒋廷黻所见与我相同。他也感到此事不合时宜，并主张在宣布退出的同时，应当声明作出此项决定的原委。但胡适身为中国委员会主席，对反对中国委员会及他本人的批评相当敏感，已同委员会其他成员磋商，他们也都想退出不干。

我告诉胡适，我同意蒋廷黻的看法。由于麦卡锡针对国务院所进行的调查，应慎重解释我们同该学会中断关系的任何行动，因为这也牵涉到麦卡锡所指责的该学会历来是间谍中心的问题。我们当然不想卷进去。此外，绝不能因我们退出而给人以失败主义者的印象，从而使霍兰之流引入中共集团成为该学会新的中国委员会之谋得逞。这样一种事态发展，尤其是下届大会将在印度举行，而且印度政府又欢迎这种变化，这可能意味着为剥夺中华民国代表团在联合国的席位事先打入一个楔子，好让共产党中国代表团进入联合国。

4月13日，陈之迈向我报告，中央社驻华盛顿办事处的任先生与唐先生二人仍强烈反对记者及电台评论员代表团赴台，不肯参与其事。萧同兹本人也通过外交部打电报给我，为组织这个代表团而确定一些条件，大意是不必只请同情我们的记者，一两个对中国不友好者亦可接受。但同我们的对外宣传工作有联系的人，或经我们聘用者，则不应包括在内。这样就排除了诺曼·佩奇。

两天后，我却接到外交部次长胡庆育以外交部名义打来的另一封电报，说委员长已命令重新考虑此项邀请美国报界及广播界人士访台的建议及计划，要我通知陈之迈照办。由此可见，由于缺乏协调，可能造成多少本来事先能够避免的问题。这一事情已进行了一大半，但委员长从不同渠道听了各种意见后决定经过进一步考虑再继续进行这件事。

三天后蒋荫恩向我报告说，德鲁·皮尔逊先生办公室探询邀请一批报界、电台评论员和专栏作家访华一事的消息。我告诉他，邀请的消息属实，何时成行则尚未确定。（事实上，最后决定继续执行计划，记者团于5月初启程赴台。）

4月14日，我安排了几次重要的社交约会，因为这些交谈能反映出人们当时对中国局势的一些看法。譬如，这天我在双橡园举行午餐会招待一批社会名流和消息灵通、具有政治头脑的女士。法林顿夫人是夏威夷州参议员法林顿的妻子，她告诉我，她成功地使全国妇女俱乐部协会通过了若干关于国内外政策的决议案，其中包括必须援助中华民国政府的决议。她认为通过四千个地方俱乐部的五十万会员进行宣传推动这些决议，可算是一项有价值的对美国妇女们的教育工作。她还建议各地俱乐部组织集会，宣讲和讨论政府的政策。

下午我接待了英国爱斯托勋爵的长子威廉·爱斯托先生。他曾任国联李顿调查团秘书，我当时是调查团的中国顾问。我们两人一同旅行过，成了好朋友。他说他以几票之差刚刚失去了议席，明年春季前不大可能再进行改选，所以他正在旅游。

对于英国政府承认北平政权的问题，他说他从不认为这是明智之举。伦敦商界，尤其是在香港及中国的英方商界人士，他们最初想同共产党中国做生意的热情业已消失。他确信，贝文主张承认中共是犯了错误。但爱斯托认为不会撤销承认，尽管北平谈判已停顿下来。伦敦索性对局势听其自然发展。

爱斯托又问起我们坚守台湾的能力如何。他担心，如果不打第三次世界大战，恐怕我们很难返回大陆重新掌权。他还向我透露说，他的一些美国朋友（大概是在美国政府任职的人）批评孔祥熙、宋子文在纽约优游享乐，不肯回台湾去帮助国家进行反共事业。他担心失礼，迟疑再三才讲出这番话，他说，作为朋友他希望这个消息能传入他们耳中。

傍晚，弗雷德里克·布鲁克夫妇举行鸡尾酒会。席间，一位客人——普林斯顿大学教授菲利普·布朗公开批评说艾奇逊不配当国务卿,另一位发言者亨培克则为艾奇逊婉言辩护,说不应该由他负责,他只是继承了以前遗留下来的问题,现在正在寻求解决良策。(这是他[亨培克]的解释。)

我国驻纽约领事游建文新近被任命为华盛顿使馆的参事,最近从台北来纽约,4月18日来看我并就任新职。他带来委员长给我的问候及亲笔信。接着,他说委员长满怀信心,如果没有苏联海、空军帮助共产党,他有能力保卫台湾不受侵犯,但对海南岛则不敢过于肯定。不过他更担心的还是政府的财政拮据,要我千方百计筹措三千万美元援款作为通货储备,以便抽出现有的黄金储备应付目前的预算需要。

两日后,我第一次同新任负责远东事务的助理国务卿迪安·腊斯克谈话,谈话目的是继续敦促援华,包括拯救通货问题。我首先提出前章已述及的中国向联合国临时委员会控诉苏联的问题,更特别提到蒋廷黻最近的建议,提议向中国派遣海、空军观察组,监视中国大陆上苏联及中共的活动。军援是我谈的第二个问题。我提请腊斯克注意,美国政府是否将重新考虑杜鲁门总统1月5日拒绝进一步向国民政府提供军援声明中所宣布的政策。

我记得杜鲁门总统和艾奇逊国务卿二人在演说和声明中都明确表示,作为一个值得提供军援的国家,必须表现出自助精神,以及为保持自由与独立而奋战的决心,必须要有反抗侵略的意志。我告诉腊斯克,不管人们对中国军队在大陆时的士气可能谈些什么,台湾经过一系列改革,改组中央政府和省政府,形势已大为改观,出现了明显的变化。地租由50%减到37.5%,台湾人民(其中80%以上是台湾当地人)感激不已。陈诚省主席以极大决心实施这一措施,台湾人民深感满意,认为是中国政府诚心改变他们命运的明证。军队经过弗吉尼亚军事学院毕业的孙立人将军改组和训练,又恢复了昂扬的士气和抗敌的斗志。这种斗志最近在金门岛、舟山群岛的登步岛及海南岛诸战役中已多次显示出来。

当时在座的还有石博思先生。他问中国军队在这些大陆沿海地区登陆的意义何在。

我答道,进行这些作战活动,实属必要。目的是为大陆上的游击队提供补给,他们曾向台湾紧急呼吁,要求帮助。为了使反对共产党政权的游击斗争持续下去,为了振奋大陆人民的精神,中国政府认为有必要对这些呼吁作出反应。一年多来,中国军队一直在使用从一亿二千五百万美元军援特别拨款下得到的军需品,继续这类作战行动则意味着使中国政府所支配的有限供给品更趋紧张。中国亟需更多的军援。国军所显示出来的抵抗决心以及近数月来台湾表现出来的自助精神可视为能满足美国期望,获取更多军援的条件。

我认为,如果说目前难于从根本上改变业已宣布的政策,也可先给国民政府少数纯粹用于加强台湾防御力量的援助项目作为政策修正的开始,诸如地面雷达站、沿海巡逻用的小型海军舰艇、为在自愿原则下聘用操纵雷达站的美国人员提供方便等等。所需款项可从总统掌握下的七千五百万美元军援中开支。需款总额不致很大,但可以做到两点:(1)加强台湾的防御力量;(2)进一步振作台湾人民的意志。

腊斯克问共产党为进攻台湾正在做些什么准备,大陆的一般情况如何,中国人对共产党政权有何看法。

我对他说,共产党正在上海进行准备,要进犯国民政府控制下的沿海岛屿。

腊斯克问,共产党是否准备攻打舟山群岛。

我回答说,那显然是共产党的意图,因为如果可能的话,必须先占领舟山群岛,然后才能入侵台湾。可靠情报还表明,苏联政府已派遣大批军官,尤其是空军人员帮助中共建立空军、部署防空系统。许多省份的人民由消极态度变成公开的敌对行动,国军游击队在六个省里很活跃。

腊斯克问是哪六个省。

我回答说是:广东、广西、云南、湖南、浙江和江苏。

腊斯克说他已收到报告,说对台湾的经援效果越来越好,岛上情况已有改观。至于谈到军援,则杜鲁门总统1月5日声明中所宣布的政策仍然是现行的政策。

我极力强调,保卫台湾对中华民国固属重要,同时对东南亚总的自由事业亦有贡献。俄国企图在亚洲加强冷战,近几个月来变得已很明显。这个地区的所有国家都面临共产党侵略的威胁。万一台湾沦入中共之手,这个地区的战略防御势必大受影响。

此外我说,中华民国的军队是东南亚唯一正在进行战斗、遏制共产主义的军队。这支军队每作战一天,就为该地区其他国家多赢得一天时间以建立自己的力量。如果台湾被中共占据,势将加重美国的任务。国民政府的军队继续与共产党作战,将束缚住共产党的手脚,使其无法在亚洲其他国家进行冒险。所以,即使美国对国民政府本身给不给军援尚犹豫难决,也有迫切理由为整个亚洲的利益而加强台湾的防御力量。

腊斯克说,他能够理解我的观点,但目前所能说的是,远东的整个局势随时受到美国严密注意,同时,美国政府尚无意就对华军援一事检讨其政策。

我说,如果腊斯克先生认为用得着一份台湾防务所需军援种类的备忘录的话,我将很高兴准备一份送给他。

他说,他认为没有必要。这个问题首先应在原则上考虑,当然,如果我想给他一份,他并不反对。

我说,我也认识到首先应就原则问题作出决定,当然我也不想请他看并非必要的更多文件而给他带来负担。于是我提到对台湾经济援助的问题。我说我很高兴地注意到腊斯克先生提到台湾的情况已有改进,提到经济援助已开始产生效果。中国政府希望显示出自助精神,在过去数月中已尽其全力进行必要的改革。通过经济合作署提供的经援,虽然数量有限,帮助还是很大的。政府厉行节约,例如裁减政府公务人员已经实施,但是所需仍巨。军事预算已削减,2月份即削减11%。尽管作了这些努力,政府仍难以应付各项开支。迄今政府还一直在支用人们议论纷纷的黄金储备,但这些储备也已锐减,很快将要用尽。

我接着说,我国政府最希望的是得到三千万美元的援助,作为台湾流通货币的储备金。目前有价值三千万美元的黄金储备专门存放在台湾的中央银行,作为当前台湾流通的二亿元台币的全部储备金。所需的三千万美元援款将存入纽约一家美国银行,受中美两国政府共同监督。这将使中国政府得以抽出现在作为台湾通货储备的黄金之半数,即一千五百万美元的黄金用来弥补政府下半年的财政亏空,下余的一千五百万美元黄金储备可另账储存,转作增发台湾贸易所需的另一亿元台币通货的保证储备。

我说,通货短缺是贸易及商业的障碍,在台的经济合作署分署也建议增加通货数额。但中国政府深记旧币通货膨胀之害,不想重蹈未增储备保证就增发通货的覆辙。我诚恳希望能提供这笔援助。此事已与在台湾的经济合作署中国分署以及华盛顿的总署分头洽商。我知道经济合作署会认为这件事涉及到政策问题,须由美国政府决定。为此我才提出这个问题,希望国务院能同意这一建议。

腊斯克说,他认为台湾货币目前是不能兑换的,如果是这样,那么在他看来增加不增加储备并无什么区别。

我说,人民对过去遭受通货膨胀之苦记忆犹新,政府亦深知此情。目前台湾货币比较坚挺,但如果政府只增发通货而不提高储备,人民如知晓事实,将会对台币失去信心,这样会造成货币贬值,以至最后形成通货膨胀。

腊斯克说,他认为我的建议更像财政或金融手段,而不同于任何经援,因而看来不属于经济合作署的经援范围。我不能指望他对这个问题给我答复,不过他可以同经济合作署谈谈,看他们如何处理。

最后我提到将在伦敦举行的外长会议和外长们在会上讨论

中国形势的可能性。关于这方面，我们谈到承认中共的事。后来就这一谈话我在日记中写道：

> 与腊斯克先生交谈的时间较原来计划长一小时。我提出四个问题讨论，他回答问题及建议时，说话谨慎，声音低沉，字斟句酌，所以我需要很用心才能抓住他谈话的含义。我同他晤谈并非首次，此次尚属直爽坦率，但不及他的前任巴特沃思先生直截了当，简明扼要。

翌日，军品采购团的韩朝宗上校前来商谈如何得到更多美国军需品的问题，要求将供应价格调低至 1945 年价目表上的价格，而不是美国军方实际要我们支付的重置成本价格。他说他已于 2 月份写信给美国国防部长路易斯·约翰逊，但一直未见回信。他拜访了助理国防部长伦弗罗，后者答应帮忙，而且确曾向参谋长联席会议提过，答复说这是有待上峰决定的政策问题。韩后来谈起他接到了使馆转交的参谋总长兼空军总司令周至柔将军的电报，要韩设法寻求帮助极力促成此事；并对他至今所作的努力予以褒奖。

我向韩叙述了这个问题的经过，说明过去两年中我先后多次向国防部长福莱斯特及其后任约翰逊陈述此事。我还提到我在双橡园同助理国防部长保罗·格里菲斯及伦弗罗将军的会谈。我告诉他，就美国政府目前的意图而言，要说服美国当局重新考虑并修改办法，以便改用原来向中国结算的价格尚需时日。对他们来讲，自从杜鲁门总统 1950 年 1 月 5 日宣布对中国不再给与军援后，是否还能继续提供此种援助，仍然是一个原则和政策问题。

韩上校最近就此事同美国当局的接触，以前并未同我商量过。他说，他已将此事报告台湾"国防部"，事先他不了解背景情况。所以我告诉他，他的前任采购团团长杨将军完全了解，事实上，他已把情况全部电告政府，他办公室的档案里应该存有全部有关资料。

当日下午一时,约翰·福斯特·杜勒斯先生应我邀请来双橡园午餐。席上只有我们二人,谈话甚有启发性。他不能完全肯定他能帮多少忙,也不知道在国务院考虑外交政策时,尤其是考虑对华政策时,他究竟能施加多少影响。他说国务院机构庞大,国务卿大部分时间需要和国会各委员会、新闻界以及公共关系方面打交道。他很难有时间深入考虑一些政策问题,甚至没有时间阅读所有的重要文件。他说国务卿思考问题必须依靠他的下属,事实上受到他们的影响,为他们所左右。

他同意我的主张,即敦促恢复对华军援,首先是从防御项目开始,如雷达地面站和海岸巡逻艇,二者只对防御有用。他也看到了确保台湾、海南岛安全,以免落入共党之手的必要性。但正如我所想,他说国务院已一笔勾销了中华民国,而倾向于坐视国民政府垮台,这样他们就可以说:"我早已告诉了你这种结局。"他感觉到,中国军队在金门、登步岛战役以及对沿海一带的袭击中,所显示的业已重振的战斗精神,对国务院来讲,并不是一件令他们高兴的事。他还问起我一些对日和约的事。

4月23日我在纽约,蒋廷黻来我处晤谈,他也会见了杜勒斯,我们就各自的会谈印象交换意见后,他给我一份交给杜勒斯的关于中国政策的备忘录副本。鉴于民主党与共和党在当年国会选举中所施展的政治策略,他也同意我的看法,即此时谋求一项两党一致的对华政策需要十分慎重。

促进两党一致的对华政策的想法也得到王守竞的赞成。我在5月1日的日记中记录了在纽约同宋子文共进午餐时我对此事的谈话。

> 关于王守竞希望在纽约推进两党一致对华政策一事,我以为美国政府鉴于国会秋季选举在即,及麦卡锡参议员指控国务院窝藏苏联间谍及其他不忠诚官员一事引起的争吵,所以任命前参议员库珀及杜勒斯襄助国务院工作,其目的无非在于平息国会批评,纯系出于政治考虑。宋完全同意我之

所见。

　　我说，我们若倡议两党一致的对华政策，只能落入圈套，并引起共和党领袖的反感，而他们则是最热情支持中国事业的斗士。

我对促进两党一致对华政策的意见表示怀疑，因为我认为这是件甚为微妙棘手的事。如果我们自己揽起这件事则殊欠明智。

　　4月23日晚，我由顾毓瑞陪同乘火车前往加拿大多伦多。我接受邀请去那里作几次讲演，并出席几个集会，以实现我想让外人更多认识中国，更好了解中国的夙愿。在加拿大进行这一工作，也受到我在多伦多同事们的欢迎，因为这也是对他们工作的就地支援。

　　4月24日，加拿大俱乐部主席接我去赴午宴，并要我即席发表演说。原来俱乐部正在举行年会，出席的会员及来宾约有四百五十人。我带讲稿演讲了三十八分钟，题目是《自由世界在中国的存亡》。这次演说在加拿大进行了全国广播。六点半我出席加拿大国际事务研究所在多伦多俱乐部举行的欢迎会及晚宴。这是一次不得作记录的集会，有各界领袖六十余人参加。约克市的市长及镇书记作为特邀来宾也出席了会议。我讲过简短的开场白后，他们开始向我提问题，有些问题直截了当，颇为尖锐。关于中国的局势和面对中共政权应持何种恰当政策，一般意见看来有明显分歧。从向我提出的某些问题来分析判断，我的印象是，加拿大的舆论深受美国国务院反对国民政府的态度和宣传的影响，但与会的大多数人看来都理解并赞同我的观点。会议将结束时，加拿大庞大的麦克莱恩出版社集团的代表亨特夫人提议听众向我鼓掌致谢，人们热情采纳了这个建议，这从长时间的掌声中可以判断出来。

　　4月25日那天，我的第一项活动是出席我国驻多伦多领事熊先生为我举行的中餐午宴。他还邀请了当地各华人团体和组织的八位领袖人物作陪。下午二时半，我在一家百货公司的礼堂向多伦多加拿大妇女俱乐部讲话。听众约一千一百人,几乎全部是妇女。接着是茶会。茶会当中,俱乐部主席以极高的效率,每五分钟向我介绍两位成员。这两个人便向我提些问题,并交谈五分钟,然后轮到另外两位,这样每个出席者都有机会轮上。她们都急着想多知道一些情况,并提出一些中肯的问题。其中许多人曾在中国当过教师、医生或传教士,多数在四川成都的华西大学工作过。有几位告诉我,她们起初收到过一些令人鼓舞的书信和报道,说共产党容忍外国传教士和外国机构工作,但近来的报道则说受到的干涉和遇到的困难越来越多了。这些人原打算留在那里,但发现办不到。然而她们切盼重返中国,许多人已在那里度过半生,掌握了中文。她们都非常高兴我去多伦多向她们讲演,因为我的讲话帮她们澄清了对共产党中国局势的认识和了解。

这次聚会令人颇有感触,因为同我交谈的人都告诉我,她们一生中大部分时间在中国度过,并且打算在中国度过余年,但突然间整个局势发生了骤变,共产党政权的推进使她们茫然若失,不知未来应如何行动。她们希望局势好转,能够再次返回那里,但这一切都无法肯定。

后来,我出席了国民党党部的一次聚会,我用广东话向一百五十余位听众讲了话,因为在座者几乎都来自华南。接着参加华人社团为我举行的中式宴会,讲了十来分钟的话,然后告辞,乘火车返美,次晨抵达纽约。

4月26日在纽约,胡适博士来旅馆访我。如前所述,我们讨论了退出太平洋学会中国委员会的事(胡适是中国委员会的主席)。后来话题又转到美援。王世杰曾经请他拜访保罗·霍夫曼,商议中国需要更多经援之事,尤其是关于作为台湾通货储备的三千万美元贷款问题,但胡觉得无访问之必要。他认为这事应由我作为中华民国政府的官方代言人正式进行交涉。他回忆起艾奇逊如何闭门不见他,他[艾奇逊]还对斯塔尔保险公司董事长斯塔尔讲,胡适已经"完全卖身投靠了蒋介石"。为此,胡适说他一直保持缄默,不作宣传工作也不想抛头露面,或在对华政策上劝说美国官员。

胡适博士秉性十分敏感,总想事事正确。他自然是宁愿缄默不语,而不肯再越俎代庖介入这个问题。这是地道的传统中国学者的做法。

傍晚我出席一位穆迪夫人为我举行的欢迎会,地点在皮埃尔饭店。她是有名的南方美人,原籍得克萨斯州。看来欢迎会是诺曼·佩奇建议安排的,因为佩奇是她的挚友,他的许多朋友说,他们行将订婚。欢迎会上的宾客大多来自其故乡得克萨斯州富有的上流社会。

白吉尔将军和夫人在席间停留了五十分钟。他们告诉我,他俩是特意为我来的,否则他们便不会接受邀请。我们交谈了一会儿,顾毓瑞事先已告诉我,白吉尔刚从华盛顿归来,说不定会告诉我一些白宫在对华政策上有了转机的好消息。我试探白吉尔的口气,但他说那里的情况没有改变。他刚刚在一个记者招待会上说过:对华军援并非迫切,只要有相当数额的经援,加上不断努力改革,台湾就能自己维持下去,等待时机好转。

我告诉他说,我已向迪安·腊斯克提出为台湾先提供防卫性军援的事。白吉尔对我说,国务院仍是拨给新军援的障碍。并说,美国人民对中国充满善意和同情,他仍期望政府现行对华政策终能改善,但是他说,必须使民众理解中国局势问题在整个形势中的重要性。

这天早些时候顾毓瑞还告诉我说,白吉尔已递交了一份由佩奇按他的要求起草的备忘录,建议派出一名无党派的高级专员去远东考察、研究,并提出报告,而且要提出如何遏制亚洲共产主义的建议。该专员还要具有在杜鲁门总统指导下动用七千五百万美元特别援助基金的充分权力。这项基金是去年10月由国会表决通过为"中国地带"而拨出的。顾毓瑞说这份备忘录是总统亲自让他提交的,以供总统了解可以做些什么。白吉尔的意思是通过这个对远东的一揽子援助计划推进对台湾的援助。

"中国地带"一语原是国务院在参众两院外交委员会作证时所使用的,目的在于平息对华政策的批评和促进通过行政当局所热衷的欧洲复兴计划法案。当时这似乎是援华而不援助国民政府的良策,也是敞开大门把钱用在中国以外的一种方式。1950 年春以前,显然国务院采取的便是这一方针。因而,白吉尔在总统要求下提出这项备忘录的消息,未必意味着是对中国有利的转机。因为国务院一方面在扶植日本,另一方面在建设东南亚,他们实际上已决心把中国一笔勾销。这就是"中国地带"一词继续受到嘉许的原因;它既包括"中国"一词,但又不是真正为了中国。

这里可以用得上"同床异梦"这句中国谚语。美国政府提出"中国地带"一词,更多考虑的是中国周围地区的国家,而国会里中国的朋友们接受这一名词,则是因为他们较多考虑中国本身。这一含义广泛的词语大有灵活解释的余地,既可把援助给予中国的国民政府,也可给予大陆上某些想打并且能打共产党的分子,还可给予该地区的其他国家,或者是三者都给。这种变通的方法既满足了政府中提出"新"的对华政策的人,也使国会内中国的朋友们感到满意。

4 月 27 日星期四的上午,我回到华盛顿。下午一时,我设午宴招待即将退休的太平洋第七舰队司令伯基海军上将和行将接替伯基的海军副参谋长斯特鲁布尔海军上将。这次午宴规模不大,共有十人出席。斯特鲁布尔同意我的见解,即世界形势紧张,但爆发战争的可能性甚微。不过他仍不排除发生某些愚蠢事件的可能,以致无端挑起本来任何一方都不想打的武装冲突。

星期五,维克托·奥凯里赫上校来访。他想搜集一些关于拉铁摩尔的材料,我机智地拒绝了他的要求,因为拉铁摩尔正受到麦卡锡参议员的攻击,我不想让使馆卷入这场政治冲突。显然,奥凯里赫是站在麦卡锡一边反对拉铁摩尔的。他是路易斯·约翰逊和保罗·格里菲思领导下国防部的支持者,这两个人非常怀疑任何共产党的活动。

后来,使馆商务专员刘大钧报告了关于美国商务部颁发出口许可证的情况,以便我对此有所了解。他说商务部耽搁了些时间,但近几个月这个问题对我们来说已不像以前那样严重了。接着,毛邦初来报告说,我国政府切盼得到二十五架喷气式飞机,其中包括几架喷气教练机。他说美国空军可以先提供一部分,由我们今后订购的新飞机抵还。不过这首先需要由政府决定有关的政策问题。毛将军力陈,杜鲁门总统1月5日声明虽然反对给中国提供军援,但同意我国用自己的资金购买军需品。况且中共已靠苏联援助建立了空军,而且还拥有喷气式飞机,这一点最近在上海已经得到证实。所以为了有效地防卫台湾,他说美国应向我们廉价提供一些喷气式飞机,或同意发给我们从私营厂家所购飞机的出口许可证。他建议照会国务院,但我告诉他,我将首先同他们面商,口头交涉此事,如果前景乐观,再送书面申请。毛邦初走后,我让崔存璘往访国务院中国科,首先试探一下他们的反应。

5月2日,我出席了诺曼·利特尔夫妇为多萝西·汤普森举行的鸡尾酒会。周以德也出席了酒会,席间他告诉我,那日上午迪安·艾奇逊向参院外交委员会报告了世界形势和美国的对外政策,他说艾奇逊仍严厉批评蒋介石将军和国民政府,并且反对向中国提供军援。艾奇逊还强调说,为了抵制共产主义在亚洲蔓延,印度支那应为受援的重点。

周以德说,他心平气和地给艾奇逊讲了一个医生的故事。这位医生误诊了一个病人,但他拒不改变自己的意见,反而责备病人服错了药,他宁可眼看病人死去,却不肯承认自己的错误。周以德还给艾奇逊看了柯克海军上将写的一封信,信中解释说,海南岛失守是由于国民政府必需保存实力防卫台湾,尤其是鉴于共军侵入该岛时已使用"近发引信"。这种新式武器只有苏联能供应他们。但艾奇逊一言未发。

此时,第七舰队前司令官柯克虽已退休,但对太平洋局势仍深表关切,并且担心台湾会落入共产党手中。美国为促进其在太平洋的安全而制定政策时,人们常常认为柯克便是制订这种有效政策的倡导者。最近,他去台湾拜会过委员长,并亲自观察了那里的情势。

5月3日,上午与王守竞和谭绍华磋商向美国国务院申请喷气式飞机问题。接着,李榦就申请三千万美元的通货储备一事同经济合作署会谈的情况作了汇报。会谈仍无进展。下午一时,我出席参议院秘书比弗尔及夫人举行的午宴。对我来说这是一次愉快的交谊活动。比弗尔是副总统巴克莱的私人朋友,巴克莱也出席了宴会,我想宴会主要是为他举行的。一共约有三十位客人,其中包括美国邮政管理局局长多诺万、法国大使博内及夫人。

巴克莱依然很幽默,讲了一些有趣的故事。他说,某次他被提名为一个联谊会主席而获得"最高统治者"的头衔,有人提出反对,理由为他是律师。这促使提名者说,这一反对意见固然好,但在这里并不适用,因为巴克莱还算不上是个高明的律师。第二个是关于他蜜月旅行的故事,他婚后十八小时就不得不举行记者招待会。当一位记者问道,他同妻子是否吵过嘴时,巴克莱讲了下面的故事作为回答:一对夫妇庆祝结婚二十五周年,别人问他们这二十五年来怎能一直如此和谐。丈夫说,他们结婚时有言在先,他自己在大事上有决定权,妻子在小事上有决定权。但是按他妻子的说法,二十五年来从未出现过大事,因为一个问题是大事还是小事,要由妻子来决定。

5月4日,参议院通过了1951年财政年度的对外经济援助法案,其中包括将1948年援华法延长至1951年6月30日,并且提出尚未动用的大约一亿美元的援华拨款用于总统认为不属共产党控制下的中国任何地方和"中国地带"。还提出总统如认为可行,至少应将其中五千万美元用于中国,包括台湾及海南岛。这较上次的决议有所改进,因为那个决议对在"中国地带"的具体什么地方使用这笔拨款全由总统决定。令人瞩目的是,两年前拨出来用于中国的二亿七千五百万美元约有一亿尚未动用。

5月9日星期二，皮宗敢前来报告说，他已会见周以德，这位国会议员认为在参院经济合作署法案中的保留条款规定，将经济合作署尚未动用的五千万美元援华拨款，按总统指示用于中华民国，包括台湾及海南岛。周以德说艾奇逊在最近就这个问题同参院外交委员会磋商时已口头同意了这一方式。

我告诉他，我们是否能从这笔钱中得到全部好处，则取决于在经济合作署法案的范围内，我们能提出何种可以被经济合作署接受的计划，问题当然不在于金额大小，而是在于美国方面援助我们的意愿。美国政府如果愿意，总是能够找到某种行事的方式，对韩国和印度支那半岛便是例证。对于中国，美国方面存在着傲慢与偏见。

皮宗敢说还有许多苦衷，坦率言之，就是美国不愿帮助委员长。白吉尔1月份曾告诉董显光，此间当局对他这样说过："蒋介石在中国人民眼中是一个信誉扫地的领袖。"董曾将这话记录下来。我说，真正的症结从未解决，也难以在这里解决。委员长不得不在3月初恢复总统职位。虽然时机不佳，美国也难于理解此事。皮宗敢认为，美国表面上接受这个事实，实际上对此漠然置之，他们认为台湾终将陷落。

同日，蒋委员长接见刚到台湾的美国报界、广播界和专栏作家访问团。会上，他向他们发表一项声明，呼吁美国像苏联帮助中共那样帮助国府保卫台湾。这是他第一次公开要求援助，蒋委员长提出他的理由说，只有确保台湾，才能避免在亚洲爆发第三次世界大战。对于如何在欧洲避免大战，他不甚明白，但对亚洲，他看得很清楚。

星期三我在日记中这样写道：

> 枯草热复发，殊感不适，大概是对草类过敏。
> 在肖勒姆饭店请保健医生考夫曼博士诊视。他再次告诉我此疾由于长年生活紧张、工作繁重、抗病能力减低所致，

药物难于奏效,以长期休养为宜。医嘱服用维生素及含铁补剂,并告无器质性病变,仅系功能衰退。

在华盛顿期间,工作紧张,无休无止,自然不免有伤元气。

大约一周后,一家联号百货商店的董事长兼大股东查尔斯·沃利奇先生邀我去其乡间家中休息。沃利奇本人年已八十有一,但仍神采奕奕,体格健康。他说,他的养身秘诀是"万事不恼,早早睡觉,下班以后,公事忘掉。"此说确属养生良方,无奈我实难照办。

5月11日,郑宝南先生前来有事与我相商,他应经济部新任部长之邀,将启程赴台。他说,他赞成善后事业理事会推迟一年再进行清理的意见。由于美国拒绝给台湾以充分的援助,他还很关心那里不稳定的局势。他说,出于关心,他正在起草一份备忘录,要求我们自己制订一项能使目前收支相抵的计划,一面静待美国政策或世界局势的变化。他是讲求实际的。

郑先生说,他的美国朋友们向他表明,美国政府对委员长已失去信心,不肯给予军援或足够的经援,因而他想让台湾摈弃幻想——第三次世界大战即将爆发,美国将打赢这场战争,国民政府将像第二次世界大战结束那样收复失地。他认为至少几年之内不会爆发第三次世界大战。即使战争果真爆发,而且美国胜利了,美国也未必就会支持国民政府重返大陆。据此他得出结论,我们应估量台湾的资源,制定一套增加生产和出口产品以导致收支平衡的计划。

后来李榦博士同中国银行的霍宝树先生来访。霍先生已接到中央银行副总裁徐柏园的电报,让他协助办理请美国同意援助我国三千万美元作为通货储备之事。二人希望讨论一下霍先生应如何协助,及如何措词。我向他复述了交涉的情况,并告诉他说,经济合作署和国务院都倾向于认为所建议的使用方式不属援外法范围之内。我说,由于过去七八年间中美两国关系背景中的一些历史原因,困难的症结还在于美国尤其是国务院不愿帮助。

我说,他们现在仍感到不满,因此,关键是要找到一种解决这一棘手问题的办法。一切关于腐败、无能之谈,都不是拒不援助的真正理由。他们也同样指摘过希腊、韩国和菲律宾等国,但还是继续给他们援助。大概他们还有更深的考虑。他们感到自尊心受到了伤害,还坚持自己的傲慢与偏见。但是,尽管困难重重,我们仍应继续尽力而为。

5月12日,艾奇逊在巴黎发表声明,大意是美国将向印度支那和法国提供经济、军事援助,以加强印支的防御力量,抵制共产党扩张。5月14日外长会议结束,发表了一则声明,宣布决定将西德并入西欧组织;同意进行合作,以鼓励并支持东南亚人民抵制共产帝国主义的愿望。但却只字未提法国的建议,即要求集中西德和法国的铁、煤资源(包括萨尔及鲁尔两地的资源)。这一建议曾被大西洋此岸的人们欢呼为具有政治家风度的倡议。艾德礼在议会中不甚热情地赞扬了这一声明,以满足艾奇逊要英国赞同的要求。德鲁·皮尔逊在晚间广播中说,艾奇逊为了使英国站在他的一边,不得不向贝文"严重告诫"。

5月25日,我与董显光交谈良久。他刚从台湾取道伦敦、巴黎到此。他作为中央社的顾问被派到国外观察国际形势,特别是英、法、美对台湾的态度以及最近英、法、美三国外长会议的结果。他说,他发现一旦爆发美苏大战,法国人更关心的不是美援而是其中立地位,至于法国对美国援华的态度,乔治·皮杜尔总理应董的请求在巴黎接见他时说,法国支持美国对台湾及海南岛的援助。

两天后胡世泽也证实了董的这个说法。胡世泽说,皮杜尔在巴黎接见董显光时对他说过,法国赞同美国援助台湾。皮杜尔认为台湾的安全涉及到印度支那的利害关系。皮杜尔确曾说过,从这点看,台湾比菲律宾更为重要。

法国代表加罗同我和胡世泽一起在联合国代表的餐厅中进午餐时,又谈到台湾对印支防务的重要性以及他相信国民政府和印度支那有着共同的利害关系。他还表示,法国政府一直在说服美国同意这一点。

5月20日上午,于斌大主教来我处询问情况,我同他讨论了美国政府最近对援华的态度。他听到消息说,美国国防部鉴于台湾对保卫东南亚和太平洋防止共产主义扩张的重要性,已经着手制订向台湾间接提供武器的计划,所需款项从杜鲁门总统掌握的七千五百万美元特别基金中提取。我对他说,上述消息没有多大根据。1月5日总统声明发表后,美国对华军援的态度一直未变。但向东南亚尤其是向印度支那提供军援的政策已经获准则是真的。我对大主教说,我已亲自告诉美国国务院,只给上述地区援助,而不与台湾合作,不向国民政府提供军援,这种援助不会有多大效果。但是真正的症结并未解决。

于斌说,他听说白宫想撇开蒋委员长而将援助给予李宗仁。我告诉他前者属实,后者则否。他还告诉我说,杜鲁门总统曾对和我很熟悉的多数党议员天主教领袖麦考密克说过,不给蒋委员长分文军援。显然,美国政府在感情上对国民党领袖的反对态度并未改变。

翌日,我离开华盛顿前往纽约,与蒋廷黻讨论联合国的形势。晚上离开纽约赴底特律,那里有人约好要我发表演说。5月22日,底特律大学校长斯坦纳牧师偕底特律经济俱乐部主席艾伯特·克劳一起来访,邀我去别克-卡迪拉克饭店出席午宴,席间由我发表演说。演说前举行了欢迎会,出席来宾五十余人,都是该市银行、金融、商界、工业、宗教及教育等方面的知名人士,主人向我一一作了介绍。州长亦前来同我握手致意,但未能留下进餐。

席间,我的右邻是前参议员布朗,现在是底特律-爱迪生公司董事长,左邻是斯坦纳牧师。出席者还有一位可亲的青年人——荷兰建设大臣。摄影记者一再要我同他一起拍照,我试图使克劳先生或斯坦纳位于我们中间,但记者坚持他们的意见,硬要我们两人又握手又谈笑。这不免使人有点尴尬。显然,记者们并未考虑到，荷兰已承认了北平的共产党政权并撤回了对国民政府的承认，我作为国民政府的大使，不想对荷兰的政府要人表示过分亲密友好。

我的讲话为时四十分钟，按时结束。之后克劳先生应我要求陪我去参观坐落在鲁日河畔的福特汽车装配厂。公司的一位主管人员带我们参观了该厂各部，观看上千个零部件在传送带上组装成车。我们从正在加工的车架开始，看着车架从一组工人传到另一组工人，每组都加上一些零件，或用锤子敲打几下。二十七分钟后，在工厂的另一端，我们看到一辆小汽车正在校验前灯焦距，然后由一个工人开到外面的货运列车上等待外运。

观摩美国企业及其生产效率，确实给我留下很深的印象。仅仅一个空车架，二十七分钟后一切零件都已装配完毕，工人便能坐进去，脚踩油门开出车间。这种大工业生产的难忘景象，便是美国经济力量的秘密。同时也令我深深感到，这种经济体系何等脆弱。如果经济萧条，势必波及几百万人的生计。如果失业率长期不断上升，则会动摇这个国家的基础。这就是依赖大生产和世界市场的高度工业化国家的危机所在。

翌日返回华盛顿后，来访者之一是游建文。他给我一份台湾政府关于黄金储备、国家收支，以及外币兑换等最新金融形势的报告书副本。游建文刚刚被任命为驻华盛顿使馆的参事，同时还兼任设在纽约的中国驻联合国代表团成员。他要求我对他介绍一下他在使馆的工作要点，我回答说这不大好谈，由于他还要负责驻纽约的中国代表团的新闻事务，必须等我弄清楚他能否常到华盛顿来以及能在大使馆工作多少时间以后才能确定。

同一天，即 5 月 23 日，参众两院联席会议通过"对外经援法案"。我收存的一份根据《国会记录》102 号所作的报告中，有关中国的部分如下：

会议决议中对剩余援华拨款的分配办法是两院议案协调后的综合产物。其中保留给非共产党控制的中国的四千万美元,与众院的议案相同,而异于参院五千万美元的议案。参院议案中授权为中国赈灾用款保留了八百万美元,较参院议案原定的九百四十万美元略有减少。众院通过的以六百万美元资助经过选择的在美从事学术研究的华籍人士一项也予以保留。

5月25日,我再去纽约赴约。在这期间使馆傅参事从华盛顿打来电话说,中央社驻华盛顿代表蒋荫恩报告说,美国国防部长约翰逊想会见我商讨中国所需军援一事。这一消息令我感到诧异,不免怀疑其真实性。于是我往五角大楼打电话,向国防部部长助理保罗·格里菲思了解此事。对方告诉我,此刻孔祥熙博士与其公子孔令杰正在约翰逊的办公室里,他们也是根据同一消息才来的。格里菲思说他的办公室正忙作一团,试图找到这一假消息从何而来。我猜测说,是否把"顾"和"孔"两个姓的英文拼法"Koo"和"Kung"弄错了。但格里菲思说,他已同约翰逊核对过,约翰逊对此事毫无所知。他说路易斯·约翰逊与孔祥熙都没有需与对方商谈的问题。(显然,约翰逊原先并无意会见孔祥熙。)

一周后,此事得到了澄清。蒋荫恩来解释说,因为我不在华盛顿,所以他将此事报告给孔祥熙(后来证明这是假情报),说路易斯·约翰逊想会见我,同我商谈中国所需军援之事。但孔博士却乘早晨六点钟的火车来华盛顿代替我会见约翰逊,这时才发现消息并不真实。路易斯·约翰逊无意会见他,也不想会见我。孔祥熙为此错误而责备蒋,但蒋荫恩说,孔作为委员长的特使本应该在华盛顿。我在日记中说这是"非常幼稚的评论",但此事却是个十足的玩笑。

6月3日,我拜访保罗·格里菲思讨论几个问题,又提到上述事件,谈话临结束时,格里菲思回忆起上次的假消息,使得孔祥熙父子特地在5月26日专程从纽约赶到华盛顿。他解释说,有一天奥凯里赫上校打电话给他[格里菲思]说,我[顾]想会见约翰逊部长,并没有提到国防部长想会见我的话。随后,当我从纽约往他办公室去电话时,孔博士及其公子果真已到了约翰逊的办公室里。当时,他已从国防部长那里得知,部长既未提出会见中国大使,也未约见孔博士。不过,约翰逊说,既然孔博士父子已来到五角大楼,他愿意见见他们。可是会见时双方均无话可谈。格里菲思补充说,他不明白这个谎言出自何处。

我解释说,由于我不在华盛顿,中国记者蒋荫恩便将这个谎言传给孔博士了。我告诉他,当然我很高兴能会见约翰逊部长,但我知道他公务繁忙,而且我的拜访可能引起外界许多猜测,因而决定来见格里菲思,因为我觉得会见格里菲思先生同会见约翰逊一样有益。这时格里菲思说,两者并不相同,不过他肯定会将我在交谈中所说的报告给部长。他补充说,如我所知,部长将乐于在我愿意的任何时候会见我。

显然,那些给蒋荫恩误传不实消息的人都是中国的好心朋友,他们不想让任何机会溜掉。遗憾的是他们并不完全懂得外交场合中的繁文缛节。同时孔祥熙事先不向使馆核实,仅凭蒋荫恩传给他的一句话便仓促赶往华盛顿,也未免失之唐突。传消息给蒋荫恩的第三者肯定是对中国友善的,但他对情况却知之不很确切。

5月31日,皮宗敢来访,询问关于美国政府可能继续给予军援的各种报道。他也知道一些实情,并证实了我的理解,即这些报道并无根据。我们一致认为,改变政策及给中华民国军援的报道,大概都是因为考虑到杜鲁门总统已向国会请求1950-1951年财政年度的军援,其中包括动用用于"中国地带"的七千五百万美元的请求。但对美国政府而言,则意味着这当然是为了给东南亚的。

星期四,毛邦初将军前来报告当天上午他同路易斯·约翰逊谈话的要点。约翰逊讲话不多,但他让毛将军明白了如果中华民国想获得盟军最高司令部控制下的驻日本空军的退役飞机,需要向国务院提出书面申请。此事一经办理,最好尽快让他知道。毛将军让我向国务院提出这样一份照会,我答应次日就办。

6月3日我去到罗克维尔,拜访了住在马里兰州乡间别墅的保罗·格里菲思,以便了解他对继续给予台湾军援的可能性和经麦克阿瑟将军的帮助,从日本得到一些飞机、武器弹药的机会等问题的看法。格里菲思比往常话多,我们谈了将近一小时。他提出了一些宝贵意见,并向我再次保证他和约翰逊对中国及我个人的同情和友谊。

根据这次晤谈记录,我告诉他一周前有一位专栏作家,还有一位记者都曾报道说,正在讨论对台湾恢复军援的问题,很有可能对中华民国采取某些措施提供军援。我说,例如康斯坦丁·布朗一人就曾两次写到此事。

格里菲思说,他也从报纸上注意到这一点,但据他所知,政策尚无变化。这个问题无疑正在考虑之中,但报界的说法并不准确。我告诉他,我同腊斯克商谈过敦促他重新考虑对中华民国提供军援的事。我还说,我是在私下向他提出建议的,事先并未向我国政府请示,是否可先以提供防御性物资的方式,如防空用的雷达站及海岸巡逻用的小型舰艇等,以进行恢复军援。我说,我曾向腊斯克先生提出,我敦促恢复军援以保证台湾的安全,免受共产党侵略,这不仅是为了台湾本身,也是替整个远东的安全着想。我说,我虽不懂军事战略,但从普通常识考虑,我相信非共产党的中国对保卫台湾所做的不懈努力,对于遏制共产党扩张的全面政策实在是真正的贡献。国民政府将中共的注意力吸引在中国大陆,这样便捆住了他们的手脚,使其无法对印度支那发动进攻。如今台湾犹如他们的眼中钉。只要这颗钉子存在,共产党便不能执行他们在莫斯科制定的攫取东南亚的计划。这样便可为这一地区的各国赢得时间,建立各自的防御力量。艾奇逊现已公开宣称,美国采取给印支经援和军援的政策,就是为了强调远东对自由世界具有的重要意义。因而,中华民国政府继续进行反共斗争正有利于帮助美国实施遏制共产主义的政策。

格里菲思说,我对台湾的重要性这一番话,也是他本人和国防部长的观点。事实上,从上次双橡园午餐会上同我就中国所需军援一事交谈后,他一直记着我的建议,即核查、修订在一亿二千五百万美元特别军援项下对中国结算的价格。他在国内旅行时,发现人们询问,何以对中国提供剩余军事物资按重置成本索价,而对希腊、土耳其则按剩余物资计价,只及重置成本的十分之一。格里菲斯说,他不能给以满意的答复。但他补充说,如我所知,他赞成对政策进行一次检查。

　　我说,这个问题国务院至今尚不能给予满意的答复。在这一点上,中国驻华盛顿技术代表团近来试图解决此事。我知道他们已致函国防部长。我希望在修订原定价格方面国防部长可以做一些工作,那就是一大帮助,能为中国省出一笔可观的款项用来购买必需的物资。我说我不知过去两个财政年度的账款是否已经结算,这样的修订是否可以作为国防部门职权范围内的管理事宜加以实现,还是必须经政府作为政策问题予以决定。

　　格里菲思给我的印象是,这事只不过个管理问题。接着他说起约翰逊对中国的态度问题。他说他在上次访问我时对我说过,国防部长始终赞同中国的事业,但他对此不得不谨慎从事。总统已指示约翰逊部长要置身于中国问题之外,因为事关外交政策,应归国务院处理。格里菲思补充说,虽然谣传纷纷,说约翰逊同艾奇逊不和,但非事实。他俩对一些事情的看法虽然不尽一致,但是彼此间并无芥蒂。也许有一天,由于公众对国家安全的忧虑,艾奇逊可能去职,这又当别论。

　　话题回到对台湾的军援问题上,格里菲思说,下星期初他将接见法国大使,讨论东南亚局势及对印支的军援问题。他说法国此刻也感到美援可能数量太少,时间太晚。他说,他想到一个主意:我可以同法国大使联系一下。既然中法两国在该地区的利益相似,不妨共同工作。我们的联合影响可能会成功地说服国务院,让他们认识到这个地区的重要性以及台湾安全与印度支那安全之间的关系。

我对他说,这个建议当然非常好。印支和东南亚对于自由事业的重要性法国人有清楚明确的见解,皮杜尔先生和舒曼先生也很赞成扩大对台湾的军援。我对格里菲思说,我结识法国大使博内先生已有多年,我要设法及早和他会面商谈。

接着我提出了从驻日本的占领军那里为中国得到更多军需品的问题,我解释说,台湾已得到情报,美国驻日本空军的P-51型飞机已为喷气式飞机所取代,已退出现役。中国意欲购买若干架这种飞机以加强其空军,此外也需要武器弹药等其他军需品。据我所知,这些军需品那里也有很大一批。虽然美国不禁止采购军需品,但鉴于中国政府外汇资源有限,希望能只按某种象征性价格购买。如果能从国会上年通过的为"中国地带"设立的七千五百万美元特别军援项下,支付购买这批剩余军需品的费用,那就更好了。我了解这笔款项至今分文未动。

我请格里菲思帮忙,将我的话转达给国防部长,因为他就要同布莱德雷将军一道前往日本与麦克阿瑟将军会商。如果约翰逊部长和麦克阿瑟将军能就此事进行讨论,并就地决定给台湾一些所盼望的军需品,中国将额手称庆。

格里菲思说,他一定将我说的一切报告给约翰逊先生。他肯定国防部长会把这事记在心上。事实上格里菲思认为,既然部长即将首途日本,我的话说得正是时候。至于退役飞机,格里菲思说已被派定其他用途,可能无货可供了,但在日本和冲绳等若干太平洋岛屿,则有大量剩余军火弹药。如果麦克阿瑟将军提及此事,约翰逊先生肯定会同意,他可以回来向总统报告麦克阿瑟将军的建议,他的建议是最为有力的。

我告诉格里菲思,我在报上看到国防部长可能访问菲律宾,因此我想知道约翰逊先生和布莱德雷将军是否也能一访台湾。我相信,如果他们能去台湾,委员长肯定会异常高兴向他们发出热情邀请的。

格里菲思说国防部长已接到菲律宾政府去该国访问的邀请，但此事正在研究之中。他认为日内即可作出决定。至于我提出访台的建议，他认为约翰逊先生未便访问台湾，虽然他个人倒想这样做。他说，如我所知，这类访问须经总统和国务卿批准。布莱德雷将军及三军参谋长今年2月出访远东时，本想访问台湾，中国政府也切盼他们赴台访问。但当他们电请华盛顿批准时，国防部长根据总统的命令拒绝了他们的请求。不过假若麦克阿瑟将军向国防部长提出这样的建议，则可能得到较为有利的考虑。但对这事他并没有把握。

6月4日星期日，董显光从纽约来我处闲谈，一直谈到午夜十二点。我们是多年挚友，早在1915年我被任命为驻华盛顿公使时，我请他担任我的二等秘书。那是他第一次担任公职。后来我们还一道共过事，在上海办《大陆报》时，他任经理，我负责财务；后来他任军委五部副部长，我们又共同努力在伦敦成立一个由叶公超负责的新闻机构。前此他在5月25日来访时曾告诉我，他最近访问华盛顿期间，想会见一些政府高级官员，其中包括约翰逊、腊斯克、杜勒斯、马歇尔及一些参议员。我答应帮助他安排这些会晤，之后还为他写了一封给约翰逊的介绍信。他说毛邦初已要求会见约翰逊，也将同他[约翰逊]商量安排会见董的事。

到6月4日，董显光已会见了许多位高级官员。他说腊斯克告诉他，台湾低估了美国人民的良好心愿，同时又过高估计了某些姿态对美国舆论能起的作用，例如任命吴国桢为台湾省主席之类。腊斯克的意思是说，真正实权显然仍握在委员长手中。（当然美国舆论也不可能被任命某位官员所左右，不过腊斯克提及此事时，我认为他所说的对美国舆论的作用，内心实际是指对国务院的作用。）

杜勒斯告诉他，只要国民政府的军民不肯在委员长领导下战斗，尤其是台湾还在发布打胜仗及决心抵抗的假消息，美援是毫无指望的。但当他同诺兰参议员交谈时，诺兰则说，如果台湾能守住半年,美国的政策就会改变。

董显光还了解到,马歇尔曾告诉住进华盛顿一家医院的司徒雷登大使,对于中共运动的性质,他们两人有一致的看法。但他问为什么没有走向他们两人所期望的道路上去。(像某些英国人所主张的,他们认为中共革命无非又是一场屡见不鲜的叛乱,风潮终会过去,中国又要平静下来,恢复正常,这样他们可以再做生意。)董显光说,马歇尔这一提问是对司徒雷登错误判断中国共产主义运动性质的婉言责备。这场运动远非一场土地革命,也不是又一次叛乱,而是受苏俄煽动、支持、为苏俄扩张政策服务的运动。

谈到伦敦之行,董说抗战期间英国驻重庆的薛穆大使夫人告诉他,蒋夫人1943年拒绝了英国国王请她访英的邀请而不作答复,这在英国人看来是莫大耻辱,他们对此耿耿于怀,不能原谅。(这事确很不妥。当时我身为中国驻伦敦大使,却不知道此事。他们不肯让我知道,否则我会强烈要求发一复信的。不论蒋夫人接受邀请与否,总应该给对方以答复,这本是常识。)

两天过后,我再次同董显光进行商谈。在此期间,他已同杜勒斯进行了第二次会谈,这次会谈是杜勒斯建议进行的。他说,这次访问的目的是来更正他前此就美国对台湾军援的悲观预言。杜勒斯对董说,蒋委员长若能稍微谦虚一点,那么台湾还可能有救。杜勒斯没有说美国方面有什么计划,我和董推测,这可能意味着要我们把台湾当作依靠美国军事力量战胜日本而取得的占领区,从而申请美国协助防守台湾;或者申请对台湾的托管权。但这也可能包括以美国负责保卫台湾为条件,而要蒋委员长下台的意图。

董显光又谈及在纽约会见过鲁斯。鲁斯说,他没有积极过问中国之事,因为他虽有杠杆,但尚缺支点。现在他看到印度支那是个支点,因为政府已宣布要援助印度支那,以便拯救东南亚。不过董补充说,他还没有见到马歇尔,因为后者两次推迟约会,并要董等至周四(6月8日),那时他将来华盛顿,可望约定另一次日期。马歇尔显然不大愿意见董,或者说越迟见他越好。

6月7日,我再次去五角大楼拜访保罗·格里菲思。这次是引见董显光。格里菲思比平时更为热情,对我们非常帮忙,请来即将陪同国防部长去东京的部长副官肯尼思·克雷格上尉参加我们的会见,以便董可以直接请克雷格为他安排在东京会见约翰逊部长。我建议说,既然国防部长即将离开华盛顿赴日,董也可同他约定在东京会见,这对双方都很方便。克雷格认为这个主意很好,并说他很高兴为此进行安排。他还证实说,部长不会访问台湾。而且,由于在远东逗留的时间有限,他也不可能接受菲律宾政府的邀请。

据我的会谈记录所载,我当时曾说,上次会见格里菲思先生时,作为个人意见,我曾向他建议请约翰逊部长访问台湾。这个建议事先并未同台湾商量过。不过我知道,如果部长能安排此行,台湾是会乐意有此机会欢迎他的。不过既然不能安排,我就根本不向台湾提这件事了。我又补充说,前天又有报告说,麦克阿瑟将军可能会建议国防部长同蒋委员长进行会晤。

格里菲思说,如果麦克阿瑟将军肯提出这个问题,那倒是很有分量的。不过他明白,这类访问必须由我出面在华盛顿安排。即使蒋委员长此刻正在美国,也还是由我同国务院进行安排为好。格里菲思某次曾告诉过我,这次又告诉董显光,和平时期是由国务院负责处理一切与外国政府之间的事宜。这就是总统指示约翰逊不要过问中国问题的原因。如果一旦爆发战争,那就另当别论了。在战时,国防部长能处理外交事务,在对外关系方面有举足轻重的发言权。

克雷格上尉离开后,谈话又持续了一会儿。格里菲思说我知道约翰逊先生和他本人最同情中国的事业,他们认为台湾在美国的防卫计划中居重要地位。但国务院则另有所见。然而,美国人民对中国和中国人民有着深厚的友谊,他们不能理解为什么不给台湾以充分的援助。

我表示希望说,约翰逊先生访问东京同麦克阿瑟将军会商所产生的成果,不仅有利于台湾,而且必将对远东整个形势发生作用。换句话说,我希望在给台湾的中国政府提供军援方面能做出某些实际的事情。我问格里菲思对这种可能性持何想法。

格里菲思说,他对这种可能性并不抱悲观态度。但同时,因为国务院的态度,他不愿预言任何有利的行动,以免造成幻想。此时此刻他知道这是不可能的。并一再重复说他同我一样,并不悲观,因为他感到凭着美国人民对中国的深厚情谊,如果对国务院施加足够的影响,就可以实现外交政策的转变。他问我有没有会见过法国大使。

我回答说,我已打电话订好约会了。我还说,格里菲思所指出的为使国务院转变其态度的途径确实很正确,并说我和我的朋友们一直在设法说服国务院改变其看法。

格里菲思说,从结果来看,压力还不够。

我说我一定在这方面继续努力。

翌日,我拜访了法国大使同他讨论共同努力劝说国务院恢复对台湾提供军援和增加对印支军援的可能性。原因是这两个地区在抵制共产主义危险的共同利益方面相互关联,唇齿相依。但我发现博内对此表示冷漠,尽管态度仍很友好。他说他已进行了一年的工作,使国务院认识到帮助印支,更确切地说是帮助法国支援印支的必要性,现在他对美国的政策感到相当满意。我回使馆后,立刻草拟一份电报,向外交部汇报了这次会谈的情况。

6月12日,我拜访了杜勒斯。他将启程去韩国视察,然后首途东京,以国务院代表的身份同麦克阿瑟讨论是否与日本签订和约;如果签订,则将讨论和约包括哪些内容。他腾出一小时同我讨论恢复对台湾提供军援的可能性,美国政府的态度以及从盟军最高司令部辖下的美国补给品仓库中获得一些武器、弹药和飞机的可能性。我还问到对日和约一事,询问他对特吕格弗·赖伊试图召开安全理事会特别会议以讨论有关世界和平的一些悬而未决的问题有何看法，并征询他能否应邀访问台湾。

他的回答不很令人鼓舞。我的印象是，从他作为顾问进入国务院工作以来，受国务院关于中国军方领导无能、部队士气低落、中国政府不得人心以及一旦中共侵台时将有内乱、哗变的危险等说法的影响很深。他持的是批评态度，尽管这种批评是友好的。他说，他只是告诉我反对军援的人所持的理由，而他却难以反驳。

开始实质性谈话时，我首先谈到美国报界近来不时出现的报道，说美国政府有可能检讨其不对台湾提供军援的政策。我再次强调急需更多军援，以保卫台湾免遭共产党迫在眉睫的入侵，因而我想知道，他是否认为这些新闻报道属实。

杜勒斯说，国务院对台湾的态度近来有所好转，他认为存在着重新考虑对台湾提供军援的可能性。他还说，他发现中国使馆申请出口军需品的许可证，除一项外，都得到了批准。我说这一项也许是最近提交的要求得到更多喷气式飞机的申请。杜勒斯对此不能肯定，但他相信就是这一项。接着，他说道，国务院的态度方面有些变化，可能是他同国务院当局反复商讨并表示赞成军援的结果，但在他们方面仍有许多疑虑。数日以前，他同迪安·腊斯克进行了讨论，腊斯克也在注视着台湾的局势，看来他对国民政府的态度较前友好。

至于人们提出反对给台湾提供军援的种种理由，杜勒斯提到一点：据说中国军队仍无意打仗，再送武器给他们，结果只能落入共产党手里。还有人对他说，有些高级军官甚至会用这些美国武器同共产党作交易以换取自由，免得被俘。国务院人士告诉他，台湾岛上的军用物资是够防务所需，至少可以支持一个时期。有人甚至说，蒋委员长已派人去碧瑶备好一所房子，以供日后逃出台湾时居住。他还听说，中国军政领袖一再宣称他们要与共军死战，但到头来总是不战而逃。他本人就知道，广州和海南岛便是不战而弃守的。国务院人士怀疑台湾能否进行认真的抵抗，认为那里的部队也许能进行象征性抵抗,但不能进行持久的作战。对国务院方面的这些抱怨,他觉得很难作答。

杜勒斯说,中国人也许有更深奥的哲学,不愿意为拯救国家的独立或自身的自由做出坚决的努力。他们可能认为牺牲个人是无益的,或者可能是热衷于自己的家庭,而不把国家的利益置于同等重要的地位,缺乏西方人所理解的民族主义观念。但不管理由如何,西方人是不能理解这种不进行自助的做法的,如果中国不能尽其所能,那么国务院当局则反对给台湾的中国政府提供任何援助。他记得蒋夫人在美国一次演讲中曾说"上帝帮助自助者";因此他说,为了得到美援,中国人首先必须自助。

为了作一对比,杜勒斯回忆了第二次世界大战期间英国的情形。比、荷、法三国相继投降德国后,邱吉尔先生庄严宣告:英国即使是单枪匹马,也要坚持反对德国侵略者的战争,无论是在陆地、在海上、在空中,还是在滩头、在山地,或者在街巷,都要继续打下去,直至最后胜利。这一坚决抵抗的宣言很快表现为英国人民同仇敌忾,奋勇抗击德国空军肆虐的威力。他们的英勇抵抗激发了美国人民,迫使美国前来援助,直至取得最后胜利。

杜勒斯接着说,美国人民对中国人民深怀善意和友好的感情,如果台湾政府和人民能够对共产党入侵奋起英勇抵抗,便能感动美国人民迫使政府改变政策,援助中国。这样用行动来说明问题是绝对必要的。美国人民一再听到中国军政当局宣称,他们坚决抵抗到底,宁死不屈。但每次他们都是不战自溃或者溜之大吉。最近,蒋委员长曾公开宣布,决心为保卫台湾作出最大牺牲。可是这里的人不想再听这些空话了,他们已经听得太多了,他们想先看到行动,然后才能把这样的宣言当作决心战斗的表示而加以接受。

杜勒斯提到董显光会见他时说,董博士最近会见过他两次,第二次是杜勒斯约见董显光的,因为他担心在董第一次访问时,对于美国提供军援的可能性一事,可能给董留下悲观的看法。他不愿董给台湾带回过于令人沮丧的印象,说杜勒斯本人不愿帮忙。但董告诉他有关中国军方人士态度的话叫人不很放心。据董说,这些中国军官的意见是,美国如果不答应给予更多的军援,单靠他们自己抵抗共产党入侵则毫无用处。杜勒斯认为这种态度是完全错误的。不管美国援助与否,中国人都该把进行斗争,努力将自己的国家从共产党控制下拯救出来视为己任。据我所知,美国政府不可能许下给予帮助的诺言,以引导中国人为争取自身的自由和国家的独立而斗争,特别是美国军事当局在考虑他们的太平洋防卫计划时,并不认为台湾在战略上具有重要地位。确实,他们把从日本至菲律宾的整个地区视为具有战略意义的地带,然而台湾本身只是这个地区中的一个海岛,不具有多大重要性。对他们的防卫计划来说,这个海岛并非至关重要。所以,如果该岛人民不进行自卫,美国肯定不会为拯救它而去战斗。还有关于蒋委员长已在菲律宾的碧瑶预备下公馆作为退身之处的报道,这肯定会给反对向台湾提供军援的人以更多的抨击材料。

我说,我能理解继续拒绝给台湾军援所提出的各种理由。客观上中国军队未能守住大陆至为不幸,尤其在过去十八个月中的连续败退,实在令人无比沮丧。我理解美、英、法等国人民的心理,曾一再催促国民政府至少在广州设立一个牢固据点。记得我曾告诉杜勒斯,1949 年 9 月英国外交大臣贝文在华盛顿时,我同他就其有意承认中共一事辩论过,当时我还告诉贝文,广州在国民政府控制下,能起到香港屏障的作用,英国应尽一切可能鼓励国民政府保卫香港,不应谈论承认中共政权之事,而使它丧失信心。贝文当时回答说,如果国民政府守得住广州,事情又当别论,他就要重新考虑承认中共政权的决定;但是根据他得到的报告,国民政府不愿防守广州。这时我对杜勒斯说,那真是遗憾!我还说,也许撤离广州是由于军事上的原因,而对于军事我当然不熟悉。

我接着说,最近台湾形势大有好转,军队士气已经提高,最近撤离海南岛和舟山群岛时有条不紊,这样就减轻了对驻在外围据点部队的军事、财政两方面供应的负担,因而加强了台湾的阵地。我还说,撤出舟山群岛,安排得更为巧妙。共产党离舟山群岛最近之处只有三英里,但他们却毫无察觉。当时他们正准备攻打舟山群岛,这一撤退却打乱了他们的部署,结果他们将原驻在舟山群岛附近的军队进一步南移至厦门,汕头一带,以期最后进犯台湾。

杜勒斯说,他了解到台湾人民心情很紧张。他还问,我认为共军会在何时入侵台湾。我回答说,自从撤出舟山群岛之后,立刻出现一种很严重的不安全感。但近来台湾人民正逐步明白撤退实属军事上的必需,并已相信撤出舟山实际上加强了国民政府在台湾的防御地位。至于入侵的可能日期,据来自台湾的报告,也许会发生在 7 月上旬。

杜勒斯说,据国务院接到的报告,共产党今年夏季不致进攻台湾,除非他们肯定台湾人民不会抵抗入侵,反而欢迎共产党。如果共产党没有希望从台湾内部得到有效的策应,他们在年底或明年初以前就不会入侵。

我说,据台湾来的最新可靠消息说,台湾的民心大振。两三个月前,数目可观的一批可疑分子被逮捕了,其后便破获摧毁了共产党的一个间谍网。给共产党传送情报的渠道被这样切断后,他们再也无法得到灵通的情报。这一变化,在共产党企图阻止国军从舟山群岛撤往台湾而归失败一事上,也能反映出来。

杜勒斯认为,应该十分当心,务使岛上不再留下其他共产党间谍。任何国家都不易清除间谍,共产党尤其擅长这类工作。

我说,台湾当局时刻戒备,颇为警觉。随后我提出第二点,即再次提出需要更多的武器装备。我说我了解有些剩余的飞机在日本,主要是 P-51 型,这批飞机现已退役,由喷气式飞机取代。太平洋诸岛,例如冲绳岛上还有武器弹药,也可用于台湾。我希望杜勒斯先生能将这个问题向麦克阿瑟将军提出。麦克阿瑟将军熟知远东形势及其对美国防务的含义。如果他能同意这一建议，就可比较容易地作出安排，将这些武器装备及军需品用于台湾，而不必经过华盛顿的正式批准。

杜勒斯拿起纸和笔，说他要把这些事记下来。

我说，必要时中国政府将为这些军需品付款，但我希望作为剩余物资处理，按合理价格支付。如果这笔交易的费用从去年国会投票通过的为"中国地带"设立的七千五百万美元特别援款中支付，那当然足以缓和中国政府财政方面的拮据状况，我还问杜勒斯那项拨款已用掉多少。

杜勒斯回答说，据他了解，大部分拨款已用于帮助诸如印支等东南亚国家，所剩寥寥无几。况且 6 月 30 日的时限很快就要到了。

我说，这项援款原来是为中国表决通过的，其中"中国地带"一词是妥协的产物。我对中国根本不能从中获到好处而感到失望。虽则对印支及其他东南亚国家军援是颇称人心的，但我担心如不援助台湾，对东南亚的军援也不会收到很大效果，因为台湾在这个地区仍拥有最大的独一无二的武装力量。

至于杜勒斯即将访日，我说在此关键时刻，选派他出访远东，我很难描述我的高兴心情。我不知道杜勒斯能否接受访台邀请。我说我相信，由他亲自实地考虑一下那里的情况极为有用，虽则我知道他的时间可能有限。

杜勒斯说，作为中国的朋友，他个人倒很愿意再去台湾看看，以便在他回来时也许能为提供援助做一番有利的介绍，但因国务院的态度如此，他担心台湾之行可能造成人们的幻觉，于事反而不利。因而他决定此次就不去访问了。

告别杜勒斯后，我参加了亚瑟·范登堡夫人的葬礼。她的丈夫是参院共和党领袖、参院外交委员会委员。追悼会仪式简单，包括诵读经文和祷文，没有唱赞美诗，只有风琴鸣奏低沉的曲调。范登堡参议员表情奇特，既表现悲哀，又半露笑容，也许他的心思已游离现场,飘到远方。看来他的目光避开了她夫人的遗体而凝视着别处。遗体停在讲坛前,上面涂有防腐香料,放在棺中供人瞻仰。有十几位大使出席了追悼仪式。国务卿艾奇逊夫妇最后来到,坐在前排席位的左侧,面对着范登堡参议员,旁边是康纳利参议员夫妇。康纳利是民主党员、参院外交委员会主席,工作上他既是范登堡的朋友,又是他的政敌。

傍晚,伊萨克·纽厄尔上校来访。此番前来是关于一桩他所说的奇特使命。他作为其亡妻的遗嘱执行人,根据纽厄尔夫人的遗言,要将一批中国檀木家具送交中国使馆。纽厄尔请求我解脱其运送家具之苦。他说这批家具存放在加利福尼亚,并已破旧不堪,如果运来华盛顿,则耗资甚巨,而且难说这些家具是否能派用场。他解释道,还是胡适博士任大使住在双橡园时,大使馆没有什么家具,纽厄尔夫人一片好心注意及此,决定立遗嘱将她的家具赠给使馆。鉴于现在情况已经改变,我立即同意他的建议,并说只要他能给我写回信以便我存查的话,我可以按此意见给他写一封信。

6月14日,我同美国前驻莫斯科大使约瑟夫·戴维斯作了一次有趣的谈话。他是我在伍德利路居住时的邻居。我应邀同他共进午餐,以便如他所说"可以好好谈一下"。他首先要求我给他出具一封信,声明由我个人保证,在双橡园的花园中(这个花园同他的花园毗邻),不再另建其他建筑物,以免影响他从图书室的窗前或从主宅门廊前眺望圣安德鲁圣公会大教堂的景致。他想从我这里得到书面保证,以便他可向我的继任者出示此件。这只涉及道义上的责任,而不是授予他任何法律上的权利。他的印象是我可能就要让位给一位中共大使了。他想手头有个字据,必要时可以拿出来。我拒绝了他的要求,我说,这样一张纸甚至连国民政府任命的另一位大使都约束不住,万一来了中共大使,这不仅于事无补,反会惹出更多麻烦,因为那可能被用来作为美国人欺诈中国大使的证据。我告诉他,我本人并不怕因此遭到攻击,因为我已上了他们的战犯名单。听到这些,戴维斯不再强求此事了,但说他还是请我再考虑考虑。

我们接着就各种国际问题一般性地交换了意见。他完全赞成同苏联合作的政策。他说,在雅尔塔和波茨坦,他相信俄国人的诚意,他们盼望合作。在雅尔塔,斯大林、邱吉尔和罗斯福之间以及后来在波茨坦同杜鲁门之间达成如下谅解:即亚洲和太平洋留给美国;地中海、希腊以及中东交给英国;东欧及波罗的海则归俄国照管。

戴维斯说,他根据杜鲁门的指示,会见了当时逗留在华盛顿的中国外交部长宋子文博士,并劝他直接同苏联签订条约以贯彻雅尔塔协定,从而确认苏联支持并援助中国这一有利之点。据他说,斯大林当时并无支持中共之意。但是我说,到头来还是苏联不遵守中国同苏俄签订的条约。

戴维斯仍然认为冷战对谁都没有好处,而目前的军备竞赛最终必然导致战争,这场原子弹氢弹大战将使世界进入另一个黑暗时期。他哀叹自己的国家得了歇斯底里症,尽管他也反对在美国实行共产主义。他说是相互猜疑,才使两国关系如此紧张。结束紧张局势、保证世界和平的唯一办法是,在世界划分成公认的势力范围的基础上,协商并缔结合作协定。

他也认为罗斯福、杜鲁门二人迥然不同。他说罗斯福是个老练的政客,凡是涉及到政治利益之处,不免有些无情,四届总统任内调换三位副总统便是一例。而杜鲁门则是个忠于故交的人,几乎成为一种信仰。他有很虔诚的宗教思想,戴维斯本人惊奇地发现杜鲁门坚持研究圣经何等深入,对其内容和章句又何等熟谙!戴维斯说,杜鲁门在政治上相信进化,反对革命,即苏俄的方法。因而他走在人民之前制订法律以满足社会福利所需。戴维斯说,杜鲁门总统 1952 年会再度当选。(人们普遍持有这种看法,但事实证明这种意见并不正确。)接着,戴维斯告诉我,他正在写回忆录,主要是为其子女,而不是为了立刻出版。他劝我也着手写回忆录。

6月13日,李榦博士前来报告说,中国技术代表团新任团长霍宝树先生和他一道拜访了经济合作署署长霍夫曼。李榦说,原来霍夫曼很友好,但他们的谈话主要是同当时也在场的克利夫兰进行的。霍夫曼似乎有意于考虑如何在经济合作署计划下作为商品向中国运送白银,以支付中国农村复兴联合委员会的经费,而不使用当地货币的对应款项。这将起到间接援助台湾增强中国货币地位的作用。

两日后,霍宝树前来补充李榦关于上述会谈的报告。他说他发现霍夫曼的态度友好,对中国颇为关注。他说霍夫曼向他提出的第一个问题便是我们对台湾能守住多久,给人的印象是霍夫曼担心台湾的安全。霍宝树请他为中国多多出力。当他答应愿尽最大努力时,霍敦请他给经济合作署中国处处长克利夫兰及其他下属提供方便。霍说克利夫兰已明确告诉他,拨出三千万美元留作中国货币储备金另存在美国的建议碍难接受,也是不可能的。但克利夫兰倒愿意考虑作为商品购买白银或收购银元,以支付中国农村复兴联合委员会的费用,作为对中国货币间接帮助的建议。

王守竞在第二天请见。他想汇报一下使馆所处的一种尴尬局面。九个月来我们一直在敦促国务院批准我们从美国武器库存中购买一定数量炸弹。开始国务院一直拖延,最后才同意出售给我们,但条件是费用要由一亿二千五百万美元特别援款中支付。经过长时间的研究,他们想到了国外清算委员会所剩下的余款。经过一系列冗长谈判,他们才把那笔余款的数目结算清楚,直到一周以前才办完此事。也只是在一天前我才同意开出把这笔余款拨到美国空军户头下的拨款信,为的是我们好从美国空军购买这些炸弹。但就在同一天,6月13日,驻华盛顿空军办事处主任毛邦初接到台北的航空委员会①来电,指示办事处停购炸弹。毛将军采纳向惟萱上校的建议,回电表示遵办,这样便将我们同国务院的交涉挂在半空中了。

王守竞认为航空委员会突然命令停购炸弹,背后必有隐情。原来航空委员会已另辟一条新渠道,即通过李大为上校的中国国际商业公司办理,这是一个为采办各种军用物资而组织起来的公司。然而我们两人都很明白,同国务院的关系已处于一个关键时刻,我们如不立即动用这一千万美元左右的余款,这笔钱就将根据国会原授权的法案于 1950 年 6 月 30 日转归美国财政部。

数日后,我和毛邦初讨论起此事,他同意我向航空委员会和外交部提出的建议,认为这是上策。我的建议是准许我们仍按已同国务院商定的安排继续进行,将余款由国外清算委员会转给美国空军;不然,留在该委员会的余款将不得不在 6 月 30 日交回美国财政部,此时已是 6 月 19 日。那样一来,这笔钱就不能用于中国了。

毛邦初说,航空委员会原来命令他用上述款项支付购买炸弹所需费用,后来又命令他停购,是他发出遵令取消此项交易的报告。他估计台湾可能已通过中国国际商业公司另外安排购买所需炸弹的事。看来柯克海军上将同该公司有联系,李大为上校采办坦克等等也一直是同他们打交道。

早几天在 6 月 16 日,我接见了俄亥俄州的卡尔·尼克斯公司和几家联合公司的董事长兼总经理卡尔·尼克斯先生。他来访前,我已接到台北电报,说尼克斯已谒见蒋委员长,并愿为向中国提供军援一事会见杜鲁门总统。尼克斯对我说,他的公司在日本设有办事处,多年来一直同日本做生意。他从台湾归来,对那里的军事组织、经济复兴、政治改革等方面所取得的进展有清晰的认识。他参观过孙立人的部队,对他们的体格健壮,武器精

---

① 此处很可能系指空军司令部。——编者

良等留下良好印象。他记得国军兵力的数字,告诉我是六十五万。还记得我国黄金储备量、货币发行量、稻米和糖的加工情况。对于台湾的重要性他完全同意我的观点:即台湾不仅对自由中国,而且对美国援助东南亚抗击共产党扩张的政策,最终对美国自身安全都很重要。

他对我说,他将会见杜鲁门总统,同他面谈要支持台湾的事。他说他是杜鲁门夫人和她的兄弟在密苏里州独立城幼年时代的朋友和同学。后来他移居俄亥俄州,但同华莱士一家(杜鲁门夫人的娘家)以及总统始终保持着友谊。看上去这人思想严肃,待人虔诚,对于远东局势中的种种问题了如指掌。他说他已分别同俄亥俄州的议员约翰·休伯、众院外交委员会主席约翰·基晤谈过。我建议他还可以同塔夫脱参议员会见,他说此人在即将到来的秋季选举中必被击败无疑。

我估计他是民主党人,不然就是亲民主党分子。我说,我无法理解国务院中某些人为何盼着台湾垮台。这时他立即予以否认,并解释说,他们只是在预测他们认为无法避免的事。他同戴维斯一样,认为杜鲁门总统在1952年大选中会再度当选。

凑巧在那天下午,陈之迈对我说,他会见了另一位俄亥俄州的实业家。他说,他在弗雷德里克·麦基的建议下,会见了俄亥俄州扬斯敦的一位商人希帕德先生。此人曾捐出数千美元给麦基担任主席的援华委员会。希帕德想了解一下能为援华做些什么实际的事,他还把陈之迈带到他的办公室里。在那儿,希帕德的律师兼秘书格拉茨也提出同样的问题。陈之迈对他们说了台湾在反共斗争中的重要性,以及必须对台湾提供相对来说数额较小的经援和军援,每月几百万美元。格拉茨说,他要告诉民主党全国委员会主席博伊尔先生以便上报总统。

看来美国政府和民主党领袖们终于认识到中国问题及美国对华政策在为11月国会选举而即将开始的竞选运动中的重要性。共和党人对民主党政治上的弱点进行攻击,民主党人则想做些事情来进行掩饰,因为美国人民对政府的对华政策不仅越来越关心,而且也表示更感困惑和不信任。不论用什么理由或论点来解释,中国已落入共产党手中这一明显事实使美国人民不安,他们历来是对中国人民怀有友好感情,关心他们的幸福的。

翌日傍晚我会见了韩国大使张勉,他经过两个月旅行后刚刚返回使馆,先后到过马尼拉、堪培拉、惠灵顿,还回汉城一次。我们是在哥伦比亚大使苏莱塔-安赫尔夫妇为来访的哥伦比亚财政部长举行的宴会上见面的。张大使说他在马尼拉拜会了菲律宾总统季里诺。季里诺对他说,如果韩国代表团在碧瑶举行的亚洲会议初期不大吵大闹,他将邀请韩国参加。张补充说,这是在他向季里诺谈到会议应当讨论反共和联合防御的军事措施之后,季里诺才提出这么一个向汉城发请帖的条件来的。

这使人回想起季里诺总统为召开亚洲国家会议而不断进行的努力,尽管召开这次会议原来的目标——仿效北大西洋公约组织讨论制订一个太平洋公约——由于美国政府表明无意支持而大大冲淡了。我已经提到过,1950 年 4 月最终宣布召开这次大会时,会议的目标据说仅仅是组织方面的事,没有提到反共军事联盟。

会议是 1950 年 5 月 26 日在碧瑶举行的,所以张大使大概是在 4 月份会见了季里诺,因为马尼拉是他此番游说开始的几个站头之一。中华民国和韩国没有接到邀请,张大使叙述了有关韩国方面的详情。他说,当他返回汉城后,出乎意料看到菲律宾外长罗慕洛将军的回信,对其政府未能向韩国发出邀请一事表示遗憾。他说他认为季里诺改变态度应归因于罗慕洛。他刚刚为劝说印度参加会议出使该国归来。他说,印度的尼赫鲁一直对会议不甚热心,并且反对将意识形态的调子带进会议的任何企图,同时也反对邀请中国和韩国参加,因为他们代表着亚洲的两个"独裁政体"。张还同意我下述观点:罗慕洛也受到美国反对蒋委员长、反对蒋委员长参加会议这一态度的影响,他一般是按美国的意旨行事的。张也听到一些关于不邀请中国政府的事。他说,他在马尼拉曾见到中国大使陈质平先生,发现他精神不爽。陈一直在努力奔走,争取让季里诺邀请蒋委员长的国民政府参加。陈还对张说,季里诺仍在犹疑,直至后来他下决心不在会上处理任何意识形态问题,更不讨论为共同防卫非共产党国家而进行合作的措施等问题,这时他才趋向于对中国发出邀请。吴铁城将军自从 1948 年 3 月辞去外交部长职务后一直担任委员长的顾问。他到了马尼拉回告季里诺:除非会议考虑反共和在军事、政治方面的共同防卫措施等问题,否则蒋委员长将不接受邀请。张大使说,这又不同于韩国的情况,韩国是希望参加会议,但失望了。

张大使接着谈道,他在堪培拉会见了澳大利亚总理罗伯特·孟席斯和外交部长珀西·斯彭德。斯彭德坚决反共,他告诉张大使说,澳大利亚虽然要参加碧瑶会议,但对会议不抱奢望。斯彭德想给季里诺一个主持这次会议的机会;但将共产主义危险及对付的手段这个问题排除在外,会议也就没有意义了。在这个问题上,斯彭德正期待以后再召开一次会议,以便制定一个防御共同威胁的联合计划。据张大使说,斯彭德构思中的关键是把美国拉入计划里来,因为没有美国的合作,任何计划都会落空。

我告诉韩国大使说,去年 9 月我同季里诺谈话时,从他那里得到一个印象,即美国反对邀请蒋委员长,他本人也无法违反美国的意见。我说,印度自己想召开一次会议,因此对是否接受菲律宾的倡议长时间犹豫不定(两国领袖在相互竞争)。印度坚持两个条件,罗慕洛为了拉印度参加会议都接受下来了。我在日记中写道:

> 亚洲会议竟无中、韩两国参加,岂非咄咄怪事!

张大使回答我的问题时说,他没有听到任何关于美国考虑组织亚洲公约之事。但他预料在杜勒斯、约翰逊和布莱德雷结束实地考察局势的亚洲之行返美后，美国对远东的总政策，尤其是对韩国、日本和台湾的政策将大作变动。

6月18日，我设午宴招待卡尔·尼克斯。其他客人中有毛邦初、塔克、格拉茨及王守竞等。尼克斯说，他上周五向杜鲁门总统就他在台湾的所见所闻汇报了一小时之久，并敦请给中华民国提供军援。他没有提总统说了什么，只说，麦克阿瑟将军、约翰逊部长、布莱德雷将军同杜勒斯在东京举行的会议，即将产生某些建设性的东西；对于这一点，他本人抱有希望。

我有意地提出，我们不理解同样是为了遏制亚洲的共产主义危险，何以向印度支那和泰国提供军援，却拒不给台湾军援。尼克斯说："因为中国军队从东北到广州，一路不战而退，并将一亿六千万发子弹丢给了共产党。"我猜测这是杜鲁门总统对他说的。后来尼克斯告辞，我一边送他到门口，一边问他对同总统的谈话是否感到满意，他这才吐露真情说："你知道，总统总是仔细听人说而不发表自己的意见。"换句话说，那次会见没有取得任何积极成果，杜鲁门总统只是静听，不加评论。

最后，我想提一下我6月21日为一批来华盛顿访问的客人举行的晚宴。客人中有于斌、汉密尔顿·赖特夫人、哈罗德·里格尔曼夫妇、雷蒙德·耶格牧师和谭绍华夫妇等人。里格尔曼是胡适在康奈尔大学时的同班同学，.胡适聘他做过大使馆的法律顾问。我接任大使后留他继续担任此职。他一直在同国务院官员讨论，但发现他们仍倾向于终须考虑承认共产党政权的想法，一反过去不承认用武力制造的新政权的政策。他对我说，他在国务院一直劝说人们不要承认中共政权。

简而言之，1950年6月下旬，朝鲜战争爆发之前数日，美国要改变远东政策已初见端倪，但尚无凭据能得出确论。一些民主党要员已开始看到改变政府政策的必要性，似乎希望能为实现这一目标助一臂之力，也许这只不过是出于政治上的动机。但美国政府方面还举棋不定。总统在对台湾援助问题上拒不表示态度,国务院甚至在阻遏共产主义向东南亚扩张的同时,还在承认共产党中国的问题上盘算得失。